*Philipp Aumann*
*Mode und Methode*
*Die Kybernetik in der Bundesrepublik Deutschland*

Deutsches Museum
Abhandlungen und Berichte
Neue Folge, Band 24

Herausgeber: Deutsches Museum
Redaktion: Prof. Dr. Helmuth Trischler,
Rolf Gutmann, Dorothee Messerschmid

Deutsches Museum

Philipp Aumann

# Mode und Methode

Die Kybernetik
in der Bundesrepublik Deutschland

WALLSTEIN VERLAG

Gedruckt mit freundlicher Unterstützung
der Gunther-Schroff-Stiftung für wissenschaftliche Zwecke
und der HANS-SAUER-STIFTUNG.

Bibliografische Information der Deutschen Nationalbibliothek
Die Deutsche Nationalbibliothek verzeichnet diese Publikation in der
Deutschen Nationalbibliografie; detaillierte bibliografische Daten
sind im Internet über http://dnb.d-nb.de abrufbar.


www.wallstein-verlag.de
Vom Verlag gesetzt aus der Adobe Garamond
Umschlag: Linda Reiter, Deutsches Museum, unter Verwendung von BN_22710
(Spangenglobus-Exeperiment), Fotoatelier Deutsches Museum
Druck: Hubert & Co, Göttingen
ISBN 978-3-8353-0449-9

# Inhalt

## III. Zwischenfazit

## IV. Kybernetik und Gesellschaft



## V. Zusammenfassung



## Anhang

# Vorwort

> »Das Grundgesetz wird sein: Zukunft geht vor Vergangenheit: Wo immer eine aus der Vergangenheit stammende Denkweise in Kollision gerät mit Entwürfen, welche die Verbesserung menschlicher Existenz in der Zukunft ermöglichen, muss die Denkweise der Vergangenheit zurücktreten.«[1]

Es entbehrt nicht einer gewissen Ironie, dass die vorliegende historiographische Studie eine Wissenschaft thematisiert, die den reflektierenden Rückblick obsolet machen wollte. Schließlich trat die Kybernetik mit dem Anspruch an, ein System zu jedem Zeitpunkt vollständig analysieren, technisch nachbilden und damit sein zukünftiges Verhalten simulieren und manipulieren zu können. Wer brauchte da noch den Blick auf das Gewordensein eines politischen, wirtschaftlichen, kulturellen oder eben wissenschaftlichen Phänomens, um es zu verstehen?

Ein Problem konnten die Kybernetiker allerdings selbst nie lösen: Ihr Analysewerkzeug reichte für das Verständnis ihrer selbst nicht aus. Nie waren sie sich einig, was ihre Wissenschaft überhaupt sei, welche Fragen sie zu lösen half, was sie für die Gesellschaft zu leisten vermochte, wie sie gesellschaftlich verortet war. Zu weit, oft amorph und widersprüchlich erschien das große Feld der Kybernetik.

So offen, wie sie sich präsentierte, bin auch ich an die Kybernetik herangegangen. Und das hat sich als ein Segen erwiesen. Indem ich allen Verzweigungen und Brüchen folgte, mich an ihnen stieß und manchmal auch in Sackgassen geriet, begann ich, die Kybernetik erst wirklich zu verstehen. Ich lernte, zwischen den Erwartungen und dem realen Vermögen einer Wissenschaft zu unterscheiden, die wie kaum eine andere in den Diskurs um gesellschaftliche Modernisierung verwoben war. Das Resultat ist eine Dissertation, die ich im Wintersemester 2007/2008 an der Ludwig-Maximilians-Universität München eingereicht und verteidigt habe. In diesem darauf aufbauenden Buch hoffe ich nun, zur Interpretation der Kybernetik beitragen zu können, aber auch allgemeiner die Stellung von Wissenschaft in einer modernen Gesellschaft zu exemplifizieren.

1 Karl Steinbuch: Die informierte Gesellschaft. Geschichte und Zukunft der Nachrichtentechnik, Stuttgart 1966, S. 338.

Den Anstoß zur Beschäftigung mit der Kybernetik erhielt ich aus dem Forschungsinstitut des Deutschen Museums, München. Darüber hinaus half mir auch der intellektuelle Input durch dessen Mitarbeiterinnen und Mitarbeiter, mein Projekt zu verwirklichen. In zahllosen Seminaren und informellen Sitzungen konnte ich meine Gedanken und Zwischenergebnisse der Kritik stellen. Allen Mitarbeiterinnen und Mitarbeitern danke ich, dass sie ein solch anregendes Klima geschaffen haben, in dem ich die verschiedensten Ansätze, Wissenschaft zu erforschen, kennen lernte und ausprobieren durfte. Zuvorderst sei Prof. Dr. Helmuth Trischler gedankt, der als Institutsleiter dieses Klima verantwortet und mich als mein Doktorvater mit genau dem rechten Maß von Freiheit, Anregung und Kritik durch meine Arbeit leitete. Für die Übernahme des Korreferats danke ich Prof. Dr. Martin H. Geyer.

Auch von außerhalb wurde ich unterstützt, etwa von Archivaren, die mir den Weg zu oft unübersichtlichen Quellenbeständen wiesen, oder von meinen Interview-Partnern, die mir ganz spezifische Inneneinsichten der Kybernetik lieferten. Nur durch diese Hilfen konnte ich die Heterogenität meines Forschungsfeldes strukturieren. Dass viele einzelne Daten nicht nur an Struktur gewannen, sondern einen – hoffentlich – halbwegs konsumierbaren Text ergeben haben, verdanke ich etlichen guten Geistern, die mein Manuskript Korrektur lasen. Stellvertretend für diese und als erster möchte ich Dr. Andrea Lucas danken, die das Lektorat für die Drucklegung übernommen hat. Noch einmal sei hierbei auch Herr Trischler erwähnt, der die Studie in die vorliegende Reihe aufnahm.

Die beste intellektuelle Unterstützung reicht jedoch nicht, wenn die materielle ausbleibt. Für die finanzielle Förderung meines Forschungsprojekts einschließlich mehrerer Tagungsreisen ins Ausland danke ich der Hans-Sauer-Stiftung, Deisenhofen, namentlich Ulrike Sauer und Dr. Ralph Boch. Sie unterstützten mich nicht nur, sondern gewährten mir auch einen Einblick in die Welt des Stiftungsgründers Dr. hc. Hans Sauer, dessen eigenständige Form der Kybernetik meine Arbeit auch inhaltlich bereichert hat. Neben der Hans-Sauer-Stiftung erklärte sich die Gunther-Schroff-Stiftung für wissenschaftliche Zwecke, Waldbronn, in äußerst unkomplizierter und kulanter Weise bereit, die Drucklegung dieser Studie zu fördern. Ihr und allen namentlich oder nur kollektiv Genannten mein herzlichster Dank.

Zuletzt danke ich meinem Fels, ohne den ich längst den Boden unter den Füßen verloren hätte.

*München, Dezember 2008*

# 1. Einleitung

## Thema der Untersuchung, Eingrenzungen, Leitfragen

Am Anfang war ein Buch, und schon wenige Jahre später redeten alle über Kybernetik. 1948 veröffentlichte Norbert Wiener sein Hauptwerk »Cybernetics or Control and Communication in the Animal and the Machine«,[1] in dem er den Begriff Kybernetik prägte, ihn aber nicht weiter eingrenzte als durch die Feststellung der funktionalen Gleichartigkeit von Nachrichten- und Regelungsprozessen in Organismen und Maschinen. Obwohl die Kybernetik im Wienerschen Sinn lediglich eine Annäherung an ein wissenschaftlich-technisches Konzept darstellte, schlugen seine Thesen in die wissenschaftliche genauso wie in die außerwissenschaftliche Welt ein, regten die Forschungspraxis genauso wie den öffentlichen Diskurs an. Die Kybernetik entwickelte sich zum regelrechten Hype, wurde mannigfaltig transformiert und teilweise entstellt, so dass 1968, zwanzig Jahre nach der Begründung und am Höhepunkt der öffentlichen Aufmerksamkeit, ein Buchtitel bemerken musste: »Keiner weiß, was Kybernetik ist.«[2]

Nicht nur 1968 traf dieser Satz zu. Auch heutzutage weckt die Kybernetik die verschiedensten Assoziationen von menschlichen Maschinen und maschinell ergänzten Menschen, von redenden und sich selbst steuernden Autos und technisch substituierten Menschen im Fernsehen, von Diskussionen über die Existenz eines freien Willens in den Feuilletons,[3] von der Befreiung des Menschen von jeglicher Routinearbeit und dem Verlust der menschlichen Kontrolle über das Leben. Gerade in der Vorsilbe »Cyber« ist sie in den heutigen Sprachgebrauch eingegangen. Dagegen tritt sie als Namensgeberin wissenschaftlicher Konzepte kaum mehr auf. Was sich hinter der Kybernetik genau verbirgt, scheint heute so unklar wie eh und je. Nicht einmal, ob sie ein öffentliches, vielleicht

1 Wiener, Norbert: Cybernetics or Control and Communication in the Animal and the Machine, Cambridge/Mass. 1948 (dt.: Kybernetik. Regelung und Nachrichtenübertragung im Lebewesen und in der Maschine, Düsseldorf 1963).

2 Lohberg, Rolf u. Theo Lutz: Keiner weiß, was Kybernetik ist, Stuttgart 1968.

3 Z.B. wird die Kybernetik erwähnt bei Assheuer, Thomas: Ich war es nicht!, in: Die Zeit Nr. 42/2007, S. 57. Dort erscheint die globalisierte Gesellschaft dank der aktuellen Theorien der Hirnforschung und der Kommunikationstechniken »als kybernetischer Organismus«.

popkulturelles Phänomen oder doch eine ernstzunehmende Wissenschaft bedeutet, ist eindeutig zu sagen. In dieser Unschärfe liegt gleichermaßen ihr Reiz wie auch die Schwierigkeit ihrer Bearbeitung unter wissenschafts-, kultur- oder gesellschaftshistorischen Aspekten.

Um die Kybernetik für diese Studie fassbar zu machen, muss sie klar eingegrenzt werden. Die Untersuchung der Entstehung und Entwicklung der Wissenschaft Kybernetik in der Bundesrepublik Deutschland erhebt nicht den Anspruch, alle ihre Erscheinungsformen aufzuzeigen. Sie bliebt auf einige Fallbeispiele beschränkt, die konkreten Eingang in die wissenschaftliche Welt fanden und zudem öffentlich rezipiert wurden. Die Produktion kybernetischen Wissens wird auf einer forschungspraktischen Ebene beleuchtet, aber auch gesellschaftliche Faktoren finden Berücksichtigung, weil sie die Voraussetzungen wissenschaftlichen Arbeitens schufen und dessen Folgen in der Gesellschaft wirkten. Nicht nur der eigentliche epistemische Prozess ist demnach Thema dieser Studie, sondern auch seine fördernden und hemmenden Bedingtheiten. Die wissenschaftlichen Beispiele sind aus der Biologie, der Nachrichtentechnik und der Pädagogik gewählt. Außen vor bleibt die Rolle der Kybernetik in anderen Disziplinen, beispielsweise in der Anthropologie oder der Poesie,[4] weil sie dort zwar diskutiert wurde, aber kaum wissenschaftlichen Niederschlag fand.

Die Kybernetik etablierte sich in allen drei ausgewählten Fällen als Konglomerat von Begriffen, Fragen, Theorien und Methoden, das als Hilfsmittel in den bestehenden Disziplinen angewandt wurde. In all ihren realhistorischen Ausprägungen – und diesen soll hier nachgegangen werden – war die Kybernetik ein interdisziplinäres Konzept. Dies gilt sowohl für die Herkunft ihrer Grundlagen aus verschiedenen Disziplinen als auch für die anschließende Anwendung dieses Konzepts in unterschiedlichen Disziplinen. Sie trat mit dem Anspruch einer prinzipiell grenzenlosen Einsetzbarkeit und einem universellen Erkenntniswert an und gab sich zwei Zielrichtungen, nämlich zum einen die Analyse organischer Systeme und zum anderen die Synthese bzw. die Konstruktion technischer Systeme. Stark vereinfacht: Sie wollte Nachrichten- und Regelungsprozesse in Organismen analysieren, als wären sie Computer, und Computer nach dem Vorbild von Organismen konstruieren. Dieser

4 Dazu z. B. Holl, Ute: »It's (Not) an Intervention!« Kybernetik und Anthropologie, in: Claus Pias (Hg.): Kybernetik. The Macy-Conferences, Bd. 2: Essays und Dokumente, Zürich/Berlin 2004, S. 97-114; Bülow, Ralf: Der Traum vom Computer. Literatur zwischen Kybernetik und konkreter Poesie, in: Universitas 5/1990, S. 473-483.

Grundkonzeption entsprechend wurde die Kybernetik gesellschaftlich wirkungsmächtig, indem ihr, v.a. in den 1950er und 1960er Jahren, in öffentlichen Debatten über Technisierung des Menschen und Vermenschlichung der Technik höchste Kompetenz beigemessen wurde. Aber auch für die Wirtschaft und die Politik war sie relevant, insbesondere in den Bereichen der Bildung, Automatisierung und politischen Planung. Dort waren ihre Begriffe, Fragen, Theorien und Methoden nicht nur Gegenstand von Debatten, sondern fanden auch tatsächlich Anwendung.

Als Wissenschaft im Fokus der Öffentlichkeit beeinflussten öffentliche Debatten die Etablierung und Entwicklung der wissenschaftlichen Kybernetik (= Hypothese 1). Die bundesrepublikanische Gesellschaft erwartete von kybernetischen Theorien und Techniken einen Beitrag zur Modernisierung und rezipierte sie innerhalb eines übergeordneten Diskurses um die Technisierung des Lebens. Insbesondere mit der Furcht vor einer technologischen Lücke der Bundesrepublik im Vergleich zu den führenden Industrienationen verband sie diese Theorien und Techniken. Dadurch wurde die Kybernetik zu einer Modewissenschaft in einem spezifisch bundesrepublikanischen Verständnis (= Hypothese 2). Weil also nationale Kontexte ihre Entwicklung beeinflussten, konzentriert sich diese Studie geographisch auf die Bundesrepublik Deutschland. Dagegen war die forschungspraktische Ebene der Kybernetik einerseits lokal in der Institutsarbeit verhaftet, andererseits vernetzte sich die Wissenschaft international. Ein kybernetischer Sonderweg der Bundesrepublik kann ebenso wenig angenommen werden wie eine globale, räumlich uneingeschränkt agierende Wissenschaft. Stattdessen ist der scheinbare Widerspruch von Globalität, Nationalität und Lokalität aufzuklären.

Der Zeitraum der Untersuchung ist auf der einen Seite durch die Entstehung der Kybernetik mit dem Erscheinen von Norbert Wieners Buch im Jahr 1948 begrenzt, wenn auch einige zeitliche Vorgänger berücksichtigt werden. Bald nach der Veröffentlichung von »Cybernetics« wurden Wieners Ansätze in der Bundesrepublik adaptiert, mit eigenem Vorwissen und Zielsetzungen kombiniert und dadurch transformiert. Nach einer etwa zehnjährigen Inkubationszeit traten um 1960 unterschiedliche wissenschaftliche Konzepte an die Öffentlichkeit. Im Anschluss erlebte die Kybernetik ihre Hochphase, die in den 1970er Jahren nach und nach abebbte, bis sie mehr oder weniger aus dem öffentlichen Bewusstsein verschwand. Dementsprechend liegt der zeitliche Fokus dieser Studie auf den »langen 1960er Jahren«, der Zeit ungefähr zwischen 1957 und 1973. Diese Spanne wird historiographisch vielfach als ein Kontinuum mit deutlicher Abgrenzung v. a. nach vorn verstanden. Die Zäsur um 1957 ist sozialhistorisch am Bruch struktureller Kontinuitäten wie traditioneller Lebensweisen, Familien- und Milieubindungen oder dem Verständnis von Arbeit festzumachen. Wirtschaftshistorisch verstanden endete zu dieser Zeit eine eher restaurierende Nachkriegsphase. Schließlich lösten sich, in politikhistorischer Perspektive, Ende der 1950er Jahre autoritäre staatliche Strukturen auf, und eine kritische Öffentlichkeit nahm verstärkt am politischen Prozess teil.[5] Die nun einsetzenden »langen 1960er Jahre« werden als »Transformationsperiode«[6] beschrieben, als eine Reformzeit, in der sich postindustrielle Strukturen durchzusetzen begannen, sich eine neue kollektive Mentalität herausbildete und sich vollends eine medial fundierte Massenöffentlichkeit formierte. Wissenschaft und Technik waren in dieser Zeit bedeutende gesellschaftliche Faktoren, und die Öffentlichkeit zeigte sich, davon beeindruckt, enorm fortschritts- und machbarkeitsgläubig. Kybernetisches Denken und Handeln blieben nicht ohne Einfluss auf diese Mentalität. Sie prägten die Gesellschaft in gleichem Maße, wie diese die Kybernetik bedingte (= Hypothese 3). Anfang der 1970er Jahre und besonders augenfällig seit dem Krisenjahr 1973 endete der gesellschaftliche »Boom«,[7] der volkswirtschaftliche Aufschwung und Anstieg des individuellen Wohlstands. Stattdessen desillusionierte die Erfahrung von Wirtschaftskrisen und Arbeitslosigkeit die bundesdeutsche Gesellschaft und brach insbesondere den Machbarkeits-

5 Dieses Bild zeichnet z. B. Metzler, Gabriele: Am Ende aller Krisen? Politisches Denken und Handeln in der Bundesrepublik der sechziger Jahre, in: HZ 275 (2002), S. 57-60.

6 Frese, Matthias u. Julia Paulus: Geschwindigkeit und Faktoren des Wandels – die 1960er Jahre in der Bundesrepublik Deutschland, in: Dies. (u. a.) (Hg.): Demokratisierung und gesellschaftlicher Aufbruch. Die sechziger Jahre als Wendezeit der Bundesrepublik, Paderborn 2003, S. 8. Die Umbrüche betonen z. B. auch Axel Schildt (u. a.) (Hg.): Dynamische Zeiten: Die 60er Jahre in den beiden deutschen Gesellschaften, Hamburg 2000.

7 Nach Kaelble, Hartmut (Hg.): Der Boom 1948-1973. Gesellschaftliche und wirtschaftliche Folgen in der Bundesrepublik und in Europa, Opladen 1992. Anzeichen für ein Ende des Booms gab es aber bereits im Rezessionsjahr 1966/67, wodurch wiederum eher »lange 1970er Jahre« entstünden. So periodisiert z. B. Trischler, Helmuth: Das bundesdeutsche Innovationssystem in den »langen 70er Jahren«: Antworten auf die »amerikanische Herausforderung«, in: Johannes Abele (u. a.) (Hg.): Innovationskulturen und Fortschrittserwartungen im geteilten Deutschland. Forschung und Entwicklung in der Bundesrepublik und der DDR, Köln 2001, S. 47-70. Klar wird dabei v. a., dass es sich bei diesen Periodisierungen um nachträgliche Konstruktionen handelt, die den Untersuchungszeitraum fassbar machen, aber wenig mit den Erfahrungen historischer Akteure zu tun haben.

und Zukunftsglauben. Wie sich die Kybernetik in diese gesellschaftlichen Konditioniertheiten einpasste, wird in der vorliegenden Studie von großer Bedeutung sein. Zudem gibt sie Ausblicke über das Ende dieser historischen Periode hinaus in die weiteren Entwicklungen der Kybernetik nach dem Ende ihrer Hochphase.

Der Untersuchungsraum ist damit zeitlich und geographisch klar eingegrenzt. Thematisch dagegen bleibt der Rahmen nicht ausschließlich auf die Entwicklung der Kybernetik beschränkt. Auch verwandte wissenschaftliche Konzepte finden immer wieder Beachtung, solange sie Teile des zeitgenössischen kybernetischen Diskurses waren.[8] Damit soll der Breite und Unschärfe der Kybernetik Rechnung getragen werden. Denn die Kybernetik ist nicht eindeutig zu definieren, sondern sie besaß in ihrer Entstehung und Etablierung in der Bundesrepublik Deutschland stets hybriden[9] Charakter in dreifacher Hinsicht: Sie war eine Brücke

8 In Kap. 2.5 wird auf Computer Science, KI-Forschung, Bionik und Operations Research auch als eigenständige Diskurse jeweils kurz eingegangen. Weiterführend zur KI-Forschung siehe Ahrweiler, Petra: Künstliche Intelligenz-Forschung in Deutschland. Die Etablierung eines Hochtechnologie-Fachs, Münster 1995. Zur Entwicklung der Computer Science/Informatik und ihren Beziehungen zur Gesellschaft sind die Veröffentlichungen fast unüberschaubar. Z. B. Campbell-Kelly, Martin: From Airline Resevations to Sonic the Hedgehog. A History of the Software Industry, Cambridge/Mass. 2003; Ceruzzi, Paul: A History of Modern Computing, Cambridge/Mass. 1998; Chandler, Alfred D. u. James W. Cortada (Hg.): A Nation Transformed by Information. How Information Has Shaped the United States from Colonial Times to the Present, Oxford 2000; Hashagen, Ulf (u. a.) (Hg.): History of Computing: Software Issues, Berlin (u. a.) 2002; Petzold, Hartmut: Moderne Rechenkünstler. Die Industrialisierung der Rechnertechnik in Deutschland, München 1992; Siefkes, Dirk (u. a.) (Hg.): Sozialgeschichte der Informatik. Kulturelle Praktiken und Orientierungen, Wiesbaden 1998. Diese Veröffentlichungen dienen in methodischer Hinsicht als Vorbild meiner Arbeit, weil sie vergleichbare Phänomene in einem anderen wissenschaftlich-technischen Kontext beleuchten.

9 Der Begriff des Hybrids ist in der Wissenschafts- und Technikforschung derzeit von einiger Relevanz. Z.B. sieht Bruno Latour in seiner Netzwerktheorie soziale und technische Faktoren gleichrangig wirken, was diese Netzwerke zu Hybriden macht. Dazu Latour, Bruno: Wir sind nie modern gewesen. Versuch einer symmetrischen Anthropologie, Berlin 1995. Hans-Jörg Rheinberger spricht von Hybridisierung, wenn verschiedenartige epistemische Dinge zusammengebracht werden und zu feldübergreifenden Theorien werden. Dazu Rheinberger, Hans-Jörg: Experimentalsysteme und epistemische Dinge. Eine Geschichte der Proteinsynthese im Reagenzglas, ND Frankfurt a. M. 2006 (original Göttingen 2001), speziell S. 169f. Siehe auch Hard, Michael u. Andrew Jamison: Hubris and Hybrids. A Cultural History of Science and Technology, New York/London 2005.

zwischen Technik, Physik und Natur auf der einen Seite sowie Geist und Psyche auf der anderen; sie war ein gleichsam wissenschaftliches wie technologisches Konzept; schließlich war sie ein Diskurs unter Fachleuten und unter Laien. Hier stößt die klassische wissenschaftshistorische Analyse von Disziplinengenesen an ihre Grenzen; ein breites Spektrum von Theorien der Wissenschaftsforschung ist als analytisches Hilfsmittel heranzuziehen: Die Begriffe der Öffentlichkeit, räumlicher Grenzen und deren Überwindung, der Organisation von Forschern in Netzwerken und der Gültigkeit von Wissen und dessen Ausbreitung sind zu erörtern und zu einem einheitlichen methodischen Konzept zusammenzufügen, damit die nächstliegende Frage, die nach dem Wesen der Kybernetik, beantwortet werden kann.

Die Frage »Was ist Kybernetik?« wird über die ganze Arbeit hinweg mitschwingen und Schritt für Schritt geklärt werden. Ist sie eine Wissenschaft, eine Disziplin, eine Methodik oder eine Technik, die denkende und selbsttätig handelnde Maschinen hervorbringt, oder ist sie ein metawissenschaftliches Denkkonstrukt, das diese Vermenschlichung von Maschinen und die Maschinisierung von Menschen beleuchtet? Dass sie hier nicht in Form einer Definition letztgültig beantwortet wird – genauso wie sie von den Kybernetikern selbst nie beantwortet worden ist –, sondern der Leser sich einer Antwort nur über das Sammeln von Charakteristika und Spezifika annähern kann, entspricht dem heterogenen Bild der Kybernetik und demonstriert die Schwierigkeit, dieses amorphe Konzept zu fassen. Weil es nie die eine Kybernetik gab, sondern sie sich in verschiedenen geographischen, sozialen, forschungspraktischen und semantischen Rahmen unterschiedlich manifestierte, wird immer wieder nach der Begrenzung der Gültigkeit einzelner Verständnisse und Programmatiken der Kybernetik, also nach den jeweiligen Räumen ihrer Verbreitung, zu fragen sein. Diese unterschiedlichen Verständnisse resultierten historisch daraus, dass verschiedene Akteure die Kybernetik je unterschiedlich definierten. Zu fragen ist demnach nicht in erster Linie, was Kybernetik in einer idealtypisch angenommenen Ganzheit ist, sondern vielmehr: Was waren die einzelnen Ausprägungen der Kybernetik?

Im Mittelpunkt steht aber die Frage nach der Interaktion kybernetischer Forschungs- und Entwicklungskonzepte mit ihren Öffentlichkeiten, wie Öffentlichkeit die Kybernetik beeinflusste, wie die Kybernetik von der Öffentlichkeit profitierte. Warum und wie schaffte es die Kybernetik in den Fokus der Öffentlichkeit? Wie machte sich die Öffentlichkeit ein Bild von der Kybernetik? Wie wirkten sich dieses Bild sowie gesellschaftliche Visionen und Bedürfnisse auf die Kybernetik aus,

d. h. inwieweit beeinflusste der öffentliche Diskurs den Charakter der Wissenschaft? Widersprachen sich die massenmediale Ebene, auf der das öffentliche Bild der Kybernetik geprägt wurde, und die forschungspraktischen und -politischen Ebenen, auf denen die Kybernetik ihre wissenschaftlichen Ausprägungen entwickelte, oder existierten intensive Wechselwirkungen zwischen diesen Ebenen? Und nicht zuletzt wird nach dem Gewinn gefragt, den außenstehende Wissenschaften und gesellschaftliche Subsysteme durch die Kybernetik erfuhren. Ziel dieser Studie ist die Darstellung der Entstehung und Etablierung der Kybernetik in der Bundesrepublik Deutschland, ihrer Entwicklung hin zu einer Modewissenschaft, die sich nicht nur im wissenschaftlichen Bereich, sondern auch in der Gesellschaft, der Wirtschaft, der Politik und der Öffentlichkeit niederschlug und dadurch eine äußerst vielschichtige Dynamik erlebte, aber auch die Gesellschaft dynamisierte.

## Forschungsstand, Quellen

Weil die gesellschaftlichen Entwicklungen in der Bundesrepublik bereits hinreichend bearbeitet sind, kann diese Studie anerkannte gesellschafts-, kultur- und politikhistorische Thesen übernehmen und auf Basis bestehender Forschungsliteratur ein Bild der 1950er und 1960er Jahre und deren Verhältnis zur Kybernetik zeichnen. Besonders Veröffentlichungen über gesellschaftliche Modernisierungsprozesse in dieser Zeit blicken bereits auf eine lange Forschungstradition[10] und werden seit den 1990er Jahren intensiviert historiographisch behandelt.[11] Der Modernisierung wird dabei eine wirtschaftlich-technische Dimension verliehen,[12] die ihren Ausdruck in Rationalisierung und Wirtschaftswachstum fand, eine

10 Vgl. z. B. Wehler, Hans-Ulrich: Modernisierungstheorie und Geschichte, Göttingen 1975; Habermas, Jürgen: Der philosophische Diskurs der Moderne, Frankfurt a. M. 1988; Zapf, Wolfgang (Hg.): Die Modernisierung moderner Gesellschaften (Verhandlungen des 25. Deutschen Soziologentages in Frankfurt a. M. 1990), Frankfurt 1991.

11 Etwa durch Abele, Johannes (u. a.) (Hg.): Innovationskulturen und Fortschrittserwartungen im geteilten Deutschland, Köln (u. a.) 2001; Schildt, Axel und Arnold Sywottek (Hg.): Modernisierung im Wiederaufbau. Die westdeutsche Gesellschaft der 50er Jahre, Bonn 1998; Herbert, Ulrich (Hg.): Wandlungsprozesse in Westdeutschland. Belastung, Integration, Liberalisierung 1945-1980, Göttingen 2002.

12 Zuerst durch Kaelble: Boom.

politisch-soziale Dimension[13] mit den Phänomenen der Demokratisierung, »Westernisierung« und des Abbaus von Klassenunterschieden, die zu einer modernen Massengesellschaft führten, sowie eine kulturelle Dimension,[14] verstanden als Pluralisierung, Individualisierung und Liberalisierung der Gesellschaft. Geradezu als Komplement zu weiten Passagen der vorliegenden Studie hat sich Gabriele Metzlers Habilitationsschrift »Konzeptionen politischen Handelns von Adenauer bis Brandt. Politische Planung in der pluralistischen Gesellschaft«[15] erwiesen, weil dort gesellschaftliche Themenfelder aus der Perspektive der Politik behandelt werden, zu denen hier ein Zugang über die Wissenschaft erfolgt.

Ganz anders präsentiert sich der Forschungsstand auf dem Gebiet der Kybernetik selbst. Die wenigen Veröffentlichungen verfolgen meist eher einen kultur- oder wissenschaftstheoretischen als einen historiographischen Ansatz.[16] Sie attestieren der Kybernetik ein »Doppelgesicht« und

13 Vgl. Doering-Manteuffel, Anselm: Dimensionen von Amerikanisierung in der deutschen Gesellschaft, in: AfS 35 (1995), S. 1-34; Ders.: Wie westlich sind die Deutschen? Amerikanisierung und Westernisierung im 20. Jahrhundert, Göttingen 1999; Ders.: Westernisierung. Politisch-ideeller und gesellschaftlicher Wandel in der Bundesrepublik bis zum Ende der 60er Jahre, in: Axel Schildt (u. a.) (Hg.): Dynamische Zeiten: Die 60er Jahre in den beiden deutschen Gesellschaften, Hamburg 2000, S. 311-341; Frese, Matthias (u. a.) (Hg.): Demokratisierung und gesellschaftlicher Aufbruch. Die sechziger Jahre als Wendezeit der Bundesrepublik, Paderborn 2003.

14 Dazu Herbert, Ulrich: Liberalisierung als Lernprozess. Die Bundesrepublik Deutschland in der deutschen Geschichte – eine Skizze, in: Ders. (Hg.): Wandlungsprozesse in Westdeutschland. Belastung, Integration, Liberalisierung 1945-1980, Göttingen 2002, S. 7-49; Schildt, Axel: Moderne Zeiten. Freizeit, Massenmedien und »Zeitgeist« in der Bundesrepublik der 50er Jahre, Hamburg 1995; Ders.: Zwischen Abendland und Amerika. Studien zur westdeutschen Ideenlandschaft der 50er Jahre, München 1999; Ders. (u. a.) (Hg.): Dynamische Zeiten. Die 60er Jahre in den beiden deutschen Gesellschaften, Hamburg 2000.

15 Metzler, Gabriele: Konzeptionen politischen Handelns von Adenauer bis Brandt. Politische Planung in der pluralistischen Gesellschaft, Paderborn/München 2005.

16 Dazu sind zu zählen Bluma, Lars: Norbert Wiener und die Entstehung der Kybernetik im Zweiten Weltkrieg (= Kritische Informatik 2), Münster 2005 (zugl. Diss. Uni. Bochum 2004); Hagner, Michael: Bilder der Kybernetik. Diagramm und Anthropologie, Schaltung und Nervensystem, in: Martina Heßler (Hg.): Konstruierte Sichtbarkeiten. Wissenschafts- und Technikbilder seit der Frühen Neuzeit, München 2006, S. 383-404; Ders. u. Erich Hörl (Hg.): Die Transformation des Humanen. Beiträge zur Kulturgeschichte der Kybernetik, Frankfurt a. M. 2008; Pias, Claus: Zeit der Kybernetik. Zur Einführung, in: Claus Pias,

interessieren sich weniger für die Seite, auf der sie »ein historisches Ereignis« war, als für die, auf der sie »ein imaginärer Standort« ist, »der eine neue, nach wie vor aktuelle Art von Erkenntnis hervorbringt«.[17] Solche Studien lassen sich auf dünner empirischer Basis, meist wenigen und fast wahllos herausgegriffenen Schriften amerikanischer Ur-Kybernetiker, über den Charakter, die theoretischen und methodischen Grundlagen und das revolutionär Neue an einer homogenisierten Kybernetik aus. Damit erscheint sie heute als eine ebenso wichtige kulturelle Grundlage unseres Denkens wie in ihren Gründungsjahren, ja vielleicht sogar von noch größerer Bedeutung in unserer hoch technisierten Welt. Weil in solchen Arbeiten die Quellen aber kaum kritisch hinterfragt werden, sondern vielmehr als Steinbruch eigener kulturphilosophischer Überlegungen dienen, unterliegen deren Autoren der Gefahr, einem idealisierten Bild der Kybernetik aufzusitzen, das so in der historischen Realität kaum Entsprechung fand. Insbesondere wird die Kybernetik fast immer als etwas Seiendes und nicht als etwas sich Entwickelndes betrachtet. Es wird übersehen, dass Wiener nicht die Kybernetik schlechthin konstruierte, sondern seine Arbeit lediglich erste Ansätze darstellte, die, beginnend mit den Konferenzen der »Cybernetics Group«, in verschiedenen Kontexten adaptiert und dadurch transformiert wurde und sich zu ganz unterschiedlichen wissenschaftlichen Konzepten entwickelte. Wegen dieser Mängel tragen solche Studien wenig zum Verständnis der Kybernetik bei. Als Materiallieferantinnen sind sie nur in bescheidenem Umfang, als methodische Vorbilder kaum zu gebrauchen.

Wirklich historiographische Arbeiten, die die Kybernetik in ihrer forschungspraktischen Realität und ihre unterschiedlichen Entwicklungen über die amerikanische Urform hinaus untersuchen, sind rar gesät. Über Norbert Wiener liegt eine Biographie[18] vor und ein Aufsatz, der die Kybernetik als Produkt seiner Arbeit im Zweiten Weltkrieg beschreibt.[19] David Mindell hat die Geburt der Kybernetik aus einer spezifisch wissen-

Joseph Vogl (u. a.) (Hg.): Kursbuch Medienkultur. Die maßgeblichen Theorien von Brecht bis Baudrillard, Stuttgart ²2000, S. 427-431; Ders. (Hg.): Cybernetics. The Macy-Conferences 1946-1953, 2 Bde., Zürich/Berlin 2003-2004.

17 Jeweils Hörl, Erich u. Michael Hagner: Überlegungen zur kybernetischen Transformation des Humanen, in: Hagner u. Hörl (Hg.): Transformation, S. 7f.

18 Masani, Pesi R.: Norbert Wiener (1894-1964), Basel (u. a.) 1990.

19 Galison, Peter: Die Ontologie des Feindes. Norbert Wiener und die Vision der Kybernetik, in: Hans-Jörg Rheinberger (u. a.) (Hg.): Räume des Wissens. Repräsentation, Codierung, Spur, Berlin 1997, S. 281-324.

schaftlich-technischen Kultur heraus[20] und Steve Heims die Frühphase in den USA mit den ersten Tagungen und den ersten Anwendungsversuchen in diversen Disziplinen untersucht.[21] Eine gute Handvoll Studien behandelt die internationalen Entwicklungen der Kybernetik in den 1950er bis 1970er Jahren,[22] darunter auch einige Aufsätze und zwei Sammelbände über die Kybernetik in der DDR.[23] All diese Ansätze stehen vor dem Problem, die höchst heterogene Kybernetik handhabbar zu machen und lösen es auf unterschiedliche Weise, so dass sie nicht nur inhaltlich, sondern auch methodisch für die vorliegende Arbeit von Interesse sind.

Die geschichtswissenschaftliche Untersuchung der Kybernetik in der Bundesrepublik ist aber, bis auf wenige Betrachtungen über eventuelle Vorgänger,[24] ein Desiderat.[25] Eine entsprechende Arbeit kann sich dem-

20 Mindell, David: Between Human and Machine. Feedback, Control and Computing Before Cybernetics, Baltimore 2002. Zu den Vorläufern der Kybernetik siehe auch Segal, Jérôme: The Pigeon and the Predictor. Miscarriage of a Cyborg, in: Guliana Gemelli (Hg.): American Foundations and Large Scale Research: Construction and Transfer of Knowledge, Bologna 2001, S. 131-157.

21 Heims, Steve: The Cybernetics Group, Cambridge/Mass. 1991.

22 Bowker, Geof: How to Be Universal. Some Cybernetic Strategies, 1943-1970, in: Social Studies of Science 23 (1993), S. 107-127; Gerovitch, Slava: From Newspeak to Cyberspeak. A History of Soviet Cybernetics, Cambridge/Mass. 2002; Mindell, David, Jérôme Segal, Slava Gerovitch: From Communications Engineering to Communications Science. Cybernetics and Information Theory in the United States, France, and the Soviet Union, in: Mark Walker (Hg.): Science and Ideology. A Comparative History, London/New York 2003, S. 66-96; Medina, Eden: Designing Freedom, Regulating a Nation. Socialist Cybernetics in Allende's Chile, in: Journal of Latin American Studies 38 (2006), S. 571-606; Pickering, Andrew: Cybernetics and the Mangle, in: Social Studies of Science 32 (2002), S. 413-437.

23 Dittmann, Frank: Kybernetik in der DDR – eine Einstimmung, in: Ders. u. Rudolf Seising (Hg.): Kybernetik steckt den Osten an. Aufstieg und Schwierigkeiten einer interdisziplinären Wissenschaft in der DDR, Berlin 2007, S. 13-42; Fuchs-Kittowski, Klaus u. Siegfried Piotrowski (Hg.): Kybernetik und Interdisziplinarität. Georg Klaus zum 90. Geburtstag, Berlin 2004; Segal, Jérôme: Kybernetik in der DDR. Begegnung mit der marxistischen Ideologie, in: Dresdener Beiträge zur Geschichte der Technikwissenschaften 27 (2001), S. 47-75; Ders.: Kybernetik in der DDR. Dialektische Beziehungen, in: Pias: (Hg.): Kybernetik, S. 227-251.

24 Dittmann, Frank: Aspects of the Early History of Cybernetics in Germany, in: Transactions. Newcomen Society for the Study of the History of Engineering and Technology 71 (1999-2000), S. 143-154; Ders. u. Jérôme Segal: Hermann Schmidt (1894-1968) et la théorie générale de la régulation. Une cybernétique allemande en 1940?, in: Annals of science 54 (1997), S. 547-565.

25 Eine Ausnahme bildet Coy, Wolfgang: Zum Streit der Fakultäten: Kybernetik und Informatik als wissenschaftliche Disziplinen, in: Pias (Hg.): Kybernetik,

nach kaum auf bestehende Forschungsergebnisse, sondern muss sich auf primäres Material stützen.

Eine wichtige Grundlage dieser Studie sind zunächst Einführungen und Überblickswerke zur Kybernetik, die einen ersten Eindruck ihres Charakters vermitteln. Besondere Beachtung wird daraufhin wissenschaftlichen und populären Zeitschriften geschenkt, weil sie den historischen Diskurs rund um die Kybernetik, die Erwartungen an die Kybernetik sowie die Versprechungen und tatsächlichen Ergebnisse der Kybernetiker abbilden. Mit dieser Zielsetzung sind auch die Bände von kybernetischen Tagungen und selbständigen Veröffentlichungen der Kybernetiker untersucht worden.

Einschlägige Akten und Nachlässe waren in den Universitäten Karlsruhe und Stuttgart, den Technischen Universitäten Berlin, Darmstadt und München, bei der Deutschen Forschungsgemeinschaft (DFG), der Fraunhofer-Gesellschaft (FhG), der Max-Planck-Gesellschaft (MPG) und der Hans-Sauer-Stiftung zu erwarten. Die Bestände der einzelnen Archive hängen sehr stark von der Bereitschaft der kybernetischen Akteure und Institute ab, ihr Material auch abzuliefern. Während einige Archive wenig Erhellendes aufbewahren, haben sich gerade das Archiv der MPG, Berlin, das des Instituts für Zeitgeschichte, München, das Bundesarchiv Koblenz, und das Universitätsarchiv Karlsruhe als äußerst ergiebig erwiesen. Ergänzend zu den Archivmaterialien haben Interviews mit einer Reihe von Kybernetikern als Quellen für diese Studie gedient. Weil einige wichtige Akteure dieser Studie nicht mehr am Leben oder altersbedingt nicht mehr zu Gesprächen in der Lage und wenige nicht zu solchen bereit waren, fallen auch hier die Ergebnisse unterschiedlich aus. Im Resultat sind die empirischen Ergebnisse je nach Teilbereichen unterschiedlich, und den einzelnen Kapiteln liegt eine je unterschiedliche Materialbasis zugrunde. Aber auch in den empirisch weniger fundierten Kapiteln hat sich durch Vergleiche mit den fundierteren ein konsistentes Bild ergeben.

S. 253-262. Dieser Aufsatz beschreibt einige Entwicklungen der Kybernetik in der BRD, ist aber sehr oberflächlich, bringt etliche Fakten durcheinander und ist eher dem oben genannten Typus von kultur- und wissenschaftstheoretischen Studien zuzurechnen.

## Theoretische Grundlagen

Die Perspektiven, unter denen die Kybernetik hier untersucht wird, sind zum einen die Ausbreitungswege des wissenschaftlichen Wissens von der Produktion in lokalen Kontexten bis zum Ideal der Allgemeingültigkeit, zum andern, und damit verbunden, die Interaktionen von Kybernetikern mit Öffentlichkeiten. Diese Studie handelt also mehr vom Wissenstransfer als vom Wissen selbst.

### *Wissensräume*

Wissen ist im Stadium seiner Produktion an die engen Bedingungen seiner Entstehung, etwa an einzelne Labors gebunden, ist also nur in konkreten, geographisch begrenzten Räumen gültig oder überhaupt existent.[26] Auch wenn es kodifiziert vorliegt, seine Geltungsräume vergrößert und regional, national oder idealerweise global und ortlos anerkannt ist, kann es dennoch lediglich durch einen begrenzten Kreis von Akteuren akzeptiert werden. Eine solche Community steckt einen bestimmten sozialen Raum ab. Das Ringen um Anerkennung ist gleichbedeutend mit einer Ausbreitung des Wissens innerhalb sozialer Räume, denn Anerkennung erhält wissenschaftliches Wissen nur in Diskursen innerhalb einer Community. Solche Diskursgemeinschaften bilden Räume, die dank Informations- und Kommunikationstechniken von realen Orten und geographischen Räumen verschieden sein können und durch die das Wissen verbreitet, aber auch transformiert wird.

Klassische soziale Räume wissenschaftlichen oder technischen Wissens sind Disziplinen, aber auch die Bereiche der Wissenschaft und der Technik im Ganzen, wobei diese Begriffe eine praktische und eine soziale Ebene enthalten. Beide haben die »Naturbeherrschung«[27] zum Ziel, in

26 Zur Bedeutung von Orten für die Wissensproduktion siehe Heßler, Martina: Vernetzte Wissensräume. Zur Bedeutung von Orten in einer vernetzten Welt, in: Technikgeschichte 70 (2003), S. 235-253. Withers, Charles: The Geography of Scientific Knowledge, in: Nicolaas Rupke (Hg.): Göttingen and the Development of the National Sciences, Göttingen 2002, S. 9-18. Als Beispiel solcher räumlicher Begrenzungen seien hier die »Experimentalsysteme« genannt. Dazu Rheinberger, Hans-Jörg: Experimentalsysteme. Differenz, Graphematizität, Konjunktur, in: Ders. (Hg.): Experiment – Differenz – Schrift. Zur Geschichte epistemischer Dinge, Marburg/Lahn 1992, S. 21-46; Ders.: Experimentalsysteme und epistemische Dinge.

27 Mehrtens, Herbert: Symbolische Imperative. Zu Natur- und Beherrschungsprogramm der wissenschaftlichen Moderne, in: Wolfgang Zapf (Hg.): Die Moder-

ihrer Praxis ist aber die eine ein Akt der Wissensproduktion und die andere ein Akt der Konstruktion von Objekten und Verfahren. Die Technik hat einen stärkeren Druck, ihre gesellschaftliche Nützlichkeit zu beweisen. Wenn sie Entwicklungen zur industriellen Fertigung bereitstellen muss, begibt sie sich in den Bereich des Ökonomischen, ist also auch sozial von der Wissenschaft getrennt. Während der Wissenschaftler um die Anerkennung unter Kollegen und um die inhaltliche und materielle Etablierung seines Forschungsgebiets in der Wissenschaftslandschaft in Form von Lehrbüchern, Forschungsprogrammen, Instituten und Studiengängen buhlt, ist dem Techniker immer v.a. an der Zufriedenheit eines Auftraggebers oder Nutzers gelegen. D.h., der kurzfristige Erfolg ist in der Technik wesentlich wichtiger als in der Wissenschaft. Technik ist stärker den Mechanismen des Marktes unterlegen. Direkte Anwendbarkeit, Brauchbarkeit, Rentabilität und Zuverlässigkeit sind wichtige Erfolgskriterien technischen Arbeitens. Allerdings kongruieren Wissenschaft und Technik auf sozialer Ebene wiederum, wenn die Technik sich als eine Technikwissenschaft[28] in der Wissenschaftslandschaft etabliert und damit auch deren Mechanismen gehorcht. Auch auf der praktischen Ebene verschmelzen beide Bereiche immer wieder in untrennbaren wissenschaftlich-technisch-wirtschaftlichen Prozessen, die gleichermaßen Wissen wie marktfähige Entwicklungen hervorbringen. Gerade die Kybernetik als Hybrid zwischen Wissenschaft und Technik riss diese nur idealtypisch bestehenden Grenzen immer wieder ein.

Neben geographischen und sozialen Räumen bildet die sprachliche und schriftliche Repräsentation von Wissen symbolische oder semantische Räume.[29] Denn auch die Benutzung gleicher Codes und die Übereinstimmung im Verständnis bestimmter wissenschaftlicher Fragen, Methoden und Theorien begrenzen eine Akteursgemeinschaft und bilden dadurch einen Raum. Dies geschieht beispielsweise durch die Verwendung einer gemeinsamen Fachterminologie.

nisierung moderner Gesellschaften (Verhandlungen des 25. Deutschen Soziologentages in Frankfurt a.M. 1990), Frankfurt a.M. 1991, S. 605.

28 Dazu Hänseroth, Thomas und Klaus Mauersberger: Technikwissenschaften zwischen theoretischer Erkenntnis und Ingenieurtätigkeit, in: NTM 6 (1998), S. 217-237.

29 Damit ist Mitchell Ashs Kategorisierung der Wissensräume in 1.) »physische oder geographische Räume«, 2.) »soziale oder gesellschaftliche Wissensräume« und 3.) »symbolische oder durch Darstellungen und Repräsentationen geschaffene Wissensräume« vollständig. Vgl. Ash, Mitchell: Räume des Wissens – was und wo sind sie? Einleitung in das Thema, in: Berichte zur Wissenschaftsgeschichte 23 (2000), S. 237-239.

Kybernetik als Hybrid, das in keine vorhandenen Räume passte, sondern sich eigene schaffen musste, kann nur unter gemeinsamer Beachtung der geographischen, sozialen und symbolischen Dimensionen verstanden werden. In all diesen vergrößerte sie ihre Räume, indem kybernetisches Wissen nicht nur produziert, sondern gleichzeitig auch verbreitet wurde, also immer breitere Kreise das Einzelwissen und die Konzepte im Ganzen anerkannten. Damit folgte die Kybernetik dem jeder Wissenschaft immanenten Trieb nach einer Ausweitung ihrer Gültigkeit,[30] weil dadurch das lokal produzierte Wissen erst nachprüfbar und als wahr anerkannt wird. Die Distribution des Wissens besitzt demzufolge eine der Produktion gleichberechtigte Bedeutung für den exzeptionellen Status wissenschaftlichen Wissens.[31] Allerdings verändert sich das Wissen mit seiner Verbreitung: Rezeption ist immer mit einem Verarbeitungsprozess verbunden, mit Perzeption, die einerseits durch lokale Bedingtheiten des Rezipienten, andererseits sozial durch die Mechanismen und Codes der Gemeinschaften, denen der Rezipient angehört, und drittens durch das Vorwissen des Rezipienten geprägt ist. Perzeption bedeutet immer Dekontextualisierung und Dislokation sowie anschließend Rekontextualisierung in anderen geographischen, sozialen und symbolischen Räumen.[32] Wenn nun ein Forscher das durch den Aneignungsprozess transformierte Wissen mit neuem verknüpft, dann entwickelt er neue Theorien oder Methoden, produziert neues wissenschaftliches Wissen. Dieses muss ebenfalls wieder in der Scientific Community verbreitet werden, um möglichst breite Akzeptanz, im Idealfall Allgemeingültigkeit, zu erhalten und so erst zu jenem wissenschaftlichen Wissen zu

30 Für diesen Prozess der Überwindung räumlicher Grenzen des Wissens oder der Ausdehnung von Wissensräumen benutzt Mitchell Ash den Begriff des Wissenstransfers. Ash, Mitchell: Wissens- und Wissenschaftstransfer – Einführende Bemerkungen, in: Berichte zur Wissenschaftsgeschichte 29 (2006), S. 181-189. Ebenso Reinhardt, Carsten: Wissenstransfer durch Zentrenbildung. Physikalische Methoden in der Chemie und Biowissenschaften, in: Berichte zur Wissenschaftsgeschichte 29 (2006), S. 224-242.

31 Den es nach Weingart, Peter: Die Stunde der Wahrheit? Zum Verhältnis der Wissenschaft zu Politik, Wirtschaft und Medien in der Wissensgesellschaft, Weilerswist 2001, trotz enger werdender Kopplungen der Wissenschaft an die Gesellschaft, immer noch genießt.

32 Dieses Verständnis des Wissenstransfers ist in kulturgeschichtlichen Werken recht verbreitet, siehe z. B. Burke, Peter: Die europäische Renaissance. Zentren und Peripherien, München 1998; Ders.: Was ist Kulturgeschichte?, Bonn 2005. Für das vorliegende Thema siehe Bluma: Wiener, S. 15. Er benutzt, nach Claude Lévi-Strauss, das Bild der Bricolage, weil es »den konstruktiven Charakter der Wissenschaftsarbeit deutlich machen kann.«

werden, das dem Postulat nach nicht nur epistemologisch, sondern auch durch seine grenzenlose Gültigkeit eine Sonderstellung unter allen Wissensformen genießt. Nach diesem theoretischen Schema etablierte sich die Kybernetik in der bundesdeutschen Wissenschaftslandschaft.

### *Netzwerke*

Die forschungspraktischen und sozialen Entwicklungen der Kybernetik lassen sich am besten mit einem Netzwerkmodell[33] fassen, weil die Theorie sozialer Netze auf genau die Dynamik abzielt, der auch die Entwicklung der Kybernetik unterlag. Ein Netzwerk wird in der Theorie nach innen formiert, d. h., das in seinen Grenzen produzierte Wissen wird in physischen, sozialen und symbolischen Dimensionen organisiert und hierarchisiert, und nach außen wird das netzwerkspezifische Wissen repräsentiert und zu verbreiten gesucht. Damit ist das Netzwerk mit Öffentlichkeiten im weitesten Sinn konfrontiert. Die Netzwerkbildung wird hier im Wesentlichen wie eine Disziplinengenese beschrieben. Für den positiven Prozess, d. h. den Aufbau materieller und ideeller disziplinärer Strukturen, bietet die Theorie des »Agenda-Building«[34] eine Orientierung und für den negativen, d. h. die Abgrenzung der Netzwerke nach außen, die Theorie des »Boundary Work«.[35]

Ein heuristisches Hilfsmittel für die Netzwerkanalyse bietet die Akteur-Netzwerk-Theorie[36] (ANT), wobei das historische Objekt nicht als

33 Zum Netz als Metapher Heßler: Wissensräume. Über Netzwerkbildungen Jansen, Dorothea: Einführung in die Netzwerkanalyse. Grundlagen, Methoden Forschungsbeispiele, Opladen ²2003; Weyer, Johannes: Weder Ordnung noch Chaos. Die Theorie sozialer Netzwerke zwischen Institutionalismus und Selbstorganisationstheorie, in: Ders. (u. a.) (Hg.): Technik, die Gesellschaft schafft. Soziale Netzwerke als Orte der Technikgenese, Berlin 1997, S. 53-99; Ders.: Soziale Netzwerke. Konzepte und Methoden der sozialwissenschaftlichen Netzwerkforschung, München ²2008.

34 Der Begriff stammt von Mahoney, Michael: Computer Science. The Search for a Mathematical Theory, in: John Krige u. Dominique Pestre (Hg.): Science in the 20th Century, Amsterdam 1997, S. 617-634. Ebenso bei Ders.: Software as Science – Science as Software, in: Ulf Hashagen (u. a.) (Hg.): History of Computing: Software Issues, Berlin (u. a.) 2002, S. 25-48.

35 Die Theorie geht zurück auf Gieryn, Thomas F.: Boundary-Work and the Demarcation of Science from Non-Science. Strains and Interests in Professional Ideologies of Scientists, in: American Sociological Review 48 (1983), S. 781-795; Ders.: Cultural Boundaries of Science. Credibility on the Line, Chicago 1999.

36 Siehe u. a. Bammé, Arno: Gesellschaft (re-)interpretieren. Zur Relevanz von Akteur-Netzwerk-Theorie, »Mode 2 Knowledge Production« und selbstgesteuertem

Anwendungsfall der Theorie verstanden wird, sondern die Theorie als Werkzeug zur Erkenntnis und Darstellung historischer Strukturen und derer Entwicklungen – in diesem Fall wie generell in der vorliegenden Studie. Gewinnbringend ist die ANT für diese Untersuchung, weil sie erstens die Spannungsverhältnisse zwischen Einzelnen und einer Gruppe, Einzelnen und Institutionen sowie Gruppen und Öffentlichkeiten beschreibbar macht. Sie gilt zweitens nicht nur für menschliche, sondern auch für nicht-menschliche Akteure, sog. Aktanden, in dieser Studie Institutionen, wissenschaftliche Instrumente, finanzielle Ressourcen oder Zeitschriften. Sie bietet drittens die Möglichkeit, die Ausbreitung des kybernetischen Wissens in ihrer ganzen Dynamik von der individuellen Idee Norbert Wieners zu anerkannten wissenschaftlichen Konzepten zu beschreiben. Anderen Elementen der ANT, z. B. der Frage, ob Aktanden nun eine dem Menschen gleichwertige Rolle innehaben oder nicht, indem sie etwa strategiefähig wären,[37] wird hier untergeordnete Bedeutung beigemessen.

Nicht nur Wissenschaftler diskutierten, adaptierten und generalisierten das ursprüngliche Konzept Norbert Wieners, sondern es war genauso in der Technik als eine grundlegende Theorie und Methode für die Entwicklung eines bestimmten Typs von Rechenmaschinen, nämlich lernenden und adaptiven Automaten, und in der Öffentlichkeit von Belang. Diese drei Bereiche standen gleichberechtigt nebeneinander, in Konkurrenz und in Wechselwirkung, wodurch das produzierte und adaptierte Wissen in unterschiedlichste Richtungen transferiert und dadurch auch transformiert wurde. Dass die ANT auf alle drei Bereiche und deren Interaktionen anwendbar ist, wird als eine ihrer Stärken begriffen und ist ein weiterer Grund für ihre Verwendung als wichtige theoretische Grundlage einer Geschichte der Kybernetik. Die ANT berücksichtigt Spannungen, Dynamik und Heterogenität von Netzwerken und ermög-

Lernen, München 2004; Latour, Bruno: Science in Action. How to Follow Scientists and Engineers through Society, Milton Keynes 1987; Ders.: The Pasteurization of France, Cambridge/Mass. 1988; Ders.: On Actor-network Theory. A few Clarifications, in: Soziale Welt 47 (1996), S. 369-382; Law, John u. John Hassard (Hg.): Actor Network Theory and After, Oxford 1999.

37 Obwohl Aussagen der Vertreter der ANT über die Gleichsetzung von Mensch und Technik z.T. stark kybernetisch klingen, explizit z. B. bei Callon, Michel u. Bruno Latour: Don't Throw the Baby out With the Bath School! A Reply to Collins and Yearley, in: Andrew Pickering (Hg.): Science as Practice and Culture, Chicago 1992, S. 353. Aber diese Studie will eine über die Geschichte der Kybernetik sein und keine wissenschaftstheoretische Studie mit kybernetischer Begrifflichkeit.

licht es damit, wissenschaftliche genauso wie nichtwissenschaftliche kybernetische Netzwerke als dynamische Räume zu beschreiben, in denen Wissen in materiellen, sozialen und symbolischen Dimensionen produziert und weiterentwickelt wird und auf die das Wissen begrenzt ist.

Zeitschriften präsentierten neu konzipierte und weiterentwickelte Forschungsfragen, Methoden und Theorien, schafften wissenschaftliche Öffentlichkeiten und konstituierten dadurch zusammengehörige Gruppen aus Herausgebern, Autoren, Rezensenten und Lesern. D.h., spezielle Zeitschriften waren Organe je eines Kreises von Akteuren, der eine eigene Stilrichtung der Kybernetik pflegte, eines Netzwerks. Sie informierten die Akteure wie auch Außenstehende über die spezifischen Wesen der Netzwerke und die darin gültigen Fragen und Methoden, ihre Agenden. Somit war eine eigene Zeitschrift ein wesentlicher Teil des jeweiligen kybernetischen Netzwerks oder, mit den Worten Bruno Latours, ein zentraler Aktand. Daher sind die drei kybernetischen Netzwerke, die hier als Fallbeispiele der wissenschaftlichen Kybernetik dienen, nach ihren Zeitschriften benannt: »Biological Cybernetics«, »Informationsverarbeitung in Technik und Biologie« und »Grundlagenstudien aus Kybernetik und Geisteswissenschaft«.[38]

Innerhalb ihrer Netzwerke bemühten sich die Akteure um die Etablierung der Kybernetik als Wissenschaft, indem sie, mehr oder weniger erfolgreich, eine disziplinäre Infrastruktur aufbauten, die Lehrstühle, Studiengänge, Zeitschriften, wissenschaftliche Gesellschaften und Forschungsverbünde umfasste. Jedes der drei Netzwerke generierte aber separate Strukturen und einen eigenen kybernetischen Stil, worunter hier ein gemeinsamer Kanon des Handelns aufgrund eines gemeinsamen Verständnisses der behandelten Objekte verstanden wird. Der Stil speiste sich also aus einer sozialen Gruppe und wirkte gleichermaßen integrativ für diese. In diesem Sinne wird gefragt, wie sich kybernetische Stile entwickelten, sich öffentlich beeinflusst ausbreiteten und auf Außenstehende einwirkten.

38 Diese Betitelung hinkt insofern, als »Informationsverarbeitung in Technik und Biologie« nicht primär eine Zeitschrift war, sondern der Name eines Forschungsinstituts, das nur seine »Mitteilungen« unter diesem Namen herausgab. »Biological Cybernetics« dagegen erschien, bis 1975 unter dem Titel »Kybernetik«, als weit verbreitete Zeitschrift beim Springer Verlag, Berlin, und »Grundlagenstudien aus Kybernetik und Geisteswissenschaft« beim Verlag Schnelle, Quickborn.

## *Öffentlichkeit*

Die Außendarstellung kybernetischer Netzwerke markiert die zweite große Perspektive dieser Studie, die ebenfalls methodisch handhabbar gemacht werden muss: das Verhältnis der Kybernetik zur Öffentlichkeit. Kybernetische Netzwerke wirkten nach außen, einmal indem das innerhalb des Netzwerks produzierte Wissen verbreitet wurde, zum andern indem der Stil des Netzwerks von anderen Stilrichtungen abgegrenzt wurde. Öffentlichkeit bedeutet nach diesem Verständnis nicht nur das Kollektiv der Laien im Sinne Peter Weingarts,[39] d.h. eine Massenöffentlichkeit, die von den Medien adressiert wird und ein eigenständiges gesellschaftliches Subsystem neben Politik und Wirtschaft bildet. Sie ist das jedwede Außen, mit dem Kybernetiker in welcher Weise auch immer zu tun hatten. Dieses Außen ist zu systematisieren oder zu stufen,[40] von eben der Massenöffentlichkeit auf der einen Seite bis hin zur einer wissenschaftlichen Öffentlichkeit, in der sich Kybernetiker selbst bewegten und um Anerkennung buhlten. Öffentlichkeit trat in der Geschichte der Kybernetik nicht als bloße Rezipientin der von Kybernetikern gesandten Information auf, sondern als gleichberechtigte Interaktionspartnerin, die selbst aktiv und strategiefähig war. Sie war nicht nur auf gesellschaftlicher Ebene, sondern auch innerhalb der Wissenschaft ein wichtiger Faktor für die Entwicklung der Kybernetik. Sie spielte in alle Prozesse hinein als das jeweils Andere, Außenstehende, das es zu überzeugen und für seine Interessen zu gewinnen galt. Nur auf diesem Weg über die Öf-

39 Weingart, Peter: Die Wissenschaft der Öffentlichkeit und die Öffentlichkeit der Wissenschaft, in: Ders. (Hg.): Die Wissenschaft der Öffentlichkeit. Essays zum Verhältnis von Wissenschaft, Medien und Öffentlichkeit, Weilerswist 2005, S. 13: »In einem allgemeinen Sinn ist mit ›Öffentlichkeit‹ jeder Adressat gemeint, an den sich die Wissenschaft wendet, wenn sie um Unterstützung wirbt. Dabei kann es sich ebenso um einzelne Personen handeln wie um ein großes Medienpublikum. Hier ist das Kriterium die Orientierung nach ›außen‹. In einem zweiten historisch empirischen Sinn ist die Öffentlichkeit jener seit der Aufklärung bezeichnete offene Raum der gesellschaftlichen Kommunikation, dessen interne Strukturen und Akteure sich dramatisch verändert haben und noch weiter verändern.« Vgl. auch Ders.: Stunde, bes. S. 27 u. S. 232-283. Diese Definition erinnert stark an Jürgen Habermas' Konzeption der Öffentlichkeit als gesellschaftlicher Bereich, in dem ein »herrschaftsfreier Diskurs« stattfindet. Nach Habermas, Jürgen: Strukturwandel der Öffentlichkeit. Untersuchungen zu einer Kategorie der bürgerlichen Gesellschaft, Neuwied 1962.

40 Ein für diese Arbeit vorbildliches Stufenmodell des Verhältnisses von Wissenschaft und Öffentlichkeit liefert Schirrmacher, Arne: Nach der Popularisierung. Zur Relation von Wissenschaft und Öffentlichkeit im 20. Jahrhundert, in: Geschichte und Gesellschaft 34 (2008), S. 86.

fentlichkeit konnte sich die Kybernetik in Wissenschaft und Gesellschaft etablieren und ausbreiten.

Aufgrund der zentralen Stellung der Öffentlichkeit beleuchtet diese Studie auch die Wissenschaft selbst unter dem Aspekt ihrer Rezeption. D.h., wer Aufmerksamkeit erregte, etwa indem er gehäuft zitiert wurde, galt nicht nur seinen Zeitgenossen als bedeutend für die Entwicklung der öffentlichen Wissenschaft Kybernetik, sondern wird auch in dieser Studie als zentraler Akteur der Kybernetik eingestuft.

In einer sinnvollen historiographischen Analyse der Interaktion von Wissenschaft und Öffentlichkeit müssen zunächst die Akteure in den Hintergrund treten. Stattdessen muss der Diskurs fokussiert werden, den intellektuelle Milieus trugen und beeinflussten, auf der einen Seite wissenschaftliche Netzwerke im Ganzen, auf der anderen die Massenöffentlichkeit, wie sie Weingart vorschlägt. Nach Michel Foucault sind Diskurse sprachliche oder schriftliche Praktiken, die Wissen konstituieren, strukturieren und distribuieren.[41] Eine Diskursanalyse fragt also nicht primär nach Inhalten, sondern nach den Modi ihrer Erzeugung und Ordnung. Zentral sind die Probleme und Aushandlungen, die Forschungsfragen, Methoden und Theorien konstituieren und transformieren sowie für Konjunkturen innerhalb einer Wissenschaft und im Spannungsverhältnis von Wissenschaft und Öffentlichkeit sorgen. Besonders für die Kybernetik galt wegen ihres Charakters als Modewissenschaft der 1950er und »langen 1960er Jahre«, dass das Reden über Wissenschaft, Technik und Innovationen Wirklichkeiten schaffen und bestimmen konnte.[42]

Öffentlichkeit ist in diesen Fällen öffentliche Meinung; in ihr sind alle aufgehoben, die nicht Fachwissenschaftler selbst sind, sondern die sich von außen ein Bild über die Wissenschaft machen und damit Einfluss auf diese ausüben. Auch diese Massenöffentlichkeit darf nie als passives Empfängerkollektiv verstanden werden, das – aus welchen Gründen auch immer – informiert sein muss. Vielmehr trat sie in der Geschichte der Kybernetik als Habermassche zivilgesellschaftliche Öf-

41 Über Diskurs und Diskursanalyse v. a. Foucault, Michel: Archäologie des Wissens, ND Frankfurt a. M. 2005 (dt. erstm. 1973, franz. 1969); Ders.: Die Ordnung des Diskurses, Frankfurt a. M. [6]2001. Im historiographischen Kontext behandelt u. a. durch Eder, Franz X. (Hg.): Historische Diskursanalysen. Genealogie, Theorie, Anwendungen, Wiesbaden 2006; Sarasin, Philipp: Geschichtswissenschaft und Diskursanalyse, in: Ders.: Geschichtswissenschaft und Diskursanalyse, Frankfurt a. M. 2003, S. 10-60.

42 So die Einschätzung der Wirkkraft von Diskursen um Wissenschaft und Technik durch Trischler: Innovationssystem, S. 66.

fentlichkeit auf, die sich ein eigenes Bild machen, eine eigene Meinung bilden und an den wissenschaftlichen und wissenschaftspolitischen Prozessen teilhaben wollte.

Allein, es fällt schwer, die Interaktionen der Netzwerke, die als Kollektive durch ihre netzwerkspezifischen Stilrichtungen repräsentiert wurden, mit ihrer Außenwelt zu beschreiben, wenn diese ausschließlich als gesichtslose Masse erscheint. Deshalb wird in einem zweiten Ansatz nicht nur der Diskurs beleuchtet, sondern auch gezeigt, wer diese Öffentlichkeit überhaupt ist. Weingart nennt keine weiteren Akteurgruppen als die Vertreter des Staats und der Massenmedien.[43] Ist der Begriff der Öffentlichkeit mit dem der öffentlichen Meinung gleichgesetzt, genügen diese auch; schließlich repräsentieren die Medien die öffentliche Meinung in einer demokratischen, massenmedial fundierten Gesellschaft, und Vertreter des Staats setzen sie in Politik um. Wird aber die Öffentlichkeit als gleichberechtigte Interaktionspartnerin mit eigener Strategiefähigkeit verstanden, müssen konkrete öffentliche Akteure festgemacht werden. Diese treten hier als Korrespondenzpartner von Wissenschaftlern auf, wenn Wissenschaft popularisiert, d.h. wenn Fachleute kybernetisches Wissen in den außerwissenschaftlichen Bereich vermitteln. Des Weiteren werden Journalisten, Publizisten und Privatleute zu öffentlich-kybernetischen Akteuren, wenn sie sich mit der Kybernetik beschäftigen. Deshalb sind auch intellektuelle Zirkel von Laien, in denen Kybernetik eine Rolle spielte, auf ihre Adaption und Handhabe der Kybernetik hin zu untersuchen.

Auf diesen eben beschriebenen theoretischen Grundlagen wird die Kybernetik in ihrer inhaltlichen, politischen und sozialen Dimension auf drei Ebenen untersucht: einer der Praxis, des konkreten Handelns und Denkens, einer der Politik, der Entstehung von Organisationen und Institutionen, sowie einer der öffentlichen Debatten.[44] Alle drei Ebenen werden sowohl in den wissenschaftlichen wie in den gesellschaftlichen Entwicklungen festgemacht und als miteinander verwoben verstanden. Nur mit diesem umfassenden Ansatz kann die Komplexität der Kybernetik als Wissenschaft im Fokus der Öffentlichkeit herausgearbeitet und nur damit ein Beitrag zur Frage nach Verwissenschaftlichung der Gesellschaft und Vergesellschaftung von Wissenschaft[45] geleistet werden.

43 Bei Weingart: Wissenschaft der Öffentlichkeit, S. 10.

44 Diese drei Ebenen verwenden auch Hard u. Jamison: Hubris, S. 14.

45 Zu dieser ausufernden Debatte siehe aus wissenschaftssoziologischer Sicht v.a. Weingart: Stunde, aus wissenschaftshistorischer z.B. Szöllösi-Janze, Margit:

## Aufbau der Arbeit

Diese Studie ist in drei thematische Blöcke unterteilt. Zuerst liefert sie einen Überblick über die Kybernetik als ein idealtypisch einheitliches Ganzes. Diese wird anhand ihrer Grundlagen, Anwendungsgebiete und der Abgrenzungen zu verwandten Wissenschaften zu charakterisieren versucht, ohne dass ihre historische Gewordenheit, Weiterentwicklung und Differenzierung berücksichtigt würden. Der Auftakt zeigt somit die maximale Spannweite des kybernetischen Diskurses. Anschluss an die historische Realität erreicht er dadurch, dass die Ausführungen nicht nur auf wenigen Darstellungen der amerikanischen Ur-Kybernetiker beruhen, sondern dass sie Dokumente aus dem gesamten Untersuchungszeitraum und besonders bundesdeutscher Kybernetiker berücksichtigen.

Erstmals auf historische Entwicklungen nimmt ein zweites Überblickskapitel Rücksicht, das einen weiten Bogen von der Geburt der Kybernetik in den USA bis zu ihrer Erscheinung in dritten Ländern spannt. Es verdeutlicht die Unterschiedlichkeit internationaler Erscheinungsformen und ermöglicht einen Vergleich zwischen ihnen. Anschließend führt das Kapitel in die bundesrepublikanische Kybernetik ein. Bevor es ihre Adaption und Etablierung, ihre Hypertrophierung und ihren Niedergang zeigt, geht es auf originär deutsche, vorkybernetische Wurzeln ein. Außerdem stellt es die historischen Versuche vor, die Kybernetik als ein Ganzes zu behandeln und eine einheitliche Kybernetik in der bundesdeutschen Wissenschaftslandschaft zu etablieren.

Der zweite Themenblock konzentriert sich zum einen auf die bundesdeutsche Kybernetik und schenkt zum anderen endlich den verschiedenartigen historischen Ausprägungen der Kybernetik als Wissenschaft Beachtung. Dadurch, dass nun die unterschiedlichen räumlichen Dimensionen sowie die praktischen, politischen und diskursiven Ebenen berücksichtigt sind, kehrt das zentrale Wesensmerkmal der Kybernetik in die Studie ein: ihre Heterogenität. Zunächst wird gezeigt, wie sich die Kybernetik materiell niederschlug, d. h. Institutionen werden beschrieben, die explizit oder implizit die Kybernetik in ihr Forschungs- oder Lehrprogramm aufnahmen. Die darauf folgenden empirischen Haupt-

Wissensgesellschaft in Deutschland. Überlegungen zur Neubestimmung der deutschen Zeitgeschichte über Verwissenschaftlichungsprozesse, in: Geschichte und Gesellschaft 30 (2004), S. 277-313. Speziell für den Fall der Politisierung der Wissenschaften bzw. der Verwissenschaftlichung der Gesellschaft im Nationalsozialismus siehe Kaufmann, Doris: Wissenschaft im Nationalsozialismus, in: Max-Planck-Gesellschaft (Hg.): Ethos der Forschung. Ringberg Symposium, München 2000, S. 11-23.

kapitel erläutern unter kultur- und sozialgeschichtlichen Aspekten die kybernetischen Netzwerke, wobei diese nicht kategorisch national begrenzt waren, sondern durchaus über die Bundesrepublik hinausreichten. Zuerst wird auf diese Weise die Entstehung, Etablierung und Ausbreitung der Biokybernetik, dann der Ingenieurskybernetik dargestellt.

Methodisch fallen die Ausführungen über die Humankybernetik etwas aus dem Rahmen, weil hier weniger auf Archivquellen und mehr auf Selbstdarstellungen der Akteure zurückgegriffen werden konnte. Wie nirgendwo sonst verfassten die Vertreter einer kybernetischen Pädagogik, die zum großen Teil die Humankybernetik ausmachte, reflexive Schriften über und Rechtfertigungen für ihre Institute und ihre Arbeit. Diese Tatsache war der Frontstellung gegenüber der klassischen Pädagogik geschuldet, die sie dauerhaft angriff. Deren Pamphlete bilden dann auch den einzigen nicht von den Akteuren selbst gelieferten Materialkomplex, der aber wegen der Polemik und der politischen Intentionen der Verfasser genauso mit Vorsicht zu behandeln ist wie die Darstellungen der kybernetischen Pädagogen selbst. Die Intentionalität das Materials zu erkennen und zu entlarven war demnach die Hauptschwierigkeit bei der Erarbeitung dieses Kapitels, sollte aber durch eine kritische Lektüre der einzelnen Beiträge und den Vergleich der Beiträge miteinander und mit den Entwicklungen in den anderen Netzwerken gelungen sein.

Den Abschluss des zweiten Blocks bildet eine Synthese aus den höchst heterogenen Erscheinungen der Kybernetik in ihren forschungspraktischen Niederschlägen sowie ihren verschiedenartigen politischen und sozialen Prozessen. Hier werden besonders die Gründe und Konsequenzen der Heterogenität gedeutet.

Im dritten und letzten Block rücken die Kybernetik im außerwissenschaftlichen Bereich und die Interaktion der wissenschaftlichen mit der außerwissenschaftlichen Kybernetik sowie den gesellschaftlichen Mentalitäten und Prozessen ins Zentrum der Analyse. Dabei werden ein öffentliches Bild der Kybernetik in den 1950er und 1960er Jahren rekonstruiert sowie Popularisierungsbemühungen und eine gänzlich von wissenschaftlichem Wissen unbeleckte Form der Kybernetik vorgestellt. Besonderes Augenmerk gilt den wechselseitigen Einflüssen der wissenschaftlichen Kybernetik auf der einen und der Gesellschaft, speziell der Öffentlichkeit, auf der anderen Seite.

Das abschließende Kapitel erläutert zusammenfassend und im Allgemeinen das Verhältnis von Wissenschaft und ihren Öffentlichkeiten, wissenschaftlichen wie auch außerwissenschaftlichen.

# I. DIE KYBERNETIK IN EINER IDEALTYPISCH ANGENOMMENEN GANZHEIT

## 2. Charakterisierung der wissenschaftlichen Kybernetik

Die Versuche, die wissenschaftliche Kybernetik zu charakterisieren, sollen hier keine Theorie einer niedergegangenen Wissenschaft entwickeln, wie dies in vielen Veröffentlichungen implizit unternommen wird. Sie sollen lediglich die Frage zu klären helfen, was Kybernetik eigentlich ist. Anhand wissenschaftshistorischer und wissenschaftstheoretischer Materialien sowie vor allem Schriften bundesdeutscher Kybernetiker, die im weiteren Verlauf dieser Studie noch von Bedeutung sein werden, erscheint im Folgenden der wissenschaftliche Kybernetikdiskurs in seiner ganzen Breite. Weil die Frage nach dem Charakter der Kybernetik sowohl zeitgenössische Veröffentlichungen wie auch viele wissenschaftshistorische Abhandlungen nicht genau geklärt haben, waren und sind sich Autor und Leser in beiden Fällen oft nicht einig, womit genau sie sich auseinandersetzen. Die Ausführungen dieses Kapitels werden dieses Problem beheben, indem sie die Grundlagen, die zentralen Elemente, die Leistungsfähigkeit und den Stellenwert der Kybernetik als Wissenschaft sowie ihre Grenzen zu verwandten wissenschaftlichen Ansätzen klären.

### 2.1 Theoretische und technische Grundlagen

Zunächst sind die Grundlagen einer allgemeinen oder theoretischen Kybernetik zu betrachten, und zwar ihre mathematischen Grundlagen in Gestalt der Informationstheorie, der Theorie der Regelsysteme und der Automatentheorie. Denn die Kybernetik war »in ihrem Kern eine mathematische Wissenschaft, d.h. eine solche, die Kalküle benutzt«,[1] wie es eine in den 1960er Jahren stark rezipierte Einführung in die Kybernetik ausdrückte.

1 Anschütz, Herbert: Kybernetik. Kurz und bündig, Würzburg 1967, S. 9.

### *Informationstheorie*

Mit Claude Shannons mathematischer Informationstheorie[2] und Norbert Wieners Postulat »Information is information, not matter or energy«[3] war 1948 eine dritte physikalische Untersuchungskategorie neben Energie und Materie in die Physik getreten, und die Information wurde mathematisch berechenbar. Der Erlanger Physiologe und Kybernetiker Wolf Dieter Keidel definierte Information nach Shannon als »ein quantitatives Maß von Unwahrscheinlichkeit einer gewissen Ereignisfolge«. Ein informationsverarbeitendes System enthielt demnach »umso mehr Information, je unwahrscheinlicher die Zeitfolge der Signale ist, die in dem besprochenen System verarbeitet werden.«[4] Umgekehrt besaß ein Zeichen desto weniger Information, je wahrscheinlicher es auftrat, und dafür umso mehr Redundanz. In der Bundesrepublik brachte 1950 eine umfangreichere Einführung in der »Fernmeldetechnischen Zeitschrift« die zentralen Begriffe der Informationstheorie »Signal«, »Störung«, »Kanalkapazität«, »Entropie« und »Verschlüsselung« erstmals der naturwissenschaftlich-technischen Öffentlichkeit nahe. Ihr Autor Werner Meyer-Eppler rückte die Entropie und die Verschlüsselung ins Zentrum, weil diese Begriffe für die Nachrichtenübermittlung und die Nutzung der Kapazitäten des Nachrichtenkanals von besonderer Bedeutung seien. Die Entropie der Nachricht entsprach danach der Nutzung des Satzes von Zeichen, aus denen die Nachricht gebildet war. Je gleichmäßiger die Zeichen genutzt würden, desto höher sei die Entropie. Die höchste Entropie der Verschlüsselung einer Nachricht liege dann vor, wenn alle Zeichen mit der gleichen Häufigkeit übermittelt werden.

Die Informationstheorie bedeutete für die Nachrichtentechnik dadurch einen Fortschritt, dass sie die Nachrichtenübertragung berechenbar machte und sie somit auf ein theoretisch-wissenschaftliches Niveau hob. Sie wies den Weg, »wie man, ohne sich auf wenige Spezialfälle beschränken zu müssen, verschiedene Nachrichtenverfahren auf ihre Öko-

2 Shannon, Claude: A Mathematical Theory of Communications, in: Bell Systems Technical Journal 27 (1948), S. 379-423. Erste Erwähnung in der Bundesrepublik in Form einer Zeitschriftenschau in: Fernmeldetechnische Zeitschrift 2 (1949), S. 94.

3 Wiener, Norbert: Cybernetics or Control and Communication in the Animal and the Machine, Cambridge/Mass. 1948, S. 155.

4 Keidel, Wolf Dieter: Kybernetische Leistungen des menschlichen Organismus, in: ETZ 85 (1964), S. 769. Im Rahmen einer Einführung in die Kybernetik liefert einen guten Überblick über die Informationstheorie Lutz, Theo: Kybernetik. Portrait einer Wissenschaft, in: VDI-Z 112 (1970), S. 1341-1346.

nomie, Störanfälligkeit und kryptographische Eignung untersuchen und miteinander vergleichen kann.«[5] Die Physik konnte nun »den Ablauf der zeitveränderlichen Qualität« physikalischer Erscheinungen und »subtilere Qualitäten als die bloße Energie« untersuchen.[6]

Der Prozess der Nachrichtenübermittlung bestand nach Meyer-Eppler aus dem Signal als materiellem Träger der Nachricht und dem Zeichen als Träger der Bedeutung, dem Sender und dem Empfänger, zwischen denen Information fließt, sowie deren gemeinsamem Zeichenvorrat. Diese Elemente bestimmten wiederum die Informationskapazität des Systems, die berechenbar und damit für die Technik manipulierbar und optimierbar seien. Die Informationskapazität eines Systems hing »ausschließlich von der geschickten Verteilung der Informationseinheiten«[7] ab, die in den Begriffen Entropie und Redundanz ihren Ausdruck fanden. Diese bestimmten schließlich, wie viel Information, messbar in bit, eine Nachricht enthielt bzw. wie viel Information, gemessen in bit/sec, durch den Nachrichtenkanal floss. Information war durch diese Theorie quantifizierbar und besaß eine eigene Maßeinheit, so dass Informationsübermittlung und Codierung naturwissenschaftlich-technisch beschreibbar waren.[8] Information war nicht mehr allein Gegenstand der Geisteswelt und der Technik, sondern auch eine naturwissenschaftliche Größe geworden.

Diese mathematisch-naturwissenschaftliche Behandlung der Information war gleichzeitig auch ein Wesensmerkmal der Kybernetik. Nach Wolf Dieter Keidel verdankte diese sogar ihre Entstehung dem Schritt »von der Energie zur Information und zur Aufdeckung informationsverarbeitender Wirkungsgefüge«.[9] Kybernetik war die, oder besser: eine Wissenschaft von der Information. Sie betrachtete alle »Naturvorgänge

5 Meyer-Eppler, Werner: Die Nachrichtentheorie von C.E. Shannon, in: Fernmeldetechnische Zeitschrift 3 (1950), S. 163f.

6 Meyer-Eppler, Werner: Informationstheorie, in: Die Naturwissenschaften 39 (1952), S. 341.

7 Ebd., S. 344.

8 Diese »Ingenieurtheorie auf hohem Abstraktionsniveau« revolutionierte die physikalisch-technische Erkenntnistheorie. Dargestellt bei Buchhaupt, Siegfried: Die Bedeutung der Nachrichtentechnik für die Herausbildung eines Informationskonzeptes der Technik im 20. Jahrhundert, in: Technikgeschichte 70 (2003), S. 295. Für Claus Pias war diese Verwissenschaftlichung der Information gar eine »Epochenschwelle«. Dazu Pias, Claus: Zeit der Kybernetik. Zur Einführung, in: Claus Pias, Joseph Vogl (u. a.) (Hg.): Kursbuch Medienkultur. Die maßgeblichen Theorien von Brecht bis Baudrillard, Stuttgart $^{2}$2000, S. 428.

9 Keidel: Kybernetische Leistungen, S. 771.

von ihrem Aspekt her, Information zu sein« und erklärte sich selbst zur Theorie »aller denkmöglichen informationsverarbeitenden Systeme«, eben indem sie »diese informationsverarbeitenden Systeme berechenbar« mache. Erst dadurch gelinge es, »ihr Verhalten vorauszusagen, wenn ihre Struktur in geeigneter Weise bekannt ist.«[10] Die Kybernetik betrachtete informationelle Beziehungen allerdings nur unter funktionellem Aspekt. Den materiellen Träger der Information vernachlässigte sie. Dagegen machte die Kybernetik nicht vor urmenschlichen geistigen Vorgängen halt, sondern trat mit dem Anspruch an, psychische Funktionen jeder Art »als rein apparative Leistungen« rational verstehen und damit wissenschaftlich erklären zu können. Insbesondere wurde bei einer so verstandenen wissenschaftlichen Betrachtung des menschlichen Geistes »das Phänomen des subjektiven Bewusstseins [...] überhaupt nicht in Betracht gezogen«.[11]

Wenn die Kybernetik die Informationsverarbeitung statt der Nachrichtenübermittlung thematisierte, ging sie in ihrer Betrachtung informationeller Beziehungen in zweierlei Hinsicht über die Informationstheorie hinaus. Zum einen lag Informationsübertragung in Organismen nie ohne Informationsverarbeitung im Empfänger vor. Zum anderen erfolgte sie in den seltensten Fällen nur in eine Richtung, sondern vielmehr als Kommunikation mit einem zumindest bidirektionalen Nachrichtenkanal, so dass ein Sender immer auch ein Empfänger war und umgekehrt. Oft fand Kommunikation sogar innerhalb von Gruppen statt, so dass eine Vielzahl von Informationskanälen entstand.[12] Die Shannonsche Informationstheorie beruhte also auf einem stark vereinfachten Sonderfall der Informationsübertragung, der die mathematische Analyse dieses multifaktoriellen und -elementaren Systems überhaupt erst möglich machte. Der Realität einer menschlichen Kommunikation in Gruppen wurde die Theorie aber nicht gerecht. In diesem Problem lag gleichermaßen eine Schwierigkeit wie eine Stärke der Kybernetik, deren Objekte gerade solche komplexen Systeme waren.

Dass die Informationstheorie nur für eine Dimension der Semantik galt, nämlich für die formale oder syntaktische, schränkte noch zusätzlich ihre Anwendbarkeit auf zwischenmenschliche Kommunikation ein.

10 Jeweils Anschütz: Kybernetik, S. 12.

11 Jeweils Weidel, Wolfhard: Kybernetik und psycho-physisches Grundproblem, in: Kybernetik 1 (1961), S. 166. Zu diesem Problem siehe auch die Miszelle »Kybernetik und psychophysisches Grundproblem«, in: ETZ 83 (1962), S. 816.

12 Dazu z. B. Steinbuch, Karl: Information und Gesellschaft, in: VDI-Z 114 (1972), S. 1013f.

Die pragmatische Dimension, die das Verhältnis des Zeichens zum Bezeichner erfasst, und die semantische Dimension, die sich auf den Inhalt eines Symbols bezieht, berührte die Informationstheorie nicht. Das Fehlen einer Theorie für den semantischen und den pragmatischen Teil der Zeichen bemängelten die Kybernetiker schon bald selbst. Der Karlsruher Nachrichtentechniker Karl Steinbuch etwa kritisierte 1961, die Informationstheorie in ihrer derzeitigen Form greife zu kurz, seit die Nachrichtentechnik nicht mehr nur die Übertragung von Information behandle, sondern auch »die Technik der Nachrichtenverarbeitung immer mehr an Bedeutung« gewinne.[13] Die Erweiterung der Informationstheorie hin zu einer Kommunikationstheorie und zu einer Theorie der Semantik bildete demnach immer ein zentrales Forschungsproblem und Desiderat der Kybernetik.

### *Regelungstheorie*

Neben »Communication« war »Control« das zweite Prinzip, mit dem sich die Kybernetik laut Wieners Titel beschäftigte. Die Lehre von der Steuerung und Regelung von Systemen war jedoch ungleich älter und wurde schon seit Jahrhunderten technisch angewandt. Theoretisch fundiert wurde sie aber erst Mitte des 20. Jahrhunderts durch die Einrichtung von Hochschulinstituten und die Veröffentlichung mehrerer Lehrbücher.[14] Spätestens als die Deutsche Forschungsgemeinschaft (DFG) 1961 ein einschlägiges Schwerpunktprogramm begründete, war die Regelungstechnik eine anerkannte technikwissenschaftliche Disziplin.

In kybernetischer Sicht war Steuerung als ein Spezialfall der Nachrichtenübertragung zu betrachten, wenn sie unter den Begriff der »Auslösung« gefasst wurde, »die das Verhalten eines Systems in gewünschter Weise beeinflusst.«[15] Vom Steuern war die Rede, wenn ein Auslöser »richtend auf den ausgelösten Vorgang wirkt«.[16] D.h., ein Sender löste über eine Nachricht das von ihm gewünschte Verhalten des Empfängers aus.

13 Steinbuch, Karl: Die Lernmatrix, in: Kybernetik 1 (1961/1963), S. 45.

14 Ein frühes Lehrbuch ist Oppelt, Winfried: Kleines Handbuch technischer Regelvorgänge, Weinheim 1954. Der erste Lehrstuhl für Regelungstechnik der Bundesrepublik wurde 1957 in Darmstadt eingerichtet und von Oppelt besetzt. Der technikwissenschaftlichen Community der BRD wurde die Regelungstechnik vorgestellt durch Aufsätze wie Oetker, Rudolf: Regelungstechnik, in: ETZ 75 (1954), S. 621-622; Oppelt, Winfried: Regelungstechnik, in: ETZ 75 (1954), S. 651-653; Leonhard, Adolf: Regelungstechnik, in: ETZ 79 (1958), S. 726-727.

15 Lutz: Kybernetik (1970), S. 1617.

16 Jeweils ebd., S. 1618.

Wiederum einen Spezialfall der Steuerung stellte die Regelung dar. Sie lag dann vor, wenn die Steuerung ein Element innerhalb des zu regelnden Systems war, sich das System also selbst steuerte. Seine charakteristische Leistung erbrachte ein sich regelndes System, indem es automatisch den Istwert einer zu regelnden Größe mit einem vorgegebenen Sollwert verglich und ihn an diesen anglich. Weil der Istwert das Ausgangssignal eines zu betrachtenden Regelsystems bildete und zum Zweck des Vergleichs an den Systemeingang zurückgemeldet wurde, wurde dieser Informationsfluss als Rückkopplung bezeichnet. Meist beabsichtigte die Regelung die Aufrechterhaltung eines konstanten Zustands des Systems unter Duldung gewisser Abweichungen, die mittels negativer Rückkopplung auf ein Minimum eingeschwungen wurden. Diesen Zustand bezeichnete die Kybernetik als Homöostase.

Dass solche Regelsysteme nicht nur Aufgabe technischer Konstruktion beispielsweise eines Thermostats seien, sondern auch in organischen Systemen vorlagen, wurde ebenfalls schon vor der Entstehung der Kybernetik erkannt. Gerhard Vossius, Mediziner und späterer Inhaber des Lehrstuhls für Biologische Kybernetik und Biomedizinische Technik der Universität Karlsruhe, betonte: »Der Unterschied zwischen biologischer und technischer Regelung ist […] nicht prinzipieller Natur, wie es im- oder explizit öfters dargestellt wird, er liegt vielmehr in den Möglichkeiten und Mitteln begründet, die beiden zur Verfügung stehen.«[17] Neben der materiellen Substanz, die das Regelsystem realisierte, unterschied sich die biologische Regelung von der technischen darin, dass das gesamte System in einem Organismus fertig entwickelt vorlag, während der Techniker sein Regelsystem beliebig konstruieren und manipulieren konnte. Eine allgemeingültige Theorie der Regelung musste von diesem Unterschied abstrahieren und die Regelung so weit formalisieren, dass sie für organische und technische Systeme galt. Dann lag der Gedanke nahe, die biologische und die technische Regelung als analog zu betrachten und die biologische Regelung auf funktionaler Ebene als Vorbild für die Realisierung technischer Systeme heranzuziehen.

An diesem Punkt setzte die Kybernetik an. Sie ging über die biologisch-technische Dichotomie hinaus und bewegte sich an der Grenze von Technik und Biologie; d.h. sie verstand technische und biologische Regelung einheitlich und machte Erkenntnisse des einen Bereichs für den anderen fruchtbar. Kybernetik begann dort, wo nach dem Prinzip der Regelung gesucht wurde, gleichgültig ob diese in technischen oder

17 Vossius, Gerhard: Die Wirkungsweise humanphysiologischer Regelungen, in: Naturwissenschaftliche Rundschau 13 (1960), S. 466.

organischen Systemen zu finden war. Weil das Prinzip der Rückkopplung »eines der fundamentalsten Prinzipien der Kybernetik« war, wurde vielerorts die Meinung vertreten, Regelung und Rückkopplung seien »die Gegenstände der Kybernetik schlechthin.«[18] Der führende Regelungstechniker Winfried Oppelt setzte das Gesamtgebiet der Regelungslehre sogar »mit dem Ausdruck ›Kybernetik‹« gleich.[19]

Nicht konkrete Forschungsobjekte, sondern mathematisch-technische Prinzipien waren der Gegenstand der Kybernetik. Demzufolge suchte die Kybernetik nach den Prinzipien der Informationsverarbeitung, also den Funktionen, und nicht nach dem materiellen Träger, der diese bedingte und ausführte. Kybernetik arbeitete mit mathematisch-technischen Methoden, zuvorderst nachrichten- und regelungstechnischen, und wendete diese auf bestehende oder zu konstruierende Systeme gleich welches Äußeren an.

### *Systemtheorie*

Die Kybernetik beschäftigte sich mit Systemen, gleichermaßen in wissenschaftlich-analysierender wie in technisch-konstruierender Weise. Aber auch auf diesem Gebiet förderte sie keine originären Theorien zutage, sondern konnte wiederum auf eine wissenschaftliche Systemtheorie aufbauen, die auf Ludwig von Bertalanffy zurückging.[20] Dieser abstrahierte bei seiner Systemanalyse von der materiellen Substanz, so dass die gefundenen Prinzipien auch in andersartigen Systemen gültig waren. Wie die Informations- und Regelungstheorie abstrahierte die Systemtheorie von konkreten Phänomenen und zielte auf eine allgemeine, methodologische Ebene, die auf alle Wissensgebiete anzuwenden sein sollte.[21]

Nach der Theorie bestand ein System aus Elementen, die in irgendeiner Beziehungen zueinander standen. Diese Beziehungen machten das Systemverhalten aus und waren deshalb das Objekt der Systemanalyse. Weil Systeme gemeinhin abgeschlossene Gebilde darstellten, waren sie der direkten Betrachtung oft nicht zugänglich. Bei der Untersuchung

18 Lutz: Kybernetik (1970), S. 1618.

19 Oppelt, Winfried: Regelungstechnik, in: ETZ 75 (1954), S. 651.

20 Erstmals formuliert um 1940, in Form einer umfassenden Monographie ausgearbeitet und veröffentlicht als Bertalanffy, Ludwig von: General System Theory, New York 1968.

21 Vgl. Seppänen, Jouko: Systems Ideology in Human and Social Sciences. History and Philosophy of Systems and Model Thinking, Information Theory and Cybernetics, in: Gabriel Altmann u. Walter A. Koch (Hg.): Systems. New Paradigms for the Human Sciences, Berlin/New York 1998, S. 183.

solcher »Black Boxes« interessierte allein das funktionale Verhältnis von Eingängen und Ausgängen. Der Systemanalytiker maß also, »welche Ausgangsinformationen der Kasten auf bestimmte Eingangsinformationen abgibt.«[22] Die Kenntnis der Ein- und Ausgänge des Systems ließ auf das Verhalten des ganzen unbekannten Systems rückschließen, wobei Verhalten nichts anderes war als »die Menge aller Zustandsänderungen, derer ein System fähig ist«.[23] Weil die Kybernetik in erster Linie Aussagen über Systemdynamik machen wollte, war die Untersuchung der Zustandsänderungen eine ihrer wesentlichen Aufgaben. Gingen Zustände nicht determiniert in andere über, lag ein stochastisches System vor, dessen Verhalten nur mittels Wahrscheinlichkeitsrechnungen zu erfassen war. Die Abstraktion von der materiellen Substanz des Systems und die Konzentration der Analyse auf das dynamische Verhalten zeigte die Gemeinsamkeiten von Systemtheorie und Kybernetik auf, ja machte die Kybernetik zu einem Spezialfall der Systemanalyse oder zu einer speziellen Systemwissenschaft. Auch Informations- und Codierungsprozesse konnten systemtheoretisch beschrieben wurden, so dass Informationsübermittlung und -verarbeitung zu Teilen des Systemverhaltens wurden. Zentral in der Kybernetik war die mathematische Behandlung der semiotischen Ebene des Verhaltens dynamischer Systeme. Sie untersuchte, wie Systeme mit Zeichen umgingen, also Information erzeugten, übermittelten und verarbeiteten.

Kybernetiker beschrieben dieses Systemverhalten mathematisch, v. a. automatentheoretisch. Die Grundlage hierfür bildete das Postulat, dass sich jeder Zustand des Systems, des Automaten oder der Maschine – diese Begriffe verschmolzen unter mathematisch-kybernetischer Betrachtung – mit einem binären Code exakt erfassen und beschreiben lasse. Da sich die Kybernetik mit Dynamik beschäftigte, war nicht die Berechnung und Beschreibung eines bestimmten Zustands ihr Ziel, sondern die Berechnung und Beschreibung von Zustandsänderungen. Unter Voraussetzung eines determinierten Systems ließ sich jeder Übergang des einen in einen anderen Zustand eindeutig erfassen, wodurch »ein sehr anschauliches Modell für den Ablauf der Vorgänge in einem Automaten« entstand und bei endlich vielen Zuständen »das Gesamtverhalten einer Maschine oder eines Automaten« gekennzeichnet und als »Programm«[24] des Automaten erfasst war. Das Ziel der Analyse eines Automaten war demnach die Erstellung einer Automatentafel, die alle Eingabe-, System- und

22 Anschütz: Kybernetik, S. 14.
23 Lutz: Kybernetik (1970), S. 1011.
24 Jeweils Lutz: Kybernetik (1971), S. 341.

Ausgabekanäle umfasste und jedem dieser Kanäle in bestimmten Zeitintervallen ein Binärzeichen zuordnete. Ein Automat wurde durch solche Automatentafeln »messbar«.[25]

### *Physiologie und technische Physik*

Nicht nur mathematische Theorien wie die der Information, der Regelung, des Systems und des Automaten lagen der Kybernetik zugrunde. Bereits Wieners Untertitel drückte mit »... Animal and the Machine« aus, dass die Kybernetik wissenschaftlich auf Biologie und Physiologie einerseits und andererseits auf Physik, speziell technischer Physik, basierte. Genauso aber wie diese Wissenschaften der Kybernetik Theorien lieferten, waren sie deren Anwendungsfelder. Die Grundlagenwissenschaft Physiologie war nicht nur Lieferantin von Theorien für die Technik, sondern die Technik erzeugte auch physiologische Fragen und stellte neuartige Methoden zur Verfügung. Regelungs- und Computertechnik wurde schon bald nach ihrer Gründung ein Vorbildcharakter für die Physiologie eingeräumt. Sie könnten, so die Hoffnung, neue Gesichtspunkte in die traditionelle Wissenschaft einbringen, »die einmal für die Interpretation zentralnervöser Leistungen von großer Tragweite« seien.[26] Dass Wissenschaften, die organische Funktionen untersuchten, sich der Technik als analytisches und methodisches Hilfsmittel bedienten, war in der Mitte des 20. Jahrhunderts nichts Ungewöhnliches. Die Kybernetik trat lediglich als besonders weit durchformuliertes Konzept auf, das die wechselnde Beeinflussung von Technik- und Naturwissenschaft berücksichtigte und die Information als mathematische und technisch manipulierbare Größe mit einbezog. Sie war ein theoretisch-methodologisches Konzept, das sowohl seinen Wissenspool aus traditionellen Disziplinen schöpfte, diese also als ihre Grundlagen nutzte. Genauso aber war sie in solchen Disziplinen anwendbar, brachte ihnen heuristischen und methodischen Nutzen. Innerhalb der Kybernetik bestand kein linearer Wissenstransfer, sondern die Grundlagen der Kybernetik waren immer auch gleichzeitig ihre Anwendungsgebiete. Dem Charakter der Kybernetik war, genauso wie ihren Untersuchungsgegenständen, eine Kreiskausalität immanent.

Ähnliches galt für das Modellieren, das einerseits die kybernetische Methode schlechthin war, sich andererseits als eine technische Anwen-

25 Ebd.

26 Rothschuh, Karl: Entwicklungstendenzen und Fortschritte der neueren Physiologie, in: Naturwissenschaftliche Rundschau 8 (1955), S. 467.

dung der kybernetischen Theorie erwies. Der Kybernetik war es insofern wesensimmanent, als ein Modell immer ein Analogon des untersuchten Systems darstellte, und das Analogisieren zwischen organischen und technischen Systemen unabhängig von ihrer Materialität im Zentrum der Kybernetik stand. Zum Hilfsmittel der wissenschaftlichen Analyse wurde ein Modell dann, wenn das zu betrachtende System zu komplex war, als dass es durch direkte Betrachtung verstanden werden konnte. Besonders bei der Komplexität biologischer Systeme war »das Suchen nach einfachen Ursache-Wirkung-Beziehungen geradezu naiv.«[27] Das Modell konnte nicht nur das Systemverhalten samt seiner vielfältigen Bedingungen und Auswirkungen verständlich machen, sondern es auch vorausberechnen und dadurch Aussagen über die zukünftigen Zustände des Systems ermöglichen. Ein Modell bildete das zu analysierende System ab und entsprach diesem bezüglich der für die Analyse relevanten Elemente und deren Beziehungen. Da sich die Kybernetik nur für Funktionen von Systemen interessierte, entwarf sie auch nur Funktionsmodelle, die »lediglich das gleiche Verhalten wie das Original« zeigten, aber keine »physikalische Übereinstimmung«[28] aufwiesen. Im Rahmen des kybernetischen Erkenntnisstrebens waren Funktionsmodelle nicht voneinander zu unterscheiden, wenn sich ihre Zustände und Zustandsänderungen mathematisch gleich beschreiben ließen.

Kybernetische Modelle setzte v. a. die Neurophysiologie ein. Beispielsweise wurden Nervennetze, die Informationsspeicherung des Gehirns oder Lernen und Gedächtnis elektronisch nachgebildet. Der Zweck dieser Modelle lag in der Veranschaulichung, dem besseren Verständnis und der Nachvollziehbarkeit der Funktionsweise des zentralen Nervensystems (ZNS). Andererseits lieferten solche Modelle »Anregungen zu technischen Entwicklungen«[29] und zur Weiterentwicklung der Technikwissenschaften. Biologische und nachrichtentechnische Betrachtungsweisen kongruierten in Modellen, deren Entwicklung das Wissen beider Seiten be-

27 Halbach, Udo: Modelle in der Biologie, in: Naturwissenschaftliche Rundschau 27 (1974), S. 293.

28 Lutz: Kybernetik (1970), S. 1014.

29 Halbach: Modelle, S. 300. Auch der Computerpionier Heinz Zemanek sah diese gegenseitige Befruchtung von Biologie und Technik über den Weg des Modellierens. Dazu Zemanek, Heinz: Logische Beschreibung von Lernvorgängen, in: Lernende Automaten. Bericht über die Fachtagung der NTG in Karlsruhe, 13.-14.4.1961, hg. v. Heinz Billing (= Elektronische Rechenanlagen, Beiheft 3), München 1961, S. 11. Zum Modellieren mit dem modernen Computer, also der Computersimulation, siehe z. B. Marienfeld, Horst: Die Methode der Simulation, in: ETZ 91 (1970), S. 599-604.

einflusste, die aber auch als analytische und methodische Hilfsmittel für beide Seiten dienten.

Die kybernetische Analyse komplexer Systeme konnte Genauigkeit und Gültigkeit nur durch Vereinfachen und Abstrahieren erreichen. Dies leistete das Modell. Gleichzeitig mathematisierte und technisierte es die biologische Betrachtung, biologisierte aber auch die Entwicklung technischer Systeme. Genau dies war der Ansatz der Kybernetik.

## *Computer*

Der Computer als die informationsverarbeitende Maschine schlechthin stellte in der Kybernetik die technische Realisation der Informationsverarbeitung dar, wohingegen das menschliche oder tierische Gehirn die organische Realisation war. Somit diente der Computer als Referenzmodell für die Analyse der Informationsverarbeitung in Organismen einerseits und andererseits als die Konstruktion, die es nach dem Vorbild der organischen Informationsverarbeitung zu optimieren galt, indem ein Programm das durch die Analyse gewonnene Wissen technisch synthetisierte. Dass die Signalübertragung in Nerven nicht nach dem Digitalprinzip funktionierte, wie dies von den ersten Kybernetikern noch angenommen worden war,[30] schränkte allerdings die Möglichkeiten zur Analogiebildung zwischen Gehirn und Computer ein. Deshalb war die Kybernetik weniger den modernen Digitalcomputern zugewandt, sondern suchte die Nähe zur Analogietechnik. Weil diese allerdings innerhalb der Nachrichten- und Computertechnik immer stärker marginalisiert und Analogrechner seit den 1960er Jahren immer seltener hergestellt wurden, zog die Kybernetik in der Praxis ihre Schlüsse immer seltener aus den Analogien zwischen organischen Systemen und ganzen nachrichtenverarbeitenden Maschinen, sondern zwischen organischen Systemen und Computerprogrammen. Statt technischen Modellen sollten fortan Simulationen auf digitalen Universalrechnern der organischen Nachrichtenverarbeitung funktional entsprechen.

Die Kybernetiker verstanden den Computer als eine spezielle Rechenmaschine, die »selbsttätig den Ablauf bestimmter Vorgänge verwirklicht«, also ihr Verhalten »selbst steuert«.[31] Er war im wörtlichen Sinne ein

30 Z. B. bei Mc Culloch, Warren u. Walter Pitts: Logical Calculus Immanent in the Ideas of Nervous Activity, in: Bulletin of Mathematical Biophysics 5 (1943), S. 115-133; ND in: Claus Pias (Hg.): Kybernetik. The Macy-Conferences, Bd. 2: Essays und Dokumente, Zürich/Berlin 2004, S. 313-325.

31 Lutz: Kybernetik (1970), S. 1618.

Automat. Wegen ihrer großen Leistungsfähigkeit schienen die modernen Computer zum Modellieren der enorm komplexen menschlichen Informationsverarbeitung besonders qualifiziert und damit die wichtigste technische Konstruktion der Kybernetik. Weil sie bestimmte geistige Aufgaben sogar schneller, zuverlässiger und kostengünstiger als der Mensch erledigen konnten, traten sie »in sehr scharfe Konkurrenz« zu diesem. Dass »ihre Leistungsfähigkeit in vielerlei Hinsicht die intellektuelle Leistungsfähigkeit des Menschen, ja sogar die von Menschen-Gruppen, übersteigt«,[32] empfand die Öffentlichkeit als bedrohlich. Für die Kybernetik dagegen waren Computer ein Glücksfall, weil nur ihre Rechenleistungen verschiedenartige Forschungsobjekte mathematisch durchdringen und dadurch die kybernetischen Prinzipien in verschiedenartigen Wissenschaften einheitlich angewendet werden konnten. Computer wurden »zum idealen Modell für vielerlei kybernetisch orientierte Untersuchungen.«[33]

Der Computer war das wichtigste mathematische Hilfsmittel der Kybernetik und die technische Konstruktion, die Informationsverarbeitung in geistesanaloger Weise mechanisierte. Die Kybernetik war die Wissenschaft, die die gesamte Information und Regelung unter einem übergreifenden Ansatz analysieren und berechnen sowie Theorien und Verfahren über die Mechanisierung der Information entwickeln wollte. Die physikalische Kategorie Information hatte bisher etwas dargestellt, was eher ins Psychische oder Seelische und damit in die Zuständigkeit der Geisteswissenschaften gehörte. Seit etwa 1948 existierte sie als naturwissenschaftliche Kategorie, die durch Claude Shannon messbar gemacht wurde, durch den elektronischen Digitalrechner Einzug in die Technik hielt und durch Wieners Programmatik unabhängig von ihrem substantiellen Niederschlag untersuchbar und manipulierbar war. Diese unerhörte und erklärungsbedürftige Tatsache begründete das hohe öffentliche Interesse an Kybernetik und Computer Science.

## 2.2 Anthropologie der Kybernetik

Dass das menschliche Bewusstsein nicht mehr die einzige Instanz war, »welche Informationen in sinnvoller Weise verarbeiten konnte«,[34] bildete den anthropologischen Sprengstoff des Computers. Er konnte einzelne

32 Ebd., S. 414.

33 Ebd.

34 Steinbuch, Karl: Information und Gesellschaft, in: VDI-Z 114 (1972), S. 1014.

Geistesfunktionen des Menschen simulieren, sie sogar übertreffen, und gab damit der kybernetischen These Nahrung, dass alle informationsverarbeitenden Systeme sich funktional entsprächen. Wenn der Computer nur genügend Rechengeschwindigkeit und Speicherkapazität zur Verfügung hätte, könnte er den gesamten menschlichen Geist simulieren. Alles, was ein Mensch denkt, könnte dann auch ein Computer denken.

Das Postulat der Mathematisierbarkeit und Mechanisierbarkeit seiner ureigenen Leistung, des Denkens, blieb nicht ohne Auswirkungen auf das Bild vom Menschen. Die Kybernetik brachte eine eigene Anthropologie hervor, obwohl sie streng genommen überhaupt kein Menschenbild hatte. Schließlich abstrahierte sie von jeglicher Materie und damit auch von der Materialität des Menschen, indem sie von der funktionalen Gleichheit all ihrer Untersuchungsgegenstände ausging. Sie gründete auf der Annahme, dass »die Welt aus Systemen und nur aus Systemen«[35] bestehe. Auch der Mensch war für die Kybernetik zunächst nichts weiter als ein besonders komplexes System. Allerdings antwortete die Kybernetik nie zweifelsfrei auf die Frage, ob der Mensch tatsächlich ein Automat sei, also ein System, das in einem bestimmten Zustand vollständig zu beschreiben und dessen Verhalten bei Übergängen von einem Zustand in einen anderen automatentheoretisch vollständig zu erklären sei. War der Mensch in seinem Verhalten als ganzer zu erklären und zu beschreiben? Nur eine positive Antwort hätte es sinnvoll gemacht, das Wesen des Menschen kybernetisch zu untersuchen. Die Kybernetik behalf sich hierbei mit einem Trick, indem sie wieder einmal den Computer als Referenzmodell heranzog. Sie fragte: »Gibt es Folgen von Verhaltensmodellen, die im Hinblick auf nur jeweils bestimmte Eigenschaften menschlichem Verhalten äquivalent sind und die sich so miteinander koppeln lassen, daß ein Modell entsteht, dessen Gesamtverhalten dem des Menschen äquivalent ist?«[36] Wäre es also möglich, einen Computer zu konstruieren, der sich genauso verhielt wie der Mensch, dann könnte der Mensch als ein nachrichtenverarbeitendes System wie jedes andere verstanden werden. In allen Forschungen nach »denkenden« oder »intelligenten« Maschinen steckte demnach immer die Frage, ob der Mensch eine prinzipiell exzeptionelle Stellung im Kreise aller informationsverarbeitenden Systeme einnehme, oder ob er nur durch die schiere Menge seiner neuronalen Schaltungen allen anderen Systemen überlegen sei.

Nicht nur die Maschine zeige dem menschlichen Gehirn äquivalente Leistungen, sondern auch die nachrichtentechnischen Funktionen des

35 Lutz: Kybernetik (1973), S. 262.
36 Ebd., S. 263.

Menschen könnten quantitativ erfasst werden wie die einer Maschine. Diese Annahme machte die Leistung des Menschen mit der eines Computers vergleichbar und ließ die Existenz maschineller Intelligenz zu, wenn jede bewusste Gehirntätigkeit als Denken verstanden wurde. Die Maschine denke, sobald »sie ein Verhalten zeigt, das einer Gehirnfunktion äquivalent ist.«[37] Alle solchen Denkfunktionen zusammengenommen entsprächen dann der instrumentellen Intelligenz einer Maschine. Obwohl diese physisch ganz anders beschaffen war als eine ihr äquivalente organische Intelligenz, unterschied die Kybernetik nicht zwischen der Intelligenz eines Organismus und der einer Maschine. Sie hob im nachrichtentechnisch-funktionalen Vergleich menschlicher und maschineller Leistungsfähigkeit ganz unterschiedliche Stärken und Schwächen hervor. Während die Maschine schneller rechnete und Routinearbeiten zuverlässiger erledigte, übertraf noch kein Rechner die Komplexität eines Gehirns. Hier schloss der englische Kybernetiker W. Ross Ashby an, der die unterschiedlichen Stärken kombinierte und den Computer als »Intelligenzverstärkung«[38] verstand, weil er den Menschen in bestimmten Verhaltensfunktionen unterstützen könne. Dadurch wollte Ashby eine überlegene Hybridintelligenz schaffen.

Bei allen Veröffentlichungen und Diskussionen um maschinelles Denken und künstliche Intelligenz definierte nie jemand verbindlich, was denn Denken und Intelligenz generell seien, ob die nachrichtentechnischen Funktionen von Rechenmaschinen nun Denken oder Intelligenz simulierten oder nicht. Die Frage, ob eine Maschine ein dem Menschen äquivalentes nachrichtentechnisches Verhalten aufwies, konnte zwar in Einzelfällen positiv beantwortet werden. Daraus die Schlüsse zu ziehen, Maschinen seien ebenfalls intelligent und könnten denken und der Mensch sei nichts anderes als eine Maschine, war aber nicht statthaft, weil eben organisches Denken und menschliche Intelligenz nie klare Begriffe waren. Die Diskussionen um dieses Thema waren also Spiegelfechtereien.

Am stärksten ausgeprägt lag eine kybernetische Anthropologie in der vierten Auflage von Karl Steinbuchs populärwissenschaftlichem Bestsel-

37 Ebd., S. 265.

38 Siehe Ashby, W. Ross: Design for an intelligence amplifier, in: C.E. Shannon u. J. Mc Carthy (Hg.): Automata Studies, Princeton 1956, S. 215-234 (dt.: Studien zur Theorie der Automaten, München 1974). Dazu auch sein Hauptwerk: Design for a Brain, London 1952. Zum Konzept der Intelligenzverstärkung siehe außerdem Friedewald, Michael: Konzepte der Mensch-Computer-Kommunikation in den 1960er Jahren. J.C.R. Licklider, Douglas Engelbart und der Computer als Intelligenzverstärker, in: Technikgeschichte 67 (2000), S. 1-24.

ler »Automat und Mensch. Auf dem Weg zu einer kybernetischen Anthropologie« vor. Dieser Theorie lag Steinbuchs Entwicklungsarbeit zugrunde, die wiederum auf der Hypothese aufbaute, dass menschlicher wie maschineller Intelligenz stets kybernetisch erklärbare Funktionen zugrunde lägen.[39] Aus technischer Perspektive wäre damit die synthetische Nachbildung aller Funktionen der menschlichen Nachrichtenverarbeitung und des menschlichen Verhaltens im Ganzen möglich. Andererseits sprach daraus die Überzeugung, dass all diese Funktionen rational und vollständig analysiert und erklärt werden könnten. Erst dann wären sie ja zu synthetisieren. Insbesondere ebnete dieser Vollständigkeitsanspruch den Weg zu einem kybernetisch-mechanistischen Menschenbild. Steinbuchs Anthropologie lag paradoxerweise nicht seiner kybernetischen Forschungs- und Entwicklungsarbeit zugrunde und lieferte dieser nicht die Fragen für eine angewandte wissenschaftlich-technische Arbeit. Sie entwickelte sich erst aus der praktischen Anwendung und entsprach deren doppelter Zielsetzung: Wenn einzelne Geistesfunktionen technisch nachbildbar seien, dann könnten alle Geistesfunktionen zusammengenommen den menschlichen Geist im Ganzen nachbilden, womit der menschliche Geist vollständig erklärbar wäre. Dann wäre der Mensch nichts anderes als eine besonders komplexe nachrichtenverarbeitende Maschine.

Steinbuch formulierte den Grundgedanken der kybernetischen Anthropologie mit den Worten: »Was wir an geistigen Funktionen beobachten, ist Aufnahme, Verarbeitung, Speicherung und Abgabe von Informationen. Auf keinen Fall scheint es erwiesen oder auch nur wahrscheinlich zu sein, dass zur Erklärung geistiger Funktionen Voraussetzungen gemacht werden müssen, welche über die Physik hinaus gehen. [...] Ich glaube, daß wir die Denkfunktionen ebenso rational analysieren können wie unseren Stoffwechsel oder unser Muskelspiel.«[40] Aus diesen Grundannahmen leitete Steinbuch seine »These der Kybernetik« ab, die besagte, »daß das Lebensgeschehen und die psychischen Vorgänge aus der Anordnung und physikalischen Wechselwirkung der Teile des Organismus im Prinzip vollständig erklärt werden können.« Wichtig dabei war ihm besonders die Aufhebung einer Trennung von Subjekt und Objekt oder von Geist und Körper, kurz des psychophysischen Parallelismus: »Jedes subjektive Erlebnis entspricht einer physikalisch beschreib-

39 So geäußert z. B. bei Steinbuch, Karl: Maschinelle Intelligenz und Zeichenerkennung, in: Die Naturwissenschaften 58 (1971), S. 210.

40 Steinbuch, Karl: Automat und Mensch. Auf dem Weg zu einer kybernetischen Anthropologie, Berlin (u. a.) $^{4}$1971, S. 2 u. 4.

baren Situation des Organismus.«[41] Geradezu als Kronzeuge seiner These führte Steinbuch die Technik ins Feld. Seine kybernetische These bezog ihre Brisanz und Autorität aus der Erfahrung, »daß mit technischen Geräten Funktionen realisiert werden können, die bis vor kurzem als Monopol organischen, insbesondere menschlichen Verhaltens angesehen wurden.« Dabei sei es lediglich eine Frage des technischen Aufwands und kein prinzipielles Problem, »ein technisches System von der Größe und Komplexität des menschlichen Nervensystems« herzustellen.[42] Steinbuch stellte aber klar, dass diese Überzeugung keine Geringschätzung des Menschen zur Folge habe. Was die Natur mit dem menschlichen Gehirn an Leistungsfähigkeit, Zuverlässigkeit und Effizienz schuf, sei für den Techniker unerreichbar und lasse ihn nur bewundernd zurück. Und zur Vergleichbarkeit von Gehirn und Computer hielt er fest, dass beide sehr wenig gemeinsam hätten. »Weder die Substanz noch die Struktur, noch wesentliche Funktionseigenschaften haben bemerkenswerte Übereinstimmungen. Die einzige Übereinstimmung besteht darin, daß Rechenautomaten und Menschengehirne Leistungen vollbringen, die man als ›geistige‹ Leistungen bezeichnen kann.«[43]

In die Praxis kybernetischer Forschung spielte diese Anthropologie meist weniger grundsätzlich hinein, weil nicht die Intelligenz oder das Denken insgesamt, sondern nur einzelne Funktionen des menschlichen Geistes untersucht wurden.[44] Dadurch konnten die Forscher die Leistungsfähigkeit der nachrichtentechnischen Funktionen quantitativ erfassen und einen Leistungsvergleich zwischen dem Menschen und einem Computer anstellen, ohne eine klare Aussage bezüglich ihres Menschenbildes abzugeben. Implizit basierte aber die Suche nach menschlichen Geistesfunktionen immer auf dieser Anthropologie. Der Tübinger Biologe Wolfhard Weidel erläutert dies wie folgt: »Der Kybernetiker erwartet im stillen, psychische oder ›geistige‹ Leistungen jeder Art als rein apparative Leistungen vollkommen rational demonstrieren und damit wissenschaftlich streng erklären zu können, und wir behaupten, daß diese Erwartung berechtigt ist und das Phänomen des subjektiven Bewußtseins und seiner Zustände zur Lösung der Aufgabe überhaupt nicht in Betracht gezogen werden braucht.«[45]

41 Ebd., S. 7.

42 Ebd., S. 7f.

43 Ebd., S. 258.

44 Das ist die Aufgabe, der sich u.a. die Forscher des Netzwerks »Biological Cybernetics« stellten.

45 Weidel: Kybernetik, S. 166.

## 2.3 Definitionsversuche

Nachdem nun die anthropologischen, mathematischen und technologischen Grundlagen der Kybernetik verdeutlicht worden sind, ist es an der Zeit, sie definitorisch zu charakterisieren. Zunächst sollen eine Reihe von willkürlich herausgegriffenen Definitionen[46] der Protagonisten der bundesdeutschen Kybernetik für sich sprechen:

> Heinz Zemanek, 1964:
> »Sie ist ein Katalysator der Naturwissenschaft. Was sie erfolgreich angreift, kehrt abgeklärt in ein klassisches Fachgebiet zurück, und selbst die kybernetischste der kybernetischen Methoden erweist sich letztlich als Teil der Logik und der Mathematik. [...] In abstrakter Form kann die Kybernetik als Versuch gesehen werden, allgemeinste Funktions- und Verhaltensmodelle zu erarbeiten, die auf die verschiedensten Wissenschaftsgebiete angewendet werden können.«[47]

> Werner Kroebel, 1965:
> »Die Kybernetik hat ihren Ursprung in dem Studium von technischen Einrichtungen, die dazu dienen, aus gewissen Messwerten solche physikalischen Größen abzuleiten, mit denen irgendwelche Geräte zweckentsprechend bedient werden können. Sie hat also ihren Ursprung in Einrichtungen, die gewisse Messwerte als Nachrichten aufnehmen und zu Befehlen für Maschinen umsetzen können in einer für deren Arbeitsweise zweckentsprechenden Weise. Das führte auf den Gedanken, nach den allgemeinen Gesetzmäßigkeiten und Prinzipien zu suchen, welche für Systeme gelten, die mit ihrer Umwelt in einer Nachrichten aufnehmenden, diese verarbeitenden und das Ergebnis dieser Verarbeitung in die Umwelt zweckmäßig zurückwirkenden Beziehung stehen. Dieser Gedanke wurde zum Ausgangspunkt für die Kybernetik als Wissenschaft. Die Kybernetik kann daher im allgemeinen Sinne als eine Wissenschaft zur Erforschung der Gesetze, Bedingungen und Funktionsleistungen von Systemen aufgefaßt werden, die aus ihrer Umwelt Nachrichten empfangen, verarbeiten und wieder nach außen

46 Definitionen der Kybernetik auszuwählen, erscheint wegen ihrer Unzahl und Unüberschaubarkeit zwangsläufig willkürlich. Ein Arbeitspapier »Definition und Beschreibung des Begriffes ›Kybernetik‹ – Arbeitsmaterial für die 2. Sitzung der Sektion Kybernetik der Deutschen Akademie der Wissenschaften 1963« nennt beispielsweise 100 unterschiedliche Definitionen.

47 Zemanek, Heinz: Kybernetik, in: Elektronische Rechenanlagen 6 (1964), S. 173f.

abgeben, bzw. mit zweckentsprechenden Reaktionen auf die Eingangsnachrichten zur jeweiligen Anpassung an sich ändernde Umweltsituationen antworten können. / Die entscheidenden Begriffe und Grundlagen der neuen Wissenschaft gehen aus diesem Grunde im wesentlichen zurück auf die Theorie der Nachrichtenaufnahme und Nachrichtenübertragung, deren Kern wiederum die sogenannte Informationstheorie bildet, dann weiter auf die Theorie der Nachrichtenverarbeitung, wie sie beispielsweise in Rechengeräten oder Automaten stattfindet, sowie auf die Theorie der Steuerungen und selbsttätigen Regelungen und zwar nicht nur in technischen Systemen, sondern gerade auch in biologischen Systemen, weil bei diesen Systemen Steuerungen und Regelungen eine wesentliche Rolle für die Realisation ihrer Funktionsleistungen spielen.«[48]

Hans Marko, 1965:
»Kybernetik ist nach Wiener die Lehre von der Regelung und Steuerung im Organismus und in der Maschine. Heute würden wir etwas allgemeiner sagen: die Lehre von der Nachrichtenübertragung, Nachrichtenverarbeitung, Regelung und Steuerung in komplexen Systemen wie Automaten, Organismen oder Gruppen von Organismen. Danach wäre die Kybernetik keine eigentlich neue Wissenschaft, sofern man die Wissenschaften nach ihrem Forschungsgegenstand einteilt, denn die hier behandelten Probleme sind Gegenstand der Nachrichtenübertragungstechnik, der Datenverarbeitungstechnik, der Biologie, der Soziologie usw. Das charakteristische Merkmal der Kybernetik ist vielmehr, daß die Probleme in einer gemeinsamen Betrachtungsweise, d.h. mit der gleichen Methode behandelt werden. Die Kybernetik ist daher als eine ›Brücke zwischen den Wissenschaften‹ aufzufassen. Besonders sind es die in der Nachrichtentechnik entwickelten Methoden, welche sich für die Beschreibung komplexer Systeme hervorragend eignen, insbesondere die Systemtheorie und die Informationstheorie. Während die erstere sich mit der Beschreibung von Signalen, deren Übertragung und Umformung befasst, behandelt die Informationstheorie den durch die Signale übertragenen Informationsinhalt, die Information.«[49]

48 Kroebel, Werner: Einführung, in: Fortschritte der Kybernetik. Bericht über die Tagung Kiel 1965 der DAGK, hg. v. Werner Kroebel, München/Wien 1967, S. 7f.

49 Marko, Hans: Informationstheorie und Kybernetik, a.a.O., S. 9.

Alfred Schief, 1970:
»Die Kybernetik kann verstanden werden als die Wissenschaft von den gemeinsamen Gesetzmäßigkeiten der Steuerung, Regelung, Nachrichtenübertragung und Nachrichtenverarbeitung sowohl im technischen wie im biologischen Bereich. Kybernetik, etwas weiter gefasst, ist demnach die Wissenschaft von den gemeinsamen Prinzipien der Steuerung, Regelung, Informationsübertragung und Informationsverarbeitung bei technischen wie auch bei nichttechnischen Systemen. Die Kybernetik behandelt gleichartige Probleme, die in technischen und nichttechnischen Systemen auftauchen und in einer gemeinsamen Sprache beschrieben werden können. In dem obigen, heute in der westlichen Welt fast allgemeingültigen Sinn hat Norbert Wiener die Kybernetik verstanden. Er versuchte insbesondere durch die Anwendung regelungstechnischer, nachrichtentechnischer und informationstheoretischer Methoden und Begriffe im biologischen Bereich zu einem vertieften Verständnis der Funktionsweise lebender Organismen zu gelangen.«[50]

Felix von Cube, 1975:
»Ich verstehe unter Kybernetik (in einer vorläufigen Fassung) die mathematische und konstruktive Behandlung allgemeiner Strukturen, Funktionen und Theorien, die verschiedenen Wirklichkeitsbereichen gemeinsam sind.«[51]

Klar wird anhand dieser Definitionen zunächst die Heterogenität des Forschungsfeldes Kybernetik, dessen Verständnis sich je nach Zeit und intellektuellem oder sozialem Rahmen wandelte. Die Gemeinsamkeiten aller Formen des Verständnisses von Kybernetik bilden Begriffe wie Rückkopplung, Information, Homöostase, Entropie und zielgerichtetes Verhalten[52] und vielleicht noch einige weitere. Welche Theorien und Technologien der Kybernetik wesentlich zugrunde liegen, war noch nie allgemein anerkannt und wird wohl weiterhin strittig sein. Beim Versuch,

50 Bionik. Studie über ein Förderungsprogramm, ausgearbeitet im Auftrage des Bundesministeriums für Bildung und Wissenschaft von Alfred Schief (u. a.) (= Schriftenreihe Technologien 1), Bonn 1970, S. 10.

51 Cube, Felix von: Was ist Kybernetik? Grundbegriffe, Methoden, Anwendungen, München [3]1975, S. 11.

52 Nach Bluma, Lars: Norbert Wiener und die Entstehung der Kybernetik im Zweiten Weltkrieg (= Kritische Informatik 2), Münster 2005 (zugl. Diss. Uni. Bochum 2004), S. 119, bildeten diese Begriffe »die Binnenstruktur des kybernetischen Diskurses«.

einen gemeinsamen Nenner zu bilden, bleibt kaum mehr als Wieners Aussage, Kybernetik sei »Communication and Control in the Animal and the Machine«. In diesem Wort sind das Erkenntnisstreben und die Methodik der Kybernetik ausgedrückt, in denen sich alle realen Erscheinungsformen glichen.

### *Erkenntnistheorie und Methode*

Das erkenntnistheoretische Spezifikum der Kybernetik lag in der einheitlichen und gleichzeitigen Betrachtung von »Animal« und »Machine«. Nicht die Materialität eines Objekts wurde betrachtet, sondern die Funktion, die in technischen Systemen der von organischen glich. Demnach zeichnete die Abstraktion die Kybernetik aus und ermöglichte die Analogiebildung zwischen allen denkbaren Systemen auf funktionaler Ebene. Gerade die Analogie zwischen menschlichem Gehirn und Computer oder Rechenmaschine war typisch für das kybernetische Erkenntnisstreben. Beispielsweise beschrieb das Einführungswerk »Kybernetik. Kurz und bündig« das Lernen in Form einer Analogie zwischen organischem und technischem Verhalten. Weil die menschliche Lernfähigkeit eine spezielle Form des Strebens nach Lustgewinn sei, stehe sie in Analogie zu einem technischen Optimalwertregler, »denn maximaler Lustgewinn ist eben der erstrebte Optimalwert.« Damit wurde der Optimalwertregler zum Modell der Menschen »bezüglich ihres Strebens nach maximaler Lust.«[53] Doch gerade der Schluss vom Verhalten technischer Systeme auf dasjenige organischer aufgrund vergleichbarer Leistungen konnte schnell in die Irre führen. Denn ähnliche Leistungen, etwa die Mustererkennung durch das menschliche Sehsystem und durch eine technische Konstruktion, waren organisch ganz anders realisiert als technisch. Eine Analyse der Mustererkennung mittels eines technischen Modells legte etwa den Befund nahe, dass im Nervensystem eine hierarchische Ordnung mit zunehmender Abstraktion der Reizparameter bestehe. Demnach erkennten Computer und Mensch Invarianten in gleicher Weise. Vor dieser Parallele warnte der Neurologe Otto Creutzfeldt und wies darauf hin, dass es »keinen experimentellen Hinweis auf eine solche Arbeitsweise der Hirnrinde«[54] gebe. Bei der Analyse geistiger Funktionen, gerade der Funktionsweise des menschlichen Gehirns, war die Zuhilfenahme technischer Modelle unumgänglich, wenn die direkte

53 Anschütz: Kybernetik, S. 20.

54 Creutzfeldt, Otto Detlev: Physiologie der Hirnrinde, in: MPG-Jahrbuch 1968, S. 85.

Betrachtung des Objekts sich als zu komplex erwies. Technische Modelle als Hilfsmittel für den Erkenntnisprozess waren dem kybernetischen Arbeiten wesensimmanent, mussten aber umgehend verworfen werden, sobald experimentelle Ergebnisse ihnen widersprachen.[55] Andernfalls konnte kybernetische Forschung nicht als seriös gelten.

Die Methodik der Kybernetik bestand aus der experimentellen Analyse von Funktionen nachrichtenverarbeitender, sich selbst regelnder Systeme unter Abstraktion von deren materiellen Trägern, dem Modellieren der Ergebnisse, dem Vergleich mit den experimentell gewonnenen Ergebnissen und eventueller Verbesserung des Modells, schließlich dem Erstellen einer mathematischen Theorie, die auf jegliche Form von Systemverhalten angewandt werden konnte. Die Kybernetik erarbeitete einzig und allein analoge Strukturen in nachrichtenverarbeitenden Systemen gleich welcher Materialität.

Unter diesem Gesichtspunkt war die Kybernetik als Methodologie und nicht als Wissenschaft zu verstehen, wenn eine Wissenschaft über ihre Untersuchungsobjekte definiert wird. Dass es dann »um die Kybernetik sehr schlecht« [56] stand, war jedem Kybernetiker klar. Sie lieh sich die Gegenstände von traditionellen Disziplinen und untersuchte sie auf innovative Weise. Oder besser, sie verlieh ihre spezifische Methodik an die traditionellen Disziplinen, damit deren Probleme als nachrichten- oder regelungstechnische erkannt und mit dem spezifisch kybernetischen Methodenapparat gelöst würden. Eine theoretische oder allgemeine Kybernetik wäre demnach ein festes Gebäude methodischer Ansätze, die wiederum in Form angewandter Kybernetik Hilfsmittel für diverse wissenschaftliche Disziplinen darstellen könnten.

Diese Sicht entsprach auch der Selbsteinschätzung vieler bundesdeutscher Kybernetiker. Der Nachrichtentechniker Gert Hauske etwa bestand darauf, dass er und seine Kollegen als Kybernetiker in ihrer ursprünglichen Disziplin verortet blieben und lediglich kybernetisch arbeiteten, wenn sie ihr Spezialwissen und ihren Blick »in andere Fachgebiete hinein«[57] erweiterten. Ganz ähnlich der Befund des Biologen Horst Mittelstaedt: »Die Kybernetik ist ja gerade in beliebig verschiedenen Disziplinen direkt anwendbar, weil sie die Analyse des Wirkungsgefüges eines Systems unabhängig von der Physik der es realisierenden

55 Das betont z. B. Marko: Informationstheorie, S. 9f.

56 Lutz: Kybernetik (1970), S. 1616.

57 Gert Hauske im Interview, 13.10.2005.

Bauteile ermöglicht.«[58] Schließlich sah der Biologe Bernhard Hassenstein die Eigenart der Kybernetik im Zusammenspiel eines konkreten, am Forschungsobjekt orientierten Niveaus einer traditionellen wissenschaftlichen Disziplin wie der Biologie und eines abstrakten und verallgemeinerten Niveaus mathematischen Denkens und Arbeitens. Weil »die empirische Ebene der biologischen, pädagogischen oder technischen Arbeit, also konkrete Vorgänge und die für alle diese Fächer gleichermaßen gültige, also abstrakte Ebene der kybernetischen Vorgänge«[59] aufträten, existiere immer gemeinsam die Kybernetik nie als Reinform, sondern immer in Form von Bindestrich-Kybernetiken, verbunden mit einer traditionellen Disziplin. Höchstens denkbar wäre der Versuch gewesen, eine eigenständige Kybernetik in Form einer Methodenlehre oder Terminologie zu entwerfen.

Diese Sätze spiegelten ein Minimal-Verständnis der Kybernetik, das dieser eine Existenz lediglich in fremden Kontexten zubilligte. Heinz Zemanek drückte dies besonders deutlich aus. Für ihn sollte die Kybernetik »Gedankenexperiment und Forum bleiben, ein Markt des wissenschaftlichen Tauschgeschäftes, von dem man voll von eigenen Gedanken zum eigenen klassischen Laden zurückkehrt.« Sie war nach diesem Verständnis nur »eine Quelle der Fragestellungen«, und ihre spezifische Methode war »die Übertragung von Fragestellungen von einem Gebiet auf das andere.«[60] So verstanden sollte die Kybernetik eher ein Gedankenspiel bleiben und keine eigenen wissenschaftlichen Strukturen ausbilden. Wenn sie aber nicht darüber hinausginge, hätten sich ihre eigenen Inhalte, Fragestellungen und Methoden wohl kaum weiterentwickeln können. Dazu waren feste Arbeitsprogramme und Agenden nötig, die der Kybernetik einen disziplinenähnlichen Charakter gaben. Erst dadurch bekam die Forschung nachvollziehbare und allgemein anerkannte Gütekriterien an die Hand.

### *Universalwissenschaft Kybernetik*

Diese Suche nach Agenden und allgemein anerkannten Gütekriterien warf die Frage nach der Verortung der Kybernetik in der Wissenschafts-

58 Horst Mittelstaedt im Interview, 15.6.2005. Mit Wirkungsgefüge meint Mittelstaedt das Verhalten eines Systems, das aus unterschiedlichen Funktionen zusammengesetzt ist und informationstheoretischen Prinzipien gehorcht.

59 Bernhard Hassenstein im Interview, 11.7.2005.

60 Jeweils Zemanek, Heinz: Kybernetik, in: Elektronische Rechenanlagen 6 (1964), S. 171.

landschaft auf und provozierte ein Maximal-Verständnis der Kybernetik. Danach war die Kybernetik keine Methodik innerhalb bestehender Wissenschaften, sondern alle Disziplinen, die kybernetisch arbeiteten, wurden zu Subdisziplinen der Kybernetik erklärt. Alle Wissenschaften, ob Geistes-, Sozial- oder Naturwissenschaften, die informationsverarbeitende und sich selbst aufrechterhaltende oder regelnde Systeme zum Gegenstand hatten, gehorchten somit einer einheitlichen mathematischen Logik. Aus dieser Annahme leitete sich der Anspruch ab, die Kybernetik schaffe als eine »Dachwissenschaft«[61] die Einheit der Wissenschaften.

Ausgehend von der Beobachtung einer Analogie verschiedener Prinzipien wie der selbsttätigen Regelung in Technik und Biologie[62] begann die Kybernetik, mit denselben Methoden und vor allem demselben Vokabular alle denkbaren Phänomene zu untersuchen und zu beschreiben. Organische Systeme unterschieden sich unter kybernetischem Aspekt in nichts mehr von technischen. Ein Automat war im Sinne der Kybernetik nicht nur ein technisches Gerät, sondern genauso ein Lebewesen. Um die Kriterien eines Automaten zu erfüllen, musste ein System nur so funktionieren, »dass nach dem Lösen einer Hemmung, nach dem Drücken einer Taste ›Start‹ und beim Lebewesen nach dem Auslösen eines bestimmten Reizes im Nervensystem eine reproduzierbare Verhaltenskette durchlaufen wird«.[63] Eine kybernetische Theorie musste auf alle selbsttätigen oder automatischen Systeme, egal ob organischer oder technischer Natur, und auf beliebig viele verknüpfte Systeme, also Gruppen, anwendbar sein. Eine kybernetische Methode musste all diese Systeme und Gruppen von Systemen analysieren und beschreiben.

Nach dem Maximal-Verständnis machte die Kybernetik die Gegenstände der Forschung irrelevant, weil sie alle einheitlich untersucht werden könnten. In aller Konsequenz bedeutete diese Annahme den Niedergang traditioneller wissenschaftlicher Disziplinen und den Aufstieg der Kybernetik zum universellen wissenschaftlich-technischen Erkenntnismittel. Wer nur in Kybernetik ausgebildet sei, könne jeden wissenschaftlichen Gegenstand, gleichgültig welcher Materialität, bearbeiten. Biologische Vorgänge und besonders Geistesleistungen konnten dem Anspruch

61 Dieser Begriff war immer in der Diskussion. Ausführlich behandelt wird er z. B.. bei Lutz: Kybernetik (1970), S. 417.

62 Neu war diese Beobachtung nicht, sondern stellte in der Biologie schon seit Jahrzehnten, etwa durch Veröffentlichungen des Münchner Physiologen Richard Wagner seit 1925, einen Forschungsgegenstand dar.

63 Lutz: Kybernetik (1970), S. 415.

der Kybernetik nach erforscht werden, »ohne den Boden exakter Wissenschaft zu verlassen« und ohne »überphysikalische Kräfte wirksam zu glauben.«[64]

Dadurch, dass sie jedes informationsverarbeitende System mechanistisch, technizistisch und mathematisch verstehe und darstelle, schrieb sich die Kybernetik auf die Fahne, den psychophysischen Dualismus oder das Leib-Seele-Problem aufzuheben, den Vitalismus-Mechanismus-Streit zu beenden und die Vereinheitlichung aller Wissenschaften zu befördern. Wissenschaftstheoretisch wurde diese Tendenz vielfach für die zentrale Leistung der Kybernetik gehalten.[65] Gerade die Technikphilosophie der 1950er und 1960er Jahre beschäftigte sich intensiv mit der Vereinheitlichung von Geistes-, Natur- und Technikwissenschaften[66] im Sinne einer Mathematisierung der Geistes- und einer philosophischen Basierung der Natur- und Technikwissenschaften auf der Grundlage der Kybernetik. Ziel war es, die inhomogenen und diversifizierten modernen Wissenschaften durch ein gemeinsames »Urprinzip«[67] zu resynthetisieren, eine »Renaissance der Universitas litterarum«[68] zu schaffen.

Dieser Universalitäts- und Vereinheitlichungsanspruch bildete das zweite philosophische Standbein der Kybernetik neben der kybernetischen Anthropologie und nahm z.T. ideologische Ausmaße an. Schon das Gründungsdokument der Kybernetik von Norbert Wiener enthielt Tendenzen, das Konzept »Communication and Control in the Animal

64 Holst, Erich von: Biologische Regelung. Eine kritische Betrachtung, in: Regelungsvorgänge in lebenden Wesen. Nachrichtenverarbeitung, Steuerung und Regelung in Organismen, Vorträge der Tagung Essen 6.-7.11.1958, hg. v. Horst Mittelstaedt (= Beihefte zur Regelungstechnik 8), München 1961, S. 31.

65 Etwa bei Schnelle, H.: Geistesgeschichtliche Grundlagen der Kybernetik, in: Humanismus und Technik 14, Nr. 3 (1971), S. 31; Weidel: Kybernetik, S. 165-170.

66 Ein Protagonist dieser Strömung war der Karlsruher Philosoph Simon Moser. Zu seiner Einschätzung der Rolle der Kybernetik in der Philosophie siehe v.a. Moser, Simon u. Karl Steinbuch (Hg.): Philosophie und Kybernetik, München 1970. Mit dem Memorandum S. Moser: Bericht »Geisteswissenschaften an der Technischen Universität«, um 1965, UA Karlsruhe 27014/28, zielte er auf eine solche Vereinheitlichung von Technik, Natur- und Geisteswissenschaften. Ähnlich agierte an der TH Stuttgart Max Bense.

67 Der Begriff des Urprinzips wurde von oben erwähntem Richard Wagner eingeführt und oft verwendet. Z.B. Wagner, Richard: Rückkoppelung und Regelung: ein Urprinzip des Lebenden, in: Die Naturwissenschaften 48 (1961), S. 235-246.

68 Keidel, Wolf Dieter: Begrüßung und Eröffnung, in: Neuere Ergebnisse der Kybernetik. Bericht über die Tagung Karlsruhe 1963 der DAGK, hg. v. K. Steinbuch u. S.W. Wagner, München/Wien 1964, S. 8.

and the Machine« zu einer »Universal Science« auszubauen[69], und noch heute scheint dieser Teil der Kybernetik am meisten zu faszinieren. Denn auch die aktuelle Forschung sieht in der Kybernetik v. a. »ein universales Verweissystem von Gesellschaft, Natur und Technik«.[70] Des Weiteren wird von den »Allwissenheitsphantasien einer universellen Erkenntnistheorie« gesprochen,[71] vom Selbstverständnis eines »dawning of a new age«[72] oder »von einer epistemologischen Utopie [...], in der eine neue Mitte, ein neues Zentrum des Wissens und der Wissenschaft entsteht«.[73]

Weil die Kybernetik dem Anspruch nach eine universelle Wissenschaft war, die ein einheitliches Erkennen aller Objekte zum Ziel hatte, war eine ihrer wesentlichen Aufgaben die Ausbildung einer disziplinenübergreifenden Terminologie, einer kybernetischen Universalsprache. Diese »Cyberspeak« kombinierte Begriffe aus verschiedenen Wissenschaften wie Physiologie, Psychologie, Regelungs- und Nachrichtentechnik sowie Thermodynamik, um sie zu universalisieren.[74] In ihr verschmolzen die Bereiche von Politik und Wissenschaft, weil sie ideologisch, moralisch, theoretisch und wissenschaftlich aufgeladen wurde. Die Sprache repräsentierte den Anspruch des Sprechers auf Abstrahierung, Rationalisierung, Mathematisierung, Wissenschaftlichkeit und Steuerbarkeit des wissenschaftlichen oder gesellschaftlichen Bereichs, auf den die Begriffe angewandt wurden, etwa auf die Biologie, aber auch auf die Politik. Wer diese Sprache benutzte, erwies sich als Anhänger des Rationalen – in der Wissenschaft, aber auch in der Politik. Damit war die Cyberspeak und mit ihr die Kybernetik anschlussfähig an eine wissenschafts- und technikgläubige Gesellschaft der »langen 1960er Jahre«.[75] In der Kybernetik verschmolzen die Bereiche des Öffentlichen, Politischen und Wissenschaftlichen.

69 So Mindell, David, Jérôme Segal, Slava Gerovitch: From Communications Engineering to Communications Science. Cybernetics and Information Theory in the United States, France, and the Soviet Union, in: Mark Walker (Hg.): Science and Ideology. A Comparative History, London/New York 2003, S. 67.

70 Bluma: Wiener, S. 224.

71 Coy, Wolfgang: Zum Streit der Fakultäten: Kybernetik und Informatik als wissenschaftliche Disziplinen, in: Pias (Hg.): Kybernetik, S. 256.

72 Bowker, Geof: How to Be Universal. Some Cybernetic Strategies, 1943-1970, in: Social Studies of Science 23 (1993), S. 111.

73 Pias, Claus: Zeit der Kybernetik. Eine Einstimmung, in: Ders. (Hg.): Kybernetik, S. 20.

74 Siehe Gerovitch, Slava: From Newspeak to Cyberspeak. A History of Soviet Cybernetics, Cambridge/Mass. 2002, S. 2.

75 Ebd., bes. S. 22 u. 298.

Zwischen den beiden Extremen einer Universalwissenschaft und eines methodischen und analytischen Werkzeugs bewegten sich das Selbstbild und die Fremdeinschätzung der Kybernetik. Neu und unerhört an ihr war die Verwissenschaftlichung von Information unter Abstraktion von deren materiellen Trägern. Diese Tatsache ermöglichte eine mathematisch exakte Behandlung von Gegenständen, die vormals allein den Geisteswissenschaften und der Psychologie zugerechnet worden waren. Ein weiteres wesentliches und neues Element der Kybernetik war das Verständnis von Informationsprozessen als zielgerichtete, kreiskausale Systeme. Diese neue Denkart wies laut Wolf Dieter Keidel »auch erkenntnistheoretisch revolutionierende Züge« auf. Denn sie ergänze »den klassischen Kausalbegriff, das Fundament jeder naturwissenschaftlichen und exakten biologischen Forschung,« um »die Analyse von Wirkungsgefügen, also letzten Endes von Prozessen und Strukturen, die Entelechie enthalten.«[76]

Noch weiter gedacht war mit dem Prinzip der Kreiskausalität auch der wissenschaftliche Erkenntnisvorgang selbst als kreiskausales System zu verstehen. Die Kybernetik betrachtete dann die Rückwirkung auf sich selbst nicht nur an ihrem Forschungsobjekt, sondern sie untersuchte, wie der Forscher und das zu erforschende Objekt einen Regelkreis bilden. Diese »Kybernetik der Kybernetik« oder »Kybernetik zweiter Ordnung«[77] war eine Epistemologie, die das Erkennen des Erkennens und das Verstehen des Verstehens untersuchte. Kybernetik wurde damit zu einer Metawissenschaft.

76 Keidel, Wolf Dieter: Kybernetische Leistungen des menschlichen Organismus, in: ETZ 85 (1964), S. 769.

77 Die Kybernetik zweiter Ordnung geht im Wesentlichen auf den Amerikaner Heinz von Foerster zurück. Siehe Foerster, Heinz von: Cybernetics of Cybernetics, in: Klaus Krippendorff (Hg.): Communication and Control in Society, New York 1979, S. 5-8; Ders.: On Cybernetics of Cybernetics and Social Theory, in: G. Roth und H. Schwegler (Hg.): Self-Organizing Systems, Frankfurt a. M. 1981, S. 102-105; Ders.: Sicht und Einsicht. Versuche zu einer operativen Erkenntnistheorie, Braunschweig 1985; Ders.: Entdecken oder Erfinden: Wie läßt sich Verstehen verstehen?, in: Heinz Gumin und Armin Mohler (Hg.): Einführung in den Konstruktivismus, München 1985, S. 27-68; Ders. (Hg.): KybernEthik, Berlin 1993; Ders. u. Stephen A. Carlton (Hg.): Cybernetics of Cybernetics, Minneapolis 1995.

### *Fazit aller Charaktermerkmale*

Kybernetik war eine Wissenschaft, die informationsverarbeitende, sich selbst regelnde Systeme analysierte und die Ergebnisse dieser Analyse für eine technische Synthese bereitstellte. Sie war gleichfalls eine Technologie, die solche Systeme künstlich nachzubilden versuchte und diese Nachbildungen einerseits als technische Entwicklungen dem Einsatz in der Praxis, andererseits der analysierenden Wissenschaft als Hilfsmittel zur Verfügung stellte. Sie erhob den Anspruch, all diese Systeme mit denselben Begriffen beschreiben und mit denselben Fragestellungen, Theorien und Methoden analysieren und synthetisieren zu können. Gemeinsam war allen kybernetischen Ansätzen lediglich der Untertitel von Norbert Wieners programmatischem Buch »Communication and Control in the Animal and the Machine.« Diese vier Elemente mussten in wissenschaftlich-technischem Arbeiten enthalten sein, damit es sich Kybernetik nennen konnte. Von diesem gemeinsamen Ausgangspunkt entwickelten sich verschiedene Gruppen, Schulen oder Netzwerke, die Wieners Definition und Grundkonzeption je anders auslegten und weiterentwickelten, so dass sich äußerst unterschiedliche Formen der Kybernetik herausbildeten.

Die Extreme, auf die die unterschiedlichen Ausprägungen der Kybernetik zustrebten, waren auf der einen Seite das Verständnis der Kybernetik als methodisches und heuristisches Hilfsmittel auf funktioneller Ebene, das in verschiedenartigen Wissenschaften unabhängig vom materiellen Substrat des Untersuchungsobjekts anwendbar war. Auf der anderen Seite stand das Verständnis der Kybernetik als eine philosophische, anthropologische Theorie der funktionellen Gleichartigkeit aller informationsverarbeitenden Systeme, das z.T. weltanschauliche Züge annahm. In diesem Sinne entwickelte sich »der kybernetische Totalitätsanspruch«,[78] nach dem die Kybernetik alle denkbaren Erscheinungen der Natur und des Geistes analysieren und nachbilden könne. Die Bereiche des Geistes, der Natur und der Technik würden dadurch unterschiedslos. Viele Autoren[79] billigen der Kybernetik deshalb revolutionären Charakter zu und sehen in ihr eine Epochenschwelle des Denkens.

78 Lutz: Kybernetik (1973), S. 261.

79 Z.B. Pias: Zeit, S. 428; Pickering, Andrew: Cybernetics and the Mangle, in: Social Studies of Science 32 (2002), S. 413f.

## 2.4 Kategorisierung verschiedener Typen der Kybernetik

Bis hierher war stets von der Kybernetik als einem Ganzen die Rede, wie sie aber nur idealtypisch existierte. Tatsächlich zeichnete sich die Kybernetik immer durch verschiedene Formen des Verständnisses und verschiedene Forschungsansätze, eine Uneinheitlichkeit, ja Amorphie aus.

Dass Kybernetik nicht eindeutig und allgemein anerkannt zu definieren war, empfand Karl Steinbuch, der bekannteste Kybernetiker der Bundesrepublik, 1963 noch als Stärke.[80] Eine solche Unschärfe sei der dynamischen Entwicklung der jungen Wissenschaft geschuldet, befördere aber den wissenschaftlichen Fortschritt und bringe mehr Innovation hervor, als dies die festgefahrenen Strukturen einer wissenschaftlichen Disziplin zu leisten imstande seien. Weniger optimistisch gesehen, existierten diverse unterschiedliche Formen der Kybernetik, die ihr Erscheinungsbild nach außen undurchschaubar machten und so weit voneinander entfernt waren, dass sich die Kybernetiker untereinander selbst nicht mehr verstanden.[81] Die Gesamtheit der bundesdeutschen Kybernetiker war sich niemals einig, was Kybernetik sei.

Noch deutlicher war Steinbuch in einem Brief an seinen Kollegen Simon Moser: »Die verschiedenen Exponenten der Kybernetik vertreten ganz verschiedene Auffassungen. Sie wissen beispielsweise, daß Herrn Zemaneks Grundposition sich ganz wesentlich von meiner unterscheidet. Ähnliches gilt von Herrn Reichardt und z.T. auch von Herrn Hassenstein. Herr Küpfmüller scheint mir eine ›mittlere‹ Linie zu vertreten, während ich selbst eine ähnliche (›radikale‹) Linie vertrete, wie sie auch N. Wiener vertritt.«[82] Es gab nie die eine Kybernetik, sondern immer nur verschiedene Formen und Ausprägungen, die sich in der Forschungspraxis herausbildeten und sich je nach ihren Forschungsinteressen und -fragen, Methoden und nach den prägenden Akteuren eigenständig entwickelten.

80 Geäußert z.B. bei Steinbuch, Karl: Einführung, in: Neuere Ergebnisse, S. 11.

81 Die Biokybernetiker betonen bspw. einmütig, mit den Humankybernetikern nichts zu tun gehabt zu haben. So z.B. Hassenstein im Interview, 11.7.2005; K. Kirschfeld im Interview, 20.6.2005. Gert Hauske urteilt über die Humankybernetik sogar: »Das waren andere Schulen, mit denen wir nichts zu tun hatten. Ich verstehe so was auch nicht mehr, mir ist das zu philosophisch, manchmal auch linguistisch. Aber unter naturwissenschaftlichem Gesichtspunkt ist das eher Naiv-Kybernetik.« (G. Hauske im Interview, 13.10.2005.)

82 K. Steinbuch an S. Moser, 13.2.1962, UA Karlsruhe, 21001/765.

### *Analytische – synthetische Kybernetik*

Nach ihrer Zielrichtung sind eine analytische und eine synthetische Kybernetik zu unterscheiden. Horst Mittelstaedt beschrieb als Aufgabe der analytischen Kybernetik, »das Wirkungsgefüge einer Verhaltensbeziehung eines vorgegebenen Systems aufzuklären«. Dagegen sei die synthetische Kybernetik komplementär ausgerichtet, indem sie Systeme willentlich zusammenstelle, »deren Wirkungsgefüge eine vorgegebene Verhaltensbeziehung hervorbringen.«[83] Beide Formen unterschieden sich darin, dass der Analytiker mit bestehenden Systemen konfrontiert war, in denen er bestimmte Verhaltensbeziehungen nach bestimmten Aspekten auswählen konnte. Er konzentrierte sich auf für sein Erkenntnisinteresse relevante Funktionen. Dagegen realisierte der Synthetiker eine bestimmte Verhaltensbeziehung, die ihm vorgegeben war, konnte aber das System so wählen, wie es ihm für die Realisierung geeignet erschien. Die Analyse gegebener Systeme, ob biologischer, sozialer o. a., diente der Synthese als Vorbild. Die synthetisierten technischen Systeme hatten wiederum zweierlei Nutzen. Einmal innovierten sie die Regelungs-, Nachrichten- oder Computertechnik, z. B. wenn adaptive Systeme entwickelt wurden, die bestimmte Rechenaufgaben besser lösten als Computer mit starr ablaufenden Programmen. Der zweite Nutzen technischer Systeme war der eines heuristischen Hilfsmittels für die Analyse bestehender Systeme, wenn diese zu komplex waren, als dass sie sich durch direkte Betrachtung erschlossen. Solche synthetisierten Systeme, die z. B. zum Verständnis biologischer Systeme beitrugen,[84] wurden Modelle genannt.

Die Begriffe der technischen und synthetischen Kybernetik werden hier bewusst synonym verwendet, da Synthese von Systemen und technische Nachbildung bestehender, meist organischer Systeme, stets Hand in Hand gingen und im Kontext von Technik und Ingenieurwissenschaften standen. Dagegen war die analytische Kybernetik eher in klassisch naturwissenschaftlichen Disziplinen zu Hause, die bestehende Systeme untersuchten und beschrieben, besonders in der Biologie und Physiologie. Allerdings waren technische Modelle und mathematisch-technische Methoden wie Informations-, Regelungs-, Automatentheorie ebenso wichtige Teile biokybernetischen Arbeitens, genauso wie bio-

83 Mittelstaedt, Horst: Strategien und Methoden der analytischen Kybernetik, in: Kybernetik 1968. Berichtswerk über den Kongreß der DGK in München vom 23.-26.4.1968, hg. v. Hans Marko u. Georg Färber, München/Wien 1968, S. 58.

84 Beide Beispiele nennt Karl Steinbuch, um die Ziele der synthetischen Kybernetik zu verdeutlichen. Siehe Steinbuch, Karl: Bemerkungen zum Erkennen und Problemlösen, in: Kybernetik 1968, S. 397.

logisches Wissen die technische Kybernetik beeinflusste. Biologisch-analytische Forschungsgruppen beschäftigten immer auch Ingenieure und umgekehrt. Wenn im Folgenden die Kybernetik nach ihrer disziplinären Verwurzelung kategorisiert wird, muss die Verwischung disziplinärer Grenzen und die gegenseitige Beeinflussung mitbedacht werden. Denn interdisziplinäres Arbeiten war der Kybernetik immanent.

### *Theoretische – angewandte Kybernetik*

Eine reine, allgemeine oder theoretische Kybernetik war im Wesentlichen ein Konglomerat aus den oben genannten grundlegenden Theorien, Methoden und Techniken, die allesamt auf der Mathematik basierten. Kybernetik war aber nirgendwo in einer Reinform disziplinär verortet, sondern manifestierte sich nur in Form von Anwendungen in traditionellen Disziplinen und in deren Wirkungsbereichen. Nirgendwo und niemals existierte eine Institution oder auch nur eine Person, die allgemeinverbindlich definiert hätte, welche Inhalte zur Kybernetik zu zählen seien und welche nicht. Vielmehr bestand höchstens eine vage Übereinstimmung über einen Kanon von Fragen, Methoden und Theorien, die als Grundlagen kybernetischen Arbeitens dienten. Ihre Kodifizierung entsprach dem Versuch, eine theoretische Kybernetik zu formulieren, fand aber nie in anerkannten Forschungsprogrammen statt. Eine kybernetische Grundlagenforschung, die dem Zweck der Verbesserung der Theorien gegolten und in einem linearen Prozess die angewandte kybernetische Forschung beeinflusst hätte, gab es nie. Die theoretische Kybernetik als ein Ganzes existierte nur in Form von Überblicks- und Einführungswerken,[85] die einzelne bestehende Theorien zusammenfassten. Die Weiterentwicklung der kybernetischen Theorie vollzog sich in den Anwendungskontexten und diente zunächst nur als Grundlage für die jeweiligen Anwendungsgebiete.[86] Ob verbesserte oder neue Theorien auch Eingang in andere Anwendungsgebiete fanden, hing von der

85 Die in der BRD verbreitetsten Überblickswerke, die auch diesem Kapitel zugrunde liegen, sind Anschütz, Herbert: Kybernetik. Kurz und bündig, Würzburg 1967; Ashby, W. Ross: Einführung in die Kybernetik, Frankfurt a. M./New York 1974; Cube, Felix von: Was ist Kybernetik? Grundbegriffe, Methoden, Anwendungen, München ³1975; Flechtner, Hans-Joachim: Grundbegriffe der Kybernetik. Eine Einführung, Stuttgart 1966; Lutz, Theo: Kybernetik. Portrait einer Wissenschaft, in: VDI-Z 112 (1970), S. 413-417, 1009-1014, 1341-1346, 1613-1618; in: VDI-Z 113 (1971), S. 337-343; in: VDI-Z 114 (1972), S. 16-21, 554-558.

86 Ein Beispiel dafür sind die Systemtheorie homogener Schichten und die Kommunikationstheorie von Hans Marko.

Brauchbarkeit für diese ab. Wenn dies der Fall war und z. B. die Philosophie eine technische Theorie verwendete, dann konnte sie im Nachhinein in den Kanon theoretischer Grundlagen der Kybernetik aufgenommen werden. Diesen »methodischen Salto« beschrieb Theo Lutz' Einführung in die Kybernetik am Beispiel der Regelungstheorie, die eindeutig aus der Technik stammte. Kybernetisch relevant und interessant war die Theorie aber erst, als sich der Begriff Regelung so verallgemeinern ließ, dass er »zum Gegenstand einer anwendungsfreien Theorie« wurde, also »in die reine Kybernetik« einging, um »als Begriff der Kybernetik in Gegenstandsbereiche hineinzuwirken, die zur angewandten Kybernetik gehören«[87]. Gleiches gelte für weitere Begriffe wie den ebenfalls aus der Technik stammenden des Automaten oder den der Information, die eher geisteswissenschaftlichen Ursprungs war.

Kybernetische Begriffe, Fragen, Methoden und Theorien entwuchsen immer aus traditionellen Disziplinen, wurden verallgemeinert, also dekontextualisiert und in anderen Disziplinen angewandt und damit rekontextualisiert. Ein Kybernetiker bewegte sich zwischen der allgemeinen kybernetischen Ebene und der konkreten Anwendungsebene. Er musste mit dem Wissen, den Methoden und Techniken aus verschiedenen Disziplinen umgehen, also stark interdisziplinär ausgebildet sein oder in einem interdisziplinären Team arbeiten. Auf diesem Weg wurde in der Forschungspraxis kybernetisches Wissen adaptiert, transformiert und weiterentwickelt. Deshalb perzipierten unterschiedliche Disziplinen die Kybernetik nie gleichförmig, noch wurden gar »verschiedene wissenschaftliche Disziplinen systematisch ›kybernetisch‹ durchdrungen«.[88] Die Kybernetik hatte in unterschiedlichen Disziplinen unterschiedliche Bedeutung und entwickelte einen je eigenen Charakter. Eine einzige angewandte Kybernetik existierte also genauso wenig wie eine allgemeine Kybernetik, sondern es gab vielerlei unterschiedliche Anwendungsformen kybernetischer Theorien, Methoden und Fragestellungen, die z. T. kaum etwas miteinander zu tun hatten.

Ausschließlich Anwendungskontexte formten die Kybernetik zur Wissenschaft und entwickelten sie weiter. In der Bundesrepublik erwiesen sich als wichtigste Anwendungen die Biokybernetik, die Technische Kybernetik, die Humankybernetik sowie die Wirtschafts- und Sozialkybernetik.[89] Sie gingen aber nicht in je einer Disziplin auf, sondern etablierten

87 Lutz: Kybernetik (1972), S. 17.

88 Ebd., S. 555.

89 Weil die Wirtschafts- und Sozialkybernetik in den folgenden Kapiteln kaum mehr thematisiert wird, wird sie hier etwas umfangreicher vorgestellt.

sich an deren Rändern oder vereinten die Agenden zweier Disziplinen in bestimmten abgegrenzten Räumen.

### *Biokybernetik*

Die Biokybernetik war ein Amalgam zwischen Biologie, Physik und Nachrichtentechnik. Ihr zentrales Anliegen war die Analyse der Funktionen organischer Systeme mittels regelungs- und nachrichtentechnischer Theorien und Methoden sowie Modellen. Sie war aber nicht nur analytische Grundlagenforschung um ihrer selbst willen, sondern auch Hilfsmittel für die Technik. Die kybernetisch arbeitenden Biologen bewegte die urkybernetische Idee, dass »Technik wie Biologie voneinander lernen können.«[90]

Die Forschungsgegenstände der Biokybernetik waren erstens Verhaltensweisen und Organfunktionen, die »durch Prozesse der Steuerung, Regelung und Informationsverarbeitung ihren Charakter« erhielten, ohne dass der Forscher »den Ort und Ablauf dieser physiologischen Vorgänge unmittelbar erschließen« konnte. Zweitens waren es anatomische Strukturen, insbesondere Neuronenschaltungen und Neuronennetze, in denen »ohne Zweifel Prozesse der Informationsverarbeitung« abliefen, die der Forscher aber nicht »aus den vorgefundenen morphologischen Verhältnissen« deuten konnte. Wesentlich für die Konstituierung der Biokybernetik als eigenständige biologische Subdisziplin und als Motor für die Kybernetik war, dass »dieser Prozess der Anwendung kybernetischer Prinzipien auf biologische Systeme nicht rückwirkungsfrei« war, sondern dass »die Anwendung zum Beispiel nachrichtentechnischer Methoden auf biologische Systeme eine Erweiterung dieser Methoden und ihre Anpassung an die Struktur organischer Systeme erforderlich«[91] machte. Die Biokybernetik entwickelte eigene Fragen, Methoden und

90 Keidel, Wolf Dieter: Der Mensch, ein kybernetisches Wesen, in: Naturwissenschaftliche Rundschau 23 (1970), S. 402.

91 Jeweils Bionik. Studie über ein Förderungsprogramm, S. 11f. Zur Eingrenzung der neu zu gründenden Bionik sammelten die Autoren dieser Studie verbindliche und allgemeingültige charakterisierende Aussagen über verwandte Forschungsfelder durch deren Protagonisten, im Fall der Biokybernetik v. a. durch Bernhard Hassenstein und Hans Marko. Einer der wenigen Versuche, die Biokybernetik zu definieren, kam also von außen. Weitere, gleichlautende Versuche der Definition sind zu finden bei Hassenstein, Bernhard: Kybernetik und biologische Forschung, in: Handbuch der Biologie, Teil I, hg. v. Fritz Gessner, Frankfurt a. M. 1965, S. 629-719; Ders.: Biologische Kybernetik. Eine elementare Einführung, Heidelberg [2]1967.

Theorien, die dann in den Kanon einer allgemeinen Kybernetik wie auch derjenigen der Biologie eingingen.

Hinsichtlich der Menge von Forschungsprojekten, der Einwerbung von Fördermitteln und des Anteils von Vorträgen auf allgemeinkybernetischen Tagungen nahm die Biokybernetik unter allen Anwendungen die vorderste Position ein. Auch innerhalb der Biologie war die Biokybernetik anerkannt und verankerte sich in deren Kanon, wie dies sonst keiner anderen Anwendung in ihrer entsprechenden traditionellen Disziplin gelang.[92] Das Konzept Biokybernetik war für die Biologie genauso wie für die Kybernetik außerordentlich fruchtbar. In den 1960er Jahren gehörte sie in den Augen der Akteure selbst, vielleicht etwas zu optimistisch, »zu den bestgeförderten Forschungsbereichen fast aller Staaten dieser Erde«.[93]

### *Ingenieurskybernetik*

Biologisches Wissen für die Nachrichten- und Computertechnik nutzbar zu machen, war der Anspruch der technischen Kybernetik, wodurch sie in enger Verbindung zur Biokybernetik stand. Sie versuchte, geistige Arbeit zu objektivieren, also an technische Objekte zu übertragen. Vor allem in den 1960er Jahren hatten Forschungsprojekte und Veröffentlichungen über Probleme selbständiger Adaption von technischen Systemen an unbekannte Aufgaben, Strategien zur selbständigen Problemlösung oder automatischer Zeichen- und Spracherkennung hohe Konjunktur. Dabei sahen die Konstrukteure solcher technischer Systeme die organische Nachrichtenverarbeitung als direkte Vorbilder für die Entwicklung von Computerprogrammen[94] oder eigenständigen Spezialrechnern.[95] Diese waren der Idee nach der menschlichen Leistung ebenbürtig oder sogar überlegen, weil sie schneller, zuverlässiger und billiger

92 So u.a. Lutz: Kybernetik (1972), S. 556.

93 Keidel: Mensch, S. 401.

94 Z.B. wird ein Programm für den Universal-Rechenautomaten Siemens 2002 beschrieben bei Veenker, G.: Ein Programm zur Lösung von Schachaufgaben, in: Elektronische Rechenanlagen 7 (1965), S. 25-29.

95 Z.B. Schmid, D. u. G. Schulze: Zeitvergleiche zwischen Lernmatrixschaltungen und funktionell gleichwertigen Simulationsprogrammen, in: Elektronische Rechenanlagen 8 (1966), S. 232-237; Genser, R.: Die Aufbereitung der Information bei lernfähigen Automaten, in: Elektronische Rechenanlagen 11 (1969), S. 330-335; Flik, T.: Ein hybrides Verfahren zur automatischen Erkennung von Mustern in biomedizinischen Signalen, in: Elektronische Rechenanlagen 14 (1972), S. 123-127.

arbeiteten. Da diese Bemühungen aber kaum von Erfolg gekrönt waren, ebbte die Welle der technischen Kybernetik Anfang der 1970er Jahre wieder ab. Karl Steinbuch stellte 1971 fest, dass die Erwartungen, technische Systeme nach dem Vorbild organischer zu entwickeln, »bisher nicht eingelöst werden konnten«. Deshalb sei der aktuelle Stand »durch eine gewisse Resignation« belastet.[96] Die Nachrichtenübertragung und -verarbeitung in Organismen erwies sich als zu komplex, um sie technisch nutzbar zu machen. Sie war nicht praktikabel.

Der Begriff der technischen Kybernetik tauchte allerdings in der Literatur nur selten auf, am ehesten noch in Schriften, die die Praxis einführend oder überblicksartig beschrieben.[97] Die maßgeblichen Institute verwendeten den Begriff zur Beschreibung ihrer Forschungs- und Entwicklungspraxis nicht, noch verstanden sich die Akteure als Kybernetiker.[98] In den Ingenieurswissenschaften bezeichnete »Kybernetik« eher den theoretischen, philosophischen Überbau der Arbeit, den Anspruch auf die Synthetisierbarkeit des menschlichen Geistes, nicht aber die Arbeit selbst.

### *Humankybernetik*

Die Humankybernetik oder geisteswissenschaftliche Kybernetik untersuchte Informationsprozesse im Menschen und zwischen mehreren Menschen, allerdings nicht mit dem biologischen Ansatz, einzelne Funktionen zu analysieren und zu beschreiben. Sie wollte die Kommunikation und die menschliche Geistestätigkeit im Ganzen quantitativ erfassen. Grundlage war demnach eine mathematisch-naturwissenschaftlich exakte Psychologie, die sogenannte Informationspsychologie.[99]

96 Steinbuch, Karl: Maschinelle Intelligenz und Zeichenerkennung, in: Die Naturwissenschaften 58 (1971), S. 210.

97 Z.B. bei Schmitt, E.: Kybernetik, in: Mitteilungsblatt der FhG 4 (1966), Nr. 1, S. 2.

98 Bspe. für Orte technokybernetischer Forschung, die den Begriff nicht im Titel trugen, sind das Institut für Nachrichtenverarbeitung der TH Karlsruhe und das Fraunhofer-Institut für Informationsverarbeitung in Technik und Biologie (IITB). Alfred Schief, Abteilungsleiter im IITB, etwa räumt im Interview ein, 18.5.2006: »Bei uns wurde die Bezeichnung Kybernetik nie benutzt, wir haben uns nie als Kybernetiker bezeichnet.«

99 Grundlegend dafür Frank, Helmar: Über grundlegende Sätze der Informationspsychologie, in: GrKG 1 (1960), S. 25-32; Ders.: Informationspsychologie und Nachrichtentechnik. Kybernetik. Brücke zwischen den Wissenschaften, Teil 4, in: Die Umschau 61 (1961), S. 600-603 u. 634-636.

Obwohl es nahe gelegen hätte, wurden die philosophischen Grundlagen der Kybernetik innerhalb der Humankybernetik kaum diskutiert, geschweige denn systematisch bearbeitet. Gegenstände akademisch institutionalisierter Forschung waren v.a. die Pädagogik und die Ästhetik. Die »Informationsästhetik« behandelte den Kunstkonsum »als einen speziellen Kommunikationsprozeß [...], bei dem ein Betrachter (›Empfänger‹) die Nachricht oder die Zeichen wahrnimmt, die ein Künstler (›Sender‹) durch sein Kunstwerk zu übermitteln versucht.«[100] Gegen die Vorstellung, etwas so Subjektives wie Kunstgenuss und ästhetisches Empfinden mathematisch zu beschreiben, regte sich von Anfang an enormer Widerstand. Wie die gesamte Humankybernetik thematisierte die Informationsästhetik Gegenstände, die explizit und direkt den Bereich des menschlichen Geistes angingen. Das Gebiet der Humankybernetik verdeutlichte am eindrücklichsten, dass mit dem kybernetischen Anspruch, jeden beliebigen analysierten Gegenstand objektivieren zu können, der Ersatz menschlicher Geistestätigkeit durch eine Maschine gemeint war. Dass dem Menschen seine ureigene und ihn konstituierende Stärke genommen zu werden drohte, empfand die Öffentlichkeit als eine unerhörte Tatsache, als einen Skandal.

Die kybernetische Pädagogik analysierte nicht nur geistige Vorgänge, in ihrem Fall die Unterrichtssituation, sondern die Erkenntnisse dieser Analyse dienten auch einem technischen Zweck. Besonders in der Zeit der Bildungsdebatten und -reformen der 1960er Jahre wurden Anstrengungen unternommen, Lehrmaschinen zu entwickeln und damit den Unterricht zu objektivieren. In dieser Entwicklungsarbeit überschnitten sich die geisteswissenschaftliche und die technische Kybernetik.[101]

### *Wirtschafts- und Sozialkybernetik*

Den Bemühungen um eine Wirtschafts- und Sozialkybernetik lag die Erkenntnis zugrunde, dass soziale Phänomene systemtheoretisch erfasst und dargestellt werden könnten. Schon die amerikanischen Pioniere der Kybernetik thematisierten den Nutzen kybernetischer Theorien und Methoden für die Wirtschafts- und Sozialwissenschaften, weil sie soziale

100 Lutz: Kybernetik (1972), S. 558.

101 Eine Rezension über H. Frank (Hg.): Kybernetische Maschinen. Prinzip und Anwendung der automatischen Nachrichtenverarbeitung, Frankfurt a.M. 1968, in: Naturwissenschaftliche Rundschau 21 (1968), S. 314, ordnet die Entwicklung von Lehrmaschinen auch explizit der technischen Kybernetik zu. Frank selbst aber verwendete den Begriff nie.

und wirtschaftliche Gefüge als Informations- und Kommunikationsprozesse identifiziert hatten.[102] Auch in der Bundesrepublik wurde die Bedeutung einer Wirtschafts- und Sozialkybernetik häufig betont. Alle denkbaren betriebs-, volkswirtschaftlichen und sozialen Systeme sollten sich als Untersuchungsgegenstände eignen, z. B. die Konjunktur- und Preisstabilität, der Diskontsatz, die Steuer- oder Haushaltspolitik. Solchen Phänomenen schien eine Dynamik immanent, die »nur mit Methoden und Denkweisen der Kybernetik genauer erforscht werden kann.«[103] Kybernetik wurde dabei oft mit Systemtheorie gleichgesetzt und erschien als »die beste Methode, um so komplexe Sachverhalte wie die Strukturen und die Verhaltensweisen, die sich aus dem menschlichen Zusammenleben ergeben, zu erfassen und sinnvoll einzurichten«.[104] Die kybernetische Methode behandelte dynamische informationsverarbeitende Systeme in Wirtschaft und Politik zunächst so, dass sich ihnen »ein in Bezug auf viele Eigenschaften äquivalentes System, ein Modell im Sinne der Kybernetik zuordnen«[105] ließ. Die Modelle und Computersimulationen hatten dann den doppelten Zweck einmal eines heuristischen Hilfsmittels für die Analyse und zum anderen eines technischen Geräts, das die Steuerung von Industriebetrieben, Volkswirtschaften oder Gesellschaften zuverlässiger und billiger übernehmen könne als der Mensch.

In den Wirtschafts- und Sozialwissenschaften hatte die Kybernetik später Konjunktur als in ihren übrigen Anwendungsgebieten, nämlich erst gegen Ende der 1960er Jahre. Eine zunehmende Anzahl einschlägiger Veröffentlichungen war zu beobachten.[106] »Die immer bedeutender werdenden Fragen der Wirtschafts- und Sozialkybernetik« [107] tauchten erst-

102 Zu den Pionieren, in diesem Zusammenhang v. a. zu Gregory Bateson und Margaret Mead, siehe u. a. Bluma: Wiener, bes. S. 182-188; Brand, Stewart: For God's Sake, Margaret. Conversation with Gregory Bateson and Margaret Mead, in: Pias (Hg.): Kybernetik, S. 301-312; Heims, Steve: The Cybernetics Group, Cambridge/Mass. 1991.

103 Eppler, Richard: Analogie dynamischer Vorgänge in Technik und Wirtschaft, in: Kybernetik und Bionik. Berichtswerk über den 5. Kongreß der DGK in Nürnberg, 28.-30.3.1973, hg. v. Wolf D. Keidel (u. a.), München 1974, S. 139. Auch Niedereichholz, J.: Zur Operationalität wirtschaftskybernetischer Modelle, in: GrKG 11 (1970), S. 33, betont die Möglichkeit, mit der Kybernetik gerade dynamische Systeme zu analysieren.

104 Sachsse, Hans: Die kybernetische Methode in der Technik, in der Biologie und in den Geisteswissenschaften, in: VDI-Z 115 (1973), S. 618.

105 Lutz: Kybernetik (1972), S. 557.

106 Das bemerkt u. a. Niedereichholz: Operationalität, S. 33.

107 Tagungsankündigung: Kybernetik-Kongreß 1973. Kybernetik und Bionik, in: NTZ 26 (1973), K15.

mals auf Kybernetik-Kongressen auf. Schließlich wurde die Wirtschafts- und Sozialkybernetik in der gesellschaftlichen Praxis, besonders der Politik und Betriebswirtschaft, tatsächlich »zu einem maßgebenden Instrument der Planung«.[108]

Veröffentlichungen aus der Wirtschafts- und Sozialkybernetik beschrieben allerdings nur erste Forschungsansätze oder die zu erwartende Leistungsfähigkeit der Konzeption. Konkrete Beispiele von Forschungsprogrammen tauchten dagegen selten auf, weil sie kaum existierten. Als Beispiele wirtschafts- und sozialkybernetischen Arbeitens dienten meist nur Jay Forresters »Weltdynamik« und Dennis Meadows »Grenzen des Wachstums«, die die Entwicklung der Erde und der Menschheit als dynamisches System begriffen und vorausberechneten.[109] Gelegentlich erschien noch »The Nerves of Government« von Karl W. Deutsch[110] als einschlägiges Werk. Bundesdeutsche Autoren fanden fast nie Erwähnung; eine Ausnahme bildete lediglich ein Aufsatz der Soziologin Renate Mayntz, der die modellhafte Nachbildung sozialer Prozesse mittels Computern vorstellte.[111] Der Rechnersimulation billigte Mayntz die Rolle einer soziologischen Methode neben der Theoriebildung und Feldforschung zu.

Den stärksten Niederschlag in der bundesdeutschen Wissenschaftslandschaft erfuhr die Wirtschafts- und Sozialkybernetik durch die »Gesellschaft für Wirtschafts- und Sozialkybernetik«, die 1968 gegründet wurde und dem »Rationalisierungskuratorium der Deutschen Wirtschaft« angegliedert war. »Die Rationalisierung in ihrer ganzen Breite« war dem Verständnis der Gründer nach das Ziel der Anwendung kybernetischer Prinzipien in den Wirtschaftswissenschaften. Zu diesem Zweck sollte die Gesellschaft sich »für die Verbreitung des Gedankenguts und der Methoden der Kybernetik in Wirtschaft und Gesellschaft einsetzen,

108 Sachsse: Kybernetische Methode, S. 618.

109 Forrester, Jay: World Dynamics, Cambridge/Mass. 1971 (dt.: Der teuflische Regelkreis. Das Globalmodell der Menschheitskrise, Stuttgart 1972); Meadows, Dennis L. (u.a.) (Hg.): The Limits to Growth, New York 1972 (dt. Die Grenzen des Wachstums. Berichte des Club of Rome zur Lage der Menschheit, München 1972). Als Beispiele kybernetischen Arbeitens nannten sie u.a. Eppler: Analogie, S. 131; Niedereichholz: Operationalität, S. 41; Sachsse: Kybernetische Methode, S. 618.

110 Deutsch, Karl W.: The Nerves of Government, New York 1966 (dt.: Politische Kybernetik. Modelle und Perspektiven, Freiburg i. Br. 1969).

111 Vgl. Mayntz, Renate: Anwendungen der Kybernetik in der Soziologie, in: Helmar Frank (Hg.): Kybernetische Maschinen. Prinzip und Anwendung der automatischen Nachrichtenverarbeitung, Frankfurt a.M. 1964, S. 379-385.

nicht zuletzt mit der Absicht, der Rationalisierung neue Impulse zu geben und weiterführende Aspekte zu eröffnen.«[112] Die Anbindung an praktische Bedürfnisse der Wirtschaft wurde schon hier deutlich. Auf akademischem Gebiet war diese Gesellschaft dagegen eher eine Marginalie. Sie hängte sich zwar an die große »Deutsche Gesellschaft für Kybernetik« (DGK)[113] an, trat aber auch in diesem Rahmen selten auf[114] und wurde in der wissenschaftlichen Öffentlichkeit kaum wahrgenommen.

Die wenigen wirtschafts- und sozialkybernetischen Forschungsaktivitäten und Veröffentlichungen scheinen nicht aus einem planhaft erarbeiteten Programm hervorgegangen zu sein. Einschlägige ausländische Arbeiten wurden kaum rezipiert, etwa die des britischen Kybernetikers Stafford Beer, der wie kein anderer Management und Volkswirtschaften kybernetisch analysierte und die Kybernetik als Technik der Optimierung derselben verstand.[115] Auch mit anderen Anwendungsgebieten kooperierte die Wirtschafts- und Sozialkybernetik der Bundesrepublik kaum. Sie erschien als Ergebnis unzusammenhängender Einzelprojekte, die ihren Ursprung in einer prinzipiellen Feststellung der Bedeutung kybernetischer Theorien als analytische Hilfsmittel für die Steuerung und Planung von Wirtschaft und Politik hatten. Sie fußte auf der externen Erwartung, dass die wirtschaftliche und politische Praxis einen Nutzen aus der informations-, regelungs- und systemtheoretischen Analyse ihrer Objekte und der Verfügbarkeit kybernetischer Technik ziehen könne. Ihre Konjunktur resultierte aus einem Bedürfnis nach theoretischer Fundierung sowie nach methodischen und analytischen Hilfsmitteln in der wirtschaftlichen und politischen Praxis.

Die Anwendungsgebiete der kybernetischen Theorie waren zum einen die Automatisierung und Optimierung von Wirtschaft und Verwaltung durch die Analyse und Steuerung der Unternehmen und Behörden, die als informationsverarbeitende Systeme gesehen wurden. Zum anderen

112 Mitteilung: Gründung der Gesellschaft für Wirtschafts- und Sozialkybernetik, in: NTZ 21 (1968), S. 662.

113 Gert Hauske bezeichnet sie im Interview, 20.10.2005, gar als »Offspring der DGK«.

114 Auf dem Kybernetikkongress 1973 in Nürnberg erhielt die Wirtschafts- und Sozialkybernetik zwar eine eigene Sektion, die dabei gehaltenen Vorträge fielen aber im Vergleich zu der Fülle bio- und technokybernetischer Themen kaum ins Gewicht. Siehe Kybernetik und Bionik, S. 130-153.

115 Dazu Medina, Eden: Designing Freedom, Regulating a Nation. Socialist Cybernetics in Allende's Chile, in: Journal of Latin American Studies 38 (2006), S. 571-606; Pickering, Andrew: Cybernetics and the Mangle, in: Social Studies of Science 32 (2002), S. 413-437.

war die kybernetische Theorie in der politischen Planung von Bedeutung, die als Rückkopplungsprozess verstanden wurde und durch mathematische Methoden sowie durch Computereinsatz verwissenschaftlicht und optimiert werden sollte.[116] Weil die rationalisierungs- und wissenschaftsgläubige Gesellschaft der 1960er Jahre der Kybernetik eine hohe Bedeutung zur Lösung wirtschaftlicher und politischer Probleme beimaß, hatten die wirtschafts- und sozialkybernetischen Ansätze zumindest auf diskursiver Ebene einigen Erfolg. Diesen versuchten die Wissenschaftler auszunutzen und zu beschleunigen. Sie wiesen etwa wiederholt darauf hin, dass die Wirtschaftssysteme »in zunehmendem Maße Instabilitäten« enthielten, die »nur durch geeignete Steuerungsmaßnahmen gedämpft werden« könnten. Nur die Kybernetik könne »die wesentliche Dynamik in Modellen« erfassen und damit »die Steuerung besser als bisher«[117] gestalten.

Das gesellschaftliche Interesse konnte die Wirtschafts- und Sozialkybernetik kaum für eine breite und dauerhafte Manifestierung in der akademischen Welt ausnutzen. Es war auch nicht von Dauer, sondern hielt lediglich während einer gewissen kybernetischen Modephase in Wirtschaft und Politik bis zur Mitte der 1970er Jahre an. Danach verschwanden die wirtschafts- und sozialkybernetischen Ansätze, wie die Kybernetik im Allgemeinen, aus dem öffentlichen Fokus. Ihre Anhänger begründeten den Niedergang mit einem Mangel an wissenschaftlicher Fundierung. Hätte sich die Wirtschafts- und Sozialkybernetik in den 1960er Jahren manifestiert, dann hätte sie dieser Überzeugung zufolge auch die Theorien geliefert, die in der Praxis anwendbar gewesen wären. Dann wäre die Wirtschafts- und Sozialkybernetik in Wissenschaft wie in Praxis weiter erblüht.[118] Andere Stimmen sahen das Scheitern der Kybernetik in Wirtschaft und Politik als zwangsläufig an, weil sich die ganzheitliche Analyse und Steuerung von Wirtschaft und Politik als nicht praktikabel erwiesen hätten. Wirtschaftliche und soziale Systeme seien schlicht zu komplex. Für Renate Mayntz waren soziale Systeme sogar grundsätzlich keine kybernetischen Systeme. Kybernetische Methoden in der Gesellschaftsanalyse anzuwenden und Analoga zu regelungstechnischen Phänomenen zu bilden, habe sich deshalb zwangsläufig als »fast

116 Siehe Aderhold, Dieter: Kybernetische Regierungstechnik in der Demokratie (= Deutsches Handbuch der Politik 7), München/Wien 1973, S. 11.

117 Eppler, Richard: Analogie dynamischer Vorgänge in Technik und Wirtschaft, in: Kybernetik und Bionik, S. 142.

118 So argumentiert u. a. Aderhold: Regierungstechnik, S. 11.

völliger Mißerfolg«[119] herausgestellt. Weil wirtschaftliche und soziale Phänomene nicht mathematisch und systemtheoretisch beschrieben werden könnten, verkämen die Theorien und Methoden der Kybernetik zu leeren Phrasen.[120] Die Modellbildung war für Mayntz bestenfalls in einem normativen Sinn legitim, also im Rahmen des »Social Engineering« von Organisationen, nicht aber in einem analytischen Sinn, wenn existierende soziale oder wirtschaftliche Objekte untersucht würden.

Alles in allem existierte die Wirtschafts- und Sozialkybernetik, von Ausnahmen abgesehen, lediglich in Form eines Diskurses, der Versuche von Begriffsbildungen und der Annahme einer prinzipiellen Nützlichkeit für Automatisierungs- und Planungsbestrebungen in Wirtschaft und Politik. Die wenigen tatsächlichen Forschungsansätze zeigten in ebenso geringem Maße irgendwelche »praktikablen oder operationalen Auswirkungen« auf Wirtschaft und Politik und boten »keine wesentlichen Fortschritte in Richtung einer tatsächlichen Anwendbarkeit«.[121] Allerdings wirkte sich die Kybernetik in bemerkenswerter Weise auf die Wirtschafts- und Sozialwissenschaften aus, indem diese die Kategorie des Systems, das Verständnis gesellschaftlicher Prozesse als Kommunikationsprozesse und v. a. die Mathematik in ihren Kanon aufnahmen. Aus heutiger Sicht profitierte besonders die Soziologie, indem sie begann, »von der Kybernetik das Rechnen zu lernen.«[122]

## 2.5 Abgrenzungen von verwandten Wissenschaften

Kybernetik ist eine unter vielen System- und Informationswissenschaften,[123] die nach Bernhard Hassenstein »in einem großen theoretischen Feld wohl unterschiedliche Schwerpunkte« haben, aber »mit fließenden

119 Mayntz, Renate: Diskussionsbeitrag, in: Kybernetik als soziale Tatsache. Anwendungsbereiche, Leistungsformen und Folgen für die industrielle Gesellschaft (= Bergedorfer Protokolle 3), Hamburg/Berlin 1963, S. 81.

120 Diesen verbreiteten Umgang mit der kybernetischen Begrifflichkeit beschreibt auch Bluma, S. 185.

121 Niedereichholz: Operationalität, S. 33 bzw. S. 41. Diese Einschätzung bezieht sich speziell auf wirtschaftskybernetische Modellbildungen, repräsentiert aber eine Kritik an der gesamten Wirtschafts- und Sozialkybernetik.

122 Bäcker, Dirk: Rechnen lernen: Soziologie und Kybernetik, in: Pias (Hg.): Kybernetik, Zürich/Berlin 2004, S. 297.

123 Als Systemwissenschaft wird sie bezeichnet bei Mindell, David: Between Human and Machine. Feedback, Control and Computing Before Cybernetics, Baltimore 2002, S. 316. Ebenso Seppänen: Systems Ideology, S. 234-241.

Grenzen« [124] ineinander übergehen. Im Folgenden gilt es nun, solcherart verwandte Wissenschaften voneinander abzugrenzen, bzw. die Überschneidungen deutlich zu machen.

*Computer Science*

Die Nähe der Kybernetik zum Computer forderte eine Auseinandersetzung mit der Computer Science, der späteren Informatik, geradezu heraus. Beide Wissenschaften hatten die Information zum Gegenstand, und Kybernetik wie Computer entstanden analog während des Zweiten Weltkriegs, nämlich unter dem Zwang, große Datenmengen zu beherrschen und zu berechnen.[125] Von der Existenz des ersten modernen Computers bis zur Gründung einer Wissenschaft, die dieses Objekt zum Gegenstand hatte, dauerte es zwei Jahrzehnte, weil die relevanten Forschungsfragen lange nicht allgemeingültig geklärt waren. Auch hier mussten sich erst die theoretischen Grundlagen und die Anwendungsmöglichkeiten aus den unterschiedlichsten Richtungen zu einem Konglomerat zusammenfügen.

Als die Wissenschaften, »die den Computer ausmachen«,[126] galten schließlich die Mathematik, Nachrichtentechnik, Statistik, Physik, Mechanik, Fertigungstechnik und die Wirtschaftswissenschaften. Die Informatik, der gemeinsame Nenner all dieser Grundlagen, hatte nicht primär ein theoretisches Anliegen, sondern sah ihre Aufgabe in der praktischen Programmierung. Der Informatiker war demnach »der Ingenieur der abstrakten Objekte«.[127] Diese Ausrichtung auf die Praxis war wissenschaftspolitisch begründet, weil die Informatik 1968 als Hochschuldisziplin unter klarem gesellschaftlichen Auftrag aus der Taufe gehoben wurde. Wirtschaft und Politik suchten Fachleute, die die neuen digitalen Rechenanlagen so bauten und programmierten, dass sie in der wirtschaftlichen und politischen Praxis effizient einzusetzen waren. Das Ziel des zu installierenden Informatikstudiums war dementsprechend, das Personal

124 B. Hassenstein im Interview, 11.7.2005. Er bezeichnet die Kybernetik auch explizit als »Wissenschaft von der Information«. Dazu auch Hassenstein, Bernhard: Biologische Kybernetik. Eine elementare Einführung, Heidelberg [2]1967, S. 131.

125 Die Entstehungsgeschichte von Computer, Kybernetik und ihrem Zusammenhang ist sehr eindrucksvoll beschrieben bei Mindell: Human.

126 Zemanek, Heinz: Was ist Informatik?, in: Elektronische Rechenanlagen 13 (1971), S. 159.

127 Ebd. S. 160.

für diese gesellschaftlichen Aufgaben heranzubilden.[128] Deshalb spielten die Kategorie Information und die theoretische Beschäftigung mit den Prinzipien der Nachrichtenübertragung und -verarbeitung nur marginal in die Informatik hinein. Das maßgebende Lehrbuch der Informatik von Friedrich L. Bauer und Gerhard Goos handelte zwar die Grundbegriffe »Information« und »Nachricht« sowie die Analogien der technischen und organischen Informationsverarbeitung und die Vorbildhaftigkeit der Biologie für die Technik kurz ab. Intensiver beschäftigen sollten sich damit aber nicht die Informatiker, sondern »die naiv-informationistischen Kybernetiker«.[129] Der Großteil des Buches beschäftigte sich mit praktischer Programmierung.

Dass die Informatik sich nicht auf Erkenntnisse der Kybernetik als ihre theoretischen Grundlagen stützte, lag nicht nur an ihrer gesellschaftlich geforderten Praxisorientierung, sondern auch an einer Konkurrenzsituation zwischen den theoretischen Kybernetikern und praktischen Mathematikern um das technische Objekt Computer. In welcher Form diese revolutionäre Maschine verwissenschaftlicht würde, war bis in die 1960er Jahre hinein längst nicht entschieden. Kybernetik, angewandte Mathematik, Nachrichten- und Computertechnik gingen fließend ineinander über. Wie die Kybernetik der Computer Science theoretische Grundlagen und Fragen hätte liefern können, so war der Computer die technologische Basis der Kybernetik. Schließlich wurde er als kybernetische Maschine schlechthin verstanden. Auch als die Informatik bereits als Disziplin an Hochschulen existierte, wurde sie in ihrer Gesamtheit oft

128 Nach Coy, Wolfgang: Zum Streit der Fakultäten: Kybernetik und Informatik als wissenschaftliche Disziplinen, in: Pias (Hg.): Kybernetik, S. 258. Zur Entstehung der Informatik als Disziplin in der BRD siehe außerdem, aus zeitgenössischer Sicht, Mainzer, Klaus: Entwicklungsfaktoren der Informatik in der Bundesrepublik Deutschland, in: Wolfgang von den Daele (u. a.) (Hg.): Geplante Forschung. Vergleichende Studien über den Einfluß politischer Programme auf die Wissenschaftsentwicklung, Frankfurt a. M. 1979, S. 117-180. Aus historiographischer Sicht Coy, Wolfgang: Was ist Informatik? Zur Entstehung des Faches an deutschen Universitäten, in: Jörg Desel (Hg.): Das ist Informatik, Berlin (u. a.) 2001, S. 1-22; Hellige, Hans Dieter (Hg.): Geschichten der Informatik. Visionen, Paradigmen, Leitmotive, Berlin (u. a.) 2004; Naumann, Friedrich: Vom Abakus zum Internet: Die Geschichte der Informatik. Darmstadt 2001, bes. Kapitel 12; Wiegand, Josef: Informatik und Großforschung. Geschichte der Gesellschaft für Mathematik und Datenverarbeitung, Frankfurt a. M./New York 1994, bes. Kapitel 3 u. 4.

129 Bauer, Friedrich L. u. Gerhard Goos: Informatik. Eine einführende Übersicht, Berlin (u. a.) 1971, S. 15.

zu dem Teilgebiet der Kybernetik erklärt,[130] das sich ausschließlich mit bereits als Kalkül oder Algorithmus vorliegenden und dadurch maschinell verwirklichbaren Informationsprozessen beschäftige.

Als die Computerwissenschaft sich noch im Entstehen befand und ihre Grenzen nicht gezogen hatte, thematisierten ihre Protagonisten die Fragen und Methoden der Kybernetik in ihrer Relevanz für den Computer immer wieder. Die Entwicklung informationsverarbeitender Systeme nach dem Vorbild der Natur stand beim Kongress der International Federation of Information Processing (IFIP) 1962 in München, an dem 2.800 Computer-Wissenschaftler aus der ganzen Welt teilnahmen, mit auf dem Programm. Stehe der Ingenieur vor unbekannten Problemen, sei es schließlich »immer gut [...], einmal bei der Natur nachzusehen, wie sie mit dieser Aufgabe fertig geworden ist«.[131] Unter diesem Vorzeichen gab es ein Symposium über die biologischen und physiologischen Aspekte der Zeichenerkennung. Daneben befassten sich etliche Referate und Podiumsdiskussionen mit »Grenzgebieten der Datenverarbeitung«, wie der Lernfähigkeit von Computern, automatischer Muster- und Handschriftenerkennung oder allgemein maschineller Intelligenz. Besonders die Frage, ob eine Maschine bei solchen Prozessen tatsächlich kreativ sein könne, wurde »lebhaft diskutiert.«[132] Die endgültige Marginalisierung der Kybernetik innerhalb der Computer Science erfolgte erst, als eine Gruppe mathematisch und vor allem an den Anforderungen der Praxis und nicht an »den luftigen Grundlagenfragen«[133] kybernetischer Prägung orientierter Computerwissenschaftler, allen voran der Münchner Mathematiker Friedrich L. Bauer, endgültig forschungspolitisch maßgebend wurde und die Computerwissenschaft nach ihren Vorstellungen ausgestaltete. Durch die Ausgrenzung von Forschungsprogrammen wie der Kybernetik definierte diese Gruppe die neue Disziplin ex negativo.[134] Die Informatik behandelte nur noch die Informationsverarbeitung in bestimmten Maschinen, den Computern, und zwar einzig unter dem Aspekt ihrer Programmierbarkeit. Die Kybernetik dagegen abstrahierte von der materiellen Realisierung der Information, nutzte

130 So formuliert z. B. bei Schriftleitung und Verlag: In eigener Sache, in: GrKG 13 (1972), S. 1.

131 Gerwin, R.: Internationaler Kongreß für Informationsverarbeitung, München 27. August bis 1. September 1962, in: Naturwissenschaftliche Rundschau 16 (1963), S. 73.

132 Beides ebd., S. 74.

133 Coy: Streit der Fakultäten, S. 258.

134 Coy: Informatik, S. 7.

zwar den Computer als Technik, trug aber zu dessen wissenschaftlicher Weiterentwicklung kaum noch bei.

Kybernetische Fragen tauchten innerhalb der Informatik, oder besser: an deren Rand, nur noch in der sogenannten Künstlichen-Intelligenz-Forschung auf. Wie die Kybernetik konstituierte diese sich über die Erkenntnis, dass geistige Prozesse ebenfalls auf Informationsverarbeitungsprozessen beruhten. Damit erschien der Schritt nur konsequent, kognitive Leistungen des Menschen auch technisch zu reproduzieren.[135] Die ersten diesbezüglichen Versuche amerikanischer Computerwissenschaftler datierten aus der Mitte der 1950er Jahre, als die »Dartmouth Conference« 1956 als Initialzündung wirkte sowie erste Entwicklungen und Schriften erschienen.[136] Statt vorgegebener fester Programme sollten flexible Programme entworfen werden, statt starrer Algorithmen flexible heuristische Prozesse. Statt dem Computer zu sagen »how to do the problem«, sollte ihm lediglich mitgeteilt werden »what to do«,[137] damit er selbst den Weg zur Lösung eines Problems finden konnte.

Ganz ähnliche Bemühungen erlebte, wenn auch etwas später, die Bundesrepublik, allerdings im Rahmen der technischen Kybernetik. Eine explizite KI-Forschung bildete sich hier erst im Laufe der 1970er Jahre heraus,[138] als die Welle der Kybernetik bereits verebbt war. Dass sich die deutsche KI-Forschung nicht auf die Kybernetik bezog,[139] sondern ausschließlich die Entwicklungen aus den USA rezipierte, lag wohl in ihrer Verwurzelung in der Informatik begründet. Zum einen war die Kybernetik aus disziplinpolitischen Gründen inakzeptabel, zum anderen versuchte die KI-Forschung ihre Probleme ausschließlich mittels Programmen auf dem Universalcomputer zu lösen und nicht, wie in der technischen Kybernetik üblich, durch Entwicklung spezieller Hardware. Sie beschritt also einen anderen technologischen Pfad. Die Grundthese der gleichrangigen Informationsverarbeitung in Organismen und tech-

135 So Ahrweiler, Petra: Künstliche Intelligenz-Forschung in Deutschland. Die Etablierung eines Hochtechnologiefachs, Münster 1995, S. 43.

136 Z.B. Rosenblatt, F.: The Perceptron. A Probabilistic Model for Information Storage and Organization in the Brain, in: Psychological Review 65 (1958), S. 386-408.

137 So wird die Strategie der KI beschrieben bei Samuel, Arthur L.: Artificial Intelligence – A Frontier of Automation, in: Elektronische Rechenanlagen 4 (1962), S. 174.

138 Zur Geschichte der KI-Forschung in der BRD siehe Ahrweiler: Künstliche Intelligenz-Forschung, S. 75-150.

139 Dies beklagt Hilberg, Wolfgang: Karl Steinbuch. Ein zu unrecht vergessener Pionier der künstlichen neuronalen Systeme, in: Frequenz 49 (1995), S. 28-36.

nischen Systemen sowie die Problemstellungen waren jedoch in der KI-Forschung und der Kybernetik identisch.

### *Bionik*

Ebenfalls mit Informationsübermittlung und -verarbeitung beschäftigte sich die Bionik, deren Geburtsstunde 1960 auf dem Symposium »Bionics. Living Prototypes – the Key to New Technology« in Dayton/Ohio schlug. In der Bundesrepublik wurde sie einige Jahre später bekannt und hatte sich ihren Platz inmitten der Debatten um die Kybernetik zu schaffen. Nach allgemeiner Meinung drehte sich die Bionik um die Frage, was die Technik von der Biologie lernen könne. Der Gedanke hinter der bionischen Frage war eindeutig anwendungsorientiert und darauf ausgerichtet, dass der Ingenieur mit Hilfe biologischen Wissens »neue Maschinen herstellen kann, die ihm das Leben erleichtern.«[140] Die Nähe zur Kybernetik zeigte sich nicht nur in der Fragestellung, sondern auch darin, dass selbst Kybernetiker die Begriffe synonym verwendeten. Beispielsweise bezeichnete Wolf Dieter Keidel die Kybernetik als Forschungsgebiet, das »im Laufe weniger Jahre unter dem Begriff der Bionics« bekannt geworden sei.[141]

Als in der Bundesrepublik bionische Forschungsprogramme gefördert werden sollten, mussten klare Begriffsbestimmungen gefunden werden. In der Deutschen Gesellschaft für Kybernetik bekam die Bionik 1968 einen Platz neben der analytischen und der synthetischen Kybernetik. Hans Marko, einer der Protagonisten der DGK, wies ihr die Funktion zu, die Fundierung der aus dem Experiment gewonnenen Theorien der analytischen Kybernetik »mit Hilfe eines Funktionsmodells« zu überprüfen. Die synthetische Kybernetik wurde somit zum Hilfsmittel der Analyse. Beide hatten zum Ziel, die »Kenntnis über die Wirkung komplexer Systeme zu erweitern.« Das Wissen über solche Systeme könne anschließend zur Konstruktion »verbesserter technischer Systeme«[142] herangezogen werden. Diese war dann Gegenstand der Bionik. Kybernetik orientierte sich nach diesem Verständnis stets in Richtung der wissen-

140 »Über die Beziehung zwischen Technik und Biologie«, in: ETZ 85 (1964), S. 286. Die Bionik wurde hier vorgestellt durch eine Paraphrase des Aufsatzes Pierce, I.R.: Possible Engineering Applications of Biological Systems, in: Electrical Engineering 82 (1963).

141 Keidel, Wolf Dieter: Kybernetische Leistungen des menschlichen Organismus, in: ETZ 85 (1964), S. 769.

142 Jeweils Marko, Hans: Die Anwendung nachrichtentheoretischer Methoden in der Biologie, in: Kybernetik 1968, S. 22f.

schaftlichen Wissensproduktion. Wenn die Entwicklung von technischen Systemen nicht den Zweck eines Hilfsmittels für diese Analyse besaß, sondern ein eigenständiges, praktisches Ziel verfolgte, handelte es sich um Bionik. Die Probleme der automatischen Zeichenerkennung, lernender und adaptiver Rechenmaschinen, wie sie auch auf den Kongressen der DGK thematisiert wurden, zählten dieser Definition zufolge nicht mehr zur Kybernetik. Tatsächlich aber waren die Begriffe Bionik und technische Kybernetik austauschbar und fanden nur in verschiedenen Kontexten unterschiedliche Verwendungen.

Diese Definition war nicht nur irreführend, sondern sie griff auch zu kurz, weil der Begriff Bionik allgemein für Technologien verwendet wurde, die sich ein Vorbild an der Natur nahmen. Der Berliner Regelungstechniker Ingo Rechenberg stellte die Hypothese auf, »dass eine genaue Nachahmung der biologischen Evolutionsmethode eine ausgezeichnete Strategie zur Optimierung technischer Systeme ergeben sollte.«[143] Seine Zusammenstellung der zeitgenössischen bionischen Forschungsthemen – er nannte u. a. die widerstandsvermindernde Elastizität der Delphinhaut, die Turbulenzdämpfung des Schleims von Fischen, die Baustatik von Diatomeen-Schalen, die Mustererkennung in neuronalen Netzen, die biologischen Methoden der Energieumwandlung – zeigte deutlich den großen Unterschied zwischen Bionik und Kybernetik, den Marko übersah oder verschwieg: Während die Kybernetik nur Informationsprozesse nach organischem Vorbild technisch nachzubilden versuchte, und lediglich Funktionsanalogien bildete, suchte die Bionik ganz allgemein nach natürlichen Vorbildern für technische Entwicklungen, also auch auf energetischem und materiellem Gebiet und auch im Bauplan von Tieren. Insofern wäre die Technische Kybernetik als das Teilgebiet der Bionik zu verstehen, das sich mit der Information beschäftigt.

Kybernetik, Bionik und KI-Forschung waren sich in den Fragestellungen und der theoretischen Basis äußerst ähnlich. Sie bildeten – mit weiteren Disziplinen – als komplementäre Teile das Ganze eines Feldes der Informationswissenschaften, für das die Kybernetik die grundlegenden Thesen und Methoden lieferte. Die Überschneidung der Forschungskonzepte offenbarte sich auch personell. Akteure wie Hans Marko, Alfred Schief, Karl Steinbuch und Werner von Seelen erscheinen in dieser Studie als Akteure in der Geschichte der Kybernetik, können aber genauso

143 Rechenberg, Ingo: Bionik, Evolution und Optimierung, in: Naturwissenschaftliche Rundschau 26 (1973), S. 465.

gut als Bioniker oder KI-Forscher[144] bezeichnet werden. Unterschiede zwischen den drei Gebieten lassen sich v. a. in zeitlicher Hinsicht feststellen. Die Kybernetik institutionalisierte sich seit den späten 1950er Jahren, die Bionik in den späten 1960er Jahren und die KI-Forschung seit der Mitte der 1970er Jahre. Diese Aufeinanderfolge legt die Vermutung nahe, dass die jeweilige Betitelung Moden unterworfen war, von denen sich eine nach der anderen abnutzte.

### *Operations Research*

Eine weitere der Kybernetik verwandte Wissenschaft war Operations Research. Sie war ein Komplex von Methoden, die aus der Angewandten Mathematik, v. a. der Spieltheorie, stammten. Ursprünglich wurde sie in der US-amerikanischen Militärforschung zur Lösung komplexer logistischer Aufgaben herangezogen, aber bald schon verallgemeinert und auf verschiedenartige funktionale Aspekte komplexer Organisationen und Operationen[145] ausgedehnt, um bestehende Verfahren oder Systeme mit mathematischen Methoden zu optimieren. Nach dem Zweiten Weltkrieg löste sich Operations Research vom militärischen Kontext und hielt Einzug in die Wirtschaftswissenschaften. Dort diente sie dazu, Managementprobleme systemanalytisch zu erfassen, zu modellieren und Ablaufschemata zu erstellen.[146] Dem Wirtschaftswissenschaftler und Mathematiker Wilhelm Krelle zufolge war ihr entscheidendes Charakteristikum »der Einsatz formaler mathematischer Methoden für die strategische Planung von Unternehmen« und ihre Zielsetzung »das Finden einer optimalen Lösung für ein Entscheidungs- oder Planungsproblem einer Organisation, wobei die Zielsetzung vorgegeben und das Problem

144 Ahrweiler: Künstliche Intelligenz-Forschung, S. 60, zählt Steinbuch und von Seelen zu den frühen KI-Forschern.

145 Vgl. Pircher, Wolfgang: Markt oder Plan? Zum Verhältnis von Kybernetik und Ökonomie, in: Pias (Hg.): Kybernetik, S. 86. Zur Operations Research in den USA und Großbritannien, speziell zu ihrem rationalisierenden und standardisierenden Charakter, siehe auch Ders.: Im Schatten der Kybernetik. Rückkopplung im operativen Einsatz: ›operational research‹, in: Michael Hagner u. Erich Hörl (Hg.): Die Transformation des Humanen. Beiträge zur Kulturgeschichte der Kybernetik, Frankfurt a. M. 2008, S.348-376.

146 Dies sind die entscheidenden methodischen Schritte der Operations Research nach Baltzer, Thomas (u. a.): Operations Research als Wissenschaft – Reflexionen zu Geschichte, Standort und Methodologie der Disziplin, Berlin 1975, S. 21-23.

so strukturiert ist, daß es einer mathematischen Behandlung zugänglich ist.«[147]

Ab der Mitte der 1950er Jahre etablierte sich Operations Research auch in der Bundesrepublik durch die Rezeption ausländischer Forschungen.[148] Dabei beschleunigte »eine verstärkte Konzentrations- und Automationstendenz in der Großindustrie«[149] ihre Etablierung in der Wissenschaft. Besonders das »Rationalisierungskuratorium der Deutschen Wirtschaft« und die »Gesellschaft für Angewandte Mathematik und Mechanik« (GAMM) bemühten sich um die Einführung der Unternehmensforschung, so die deutsche Übersetzung. 1960 wurde innerhalb der GAMM der »Deutsche Ausschuß für Unternehmensforschung« und 1961 die »Deutsche Gesellschaft für Unternehmensforschung« gegründet, deren Vorsitz Henry Görtler und Wilhelm Krelle innehatten.[150] 1962 richtete die DFG ein Schwerpunktprogramm »Unternehmensforschung« ein, das die Unternehmensforschung als Wissenschaft in der Bundesrepublik personell, institutionell und inhaltlich weiter manifestierte. Vor allem Mathematiker, die »sich hauptsächlich mit den Methoden dynamischer Programmierung befassen« wollten, Betriebswirtschaftler, die sich »den Ablaufplanungen zuwenden« wollten, aber auch Ingenieure »aus dem Bereich der Fertigungstechnik und der Rationalisierung«[151] bildeten von nun an den Kreis der Akteure auf diesem Gebiet. Im Laufe der 1960er Jahre weitete sich dieser Kreis aus, und Operations Research wurde erfolgreich in Forschung und Lehre institutionalisiert.[152] Die Unternehmensforschung setzte sich als wissenschaftliches Konzept und Methodik in der Bundesrepublik durch.

147 Krelle, Wilhelm: Operations Research. Rückblick und einige Gedanken zur Weiterentwicklung, in: A. Swiridow u. Roland Vollmar (Hg.): Computer und Kybernetik. Anmerkungen zu ihrer Geschichte und zu Perspektiven in der Zeit von 1940 bis 1965 (3. Russisch-deutsches Symposium, Heidelberg 20.-21.11. 1997), Bonn 1998, S. 90.

148 Auf das Fehlen originärer Wurzeln weist hin: Metzler, Gabriele: Konzeptionen politischen Handelns von Adenauer bis Brandt. Politische Planung in der pluralistischen Gesellschaft, Paderborn/München 2005, S. 58.

149 Baltzer: Operations Research, S. 9.

150 Vgl. Der Entwicklungsstand der Unternehmensforschung mit besonderer Berücksichtigung der Bundesrepublik Deutschland, im Auftrage der Deutschen Forschungsgemeinschaft verfaßt von Helmut Brusberg, Wiesbaden 1965, S. 240-244.

151 DFG-Mitteilungen 2/1962, S. 13. Zum SPP siehe auch Entwicklungsstand der Unternehmensforschung, S. 248.

152 Die Auflistung aller Forschungsgebiete und -fragen, Institute, Studienpläne usw. im Bereich der Operations Research ist zu entnehmen aus: Entwicklungsstand der Unternehmensforschung, S. 290-316.

Die Rationalisierung, Standardisierung und dadurch Optimierung von Lösungsverfahren, die Mathematisierung der Wirtschaftswissenschaften, die Einführung der Systemanalyse und Modellierung lassen wiederum Verbindungen zur Kybernetik erkennen. Allerdings stand hier der Informationsbegriff nicht im Vordergrund. Unternehmensforschung und Kybernetik einte der Systemgedanke. Beide waren interdisziplinäre Systemwissenschaften, die biologische, technische oder soziale Objekte zu beschreiben versuchten. Hiermit waren die Gemeinsamkeiten aber erschöpft. Denn weder waren personelle Verbindungen zwischen beiden Wissenschaften vorhanden, noch baute die Unternehmensforschung auf anthropologischen oder wissenschaftstheoretischen Grundlagen auf, die ihr die Kybernetik hätte liefern können. Sie war ausschließlich Methodik.

## 2.6 Grenzen der Kybernetik

Die Kybernetik stieß an ihre Grenzen, wo sie mit nicht mehr berechenbaren Systemen konfrontiert war. Die kybernetische Begrifflichkeit verkam dann zur Phrase, war nicht mehr als »alter Wein in neuen Schläuchen«.[153] Ähnliches galt für die heuristische Methode des Analogieschlusses, der zwar oft plausibel klang, aber bei näherem Hinsehen nicht oder nur stark vergröbert zutraf. Nach Renate Mayntz lieferte die Sozialkybernetik ein Beispiel für dieses Dilemma. Dass Kommunikations- und Rückkopplungsprozesse sozialen Systemen immanent waren, erschien offensichtlich. Dass diese Prozesse auch tatsächlich mit solchen übereinstimmten, wie sie in technisch nachgebildeten Systemen vorlagen, war aber aufgrund der Überkomplexität des zu analysierenden Systems nicht mehr beweisbar. Damit taugte ein technisches System nicht als nachprüfbares Modell für soziale Systeme. Das Analogisieren wurde vage.

Dieser Kritik waren auch die Analogieschlüsse zwischen organischen und technischen Regelungs- und Kommunikationsprozessen ausgesetzt. Eine selbsttätige Regelung funktionierte in der Technik etwa nur dann, wenn von einer übergeordneten Instanz ein Sollwert eingestellt worden war. Dafür existierte aber in organischen Regelsystemen keine Entsprechung.[154] Solche übergeordneten Instanzen waren im geistigen Bereich

153 Diese Redewendung führte Richard Wagner ein, selbstverständlich mit der Intention aufzuzeigen, dass seine Theorie diese nicht darstelle. Z. B. Wagner, Richard: Rückkoppelung und Regelung: ein Urprinzip des Lebenden, in: Die Naturwissenschaften 48 (1961), S. 236.

154 Darauf weist bspw. hin: Schaefer, H.: Die Stellung der Regelungstheorie im System der Wissenschaft, in: Regelungsvorgänge in der Biologie. Vorträge der

von Organismen oder vielleicht sogar im Metaphysischen zu suchen, ließen sich aber mit Blockschaltbildern oder technischen Modellen nicht mehr analysieren und darstellen. Klare Maßeinheiten und exakt zu erkennende Systemelemente waren in der menschlichen Psyche nicht zu finden. Der Psychologe Hubert Rohracher warf den Kybernetikern vor, sie mischten »Organisches und Psychisches bedenkenlos durcheinander« und zeichneten »in ihre Blockschemata ohne Gewissensskrupel ein Rechteck, in welches sie ›Denken‹ oder ›Bewußtsein‹ hineinschreiben.« Damit täuschten sie eine »angebliche Kybernetik« vor und vermittelten den Eindruck gesicherten Wissens »über Zusammenhänge, über die niemand etwas weiß«. Insbesondere würden durch diese Praxis »die wesentlichen Unterschiede, die zwischen physischem und psychischem Geschehen bestehen,«[155] verwischt und verschwiegen. Wissenschaftlichen Wert hätte eine so verstandene Kybernetik außer einer neuen Terminologie nicht. Sie wäre ein Paradebeispiel des »Alten Weins in neuen Schläuchen«. Ihr wäre bestenfalls ein heuristischer Wert zuzubilligen in dem Sinne, dass mit ihrer Hilfe »viele unverstandene Phänomene sich als Regelungen interpretieren«[156] ließen. Die Leistung einer Methode zum Gewinn wirklich neuer Erkenntnisse über organische Funktionen müssten dann andere Konzepte übernehmen.

Selbst diesen heuristischen Wert verlor die Kybernetik, wenn die vagen Analogien nicht mehr nur als Hilfsmittel für die Analyse vorhandener Funktionen dienten, sondern auch als Beweis für die Existenz angenommener Funktionen in Organismen herhalten mussten. Entwickelte die technische Kybernetik Maschinen zur bioanalogen Informationsverarbeitung, sogenannte intelligente Automaten, ohne diese physiologisch oder anatomisch belegen zu können, so war dies unter technischem Aspekt akzeptabel, solange diese Maschinen Leistungen erbrachten, die andere Maschinen nicht erbringen konnten, oder dieselben Leistungen schneller, billiger oder zuverlässiger erbrachten. Wissenschaftlich unseriös wurde diese Arbeit, wenn aufgrund des Funktionierens solcher Maschinen Theorien über die menschliche Informationsverarbeitung aufgestellt wurden. Dies postulierte etwa Karl Steinbuchs Schema des bewussten und unterbewussten Informationsflusses im Menschen.[157] Es

Tagung »Biologische Regelung« 2.-3.4.1954 in Darmstadt, hg. v. Horst Mittelstaedt (= Beihefte zur Regelungstechnik 2), München 1956, S. 34.

155 Rohracher, Hubert: Sogenannte kybernetische Prozesse im psychischen Geschehen (»Psychische Regelkreise«), in: Studium Generale 21 (1968), S. 1148.

156 Schaefer: Stellung, S. 44.

157 Steinbuch, Karl: Automat und Mensch. Auf dem Weg zu einer kybernetischen Anthropologie, Berlin (u.a.) ⁴1971, S. 210.

zeigte, wie die im Menschen rezipierte Information nach innen eingeengt, also reduziert wurde, so dass das Bewusstsein mit wenig, stark vorverarbeiteter Information zu tun hatte. Im vorbewussten Bereich liefen ausschließlich Automatismen ab, und das Bewusstsein könne sich auf das Wesentliche beschränken. In den nach außen, in den motorischen Bereich laufenden Flüssen wurde nach dieser Vorstellung die bewusste Information wieder mit der vorbewussten verknüpft, so dass die Handlungen des Menschen wieder deutlich informationsreicher waren. Dieses Schema basierte auf Steinbuchs Entwicklungsarbeit technischer Systeme, die nach diesem Prinzip funktionierten, denen aber nur sehr oberflächliches naturwissenschaftliches Wissen zugrunde lag. Dass Bewusstsein und Psyche naturwissenschaftlich erklärbare Phänomene seien, bezweifelte kein Wissenschaftler. Auch Rohracher hielt es für eine Tatsache, »dass jedes bewußte Erleben aus Erregungsprozessen im Gehirn entsteht.« Er schloss aber aus seiner Kenntnis des physiologischen, anatomischen und psychologischen Forschungsstands, dass »vollkommen unbekannt«[158] sei, auf welche Weise diese Erregungsprozesse vor sich gingen. Komplexer als Steinbuchs linearer Ablauf mit einigen Rückkopplungsschleifen schienen sie allemal.

Bei dieser Kritik wog besonders schwer, dass mit dem Zweifel an solchen Analogieschlüssen die gesamte kybernetische Anthropologie ins Wanken geriet. Eine Generalabrechnung mit dem Menschenbild der Kybernetik lieferte Mortimer Taube mit seinem Buch »Der Mythos der Denkmaschine. Kritische Betrachtungen zur Kybernetik«. Er machte seine Kritik an der kybernetischen Praxis fest, die Fähigkeit zur Sprachübersetzung als Referenzleistung für eine mögliche maschinelle Intelligenz zu werten. Die Wissenschaftlichkeit sprach er diesem Vorgehen ab, weil der Vergleich geistiger mit maschineller Intelligenz nicht auf aktuellen Leistungsfähigkeiten von Maschinen, sondern auf in Zukunft möglichen beruhe. »Wenn angesehene Wissenschaftler anfangen, Erklärungen allein aus dem Grunde zu akzeptieren, weil sie wahr sein könnten und weil nichts dagegen spricht, daß sie zutreffen könnten, dann gibt es zwischen Wissenschaft und Aberglauben kaum noch einen Unterschied.«[159] Er sprach Mathematikern und Ingenieuren die Kompetenz auf dem Gebiet geistiger Leistungen wie menschlicher Lernvorgänge und bedingter Reflexe ab und riet ihnen, sich in Diskussionen über diese Themen nicht öffentlich zu äußern. »Andernfalls müssten sie sich den ernsten Vorwurf

158 Rohracher: Prozesse, S. 1148.

159 Taube, Mortimer: Der Mythos der Denkmaschine. Kritische Betrachtungen zur Kybernetik, Reinbek 1966 (engl. 1961), S. 50.

gefallen lassen, sie schrieben eine Art Science Fiction, um damit ihrem Publikum einen prickelnden Nervenkitzel zu bieten und zugleich selbst ein gutes Geschäft zu machen oder sich eine künstlich zusammengebastelte Reputation zu erwerben.«[160] Zusammenfassend entlarvte Taube den Erkenntnisweg, der zu den Analogieschlüssen zwischen Mensch und Maschine führte, als Circulus vitiosus: »1. Es wird der Bau einer Maschine vorgeschlagen oder durchgeführt, die das menschliche Gehirn simulieren soll; dessen Wirkungsweise wird jedoch nicht beschrieben. 2. Dann stellt man fest, die Merkmale der Maschine, die sorgfältig beschrieben werden, seien analog zu denen des menschlichen Gehirns. 3. Darauf ›entdeckt‹ man, daß die Maschine die gleiche Wirkungsweise zeigt wie das menschliche Gehirn. Der circulus vitiosus besteht darin, dass man ›entdeckt‹, was man vorher bereits postuliert hat.«[161] Menschliche und maschinelle Geistesfunktionen waren nach dieser Kritik nicht vergleichbar und taugten demnach auch nicht als Modell bzw. Vorbild füreinander.

Ein weiterer großer Kritikpunkt an der Kybernetik war deren Anspruch, ein universal gültiges Mittel zum Verständnis und zur Deutung informationsverarbeitender Systeme zu liefern, oder abwertend ausgedrückt: die kybernetischen Allzuständigkeits-Phantasien. Nicht nur die Komplexität, sondern auch chaotische Prozesse und die Auffassungsgabe des Analytikers konnten die kybernetische Methode an die Grenzen ihres Deutungsvermögens bringen. Die Vorstellung, dass ein Kybernetiker nur seine Methode beherrschen müsse und damit biologische, soziale oder technische Systeme gleichermaßen verstehen könne, auch wenn er in diesen Anwendungsgebieten nicht ausgebildet war, lehnten Kritiker wie Heinz Zemanek rundum ab. Aus diesem Grund wehrte sich Zemanek auch gegen die Etablierung der Kybernetik als wissenschaftliche Disziplin. Seine Maxime lautete: »Mehr als Mißtrauen muß aber jenen gegenüber walten, die Kybernetiker sind und sonst nichts. Die Kybernetik ist nicht ein Weg zum vollständigen Verständnis der Natur, des Lebendigen oder gar des Menschen.«[162] Zemanek erschien die Kybernetik nur als Analysemittel für ganz bestimmte und begrenzte organische oder technische Systeme sinnvoll, also als Methodik für Analysen unter Laborbedingungen.

Wasser auf die Mühlen erhielt die Kritik dadurch, dass die Ansprüche der Kybernetik selten mit den praktischen Erfolgen kongruierten. Gerade auf dem Gebiet der »denkenden« Maschinen war es nicht weit her

160 Ebd., S. 54.
161 Ebd., S. 70.
162 Zemanek, Heinz: Kybernetik, in: Elektronische Rechenanlagen 6 (1964), S. 175.

mit der Umsetzung der Theorien in technische Entwicklungen. Diese Anwendungslücke ließ die gesamte Theorie unglaubwürdig erscheinen. Polemisierend meinte Mortimer Taube: »Echte Errungenschaften sind selten und schwer zu erlangen. Noch seltener aber sind sie das Ergebnis von Prophezeiungen und verfrühten Ankündigungen von Leistungen, die man zwar erwartet, aber noch nicht erbracht hat.«[163] Indem die Kybernetik über ihr Leistungsvermögen frei spekulierte und stets nur das Mögliche formulierte, anstatt das Erbrachte zu betonen, provozierte sie öffentliche Visionen. Dadurch verzerrte sich ihr Bild noch weiter. Als Wissenschaft war sie dann kaum noch ernstzunehmen, weil sie diesem Zerrbild nicht gerecht werden konnte.

Im Resultat haftete der Kybernetik der Ruch der Unseriosität an, sie wurde vielfach lediglich als inhaltsleere Modeerscheinung angesehen. In der Bundesrepublik trat allen voran Friedrich L. Bauer auf, um eine »utopische« Kybernetik bloßzustellen. Statt intensiver Beschäftigung mit den Theorien Wieners und abgewogenen Urteilen herrschten Oberflächlichkeiten und Verfälschungen vor. »Mit sich überschlagenden Meldungen von eindrucksvollen Fortschritten« werde eine solche utopische Kybernetik aufgebaut, wenn nicht sogar »ein Mythos, der um Ausdrücke wie Elektronengehirn, Gedächtnis, lernende Maschinen herumgebaut, etwas Unbegreifliches, doch furchtbar Wichtiges und vielleicht sogar Schönes ahnen läßt.«[164] In der Anthropomorphie der Technik sah Bauer das Grundübel der Kybernetik. Wer Wesensmerkmale des kybernetischen Ansatzes wie die Abstraktion von der materiellen Substanz oder die Reduktion eines zu untersuchenden Systems auf wenige relevante Elemente übersah, machte aus der Kybernetik eine »Utopie«, die die vollständige Gleichsetzung von menschlicher und maschineller Intelligenz versprach. Bauer ging dagegen mit aller Macht vor, sogar indem er die Kybernetik als Auswuchs einer marxistischen Ideologie darstellte. Schließlich werde nirgendwo »das Wort Kybernetik und der damit verbundene geistige Anspruch so oft und so nachhaltig gebraucht wie im Ostblock.«[165] Dass Bauer sich dieser Polemik bediente, war 1969 eine schwere Diffamierung – im Kalten Krieg und zu einer Zeit, als das Schlagwort Ideologiefreiheit nicht nur eine wissenschaftliche, sondern auch eine politische Maxime darstellte. Vermutlich lässt sich Bauers vehementes Vorgehen nicht allein mit seiner Ablehnung der Modeerscheinung Kybernetik

163 Taube: Mythos, S. 121f.

164 Bauer, Friedrich L.: Kybernetik als Utopie und als Realität, in: Kybernetik, Medizin, Verhaltensforschung (= Tutzinger Texte 5), München 1969, S. 14.

165 Ebd., S. 25.

erklären. Es war wohl auch der Konkurrenzsituation zwischen der Kybernetik und der gleichzeitig entstehenden Informatik geschuldet, die beide um institutionelle und finanzielle Ressourcen auf dem Gebiet der Nachrichtenverarbeitung und des Computers rangen.

Bei aller Gegnerschaft gestand Bauer der Kybernetik aber zu, »eine überfakultative Formalwissenschaft« zu sein, die auf »die Gewinnung einer funktionellen, algorithmischen Beschreibung«[166] ihrer Forschungsprobleme abziele. Solange sie sich im Bereich des Formalen und Funktionellen bewegte, ließ Bauer die Kybernetik gelten. Er wandte sich, wie eigentlich alle Kritiker, nicht gegen konkrete Forschungskonzepte, die die Kybernetik als theoretische, methodische oder analytische Grundlage gebrauchten, sondern allein gegen die Universalisierung des kybernetischen Prinzips und gegen eine Anthropologie, die auf Analogieschlüssen zwischen Mensch und Maschine beruhte.

Wenn Autoren wie Taube und Bauer die Kybernetik diskreditieren wollten, dann gelang ihnen das auch zu einem guten Teil. In den USA, dem Geburtsland der Kybernetik, führte die Kritik dazu, dass der Begriff »Cybernetics« bald mehr oder weniger vollständig aus der Forschungslandschaft verschwand. Auch in der Bundesrepublik fühlte sich jeder Wissenschaftler, der Forschungsprogramme oder Institutionen so betitelte, zur Rechtfertigung bemüßigt. Die Betonung der eigenen Redlichkeit und die Abgrenzung von unseriösen kybernetischen Ansätzen wurden in der deutschen Kybernetik geradezu zum Topos.[167] Kritik an der Kybernetik und deren Verteidigung blieben seit den ersten Diskussionen die gleichen. Stets drehten sie sich mit ganz ähnlichen Argumenten um die Analysierbarkeit komplexer Systeme, die Mathematisierbarkeit geistiger und sozialer Funktionen und die Analogiebildungen zwischen menschlichen und technischen Informationsprozessen.[168] Die Kritik musste sich nicht ändern, weil die Kybernetik, wo sie zu global argumentierte, ihre Thesen nie belegen konnte. Wo sie andererseits konkrete Programme aufstellte, bewährte sie sich als sinnvolles theoretisches, methodisches oder analytisches Hilfsmittel der Forschung und Entwicklung und ließ ihre Kritiker verstummen.

166 Ebd., S. 27.

167 Selbst der hoch angesehene und wohl ausgestattete DFG-Sonderforschungsbereich »Kybernetik« fühlte sich in seinem Abschlussbericht dazu bemüßigt. Siehe Preface, in: Hans Marko (Hg.): Processing Structures for Perception and Action. Final Report of the Sonderforschungsbereich »Kybernetik« 1969-1983, Weinheim 1988, S. V.

168 Auch Friedrich L. Bauer entwickelte seine Argumente nicht weiter und ging im Interview, 15.2.2006, nicht über seine Kritik von 1969 hinaus.

# 3. Historischer Überblick: Die Entstehung der Kybernetik und ihre Etablierung in der Bundesrepublik

## 3.1 Ursprünge in den USA

### *Norbert Wiener*

Die Kybernetik entstand im Zweiten Weltkrieg, als Mathematiker und Ingenieure im Dienst des Militärs am »AntiAircraft-Problem« arbeiteten, der Berechnung von Bahnen feindlicher Flugzeuge. Die Ermittlung zukünftiger Positionen war dabei die zentrale Herausforderung und machte die Entwicklung von großen Rechenmaschinen nötig. Flugzeug und Kanone, Pilot und Schütze wurden zu Elementen eines soziotechnischen Systems, das es einheitlich mathematisch zu erfassen galt. Fragen der Mensch-Maschine-Interaktion, der Steuerung und selbsttätigen Regelung, der Systemplanung sowie der Rechnerleistungen wurden aktuell.[1] In diesem Großprojekt war der Mathematiker Norbert Wiener mit der Aufgabe betraut, einen digitalen Rechenautomaten, den »AntiAircraft-Predictor« zu entwickeln. Seine mathematischen Feedback-Theorien halfen zwar, das Verhalten des Piloten mit großer Wahrscheinlichkeit vorauszusagen, die Rechenoperationen wurden dadurch aber so komplex, dass sie die zeitgenössische Technik überforderten. Wieners Projekt versprach innerhalb eines kurzen oder mittleren Planungshorizonts keinen praktischen Erfolg, so dass 1942 die militärische Förderung eingestellt[2] und seine Theorie nie in eine funktionierende Maschine umgesetzt wurde.

Nach dieser Enttäuschung stellte Wiener seine Bemühungen nicht ein, sondern löste sie vom militärischen Kontext. Der »AA-Predictor« bildete nun die Keimzelle eines neuartigen Verständnisses der Mensch-

1 Ausführlich beschrieben bei Mindell, David: Between Human and Machine. Feedback, Control and Computing Before Cybernetics, Baltimore 2002, S. 175-206.

2 Zu Wieners Projekt ebd., S. 276-306; Galison, Peter: Die Ontologie des Feindes. Norbert Wiener und die Vision der Kybernetik, in: Hans-Jörg Rheinberger (u.a.) (Hg.): Räume des Wissens. Repräsentation, Codierung, Spur, Berlin 1997, S. 281-324, bes. S. 287-299.

Maschine-Beziehung. In ihm lagen die Hauptelemente der Kybernetik wie Vorhersage, Kontrolle, Kommunikation, Automation und Simulation von menschlichem Verhalten sowie die Stabilität von Systemen durch Rückkopplungsprozesse als konkrete technische Forschungs- und Entwicklungsprobleme vor. Damit war er eine Konstruktion, die die These von der Gleichartigkeit menschlicher und maschineller Nachrichtenverarbeitung materiell darstellte, und der Vorbote einer einheitlichen Theorie von Regelung und Nachrichtenverarbeitung in Mensch und Maschine.[3] Wiener verallgemeinerte seine Feedback-Theorie, indem er sie gemeinsam mit dem Physiologen Arturo Rosenblueth auf Funktionen im Organismus anwandte. Weil die Arbeit nicht mehr im militärischen Rahmen stattfand, unterlag sie auch nicht mehr der Pflicht zur Geheimhaltung, so dass noch während des Krieges die erste Veröffentlichung von Wieners Theorie unter dem Titel »Behavior, Purpose and Teleology«[4] erscheinen konnte. Wieners Thesen und die aus der Technik stammenden Begriffe lagen nun erstmals formalisiert und dekontextualisiert vor. Organische Systeme waren zwar als nicht vollständig isomorph, aber als funktionsanalog zu technischen beschrieben.[5] Zum Abschluss brachte er die Theorie- und Begriffsbildung 1948 mit seinem Hauptwerk »Cybernetics or Control and Communication in the Animal and the Machine«, mit dem er auch den Namen für die neue Wissenschaft von der einheitlichen Behandlung und Darstellung informationeller Funktionen gleich welcher Materialität schöpfte.

Wiener entwickelte seine Theorien nicht im luftleeren Raum, sondern baute auf Vorläufern sowie intellektuellen und strukturellen Kontinuitäten auf. Die wichtigste wissenschaftliche Grundlage war neben den Theorien zur Regelung und Nachrichtenübertragung der Behaviorismus, durch den zu Beginn des 20. Jahrhunderts die biologische Verhaltensanalyse verwissenschaftlicht worden war. John B. Watson, ein Pionier des Behaviorismus, erklärte schon 1913 »Prediction and Control

3 Nach Bluma: Wiener, S. 108.

4 Rosenblueth, Arturo, Norbert Wiener, Julian Bigelow: Behavior, Purpose and Teleology, in: Philosophy of Science 10 (1943), S. 18-24.

5 So Bluma, Lars: Norbert Wiener und die Entstehung der Kybernetik im Zweiten Weltkrieg (= Kritische Informatik 2), Münster 2005, S. 130. Zur Entmilitarisierung siehe auch Mindell: Human; Galison: Ontologie; Mindell, David, Jérôme Segal, Slava Gerovitch: From Communications Engineering to Communications Science. Cybernetics and Information Theory in the United States, France, and the Soviet Union, in: Mark Walker (Hg.): Science and Ideology. A Comparative History, London/New York 2003, S. 68.

of Behaviour«[6] zum Ziel behavioristischen Forschens. Auch die Versuche Iwan Petrowitsch Pawlows zur Konditionierung von Hunden sind als behavioristische Verhaltensversuche zu verstehen. In der Jahrhundertmitte schließlich stand Burrhus Frederic Skinner[7] an der Spitze dieser Lehre, die ihre experimentelle Analyse quantifizierte und tierisches Verhalten als determiniert verstand, wodurch es formalisierbar und voraussagbar sei. Der Behaviorismus führte ingenieurwissenschaftliches Denken und technische Theorien in die Biologie ein[8] und lieferte damit Norbert Wiener wichtige Anregungen für seine Untersuchungen von zweckgerichtetem Verhalten an der Grenze von Biologie und Technik.

Zur Formalisierung von wissenschaftlichen Erkenntnissen war auch eine allgemein anerkannte Sprache vonnöten, die sowohl technische wie biologische Sachverhalte auszudrücken vermochte. Unter dieser Prämisse wurden im Laufe des 20. Jahrhunderts Naturwissenschaften und Technik mathematisiert. Wiener konnte auch an diesen säkularen Trend anschließen.[9] Darüber hinaus bewegte er sich in einer wissenschaftlichen Kultur, die anwendungs- und problemorientierte interdisziplinäre Forschung im Dienste des militärisch-industriellen Komplexes zur Maxime hatte. Besonders nach dem Kriegseintritt der USA musste eine angewandte Mathematik massenhaft anfallende Rechenoperationen der Ballistik, der Atomforschung etc. lösen und der technischen Entwicklung Algorithmen zur Verfügung stellen. Die spezifisch amerikanische Weltkriegsforschung baute auf Formalisierung und Mathematisierung konkreter Probleme, so dass diese automatisiert zu lösen und in fremden Disziplinen weiter zu verwenden waren. Auf dieser Art der Forschung und Entwicklung gedieh nicht nur die Kybernetik, sondern auch die Entwicklung des ersten digitalen Rechenautomaten.[10] Kybernetik entstand in einem Klima von militärischer Steuerung der Forschung sowie

6 Watson, John B.: Psychology as the Behaviorist Views It, in: Psychological Review 20 (1913), S. 158.

7 Vgl. Skinner, Burrhus F.: The Behavior of Organisms. An Experimental Analysis, New York 1938; Ders.: About Behaviorism, New York 1974.

8 So Segal, Jérôme: The Pigeon and the Predictor. Miscarriage of a Cyborg, in: Guliana Gemelli (Hg.): American Foundations and Large Scale Research. Construction and Transfer of Knowledge, Bologna 2001, S. 132.

9 Darauf verweist Bluma: Wiener, S. 109.

10 Zu diesem Stil siehe Bluma: Wiener, S. 50f. u. 85. Mindell: Human, S. 12-18, entwickelt aufgrund der Erkenntnis der Existenz einer spezifisch wissenschaftlich-technischen Kultur die zentralen Thesen seines Buches.

von Bemühungen um Automatisierung und Computerisierung des Militärs in und nach dem Zweiten Weltkrieg.[11]

Wiener profitierte zwar von dieser wissenschaftlich-technischen Kultur und den vorangegangenen Theorien. Als er diese zu seinem Forschungsprogramm der Kybernetik vereinheitlichte, agierte er aber in relativer Abgeschiedenheit und zunächst noch mit wenigen Kollegen am Rande der Community oder als deren Ausgestoßener. Er setzte nicht nur bestehende Theorien zu einer Supertheorie zusammen, sondern versöhnte auch widerstrebende Ansätze, etwa indem er den rein reflexorientierten Behaviorismus um das Prinzip der Rückkopplung erweiterte. Des Weiteren radikalisierte er die behavioristische Verhaltensforschung, indem er eine einheitlich gültige Analyse einführte, die gleichermaßen auf lebende Organismen wie auf Maschinen anzuwenden war.[12] Wiener verwischte die Grenzen zwischen Mensch und Maschine. Der Mensch war lediglich ein mechanistisches Element in einem Untersuchungssystem, und die Maschine wurde vermenschlicht, indem ihr Strategiefähigkeit verliehen wurde.

Auch der bundesdeutsche Kybernetikdiskurs würdigte die Vereinheitlichung verschiedener Theorien mittels Mathematisierung stets als die große Leistung Wieners. Dieser hatte, nach Bernhard Hassenstein, »die Gemeinsamkeiten der miteinander verwandten technischen und biologischen Bereiche mit neuartigen abstrakten und daher universell anwendbaren Begriffen – vor allem dem der Information –« erfasst. Damit hatte er »den Schritt von der Beschreibung der Analogien zur Theorie der Gemeinsamkeiten der analogen Gebiete«[13] vollzogen. Theo Lutz betonte, dass dank Wiener nun wenige einheitliche Begriffe Steuerungs-, Rückkopplungs- und Informationsprozesse »in Menschen, Tieren und Maschinen gleichermaßen« beschrieben. Entscheidend war, dass nun die Beschreibung »nicht nur qualitativ, sondern auch quantitativ« möglich war.[14] Durch diese Leistung erst ließ sich die Sprache der Mathematik auf Gebiete ausweiten, die bisher eher dem Geist, der Seele und damit etwas naturwissenschaftlich nicht Zugänglichem zuzuordnen waren. Selbst der große Kritiker der Kybernetik Friedrich L. Bauer würdigte diese Zusammenführung unterschiedlicher Theorien wie der Informationstheorie,

11 So Mindell (u.a.): Engineering, S. 68.

12 So Galison: Ontologie, S. 299.

13 Hassenstein, Bernhard: Die bisherige Rolle der Kybernetik in der biologischen Forschung, III: Die geschichtliche Entwicklung der biologischen Kybernetik bis 1948, in: Naturwissenschaftliche Rundschau 13 (1960), S. 421.

14 Lutz, Theo: Kybernetik. Portrait einer Wissenschaft, in: VDI-Z 112 (1970), S. 414.

der Regelungstheorie samt der Theorie der Rückkopplung, der digitalen Signalübermittlung und der mathematischen Logik zu einer einzigen als eine große Leistung für die Untersuchung nachrichtenverarbeitender Systeme.[15] Wiener synthetisierte eine Programmatik, mit deren Hilfe Information als naturwissenschaftliche Kategorie erfasst und quantitativ untersucht werden konnte – und zwar unabhängig von ihrer materiellen und energetischen Erscheinungsform.

Darüber hinaus war der Akt der Namensgebung von entscheidender Bedeutung, weil erst der klingende Titel die Theorie bekannt machte und die Karriere dieser Wissenschaft beförderte. Hassenstein rechnete zu den großen Leistungen Wieners, dass er durch den Titel »Cybernetics« enorme Aufmerksamkeit erregte. Dadurch sei es der neuen Denkrichtung gelungen, »ins wissenschaftliche Bewußtsein breiter Kreise einzudringen.«[16] Helmar Frank sah gar mit der Namensgebung den Akt der Vereinheitlichung der verschiedenen Theorien erst vollendet.[17] Wiener verlieh seiner neuen Wissenschaft durch den fast geheimnisvollen Namen zusätzlichen Glanz, der der Kybernetik über ihren Inhalt hinaus Popularität verlieh. Ihr Titel war ein bedeutender Grund für ihre einzigartige Karriere, die sie zu einer wahren Modeerscheinung werden ließ. Auf der anderen Seite führte die Popularität zu einer Lawine kybernetischer Forschung und Veröffentlichungen, die nicht immer seriös und von hohem Niveau waren. Wiener selbst betonte noch in seinen Memoiren, dass ihn sein Buch »mit einem Schlage von einem aktiven Wissenschaftler, der auf einem Fachgebiet einen guten, aber begrenzten Ruf hatte, zu einer Art prominenten Persönlichkeit«[18] gemacht hatte. Der Titel Kybernetik war nicht immer nur ein Motor für die öffentliche Aufmerksamkeit, er konnte auch zur Last werden, unter der unbehindertes Forschen kaum noch möglich war.

### *Kybernetik jenseits von Wiener*

Nachdem Wiener die Militärforschung verlassen hatte, arbeitete er nicht allein, sondern war weiterhin Teil einer interdisziplinären Forschergruppe. Schon die erste Veröffentlichung »Behavior, Purpose and Teleology«

15 Bauer, Friedrich L.: Kybernetik als Utopie und als Realität, in: Kybernetik, Medizin, Verhaltensforschung (= Tutzinger Texte 5), München 1969, S. 12.

16 Hassenstein: Rolle der Kybernetik, S. 421.

17 Frank, Helmar: Was ist Kybernetik? Kybernetik. Brücke zwischen den Wissenschaften, Teil 1, in: Die Umschau 61 (1961), S. 417.

18 Wiener: Mathematik, S. 271.

von 1943 war das Ergebnis einer Kooperation mit dem Ingenieur Julian Bigelow und dem Physiologen Arturo Rosenblueth. Danach baute Wiener ein Netzwerk von Forschern auf, die ebenfalls an Feedback- und Control-Theorien arbeiteten, und erweiterte es kontinuierlich. Ein weiterer wichtiger Akteur für die entstehende Wissenschaft war der Mathematiker und Computertheoretiker John von Neumann, der u. a. wichtige Beiträge zur Spieltheorie geleistet hatte und das Werk »The Computer and the Brain«[19] verfasste. Auch Claude E. Shannon lieferte mit seiner mathematischen Informationstheorie[20] eine wichtige Grundlagentheorie. Daneben waren insbesondere Warren McCulloch und Walter Pitts von Bedeutung für die Kybernetik, weil sie ein Logikkalkül auf die Funktion der Nervenzellen anwandten.[21] Sie erklärten die Funktion der Nerven rein mathematisch mit Hilfe der Booleschen Algebra und betonten, dass die Nervenbahnen in ihrer Materialität nur eine vernachlässigbare Verkörperung oder Substantialisierung ihrer Mathematik darstellten. Sie deuteten die Nervenzelle als ein digitales Nachrichtenübermittlungs-System wie jede beliebige Maschine. Diese Gruppe Gleichgesinnter beschäftigte sich mit Fragen, die bereits die gesamte Spannbreite kybernetischen Denkens aufzeigten.[22] Mit dem Verständnis des Gehirns als neuronaler Funktionsschaltung und dessen technischer Darstellung bezweckten sie, einerseits mit dem Rechner Modelle für die Gehirntätigkeiten zu liefern und andererseits die Technik der Nachrichtenverarbeitung weiterzuentwickeln. Sie simulierten auch tierisches Selbstorganisations- und Lernverhalten anhand erster Modelle, die Wanzen, Mäusen oder Schildkröten glichen.[23] Ihr zentrales Forschungspro-

19 Neumann, John von: The Computer and the Brain, New Haven 1958. Zur Spieltheorie ders. u. Oskar Morgenstern: Theory of Games and Economic Behavior, Princeton 1944.

20 Shannon, Claude: A Mathematical Theory of Communications, in: Bell Systems Technical Journal 27 (1948), S. 379-423.

21 Mc Culloch, Warren u. Walter Pitts: Logical Calculus Immanent in the Ideas of Nervous Activity, in: Bulletin of Mathematical Biophysics 5 (1943), S. 115-133; ND in: Claus Pias (Hg.): Kybernetik. The Macy-Conferences, Bd. 2: Essays und Dokumente, Zürich/Berlin 2004, S. 313-325. Zur Bedeutung ihrer Arbeit siehe auch Pias, Claus: Zeit der Kybernetik – Eine Einstimmung, in: Ders. (Hg.): Kybernetik, S. 13.

22 Zu den Bemühungen in diesem Stadium siehe Bluma: Wiener, bes. S. 146-154.

23 Über die künstlichen »Schildkröten«, die William Grey Walter 1948 und 1949 entwickelte, berichtet Walter, William G.: The Living Brain, London 1953. Eine künstliche »Maus«, die durch ein Labyrinth fand, entwickelte 1950 Claude E. Shannon. Siehe Shannon, Claude E.: Presentation of a Maze Solving Machine, in: Transactions of the Eighth Cybernetics Conference 1951, New York 1952, S. 173-180.

blem in diesem Stadium war es, organisches Verhalten in mathematische Formeln zu übersetzen.

Einzelne Funktionen des Gehirns und das Gehirn im Ganzen mit einzelnen Bauelementen des Computers und dem Computer im Ganzen gleichzusetzen – und zwar bidirektional verstanden –, war das einende Moment der Ur-Kybernetiker,[24] wenn sie denn überhaupt als solche bezeichnet werden können. Denn Wiener war nur einer von vielen Wissenschaftlern verschiedener Disziplinen, die sich um dieses Forschungsproblem bemühten, und sein Buch war nicht die erste Veröffentlichung in diesem Forschungsfeld, ja nicht einmal das maßgebende Werk, das einen festen Kanon von Fragen und Methoden festgelegt hätte. Ganz zu schweigen davon, dass unter diesen Wissenschaftlern disziplinäre Strukturen mit dem Titel Kybernetik entstanden wären. Die einzige Form der Institutionalisierung erfuhr diese »Cybernetics Group«[25] in Form der »Macy-Conferences«, informeller Treffen, die ab 1946 von der Josiah Macy Foundation organisiert und finanziell unterstützt wurden. Auf diesen Tagungen versammelten sich Wissenschaftler aller denkbaren Disziplinen, um eine gemeinsame Betrachtungsweise von Forschungsobjekten aus der Nachrichten- und Rechnertechnik, der Biologie, der Medizin, der Psychologie, der Philosophie, der Gesellschafts-, Wirtschafts- und Politikwissenschaften zu schaffen. Der Weg dorthin lag in der Reduktion der Phänomene aus all diesen Wissenschaften auf deren Funktion. Dadurch einigten sich die Frühkybernetiker auf einige Schlüsselbegriffe ihres Konzepts, schufen erste soziale Strukturen und, vielleicht am wichtigsten, erregten öffentliche Aufmerksamkeit. Denn nur so konnten sie Förderer und politische Entscheidungsträger für sich gewinnen und sich damit eine Stellung in Wissenschaft und Gesellschaft aufbauen.[26] Doch Einigung über eine gemeinsame Agenda erzielten sie nicht. Zwischen 1946 und 1953 wurden zehn Tagungen unter dem Titel »The Feedback Mechanisms and Circular Causal Systems in Biology and the Social Sciences« veranstaltet,[27] ohne dass eine dauerhafte Vereinheit-

24 So auch Bluma: Wiener, S. 152

25 Nach dem Titel der maßgeblichen historischen Abhandlung über diese Phase, die Macy-Konferenzen und ihre Teilnehmer: Heims, Steve: The Cybernetics Group, Cambridge/Mass. 1991.

26 Nach ebd., S. 123.

27 Die Protokolle der 6. bis 10. Konferenz sind einheitlich von Heinz von Foerster herausgegeben, z. B. Cybernetics, Circular Causal and Feedback Mechanisms in Biological and Social Systems. Transactions of the 6. Macy Conference, 1949, hg. v. Heinz von Foerster, New York 1950. Die Protokolle der 5. Konferenz sind nachträglich erschienen als Group Processing. Transactions of the 5th Macy

lichung der unterschiedlichen disziplinären Ansätze, Interessen und Terminologien gelang. Dieser Mangel belastete nicht nur die Macy-Konferenzen, sondern die gesamte Kybernetik in den USA. Sie wurde nirgends zu einem einheitlichen Konzept.[28]

Die Entwicklung der Kybernetik als Wissenschaft samt ihrem Scheitern kongruierte mit dem Verhältnis weiter Teile der amerikanischen Wissenschaftslandschaft und Öffentlichkeit zu ihr. Bis in die 1960er Jahre hinein herrschte auch dort uneingeschränkt Begeisterung, geradezu ein Kybernetik-Enthusiasmus, der alle Teile von Wissenschaft und Gesellschaft umfasste.[29] Die Kybernetik nutzte diese Vorlage aber nicht, um sich zu institutionalisieren. Sie war nie mehr als ein Gegenstand öffentlicher Debatten, die die zunehmende Bedeutung der Information für die Gesellschaft thematisierten. Kybernetik als die Informationswissenschaft schlechthin und ihre Produkte, der Computer und die Automatisierung der Wirtschaft, führten zu einer »Zweiten Industriellen Revolution«, so der zentrale Befund dieser Debatten.[30] Weil auch Wiener selbst und andere prominente Kybernetiker immer stärker den Boden der Wissenschaft verließen und stattdessen als öffentliche Intellektuelle ein neues Informationszeitalter anmahnten, wurde der Begriff immer weniger wissenschaftlich konnotiert.[31] Kybernetik verkam zu einem Dispositiv, in dem alle möglichen Hoffnungen und Ängste im Zusammenhang mit der Technisierung von Information, Geist oder Denken Platz fanden. 1964 ließ der Blick von außen auf die Situation in den USA nur den Befund zu, dass sich die Kybernetik »im Heimatlande von Norbert Wiener« am wenigsten durchgesetzt habe. In der Wissenschaft wurde das Wort »kaum verwendet.«[32] 1965 betonte der Kybernetiker Walter A. Rosenblith bei einem Vortrag in Berlin, dass sich in den USA kein Wissenschaftler mehr

Conference, October 1958, hg. v. Bertrand Schaffner, New York 1960. Zu den ersten Konferenzen s. Cybernetics. The Macy-Conferences 1946-1953. Bd. 1: Protokolle, hg. v. Claus Pias, Zürich/Berlin 2003.

28 Das diagnostiziert auch Pias: Zeit, S. 11.

29 So Seppänen, Jouko: Systems Ideology in Human and Social Sciences. History and Philosophy of Systems and Model Thinking, Information Theory and Cybernetics, in: Gabriel Altmann u. Walter A. Koch (Hg.): Systems. New Paradigms for the Human Sciences, Berlin/New York 1998, S. 226.

30 Wiener selbst postulierte eine Zweite Industrielle Revolution. Siehe Wiener, Norbert: The Human Use of Human Beings. Cybernetics and Society, New York 1950. Zur Information als Basis der Gesellschaft siehe v. a. Chandler, Alfred D. u. James W. Cortada (Hg.): A Nation Transformed by Information. How Information Has Shaped the United States from Colonial Times to the Present, Oxford 2000.

31 So u. a. Seppänen: Systems Ideology, S. 238.

32 Zemanek, Heinz: Kybernetik, in: Elektronische Rechenanlagen 6 (1964), S. 173.

als »Cyberneticist« bezeichne, weil der Begriff durch die zu häufige Verwendung verwässert sei.[33]

Als Titel für wissenschaftliche Konzepte tauchte Kybernetik kaum mehr und dann meist auf philosophischem Gebiet auf, etwa bei Heinz von Foersters »Kybernetik der Kybernetik«. Natur- und technikwissenschaftliche Forschungskonzepte, die sich aus der kybernetischen Programmatik heraus entwickelt hatten, trugen dagegen wieder klassische Titel aus den überkommenen disziplinären Kulturen, oder firmierten unter noch jüngeren Neologismen. Beispielsweise in der Computer Science war die Nahtstelle von menschlichem und maschinellem Geist weiterhin Thema. 1960 veröffentlichte Joseph C.R. Licklider den Aufsatz »Man-Computer Symbiosis«,[34] in dem er den Computer als Werkzeug zur Unterstützung menschlicher Tätigkeiten vorstellte. Etwa zur gleichen Zeit gab der Ingenieur Douglas Engelbart in kybernetischer Tradition an, den Computer zur Verstärkung der menschlichen Intelligenz einsetzen zu wollen. Beide gingen davon aus, dass nur der Computer die Probleme einer immer komplexeren Welt meistern und die menschliche Kommunikation effizient unterstützen könne.[35] Der Mensch stand bei beiden Ansätzen in einem Kommunikationsakt mit dem Computer. Dadurch entstehe ein Mensch-Maschine-System, das die geistige Leistungsfähigkeit in neue Dimensionen führen könne. Der Computer war keine reine Rechenmaschine mehr, sondern fand Verwendung »als Universalwerkzeug und Kommunikationsmedium«.[36] In engem Zusammenhang mit diesen Konzepten wurden die neuen Disziplinen Artificial Intelligence-Forschung und Bionik gegründet. Solche wissenschaftlich-technischen Konzepte, aber auch moderne informationsorientierte Management-Techniken waren seit Ende der 1950er Jahre unter dem Dachbegriff »Information Technology« zusammengefasst.[37]

33 Rosenblith, Walter A.: Cybernetics seventeen Years Later. Kolloquium im Fortgeschrittenenstudium »Brennpunkt Kybernetik« an der TU Berlin am 25.6.1965. Zitiert nach Lenk, H.: Philosophie im technologischen Zeitalter, Stuttgart 1971, S. 72.

34 Licklider, Joseph C.R.: Man-Computer Symbiosis, in: IRE Transactions on Human Factors in Electronics HFE-1 (1969), S. 4-11.

35 Nach Friedewald, Michael: Konzepte der Mensch-Computer-Kommunikation in den 1960er Jahren. J.C.R. Licklider, Douglas Engelbart und der Computer als Intelligenzverstärker, in: Technikgeschichte 67 (2000), S. 5.

36 Ebd., S. 11.

37 Dazu Kline, Ronald R.: Cybernetics, Management Science, and Technology Policy. The Emergency of »Information Technology« as a Keyword, 1948-1985, in: Technology and Culture 47 (2006), S. 513-535.

Diese Informationswissenschaften und -technologien basierten wie die Kybernetik auf einer »Language of Signals, Noise and Information«,[38] die Kybernetik hatte sie also das Sprechen gelehrt. Im Gegensatz zur Kybernetik aber beanspruchten sie nicht mehr, alle Wissensgebiete, gleich ob natur-, geistes- oder sozialwissenschaftlichen Charakters, zu vereinheitlichen. Wegen der strikten Verankerung in ihren jeweiligen disziplinären Kulturen und wegen der mittlerweile unwissenschaftlichen Konnotation des Begriffs tauchte Kybernetik nicht einmal mehr als Namenszusatz in den neuen Konzepten auf. Was ihre philosophische Grundlage und ihren Anspruch anging, herrschte ab den 1960er Jahren Ernüchterung, aber das von ihren Protagonisten produzierte Wissen auf dem Gebiet von Regelungs-, Informations- und Systemtheorie drang in diverse wissenschaftlich-technische Disziplinen ein und wird dort bis heute angewendet.

## 3.2 Kybernetik im internationalen Vergleich

Die Kybernetik dehnte sich bald über die Grenzen der USA aus. Ausländische Teilnehmer der Macy-Konferenzen und Norbert Wiener selbst machten sie in anderen Ländern bekannt. Wiener begab sich mehrmals auf Vortragsreisen durch Europa, mit Vorliebe nach Frankreich, wo sein Buch »Cybernetics« 1948 sogar erstmals gedruckt wurde.[39] Aber auch in Spanien, England und sogar in der Sowjetunion sprach er über sein neues Konzept und diskutierte darüber mit ortsansässigen Wissenschaftlern.[40] Durch persönliche Bekanntschaften und die Lektüre des Buchs fand die Kybernetik überall in Europa schnell Anhänger, die eigene Programme und Forschungsprojekte initiierten.

### *Großbritannien*

In Großbritannien beschäftigte sich der Psychiater William Ross Ashby (1903-1972) früh mit der Kybernetik. Er tat sich in den Anfangsjahren durch die Konstruktion einer kybernetischen Maschine, des »Homöo-

38 Mindell: Human, S. 316.

39 Siehe Wiener, Norbert: Mathematik – mein Leben, Frankfurt a. M. 1965, S. 258. Das Buch erschien gleichzeitig bei der MIT-Press, Cambridge/Mass., und beim Verlag Hermann, Paris.

40 Ebd., S. 274-284.

staten«[41] hervor, der die Aufrechterhaltung von Gleichgewichtszuständen im menschlichen Körper mittels negativer Rückkopplungen simulieren sollte. Der Homöostat funktionierte nach dem Prinzip »the burnt kitten avoids the fire«,[42] ging also nach dem Trial and Error-Prinzip vor. Er speicherte Fehler und versuchte, sie in einer ähnlichen Situation nicht mehr zu begehen. Über diese Maschine und die Analogien zwischen technischem und organischem Verhalten trug Ashby 1952 auf einer Macy-Konferenz vor.[43] Dadurch schloss er auch inhaltlich an den Kreis der amerikanischen Kybernetiker an, die die Analogien zwischen Gehirn und Rechenmaschinen untersuchten und anhand von speziellen Konstruktionen modellierten.

Neben Ashby war Stafford Beer (1926-2002) die zweite große Figur der britischen Kybernetik. Er widmete sich den praktischen Anwendungen kybernetischer Theorien, Methoden und Modellen, insbesondere im Management. Mit seinem 1959 erschienenen Buch »Cybernetics and Management«[44] gilt er mithin als der Begründer einer systemorientierten Managementlehre.[45] Das Wohl und Wehe von Wirtschaftsunternehmen hing nach Beers Theorie von ihrem Verhältnis zur Außenwelt ab, auf deren Bedürfnisse und Einflüsse das System reagieren müsse. Wesentlich für eine Analyse des Unternehmens war demzufolge das Verständnis der Informationsflüsse und für die praktische Anwendung der Aufbau eines funktionierenden Echtzeit-Datenverarbeitungsnetzes. Beer analogisierte zwischen den Informationsprozessen in einem Unternehmen und denen im menschlichen Körper, in denen er jeweils Filterungen und Hierarchisierungen der Prozesse, Redundanzen und Rückkopplungen funktional äquivalent vorliegen sah. Indem er vom »Brain of the Firm«[46] sprach, fand er Anschluss an Ross Ashbys Analogien zwischen

41 Beschrieben bei Ashby, W. Ross: Design for a Brain, London 1952.

42 Nach Pickering, Andrew: Cybernetics and the Mangle, in: Social Studies of Science 32 (2002), S. 419.

43 Ashby, W. Ross: Homeostasis, in: Transactions of the Ninth Macy Conference, hg. v. Heinz v. Foerster, New York 1953, S. 73-108; ND in: Cybernetics. The Macy-Conferences 1946-1953. Bd. 1: Protokolle, hg. v. Claus Pias, Zürich/Berlin 2003, S. 593-619.

44 Beer, Stafford: Cybernetics and Management, London/New York 1959 (dt.: Kybernetik und Management, Frankfurt a. M. 1970).

45 Z. B. bei Pircher, Wolfgang: Markt oder Plan? Zum Verhältnis von Kybernetik und Ökonomie, in: Pias (Hg.): Kybernetik, S. 81-96.

46 Vgl. Pickering: Cybernetics, S. 424. Das Bild des Gehirns ist übernommen von Beer, Stafford: Brain of the Firm. A Development in Management Cybernetics, London/New York 1972.

menschlichem und maschinellem Geist. Besonders der Homöostat diente Beer als analytisches Modell für das Verständnis des Gehirns und damit als Vorbild für den Aufbau technischer Nachrichtenverarbeitungssysteme in Wirtschaftsunternehmen.

Beers herausragende praktische Tätigkeit war das »Project Cybersyn«,[47] der Aufbau eines Steuerungsapparates des Staates Chile. Das Projekt erfasste Politik und Wirtschaft des gesamten Landes als einheitliches kybernetisches System, das von einem zentralen Kontrollraum über ein riesiges Informationsnetz gelenkt werden sollte. Trotz technischer und sozialer Schwierigkeiten konnte Beer viele Pläne in die Praxis umsetzen. Sein Projekt war eine politische Hauptaufgabe der Regierung Salvador Allendes, bis diese 1973 per Putsch abgesetzt wurde. Obwohl »Cybersyn« scheiterte – und es wäre wohl auch mit Allende nie im Ganzen zu realisieren gewesen –, bedeutete es das ressourcenintensivste und politisch wie wirtschaftlich weitestreichende kybernetische Projekt, das weltweit je in Angriff genommen wurde. Stafford Beer wies wie kein anderer der Kybernetik den Weg in die gesellschaftliche Praxis.

### *Frankreich*

Besonders großen Widerhall fand die Kybernetik in Frankreich. Schon kurz nach der Erstveröffentlichung von »Cybernetics« erregte sie dort starkes öffentliches Interesse. Die Debatte über ihre Inhalte, Nutzen und Gefahren trug auf der einen Seite eine Gruppe von Techno-Optimisten und auf der anderen Seite eine weit verbreitete kommunistische Arbeiterbewegung. Die Kybernetik wurde als Fanal einer neuen technisch bestimmten Zeit gefeiert und als Legitimation von Taylorismus, Informationismus und Unterdrückung des Menschen durch Roboter, Maschinen und Automation angefeindet. Sie stand seit Anbeginn unter starkem politischen Einfluss und konnte sich wegen eines kollektiven Anti-Amerikanismus in der französischen Nachkriegsgesellschaft nur durch die Betonung der Existenz eines eigenständigen nationalen Stils gegen ihre Feinde behaupten. In diesem Spannungsverhältnis bildete sich in Frankreich, früh wie nirgendwo sonst in Europa, eine kybernetische Scientific Community, die seit 1949 kybernetische Vereinigungen gründete und Kongresse veranstaltete. Um 1952 hatte sich die Kybernetik etabliert und positionierte sich im Kontrast zur angloamerikanischen Tradition spe-

47 Dazu Medina, Eden: Designing Freedom, Regulating a Nation. Socialist Cybernetics in Allende's Chile, in: Journal of Latin American Studies 38 (2006), S. 571-606.

zifisch national bzw. in einer französisch-belgischen Achse.[48] Sie konstruierte sogar eine eigene Geschichte mit Wurzeln weit über Wiener hinaus bis zurück zu René Descartes und André-Marie Ampère.

Den französisch-belgischen Beziehungen ist auch die Gründung der »Association Internationale de Cybernétique« (AIC) geschuldet, der das Verdienst zugeschrieben wurde, »die Kybernetik in Europa propagiert zu haben.«[49] 1956 organisierte der belgische Mathematiker Georges R. Boulanger (1909-1982), der in Paris studiert und promoviert hatte, den ersten Internationalen Kybernetikkongress in Namur/Belgien und gründete dort ein Jahr später die Gesellschaft als Trägerin der nachfolgenden Kongresse.[50] Durch seine exponierte Stellung beeinflusste er den Stil der AIC wesentlich, so dass seine Interessen, v.a die philosophische Bedeutung von Elektronik und Automation, auf den Kongressen im Vordergrund standen. Klar wird diese Ausrichtung beim Blick auf den 3. Kongress der Gesellschaft, wo die Sektion »Die Kybernetik und das Leben« als eine von fünf mehr als ein Drittel der Vorträge auf sich vereinte. Auch den Charakter der AIC als internationale Vereinigung mit regionalem Schwerpunkt auf Frankreich und Belgien belegt diese Tagung. 240 Wissenschaftler nahmen an ihr teil, wovon die Hälfte aus Frankreich und Belgien und die andere Hälfte aus fünfundzwanzig weiteren Ländern, darunter China und Russland, stammten.[51] Schließlich lassen die unterschiedlichen Sektionen aus den Bereichen Wissenschaftstheorie, Biologie, Technik, Anthropologie, Wirtschafts- und Gesellschaftswissenschaften den heterogenen Charakter der Tagung erahnen. Bereits Zeitgenossen bemerkten, dass in der AIC »eine sehr weite Auffassung des Begriffs Kybernetik« vertreten werde. Diese Heterogenität ergab »zwar ein verwirrendes Bild und große Niveauunterschiede, erlaubte auf der anderen Seite aber eine Auflockerung, die bei strenger Auffassung nie erreicht worden wäre.«[52]

Bundesdeutsche Kybernetiker nahmen die AIC und ihre Tagungen durchaus wahr, aber nur wenige engagierten sich in dieser internationalen Vereinigung. Gerade die Biokybernetiker wollten mit der AIC nichts zu tun haben, obwohl auf den Kongressen in Namur auch zu ihrem Thema vorgetragen wurde. Zu stark philosophisch und spekulativ ausgerichtet

48 Nach Mindell (u.a.): Engineering, S. 81. Die Entwicklungen in Frankreich werden in diesem Aufsatz, S. 74-81, überblicksartig beschrieben.

49 Zemanek, Heinz: Kybernetik, in: Elektronische Rechenanlagen 6 (1964), S. 171.

50 So der Nachruf auf Georges Boulanger, in: GrKG 23 (1982), S. 147.

51 Über die Tagung berichtete Blom, Axel Viggo: Evolution der Kybernetik, in: Naturwissenschaftliche Rundschau 15 (1962), S. 187f.

52 Zemanek: Kybernetik, S. 171.

erschien die Arbeit der AIC, als dass sie für eine streng naturwissenschaftliche Kybernetik von Bedeutung wären.[53] Der Münchner Nachrichtentechniker Hans Marko betont gar, sie wollten sich von Namur bewusst abgrenzen, um »kein Diskussionsclub von Philosophen«[54] zu werden.

### *Ostblock*

Ähnlich politisch und ideologisch aufgeladen wie in Frankreich präsentierte sich die Kybernetik im Ostblock. In Wissenschaft, Politik und Wirtschaft wurde sie früh rezipiert und galt als mögliche theoretische Basis für die Automatisierung der Industrie, wie sie der Fünfjahresplan 1946-1950 zum Ziel erklärte. Trotzdem wurde sie in der Sowjetunion zunächst offiziell als westlich-reaktionäre Pseudowissenschaft diskreditiert und, wie alles Amerikanische, strikt abgelehnt. Daneben schien die Konzentration der Kybernetik auf Information und Indeterminiertheit unvereinbar mit dem klassischen marxistischen Materialismus, und das Prinzip der Selbststeuerung stand im Widerspruch zum planwirtschaftlichen Zentralismus der Sowjetunion.[55] Schließlich sah die Geisteswissenschaft und dort v. a. die Philosophie im universalistischen Anspruch der Kybernetik, mittels ihrer mathematischen Methoden alle Prozesse des Lebens erklären zu können, eine Konkurrenz zum intellektuellen Führungsanspruch der marxistisch-leninistischen Gesellschaftstheorie.[56] Blumig beschrieb Zemanek diese Situation: »Die Kybernetik wurde in Russland nach ihrem Erscheinen in Frankreich und Amerika als Unnötigkeit der verfaulten Welt des Kapitalismus angesehen.«[57]

53 Das betont K. Küpfmüller an W. Heitz/DFG, 28.9.1960, BA Koblenz, B227/138623.

54 Hans Marko im Interview, 27.10.2005. Bernhard Hassenstein äußerte sich im Interview, 11.7.2005, er sei auf einem Kongress gewesen, die dort diskutierten Gegenstände hätten ihn aber nicht interessiert.

55 Die Gründe nennt Segal, Jérôme: Kybernetik in der DDR. Begegnung mit der marxistischen Ideologie, in: Dresdener Beiträge zur Geschichte der Technikwissenschaften 27 (2001), S. 51.

56 Diesen Grund ergänzt Dittmann, Frank: Kybernetik in der DDR – eine Einstimmung, in: Ders. u. Rudolf Seising (Hg.): Kybernetik steckt den Osten an. Aufstieg und Schwierigkeiten einer interdisziplinären Wissenschaft in der DDR, Berlin 2007, S. 21.

57 Zemanek: Das internationale Erscheinungsbild der russischen Geschichte des Computers und der Kybernetik, in: A. Swiridow u. Roland Vollmar (Hg.): Computer und Kybernetik. Anmerkungen zu ihrer Geschichte und zu Perspektiven in der Zeit von 1940 bis 1965 (3. Russisch-deutsches Symposium, Heidelberg 20.-21.11.1997), Bonn 1998, S. 200.

Während in den frühen 1950er Jahren die Kybernetikfeindschaft nach außen getragen wurde, begann die ideologische Front nach dem Tod Stalins bald zu bröckeln. »Eine sowjetische Untergrund- oder Lagerkybernetik«[58] adaptierte die amerikanischen Theorien, etwa indem Shannons Veröffentlichungen 1953 ins Russische übersetzt wurden und mehrere russische Naturwissenschaftler Forschungsaufenthalte in den USA verbrachten. Schließlich fand die Kybernetik 1957 auch offiziell Anerkennung, weil sich die neuen Forschungskonzepte als notwendig für die geplanten gesellschaftlichen Veränderungen und Modernisierungen erwiesen. Die technologische Dimension des Kalten Krieges, in der der Sputnikflug 1957 und Juri Gagarins Weltraumaufenthalt 1961 eine Überlegenheit der Sowjetunion symbolisierten, ließ Wissenschaft und Technik als unabdingbare Faktoren für wirtschaftlichen und militärischen Fortschritt erscheinen. Technische Nützlichkeit besiegte ideologische Ressentiments.[59]

Die Kybernetik galt nicht nur als theoretische Grundlage für Automation und Planung, sondern sie wurde durch ihren interdisziplinären und vereinheitlichenden Ansatz eine »Trading Zone«,[60] mittels derer Natur-, Technik-, Sozial- und Geisteswissenschaften, aber auch Politik und Wirtschaft eine gemeinsame mathematisch-formalisierende Sprache fanden und unter dem Informationsaspekt vereinheitlicht werden sollten. Zwischen 1958 und 1962 gelang der Kybernetik der Durchbruch »zu einem Fundamentalbaustein der Philosophie«. Gleichzeitig wurde die Kybernetik »zur Über- und Metawissenschaft, der alles angehörte, was zu Automaten, Robotern und Computern gehörte, samt den passenden biologischen Fachgebieten.«[61] Sie war weit mehr als eine klassische Disziplin, gleichermaßen eine Philosophie, eine Methodologie und Sprache, ein Programm zur Transformation alles wissenschaftlichen und, daran anschließend, gesellschaftlichen Denkens und Handelns, das in allen Disziplinen, in Politik, Wirtschaft und im öffentlichen Reden angewendet werden sollte. Kybernetik und ihre vermeintlich ideologiefreie, auf Ratio statt auf Macht bedachte Sprache, die »Cyberspeak«, galten in der nachstalinistischen Sowjetunion als »befreiend«[62] und sollten den Weg aus einer totalitären in eine moderne Gesellschaft weisen.

58 Ebd.

59 Siehe Segal: Kybernetik, S. 52; Dittmann: Kybernetik, S. 26.

60 Mindell (u. a.): Engineering, S. 85. Der Begriff stammt von Galison, Peter: Image and Logic. A Material Culture of Microphysics, Chicago 1997, Kapitel 9.

61 Beides Zemanek: Erscheinungsbild, S. 200.

62 Gerovitch, Slava: Roman Jakobson und die Kybernetisierung der Linguistik in der Sowjetunion, in: Michael Hagner u. Erich Hörl (Hg.): Die Transformation

Die Kybernetik war im diktatorischen Sowjetstaat so stark mit der Gesellschaft verflochten und ihre Konjunktur so stark gesellschaftsabhängig wie nirgendwo anders. Ihre Stellung im politischen System der Sowjetunion spiegelt eindeutig die Bedürfnisse und Anforderungen der Politik und Wirtschaft gegenüber der Wissenschaft.[63] Umgekehrt wurde der Wissenschaft ein direkter und enorm weitreichender Einfluss auf die Veränderung der Gesellschaft zugebilligt.

Parallel zur Sowjetunion entwickelte sich die Kybernetik in der DDR.[64] Insbesondere ihre anfängliche Zurückweisung erfolgte nach sowjetischem Vorbild, die Rezeptionsgeschichte und Etablierung der Kybernetik in der DDR verlief aber nicht durch einen linearen Wissenstransfer von der Sowjetunion in die DDR. Vielmehr waren auch westliche Veröffentlichungen zugänglich, so dass sich eigenständige Institutionen und Netzwerke herausbildeten. Der Protagonist dieser Entwicklung war der Philosoph Georg Klaus (1912-1974).[65] Er hatte sich schon 1952 Wieners »Cybernetics« besorgen können und arbeitete fortan über die Bedeutung von Rechenmaschinen und die Auswirkungen maschinellen Denkens auf den Menschen. Seine erste Schrift zur Kybernetik veröffentlichte er 1957 unter dem Titel »Elektronengehirn gegen Menschengehirn?«.[66] Vom philosophischen Standpunkt war sein Ansinnen der Versuch einer Synthese aus kybernetischem Mechanismus und marxistischem Materialismus, wodurch er die Kybernetik auch politisch hoffähig machen konnte. Auf ihre gesellschaftliche Bedeutung wies er 1958 in einem Aufsatz hin, in dem er die Kybernetik als wissenschaftliche Grundlage der Rechen-

des Humanen. Beiträge zur Kulturgeschichte der Kybernetik, Frankfurt a. M. 2008, S. 270. Den Begriff Cyberspeak hat ebenfalls er geprägt. Siehe Gerovitch, Slava: From Newspeak to Cyberspeak. A History of Soviet Cybernetics, Cambridge/Mass. 2002. Es ist das einschlägige Werk zur Geschichte der Kybernetik in der Sowjetunion.

63 Das ist eine zentrale These bei Gerovitch: Newspeak, hier S. 4.

64 Überblicke vermitteln Dittmann: Kybernetik, S. 13-42; Segal: Kybernetik, S. 47-75; Ders.: Kybernetik in der DDR. Dialektische Beziehungen, in: Pias (Hg.): Kybernetik, S. 227-251.

65 Zu Georg Klaus, dem Doyen der Kybernetik in der DDR, v. a. Fuchs-Kittowski, Klaus u. Siegfried Piotrowski (Hg.): Kybernetik und Interdisziplinarität. Georg Klaus zum 90. Geburtstag, Berlin 2004.

66 Vortrag, gehalten auf dem 2. Kongress der Gesellschaft zur Verbreitung wissenschaftlicher Kenntnisse zu Berlin, 1957, gedr. u. a. als Klaus, Georg: Elektronengehirn contra Menschengehirn? Über die philosophischen und gesellschaftlichen Probleme der Kybernetik, in: Georg Klaus. Beiträge zu philosophischen Problemen der Einzelwissenschaften, hg. v. Heinz Liebscher, Berlin 1978, S. 62-80.

maschine beschrieb und formelhaft zusammenfasste: »Kein Sputnik ohne Rechenmaschinen.«[67] Wie in der Sowjetunion akzeptierte auch die politische Spitze der DDR die Kybernetik, weil sie technische Erfolge [68] mit ihr verband.

Ihren Durchbruch in Wissenschaft und Gesellschaft der DDR schaffte die Kybernetik Anfang der 1960er Jahre. Als Georg Klaus 1961 in seinem Werk »Die Kybernetik in philosophischer Sicht«[69] die Verträglichkeit der Kybernetik mit dem dialektischen Materialismus in aller Breite thematisierte, gab es keinen Grund mehr für Vorbehalte. Klaus verstand die zu analysierenden Objekte Partei, Staat oder Wirtschaft als lernende Systeme nach dem Vorbild von Rechenmaschinen, so dass diese planbar und konstruierbar seien – ebenso wie eine Maschine. In diesem Sinne nahm die Kybernetik schon im Siebenjahresplan 1959-1965 die Rolle einer Wissenschaft zur planhaften Umgestaltung der Gesellschaft ein, und in der Wirtschaftsreform der 1960er Jahre, die unter dem Schlagwort »Neues Ökonomisches System zur Planung und Leitung der Volkswirtschaft« stand, wurde sie zur zentralen theoretischen Grundlage und Technologie der Automatisierung und Planung von Wirtschaft und Politik. Ihre gesellschaftliche Stellung nutzte die Kybernetik auch zum Aufschwung innerhalb der Wissenschaft. 1962 gründete die Akademie der Wissenschaften eine eigene Sektion für Kybernetik, Hochschulinstitute schossen aus dem Boden und die gesamte Rechnertechnik institutionalisierte sich unter dem Dach der Kybernetik. Sie wurde regelrecht zur Modeerscheinung, der jeder Wissenschaftler und Politiker nachlief, um sich den Anstrich des Modernen zu geben. In der Mitte der 1960er Jahre erlebte die DDR eine kybernetische »Hypertrophierung«.[70] Schließlich wurde der SED-Führung die Bedeutung der Kybernetik zu dominant, so dass sie die Kybernetik scharf in ihre Grenzen wies. 1969 stellte Kurt Hager, der Chefideologe der SED, fest, dass die Überbetonung der Kybernetik »zu einer Abwertung der theoretischen Leitsätze und Begriffe der marxistisch-leninistischen Gesellschaftstheorie«[71] führe. Dass die Kybernetik eine echte Konkurrenz zur offiziellen Philosophie und Ideologie darstellte, wurde fortan nicht mehr geduldet. Stattdessen stieg der Marxismus-Leninismus im politisch-ökonomischen Denken wieder auf und

67 Klaus, Georg: Zu einigen Problemen der Kybernetik, in: Einheit 13 (1958). Zitiert nach Segal: Kybernetik, S. 55.

68 So auch Segal: Kybernetik, S. 56.

69 Klaus, Georg: Kybernetik in philosophischer Sicht, Berlin 1961.

70 Dittmann: Kybernetik, S. 28.

71 Zitiert nach Dittmann: Kybernetik, S. 13. Zur antikybernetischen Wende siehe auch ebd., S. 32; Segal: Kybernetik, S. 60-64.

erhielt aufs Neue die umfassende gesellschaftliche und intellektuelle Deutungskraft. Seine Vertreter machten die kybernetischen Methoden und Theorien für das Scheitern der Politik des »Neuen Ökonomischen Systems« verantwortlich und schoben sie damit 1971 ins gesellschaftliche Abseits.[72]

Der Einfluss der Staats- und Parteiführung auf die Kybernetik war in der DDR ähnlich groß wie in der Sowjetunion. Der explizite politische Wille, mit kybernetischen Grundlagen Wirtschaft und Staat zu lenken,[73] beförderte die Wissenschaft ebenso, wie er sie später gesellschaftlich marginalisierte. Umgekehrt hatten kybernetische Theorien, Methoden und Techniken auch einen großen Einfluss auf die Gesellschaft und Wissenschaft der DDR. Denn nicht nur Politik und Wirtschaft wurden in den 1960er Jahren kybernetisiert, sondern auch natur-, technik-, sozial- und geisteswissenschaftliche Disziplinen jeglichen Zuschnitts bauten auf die Kybernetik als methodisches Hilfsmittel und erforschten ihre Gegenstände unter kybernetischen Fragestellungen.

Auch nachdem ihre Hochphase per Dekret beendet worden war, lebte die Kybernetik weiter, so dass sich zwischen dem offiziellen Umgang mit der Kybernetik und der kybernetischen Forschungspraxis eine enorme Diskrepanz herausbildete. Die Kybernetik behielt, oft ohne dass der Begriff weiter verwendet worden wäre, ihre fragengenerierende und problemlösende Kraft in der Philosophie, Biologie, Medizin, Pädagogik, Informatik, den Ingenieur- und Wirtschaftswissenschaften,[74] erlebte jedoch nach 1969 eine Transformation vom Gegenstand öffentlicher Debatten und von einer politisierten Wissenschaft, die im gesellschaftlichen Fokus stand, hin zur reinen Methodik ohne öffentliches Interesse.

Die Entwicklung der Kybernetik fand auch auf der anderen Seite des Eisernen Vorhangs ein Echo. Auf forschungspraktischer wie auf sozialer Ebene existierten durchaus Kontakte zwischen Ost und West. Beispielsweise besuchte Hans Drischel, der führende Biokybernetiker der DDR, zwischen 1952 und 1973 mindestens viermal biokybernetische Institutionen in der Bundesrepublik: Den Juli und August 1952 verbrachte er als Gast am MPI für Meeresbiologie in Wilhelmshaven, und im September

72 So Dittmann: Kybernetik, S. 32.

73 Das betont Segal: Kybernetik, S. 48.

74 Nach diesen Anwendungsdisziplinen sind die Kapitel benannt bei Dittmann u. Seising (Hg.): Kybernetik, wo genau das Problem offizielle Kybernetik vs. Kybernetik in der Forschungspraxis thematisiert wird. Zur Kybernetik in der Konstruktionswissenschaft siehe Heymann, Matthias: »Kunst« und Wissenschaft in der Technik des 20. Jahrhunderts. Zur Geschichte der Konstruktionswissenschaft, Zürich 2005, Kapitel 5.1.

1958 nahm er an einem Symposium des MPI für Verhaltensphysiologie in Seewiesen teil.[75] Später trug er zweimal auf den großen Kybernetikkongressen vor, nämlich 1963 in Karlruhe und 1973 in Nürnberg.[76] Bei diesem intensiven Austausch mit bundesdeutschen Kybernetikern nimmt es nicht wunder, dass Drischels Verständnis von Kybernetik sich kaum von dem westdeutscher Biologen unterschied. Die Essenz aus den vielen Definitionsversuchen sah er in Wieners Wort »Control and Communication in the Animal and the Machine«, und betonte darüber hinaus: »Die Kybernetik untersucht mit den modernsten Mitteln der höheren Mathematik – die sie assimiliert und weiterentwickelt hat – Systeme aus der unbelebten und belebten Welt, die der Steuerung, Regelung, Selbstanpassung, Selbstorganisation und Selbstoptimierung, der Informationsaufnahme, -übermittlung und -verarbeitung dienen. [...] Von der besonderen Bewegungsform der Materie wird abstrahiert; es werden allgemeine, bewegungsform-indifferente, letzten Endes mathematische Gesetzmäßigkeiten gesucht.«[77] Der biokybernetische Transfer verlief aber auch in die andere Richtung. Drischel richtete zwischen 1967 und 1973 vier internationale Symposien in Leipzig aus, auf denen das Who is Who der westdeutschen Biokybernetiker erschien.[78] Allerdings hatten es beide Seiten nicht leicht, eine gemeinsame Verständigungsebene zu finden. Differenzen herrschten besonders über »Fragestellungen und Methoden, die im Osten und Westen noch immer verschieden«[79] waren. Weil die

75 Diese Aufenthalte belegen E. v. Holst an H. Drischel, 30.5.1952, MPG-Archiv, III. Abt., Rep. 29, Nr. 117; H. Drischel an E. v. Holst, 19.10.1958, MPG-Archiv, III. Abt., Rep. 29, Nr. 117.

76 Siehe Drischel, Hans: Über die Beeinflußbarkeit der Parameter biologischer Regelsysteme des Organismus, in: Neuere Ergebnisse der Kybernetik. Bericht über die Tagung Karlsruhe 1963 der DAGK, hg. v. K. Steinbuch u. S.W. Wagner, München/Wien 1964, S. 150-166; Ders.: Informationsspeicherung und Wiederauffindung im Nervensystem von Organismen. Fakten und Hypothesen, in: Kybernetik und Bionik. Berichtswerk über den 5. Kongreß der DGK in Nürnberg, 28.-30.3.1973, hg. v. Wolf D. Keidel (u. a.), München 1974, S. 80-102.

77 Drischel, Hans: Kybernetik und biologisch-medizinische Forschung, in: Forschungen und Fortschritte 41 (1967), S. 65.

78 Zum ersten Symposium, 19.-22.9.1967, Drischel, Hans u. Norbert Tiedt (Hg.): Biokybernetik. Materialien des 1. Internationalen Symposiums »Biokybernetik« in Leipzig, 19.-22.9.1967, 2 Bde., Jena 1968. Drischels Aktivitäten im Allgemeinen beschreibt Lässig, Peter, H.: Hans Drischel – ein Biokybernetiker in der DDR, in: Dittmann u. Seising (Hg.): Kybernetik, S. 191-230; ein Teilnehmerverzeichnis der Symposien ebd., S. 214-225.

79 Buchbesprechung von E. Butenandt zu H. Drischel u. Norbert Tiedt (Hg.): Biokybernetik, Jena 1968, in: Kybernetik 8 (1971), S. 45.

politischen Entwicklungen der Kybernetik in Ost und West trotz aller Bemühungen unterschiedlich verliefen, konnten die Akteure auch auf sozialer Ebene nicht leicht zueinander finden.

Viel schwerer aber wog die ideologische Trennung. Gert Hauske, Teilnehmer auf drei Leipziger Symposien, stellte rückblickend fest, dass seine Forschergruppe aus dem Kontakt mit Drischel Inspirationen gezogen habe. »Aber dass Kybernetik dort sofort immer etwas mit politisch-programmatischen Dingen zu tun hatte, das hat bei uns eher für Berührungsängste gesorgt.«[80] Die ideologische Aufladung der Kybernetik erwies sich im Transfer und der Kooperation zwischen den Blöcken als Last. Demzufolge rezipierte der Westen die philosophische Kybernetik der DDR und namentlich Georg Klaus kaum.[81] Wie stark der Transfer von West nach Ost kybernetisches Wissen verfremdete und entstellte, belegte die DDR-Ausgabe des Schullehrbuchs »Biologische Kybernetik« von Bernhard Hassenstein. Im Nachwort interpretierte Rolf Löther vom Zentralinstitut der Akademie der Wissenschaften die streng rationalistisch-naturwissenschaftlichen Gedankengänge Hassensteins um und passte sie in die sozialistische Weltanschauung ein: »Den biokybernetischen Darlegungen Hassensteins sind weltanschauliche Momente immanent, tragen sie doch zur materialistischen Erklärung von Lebensvorgängen bei.« Was Hassenstein als »biologisches Denken« bezeichnete, falle »tatsächlich in den Rahmen dialektisch-materialistischen Denkens«. Und wenn er seine Ferne zu jeglicher Weltanschauung betone, entspreche dies »Auffassungen von Wissenschaft, Weltanschauung und Gesellschaft sowie ihrem Zusammenhang, welche lange vor dem Entstehen der Kybernetik durch K. Marx, F. Engels und W.I. Lenin widerlegt wurden. Dagegen ist die Gültigkeit der marxistisch-leninistischen Aussagen zu dieser Problematik auch für die Kybernetik erwiesen. [...] Nicht weltanschauliche Abstinenz, sondern produktives Bündnis zwischen Kybernetik und wissenschaftlicher Philosophie ist erforderlich, damit Stellung, Ansehen und Leistungsfähigkeit der Kybernetik sich zum Wohle des Menschen entwickeln.«[82] Dass diese Ideologisierung ihrer Wissenschaft die westdeutschen Kybernetiker befremdete, ist nur allzu leicht nachvollziehbar. Die Gemeinsamkeiten auf forschungspraktischer Ebene wogen dann auch die Trennung auf philosophisch-weltanschaulicher Ebene nicht auf.

80 Gert Hauske im Interview, 13.10.2005.

81 Das betont Uwe Lehnert im Interview, 13.11.2006.

82 Löther, Horst: Nachwort zur DDR-Ausgabe, in: Bernhard Hassenstein: Biologische Kybernetik, Jena 1972.

### *Verschiedene Formen der Kybernetik in verschiedenen Ländern*

Die Kybernetik verdankte von Anfang an ihre Entwicklungen den Spannungen zwischen internationalen Netzwerken von Wissenschaftlern und nationalen Begrenzungen durch politische, kulturelle und soziale Faktoren. Die internationalen Erscheinungsformen der Kybernetik unterschieden sich in der Praxis nicht so sehr voneinander wie in den politischen und kulturellen Bedeutungen, die in die Kybernetik hineininterpretiert wurden. Internationale Kontakte mussten diese verschiedenen Bedeutungen vernachlässigen oder auf einen gemeinsamen Nenner bringen.[83] Eine Trennung zwischen der weltanschaulichen und der forschungspraktischen Dimension der Kybernetik war aber selten. Vielmehr ließen die Akteure den Begriff Kybernetik fallen, wenn sie nicht auf den ideologischen Überbau und damit auf universalistische Ansprüche zurückgriffen. Dann blieben nur noch Fragen, Theorien, Methoden und Techniken, die entweder in traditionellen Disziplinen aufgingen oder für die ein neuer Titel gefunden wurde. Auf dieser Ebene waren internationale Kooperationen und Diskurse möglich und üblich. Der Begriff Kybernetik belastete aber den internationalen Kontakt mehr, als dass er ihn beförderte, weil er stets durch politische und wirtschaftliche Bedürfnisse sowie durch öffentliche Debatten gesellschaftlich und weltanschaulich aufgeladen war. National begrenzte Gesellschaften generierten national begrenzte Verständnisse der Kybernetik. Weil nun die Verständnisse von Kybernetik in einzelnen Ländern mitunter unterschiedliche Forschungsfragen und damit unterschiedliche Formen der Kybernetik hervorbrachten, beherrschten eher Missverständnisse den Kontakt zwischen Kybernetikern verschiedener Nationalitäten. Internationale Kooperationen und transnationaler Wissenstransfer waren daher unter dem Titel Kybernetik auch auf forschungspraktischer Ebene nur eingeschränkt möglich.

Eine ideologische Gemeinsamkeit der Kybernetik durchzog alle Länder in der östlichen wie in der westlichen Welt: »Technocratic Dreams«[84] waren in den »langen 1960er Jahren« allgegenwärtig und fanden ihre wissenschaftliche Entsprechung in der Kybernetik. Das technokratische Ideologem der Möglichkeit von quantifizierender Analyse, Rationalisierung, Automatisierung und Planung aller gesellschaftlichen Systeme beherrschte die öffentlichen Debatten. Weil es gleichermaßen Teil kybernetischen Denkens war, diente die Kybernetik in allen Gesellschaften als

83 So das Fazit der internationalen Vergleichsstudie Mindell (u.a.): Engineering, S. 89.

84 Gerovitch: Newspeak, S. 300.

Waffe im Konflikt mit irrationalen Weltanschauungen. Sie wurde global zu der Wissenschaft, die die technisierte Welt deuten und lenken könne.

Eine Reaktion auf diese gesellschaftliche Position der Kybernetik war der umgekehrte, aber ebenfalls globale Prozess der Entkybernetisierung. In Ost wie in West flaute die Kybernetik-Euphorie seit dem Ende der 1960er Jahre ab.[85] In allen Ländern machte sich Ernüchterung breit, weil die Versprechungen der Kybernetik oder von außen in sie hineinprojizierte Erwartungen trotz jahrelang intensiver Förderung immer noch nicht eingelöst waren. Nach dieser Ernüchterung transformierte sich die Kybernetik zwar global, aber nicht in Form eines einheitlichen, sondern eines in allen Nationen parallel und getrennt voneinander ablaufenden Prozesses. Sie verschwand aus dem gesellschaftlichen Fokus, wurde entpolitisiert und entideologisiert, behielt aber ihre fragengenerierende und problemlösende Kraft in fremden Disziplinen, oft ohne dass ihr Name weiter verwendet wurde.

## 3.3 Die Kybernetik in der BRD

### 3.3.1 Vorläufer der Kybernetik

Als die Kybernetik in der Bundesrepublik Deutschland bekannt wurde, waren Forschungsprogramme auf dem Gebiet von »Control and Communication in the Animal and the Machine« bereits seit langem etabliert. Wenn auch einige Wurzeln der Beschäftigung mit biologischer Regelung bis ins erste Drittel des 19. Jahrhunderts zurückreichen,[86] wurden diese Fragen in Deutschland intensiv erst seit der Zwischenkriegszeit erforscht. Insbesondere der Physiologe Richard Wagner (1893-1970) und der Physiker Hermann Schmidt (1894-1968) wurden von den Kybernetikern selbst und von der Geschichtsschreibung als Vorläufer bezeichnet.

85 So Dittmann: Kybernetik, S. 15. Über Dittmanns Befund, das Ende der 1960er Jahre sei das Datum der globalen Entkybernetisierung, lässt sich streiten. In den USA fand diese Entwicklung wohl schon früher statt, in der BRD eher später. Der globale Charakter des Prozesses ist aber unstrittig.

86 Ch. Bell (1826), E. Pflüger (1877) und R. Wagner (1927) werden im Abschlussbericht des SFB 50 als Vorläufer der Kybernetik genannt. Siehe Preface, in: Hans Marko (Hg.): Processing Structures for Perception and Action. Final Report of the Sonderforschungsbereich »Kybernetik« 1969-1983, Weinheim 1988, S. V.

### *Richard Wagner*

Richard Wagner befasste sich in den 1920er Jahren mit der Überwindung der Reflexlehre, nach der ein äußerer Reiz und eine eindeutige dementsprechende Antwort des Organismus alle Lebensvorgänge lenkten. Diese kausale Verknüpfung griff nach Wagner zu kurz. Stattdessen postulierte er ununterbrochen kreisende Reflexe im Organismus. Er führte die Annahme kreiskausaler selbsttätiger Regelungen in die Biologie ein und belegte sie anhand der Rückkopplung der motorischen Vorderhornganglienzellen des Rückenmarks und der Willkürbewegungen von Muskeln.[87] Dieses Konzept der biologischen Regelkunde propagierte er nach dem Zweiten Weltkrieg weiterhin. Er nahm die Existenz von Einrichtungen im Körper an, »die es trotz aller Störungen immer wieder von neuem bewirken, daß die Voraussetzungen für den Ablauf der Lebensvorgänge aufrecht erhalten bleiben.« Der Organismus sei »ein nach den verschiedensten Richtungen hin ausbalanciertes System«, das in sich und mit seiner Umwelt einen Gleichgewichtszustand anstrebe. Eine Störung des Gleichgewichts durch einen Reiz aus der Umwelt bewirke im Organismus »das Bestreben, von neuem ein Gleichgewicht mit seiner Umwelt einzustellen.«[88]

Ein Paradox sah Wagner im Verhältnis von Biologen und Regelungstechnikern. Noch bevor die biologischen Mechanismen bekannt waren, hatten Ingenieure technische Regelungssysteme entwickelt, die auf genau diesen Mechanismen aufbauten. Sie hatten »unbewußt Modelle bestimmter Lebensvorgänge« entwickelt, die den Biologen nun die Arbeit an den eigentlichen Vorbildern erst ermöglichten. Denn sie konnten erst an den Modellen die Gesetzmäßigkeiten studieren, »die grundsätzlich auch für den Organismus Gültigkeit zu haben scheinen.«[89] In kybernetischer Manier dachte Wagner bidirektional sowohl technisch wie auch biologisch, indem er in der Biologie ein Vorbild für die Technik und technische Modelle als analytische Hilfsmittel für die Biologie sah. Er verwendete auch die regelungstechnische Terminologie wie »Regelgröße«, »Fühler«, »Regelglied« oder »Sollwert«.[90] Er ging aber über die bloße Beschreibung der Analogien nicht hinaus. Er arbeitete nicht mit

87 Er veröffentlichte über dementsprechende Versuche bereits 1925 bzw. 1927 in der Zeitschrift für Biologie. So Wagner, Richard: Biologische Reglermechanismen, in: VDI-Z 96 (1954), S. 123-130.

88 Jeweils ebd., S. 123.

89 Ebd., S. 130.

90 Wagner, Richard: Die Regulierung des Blutdruckes als Beispiel einer Regler-Einrichtung im Organismus, in: Die Naturwissenschaften 37 (1950), S. 130.

regelungs-, nachrichten- und systemtheoretischen Methoden, nicht mathematisch quantifizierend und betrachtete die Information und die Informationsprozesse in Organismen nicht als berechenbar. Damit blieb er entscheidend hinter der Kybernetik zurück.

Ebensowenig ließ er sich durch Kybernetiker anregen, rezipierte ihre Arbeit nicht und nutzte sie nicht als Referenzen in seinen Veröffentlichungen. Stattdessen pochte er auf seine Priorität gegenüber Wiener und allem, was diesem folgte. Feedback sei »genau derselbe Begriff, der 1925 für die Vorderhornganglienzellen als ›Rückkoppelung‹ bezeichnet wurde.«[91] Weil er selbst das Prinzip der Rückkopplung entdeckt, das Programm der biologischen Regelung konzipiert und 1948 formuliert habe,[92] gestand er Wiener kaum mehr zu als die Popularisierung des Themas. Er wollte nicht wahrhaben, dass die Kybernetik weiter reichte, als dies sein Programm tat. Seine Eifersucht ging so weit, dass sich Kollegen über ihn lustig machten. Als die Biologen Erich von Holst und Bernhard Hassenstein etwa in den VDI-Nachrichten zu ihrem »Vergnügen« als Pioniere der biologischen Regelkunde bezeichnet wurden und damit an Wagners Prioritätsanspruch kratzten, rief von Holst spaßeshalber aus: »Ich kann nur hoffen, daß Wagner in München das nicht zu sehen kriegt«.[93]

### *Hermann Schmidt*

Dass Wagner die Analogien zwischen technischer und biologischer Regelung richtig gedeutet und dargelegt hätte, gestand Hermann Schmidt ihm nicht zu. Das Verdienst, den Weg geebnet zu haben »zu einer Begegnung von Technikern und Biologen«, also »zum Ansatz der technisch-organischen Regelkreisanalogie, der heute so genannten Kybernetik«,[94] schrieb er sich selbst auf die Fahne. Der Ursprung des Konzeptes der Allgemeinen Regelungskunde nach Schmidt reicht in das Jahr 1939 zurück, als der Verein Deutscher Ingenieure (VDI) einen Fachausschuss Regelungstechnik installierte. Die Ausschussleitung übernahm Hermann Schmidt, der an der TH Berlin »wohl die ersten« Vorlesungen in Deutschland gehalten hatte, »in denen der universelle Charakter des Regelungsproblems auch an einer Reihe von außertechnischen Beispielen (Blut-

91 Wagner, Richard: Über die Geschlossenheit eines biologischen Regelkreises mit hormonaler Signalgebung, in: Zeitschrift für Biologie 109 (1957), S. 370.

92 So behauptet bei Wagner, Richard: Biologische Regelung und Gewebsbildung, in: Die Naturwissenschaften 44 (1957), S. 97.

93 E. v. Holst an B. Hassenstein, 1.12.1958, MPG-Archiv, III. Abt., Rep. 29, Nr. 201.

94 H. Schmidt an K. Steinbuch, 10.7.1966, UA Karlsruhe, 39, 05/24.

druckregelung, Regelung der Gleichgewichtslage u.a.) besprochen wurde.«[95] Die These von der funktionalen Gleichartigkeit organischer und technischer Regelung veröffentlichte der Fachausschuss erstmals im Oktober 1940. Sein Ziel war es, »mathematische Mittel zur Berechnung des Regelungsvorganges«[96] zu entwickeln und dadurch die Regelungstechnik zu verwissenschaftlichen. Um die Kernidee des Fachausschusses zu verwirklichen, nämlich eine einheitliche Behandlung verschiedener Forschungsobjekte durch eine disziplinenübergreifende, formalisierte Theorie zu ermöglichen, musste dieser die institutionellen Voraussetzungen schaffen und deshalb auf »die wissenschaftliche wie auch die wirtschaftliche Bedeutung der Regelungstechnik«[97] hinweisen. In diesem Sinne legte der Ausschuss dem Wissenschaftlichen Beirat des VDI auf einer Informationsveranstaltung die Anwendungsmöglichkeiten der Regelungstheorie auf biologische Forschungsfragen, auf die Kurssteuerung von Flugzeugen, auf die Automatisierung der betrieblichen Fertigung und auf die gesellschaftlichen Konsequenzen einer regelungstheoretischen Durchdringung aller wissenschaftlichen und wirtschaftlichen Gebiete dar.[98] Allein die Regelung der gesamten Wirtschaft sei in der Lage, »dem Ganzen bis an die Grenzen des neuen deutschen Wirtschaftsraumes zu dienen.« Durch die Automatisierung der Wirtschaft werde der Mensch aus dem maschinellen Produktionsprozess gelöst und somit »die Tyrannei der Maschine beseitigt«. Schließlich leiste die Regelungstechnik einen Beitrag zur Einheit der Wissenschaften, weil sie eine »Brücke« sei, »auf der sich Natur und Geist begegnen«. Wenn die Kriegswichtigkeit auch nicht explizit erwähnt wurde, so schwang die Bedeutung der Regelungskunde für das Militär und den Aufbau des »großdeutschen Sozialstaats«[99] in den Vorträgen immer mit. Der Ausbau der Technik und die Technisierung der Wirtschaft dienten nicht nur der Produktion

95 Schmidt, Hermann: Die Bemühungen des Vereins Deutscher Ingenieure um die Allgemeine Regelungslehre seit 1939 in Deutschland, in: GrKG 3 (1962), S. 14.

96 Schmidt, Hermann: Regelungstechnik. Die technische Aufgabe und ihre wirtschaftliche, sozialpolitische und kulturpolitische Auswirkung, in: VDI-Z 85 (1941), S. 83.

97 Einleitung zu den Vortragsnachdrucken, in: VDI-Z 85 (1941), S. 81.

98 Beschrieben in den Vorträgen Wünsch, G.: Kurssteuerung von Flugzeugen, in: VDI-Z 85 (1941), S. 89-92; Trendelenburg, W.: Die Regelung von Bewegungsvorgängen durch das Vestibularorgan des Innenohres, a.a.O., S. 93-96; Kramer, Kurt: Regelung des Blutkreislaufs, a.a.O., S. 97-99; Dolezalek, K.M.: Automatisierung in der feinmechanischen Mengenfertigung als Regelungs- und Steuerungsaufgabe, a.a.O., S. 100-104.

99 Jeweils Schmidt: Regelungstechnik, S. 88.

militärischen Geräts, sondern die Freistellung von Arbeitskräften durch Automatisierung würde auch für Nachschub an Soldaten sorgen. Diesen Nutzwert der Allgemeinen Regelungskunde für die Eroberungs-, Raum- und Sozialpolitik des Nationalsozialismus im Zweiten Weltkrieg betonte Schmidt, um politische Förderung für sein Konzept zu erhalten. Erfolg hatte er aber mit seiner Werbung nicht, denn weder diese Vorträge noch eine »Denkschrift zur Gründung eines Instituts für Regelungstechnik«[100] aus dem Jahr 1941 konnten der Regelungstechnik zu einem bemerkenswerten Konjunkturaufschwung verhelfen.

Die Konzeption der Allgemeinen Regelungskunde ist nicht nur durch den Entstehungskontext im Krieg mit der Kybernetik Norbert Wieners vergleichbar, sondern sie griff dieser in der Breite ihres Anspruchs durchaus vor. Auch Schmidt verwies auf die synthetische Kraft der Regelungstheorie, die die menschliche Arbeit objektiviere, d.h. die Arbeit formalisiere und an ein technisches Objekt übertrage. Durch die selbsttätige Reglung sei das menschliche Subjekt aus einem technischen System »vollständig ausgeschieden.« Damit werde das technische Objekt vollständig in dem Sinne, dass »es den gesetzten Zweck selbsttätig ohne Zutun des Subjekts erfüllt.«[101] Für Schmidt belegte die Übernahme menschlicher Leistung durch Maschinen seine Annahme, dass das Menschliche und das Maschinelle verschmolzen. Dadurch hob er die Analogie zwischen Mensch und Maschine und den Anspruch auf Vereinheitlichung des Denkens in eine neue Dimension, die durchaus mit der kybernetischen Anthropologie korrespondierte. Der Regelkreis wurde nach Schmidt »zum Zeichen der Einheit«.[102]

Auch nach dem Krieg verfolgte Hermann Schmidt die Allgemeine Regelungskunde weiterhin, allerdings kaum unter technikwissenschaftlichen Aspekten, da er wegen seiner Verstrickungen ins NS-System bis 1952 Berufsverbot hatte und am Entstehen einer Scientific Community nicht teilhaben konnte. Selbst als im Zuge der Ausarbeitung eines DFG-Schwerpunktprogramms »Kybernetik« 1963 seine Meinung über das Wesen und die Elemente der Kybernetik gefragt war, hatte er zu diesem Thema nichts beizutragen. Er wollte auch keinen Förderungsantrag für ein Projekt stellen, solange das Programm auf experimentellem Niveau verblieb, weil er sich damit nicht mehr beschäftigte. Stattdessen beabsichtigte er, »einen Forschungsantrag für die Förderung einer Arbeit

100 ND als Schmidt, Hermann: Denkschrift zur Gründung eines Instituts für Regelungstechnik (1941), Beiheft zu GrKG 2 (1961).

101 Schmidt: Regelungstechnik, S. 87.

102 Ebd., S. 85.

vorzulegen, die sich mit der synthetischen Funktion der sogenannten Kybernetik für einige Wissenschaften verschiedener Methodik beschäftigt.«[103] Schmidt interessierte sich nurmehr für die philosophischen Fragen der Regelungstheorie. Im Gefolge von Arnold Gehlen beschrieb er den Mensch als Mängelwesen, für den Naturwissenschaft und Technik existentiell notwendig zur Beherrschung der Natur seien.[104] Dass Leben und Gesellschaft deshalb unaufhaltsam technisiert würden, war für ihn die Herausforderung der Moderne schlechthin. Die Objektivierung von Arbeit nahm die zentrale Stelle in seinem Denken ein. Schmidt beschrieb sie als linearen und entelechischen, in der Gegenwart endenden Prozess, der von der Objektivierung der Kraft- zur Objektivierung der Geistesarbeit reiche. Wenn nun auch Geistesleistungen vom Menschen ausgelagert werden konnten, wandelten sich die »psycho-physischen Funktionen zu rein im Physischen ablaufenden Vorgängen«.[105] Die Grundlage der technischen Realisierbarkeit der Objektivierung war die selbsttätige Regelung, die somit »die methodische Vollendung der Technik«[106] bedeute. Schmidt stilisierte sie zum Symbol für die Analogie von menschlichem und technischem Geist.

Hermann Schmidt war überzeugt, dass der »Aufgabenbereich« seiner Allgemeinen Regelungskunde mit der Kybernetik »in engem Zusammenhang« stehe.[107] Die Ähnlichkeit der Konzepte veranlasste auch verschiedene Autoren im Rückblick dazu, Schmidts Leistungen mit denen Wieners gleichzusetzen. Auf dem Kybernetikkongress der DGK 1970 beispielsweise erklärte ein Redner, dass Schmidts Arbeiten über die »theory of control in the animal and the machine«[108] exakt mit denen Wieners übereinstimmten, er lediglich nicht die Popularität Wieners erreicht habe und deshalb vergessen worden sei. Weil Schmidt zeitliche Priorität genoss, wird er bis heute sogar vereinzelt zum verkannten Gründer der

103 H. Schmidt an DFG, 30.4.1963, BA Koblenz, B227/138623.

104 Siehe Schmidt, Hermann: Beginn und Aufstieg der Kybernetik, in: VDI-Z 106 (1964), S. 749.

105 Ebd., S. 751.

106 Vortrag auf der VDI-Sondertagung »Die Wandlung des Menschen durch die Technik«, 30.-31.3.1953, zitiert nach Kraemer, O.: Die Wandlung des Menschen durch die Technik (Vortragsauszüge und Diskussionsbeiträge von der VDI-Sondertagung Tübingen), in: VDI-Z 95 (1953), S. 1079.

107 Schmidt: Bemühungen, S. 13.

108 Henn, V.: The History of Cybernetics in the 19th Century, in: Zeichenerkennung durch biologische und technische Systeme. Tagungsbericht des 4. Kongresses der DGK, Berlin, 6.-9.4.1970, hg. v. Otto-Joachim Grüsser u. Rainer Klinke, Berlin u. a. 1971, S. 1.

Kybernetik avant la lettre erklärt.[109] Aber die Tatsche, dass einige seiner Gedanken mit denen Wieners übereinstimmten, hatte keinerlei Auswirkung auf die Genese der Kybernetik – auch nicht in der Bundesrepublik. Jeglicher Bezug der Kybernetik auf Schmidts Theorie wurde im Nachhinein konstruiert. Zwischen der Allgemeinen Regelungskunde und der Kybernetik bestanden keine personellen oder ideellen Kontinuitäten, so dass die eine die andere hätte beeinflussen können. Bernhard Hassenstein bemerkte, Schmidts Arbeiten seien von der Kybernetik »völlig übersehen und in Deutschland erst ›wiederentdeckt‹ worden, als die amerikanische Entwicklung drüben und bei uns Fuß gefaßt hatte.« Besonders für die Biokybernetik, die in der Bundesrepublik maßgeblich das Gesicht der Kybernetik prägte, »bot die beschriebene Analogie – außer neuen Worten – nichts an sachlich Neuem, was über das längst Bekannte hinausging.«[110] Auch Schmidt selbst gestand ein, dass die Kybernetik sich unabhängig von seinem Konzept entwickelt und »besonders durch das Hinzutreten der Informationstheorie«[111] eine neue Qualität erreicht habe.

### *Weitere Vorläufer und ihre Bedeutung für die Kybernetik*

Mit gleichem Recht oder Unrecht, wie dies bei Wagner und Schmidt geschah, können weitere deutsche Forscher zu Vorläufern der Kybernetik in der Bundesrepublik erklärt werden. Beispielsweise betonte Jakob von Uexküll schon 1920 die Existenz eines geschlossenen Funktionskreises bei der Sinnesreizung eines Tieres. Dabei gelange ein Reiz über afferente Nervenbahnen ins Zentrale Nervensystem, melde eine Nachricht an die Ausführungsorgane, deren Funktion dann die Antwort auf die empfangenen Reize darstelle. Uexküll verwendete für die Elemente dieses Funktionskreises die Begriffe »Rezeptor«, »Merkorgan«, »Wirkorgan« und »Effektor«.[112] Nach Bernhard Hassenstein beeinflusste diese

109 Die Frage einer Vor-Kybernetik wird diskutiert bei Dittmann, Frank: Aspects of the Early History of Cybernetics in Germany, in: Transactions. Newcomen Society for the Study of the History of Engineering and Technology 71 (1999-2000), S. 143-154; Ders. u. Jérôme Ségal: Hermann Schmidt (1894-1968) et la théorie générale de la régulation. Une cybernétique allemande en 1940?, in: Annals of science 54 (1997), S. 547-565.

110 Hassenstein, Bernhard: Die bisherige Rolle der Kybernetik in der biologischen Forschung III. Die geschichtliche Entwicklung der biologischen Kybernetik bis 1948, in: Naturwissenschaftliche Rundschau 13 (1960), S. 421.

111 Schmidt: Bemühungen, S. 15.

112 Nach Hassenstein, Bernhard: Jakob von Uexküll (1864-1944), in: Ilse Jahns u. Michael Schmitt (Hg.): Darwin und Co. Eine Geschichte der Biologie in Portraits II, München 2001, S. 349.

Theorie die Biokybernetik weit mehr als Hermann Schmidt und sei sogar »als Prototyp des Regelkreises« zu bezeichnen. Daneben beschrieb von Uexküll, wie die motorische Aktivität im ZNS ein Zeichen hinterlasse, »das mit einem von Sinnesmeldungen her stammenden Zeichen in funktionelle Beziehung tritt, beispielsweise es auslöscht oder ersetzt.«[113] Damit wäre von Uexküll ein Pionier der Analyse von Nachrichtenverarbeitung im Organismus und überträfe Wagner und Schmidt konzeptionell bei weitem.

Parallel zu Wiener untersuchte der Ingenieur Herbert Böhm rhythmisch wiederkehrende Erscheinungen im Tierreich mit technischen und mathematischen Mitteln. Seine Methode war »die Befreiung der vielgestaltigen Vorgänge dieser Art von den speziellen Gegebenheiten ihrer realen Erscheinungsform und die Zeichnung der Urgestalt in ihrer allgemeinsten Form«. Damit postulierte er den Einfluss eines übergeordneten Prinzips auf alle biologischen Rhythmen, etwa den Vogelzug oder das Abwerfen der Blätter durch Bäume. Dieses allgemeine Prinzip sei »durch die Schließung einer Kausalkette gekennzeichnet«, wie sie auch in technischen Gebilden vorliege. Böhm zeigte, »daß die dynamische Theorie technischer Regler zur Klärung biologischer Probleme beitragen kann«,[114] und beschrieb deshalb biologische Gegenstände mit technikwissenschaftlichen Begriffen wie »Frequenz, Kurvenform, Dämpfung und Phasenlage«, »rückgekoppeltes System«, »Prinzip der geschlossenen Kausalkette« und »organischer Automatismus«.[115] Die äußere Erscheinung technischer und organischer Systeme verschleiere lediglich die Verwandtschaft aller Objekte, die dem Prinzip der geschlossenen Kausalkette gehorchten. In der Übereinstimmung der dynamischen Eigenschaften dieser Objekte gründe »die prinzipielle Möglichkeit der gemeinsamen mathematischen Behandlung. Der Rhythmusforschung erwächst hieraus insbesondere ein praktischer Vorteil, als sie sich der Ergebnisse und Methoden der hochentwickelten Theorie der selbsttätigen Regler bedienen kann.«[116] Diese Ausführungen klangen nicht nur nach der gleichzeitig entstandenen Kybernetik, Böhm erwähnte Wiener auch. Dieser habe nachdrücklich »auf die Bedeutung der Regelkunde für die Biologie hingewiesen« und dies »vor allem an dem Vergleich der Funktionsprinzipien der automatischen Rechenmaschinen und des menschlichen Gehirns

113 Ebd., S. 354f.

114 Jeweils Böhm, Herbert: Vom lebendigen Rhythmus, in: Studium Generale 4 (1951), S. 28f.

115 Ebd., S. 31-35.

116 Ebd., S. 37.

dargestellt«.[117] Böhm entwickelte unabhängig von der Kybernetik eine Methodik zur gleichrangigen Untersuchung von Regelungsvorgängen in Organismen und der Technik, rezipierte Wiener und war damit einer der ersten, die die Kybernetik in der Bundesrepublik bekannt machten. Durch die Verknüpfung ihrer Inhalte mit seinem Konzept transformierte er sie aber im gleichen Moment. Sein Einfluss auf die Kybernetik blieb jedoch begrenzt, weil kaum jemand die Tragweite seines Aufsatzes erkannte. Denn obwohl dieser bereits 1949 bei der Zeitschrift »Studium Generale« eingegangen war, erschien er erst 1951.[118]

All die eben genannten Wissenschaftler und Ingenieure leisteten wichtige Beiträge auf dem Gebiet der Erforschung von Regelung und Nachrichtenverarbeitung im Grenzbereich von Technik und Naturwissenschaft – unabhängig voneinander und z. T. schon vor Norbert Wiener. Daneben war dieses Thema in der frühen Bundesrepublik auch dort aktuell, wo der Begriff Kybernetik nicht verwendet wurde. Die VDI-Sondertagung »Die Wandlung des Menschen durch die Technik« etwa fragte 1953, »wie weit sich die unheimlichen Rechenapparate unserer Zeit in das bisher der menschlichen Gehirnarbeit vorbehaltene Tätigkeitsfeld vorgekämpft« hätten und »wie weit sie menschliche Denktätigkeit ersetzen oder gar übertreffen.«[119] Generell erhielt die biologische Forschung um 1950 »kräftige Impulse durch die Anwendung mikrophysikalischer Erkenntnisse und Methoden auf das Problem der lebendigen Substanz«.[120]

Weil der Computer dem Menschen analoge Informationsverarbeitung technisch realisiert und automatisiert hatte und weil die Technik immer bessere Möglichkeiten und Modelle zur Analyse organischer Funktionen zur Verfügung stellte, lag die Forschung auf dem Grenzgebiet menschlicher und technischer Informationsverarbeitung nahe. Auch gesellschaftlich war sie ein hochbrisantes und aktuelles Thema, weil die Funktionsanalogie zwischen Mensch und Maschine als etwas Unerhörtes galt. Wagner und Schmidt hatten sich schon sehr früh in dieses Feld begeben, aber erst Wiener gelang es, dieses mit der wissenschaftlich exakten Behandlung der entscheidenden Größe, der Information, zu bestellen. Des Weiteren ist sein Verdienst, den klingenden Titel »Kybernetik« und unter diesem Titel eine wirklich umfassende Programmatik zur Erforschung des gesamten Feldes geschaffen zu haben. Erst dadurch gelang die Einheit der Wissenschaften, die Wagner und Schmidt so sehnsüchtig postu-

117 Ebd., S. 38.
118 Siehe Böhm: Rhythmus, Fußnote, S. 28.
119 Kraemer: Wandlung, S. 1083.
120 Böhm: Rhythmus, S. 29.

liert hatten. Die Kybernetik stellte das Handwerkszeug bereit, um »dem durch die Spezialisierung getriebenen Auseinanderstreben der naturwissenschaftlichen Teilgebiete entgegenzuwirken und den gemeinsamen Strukturen größere Beachtung zu schenken.«[121] Obwohl sie nur eines von vielen Konzepten war, hat sie sich wegen dieser Leistungen als das Forschungs- und Metakonzept auf diesem Grenzgebiet schlechthin durchgesetzt, also als Lieferantin von Fragen, Theorien, Methoden und Modellen nicht nur für die Wissenschaft, sondern auch in der Debatte um die Bedeutung der neuen Technik, der Vermenschlichung von Technik und der Analogien von Mensch und Technik.

Die Frage ist also müßig, ob die Vorläufer Wieners jeweils eine Kybernetik avant la lettre konzipiert hätten, wie sie im Fall Schmidts gestellt worden ist und die Richard Wagner implizit für seinen Fall bejahte. Die Frage so zu stellen, erinnert eher an eine wissenschaftstheoretische Spielart der platonischen Ideenlehre als an historische Forschung. Ein wissenschaftliches Konzept schwebt nicht metaphysisch durch die Sphären, um sich dann und wann zu realisieren. Es existiert erst, wenn es sein Gründer formuliert und betitelt. Auch inhaltlich und sozial trugen die Vorläufer kaum etwas zur Kybernetik bei. Denn weder behandelten sie die Information in wissenschaftlicher Weise, noch konnten sie personelle Kontinuitäten zu den Kybernetikern aufbauen. Die Bedeutung von Wagner und Schmidt wurde erst nachträglich konstruiert. Dass die Kybernetiker sie im Nachhinein betonten, entstammte dem historistischen Gedanken, dass eine möglichst lange Geschichte einer Wissenschaft, wie jedem anderen intellektuellen Gegenstand, möglichst große Autorität verleiht.[122] Gert Hauske, ein ehemaliger Vorsitzender der DGK, bestätigt, dass Vorträge über Vorläufer oder Grundlagen der Kybernetik auf ihren Kongressen »mehr aus historischem Interesse« gehört wurden. Für die Forschungspraxis habe »das alles keine Rolle gespielt.«[123] Neben diesem Interesse scheint den Kybernetikern beim Rückblick auf die Geschichte ihrer Wissenschaft ein wichtiger Antrieb gewesen zu sein, eigene nationale Wurzeln zu haben. Was für die französische Kybernetik Descartes und Ampère bedeuteten, waren für die deutsche Wagner und Schmidt. Dennoch ist nicht von der Hand zu weisen, dass diese Forscher der Kybernetik in der Bundesrepublik Inspirationen gaben. Weil jede Nation

121 Zemanek: Kybernetik, S. 170.

122 Damit beschäftigt sich Dotzler, Bernhard J.: Frühneuzeit der Kybernetik. Urgeschichte oder Archäologie?, in: Helmar Schramm (u. a.) (Hg.): Spuren der Avantgarde. Theatrum machinarum, Berlin 2007, S. 10-27.

123 Gert Hauske im Interview, 13.10.2005.

zunächst ihre eigenen Vorläufer rezipierte, hatte jede auch eigene Quellen. Das wiederum trug zur Ausbildung spezifischer national begrenzter Stile der Kybernetik bei.

### 3.3.2 Die Vorläufer Richard Feldtkeller und Karl Küpfmüller

Richard Feldtkeller (1901-1981) war ein Pionier der theoretischen Nachrichtentechnik, machte sich in der Halbleitertechnik verdient und entwickelte in den 1920er Jahren etliche Grundlagen der Rundfunktechnik.[124] 1936 übernahm er den neu gegründeten Lehrstuhl für Nachrichtentechnik an der TH Stuttgart. Den Impuls, Informationsprozesse unabhängig von ihrer organischen oder technischen Natur zu untersuchen, erhielt er einige Zeit später von außen. Ein Ingenieur aus der industriellen Praxis bat ihn 1946 »um eine Doktorarbeit auf dem Gebiet der Elektroakustik«. Nach einigem Zögern akzeptierte Feldtkeller, obwohl dieses Gebiet für ihn persönlich und für seinen Lehrstuhl vollkommen neu war. Erst die Betreuung des psycho-akustischen Projekts verdeutlichte ihm, »wie wenig man vom Ohr als Nachrichtenempfänger« wusste. Deshalb nahm er dieses neuartige Forschungsfeld in den Kanon seines Instituts auf. Seit 1948 erarbeitete er gemeinsam mit seinem Schüler Eberhardt Zwicker systematisch Methoden und Geräte »zur Messung der Eigenschaften des Gehörs«.[125]

Feldtkellers und Zwickers Ansatz zur Analyse der Nachrichtenübertragung im Menschen war nicht völlig neu, sondern sie konnten an Vorläufer wie die technischen und biologischen Arbeiten zur Akustik von Heinrich Barkhausen und Georg von Békésy anschließen. Mit experimental-psychologischen Methoden untersuchten sie die Funktionen des Gehörs, stellten die Messwerte nachrichtentheoretisch dar und modellierten sie. Das Ziel ihrer Arbeit war zu verstehen, »wie das Gehör die Sprachlaute erkennt.«[126] Außergewöhnlich für eine technikwissenschaft-

124 So seine Selbsteinschätzung; siehe R. Feldtkeller: Rede anläßlich der Verleihung der Philipp-Reis-Plakette, 20.12.1966, UA Stuttgart, SN8. Zur Bewertung seiner Leistungen auch Rittmannsberger, Norbert: Theoretische Grundlagen der Nachrichtentechnik – Richard Feldtkeller, in: Norbert Becker u. Franz Quarthal (Hg.): Die Universität Stuttgart nach 1945. Geschichte – Entwicklungen – Persönlichkeiten, Stuttgart 2004, S. 221-223.

125 Jeweils R. Feldtkeller: Lebenserinnerungen. Unveröffentlichtes Manuskript, o. D., S. 52f., UA Stuttgart, NL Feldtkeller, o. Signatur.

126 Feldtkeller, Richard: Antrittsrede, in: Jahrbuch der Heidelberger Akademie der Wissenschaften 1962/63, S. 36f.

liche Arbeit waren die Untersuchungen, weil sie empirische Daten von Versuchspersonen erhoben, also naturwissenschaftlich vorgingen. Biologen überraschten sie damit, dass sie die empirischen Ergebnisse mit formalem mathematischem Handwerkszeug quantitativ beschrieben. In der Tradition technikwissenschaftlichen Arbeitens hatten die Analysen keinen Selbstzweck, sondern dienten dazu, »zu ingenieurmäßig verwertbaren Ergebnissen zu gelangen.«[127]

Veröffentlicht wurde diese psychoakustische Arbeit erstmals 1956 unter dem Titel »Das Ohr als Nachrichtenempfänger«. Die Intention der Autoren Feldtkeller und Zwicker war es, Ingenieuren ins Bewusstsein zu rufen, dass auch das Ohr ein Empfangsgerät von Information und damit ein Forschungsobjekt der Nachrichtentechnik sei.[128] Sie dehnten die Zuständigkeit der Nachrichtentechnik auf Organismen aus, rissen die Grenzen zwischen Nachrichtentechnik, Physik und Biologie ein[129] und betraten das Gebiet der Kybernetik, auch wenn sie deutsche oder amerikanische Kybernetiker nicht zitierten und ihre Forschungsarbeit wohl selbst nicht als Kybernetik verstanden.

In den Rahmen der Kybernetik trat Feldtkeller ein, als er über seine Untersuchungen auf dem Kybernetikkongress 1961 in Karlsruhe unter dem Titel »Wechselbeziehungen zwischen Physiologie, Psychologie und Nachrichtentechnik« vortrug. Er stellte das Hören als komplexes System der Informationsaufnahme und -übermittlung dar, das mit unterschiedlichen Methoden aus Nachrichtentechnik, Physiologie und Psychologie zu analysieren sei, um »ein brauchbares Funktionsschema des Gehörs«[130] zu erhalten. Feldtkellers Arbeiten lieferten der kybernetischen Community Forschungsprobleme, mit denen sie sich auch in den folgenden Jahr-

127 Richard Feldtkeller zum 75. Geburtstag. Geburtstagsadresse seiner Schüler, in: Archiv der Elektronischen Übertragung 30 (1976), S. 48.

128 Siehe Feldtkeller, Richard u. Eberhard Zwicker: Das Ohr als Nachrichtenempfänger (= Monographien der Elektrischen Nachrichtentechnik 19), Stuttgart 1956, Vorwort.

129 So auch dargestellt durch W. Endres in seiner Rezension zu E. Zwicker u. R. Feldtkeller: Das Ohr als Nachrichtenempfänger, Stuttgart 1967, in: NTZ 22 (1969), S. 112.

130 Feldtkeller, Richard: Wechselbeziehungen zwischen Physiologie, Psychologie und Nachrichtentechnik. Kybernetik. Brücke zwischen den Wissenschaften, Teil 2, in: Die Umschau 61 (1961), S. 461. Vortrag gedruckt als Ders.: Wechselbeziehungen zwischen Physiologie, Psychologie und Nachrichtentechnik, in: Aufnahme und Verarbeitung von Nachrichten durch Organismen. Vorträge auf dem Gebiet der Kybernetik, gehalten auf der NTG-Fachtagung in Karlruhe, 11.-12.4.1961, hg. v. NTG-Fachausschuß »Informations- und Systemtheorie«, Stuttgart 1961, S. 9-16.

zehnten auseinandersetzen sollte. Diese Probleme wurden dadurch zu den vordringlichsten der Kybernetik, dass Zwicker die Psychoakustik im Sonderforschungsbereich 50 »Kybernetik« verankerte und intensiv weiterführte.

Auch Karl Küpfmüller (1897-1977) war ein Pionier der theoretischen Nachrichtentechnik. Ebenfalls schon weit vor der Geburt der Kybernetik beschäftigte er sich mit Systemtheorie, Regelungstheorie, der Anwendung nachrichtentechnischer Methoden auf Funktionen in Organismen und der technischen Modellierung solcher Funktionen.[131] Er führte den universalistischen Ansatz in die Ingenieurswissenschaften ein, Systeme unabhängig von ihrer materiellen Substanz zu analysieren und zu modellieren.[132]

Als Küpfmüller ab 1952 das Institut für allgemeine Fernmeldetechnik der TH Darmstadt leitete, widmete er sich vorwiegend der nachrichtentechnischen Untersuchung von Sprache, Schrift und allgemein der Informationsaufnahme und -abgabe durch den Menschen. Er berechnete beispielsweise, dass bei einer optimalen Verteilung der 26 Buchstaben unseres Alphabets ein Buchstabe in einem Text 4,7 bit Information enthalte. Weil ein durchschnittlicher deutschsprachiger Text nur den Informationswert von 1,6 pro Buchstaben besitzt, seien zwei Drittel aller Buchstaben eines zusammenhängenden Textes redundant und damit nachrichtentheoretisch überflüssig.[133] Ähnliche Überlegungen stellte er zur deutschen Sprache an, die aber durch Sprachmelodie, die Klangfarbe des Sprechers usw. entscheidend komplizierter war. Die maximale Kapazität der Informationsverarbeitung des Menschen berechnete er auf 50 bit/s.[134] Dabei war er sich der Grenzen seiner Arbeit bewusst, nämlich

131 Seine wichtigsten diesbezüglichen Werke sind Küpfmüller, Karl: Einführung in die theoretische Elektrotechnik, Berlin 1932 ([16]2004); Ders.: Die Systemtheorie der elektrischen Nachrichtenübertragung, Stuttgart 1949; Ders. u. Hermann Druckrey: Dosis und Wirkung. Beiträge zur theoretischen Pharmakologie, Berlin 1949.

132 So die Einschätzung bei Bissell, C.: Karl Küpfmüller. A German Contributor to the Early Development of Linear Systems Theory, in: International Journal of Control 44, Nr. 4 (1986), S. 989. Ganz ähnlich Wunsch, Gerhard: Karl Küpfmüller. Wegbereiter der modernen Systemtheorie, in: Frequenz 51 (1997), S. 218-220.

133 Siehe Küpfmüller, Karl: Die Entropie der deutschen Sprache, in: Fernmeldetechnische Zeitschrift 7 (1954), S. 269.

134 Küpfmüller, Karl: Informationsverarbeitung durch den Menschen, in: NTZ 12 (1959), S. 74.

dass sie rein mathematisch war und keinerlei physiologische und anatomische Basis besaß. Besonders »die höheren Funktionen des Gehirns«,[135] wie Kombinationsfähigkeit, Phantasie, Vernunft, Wille oder Gefühle und Empfindungen seien der wissenschaftlichen Analyse unzugänglich. Als Ingenieur wollte Küpfmüller mit diesen Überlegungen die mathematischen Grundlagen für technische Konstruktionen schaffen. Seine Erkenntnisse sollten Übertragungskanäle, besonders in der Rundfunk- und Telefontechnik, optimieren und den Bedürfnissen des Menschen anpassen. Er legte damit den Grundstein für eine Anthropotechnik oder Ergonomie und formulierte mit seinen Überlegungen zur Informationsverarbeitung im Menschen und zur Systemtheorie entscheidende kybernetische Probleme.

Seine Erkenntnisse kombinierte Küpfmüller mit dem zeitgenössischen physiologischen und verhaltensbiologischen Wissen über die Informationsverarbeitung durch den Menschen und entwickelte aus diesen Vorstellungen gemeinsam mit seinem Mitarbeiter Franz Jenik ein elektronisches Modell, das »alle wesentlichen über die nachrichtenverarbeitende Funktion der Nervenzelle bekannten Eigenschaften zu berücksichtigen«[136] versuchte. Im Gegensatz zu den Vorstellungen von McCulloch und Pitts modellierten Küpfmüller und Jenik nicht die Funktion eines einzelnen Neurons, sondern eines Neuronennetzes, und nahmen keine binäre Signalübertragung an, sondern zeigten, dass Amplitude und Periode des Nervenimpulses analog und kontinuierlich Information übermittelten. Die Nervenzelle fungiere als Schalter und habe die Fähigkeit, mehrere Nachrichten zu verknüpfen, sie »zu addieren, zu multiplizieren, Differenzen zu bilden, zu verzögern, zu sperren sowie die Frequenzen zu teilen und zu vervielfachen.«[137] Wegen der Komplexität seiner Struktur und der Vielfalt nervöser Verknüpfungen entziehe sich das ZNS »fast völlig der unmittelbaren Beobachtung«[138] und sei nur über das Studium von Modellen aufzuklären.

Mit seinem Neuronenmodell beschrieb Küpfmüller ein neurophysiologisches Phänomen nachrichtentechnisch mittels eines elektronischen

135 Ebd.

136 Küpfmüller, Karl u. Franz Jenik: Über Nachrichtenverarbeitung in der Nervenzelle, in: Kybernetik 1 (1961/1963), S. 1. Erstmals erwähnt wurde das Modell bei Küpfmüller, Karl: Informationsverarbeitung durch den Menschen, in: NTZ 12 (1959), S. 68-74.

137 Küpfmüller, Karl: Die nachrichtenverarbeitenden Funktionen der Nervenzelle (= Kybernetik. Brücke zwischen den Wissenschaften, Teil 2), in: Die Umschau 61 (1961), S. 463.

138 Küpfmüller u. Jenik: Nachrichtenverarbeitung, S. 6.

Modells und reduzierte damit die Komplexität des Phänomens. Das Modell diente zur Klärung von Fragen der Naturwissenschaften, die am Organismus selbst nicht untersuchbar waren. Es wurde aus experimentell gewonnenem Vorwissen aufgebaut und synthetisierte diese Ergebnisse. Das daraus gewonnene Wissen über organische Informationsverarbeitung konnte anschließend eine Grundlage für nachrichtentechnische Entwicklungen bilden. Diesen Arbeitsstil bezeichnete Küpfmüller zwar nicht als Kybernetik, er wirkte damit aber paradigmatisch für ihren analytischen Stil. Deshalb war auch ein eröffnender, beinahe mottohafter Aufsatz Küpfmüllers der ersten Ausgabe der Zeitschrift »Kybernetik« 1961 vorangestellt. Küpfmüller wies der bundesdeutschen Kybernetik durch sein Modellieren und seine Systemtheorie den Weg.[139]

Küpfmüllers Quantifizierung und Modellierung von Nachrichtenverarbeitungsprozessen in Organismen sowie Feldtkellers Psychoakustik wurden im Nachhinein in den Kanon der Kybernetik aufgenommen, indem sie in der gleichnamigen Zeitschrift erschienen und auf dem ersten Kybernetikkongress 1961 in Karlsruhe diskutiert wurden.[140] Sie hatten aber nicht nur historistische Bedeutung, wie die Arbeiten anderer Vorläufer, sondern beeinflussten die kybernetische Forschungspraxis wesentlich. Darüber hinaus wirkte Feldtkeller als akademischer Lehrer mehrerer Kybernetiker, und Karl Küpfmüller saß in diversen Gremien, die die wissenschaftliche Kybernetik in der Bundesrepublik konstituierten. Beide Forscher waren nicht nur Vorläufer der Kybernetik in der Bundesrepublik, sondern tatsächlich Pioniere, die den Charakter der neuen Wissenschaft prägten.

### 3.3.3 Adaption der Kybernetik in der Bundesrepublik und erste Transformationen

Als erstes deutschsprachiges technisch-wissenschaftliches Organ erwähnte die Zeitschrift »Physikalische Blätter« die Kybernetik 1949, als sie die Übersetzung eines Aufsatzes von Norbert Wiener veröffentlichte. »Kybernetik ist ein Wort«, so definierte Wiener darin seine Wissenschaft,

139 So auch die Einschätzug bei Hans Marko, Electrical Engineer, an oral history conducted in 1993 by William Aspray, IEEE History Center, Rutgers University, New Brunswick, NJ, USA.

140 Auch Küpfmüller trug dort vor. Siehe Küpfmüller, Karl: Die nachrichtenverarbeitenden Funktionen der Nervenzellen, in: Aufnahme, S. 17-27. Wie Feldtkellers Vortrag wurde dieser auch in die Aufsatzserie »Kybernetik. Brücke zwischen den Wissenschaften« aufgenommen.

»das zur Abgrenzung eines neuen Forschungsgebietes erfunden wurde. Es umfaßt als Oberbegriff die Untersuchung dessen, was einerseits beim Menschen als geistige Funktionen bezeichnet werden kann und andererseits in den Ingenieurwissenschaften Kontroll-, Steuer- und Fernmeldeverfahren sind. Mit anderen Worten, es ist das Ziel der Kybernetik, diejenigen Prinzipien aufzufinden, welche der Funktion automatischer Maschinen und menschlicher Nervensysteme gemeinsam sind, und eine Theorie zu entwickeln, welche das gesamte Gebiet der Kontrolle, Steuerung und Rückmeldung bei Maschinen und Lebewesen umfaßt.«[141] Sein Konzept betrachtete die Analogien zwischen Lebewesen und Rechenmaschinen, deren neueste Generation »die Fähigkeit des Gedächtnisses, der Assoziation, der Auswahl und vieler anderer Gehirnfunktionen« [142] hätten. Die Ähnlichkeit der Computer mit der Funktion des menschlichen Gehirns war für Wiener nicht nur ein technischer Fortschritt für sich, der gleichzeitig Fluch und Segen bedeute. Die Betrachtung der Analogien verbessere auch das Verständnis der Gehirnfunktionen. Schon am Anfang seines Aufsatzes, und damit der bundesdeutschen Kybernetikrezeption insgesamt, stand also der Computer, und zwar einerseits als Referenzmodell für die Analyse von Gehirnfunktionen und andererseits als Ziel der Entwicklung geistesanaloger Rechner. Diese Bidirektionalität des Wienerschen Gedankens sollte auch die Richtungen der kybernetischen Forschung vorgeben, nämlich die biologisch-analytische und die technisch-synthetische, wobei jede der beiden Richtungen die jeweils komplementäre als Referenz für das eigene Forschungsergebnis heranzog. Im Weiteren erwähnte Wiener die zentralen Elemente seines Konzepts, das Rückwirkungsprinzip und die Nachrichtentheorie, sowie die Anwendungsmöglichkeiten der Kybernetik, die er annähernd unbegrenzt sah. Ihn selbst interessierte v.a. die Anwendung des technischen Denkens auf die Analyse des Gehirns, speziell »auf die Frage der Geistesstörungen«. Er versprach sich durch die Untersuchung von Gehirn und Rechenmaschine »neue und leistungsfähige Methoden der Psychopathologie und sogar der Psychiatrie«.[143] Geistesstörungen seien viel öfter durch funktionelle Defekte als durch Zerstörung von Materie begründet, weil in einem so komplexen System wie dem ZNS »Kreisprozesse kaum eine längere Zeit stabil« blieben. Beispielsweise funktionierten Depressionen und Angst-Neurosen ähnlich wie Fehlfunktionen von Rechen-

141 Wiener, Norbert: Kybernetik, in: Physikalische Blätter 5 (1949), S. 355. Der originale Aufsatz ist gedruckt in: Scientific American 179 (1948), S. 14ff.

142 Ebd., S. 355.

143 Ebd., S. 357.

maschinen, wenn diese »in einen fehlerhaften Zirkel« verfalle, »aus dem es keinen Ausweg gibt.«[144]

Solch vage Analogien und daraus resultierende spekulative Thesen waren für die Konzeption eines seriösen Forschungsprogramms kaum hilfreich. Die Wienersche Kybernetik lieferte bundesdeutschen Wissenschaftlern keine konkreten Fragen, Methoden oder Theorien, geschweige denn nutzbares Wissen, sondern vielmehr ungewöhnliche Inspirationen. Sie dekontextualisierte Schlagwörter wie Regelung, Nachricht und System, zeigte, wie diese in neuen Zusammenhängen anzuwenden seien, und wies auf Analogien bei der Erforschung und Entwicklung natürlicher und künstlicher Informationsprozesse hin. Vor allem aber erregte sie enorme öffentliche Aufmerksamkeit durch das offensiv technizistische Analogisieren – die Formulierung »Automaten, seien sie nun aus Metall oder aus Fleisch und Blut«[145] war nur ein besonders eindrucksvolles Beispiel aus dem vorliegenden Aufsatz. Die Kybernetik wirkte geradezu als Skandal.

Auch die »Elektrotechnische Zeitschrift« druckte 1949 einen Beitrag, der auf den neuen Forschungszweig hinwies sowie erste Begriffe und Anwendungen klärte. Die Analogie technischer und menschlicher Nachrichtenprozesse ließ darin die Rechenmaschinen ebenso anthropomorph erscheinen wie bei Wiener. Sie hätten ein Gedächtnis, »das in vielem dem des menschlichen Gehirns entspricht.«[146] Ähnlich verfuhr die Zeitschrift des VDI bei ihrer ersten Erwähnung der Kybernetik, blieb aber Hermann Schmidt treu und pochte auf dessen Priorität. Der Autor des Aufsatzes bemerkte, dass die Kybernetik »nicht nur in der Benennung« dem entspreche, was Schmidt »schon zu Beginn des Krieges als ›Allgemeine Regelkunde‹ bezeichnet«[147] hatte. Schließlich stellte die »Naturwissenschaftliche Rundschau« 1950 die »Zybernetik« als die Wissenschaft vor, »die denkende Maschinen entwickelt.«[148] Dass »Cybernetics« mit Z und nicht unter Rücksichtnahme auf den griechischen Ursprung mit K übersetzt wurde, ist nur ein Nebenaspekt, der die Fremdheit und Neuheit der Kybernetik belegt. Bemerkenswerter an all diesen frühen Erwähnungen ist, dass auch in wissenschaftlichen Veröffentlichungen zuerst

144 Ebd., S. 359.

145 Ebd., S. 357.

146 »Kybernetik«, ein neuer Wissenschaftszweig, in: ETZ 70 (1949), S. 494.

147 Buchbesprechung von Wiener, Norbert: Cybernetics, or Communication and Control in the Animal and the Machine, New York 1949, in: VDI-Z 92 (1950), S. 587.

148 »Moderne Rechenanlagen und Registrierautomaten im Dienste der Wissenschaft«, in: Naturwissenschaftliche Rundschau 3 (1950), S. 133.

die maschinelle Intelligenz und deren Verhältnis zum Menschen Aufmerksamkeit erregte. Dieser Aspekt weckte nicht nur das Interesse von Laien, sondern faszinierte die Fachleute gleichermaßen. Die Kybernetik schloss im wissenschaftlichen wie im außerwissenschaftlichen Bereich an populärphilosophische Debatten um die Leistungsfähigkeit und die Auswirkungen von Denkmaschinen in der Bundesrepublik an und wurde auf diesem Weg schnell bekannt.

Wer intensiveren Kontakt zu Norbert Wieners Programmatik suchte, musste sich das Buch beschaffen und es lesen. Beinahe wie eine Streitschrift in humanistischen Zirkeln kursierte es einige Jahre lang in wenigen Exemplaren durch die Bundesrepublik und wurde durch die Hände interessierter Forscher gereicht. Wer ein Exemplar besaß, lieh es einem Kollegen und musste es oft bei Dritten einfordern, weil es schon weiter verliehen war.[149] In dieser Phase der Adaption tat sich, so Heinz Zemanek, in Europa außer der Lektüre »mit bewunderndem Erstaunen« auf dem Gebiet der Kybernetik »einige Jahre nichts Wesentliches«.[150] Zemanek selbst hatte erstmals mit der Kybernetik zu tun, als ihm 1952 sein Chef ein Exemplar lieh. Er schilderte seinen Eindruck lakonisch: »Ich habe dieses Buch gelesen und nicht verstanden.«[151] Dieses Beispiel repräsentiert das gängige Muster der Rezeption der Kybernetik: Sie vollzog sich zufällig, individuell und nicht planmäßig oder strategisch. Dafür spricht auch der späte Zeitpunkt des ersten Kontakts Zemaneks mit der Kybernetik. Er erfuhr von ihr erst vier Jahre nach ihrer Schöpfung und immerhin drei Jahre nach dem ersten Bericht in einer deutschen Zeitschrift.

Neben dem Mangel an verfügbaren Exemplaren und den Verständnisschwierigkeiten des mathematisch-theoretischen Textes erschwerte das Problem der fremden Sprache die Lektüre des Buches. Wer kein Englisch beherrschte – und das war sicher nicht nur eine Minderheit –, musste auf die einführenden Aufsätze in den deutschsprachigen Zeitschriften zurückgreifen und sah sich mit der Einengung der Kybernetik

149 Der Biokybernetiker Erich erhielt z.B. noch 1951 »Cybernetics« von dem Verleger Ferdinand Springer, dem Alwin Walther das Buch geliehen hatte. Siehe A. Walther an E. v. Holst, 21.5.1951, MPG-Archiv, III. Abt., Rep. 29, Nr. 602.

150 Zemanek, Heinz: Kybernetik, in: Elektronische Rechenanlagen 6 (1964), S. 170.

151 Heinz Zemanek im Interview, in: Dirk Siefkes (u.a.) (Hg.): Pioniere der Informatik. Ihre Lebensgeschichte im Interview, Berlin (u.a.) 1999, S. 11. Auch F.L. Bauer, der aktiv nie etwas mit Kybernetik als Wissenschaft zu tun hatte und sich als lautstarker Kritiker hervortat, bestätigt im Interview, 15.2.2006, seinen ersten Kontakt durch die Lektüre des Buches.

auf den Aspekt maschineller Intelligenz konfrontiert. Die Kybernetik hielt also nicht in der von Wiener konzipierten Form Einzug, sondern wurde von weiten Teilen der deutschen Wissenschaftslandschaft gefiltert, auf einen Aspekt zugespitzt und verfremdet rezipiert.

Der Fall Zemanek weist den Weg über die schiere Adaption des Wienerschen Gedankenguts hinaus. Denn Zemanek erkannte einen neuen Zugang zur Kybernetik.[152] Weil ihm als Ingenieur die Theorien des Mathematikers Wiener zu weit vom Boden der Tatsachen abgehoben schienen, wählte er den »greifbaren« Weg der Rezeption und konstruierte, wie die amerikanischen Ur-Kybernetiker, Modelle tierischen Verhaltens bzw. programmierte die bekannten Modelle der Künstlichen Schildkröte, der Maus im Labyrinth und des Homöostaten auf dem Rechner seines nachrichtentechnischen Instituts in Wien. Den Zweck dieser Arbeit sah er darin, dass nun »die Realität der Ideenübertragung zwischen Biologie und Nachrichtentechnik erwiesen« sei[153] und dieses neue Wissen für seine Computerentwicklung nutzbar würde. Wer immer die Kybernetik über die bloße Lektüre Wieners hinaus rezipierte, übernahm das Konzept nicht eins zu eins, sondern verband es mit den eigenen Vorkenntnissen und -arbeiten und transformierte es dadurch.

Die weiterführenden amerikanischen Aktivitäten im Rahmen der Macy-Konferenzen wurden nur in seltenen Fällen erwähnt. 1954 wies Erich von Holst auf die Breite der dort behandelten Themen hin, allerdings nicht, um ihr eine Vorbildrolle für eine bundesdeutsche Kybernetik einzuräumen, sondern um sich von dieser Art zu arbeiten und zu diskutieren abzugrenzen. Von Holst verstand die Kybernetik Wieners als Ausgangspunkt, von dem aus eine eigenständige biologische Regel- und Systemtheorie zu entwickeln sei.[154] Ihm war daran gelegen, die Vermischung wissenschaftlichen und populären Denkens zu verhindern, wie dies in den USA geschehen und nicht mehr rückgängig zu machen sei. Außerdem wollte er die intellektuellen Vorläufer auf dem Grenzgebiet von Regelungs-, System- und Nachrichtentechnik sowie Biologie, u.a. Hermann Schmidt, mit in die neue Konzeption einbeziehen. Wiener hatte erste Fragen, Methoden und Thesen auf dem weiten Gebiet von »Control and Communication in the Animal and the Machine« formuliert. Die Aufgabe, daraus eine Wissenschaft zu bilden, übernahmen nun

152 So beschrieben bei Heinz Zemanek im Interview, S. 11.

153 Zemanek: Kybernetik, S. 170.

154 Siehe Holst, Erich von: Zur Einführung, in: Regelungsvorgänge in der Biologie. Vorträge der Tagung »Biologische Regelung« 2.-3.4.1954 in Darmstadt, München 1956, S. 7f.

andere. Ob Zemanek für die Computer Science oder von Holst für die Biologie, jeder entwickelte seine Agenden, um die sich wiederum eigene Scientific Communities bildeten.

Nachdem Wieners Buch einmal bekannt geworden und sein Inhalt, also die Urkonzeption der Kybernetik, vorgestellt worden war, erfuhr die Kybernetik zunächst keinen großen Widerhall in der wissenschaftlichen Öffentlichkeit mehr. Auf die einführenden Aufsätze, v.a. die Übersetzung Wieners in den Physikalischen Blättern 1949, folgte keine Reaktion. Die Kybernetik wurde nicht weiter thematisiert und das Wort selbst tauchte erst Anfang der 1960er Jahre wieder vermehrt in den deutschsprachigen wissenschaftlich-technischen Zeitschriften auf.

Auch Wieners »Cybernetics« wurde trotz des wissenschaftlichen und populären Interesses an der Kybernetik nicht weiter verbreitet und erst 1963 ins Deutsche übersetzt, als die Kybernetik bereits weit über den Stand Wieners hinaus war. Was zunächst unverständlich klingt, ist insofern nachvollziehbar, als sich dem Leser von »Cybernetics« »ein nicht gerade systematisches, aber doch buntes und eindrucksvolles Bild von der Kybernetik«[155] offenbarte. Weil das Buch für Wissenschaftler keinesfalls ein Standardwerk war, sondern nicht mehr als Anregungen lieferte, verspürten die ersten Kybernetiker in Deutschland kein großes Interesse daran, es übersetzt zu besitzen. Auch in der Öffentlichkeit war der Bedarf nach einer Übersetzung nicht sehr groß, weil dem Laien das Buch durch seine mathematischen Darstellungen kaum verständlich gewesen wäre.

Weil eine Übersetzung ausblieb, fehlte ein Leitbild des Verständnisses der Kybernetik. Die Möglichkeit, Elemente der Kybernetik uneingeschränkt auszuwählen und andere zu vernachlässigen, machte den Umgang mit ihr fast beliebig und beförderte ihre Mystifizierung. Berichte über eine noch unscharfe und im Entstehen begriffene Wissenschaft, die nicht nur denkende Maschinen entwickle, sondern auch deren Einfluss auf den Mensch und die Gesellschaft deute, reizten viel mehr als fertige wissenschaftliche Konzept selbst. Zwischen der Mitte der 1950er Jahre und dem Anfang der 1960er Jahre wurde die Kybernetik v.a. im populären Bereich öffentlich wahrgenommen.[156] In der Wissenschaft beschäftigten sich zu dieser Zeit kleine, recht abgeschlossene Gruppen mit der Programmatik und schufen Grundlagen für eine neue wissenschaftliche

155 Flechtner, H.J.: Rezension zu Norbert Wiener: Kybernetik. Nachrichtenübertragung im Lebewesen und in der Maschine, Düsseldorf 1963, in: Naturwissenschaftliche Rundschau 16 (1963), S. 456.

156 Den Publikumserfolg betont auch Holst: Einführung, S. 8.

Konzeption. Jegliche Form von wissenschaftlicher Kybernetik war aus dem Augenmerk der Öffentlichkeit verschwunden.

Weil eine nichtwissenschaftliche Kybernetik der wissenschaftlichen zuvorgekommen war, hängte in den 1950er Jahren der Kybernetik im Ganzen das Etikett des Utopischen und Unwissenschaftlichen an. Der System- und Regelungstechniker Ernst-Dieter Gilles berichtet aus seiner Studienzeit 1954-1960 an der TH Darmstadt, er habe »nicht viel davon gehört«, obwohl er Veranstaltungen bei Karl Küpfmüller und Winfried Oppelt, zwei Protagonisten der frühen Kybernetik in der Bundesrepublik, besucht habe. Den Grund dafür sieht er darin, dass in den 1950er Jahren »der Begriff Kybernetik von zu vielen Seiten auch missbraucht worden«[157] sei.

### 3.3.4 Hochphase und Niedergang der Kybernetik

Das Forschungsfeld um »Control and Communication in the Animal and the Machine« hatte seinen ersten großen Auftritt in der bundesdeutschen wissenschaftlichen Öffentlichkeit auf der 101. Versammlung der Gesellschaft deutscher Naturforscher und Ärzte, 1960 in Hannover, auch wenn die Vorträge dort nicht unter dem Titel Kybernetik gehalten wurden. Leiter der Tagung war Richard Wagner, der gleichzeitig auch den Vorsitz der Gesellschaft innehatte. Seine Motivation des Leitthemas »Neue Denkweisen in Naturwissenschaft und Medizin« erläuterte er in der Festrede der Versammlung: Nachdem die Praxis des Experimentierens die modernen Naturwissenschaften spezialisiert, aber auch diversifiziert und die Einzelerkenntnisse unüberschaubar gemacht habe, sei nun eine Re-Synthetisierung der Wissenschaften notwendig. Es sei an der Zeit, sich »auf den verbindenden Wert des Analogie-Schlusses« zu besinnen, mit dessen Hilfe »Brücken zwischen Gebieten, die scheinbar nichts mehr miteinander zu tun haben,« geschlagen würden. In naturphilosophischer Manier rief er aus: »Ein gemeinsames typisches Organisationsprinzip der Materie muß allem Lebenden eigen sein.«[158] Wagner verwendete dieselben Begriffe, die auch sein früheres Schaffen geprägt hatten. Er sah die Möglichkeit, auf dieser traditionsreichen, stark besuchten, be-

157 Ernst-Dieter Gilles im Interview, 26.4.2005.

158 Jeweils Wagner, Richard: Festrede, zitiert nach: Allgemeiner Bericht der 101. Versammlung der Gesellschaft Deutscher Naturforscher und Ärzte, in: Mitteilungen der Gesellschaft deutscher Naturforscher und Ärzte (= Anhang zu: Die Naturwissenschaften 48 (1961)), S. 6.

deutenden und weit rezipierten Versammlung für sein Anliegen einer gleichartigen Betrachtung technischer, organischer und geistiger Objekte unter dem Regelungsaspekt zu werben.

Auch die weiteren eröffnenden Vorträge schlugen in diese Kerbe und beschworen die Einheit der Wissenschaften, indem sie romantisierend an vergangene Genies und Universalgelehrte wie Goethe und Humboldt erinnerten. Die Erkenntnisse der modernen Naturwissenschaften seien nun aber den Menschen »über den Kopf gewachsen«. Die Wissenschaft sei deshalb verpflichtet, dass der Mensch »als menschenwürdiges Wesen« wieder Herr werde »über die Kräfte, die sein Geist entdeckt hat!« [159] Dieser Befund bezog sich insbesondere auf die Konstruktion denkender Maschinen, die, optimistisch verstanden, Geist, Technik und Natur unter dem Informationsaspekt vereine. Pessimistisch verstanden, verwirklichten die neuen Rechenmaschinen die Frankensteinsche Dystopie: Sie waren Produkte des menschlichen Geistes und forderten ihn nun existentiell heraus, weil sie ihn seiner Einzigartigkeit beraubten. Sie erledigten Geistesprozesse sogar noch schneller und genauer und überflügelten damit ihren Schöpfer. Als dieses »Problem der Menschmaschinen« debattiert wurde, legte sich »eine Apnoe über das Haus«. Angst ging um, »daß da ein maschinelles Ungeheuer vielleicht im Werden sei, das menschliche Eigenschaften haben könne.«[160] Aufgabe einer vereinheitlichenden Wissenschaft sei deshalb auch, den Menschen in seiner Schöpferkraft herauszustellen, die ihn auf ewig von Maschinen unterscheide.

Wagner und die anderen maßgeblichen Personen des Kongresses erwähnten in ihren Ausführungen die zentralen Probleme und Begriffe der entstehenden Kybernetik wie Regelung, Homöostat oder Mensch-Maschine-Analogie, ohne mit einem Wort auf das neue Konzept einzugehen. Dennoch erwies Wagner den nachrückenden Kybernetikern einen Dienst, indem er sie auf seiner Tagung erstmals konzertiert zu Wort kommen ließ.

In der Sektion »Neue gedankliche Werkzeuge« sprachen Norbert Wiener, Karl Küpfmüller und Winfried Oppelt. Wieners Vortrag trug den Titel »Über Informationstheorie«, hatte mit der aber kaum etwas zu tun. Er nutzte stattdessen die Plattform, um seine Programmatik der Kybernetik zu erläutern und diese einer breiten wissenschaftlichen Öffentlichkeit in der Bundesrepublik bekannt zu machen. Er wies besonders nachdrücklich auf die gemeinsame Betrachtungsweise in Biologie und Tech-

159 Jahrreiß, H.: Rede im Namen der Ehrengäste, zitiert nach: Bericht, S. 4. Die andere Eröffnungsrede ist Reuleaux, O.: Eröffnung, zitiert nach: Bericht, S. 2.
160 Fauvet, E.: Schlußwort, zitiert nach: Bericht, S. 11.

nik hin und beschrieb technische Systeme als gewinnbringend für die Biologie, weil sie »Ansprüche erfüllen, die man auch in der Biologie findet«. Umgekehrt bestehe in der Technik die Möglichkeit, »natürliche biologische Systeme nachzuahmen und dadurch neue technische Geräte einzuführen.«[161] Daneben sprach Wiener über die Analogie zwischen Nervennetzen und Telefonleitungen und über das Wesen lernender Maschinen.

Karl Küpfmüller erläuterte in seinem Vortag »Nachrichtenübertragung und Nachrichtenverarbeitung (Neue gedankliche Werkzeuge)« den Begriff der Nachricht und führte in dessen mathematisch-naturwissenschaftlich-technische Behandlung ein. Besonderen Nachdruck verlieh er der Tatsache, dass die Nachricht als eine völlig neue Kategorie gleichberechtigt neben Materie und Energie getreten sei. Nach einer Abhandlung der Theorien von Informationsübertragung und -verarbeitung stellte er die elektronische Rechenanlage als die technische Realisation der Nachrichtenverarbeitung vor. »Die vielfach überraschende Ähnlichkeit der maschinellen Vorgänge mit menschlicher Denktätigkeit«[162] begründe auch, warum dem Computer häufig spektakuläre, aber technisch unzutreffende Titel wie Elektronengehirn oder Denkmaschine verliehen würden. Küpfmüller erörterte, wie weit diese Ähnlichkeit tatsächlich gehe und ob die menschliche Denktätigkeit künstlich nachgebildet werden könne. Zunächst hielt er fest, dass die Nachrichtenübertragung im Zentralnervensystem keine digitale Übertragung sei. Daneben betonte er die Überlegenheit des menschlichen Nervensystems gegenüber dem Computer durch seine weit größere Zahl der Nervenzellen und Schaltungen. Nachrichten würden im menschlichen Gehirn mehreren Synapsen gleichzeitig zugeführt und parallel verarbeitet, wohingegen in Maschinen eine »Serienverarbeitung« stattfinde. Den Menschen forderte der Computer nach Küpfmüller dadurch heraus, dass er Nachrichten ungleich schneller verarbeitete und deshalb gewisse Aufgaben schneller löste. Außerdem sei er die erste menschgemachte Konstruktion, die aufgrund von Lernfähigkeit die Grenzen überschreite, die ihm sein Konstrukteur vorgegeben hatte. Von dieser Gruppe lernender Rechenmaschinen ging in den Augen vieler Zeitgenossen eine enorme Bedrohung aus. Nicht genug, dass Denken, Sprechen, Hören etc., das gesamte Gebiet des bisher naturwissenschaftlich nicht fassbaren Geistes, plötzlich

161 Wiener, Norbert: Über Informationstheorie, in: Die Naturwissenschaften 48 (1961), S. 174.

162 Küpfmüller, Karl: Nachrichtenübertragung und Nachrichtenverarbeitung (Neue gedankliche Werkzeuge), a.a.O., S. 184.

mathematisch berechenbar, technisch nachbildbar und manipulierbar waren. Nun sollte die Technik auch intelligenter werden als ihre Schöpfer. Einem unbedarften Zuhörer musste diese Vorstellung ungeheuerlich erscheinen.

In den biologischen Sektionen trugen u. a. Werner Reichardt, Horst Mittelstaedt und Wolf Dieter Keidel vor. Bernhard Hassenstein sprach über die Frage »Wie sehen Insekten Bewegung?«[163] Er stellte die Informationsverarbeitung im Organismus nicht nur mathematisch dar, sondern zeigte, dass sich im Insekt ein realer Prozess der Verrechnung abspielte. Organismen arbeiteten demnach tatsächlich als Rechner.

Rückschrittlich nahm sich dagegen Richard Wagners Beitrag »Rückkoppelung und Regelung: ein Urprinzip des Lebenden« aus. Er war auch in seinem Fachvortrag primär daran interessiert, seine Prioritätsansprüche geltend zu machen. Das Feedback der kybernetischen Betrachtungsweise sei »kein anderer Begriff als jener, der früher bereits mit dem Wort ›Rückkoppelung‹ erschöpfend bezeichnet wurde.«[164] Alles, was Norbert Wiener oder Erich von Holst beobachtet und beschrieben hätten, habe er schon ein Vierteljahrhundert vorher entdeckt.

Solche Eifersüchteleien halfen der Kybernetik natürlich nicht weiter. Wagner schuf aber mit diesem Kongress den jungen Kybernetikern ein Forum, ihre neuen Fragen, Ideen, Methoden und Thesen vorzustellen. Nachdem sie bisher im Verborgenen die Agenden der Kybernetik ausgearbeitet hatten, konnten sie nun an prominenter Stelle an die wissenschaftliche Öffentlichkeit treten. Sie wurden von den Spitzen der deutschen Wissenschaft und Wissenschaftspolitik[165] gehört und konnten diese von ihren Konzepten überzeugen. Spätestens seit diesem Zeitpunkt sollte das Thema jedem Naturwissenschaftler in der Bundesrepublik geläufig sein.

Anschlussfähig an das eigentliche Tagungsthema war die Kybernetik, indem sie zwei große Fragen der Zeit aufgriff: die Suche nach einem einheitlichen Prinzip in einer zersplitternden Welt und einer diversifizierten Wissenschaft sowie die Auseinandersetzung mit der Tatsache, dass dem Menschen mit der Maschine Konkurrenz auf seinem ureigent-

163 Hassenstein, Bernhard: Wie sehen Insekten Bewegung?, a.a.O., S. 207-214. Diese Frage bildete den Ausgangspunkt der biokybernetischen Forschung in der BRD.

164 Wagner, Richard: Rückkoppelung und Regelung: ein Urprinzip des Lebenden, a.a.O., S. 236.

165 Beispielsweise war der MPG-Präsident Adolf Butenandt anwesend. Siehe Butenandt an Hassenstein, 19.9.1960, MPG-Archiv, II. Abt., Rep. 1A, IB Biologie, Reichardt allgemein.

lichen Gebiet, dem Denken, entstand. Durch diese gemeinsamen Gedanken motiviert, half Wagner, wahrscheinlich unwillentlich, die Kybernetik populär zu machen. Diese nutzte die Tagung als »Initialzündung«,[166] ging aber inhaltlich und wirkungsgeschichtlich weit über Wagners Ansätze hinaus.

Die Kybernetik stieg in den folgenden Jahren rasant auf. Unter ihrem Titel wurden Forschungsprogramme und Institutionen gegründet, sie galt als umfassendes Mittel zur Lösung wirtschaftlicher und politischer Probleme und war Gegenstand intensiver Debatten in wissenschaftlichen wie außerwissenschaftlichen Medien. Deutlich war diese Entwicklung daran abzulesen, dass der Begriff selbst in wissenschaftlichen Zeitschriften als Titel oder in Schlagwortverzeichnissen seit 1961 Karriere machte.[167] Die Zahl der vorgestellten Forschungsprojekte war nie zuvor oder danach höher als in den folgenden zehn Jahren. Besonders für die Automatisierung der Wirtschaft und die Planung der Politik erschien die Kybernetik so vielversprechend, dass das Bundeswissenschaftsministerium erwog, sie neben der Kerntechnik, der Weltraumforschung und der Elektronik in seinen »direkten Förderungsbereich« einzubeziehen.[168] Die Kybernetik war eines der meist diskutierten wissenschaftlich-technischen Konzepte der 1960er Jahre, wurde geradezu zu einer Modeerscheinung in Wissenschaft und Gesellschaft. Im Jahr 1970 hatte sich das Wort Kybernetik »zu einem wirksamen Schlagwort in wissenschaftlichen Diskussionen« entwickelt, und in beinahe jeder Disziplin erschienen »ernstzunehmende Arbeiten«, die die große Bedeutung der Kybernetik für die jeweilige Disziplin erörterten.[169]

166 So Bernhard Hassenstein im Interview, 11.7.2005. Auch andere Akteure in der Geschichte der Kybernetik, z. B. die DFG, verstanden die Versammlung als eine Art erste große Kybernetik-Tagung, die einen Überblick über den State of the Art der Wissenschaft gab. Siehe Protokoll über die Sitzung der Besprechungsgruppe Kybernetik, 5.5.1962, BA Koblenz, B227/138623.

167 In der ETZ erschien »Kybernetik« 1964-1971 regelmäßig im Schlagwortverzeichnis; in den Physikalischen Blättern war das Wort v. a. 1961-1969 zu finden; in der VDI-Zeitschrift am häufigsten 1962-1971.

168 Zitiert nach einem Bericht der DFG über die Stellung der Kybernetik angesichts einer möglichen schwerpunktmäßigen Förderung. Heitz: Über die Aufgaben eines Schwerpunktprogrammes für Kybernetik, 2.3.1965, Anlage zu Heitz an Gauer u. a., 11.3.1965, BA Koblenz, B227/138623.

169 Lutz: Kybernetik (1970), S. 413.

## *Versuche der Etablierung einer allgemeinen Kybernetik*

Dieses Konjunkturhoch bedeutete erheblichen Rückenwind für die Einführung nicht nur kybernetischer Fragen und Methoden in traditionellen Disziplinen, sondern auch der Kybernetik als einer umfassenden Wissenschaft. In den 1960er Jahren gab es einige Bemühungen, eine Dach- oder Universalwissenschaft Kybernetik zu installieren. Das erste fassbare Ergebnis auf diesem Gebiet war die Zeitschrift »Kybernetik«, die ab 1961 erschien. Ihre Konzeption verrät schon der Untertitel »Zeitschrift für Nachrichtenübertragung, Nachrichtenverarbeitung, Steuerung und Regelung in Organismen und in Automaten«, der recht genau den Vorstellungen Wieners und dem Untertitel seines Buchs entsprach. Genauso übernahmen die Herausgeber dessen bidirektionale Zielsetzung und versuchten, die Kybernetik in ihrer ganzen Breite zu repräsentieren. Die Zeitschrift sollte den Erfahrungsaustausch zwischen all denen ermöglichen, die in irgendeiner Weise mit Elementen der Kybernetik arbeiteten. Dazu zählten »Informations- und Systemtheorie, Steuerungs- und Regelungstheorie, wissenschaftliche Grundlagen und grundsätzliche Verfahren der Nachrichtenverarbeitung, experimentelle Ergebnisse der Rezeptorphysiologie und der Nervenphysiologie im Hinblick auf die Nachrichtenverarbeitung und -übertragung; Steuerung und Regelung im Organismus; Verhalten von Organismen und Gruppen von Organismen bei Aufgaben der Nachrichtenübertragung und -verarbeitung; Nachrichtenverarbeitung durch den Menschen; Modelle für die Nachrichtenübertragung und -verarbeitung im Organismus«.[170] Die Schriftleitung hatte Kompetenz auf dem gesamten Gebiet der Kybernetik zu garantieren. Entsprechend waren in ihr mit Karl Küpfmüller und Werner Reichardt die technische genauso wie die biologische Seite vertreten. Noch stärker repräsentierte das Herausgebergremium den unfassenden, allgemeinkybernetischen Anspruch der Zeitschrift. Seine Mitglieder waren in ihrer geographischen und intellektuellen Herkunft so global, wie es die Zeitschrift sein wollte: H.B. Barlow/Cambridge (Engl.), G. v. Békésy/Cambridge (Mass.), M. Halle/Cambridge (Mass.), B. Hassenstein/Freiburg, W. D. Keidel/Erlangen, I. Kohler/Innsbruck, K. Küpfmüller/Darmstadt, H. Mittelstaedt/Seewiesen, W. Reichardt/Tübingen, W. A. Rosenblith/Cambridge (Mass.), J. F. Schouten/Eindhoven, M. Schützenberger/Poitiers, K. Steinbuch/Karlsruhe und N. Wiener/Cambridge (Mass.). Sie sollten die Veröffentlichung von Arbeiten in der gesamten Breite der Wienerschen Konzeption verantworten und deren Qualität

170 Editorial, in: Kybernetik 1 (1961/1963).

garantieren. Das gesamte Spektrum der wissenschaftlichen und technischen Behandlung von Nachrichten, Steuerung und Regelung in wechselnder Beeinflussung von Biowissenschaften und Technik war dann auch in den ersten Jahrgängen abgedeckt. Alle drei Hauptgebiete, die biologische, die technische und die geisteswissenschaftliche Kybernetik, tauchten in der Zeitschrift »Kybernetik« auf; sie sollte in der Tat ein gesamtkybernetisches Organ darstellen. Auch nach ihrer Umbenennung in »Biological Cybernetics« 1975 enthielt sie Beiträge aus dem technischen Bereich wie der Lehrmaschinenentwicklung und der Anthropotechnik.[171] Wie der neue Titel verrät, entwickelte sie sich aber in einem kontinuierlichen Prozess der Profilschärfung zum Organ der Biokybernetik. Die Schriftleitung, die mit Werner Reichardt und später Gert Hauske immer von Biokybernetikern dominiert war, engte die Zeitschrift thematisch wesentlich ein und konzentrierte sich immer mehr auf Beiträge aus dem biologisch-analytischen Bereich.

Eine weitere Organisation, die die Kybernetik in ihrer Ganzheit fassen wollte, war die Deutsche Arbeitsgemeinschaft Kybernetik (DAGK), die 1962 zu dem Zweck gegründet wurde, in regelmäßigen Abständen große Kybernetikkongresse zu veranstalten. Wie im Fall der Zeitschrift »Kybernetik« wurde hier versucht, eine disziplinenübergreifende Community zu schaffen, die sich nicht über einen gemeinsamen Forschungsgegenstand, sondern über gemeinsame Fragestellungen und Methoden definierte. Aber auch hier stellte sich dieser Anspruch als praktisch nicht handhabbar heraus. So schärfte auch die DAGK ihr Profil und wurde immer mehr zu einer biokybernetischen Vereinigung.

Die Themen des ersten Kybernetikkongresses 1961 in Karlsruhe fasste der Mathematiker Helmar Frank zu einem repräsentativen Überblick zusammen und gab dem Sammelband den programmatischen Titel »Kybernetik. Brücke zwischen den Wissenschaften«. Namhafte Forscher stellten biologische, technische, ökonomische, geistes- und sozialwissenschaftliche Phänomene einheitlich vor. Sie alle sollten über die »Brücke« Kybernetik verbunden werden. Allein die Zahl von sieben Auflagen des Buchs binnen acht Jahren[172] dokumentierte das öffentliche Interesse an

171 Z.B. Pohley, H.J. (u.a.): Der Problemlöser Robbimat, in: Biological Cybernetics 17 (1975), S. 145-156; Henning, Klaus u. Benjamin Kuchen: Einfluß unterschiedlicher Störsignale auf Mensch-Maschine-Regelkreise, in: Biological Cybernetics 20 (1975), S. 187-196.

172 Frank, Helmar (Hg.): Kybernetik. Brücke zwischen den Wissenschaften, Frankfurt a.M. 1962 ($^2$1962, $^3$1964, $^4$1964, $^5$1965, $^6$1966, $^7$1970). Erstmals veröffentlicht wurden die Aufsätze des Bandes als eine Serie in der Zeitschrift Die Umschau 61 (1961).

diesem Vorhaben. Um die Kybernetik in ihrer Ganzheit zu fassen, war v. a. die Vereinbarung einer gemeinsamen Terminologie notwendig, die die Verständigung zwischen Fachleuten verschiedener Disziplinen ermöglichte. Mit diesem Ansinnen wurde 1964 das »Lexikon der Kybernetik«[173] verfasst, dem aber – ungewöhnlich für diese Zeit – keine große Verbreitung beschieden war. Mit der gleichen Motivation, die Leistungsfähigkeit einer allgemeinen Kybernetik, die Breite ihrer Gültigkeit und ihre Anwendbarkeit in allen möglichen Gebieten des Denkens nachzuweisen, erschien in den 1960er Jahren noch eine ganze Reihe von sehr erfolgreichen Einführungs- und Überblickswerken,[174] die allesamt einer breiten Öffentlichkeit die Kybernetik in ihrer Ganzheit vorstellten.

All die Bemühungen, die Kybernetik in ihrer Gesamtheit darzustellen, sie einheitlich zu institutionalisieren oder ihr ein umfassendes Organ zu schaffen, waren von der Überzeugung geprägt, dass die Kybernetik das Forschungsobjekt unbedeutend mache. Indem sie von der Materie abstrahiere, war das Objekt nicht mehr das konstituierende und definierende Element einer Disziplin, sondern die Methodik übernahm diese Rolle. Die einheitliche Wissenschaft Kybernetik umfasste demnach alles, was system-, informations- und regelungstechnisch untersucht und beschrieben werden konnte, und war für jedes denkbare Phänomen zuständig, das Informationsprozessen unterlag. Hinter diesen Bestrebungen stand im Sinne Richard Wagners und Hermann Schmidts die Hoffnung, durch eine einheitliche mathematische Betrachtung und Beschreibung verschiedener Gegenstände sowie durch eine einheitliche Terminologie das Werkzeug für die Vereinheitlichung der Wissenschaften geschaffen zu haben. Besonders in der Ausbildung könne die Kybernetik so »eine unspezialisierte akademische Gesamtkonzeption«[175] vermitteln und eine breit gebildete geistige Elite in Politik, Wirtschaft und Wissenschaft hervorbringen.

Diese umfassenden Bemühungen waren aber nie mehr als Konstrukte. Eine real existierende einheitliche Wissenschaft entsprach ihnen nie, weil

173 Lexikon der Kybernetik, hg. v. A. Müller, mit einem Vorwort von K. Küpfmüller, Quickborn 1964.

174 Flechtner, Hans-Joachim: Grundbegriffe der Kybernetik. Eine Einführung, Stuttgart 1968, war bereits die dritte Auflage binnen zwei Jahren. Daneben Anschütz, Herbert: Kybernetik. Kurz und bündig, Würzburg 1967; Cube, Felix von: Was ist Kybernetik? Grundbegriffe, Methoden, Anwendungen, München 1967.

175 Steinbuch, Karl: Kybernetik. Weg zu einer neuen Einheit der Wissenschaften, in: VDI-Z 104 (1962), S. 1314.

die Kybernetik sich nur innerhalb fremder Disziplinen etablierte. Ironischerweise gelang selbst die Vereinheitlichung der Kybernetik nicht, obwohl diese ja die Vereinheitlichung aller Wissenschaften zum Ziel hatte. Die Gegenstände und Begrifflichkeiten verschiedener Disziplinen waren womöglich zu stark getrennt, als dass sie noch von einem einzigen Ansatz hätten umfasst werden können. Das Maximalverständnis von der Reichweite kybernetischen Denkens war in der Forschungspraxis und im innerwissenschaftlichen Diskurs nicht einzulösen. Verschiedene Formen der Kybernetik siedelten sich an den Rändern traditioneller Disziplinen oder in begrenzten Räumen zwischen zwei Disziplinen an. Die Disziplinengrenzen trennten mehr, als der gemeinsame kybernetische Ansatz verband. Ernsthafte Versuche, die Unschärfe und Diversität aufzulösen und den Traum von der Einheit der Wissenschaften durch die Kybernetik zu verwirklichen, wurden bald eingestellt. Wenn schlussendlich ein Wissenschaftler aus biologischem Milieu von Kybernetik sprach, meinte er die Biokybernetik, wohingegen ein Geisteswissenschaftler bei der gleichen scheinbaren Allgemeingültigkeit die Humankybernetik meinte.[176] Beide hatten nicht viel miteinander zu tun.

Die Vereinigung der unterschiedlichen kybernetischen Forschungsrichtungen bildete aber nur einen Nebenschauplatz in der Entwicklung der Kybernetik als Wissenschaft. In der Hauptsache bemühten sich die Akteure um die Etablierung ihrer jeweiligen Forschungsrichtungen in bestehenden Disziplinen. Im Gegensatz zu den USA war das Hauptanliegen der Kybernetiker nicht, eine Dachwissenschaft für alle wissenschaftlich-technischen Disziplinen zu gründen, die sich unter dem Informationsaspekt vereinen ließen. Dass die Etablierung einer Dachwissenschaft scheiterte, war demzufolge kein essentieller Rückschlag. Die diversifizierte Erscheinung der Kybernetik wirkte sich jedoch politisch zu ihrem Nachteil aus. Weil sie nie »als klar definierte Wissenschaft« betrachtet werden konnte, »die scharf abgegrenzte Gegenstände behandelt und die darüber hinaus auch über ein allgemein anerkanntes Lehrgebäude verfügt«, [177] wurde sie kaum der ihr zugemessenen Bedeutung gemäß gefördert. Das Bundeswissenschaftsministerium nahm sie nicht, wie eigentlich vorgesehen, in seinen direkten Förderungsbereich auf, weil sie weder sich noch nach außen klarmachen konnte, was mit dem Wort Kyber-

176 Z.B. gaben sowohl der SFB 50 »Kybernetik« der DFG wie auch das Institut für Kybernetik Berlin/Paderborn in ihrem Titel vor, die gesamte Kybernetik zu umfassen, repräsentierten aber tatsächlich nur jeweils ein Teilgebiet.

177 Lutz: Kybernetik (1970), S. 1009.

netik genau gemeint sei, was also konkret zu fördern sei.[178] Auch an Hochschulen institutionalisierte sie sich nur in Teilgebieten und marginal, weil der Kanon ihrer Fragen und Methoden nie klar wurde.[179] Wegen ihrer Diversität gelang es der Kybernetik nicht, dauerhafte Strukturen in der bundesdeutschen Wissenschaftslandschaft zu hinterlassen. Sie galt nirgendwo als umfassendes Konzept, aber weiterhin als erfolgreich anwendbares methodisches und analytisches Hilfsmittel für diverse wissenschaftlich-technische Konzepte. In diesem Rahmen lebte der Titel Kybernetik auch nach den 1960er Jahren fort.

### *Hypertrophierung und Niedergang*

Schwer wog das diversifizierte Bild, das die Kybernetik der Öffentlichkeit vermittelte. Der Buchtitel »Keiner weiß, was Kybernetik ist« mochte noch scherzhaft gemeint sein. Dass die Meinungen darüber, was Kybernetik sei, selbst unter ihren Vertretern weit auseinandergingen, mochte noch als Recht einer jungen, sich schnell entwickelnden Wissenschaft gedeutet werden. Die Unschärfe erzeugte aber vor allem »ein Übermaß an Meinungen, die ebenso bunt schillern, wie die Namen, die sich mit dieser modernen ›Denkrichtung‹ verbinden.«[180] Es gab keine allgemein anerkannten Autoritäten, die festgelegt hätten, was zur Kybernetik gehörte und was nicht. Jeder konnte aus dem Vorrat kybernetischer Begriffe, Methoden und Theorien wählen wie in einer Gemischtwarenhandlung und Forschungsprogramme beliebigen Charakters mit Kybernetik betiteln, solange sie nur irgendetwas mit Information, Regelung, Modellieren oder Computersimulation zu tun hatten.

Legion sind die Beispiele wissenschaftlicher Anstrengungen, bei denen der Titel Kybernetik nur dazu diente, sich modisch zu gerieren, und die weder zum Methoden- und Theorienarsenal der Kybernetik noch zur Erkenntnis eines Forschungsgegenstandes etwas beitrugen. Der Deutsche Geodätentag 1967 etwa stand unter dem Motto »Kybernetik im Vermessungswesen«, ohne mehr mit ihr gemein zu haben als den Com-

178 Das berichtet Heitz: Über die Aufgaben eines Schwerpunktprogrammes für Kybernetik, 2.3.1965, Anlage zu Heitz an Gauer u.a., 11.3.1965, BA Koblenz, B227/138623.

179 Zu den Nachteilen, die der Kybernetik in der Konkurrenz mit der Computer Science um die Ausgestaltung einer Wissenschaft von der Information zuteil wurden, siehe Coy, Wolfgang: Zum Streit der Fakultäten: Kybernetik und Informatik als wissenschaftliche Disziplinen, in: Pias (Hg.): Kybernetik, S. 253-262.

180 Lutz: Kybernetik (1970), S. 413.

putereinsatz in der Vermessungspraxis und damit deren Automatisierung.[181] Sobald der Ersatz menschlicher Arbeit durch Technik und diesbezügliche ethische Überlegungen diskutiert wurden, lag die Bezeichnung Kybernetik nahe. Auf dieser Versammlung wurde nichts festgestellt, was nicht auch ohne die Kybernetik hätte erkannt werden können. Die Verwendung des Begriffs war schlicht überflüssig.

Besonders exzentrische und skurrile Forschungsunternehmungen bedienten sich immer wieder der Kybernetik. Wo Systemtheorie, Mathematik u. a. auf das Phänomen Geist trafen oder holistisches Denken präsent war, war der Begriff Kybernetik nicht mehr weit. Beispielsweise nannte 1969 der Regelungsingenieur Siegfried Reisch, der hauptamtlich bei der Deutschen Versuchsanstalt für Luft- und Raumfahrt angestellt war, ein philosophisches Forschungsprojekt »Metakybernetik«. Er wollte damit seinem Versuch Ausdruck verleihen, eine »Universaltheorie des Geistes« zu entwickeln. »Ein durch organische Erweiterung der heute als ›Kybernetik‹ bekannten Denksphäre zu entwickelndes integratives System zur Erforschung des ›Phänomens Geist‹ mit naturwissenschaftlicher Methodik« war das Ziel seiner Arbeit. Damit hatte er im Sinn, »eine im Geiste von Informationstheorie und Informationstechnik konzipierte ›technische Geistwissenschaft‹« zu schaffen. Nur durch dieses einheitliche, systematische Denken sei ein menschenwürdiges Leben auf der Erde und in der immer komplexer werdenden Weltgesellschaft noch möglich.[182] Reisch hantierte im Exposé seines Projektes zwar souverän mit der kybernetischen Begrifflichkeit, brachte inhaltlich aber nichts außer »vagen Plakattiteln«, wie der Karlsruher Philosoph Simon Moser bemerkte, der das Projekt im Auftrag der Stiftung Volkswagenwerk begutachtete. Wenn die Kybernetik schon vieldeutig sei, dann sei der hier eingeführte Titel »Metakybernetik« »noch vieldeutiger«. Abschließend urteilte Moser, dass »in jeder Generation [...] Ganzheitsphilosophien« auftauchten und »ebenso rasch«[183] wieder verschwänden. Solche Versuche, das Phänomen Geist und die Stellung des Menschen in der modernen technisierten Welt umfassend zu klären, hatten häufig eine Affinität zur Kybernetik. Denn ihr genuines Merkmal war ja, vielschichtige

181 Siehe Murr, K.: Kybernetik im Vermessungswesen. Bericht über den 52. Deutschen Geodätentag, Wiesbaden, 6.-9.9.1967, in: Naturwissenschaftliche Rundschau 21 (1968), S. 27.

182 Jeweils: Projekt Metakybernetik. Anlage zu S. Moser: Gutachten zum VW-Forschungsprojekt von Siegfried Reisch: Metakybernetik, 1969, UA Karlsruhe 27014/33.

183 S. Moser: Gutachten zum VW-Forschungsprojekt von Siegfried Reisch: Metakybernetik, 1969, UA Karlsruhe 27014/33.

Theorien zu vereinen und dadurch eine einheitliche Methode zur Analyse zersplitterter Seinsbereiche zu liefern. Was bei vielen dieser Projekte vom Konzept der Kybernetik übrig blieb, war meist nur ein Sammelsurium undurchschaubarer und amorpher Spekulationen. Die Kybernetik verkam auf diesem Weg zur intellektuellen Übung um ihrer selbst willen und zur Lieferantin modern klingender, aber inhaltsloser Begriffe.

Das Wort Kybernetik vereinte im öffentlichen Urteil Modernität und Progressivität mit Unseriosität und visionärer Scharlatanerie.[184] Weil der Grat zwischen den beiden Extremen ein sehr schmaler war, sah sich die Kybernetik am Höhepunkt ihrer Popularität ab Mitte der 1960er Jahre auch dem höchsten Rechtfertigungsdruck ausgesetzt. Wer sich als ihr Vertreter gab, hatte zu beweisen, dass er ernsthafte Wissenschaft betrieb, und musste sich von allen unseriösen Formen der Kybernetik distanzieren. Die Indikatoren für eine wissenschaftlich korrekte Kybernetik waren recht klar: Sie musste auf empirisch gewonnenen Ergebnissen aufbauen, diese mathematisch formulieren und durfte erst auf dieses gesicherte Fundament Modelle aufbauen, die beispielsweise das Verhalten von Systemen in die Zukunft extrapolierten. Wo Technik und Mathematik nur aus Begriffen bestanden und ohne empirische Basis spekuliert wurde, war die Kybernetik ohne Wert.

Das Nebeneinander von verschiedenen wissenschaftlich korrekten Formen der Kybernetik und einer »Lawine«[185] inhaltsloser, nur der Mode folgender Konzepte machte Außenstehenden den Durchblick beinahe unmöglich. Die Heterogenität verströmte anfangs noch den Reiz des Geheimnisvollen. Je beliebiger der Umgang mit der Kybernetik aber wurde und je mehr nicht an ihr Ziel führende Projekte sich mit diesem Begriff schmückten, desto weniger galt sie als ein Mittel zur Lösung gesellschaftlicher Probleme. Der Eindruck der Unseriosität verstärkte sich immer weiter und führte schließlich zum Niedergang der Kybernetik in der öffentlichen Wahrnehmung. Die Kybernetik in der Bundesrepublik erfuhr in den 1970er Jahren eine Transformation von einer Wissenschaft im Fokus der Gesellschaft zu einer Methodik, die in verschiedenen Disziplinen angewandt wurde, aber den öffentlichen Diskurs kaum noch belebte.[186]

184 So urteilt z. B. Zemanek: Kybernetik, S. 169.

185 Vor dieser warnte Frank, Helmar: Über das Verhältnis von kybernetischen und philosophisch-geisteswissenschaftlichen Disziplinen, in: GrKG 6 (1965), S. 45. Er nannte auch Empirie und Mathematik als Indikatoren einer seriösen Kybernetik.

186 Ihre Bedeutung für Debatten über Cyberspace, Cyberculture u. a. in den 1980er und 1990er Jahren erwähnt Pias: Zeit, S. 9.

# II. DIE KYBERNETIK IN IHRER TATSÄCHLICHEN VIELFALT

## 4. Institutionen

Den offensichtlichsten Niederschlag erfährt ein neues wissenschaftliches Konzept durch Gründungen von Institutionen, Gesellschaften und Zeitschriften. Während die beiden letzten in vielschichtigen und weit verzweigten Kooperationsverhältnissen entstehen und sich entwickeln, sind Institute an Hochschulen und im außeruniversitären Bereich lokal verortet. Damit ist nicht gemeint, dass Institutsgründungen und -entwicklungen minder komplexen sozialen und politischen Beziehungen unterliegen. Weil die Kybernetik ihre realhistorische Ausprägung aber an konkreten Orten besonders klar zeigte, wird hier ihre Manifestation in der bundesdeutschen Wissenschaftslandschaft zunächst anhand der Entstehung, Struktur, Ziele und Bedeutung einiger kybernetischer Institutionen verdeutlicht.

Die nachfolgende Auswahl erhebt keinen Anspruch auf Vollständigkeit. Dieses Kapitel stellt lediglich solche vor, die auch im weiteren Verlauf der Studie von Bedeutung sind und die Erscheinung der Kybernetik in ihren bio-, technik- und humanwissenschaftlichen Formen prägten. Nicht nachgegangen wird etwa dem Studiengang Kybernetik an der Universität Bremen[1] oder dem Fachbereich für Kybernetik an der Technischen Universität Berlin. Der Idee nach besaßen der Zweitgenannte und der an ihn angegliederte Studiengang einen Kern aus mathematischen und technischen Disziplinen, den konkrete Anwendungen wie Automatisierungs-, Verkehrstechnik, theoretischer Maschinenbau, Operations Research, Statistik, Betriebswirtschaft, Netzwerktheorie, Datenbanken, Physiologie, Biologie oder Linguistik verbanden. Interdisziplinäre Lehrveranstaltungen und Forschungsvorhaben sollten den Aspekt der Informationsverarbeitung einheitlich erfassen.[2] Daher der Titel des Fachbereichs. Tatsächlich wandelte sich die Kybernetik in Berlin schnell

1 Diesen erwähnt Coy, Wolfgang: Zum Streit der Fakultäten: Kybernetik und Informatik als wissenschaftliche Disziplinen, in: Claus Pias (Hg.): Kybernetik. The Macy-Conferences, Bd. 2: Essays und Dokumente, Zürich/Berlin 2004, S. 257.

2 Nach K. Steinbuch an Manfred Hainer u. Horst Hanke, 14.10.1970, UA Karlsruhe, 27048/3. Siehe auch TU Berlin: Berichte des Fachbereichs 20, Kybernetik, 1975ff.

zum Synonym für die Computer Science und glich sich immer stärker den programmierungszentrierten Informatik-Instituten und -Studiengängen an. Konsequenterweise wurde die Kybernetik schließlich in »Fachbereich Informatik« umbenannt.[3]

## 4.1 Max-Planck-Institut für Kybernetik

Die Bemühungen um die Gründung eines kybernetischen Instituts in der Max-Planck-Gesellschaft (MPG) reichen zurück in die Mitte der 1950er Jahre, als Werner Heisenberg mit seinem Institut nach München umsiedelte und in Göttingen eine Leerstelle zurückließ. Die Leitung des Max-Planck-Instituts (MPI) für physikalische Chemie in Göttingen diskutierte daraufhin ab 1956 die Idee, mit einem neuen Institut nicht etwa ein bestehendes Forschungsgebiet innerhalb klassischer Disziplinengrenzen zu bedienen, sondern ein neues an der Grenze von Physik und Biologie zu begründen. Karl Friedrich Bonhoeffer, der Leiter des MPI, und sein Assistent Werner Reichardt hatten auf diesem Gebiet bereits erste Erfahrungen gesammelt, so dass der Gedanke nahelag, nach Göttingen »ein kybernetisches Institut hineinzusetzen.«[4] Noch bevor die MPG eine Agenda für das Institut näher bedachte, diskutierte sie die Namen der Akteure, die ihrer Vorbildung und ihren Forschungsinteressen gemäß für die Besetzung geeignet wären. Als Institutsleiter wurde Karl Küpfmüller genannt, und als Mitarbeiter bzw. Abteilungsleiter kamen v.a. Reichardt sowie Bernhard Hassenstein und Horst Mittelstaedt infrage, die aus dem MPI für Meeresbiologie und der Schule Erich von Holsts stammten. Anfang 1957 wurde eine Kommission für die Institutsgründung installiert, in der u.a. Bonhoeffer und von Holst saßen.[5] In ihren lediglich zwei Sitzungen sprachen die Kommissionsmitglieder erstmals auch konkret über Inhalte. Weil Bonhoeffer sehr daran gelegen war, dass das Institut physikalischen Charakter erhielt, schlug er die Bezeichnung »Institut für Regelungs- und Kommunikationsphysik«[6] vor. Diese Schwerpunktsetzung provozierte den Konflikt mit den Technikern und besonders den Biologen, die ihre Stammwissenschaften nicht zu bloßen »Materialliefe-

3 Siehe Coy: Streit, S. 257.

4 E. v. Holst an H. Mittelstaedt, 11.1.1957, MPG-Archiv, III. Abt., Rep. 29, Nr. 392.

5 Siehe E. v. Holst an B. Hassenstein, 22.11.1957, MPG-Archiv, III. Abt., Rep. 29, Nr. 201.

6 Nach H. Mittelstaedt an E. v. Holst, 4.4.1957, MPG-Archiv, III. Abt., Rep. 29, Nr. 392.

ranten« degradiert sehen wollten. In den Augen der Biologen stellte die Kybernetik »eine allgemeine Verhaltenstheorie«[7] dar, die sich nicht um die physikalischen, also die materiellen und energetischen Grundlagen der zu untersuchenden Systeme kümmere. Um ein Institut mit einem klaren Forschungsprogramm zu gründen, mussten sich die Akteure auf ein gemeinsames Verständnis der Kybernetik einigen. Physik, Technik und Biologie samt deren Vertreter – in diesem Fall Bonhoeffer, Küpfmüller und von Holst – mussten auf eine Linie gebracht und die je unterschiedlichen Schwerpunktsetzungen und Interessen versöhnt werden. Bevor die Kommission jedoch ein konsistentes Forschungsprogramm aufstellen konnte, verstarb Bonhoeffer im Mai 1957. Weil damit ein »Hauptinteressent am künftigen kybernetischen Institut«[8] seinen wissenschaftspolitischen Einfluss nicht mehr geltend machen konnte, kamen die Pläne vorläufig zum Stillstand.

Auch wenn ein vollwertiges Institut vorerst nicht mehr zu verwirklichen war, war die Idee »eines Kybernetik-Teams«[9] in der MPG geboren. Schon wenige Monate später lagen die Pläne in anderer Form auf dem Tisch, indem nämlich Alfred Kühn eine Arbeitsgruppe Kybernetik in seiner Abteilung des MPI für Biologie in Tübingen gründen wollte. Den Kontakt nach Tübingen hatte Bernhard Hassenstein geknüpft,[10] der an der örtlichen Universität eine Assistentenstelle innehatte und sich 1957 habilitierte. Daneben existierte in Tübingen eine unabhängige kybernetische Tradition, die das Interesse Wolfhard Weidels begründet hatte. Er hatte die Kybernetik vermutlich bei einem Forschungsaufenthalt am California Institute of Technology (Caltech) in Pasadena kennengelernt und brachte sein Wissen mit ans MPI für Biologie, wo er 1950-1956 Assistent und 1956-1964 Abteilungsleiter war.[11] Den ersten einschlägigen Aufsatz verfasste er 1949 unter dem Titel »Kybernetik und psychophysisches Grundproblem«,[12] worin er für die mathematisch-naturwissenschaftliche Behandlung von Geistesphänomenen plädierte. Neben Hassenstein war

7 Ebd.

8 E. v. Holst an H. Mittelstaedt, 3.7.1957, MPG-Archiv, III. Abt., Rep. 29, Nr. 392.

9 Ebd.

10 Das berichtete E. v. Holst an H. Mittelstaedt, 28.11.1957, MPG-Archiv, III. Abt., Rep. 29, Nr. 392.

11 Zur Vita Wolfhard Weidels siehe Melchers, Georg: Nachruf auf Wolfhard Weidel (31.12.1916-27.7.1964), in: Mitteilungen aus der MPG 1964, S. 226-233.

12 Weidel, Wolfhard: Kybernetik und psychophysisches Grundproblem, in: Kybernetik 1 (1961/1963), S. 165-170. Dass der Aufsatz schon 1949 verfasst worden ist, erklärt die Anmerkung auf S. 165.

er der entscheidende Fürsprecher der Institutionalisierung der Kybernetik in Tübingen.

Das Direktorenkolleg und das Kuratorium des Instituts wurden sich schnell einig, eine kleine Arbeitsgruppe zu gründen. Sie sollte auf einem festen Mitarbeiterstamm beruhen und sich nicht darüber hinaus ausdehnen, etwa indem sie sich zur eigenen Abteilung entwickelte. Gedacht war, dass die neue Wissenschaft an konkreten Forschungsproblemen orientiert auf ihre Tauglichkeit getestet werde, ohne allzu hohe Kosten zu verursachen. Zu den Personalkosten wurde eine Grundausstattung von 200.000 DM veranschlagt, so dass die Gruppe die in Göttingen geborenen Ideen in die Realität umsetzen und »damit einen Teil des geistigen Vermächtnisses Bonhoeffers«[13] fortsetzen könne. Werner Reichardt und der Elektroingenieur Hans Wenking wurden zu Mitarbeitern des Instituts ernannt, hinzu kamen eine Stelle für einen Elektromeister und eine Stelle als freier Mitarbeiter für Bernhard Hassenstein. Mittelstaedt dagegen zog es vor, seinem Lehrer Erich von Holst an das MPI für Verhaltensphysiologie nach Seewiesen bei Starnberg zu folgen. Die Finanzierung der »Forschungsgruppe Kybernetik« war zunächst auf ein Jahr gesichert, so dass diese im April 1958 ihre Arbeit aufnehmen konnte.[14] Die Gruppe wurde nach der Emeritierung Kühns in die Abteilung Weidel eingegliedert. Ihre ersten Projekte waren die Analyse der optomotorischen Reaktionen von Insekten und der phototropischen Reaktionen von Pflanzen sowie die technisch-kybernetische Aufgabe, nach dem Vorbild des Bewegungssehens von Käfern ein optisches Verfahren zur Geschwindigkeitsmessung zu entwickeln.[15] Ihre Erfolge begeisterten die etablierten Kräfte in der MPG, für die die Gruppe »ein Glücksfall« war. Besonders Wolfgang Beermann, Nachfolger Kühns als Abteilungsleiter am MPI, zeigte sich enthusiastisch und meinte, dass es wohl kaum anderswo ein nur »vergleichsweise gut zusammengesetztes Team« gebe. Weil die Gruppe »ohne Belastung mit großem organisatorischen Apparat« auskomme, arbeite sie ideal.[16] Umgekehrt erwies sich die Unterbringung in einem be-

13 Protokoll der Kuratoriumssitzung des MPI für Biologie, 2.9.1957, MPG-Archiv, II. Abt., Rep. 1A, IB Biologie, Protokolle 3.

14 So Protokoll der Kuratoriumssitzung des MPI für Biologie, 21.8.1958, MPG-Archiv, II. Abt., Rep. 1A, IB Biologie, Protokolle 3. Die Gründung schilderte auch B. Hassenstein an E. v. Holst, 3.1.1958, MPG-Archiv, III. Abt., Rep. 29, Nr. 201.

15 Zur Entwicklung der Gruppe in ihren ersten Jahren siehe »Forschungsgruppe Kybernetik«, in: MPG-Jahrbuch 1958, S. 245, bzw. MPG-Jahrbuch 1959, S. 241.

16 Jeweils zitiert nach Protokoll der Kuratoriumssitzung des MPI für Biologie, 14.7.1959, MPG-Archiv, II. Abt., Rep. 1A, IB Biologie, Protokolle 3.

stehenden, konsolidierten MPI auch für die Gruppe und für die Entwicklung der gesamten Biokybernetik als Glücksfall. Finanziert durch die große Institution MPG und protegiert von anerkannten Wissenschaftlern aus etablierten Disziplinen, konnten sich die Forscher in Ruhe der Praxis widmen, Forschungsfragen und Methoden erarbeiten und deshalb früh ihre ersten Ergebnisse vorweisen. Diese Rückendeckung war für die Entwicklung der neuen Wissenschaft von essentieller Bedeutung.

Entgegen der ursprünglichen Planung wurde die Gruppe schnell größer, zunächst indem jeder der drei Forscher einen eigenen Assistenten und eine eigene Hilfskraft beschäftigte.[17] In den Verhandlungen um den formellen und materiellen Ausbau der Gruppe konnten Reichardt und Hassenstein das Interesse in die Waagschale werfen, das ihre Arbeit auch andernorts geweckt hatte. Nachdem 1960 Hassenstein einen Ruf an den Lehrstuhl für Zoologie der Universität Freiburg angenommen hatte, drohte auch Reichardt, ans Caltech zu gehen, sollte seinem Wunsch nach einer eigenen Abteilung und einem Institutsgebäude nicht entsprochen werden. Die Forschungsgruppe würde damit zerbrechen und »ganz außerordentliche wissenschaftliche Erfolge«[18] in ihren Ansätzen brachliegen lassen bzw. diese erfolgreiche Forschung anderswo fortsetzen. Die Bedeutung der Arbeiten machte Alfred Kühn dem Präsidenten der MPG Adolf Butenandt klar, indem er auf »den deutschen Vorsprung auf diesem Gebiet«[19] – sogar gegenüber den USA – dank Reichardt und seiner Kollegen hinwies. Wenn nun die USA diese neue Art, biologisch zu arbeiten, importierten, sei der Niedergang einer der hervorragendsten und zukunftsweisendsten Forschungsgebiete der Bundesrepublik beschlossen. Umgehend schuf die MPG die geeigneten Arbeitsverhältnisse, indem sie aus der Forschungsgruppe eine eigene Abteilung bildete und Reichardt im Juni 1960 zu ihrem Leiter ernannte.[20] Die MPG garantierte Reichardt auch die Kooperation mit Hassenstein in Freiburg und genehmigte diesem eine Summe von 100.000 DM für die Ausstattung seines Instituts mit Geräten, damit er gemeinsame Projekte mit der Abteilung Reichardt

17 Ballreich: Aktenvermerk, 29.6.1960, MPG-Archiv, II. Abt., Rep. 1A, IB Biologie, Reichardt allgemein.

18 Protokoll der Kuratoriumssitzung des MPI für Biologie, 4.4.1960, MPG-Archiv, II. Abt., Rep. 1A, IB Biologie, Protokolle 3.

19 Kühn an Butenandt, 1.7.1960, MPG-Archiv, II. Abt., Rep. 1A, IB Biologie, Reichardt allgemein.

20 Zur Gründung der Abteilung siehe MPG-Jahrbuch 1960, S. 220; MPG-Jahrbuch 1961, S. 13; Protokoll der Sitzung des Senats der MPG, 11.11.1960, MPG-Archiv, II. Abt., Rep. 1A, IB Biologie, Reichardt allgemein.

bearbeiten und Nachwuchs an die Kybernetik in der Tradition der Forschungsgruppe heranführen konnte.[21]

Obwohl Reichardt nun den weiteren Direktoren des MPI für Biologie formal gleichgestellt war, fühlte er sich immer noch in seinem Erweiterungsstreben gestört. Der Platzmangel in einem Gebäude gemeinsam mit einer weiteren Abteilung machte ihm die Anstellung neuer Mitarbeiter unmöglich. Erneut drohte er mit seinem Weggang, bis die MPG auch den Bau eines eigenen Laborgebäudes zusagte. 1965 zog die Abteilung Reichardt schließlich in ihr eigenes Heim.[22] Adolf Butenandt lobte in seiner Rede zur Einweihung des Neubaus die Innovationskraft der MPG und zeigte sich stolz, dass sie »nicht in den einmal vorgegebenen Arbeitsrichtungen« erstarre, sondern »diese Arbeitsrichtungen jeweils den wissenschaftlichen Bedürfnissen« anpasse.[23] Tatsächlich entsprach die Förderung neuer interdisziplinärer Forschungskonzepte den Aufgaben der MPG. Deshalb war es nur logisch, dass die Biokybernetik ihre erste materielle Manifestation in der Bundesrepublik unter dem Dach der MPG und nicht an einer Hochschule erfuhr.

Reichardts Expansionsdrang war damit längst nicht erschöpft. Mit demselben Druckmittel wie bei seiner eigenen Beförderung zum MPG-Direktor drängte er 1967 auf die Aufwertung der Stellen seiner Mitarbeiter Valentin Braitenberg, Karl Georg Götz, Kuno Kirschfeld und Dezsö Varjú. Mit dem Hinweis, sie hätten durch ihre Arbeit auf sich aufmerksam gemacht und stünden nun »auf in- und ausländischen Berufungslisten«, beschwor Reichardt einen Scheideweg für das Institut, die MPG und die gesamte bundesdeutsche Naturwissenschaft. Die biologische Kybernetik sei organisch gewachsen und stehe nun an einem Punkt, der vergleichbar sei mit »dem der molekularen Genetik vor etwa fünfzehn Jahren«.[24] Die bisherigen Ansätze könnten nur durch Erhöhung der Förderungsleistungen weitergeführt werden. Einmal mehr war die Leitung der MPG vermeintlich mit der Alternative des Ausbaus der biologischen Kybernetik oder des Niedergangs eines höchst bedeutenden und erfolgversprechenden

21 So Protokoll der Sitzung des Senats der MPG, 11.11.1960, MPG-Archiv, II. Abt., Rep. 1A, IB Biologie, Reichardt allgemein.

22 Zur Einweihung des Neubaus der Abteilung Reichardt am 14. Juni 1965 in Tübingen siehe Mitteilungen aus der MPG 1964, S. 333-345.

23 A. Butenandt: Rede zur Einweihung des Neubaus der Abteilung Reichardt, 14.6.1965, MPG-Archiv, II. Abt., Rep. 1A, IB Biologie, Reichardt allgemein.

24 Jeweils W. Beermann, U. Henning, G. Melchers, W. Reichardt (Direktoren des MPI) an A. Butenandt (Präsident MPG), 11.11.1967, MPG-Archiv, II. Abt., Rep. 1A, IB Biologie, Reichardt allgemein. Beinahe im Wortlaut gedruckt als »Neugründung« in: MPG-Jahrbuch 1969, S. 12.

wissenschaftlichen Konzepts konfrontiert. Weil aber eine Beförderung von Braitenberg, Götz und Kirschfeld – Varjú wurde auf einen Lehrstuhl der Universität Tübingen berufen – zu Direktoren des MPI für Biologie dessen Strukturen gesprengt hätte, kam nur noch die Gründung eines eigenen Max-Planck-Instituts für biologische Kybernetik infrage. Nach einer Verhandlungszeit von sieben Monaten stimmte der Senat der MPG diesem Vorschlag einstimmig zu, weil er diese »überaus zukunftsbetonte und in Deutschland einmalige wissenschaftliche Richtung«[25] für unumschränkt förderungswürdig hielt. Der vorgesehene Bedarf an Planstellen belief sich auf 17 Wissenschaftler sowie 33 technische und sonstige Mitarbeiter, so dass ein Personaletat von 900.000 DM und darüber hinaus ein Sachetat von 500.000 DM sowie zwei Millionen DM für einen Anbau an das Institutsgebäude genehmigt wurden.[26] Im Juli 1968 wurde aus der Abteilung Reichardt im MPI für Biologie das »MPI für biologische Kybernetik«, das Braitenberg, Götz, Kirschfeld und Reichardt kollegial leiteten. Nun konnten die Forscher, personell, technisch und organisatorisch bestens aufgestellt, ihre Arbeit auf die gesamte methodische und epistemologische Breite der Biokybernetik ausweiten.

Als das MPI einmal gegründet war, schritt sein Ausbau kontinuierlich voran. Weil 1971 bereits 23 Wissenschaftler am Institut arbeiteten,[27] war der bei der Gründung versprochene Neubau bald nicht mehr hinauszuzögern. Schon während der Debatten um die Gründung des MPI hatte die MPG 1968 beim Stifterverband der Deutschen Wissenschaft den Antrag auf einen Zuschuss für die Institutserweiterung gestellt. Dass mit der Förderung »eine nachhaltige Hilfe für die Entwicklung eines besonders wichtigen Zweiges der Naturwissenschaften«[28] geleistet würde, war dem Stifterverband in der Hochphase der Kybernetik schnell klargemacht. Er genehmigte die beantragten Mittel über 1,6 Millionen DM in voller Höhe.[29] Ende der 1960er Jahre wurde für Kybernetik eine Menge Geld ausgegeben, und die Förderung der Kybernetik war für alle

25 Niederschriften von Sitzungen des Senats der MPG 60 (1968).

26 Nach Materialien für die Sitzung des Senats am 27. Juni 1968 in Mainz, MPG-Archiv, II. Abt., Rep. 1A, IB Biologie, Reichardt allgemein. Diese Zahlen weichen auch kaum von der ersten Etataufstellung des Instituts ab: Reichardt an W. Roeske, MPG-Archiv, II. Abt., Rep. 1A, IB biolog. Kybernetik, Nr. 4,1.

27 Siehe Max-Planck-Gesellschaft: Arbeitsbericht 1.1.1970-31.12.1971, in: Die Naturwissenschaften 59 (1972), S. 598.

28 F. Schneider/MPG an T. Risler/Stifterverband, 14.5.1968, MPG-Archiv, II. Abt., Rep. 1A, IB Biologie, Reichardt allgemein.

29 So Stifterverband an A. Butenandt: Auszüge aus Sitzungsprotokoll, 18.12.1968, MPG-Archiv, II. Abt., Rep. 1A, IB biolog. Kybernetik, Nr. 4,1.

großen Wissenschaftsförderungs-Institutionen mit enormem Prestige verbunden. Deshalb gelang es dem Stifterverband ohne große Reibungen, Spenden für das Unterfangen einzuwerben.

Zur Information der Förderer verfasste der Journalist Konrad Müller einen allgemeinverständlichen Aufsatz über die Arbeit des Instituts. Die Institutsmitarbeiter lieferten ihm Material für seinen Text, das über die systemtheoretische Analyse des Bewegungssehens von Insekten informierte. Nachdem die Forschung bisher anhand einiger einfacher Beispiele »einen Einblick in Funktionsprinzipien von Nervensystemen«[30] erhalten habe, sollte das zu untersuchende System nun schrittweise komplexer werden und beispielsweise Formensehen, Lernvorgänge oder Gedächtnisleistungen analysiert werden. Das Ziel der Institutsarbeit sei, »die vorliegenden Gesetzmäßigkeiten zu erkennen, sie zu beschreiben und dort, wo dies möglich und adäquat ist, auf ihre molekularen Grundlagen zurückzuführen.«[31] Als Methoden für die Analyse der Funktion von Informationsprozessen im Organismus stellten die Wissenschaftler Elektrophysiologie und die messende Verhaltensforschung vor. Die biologische Kybernetik im engeren Sinne beginne dort, »wo die Anwendung der heute verfügbaren Methoden zur quantitativen Analyse nervöser Prozesse vorwiegend mit den physikalischen und mathematischen Denkmethoden gekoppelt werden, die innerhalb der letzten Jahrzehnte zu tieferen Einsichten in das Wesen der Nachricht oder Information geführt haben.«[32] Die Analyse nervöser Prozesse basiere auf der Systemtheorie, der Regelungstheorie und der Informationstheorie. Aus diesen Vorlagen übernahm Müller die Erklärung von Fachbegriffen und einige konkrete Beispiele aus der Forschung des MPI. Er ging über die Ausführungen der Wissenschaftler hinaus, indem er den Aspekt der Anwendbarkeit der Forschung in seinen Text einfügte. Besonders weitreichende Konsequenzen sah er »für wichtige aktuelle Probleme der Medizin«, weil das biologische Wissen und die darauf aufbauenden technischen Entwicklungen neue Möglichkeiten für Diagnose und Therapie von Sinnesstörungen eröffneten. Außerdem hätten Ingenieure »nach dem Seh-Modell des Rüsselkäfers ein Tachometer entwickelt und gebaut, mit dem Piloten die Geschwindigkeit ihres Flugzeuges über dem Erdboden

30 Entwurf: Definition, bisherige Ergebnisse und zukünftige Aufgaben von biologischer Kybernetik, o.D., Anlage zu E. Kull/Stifterverband an F. Schneider, 7.10.1968, MPG-Archiv, II. Abt., Rep. 48, Nr. 4.

31 Reichardt: Biologische Kybernetik. Manuskript, o.D., Anlage zu W. Reichardt an E. Kull, 22.11.1968, MPG-Archiv, II. Abt., Rep. 48, Nr. 4.

32 Ebd.

messen können.« Ebenfalls als grundlegend schätzte er die Arbeit des Instituts für die Computertechnik ein. Dabei verschwieg er prinzipielle Unterschiede zwischen dem Gehirn und dem Computer nicht und wies auf den utopischen Charakter der Vorstellung hin, »daß die großen elektronischen Rechenmaschinen einmal alle Funktionen des menschlichen Gehirns«[33] nachahmten.

Als der Institutsbau 1972 fertig gestellt war, wurde er auf einem Pressetag der Öffentlichkeit präsentiert. Wissenschaftliche Vorträge, Besichtigungen und eine Pressekonferenz ersetzten eine offizielle Einweihungsfeier[34] und stellten im Allgemeinen die Fragen, Methoden und Theorien der Kybernetik und im Besonderen die Forschung im Institut vor. Das Echo der Medien auf diese Veranstaltung klang ähnlich wie die Ausführungen Konrad Müllers. Auch bei diesem Anlass betonten die Journalisten besonders die Anwendbarkeit der Institutsarbeit. Die Untersuchungen im Institut waren in ihren Augen darauf angelegt, mit technischen Methoden »einen ›lebenden Automaten‹«[35] und damit das menschliche Gehirn zu verstehen. Weil Insekten weitaus weniger komplex waren als der Mensch, experimentierten die Forscher an ihnen. Sie seien also lediglich das Referenzsystem für die menschliche Nachrichtenverarbeitung.

Das Verständnis des menschlichen Gehirns und die Analogie zwischen diesem und dem Computer interessierte Laien über alles. Sie sahen die Arbeit des MPI für biologische Kybernetik nur unter diesem Aspekt, obwohl diesbezügliche Fragen in der Praxis des Instituts überhaupt nicht thematisiert wurden. Mit dem Wachstum des Instituts und des Forschungsgebiets vergrößerte sich auch dessen Gesellschaftsabhängigkeit. Um ihren Bedarf nach immer mehr materiellen und personellen Ressourcen zu decken, mussten sich die Wissenschaftler immer stärker Geldgebern aus Politik und Wirtschaft präsentieren und ihre Arbeit rechtfertigen. Weil sie von den Förderern verstanden werden und diesen interessant erscheinen wollten, setzten sie sich einer außerwissenschaftlichen Logik aus, die auf Nutzbarkeit und Neuigkeit ausgerichtet war. Die Wissenschaft begab sich in die Hände öffentlicher Bedürfnisse.

33 Jeweils K. Müller: Institut für biologische Kybernetik, Manuskript, o. D., Anhang zu Stifterverband an W. Reichardt, 7.1.1969, MPG-Archiv, II. Abt., Rep. 48, Nr. 4.

34 So die Idee bei R. Gerwin/Pressestelle MPG an D. Varjú, 11.4.1972, MPG-Archiv, II. Abt., Rep. 48, Nr. 5. Der Vortrag W. Reichardts ist erhalten als Manuskript, MPG-Archiv, II. Abt., Rep. 48, Nr. 5.

35 »Kybernetik des Fliegenauges«, in: Neue Zürcher Zeitung, 11.5.1972. Ähnlich klingt »Hören, was Fliegen sehen«, in: Südwest-Umschau, 26.4.1972.

## 4.2 TU München

### *Institut für Nachrichtentechnik*

Die Kybernetik in Lehre und Forschung an der TU München ist eng an den Namen Hans Marko geknüpft. Er wurde 1953 an der TH Stuttgart promoviert, hatte sich 1961 ebenfalls dort habilitiert und war parallel dazu in der Entwicklungsarbeit bei der Standard Elektrik Lorenz AG (SEL) tätig gewesen. 1962 wurde er als Nachfolger des Computerpioniers Hans Piloty zum Leiter des Instituts für Nachrichtentechnik der TH München bestellt und blieb dort bis zu seiner Emeritierung. Er initiierte maßgeblich die Transformation seiner Disziplin von der klassischen Nachrichtenübertragungstechnik bzw. Fernmeldetechnik zur Kommunikations- und Informationstechnik, wie sie sich heute präsentiert. In diesem Prozess wuchs nicht nur die Zahl von Lehrstühlen in der Fakultät für Elektrotechnik kontinuierlich an,[36] sondern auch die Kybernetik bildete sich als ein wichtiger Teil der modernen Informationstechnik aus.

Angeregt durch seinen Lehrer Richard Feldtkeller und durch Karl Küpfmüller hatte Marko bereits in Stuttgart kybernetisch zu arbeiten begonnen und sich speziell mit Modellen neuronaler Netze auseinandergesetzt.[37] Bei seinem Antritt in München intensivierte er die Beschäftigung mit informationstheoretischen Themen[38] und führte die Betrachtung von Nachrichtenübermittlung, -verarbeitung und Kommunikation unter dem Systemaspekt in die Institutsarbeit ein. Seine Antrittsvorlesung »Physikalische und biologische Grenzen der Informationsübermittlung« demonstrierte bereits seine Nähe zur Kybernetik und ließ erahnen, dass er die Nachrichtentechnik nicht nur auf technische, sondern auch auf organische Systeme anzuwenden gedachte. Dementsprechend lag der Schwerpunkt der Forschungstätigkeit am Institut auf der Signalübertragung im Nervensystem, wodurch eine Kooperation mit Biologen und Neurophysiologen nötig wurde. Marko richtete interdisziplinäre

36 Siehe Eichin, Klaus: 100 Jahre Nachrichtentechnik an der TU München. 100 Jahre Lehrstuhlgeschichte, in: TU München. 100 Jahre Lehrstuhl für Nachrichtentechnik, München 2000, S. 20f. Danach waren 1962 sieben Lehrstühle, 1970 zwölf und 1980 neunzehn Lehrstühle Teil der Fakultät für Elektrotechnik.

37 So Hans Marko im Interview, 27.10.2005.

38 Darüber berichtet Hans Marko, Electrical Engineer, an oral history conducted in 1993 by William Aspray, IEEE History Center, Rutgers University, New Brunswick, NJ, USA. Veröffentlicht auf http://www.ieee.org/portal/cms_docs_iportals/iportals/aboutus/history_center/oral_history/pdfs/Marko168.pdf. (Stand 8.10.2007).

Forschungsverbünde ein, in denen seine Mitarbeiter die Aufgabe der nachrichtentechnischen Analyse und der Modellierung von Nervenzellen und Neuronennetzen übernahmen. Erste Projekte waren die Untersuchung »informationsübertragender Eigenschaften von Nervenzellen in Analogie zu technischen Kanälen« durch Georg Färber, die »Untersuchungen kleinerer Netze von Modellneuronen« durch Gerd Dörrscheidt und Ulrich Kling sowie die »statistische Beschreibungsweisen des Instinktverhaltens von Tieren« durch Gert Hauske und Walter Mayer.[39] Die Modellierung von Neuronennetzen schloss dabei einerseits an die technischen Arbeiten von Küpfmüller und Jenik und andererseits an die biologischen Arbeiten durch Reichardt u. a. an. Die Projekte strebten die Zusammenschaltung einzelner künstlicher Neuronen auf Basis biologischen Wissens über das Sehen von Insekten an. Der Zweck dieser Arbeiten war der Einsatz der Entwicklungen als »Funktionsmodelle zur Erklärung verhaltensphysiologischer und experimental-psychologischer Messungen«, lag also im Bereich der analytischen Kybernetik. Die Wirkungsweise »gesamter organischer Systeme«[40] sollte dargestellt werden und nicht nur einzelne Funktionen, was auch klassische biologische Messmethoden vermocht hätten. Der wichtigste Kooperationspartner des Instituts bei diesen Arbeiten war das MPI für Verhaltensphysiologie in Seewiesen bei Starnberg, das in komplementärer Weise biowissenschaftlich forschte und darüber hinaus den kybernetischen Nachwuchs ausbildete. Gert Hauske etwa, ein Schüler von Marko und späterer Extraordinarius am Institut, fertigte in Seewiesen seine Doktorarbeit an.[41]

Ebenfalls kybernetisch gearbeitet wurde am Institut für Datenverarbeitung unter dessen Direktor Theodor Einsele und am Institut für Elektroakustik, geleitet von Eberhard Zwicker, der noch in Stuttgart mit seinem Lehrer Richard Feldtkeller eine Studie zur akustischen Nachrichtenübermittlung in Organismen veröffentlicht hatte. Nachdem die Kybernetik an der TU München mit der Besetzung von Marko »von Null an«[42] begonnen hatte, bildete sich dort, gemeinsam mit den kooperierenden Instituten, ein Zentrum der analytischen Kybernetik in der Bundesrepublik aus. Kulminationspunkte dieser Entwicklung waren die Einrichtung des Sonderforschungsbereichs 50 »Kybernetik« der DFG, der

39 Nach Eichin: 100 Jahre, S. 18f.

40 So H. Marko: Vorschlag für die Errichtung eines Kybernetischen Instituts in der Nähe von München. Anhang zu H. Marko an Epp, 29.10.1964, Archiv IfZ, ED 721/407.

41 Hauske, Gert: Statistische Beschreibung und Simulation einfacher und gekoppelter Verhaltensweisen durch Erneuerungsprozesse, Diss. TU München 1968.

42 Gert Hauske im Interview, 13.10.2005.

von 1969 bis 1983 bestand und dem zuerst Marko und nach ihm Zwicker vorstand, und die Ausrichtung der Kybernetikkongresse der DGK 1968 und 1977 an der TU. Daneben institutionalisierte sich die Kybernetik an der TU München in Form einer dauerhaften Forschungsgruppe des Instituts für Nachrichtentechnik, die zunächst Georg Färber und ab 1969 Gert Hauske leitete.[43]

### *Studienplanmodell Kybernetik*

Lehrinhalt an der TU München war die Kybernetik erstmals im Wintersemester 1967/68, als Marko die Vorlesung »Einführung in die Kybernetik« anbot. Als die Fakultät Elektrotechnik zum Wintersemester 1969/70 einen neuen Studienplan erhielt, wurde das »Studienplanmodell Kybernetik« begründet, auf das sich Elektrotechnik-Studenten im Rahmen der Studienrichtung »Informationstechnik« spezialisieren konnten.[44] Im Rahmen der Kybernetik lehrten auch der Biologe Horst Mittelstaedt aus Seewiesen und der Neurologe Otto Creutzfeldt vom MPI für Psychiatrie in München, die gleichzeitig Mitglieder des SFB 50 waren. Trotz dieses biowissenschaftlichen Lehrangebots war das Studienplanmodell der Idee nach keine biologische Ausbildung. Es sollte mit einem stark interdisziplinären Ansatz Nachrichtentechniker hervorbringen, die flexibel systemtheoretisch arbeiten konnten. Für Marko war »jeder, der Kybernetik studiert hatte, ein ordentlicher Nachrichtentechniker, der bei Siemens oder AEG anfangen konnte.«[45] 1973 wählten etwa 10% der Elektrotechnik-Studenten das Studienplanmodell »Kybernetik«.[46] Sie konnten über Diplomarbeiten und kybernetische Seminare direkt an der Arbeit des SFB teilhaben. Weil seine Inhalte, seine Anbindung an die Forschung und die Anziehungskraft des Begriffs Kybernetik das Studienplanmodell attraktiv machten, wurde es ein voller Erfolg und lockte Studenten »von weit her«.[47] Es hätte sogar noch weiter ausgebaut werden können, wenn die Fakultätsleitung nicht Angst vor einer Ausuferung gehabt hätte. Hätte die Kybernetik noch mehr Raum eingenommen und wäre sie nicht mehr nur als Aufbau auf ein hergebrachtes Studium der Nachrichtentechnik gewählt worden, wäre die Biologie zu sehr ins Zentrum gerückt. Die Institutsmitglieder wollten ihr Forschungs- und Lehr-

43 Siehe Eichin: 100 Jahre, S. 15.
44 Siehe TU München: Vorlesungsverzeichnis WS 1969/70, S. 254 u. 257.
45 Hans Marko im Interview, 27.10.2005.
46 DFG-Mitteilungen 1/1973, S. 49.
47 Gert Hauske im Interview, 13.10.2005.

profil nicht verändern und weiterhin »nur die Nachrichtentechnik auf biologische Objekte anwenden«.[48]

Einmal etabliert, verwendete die TU München den Begriff Kybernetik auch noch, als er in der Öffentlichkeit längst seine Bedeutung verloren hatte. 1987 betonte sie, dass sich »die speziellen Anforderungen wegen des raschen technischen Fortschritts« schnell änderten und deshalb Ingenieure benötigt würden, »die sich rasch und gründlich in neue Tätigkeitsfelder einarbeiten« könnten.[49] Dieser gesellschaftlichen Anforderung wurde nach Meinung der TU der Schwerpunkt Kybernetik innerhalb der Studienrichtung Informationstechnik immer noch gerecht. Er sollte Diplom-Ingenieure hervorbringen, die wie alle anderen Informationstechniker über »sämtliche für die Entwicklung von nachrichtentechnischen Geräten und Systemen notwendigen Grundkenntnisse« verfügten. Darüber hinaus sollten sie »Methodik und Wissen auf dem Gebiet der Kybernetik (im Sinne von Beschreibung und Erforschung biologischer Systeme mit nachrichtentechnischen, physikalischen und mathematischen Methoden)« anwenden können. Im Zentrum der Ausbildung standen »die Information aufnehmenden, abgebenden und verarbeitenden biologischen Systeme«. Nachfrage nach Diplom-Ingenieuren mit Kybernetik-Schwerpunkt wähnte die TU überall in der nachrichtentechnischen Industrie. Zusätzliche Arbeitsmöglichkeiten sah sie in »Industriezweigen, die sich mit Biomedizin, Datenerfassung und -verarbeitung, Mensch/Maschine- oder Umweltschutzproblemen befassen«, in »Kliniken« und in »Hochschul- und Forschungsinstituten«.[50] Auch Ende der 1980er Jahre fürchtete niemand, dass ein Kybernetiker schwer zu vermitteln sei.

Die Kybernetik überstand selbst eine weitere Studienplan-Reform, die im Wintersemester 1989/90 eine neue Grundstudium-Ordnung und im Wintersemester 1991/92 eine neue Hauptstudium-Ordnung brachte. Aufbau, Inhalt und Bedeutung des Schwerpunkts blieben beinahe unverändert. Ausgehend von einer informationstechnischen Grundausbildung wurde die »Beschreibung biologischer Systeme mit informationstechnischen Methoden gelehrt.«[51] Daneben sollten Studenten Methoden der Bild- und Sprachverarbeitung sowie der Mustererkennung kennenlernen,

48 Hans Marko im Interview, 27.10.2005.

49 TU München: Studienpläne für Studierende der Fachrichtung Elektrotechnik und Informationstechnik 1987/88, S. 1.

50 Jeweils ebd., S. 4.

51 TU München: Studienführer für Studierende der Fachrichtung Elektrotechnik und Informationstechnik 1992/93, S. 4.

so dass sie informationelle Systeme soziotechnisch verstehen und analysieren konnten. Damit sollten sie an der Schnittstelle Mensch-Maschine arbeiten.

Der nächsten Studienplan-Reform 1999/2000 allerdings fiel die Kybernetik zum Opfer. Stattdessen wurde nun der Schwerpunkt »Mensch-Maschine-Interaktion« eingeführt, der die Fähigkeit zur Optimierung »der Schnittstelle zwischen Menschen und technischen Systemen« vermittelte. Die Kybernetik tauchte nur noch als Teilgebiet auf, in dem »vertiefend die Beschreibung biologischer Systeme mit informationstechnischen Methoden«, speziell »Methoden der Bildverarbeitung, der Sprachverarbeitung und der Mustererkennung«[52] gelehrt wurden. Wenn die Kybernetik vormals ein wissenschaftliches Konzept war, dem alle Prozesse im Grenzgebiet von Mensch und Maschine zugerechnet wurden, so haben sich in den letzten Jahren die Abhängigkeiten umgekehrt. Sie ist zu einer speziellen Methode der Mensch-Maschine-Interaktion degradiert worden.

Nirgendwo sonst waren die Hochschullehre und die analytisch-kybernetische Forschung so stark verknüpft wie an der TU München, wo die Kybernetik durch das Studienplanmodell, die Forschungsgruppe und den SFB institutionalisiert war. Die lokale Entwicklung spiegelte dabei auch die der Kybernetik insgesamt: Nach ihrer Einrichtung stieg sie rasch zu einem erfolgreichen und unter Studenten beliebten Teil des Instituts auf, bis der Begriff immer mehr aus der Mode geriet und schließlich gänzlich unterging. Ihre Inhalte sind bis heute präsent. Die Kybernetik wird immer noch als eine Methodik zur Analyse nachrichtenverarbeitender Systeme unabhängig von ihrer materiellen Erscheinungsform gelehrt und in der informationstechnischen Forschung angewandt. Nach der Emeritierung Hauskes im Jahr 2006 wurde seine Professur als »Bioanaloge Informationstechnik« ausgeschrieben, was nichts anderes ist als die Kybernetik mit neuem Namen. Weil sie aber nur noch als Form des wissenschaftlichen Arbeitens existiert und die charakteristische Reflexion ihrer philosophischen Grundlagen und ihres Universalitätsanspruchs nicht mehr erfolgt, erscheint der Begriff heute nicht mehr zeitgemäß.

52 TU München: Studienführer für Studierende der Fachrichtung Elektrotechnik und Informationstechnik 2000/01, S. 6.

## 4.3 Universität Karlsruhe (TH)

### *Institut für Biokybernetik und Biomedizinische Technik*

Auch in Forschung und Lehre der Technischen Hochschule Karlsruhe gab es Versuche, mit mathematisch-technischen Hilfsmitteln organische Funktionen zu untersuchen. 1954 wurde ein Lehrstuhl für Elektrobiologie und Biophysikalische Messtechnik gegründet und 1963 zum eigenen Institut erweitert. Leiter war bis 1966 Wilhelm Ernsthausen und ab 1971 der Mediziner Gerhard Vossius. Mit seiner Ernennung wurde das Institut umbenannt in »Biokybernetik und Biomedizinische Technik«.

Ursprünglich lag die Aufgabe des Lehrstuhls »in der Erforschung der Entstehung und Veränderung elektrischer Felder in lebenden Organismen und des Verhaltens lebender Organismen in äußeren Kraftfeldern«.[53] Energetische, aber auch informationstheoretische Phänomene wurden mit technischen Hilfsmitteln untersucht, und die technischen Konstruktionen sollten Einsatz im gesellschaftlichen Alltag finden, etwa indem die Entwicklung eines selbsttätig arbeitenden EKGs die medizinische Herzdiagnostik automatisierte.[54] Mit der Aufgabenstellung näherten sich auch die Methoden immer weiter an die Kybernetik an. Ganz in diesem Sinne simulierten Mitarbeiter des Instituts 1971 die optische Informationsverarbeitung in den höheren Zentren des Gehirns auf einem Digitalrechner, wobei sie die Augenbewegung als Folgeregelung verstanden. Sie analysierten dieses überkomplexe System anhand eines Modells auf systemtheoretischer Grundlage, weil es mit seinen etlichen Millionen neuronaler Verschaltungen und vielfältigen Rückkopplungen allein durch hergebrachte anatomische und physiologische Methoden nicht mehr durchschaubar war. Ziel dabei war, »einen Beitrag zur besseren Einsicht in die in biologischen Systemen verwirklichten Funktionsprinzipien zu liefern.«[55] Gerhard Vossius hatte seinem Institut nicht nur den populären Titel »Biokybernetik« gegeben, sondern arbeitete auch nach deren erkenntnistheoretischen und methodischen Grundlagen und war ein anerkannter Teil der biokybernetischen Community der Bundesrepublik.

53 F. Stier/Leiter Abtl. f. E-Technik an Kultusministerium BW, 5.2.1954, UA Karlsruhe 21001/359.

54 Über dieses Projekt berichtet »Automatische EKG-Diagnostik wird in Karlsruhe erprobt«, in: Badische Neueste Nachrichten, 18.3.1969.

55 Werner, J. u. G. Vossius: Die Informationsverarbeitung der höheren Zentren des Systems der Augenfolgebewegung. Eine Simulation auf dem Digitalrechner, in: Kybernetik 10 (1972), S. 45.

### *Institut für Nachrichtenverarbeitung und Nachrichtenübertragung*

Im Mittelpunkt der kybernetischen Bemühungen in Karlsruhe stand – ganz im Sinne des Profils einer TH – die technische Kybernetik. Nirgendwo spielte sie eine größere Rolle als hier, wo v. a. Karl Steinbuch ihr Gesicht prägte. Steinbuch war promovierter Physiker[56] und arbeitete von 1948 bis 1958 als Entwicklungsleiter bei SEL in Stuttgart. Schon in dieser Zeit veröffentlichte er Beiträge zur Verstärker-, Vermittlungs- und Impulstechnik sowie zur Theorie der Informationsverarbeitung. Seine hervorstechende Leistung dieser Jahre war die Entwicklung des »Informatik-Systems Quelle«, das die Bestellung und den Versand der Firma Quelle automatisierte. In diesem Rahmen prägte Steinbuch auch den Begriff »Informatik«[57] für den deutschen Sprachraum. Da er dank dieser Tätigkeiten im Ruf einer Koryphäe auf dem Gebiet der technischen Nachrichtenverarbeitung stand, erschien sein Name 1957 auf der Besetzungsliste für den Lehrstuhl »Allgemeine Fernmeldetechnik und Drahtnachrichtentechnik« der TH Karlsruhe.

Nicht nur weil für die neue Stelle ein Vertreter mit stark praktischer Orientierung gesucht wurde, kam der Industrieforscher Steinbuch für den Lehrstuhl infrage. Auch seine wissenschaftlichen Qualifikationen schienen den Gutachtern im Besetzungsverfahren unzweifelhaft. In den Augen des Dekans der Karlsruher Fakultät für Maschinenwesen zählte er »zu den führenden Männern in der Entwicklung der hochstehenden deutschen Fernmeldetechnik«.[58] Seine Beiträge zum »Taschenbuch der Hochfrequenztechnik«[59] wurden als bemerkenswerte wissenschaftliche Veröffentlichungsleistungen angesehen. Selbst der renommierte Nachrichtentechniker Richard Feldtkeller hielt Steinbuch »infolge seiner hohen wissenschaftlich-technischen Qualitäten«[60] für fähig, die Nachrichtentechnik in Lehre und Forschung zu vertreten. Dank dieser Fürsprecher

56 Steinbuch, Karl: Die Drehbewegungen rotationssymmetrischer Körper, die in zähen Flüssigkeiten schweben. Theoretische und experimentelle Untersuchungen zur Entwicklung eines technischen Sondergerätes, Diss. TH Stuttgart 1944.

57 Steinbuch, Karl: Informatik. Automatische Informationsverarbeitung, in: SEG-Nachrichten 5 (1957), S. 171-176. Zu den frühen Arbeiten Steinbuchs bei SEL siehe auch Petzold, Hartmut: Moderne Rechenkünstler. Die Industrialisierung der Rechnertechnik in Deutschland, München 1992.

58 Dekan d. Fakultät f. Maschinenwesen d. TH Karlsruhe an das Kultusministerium BW, Juli 1957 (Entwurf), UA Karlsruhe, 28002/463.

59 Gundlach, Friedrich Wilhelm u. Hans-Heinrich Meinke (Hg.): Taschenbuch der Hochfrequenztechnik, Berlin (u. a.) 1956.

60 Zitiert nach Dekan d. Fakultät f. Maschinenwesen d. TH Karlsruhe an das Kultusministerium BW, Juli 1957 (Entwurf), UA Karlsruhe, 28002/463.

wurde Steinbuch 1958 auf den Lehrstuhl nach Karlsruhe berufen. Als Industrieforscher an einer Hochschule verwischte er die Grenzen zwischen dem wissenschaftlichen und dem technisch-wirtschaftlichen Bereich auf institutioneller Ebene, aber auch inhaltlich, weil die Industrienähe seine Arbeit prägen und Einfluss auf sein Verhältnis zu akademischen Kollegen ausüben sollte.

Steinbuch baute den Lehrstuhl schnell zum »Institut für Nachrichtenverarbeitung und Nachrichtenübertragung« aus, in dem eine klassische Nachrichtentechnik kaum mehr auf dem Forschungsprogramm stand. Er entwickelte sie vielmehr in Richtung der technischen Nachrichtenverarbeitung weiter und versuchte äußerst innovativ, Erkenntnisse der Analyse organischer Informationsprozesse für die Technik nutzbar zu machen. In diesem Rahmen taten er und seine Mitarbeiter sich besonders auf den Gebieten der Automatischen Zeichenerkennung, der Adaptiven Klassifikationsstrukturen und der Selbstkorrigierenden Schaltungen[61] hervor. Diese Forschungs- und Entwicklungsarbeiten verliehen Steinbuch eine »besonders bedeutungsvolle Stellung«[62] in der Scientific Community, die seine Tätigkeit positiv genauso wie negativ beurteilte. In jedem Fall widerfuhr Steinbuch hohe Aufmerksamkeit. Seine am stärksten rezipierte Entwicklung im Bereich lernender und adaptiver Maschinen, also technischer Konstruktionen, die bestimmtes organisches Verhalten imitieren sollten, war die »Lernmatrix«.[63] Er entwickelte diese elektronische Schaltung um 1960 mit dem Ziel, den »Bedingten Reflex« nach Pawlow nachzubilden und dadurch einerseits die Computertechnik zu verbessern, andererseits ein Modell für menschliche Nachrichtenverarbeitung zu schaffen. Beide Ziele verfehlte er und konnte sich lediglich rühmen, mit der Lernmatrix eine Pionierleistung auf dem Gebiet Künstlicher Neuronaler Netze geschaffen zu haben.

Den Stand der Nachrichtenverarbeitung vom Anfang der 1960er Jahre – und zwar in ihrer rein technischen wie in ihrer bioanalogen Ausprägung – stellte Steinbuch in seinem »Taschenbuch der Nachrichten-

61 Nach Zemanek, Heinz: Professor Steinbuch, in: Elektronische Rechenanlagen 19 (1977), S. 166.

62 Rothe/Leiter Abtl. E-Technik an Rektor der TH, 10.2.1959, UA Karlsruhe, 21001/369.

63 Seine erste Veröffentlichung war Steinbuch, Karl: Die Lernmatrix, in: Kybernetik 1 (1961/1963), S. 36-45. Ausführlich besprochen bei Aumann, Philipp: Kybernetik als technisch bedingte Wissenschaft und als wissensbasierte Technologie. Karl Steinbuch und die Lernmatrix, in: Technikgeschichte 74 (2007), S. 311-334.

verarbeitung«[64] vor, für dessen Realisierung er eine Reihe der bedeutendsten Nachrichtentechniker der Bundesrepublik um sich scharte, wie Heinz Billing, Wilfried De Beauclair, Theodor Einsele, Wolfgang Händler, Helmut Kazmierczak, Karl Küpfmüller, Werner Meyer-Eppler, Robert Piloty, Max Syrbe oder Heinz Zemanek. Als Herausgeber dieses Projektes war er ein angesehener Nachrichtentechniker und zählte zu den maßgeblichen Personen der entstehenden Informatik, die der dritten Auflage seines Taschenbuches auch ihren Namen lieh. Steinbuch verlor aber im Laufe der 1960er Jahre Einfluss und Kontakte, weil er nicht mehr auf der Höhe der Zeit war, als die Digital- und Universalrechner ihre Erfolgsgeschichte antraten und ihren Sieg über die Analog- und Spezialrechner feierten. Er folgte dem Stand der Programmiertechnik und dem Aufkommen der Software nicht mehr und war bei den Aushandlungen zur Informatik als Hochschuldisziplin um 1968 bereits eine Randfigur der Community.[65]

Nichtsdestotrotz arbeiteten die Mitglieder seines Instituts auf dem Gebiet lernender Automaten und adaptiver Systeme intensiv und erfolgreich. Bereits 1960 war eine unabhängige Forschungsgruppe für automatische Mustererkennung installiert worden, die Helmut Kazmierczak leitete und das Bundesministerium der Verteidigung (BMVg) und die Deutschen Forschungsgemeinschaft (DFG) finanzierten. Sie befasste sich mit der Bildverarbeitung durch den Computer, besonders mit den Fragen maschineller Luftbildauswertung und der Bildverarbeitung mit dem Ziel der Muster- oder Objekterkennung. Eine zweite Gruppe widmete sich den adaptiven Systemen und konzentrierte sich auf die Fragen der Fehlererkennung in digitalen Schaltungen, der Simulation von digitalen Strukturen und der Untersuchung von Algorithmen zur Matrixinversion.[66] 1970 beschäftigte Steinbuch insgesamt 27 wissenschaftliche Mitarbeiter. Er war aber nicht nur als Forschungsorganisator, sondern auch als akademischer Lehrer aktiv, indem er im Laufe der 1960er Jahre 29 Doktorarbeiten[67] betreute, die ebenfalls auf dem Gebiet der Zei-

64 Steinbuch, Karl (Hg.): Taschenbuch der Nachrichtenverarbeitung, Berlin (u.a.) 1962 (3. Aufl. u.d.T. Taschenbuch der Informatik, 3 Bde., Berlin (u.a.) 1974).

65 So u.a. F.L. Bauer im Interview, 15.2.2006.

66 Siehe Universität Karlsruhe (TH): Jahresbericht 1970 über Forschung und Lehre am Institut für Nachrichtenverarbeitung und Nachrichtenübertragung.

67 u.a.: Müller, Peter: Eigenschaften und Aufbau von Lernmatrizen für nichtbinäre Signale, Diss. TH Karlsruhe 1964; Kazmierczak, Helmut: Konstruktion eines Ziffern-erkennenden Automaten auf der Grundlage des Potentialverfahrens, Diss. TH Karlsruhe 1965; Lipp, Hans Martin: Entwurf eines geschlossenen adaptiven Systems für diskrete deterministische Prozesse, Diss. TH Karlsruhe 1967;

chenerkennung, selbstkorrigierender Schaltungen und adaptiver Systeme angesiedelt waren.

Steinbuchs Außenseiterdasein in der Wissenschaftslandschaft war auch seinem populärwissenschaftlichem Engagement geschuldet, das ihn »in eine Mission und in einen schriftstellerischen Kampf versetzte«.[68] Mittels unzähliger Bücher, Zeitungsartikel, Vorträge und Fernsehsendungen warb er für eine Kultur, die auf mathematisch-technischem Denken basierte, und für eine systemtheoretisch basierte Politik und Wirtschaft. Damit wandelte er sich allmählich zu dem bundesdeutschen Technikadvokaten schlechthin, zum Politikberater und zu einem streitbaren Intellektuellen. In diesem Zug akquirierte er zunehmend Projekte, die kaum mehr etwas mit Nachrichtentechnik und Informatik zu tun hatten. Mit der Studie »Zukunftsforschung und Bildungsplanung«, 1969/70, oder der »Forschungsgruppe für technische Prognosen«,[69] 1971/72, warb er zwar eine gehörige Summe an Drittmitteln ein, wurde für seine Kollegen in der Technikwissenschaft aber immer uninteressanter.

### *Fakultät für Kybernetik*

Die Forschungs- und Entwicklungsarbeiten des Lehrstuhls bezogen sich nie explizit auf die Kybernetik. Als Gegenstand transdisziplinärer Lehrkonzepte versuchte sie Steinbuch aber mit großem Nachdruck an der TH Karlsruhe einzuführen. Erstmals schlug er im Juli 1961 vor, »eine Studienrichtung oder Fakultät für Kybernetik aufzubauen.«[70] Die Hochschule hatte eine Reform angestrebt und zu diesem Zweck eine Kommission eingesetzt, die Vorschläge zur Bildung neuer Strukturen in Forschung und Lehre sammeln sollte. Der Hintergedanke war eine Modernisierung der Hochschule im Hinblick auf eine technisierte und zu rationalisierende Gesellschaft. Besonders der anwendungsnahe Stil des Massachusetts

Hönerloh, Hans-Jürgen: Die Lernmatrix für binäre Signale. Theorie und Realisierung mit adaptiven Bauelementen, Diss. TH Karlsruhe 1967.

68 Zemanek: Professor Steinbuch, S. 166.

69 Diese bescherte ihm in zwei Jahren immerhin 290.000 DM vom Bundeswirtschaftsministerium. Siehe Wirtschaftsministerium an Inst. f. Nachrichtenverarbeitung, 1.9.1971 u. 20.3.1972, UA Karlsruhe, 21001/369. Zum vorgenannten Projekt K. Steinbuch an Dettinger-Klemm/Regierungsdirektor im Kultusministerium BW, 28.11.1969, UA Karlsruhe, 21001/369.

70 Nach H. Leussink/Vorsitzender der Senatskommission zur Überprüfung der Frage des Ausbaus der Technischen Hochschule Karlsruhe: Bericht über die Tätigkeit der Senatskommission und Vorschlag der Kommission, August/September 1961, UA Karlsruhe, 21001/1047.

Institute of Technology galt als Vorbild, und die Begriffe Praxisrelevanz und Interdisziplinarität waren fast Zauberwörter in den Debatten. Steinbuch witterte in diesen Bestrebungen die Chance für die Kybernetik, der ja eine diesbezügliche Modernisierung geradezu auf die Fahne geschrieben war. Die Etablierung von »Grenzgebieten« wie der Kybernetik wurde in diesem geistigen Milieu befürwortet, weil diese »das Auseinanderfallen der Hochschule in Forschung und Lehre«[71] verhindern könnten. Steinbuch dachte nun daran, »eine Reihe von naturwissenschaftlichen und geisteswissenschaftlichen Disziplinen mit ihrer gesamten oder mit Teilen ihrer Forschungskapazität in Hinsicht auf die Kybernetik zusammenzufassen.«[72] Inhaltlich nahm die Hochschulleitung Steinbuchs Vorschlag durchaus positiv auf. Eine eigene Fakultät zu gründen, stellte sie ihm allerdings nicht in Aussicht. Die beteiligten Fachgebiete sollten höchstens in einer »übergeordneten Institution« zusammengefasst werden, die einen »verhältnismäßig kleinen eigenen organisatorischen Apparat«[73] benötigte.

Ermutigt von der grundsätzlichen Zustimmung und nicht entmutigt von den Bedenken reichte Steinbuch im Oktober 1961 ein offizielles Memorandum über eine Studienrichtung Kybernetik ein, »die organisatorisch wahrscheinlich am besten durch eine kybernetische Fakultät gewährleistet werden könnte«.[74] Zwei gesellschaftliche Phänomene lagen nach seinem Dafürhalten der Reformbedürftigkeit zugrunde. Zum einen habe die Vermehrung des Wissens eine Spezialisierung mit sich gebracht, die sich in der Trennung von Geistes- und Ingenieurwissenschaften, von Universität und Technischer Hochschule manifestierte. Zum anderen finde aktuell eine »Zweite Industrielle Revolution« statt, die von der Automatisierung der Wirtschaft verursacht sei. Die »Automatisierung bisher als geistig bezeichneter Leistungen« vereinte Steinbuch zufolge geistes- und ingenieurwissenschaftliche Phänomene und hob die Unterschiede zwischen diesen Wissensformen auf. Damit ein Ingenieur das Denken studieren könne, müsse er Erkenntnisse über den Geist in eine abstrakte Sprache, die Mathematik, übertragen. Wenn mit ingenieur-

71 J. Weissinger: Thesen und Gedanken zur Karlsruher Hochschulerweiterung, Februar 1961, UA Karlsruhe, 21001/1047.

72 Nach H. Leussink/Vorsitzender der Senatskommission zur Überprüfung der Frage des Ausbaus der Technischen Hochschule Karlsruhe: Bericht über die Tätigkeit der Senatskommission und Vorschlag der Kommission, August/September 1961, UA Karlsruhe, 21001/1047.

73 Ebd.

74 K. Steinbuch: Memorandum zum Ausbau der Technischen Hochschule Karlsruhe, Oktober 1961, Blatt 1, UA Karlsruhe, Acc. 58/05.

und naturwissenschaftlichen Methoden geisteswissenschaftliche Objekte erforscht und technisch nachgebildet würden, entstehe eine übergreifende Disziplin und eine »Brücke zwischen den Wissenschaften« würde geschlagen. Für die Technische Hochschule ergäbe sich mit der Einrichtung eines Kybernetik-Studiums die historische Gelegenheit, dem intellektuellen Nachwuchs »eine universale Ausbildung« anzubieten, »die nicht vielerlei lehrt, sondern die Einheit in der Vielheit aufweist.« Weil nur diese Universalität eine Antwort auf die gesellschaftliche Herausforderung durch die Automatisierung liefern könne, sei sie kein abstrakt philosophisches Gebilde, sondern von höchstem praktischen Nutzen. Die bisher in Deutschland unternommenen Anstrengungen seien im Vergleich zu anderen Ländern unzureichend. Eine positive Beurteilung von Steinbuchs Antrag durch die Technische Hochschule liege deshalb »geradezu im Lebensinteresse« der Bundesrepublik und ihrer Bürger.

Damit die Kybernetik ihrer Aufgabe gerecht werden könne, sei es wünschenswert, dass in den nächsten Jahren »an der TH Karlsruhe – und nicht nur hier – eine kybernetische Fakultät« errichtet werde. Sie müsste Lehrstühle aus den Bereichen der Logik, Mathematik, Technik, Physiologie, Psychologie, Pädagogik, Soziologie, Linguistik, Philosophie, des Städtebaus, der Verkehrsplanung, der Kommunikation, der Rechts- und Verwaltungswissenschaften und der Automatisierung vereinen. Steinbuch erstellte sogar eine provisorische Studienordnung und einen Etappenplan von der Anwerbung kybernetisch interessierter Wissenschaftler über erste Lehrveranstaltungen in den traditionellen Fakultäten bis zur Einrichtung erster explizit kybernetischer Institute, damit diese Über-Fakultät und der universale Studiengang in absehbarer Zeit realisiert werden könnten. Zwar existierten in der rasch fortschreitenden Kybernetik noch »kein feststehender Lehrstoff« und »wenige Lehrfähige«. Diese Schwierigkeit könne aber auch zur Chance werden, im Rahmen der Hochschulreformen »im deutschen Hochschulwesen bahnbrechend zu wirken, statt Vorhandenes (und in die Krise Geratenes!) zu imitieren.« Gerade Karlsruhe sei »prädestiniert, das Experiment ›kybernetische Fakultät‹ anderen Hochschulen vorzuführen.«[75]

Steinbuch pries die Kybernetik als Automatisierungswissenschaft und versprach damit implizit, dass sie die »Technologische Lücke« zum Ausland auf diesem zentralen Gebiet technisch-wirtschaftlicher Innovation zu schließen helfe, so sie nur genügend gefördert werde. Er sah in ihr die bedeutendste Wissenschaft für die moderne Gesellschaft und wollte Karlsruhe zum Zentrum der Kybernetik in der BRD machen. Seinem

75 Jeweils ebd.

Kybernetikbegriff lag das Maximal-Verständnis zugrunde. Für ihn war sie das Universalprinzip, das einer überspezialisierten Welt entgegensteuern und das fraktionierte Wissen wieder zusammenfügen könne. Nur wenn alle Wissenschaften unter ihrem Dach vereint würden, könnten die Probleme der modernen Gesellschaft gelöst werden. Dieses Konzept hätte, auf die realen Strukturen einer Hochschule angewandt, alle kybernetisch relevanten Subdisziplinen aus ihren traditionellen disziplinären Kontexten gelöst, z. B. die Neurophysiologie aus dem medizinischen, das Verwaltungsrecht aus dem juristischen, und diese zu Anwendungsgebieten der Kybernetik gemacht. Dass damit die neuen Subdisziplinen ihrer außerkybernetischen Wissensquellen beraubt wären und in ihnen keinerlei Weiterentwicklung des Spezialwissens mehr stattfände, konnte auch nicht im Sinne der Kybernetik sein.

Für Nicht-Kybernetiker war dieser Plan schon organisatorisch viel zu radikal, weil er eine nicht mehr verwaltbare Mega-Institution hervorgebracht hätte. Für die Senatskommission kam eine Fakultät überhaupt nicht infrage, sie lehnte den Vorschlag Steinbuchs umgehend ab.[76] Auch der Philosoph Simon Moser war ähnlicher Meinung. Er zweifelte die führende Position der Kybernetik an und lehnte jegliche Absorption anderer Wissenschaften ab. Dagegen unterstütze er den Vorschlag interdisziplinär orientierter Studienpläne und sprach sich für eine kybernetische Arbeitsgemeinschaft »ohne jegliche Institutionalisierung« aus, in der »Nachrichtentechniker mit den entsprechenden Vertretern der geisteswissenschaftlichen Disziplinen zu freien Problemgruppen zusammenfinden«[77] könnten.

Ans Aufgeben dachte Steinbuch jedoch längst noch nicht, sondern er kämpfte weiter für ein Studium der Kybernetik an der TH Karlsruhe. Zunächst reichte er im Januar 1962 ein Manuskript über die gesellschaftliche Bedeutung der Kybernetik bei der Senatskommission ein.[78] Mittlerweile war ihm »die Fakultät Kybernetik Nebensache«,[79] aber inhaltlich vertrat er seine Vorschläge weiter mit Vehemenz. Er wollte unter allen Umständen die interdisziplinäre Zusammenarbeit als Grundlage seiner Forschungs- und Entwicklungsarbeit und ein Studium der Kybernetik

76 Protokoll der Senatssitzung vom 30.10.1961, UA Karlsruhe, 21001/1047.

77 S. Moser: Stellungnahme zum Bericht über die Tätigkeit der Senatskommission zur Überprüfung der Frage des Ausbaues der Technischen Hochschule Karlsruhe, Oktober 1961, UA Karlsruhe, Acc. 58/05.

78 K. Steinbuch an Mitglieder der Senatskommission, 17.1.1962, UA Karlsruhe, 21001/765. Der Inhalt entspricht im Wesentlichen dem, was er auch im vorhergehenden Memorandum und in seinem Buch »Automat und Mensch« schrieb.

79 K. Steinbuch an S. Moser, 13.2.1962, UA Karlsruhe, 21001/765.

zur Ausbildung einer wissenschaftlichen, aber auch wirtschaftlichen und politischen Elite – und zwar aus politischen Gründen: »Wir sollten heute alle notwendigen Maßnahmen ergreifen, um auf dem Feld der Kybernetik von den Kommunisten nicht überrannt zu werden. Die Anstrengungen, die dort drüben auf diesem Feld gemacht werden, sind gigantisch. [...] Wenn es so weiter geht, so folgt auf die gegenwärtige Raketen-Lücke des Westens bald eine Kybernetik-Lücke.«[80]

Im Juli 1962 übergab Steinbuch der Hochschulleitung einen Plan für ein Kybernetik-Studium. Das gesellschaftliche Interesse daran begründete er erneut mit dem Bedarf nach überdisziplinär ausgebildeten Fachleuten, die mathematisch, system- und regelungstheoretisch arbeiten konnten. Die Fähigkeit, in dieser Weise zu analysieren und zu extrapolieren, war nach Steinbuch nicht nur in der Wissenschaft, sondern auch in Wirtschaft, Politik und Verwaltung gefragt. Besonders die wirtschaftlichen und politischen Planungsaufgaben machten »eine kybernetische Grundausbildung« notwendig. Generell ermögliche »die komprimierende Zusammenfassung vielen Fachwissens durch die mathematischen Denkschemata der Kybernetik die geistige Erfassung des Gebiets durch einen einzigen, der freilich eine überdurchschnittliche mathematische Begabung haben muß.«[81] Das vorgeschlagene Studienmodell unterteilte die Kybernetik in Grundlagen wie Mathematik, Physik, Elektrotechnik, Chemie, Regelungstechnik und Philosophie, die verstärkt im Vorstudium gelehrt werden sollten. Im Hauptstudium sollten sich die Studenten in biologische, technische und soziologische Kybernetik vertiefen. Für die institutionelle Einbindung des Studiums dachte Steinbuch zwar daran, eine fakultätsübergreifende »kybernetische Arbeitsgemeinschaft« zu konstituieren. Er hielt sich aber auch die Gründung einer kybernetischen Fakultät als Option für die Zukunft »im Falle günstiger Ergebnisse«[82] offen. Für unumgänglich zur Verwirklichung einer Studienrichtung Kybernetik hielt Steinbuch allerdings, dass Lehrstühle für Sinnesphysiologie, Physiologie des Zentralnervensystems, Verhaltensphysiologie, Experimentalpsychologie, Kybernetische Soziologie, Rechtswissenschaft und Verwaltungstechnik, Kommunikationstheorie und Linguistik neu geschaffen würden.[83]

80 Ebd.

81 Exposé »Kybernetik als Studienrichtung«, Anlage zu K. Steinbuch an H. Leussink u. a., 5.7.1962, UA Karlsruhe, 21001/765.

82 Ebd.

83 K. Steinbuch an H. Leussink u. a., 5.7.1962, UA Karlsruhe, 21001/765.

Die Forderung nach einer solch hohen Zahl neuer Lehrstühle fand wohl in der Senatskommission keine Freunde. Niemand teilte dort die Meinung des externen Gutachters Donald B. Welbourn, Cambridge/Engl., dass die Kybernetik »alle Wissensgebiete zusammenfaßt in ein einziges zusammenhängendes Ganzes und dessen Studium den Menschen dazu befähigen wird, jeden beliebigen Weg im Leben erfolgreich zu beschreiten.«[84] Und nur eine solch uneingeschränkt euphorische Beurteilung ihres Leistungsvermögens hätte den Aufwand für die Realisierung eines Kybernetik-Studiums gerechtfertigt. Den Vertretern der Senatskommission scheint er zu hoch gewesen zu sein. Außer Beteuerungen des grundsätzlichen Werts einer kybernetischen Ausbildung ließ die Hochschule nichts verlautbaren. Nach einer letzten Eingabe eines Memorandums im Oktober, in dem nichts mehr von einer Fakultät stand, in dem Steinbuch sogar mit einem Aufbaustudiengang zufrieden gewesen wäre,[85] stellte er seine Bemühungen ein, als wieder niemand in seinem Sinne aktiv wurde.

Unabhängig von Steinbuch forcierte die Senatskommission 1963 die Einrichtung »übergreifender Institutionen«,[86] u. a. einer für Kybernetik, die interdisziplinäre Forschungsverbünde in die Hochschule einbinden und verwalten sollten. Ironischerweise war das Vorbild für diese Institutionen die Forschungsgruppe Mustererkennung in Steinbuchs Institut. Über den Plan, solchen Gruppen Räume für die Bearbeitung einzelner Projekte zur Verfügung zu stellen und ihre Sachmittel zu finanzieren, ging die Senatskommission aber nicht hinaus. Doch selbst diesen Vorschlag lehnte der Große Rat der TH ab.[87] Er erachtete die Kybernetik für zu groß und amorph, als dass unter ihrem Dach klare Forschungs- und Lehrkonzepte entstehen könnten. Informelle Zusammenkünfte und Kooperationen mit kybernetischer Fragestellung und Methodik blieben davon unberührt, aber institutionalisieren, in welcher Form auch immer, konnte sich die Kybernetik an der TH Karlsruhe nicht.

Steinbuchs Vorschläge und Pläne blieben auf der Strecke, aber er setzte sich andernorts weiter für sie ein, u. a. indem er sie in Vorträgen

84 Zitiert nach K. Steinbuch an Mitglieder der Senatskommission »Ausbau der TH Karlsruhe«, 25.10.1962, UA Karlsruhe, 21001/765.

85 Siehe »Ausbau der TH Karlsruhe«, Anlage zu K. Steinbuch an Mitglieder der Senatskommission, 25.10.1962, UA Karlsruhe, 21001/765.

86 Grundgedanken und Vorschläge zum Ausbau der Technischen Hochschule Fridericiana zu Karlsruhe, aufgestellt von der Senatskommission für den Ausbau der Technischen Hochschule Karlsruhe, Februar 1963, UA Karlsruhe 21001/1047.

87 Nach Stöckmann/Vorsitzender der Ausbaukommission: Abschlußbericht der Ausbaukommission, 15.5.1964, UA Karlsruhe 21001/1047.

immer wieder propagierte. Er wurde nicht müde darauf hinzuweisen, dass die Kybernetik »in besonders glücklicher Weise den Wunsch nach einem unspezialisierten Studium« erfülle und »die in der Technik, Biologie und den Sozialwissenschaften wirkenden übergeordneten Gesetze« vermittle.[88] Im Gegensatz zu den Münchner Kybernetikern, die die Kybernetik nach einem Minimal-Verständnis an ihrer Hochschule etablieren konnten, war Steinbuchs Ansinnen die Institutionalisierung der Kybernetik in ihrer ganzen Breite. Wie hier an der TH Karlsruhe sollte er auch in anderen Rahmen mit diesem Versuch scheitern.

## 4.4 Institut für Kybernetik Berlin/Paderborn

Der Mathematiker und Philosoph Helmar Frank war 1961-1963 Assistent an Steinbuchs Institut für Nachrichtenverarbeitung der TH Karlsruhe, um die Modellierung von Geistesprozessen theoretisch zu untermauern.[89] Parallel dazu veröffentlichte er 1962 das Buch »Kybernetische Grundlagen der Pädagogik«,[90] zu dem er seine Zulassungsarbeit zur Lehramtsprüfung aus dem Jahr 1959 umgearbeitet hatte. Dieser Verbindung von Kybernetik und Pädagogik lag die »Informationspsychologie« zugrunde, die der Idee nach geistige Prozesse im Menschen mathematisch fundiert analysierbar machte. Franks Arbeit dieser Jahre begründete nicht nur eine spezifische Form der geisteswissenschaftlichen Kybernetik, sondern machte ihn auch in der bundesdeutschen Wissenschaftslandschaft bekannt, umstritten, aber auch begehrt. 1963 erhielt er einen Ruf an den außerordentlichen Lehrstuhl für Informationswissenschaft der Pädagogischen Hochschule Berlin, wo er mit seinem Verständnis von Pädagogik eine innovative Nische besetzte.

88 Steinbuch: Einführung, in: Neuere Ergebnisse der Kybernetik. Bericht über die Tagung Karlsruhe 1963 der DAGK, hg. v. K. Steinbuch u. S.W. Wagner, München/Wien 1964, S. 13. Ganz ähnlich bei Steinbuch, Karl: Kybernetik. Weg zu einer neuen Einheit der Wissenschaften, in: VDI-Z 104 (1962), S. 1314.

89 Veröffentlichungen dieser Arbeit sind u.a. Frank, Helmar: Pawlows Bedingte Reflexe und Steinbuchs Lernmatrizen. Kybernetik: Brücke zwischen den Wissenschaften, Teil 3, in: Die Umschau 61 (1961), S. 533-537; Steinbuch, Karl u. Helmar Frank: Nichtdigitale Lernmatrizen als Perzeptoren, in: Kybernetik 1 (1961/1963), S. 117-124.

90 Frank, Helmar: Kybernetische Grundlagen der Pädagogik. Eine Einführung in die Informationspsychologie und ihre philosophischen, mathematischen und physiologischen Grundlagen, Baden-Baden/Paris 1962. Erstmals Ders.: Kybernetische Grundlagen der Pädagogik, Zulassungsarbeit zur Lehramtsprüfung, Manuskript TH Stuttgart 1959.

Frank trat seine Stelle in Berlin zum Wintersemester 1963/64 an, ohne auf Personal, Material und Arbeitsräume zurückgreifen zu können. Erst im Laufe des Jahres 1964 konnte er mit ersten Mitarbeitern ein Labor aufbauen und seine Forschungs- und Entwicklungstätigkeit beginnen. Unterstützung erhielt er durch eine Zuweisung der Hochschule über 46.000 DM sowie materielle und finanzielle Starthilfen aus Steinbuchs Institut, der Deutschen Bundespost und der Rechnerfirma Konrad Zuse KG, Bad Hersfeld.[91] Seine ersten Lehrveranstaltungen fielen in das Wintersemester 1964/65 und umfassten eine Einführung in die Informationswissenschaft, die Theorie abstrakter Automaten, die Informationstheorie, die Regelungstechnik, eine Einführung in die mathematische Statistik, die angewandte Organisationskybernetik, die Philosophie der Kybernetik und kybernetische Grundlagen der Didaktik.[92] Mittlerweile hatte er den außerplanmäßigen Lehrstuhl zum »Institut für Kybernetik« umgewandelt. Auch in den folgenden Jahren entwickelte sich das Institut rasant weiter und verdoppelte fast jährlich seine Mitarbeiterzahl, bis es 1970 63 Angehörige zählte.[93]

Das zentrale Problem der Institutsarbeit war die Entwicklung von Lehrmaschinen und Lehralgorithmen.[94] Das kybernetische Verständnis der Unterrichtssituation und die Analyse von Lernfähigkeit und Lernverhalten bildeten hierfür die theoretischen Grundlagen, die in eigenständigen Forschungsgruppen erarbeitet wurden. Weil Frank das Institut nicht einseitig auf die kybernetische Pädagogik ausgerichtet sah, nahm er auch die sogenannte Organisationskybernetik[95] in das Forschungsprogramm auf. Dabei untersuchten Forscher mit kybernetischer Methode

91 Siehe Frank, Helmar: Meine Mini-Memoiren (Unveröffentlichter Privatdruck), Paderborn 1998, S. 95. Fakten und Daten zur Institutsentwicklung auch bei Ehmke, Udo (u.a.): Institut für Kybernetik Berlin/Paderborn 1964-1984. Eine Dokumentation über zwei Jahrzehnte kybernetisch-pädagogischer Forschungs-, Entwicklungs- und Aufklärungsarbeit, Paderborn 1984; Kamke, Romy: Institut für Kybernetik, Berlin/Paderborn 1964-1984. Eine ergänzende Dokumentation zusammengestellt zum vierzigsten Jahrestag der Institutsgründung, Paderborn 2004.

92 Siehe Mitteilungen, in: GrKG 5 (1964), S. 66.

93 So Frank: Mini-Memoiren, S. 104.

94 Zur Arbeit des Instituts siehe Wehnert, Klaus: Die Entwicklung der kybernetischen Pädagogik zwischen 1960 und 1972 (= Paderborner Arbeitspapier 43), Paderborn 1978, S. 44-60.

95 Dazu Frank, Helmar: Programmatische Notiz zur Organisationskybernetik, in: GrKG 7 (1966), S. 79-90; Organisationskybernetik, von Herbert Stachowiak, in: Handwörterbuch der Organisation, hg. v. Erwin Grochla, Stuttgart 1969, Sp. 1145-1150.

und Begrifflichkeit, wie Vorgesetzte Funktionen auf nachgeordnete Systeme zu übertragen hätten, und suchten Algorithmen für diesen Prozess. Die Organisationskybernetiker versprachen sich von ihrer Arbeit einen Ansatz für eine spezifische Form der Wirtschaftskybernetik.

Finanziert wurde das Institut für Kybernetik weitgehend über Drittmittel. 1969 waren lediglich sechs von 62 Mitarbeitern durch Planstellen der Hochschule gedeckt, alle anderen Stellen wurden durch Stiftungen der Forschungsförderung und Industrieaufträge, v.a. von Computerfirmen wie Zuse, Siemens und Nixdorf, bezahlt.[96] Entsprechend orientierte sich die Forschungs- und Entwicklungsarbeit stark an deren Bedürfnissen und zielte auf marktfähige Ergebnisse ab. In der Zeit der Bildungsreformen der 1960er Jahre hielten Wirtschaft, Politik und Öffentlichkeit Lehrmaschinen und -programme nicht für Zukunftsmusik oder für exzentrisch, sondern sahen in ihnen eine echte Möglichkeit im Kampf gegen die allgemein beklagte Bildungsmisere und für den Einsatz in der Schulpraxis.

Das Institut versuchte sich im Spagat zwischen Industrieanbindung und dem Erfolg in der akademischen Welt. Dies gelang auch insofern, als bis 1975 immerhin neun Mitarbeiter zu Professoren an verschiedenen Hochschulen der Bundesrepublik ernannt wurden.[97] Dieser Spagat begründete auch den weitestreichenden Schritt der Institutsentwicklung, nämlich den Umzug eines Gutteils der Mitarbeiter von Berlin nach Paderborn im Jahr 1971. Weitestreichend im geographischen Sinn, aber auch im Sinne einer intensiven Anbindung der Institutsarbeit an die Heinz Nixdorf Computer AG. Die Institutsleitung versprach sich mit dem Umzug die bessere Koordinierung zwischen akademischer und ökonomischer Arbeit, aber auch das Promotionsrecht an der neu gegründeten Gesamthochschule Paderborn war ihr ein Ansporn. Dass die PH Berlin dieses nicht besaß, war ein enormer Nachteil für die Ausbildung eines wissenschaftlichen Nachwuchses auf dem Gebiet der kybernetischen Pädagogik. Schließlich wollten die Institutsmitglieder mit dem Umzug einen »pädagogischen Mondflug«[98] starten, indem alle deutschsprachigen bildungstechnologischen Gruppen in Paderborn konzentriert würden. Dadurch sollten die Bildungstechnologie und die kybernetische Pädagogik in ganz neue Dimensionen vorstoßen. Dieser Plan ließ sich aber nie verwirklichen.

96 So Wehnert: Entwicklung, S. 52.

97 Ebd., S. 73f.

98 Frank: Mini-Memoiren, S. 105; zum Umzug nach Paderborn außerdem S. 111-114.

Formal ermöglichte den Umzug die Gründung eines »Forschungs- und Entwicklungszentrums für objektivierte Lehr- und Lernverfahren« (FEoLL) in Paderborn, dem Helmar Frank ab April 1971 vorstand. Das FEoLL trat rechtlich als gemeinnützige GmbH auf, bis es 1983 in die Universität Paderborn eingegliedert wurde. Frank besetzte neben der Position des FEoLL-Direktors den Lehrstuhl für Kybernetische Pädagogik und Bildungstechnologie der Gesamthochschule Paderborn und blieb der PH Berlin als Honorarprofessor erhalten. Seine Schüler Wolfgang Arlt, Uwe Lehnert und Eleonore Pietsch übernahmen kollegial die Leitung des Berliner Instituts und führten es als gemeinnützige GmbH mit Sitz in Berlin und Paderborn fort. Schließlich mündete das ehemalige Hochschulinstitut in einen eingetragenen Verein, der der Freien Universität Berlin angegliedert war.[99] Er wurde im Jahr 2000 umbenannt in »(Deutsche) Gesellschaft für Kybernetik e.V.« und verfolgt heute wie einst das Ziel, »die Forschung und Lehre auf dem Gebiet der Kybernetik, insbesondere auch der Kybernetischen Pädagogik, Informationspsychologie, des Rechnereinsatzes in den Sozialwissenschaften und anderer Bereiche der mathematisch-modellierenden Humanwissenschaften zu fördern.«[100]

## 4.5 Universität Stuttgart

### *Studiengang Technische Kybernetik*

Strukturreformen an der Technischen Hochschule Stuttgart am Ende der 1960er Jahre ermöglichten die Einführung eines Studiengangs »Technische Kybernetik«. Als die Fakultät für Maschinenwesen in die Fachbereiche Energietechnik, Fertigungstechnik und Verfahrenstechnik unterteilt wurde, standen Forschung und Lehre auch inhaltlich zur Diskussion. Besonders die Mathematisierung der Technik, das Denken in Systemen, die Stärkung der Grundlagen, Interdisziplinarität und Problemorientierung waren gefragt. Weil moderne Forschung »mit Problemen und nicht mit Fächern zu tun«[101] habe, müsse man auch die Lehre dahingehend

99 Dazu Wehnert: Entwicklung, S. 65-67.

100 Deutsche Gesellschaft für Kybernetik e. V.: Satzung (in der Fassung vom 10. November 2001) §1.2; siehe die Homepage der Gesellschaft http://www.gesellschaft-fuer-kybernetik.org/#satzung (Stand 28.11.2008). Diese Gesellschaft ist nicht zu verwechseln mit der Deutschen Gesellschaft für Kybernetik (DGK), die sich aus der Deutschen Arbeitsgemeinschaft Kybernetik (DAGK) herausentwickelte und 1993 aufgelöst wurde.

101 K. Höcker an R. Quack, 26.6.1969, UA Stuttgart, Z408/2.

umstrukturieren, so ein Leitsatz der Reformen. Durch diese Mentalität und durch die allgemeine Reformfreudigkeit der Zeit öffnete sich für die Kybernetik »ein kleines Zeitfenster«,[102] in dem sie sich an der TH Stuttgart etablieren konnte.

In der System- und Regelungstheorie den Anschluss an den Stand und die Entwicklungen im Ausland zu finden, war das Hauptbestreben einiger innovativer Professoren.[103] Eine Orientierung hin zur Theorie sollte die Verwissenschaftlichung der Maschinentechnik befördern und speziell die Flexibilität in der Lehre stärker ausprägen. Mathematische Grundlagen sollten die Studenten aus zu engen Anwendungskontexten befreien. Die Idee hinter dem Studium der Kybernetik war, die »Grundlagen deutlich zu verstärken, aber dann auch an einem konkreten Beispiel in einem späteren Abschnitt des Studiums zu zeigen, wie die Anwendungen erfolgen«.[104] Fundiertes und modernes Grundlagenwissen war demzufolge nach kurzer Einarbeitung auf grundsätzlich jedem Gebiet der Technik anzuwenden.

Federführend unter den Initiatoren war Ernst Dieter Gilles, der erst 34jährige Leiter des Instituts für Systemdynamik und Regelungstechnik, der eine grundlegend andere Auffassung von den Strukturen und Inhalten eines Ingenieurstudiums vertrat als seine älteren Kollegen. Er legte im Oktober 1969 erstmals den Entwurf eines Studienmodells »Technische Kybernetik« vor, wurde dabei aber von älteren Kollegen, v. a. dem Leiter des Instituts für Mechanik, Richard Eppler, unterstützt. Die Dringlichkeit »solcher stark systemorientierter Studiengänge« begründete Gilles damit, dass »in dieser für die zukünftige technische Entwicklung so wichtigen Disziplin bezüglich Theorie und Anwendung ein beträchtlicher Rückstand zu beobachten«[105] sei. Mit dem typischen Argument der 1960er Jahre, man verliere den technologischen Anschluss an führende Nationen wie die USA und die UdSSR, engagierte sich Gilles für eine völlig neuartige Form der Ausbildung an der Hochschule. Nicht mehr die speziellen Maschinen sollten Gegenstand der Lehre sein, sondern abstrakte Phänomene wie Systemdynamik, Nichtlinearität oder Multistabilität. Nur mit diesem theoretischen Handwerkszeug sei der

102 Gilles, Ernst Dieter: Abriss der Geschichte des Studiengangs, in: 30jähriges Jubiläum des Studiengangs Technische Kybernetik. Reden zum Festakt am 23.6.2001, hg. v. Ottmar Pertschi (= Universität Stuttgart. Reden und Aufsätze 56), Stuttgart 2004, S. 23f.

103 So Ernst Dieter Gilles im Interview, 26.4.2005.

104 Ebd.

105 E. Gilles: Entwurf eines Studienmodells »Technische Kybernetik«, 30.10.1969, UA Stuttgart, 94/8.

Brückenschlag zu schaffen zwischen Chemie, Fahrzeugtechnik, Verfahrenstechnik, aber auch Biologie, Sozialwissenschaften und anderen Wissensgebieten. In klassisch kybernetischer Manier waren die Methodik und die Betrachtungsweise wichtiger als das Objekt der Betrachtung. Die Kybernetik wurde als Klammer[106] verstanden, um verschiedenartige Gebiete zu verstehen und in diesen zu arbeiten. Die Konzentration auf Methoden und Theorien unter Vernachlässigung von konkreten Objekten begründete den Titel des Studiengangs. Ob er tatsächlich unter dem Namen der Kybernetik laufen sollte, war unter den Initiatoren aber lange umstritten. Weil sie sich an den Vorschlägen der International Federation of Automatic Control (IFAC) zur Ausbildung eines neuen Ingenieurtyps orientierten, kursierte alternativ auch der Titel »Automatisierungstechnik«,[107] der aber den Arbeitsstil nicht repräsentiert hätte. Dass Automatisierung und Kybernetik in diesem Kontext beinahe Synonyme waren, war der Zielrichtung der Ausbildung geschuldet. Kybernetische Theorien und Methoden wurden nicht zum Selbstzweck gelehrt, sondern sollten im gesellschaftlichen Alltag, speziell in der Automatisierung der Industrie, Anwendung finden. Dass die Kybernetik dieses wichtige technisch-wirtschaftliche Innovationsfeld vorantreibe, begründete den Initiatoren des Studiengangs zufolge ihre gesellschaftliche Bedeutung.

Nach kurzer Diskussionszeit wurde der Studiengang 1970 offiziell eingerichtet und 1971 der Lehrbetrieb aufgenommen. Seine Träger waren, entsprechend den Protagonisten, das Institut für Mechanik sowie das für Systemdynamik und Regelungstechnik. Der Studienplan war stark mathematiklastig angelegt. Er sah bis zur Diplomvorprüfung Veranstaltungen aus der höheren Mathematik, der Wahrscheinlichkeitsrechnung, aus dem technikwissenschaftlichen Bereich der Mechanik, Messtechnik, Thermodynamik, Elektrotechnik und schließlich der Informatik vor.[108] Das Hauptstudium bestand aus Systemdynamik, Regelungs- und Steuerungstechnik, Systemtheorie, Echtzeit-Datenverarbeitung und Simulationstechnik. Auch die Dynamik nichttechnischer Systeme und ein geisteswissenschaftliches Fach waren vorgesehen.

Dass sich der Studiengang inhaltlich und in seiner Zielsetzung völlig neuartig präsentierte, rief auch Skeptiker auf den Plan. Einerseits muss-

106 Von der Klammerfunktion spricht auch Gilles: Abriss, S. 25.

107 Die Vorbildfunktion der IFAC nennt E. Gilles: Entwurf eines Studienmodells »Technische Kybernetik«, 30.10.1969, UA Stuttgart, 94/8. Den Alternativtitel bestätigt Ernst Dieter Gilles im Interview, 26.4.2005.

108 Siehe Universität Stuttgart: Studienplan des Diplomstudiengangs Technische Kybernetik, Stand Februar 2000. Der Studienplan wurde seit 1969 mehrmals geändert, ist aber im Wesentlichen gleich geblieben.

ten die Initiatoren die Industrie von der Ausrichtung des Studiums überzeugen, damit sie die Absolventen übernahm. Andererseits provozierte die untergeordnete Rolle der klassischen Ingenieurstätigkeit des Konstruierens Kritik aus den eigenen Reihen. Viele traditionsbewusste Fakultätsmitglieder fragten, ob »die Technische Kybernetik überhaupt noch als Ingenieur-Studiengang angesprochen werden«[109] könne. Von Studenten wurde sie aber sofort angenommen. Die Studienplätze waren immer belegt, mussten durch strenge Zugangsvoraussetzungen beschränkt werden, und dennoch entließ der Studiengang in den dreißig Jahren seines Bestehens bis 2001 immerhin 600 Absolventen. Die Technische Kybernetik entwickelte sich zu einem »Vorzeigestudiengang«[110] der Universität Stuttgart und wurde »gemeinhin als ›Perle‹ an dieser Universität bezeichnet.«[111]

Die interdisziplinäre Ausrichtung der Lehre beeinflusste auch die Forschung an den Trägerinstituten des Studiengangs. Besonders Richard Eppler tat sich in der Wirtschaftskybernetik hervor und war ein Protagonist der Gesellschaft für Wirtschafts- und Sozialkybernetik. Ernst Dieter Gilles bearbeitete ab 1968 ein Projekt über »Dynamische Analyse von Stoffwechselvorgängen in der Zelle«.[112] Schließlich versuchte eine Forschungsgruppe am Institut für Systemdynamik und Regelungstechnik, »Verhaltensmechanismen in soziologischen Systemen durch Modelle zu beschreiben.« Dazu zerlegte sie Verhalten in seine Grundprozesse und analysierte diese, erstellte anschließend Modelle und überprüfte sie durch Messungen. Weil diese Arbeiten aber »in einem ausgewogenen Verhältnis«[113] zur klassisch regelungs- und verfahrenstechnischen Forschung und Entwicklung zu stehen hatten, blieben sie nur ein Nebenschauplatz der Institutsarbeiten und damit in ihren Ansätzen stecken. Solche uneingeschränkt kybernetischen Forschungstätigkeiten wurden erst wieder in den 1990er Jahren aktuell, als die Fakultät für Verfahrenstechnik im Rahmen eines Zentrums für Bioverfahrenstechnik biologische Prozesse systemtheoretisch untersuchte, u. a. durch die Modellierung zellulärer Funktionseinheiten. Etwas seltsam mutete dabei an, wie die Protagonisten die Bedeutung technikwissenschaftlicher Methoden für die Analyse biologischer Phänomene einschätzten: Zur Analyse des Verhaltens biologischer Systeme genüge allein die »Erforschung rein

109 Nach Gilles: Abriss, S. 24.
110 Allgöwer, Frank: Begrüßung, in: Jubiläum, S. 13.
111 Fritsch, Dieter: Grußwort, a.a.O., S. 16.
112 Das Projekt wird genannt im DFG-Tätigkeitsbericht 1968, S. 387.
113 Beides Gilles: Abriss, S. 24.

molekularbiologischer Sachverhalte nicht«. Weil komplexe informations- und regelungstechnische Prozesse solchen Systemen zugrunde lägen, führe nur »eine Analyse ihres dynamischen Verhaltens aus systemtheoretischer Sicht« zu einem echten Verständnis. Doch gerade in der Praxis, in der sich molekularbiologisches Experimentieren, Modelle und systemtheoretische Analyse gegenseitig befruchteten, bestünden immer noch »erhebliche Defizite, die darauf zurückzuführen sind, dass sich die Biologie nur zögernd einer quantitativen Betrachtungsweise öffnet.«[114] Dieser Vorschlag technisch-biologischen Arbeitens war keineswegs etwas Neues oder gar Unerhörtes, sondern er beschrieb eine mittlerweile schon klassische biokybernetische Analyse. Obwohl Gilles mit seinem Projekt zur Analyse von Stoffwechselvorgängen am DFG-Schwerpunktprogramm »Kybernetik« beteiligt war, scheint die Stuttgarter Technische Kybernetik die Biokybernetik überhaupt nicht wahrgenommen zu haben. Wie sonst konnte hier ein Arbeitsstil angemahnt werden, der bereits seit den 1950er Jahren gängig und im MPI für biologische Kybernetik sowie durch die DFG institutionalisiert worden war.

Heute führt auch das Max-Planck-Institut für Dynamik komplexer technischer Systeme in Magdeburg die Tradition systemtheoretisch-biotechnischer Forschung fort. Direktor ist seit seiner Gründung 1996 Ernst Dieter Gilles. Seine Erfahrungen aus Stuttgart nutzte er auch, um an der Universität Magdeburg einen Studiengang »Systemtechnik und Technische Kybernetik« zu initiieren.[115] Die Stuttgarter kybernetische Ausprägung hat das Ende der Hochphase der Kybernetik Mitte der 1970er Jahre und deren Niedergang in der öffentlichen Wahrnehmung nicht nur überlebt, sondern sie hat sich sogar noch ausgedehnt. Auch wenn der Begriff heute »ein bisschen abgegriffen«[116] ist und deshalb im Titel des MPI nicht mehr erscheint, hat sich die Kybernetik als funktionierendes Lehrgebäude und gewinnbringende wissenschaftliche Methodik erwiesen. Deshalb kann sie bedenkenlos in Stuttgart und Magdeburg akademisch betrieben werden.

Die spezifische Ausprägung der Stuttgarter Kybernetik ist stark auf die Systemtheorie fokussiert. Die Systemwissenschaften sollten in Forschung und Lehre »eine Klammerfunktion« wahrnehmen und die verschiedensten Wissensgebiete einheitlich zu verstehen, zu analysieren, zu synthetisieren und darzustellen helfen. Der Idee nach eröffnete die

114 Ebd., S. 26.

115 Zum MPI siehe http://www.de.mpi-magdeburg.mpg.de/index.de.html, zum Studiengang http://www.kybernetik.ovgu.de (Stand 28.11.2008).

116 Ernst Dieter Gilles im Interview, 26.4.2005.

integrierende Kraft des Systemaspekts »einen Zugang zu den nichttechnischen Systemklassen, also z. B. zu den biologischen, ökologischen, ökonomischen und schließlich auch den soziologischen Systemen.«[117] Diesem kybernetischen Anspruch, den Wiener mit »in the Animal and the Machine« ausgedrückt hatte, kam in der Praxis aber nur eine untergeordnete Rolle zu. In der Forschung und Entwicklung herrschte, mit Ausnahme der Projekte zur Bioverfahrenstechnik, die klassische Ingenieurtätigkeit vor. Der Studienplan sieht zwar im siebten Semester eine prüfungsrelevante Vorlesung mit Übung »Dynamik nichttechnischer Systeme« vor.[118] Alles in allem erscheint der Aspekt nichttechnischer Systeme aber eher als Marginalie und damit auch der kybernetische Ansatz, Analogien zwischen organischen und technischen Systemen zu bilden. Mathematik-, Grundlagen-, Methoden-, Dynamik- und Systemorientierung[119] fügen sich nicht zur Kybernetik zusammen, wenn sie ausschließlich ingenieurwissenschaftlich verortet sind. Dann weisen sie eher auf das »System Engineering«,[120] eine technikwissenschaftliche Strömung, die sich in den USA der 1950er Jahre herausbildete. Sie verband die eben genannten Aspekte in einem holistischen Ansatz und erhob ebenfalls den Anspruch, eine Integration aller Ingenieurwissenschaften zu schaffen. Sie verblieb aber, im Gegensatz zur Kybernetik, im Kontext der Technik und vernachlässigte die Analogie biologischer und technischer Prozesse. In Stuttgart stellte, wie beim System Engineering, das System den zentralen Begriff dar und nicht die biologisch-technische Analogie.

In der Bundesrepublik der 1960er Jahre war das Schlagwort Kybernetik so positiv aufgeladen, dass sich bei der Gründung eines systemorientierten und abstrahierenden Studiengangs der Titel beinahe zwangsläufig aufdrängte. Auch wenn die Protagonisten es abstreiten, war die Kybernetik-Mode in der Gesellschaft sicherlich ein Grund für die Namenswahl. Wäre es nur um die Sache gegangen und nicht um die Öffentlichkeitswirksamkeit, dann wäre der Titel »System Engineering« sicher der passendere gewesen. Wer aber Kybernetik sagte, verwies auf die Modernität und Zukunftstauglichkeit des Studiengangs. Sie versprach eine fundierte Ausbildung, um die Herausforderungen einer technisierten Welt zu mei-

117 Jeweils Gilles: Abriss, S. 25.

118 Siehe Universität Stuttgart: Studienplan des Diplomstudiengangs Technische Kybernetik, Stand Februar 2000.

119 Diese Charakteristika der Kybernetik in Stuttgart nennt Fritsch: Grußwort, S. 15.

120 Vorgestellt bei Bluma, Lars: Norbert Wiener und die Entstehung der Kybernetik im Zweiten Weltkrieg (= Kritische Informatik 2), Münster 2005, Kap. 8, speziell S. 189f.

stern. Damit erwies sich der Titel auch bei politischen Aushandlungsprozessen als günstig. Die mit ihm konnotierten Zukunftsversprechen ermöglichten erst, gemeinsam mit der reformfreudigen Mentalität der späten 1960er Jahre im Allgemeinen und der Strukturreformen an der TH im Speziellen, die Gründung des Studiengangs. Auch in der Initialisierungsphase waren die Hoffnungen rund um die Kybernetik eine enorme Hilfe für den Studiengang, weil der Titel Werbung für das Studium machte und Studienbewerber anlockte. Die Kybernetik enthielt »ein gewisses Restgeheimnis«,[121] das sie für Studenten interessant machte und bis heute macht. Der Zauber des Unbekannten, nicht klar Definierten wirkte im Rahmen des Studiengangs ebenso, wie er es gesamtgesellschaftlich tat.

Nach der Begriffsfindung nahm die Kybernetik in der Fakultät für Maschinenbau aber keine dominante Rolle mehr ein. Weil Gilles und seine Kollegen »nicht zu sehr an dem Begriff«[122] hingen, rezipierten sie die Inhalte und Entwicklungen anderer Formen der Kybernetik nicht. Die Stuttgarter Technische Kybernetik orientierte sich nicht an anderen kybernetischen Akteuren und Instituten und band sich kaum in kybernetische Communities ein. Die Stuttgarter Kybernetiker engagierten sich beispielsweise nie in der DGK, weil sie sich »auf einer viel bodengebundeneren Schiene« und »ein bisschen profaner angelegt« sahen als andere Formen der Kybernetik in der Bundesrepublik. Diese Selbsteinschätzung repräsentierte eine über alle Formen der Kybernetik verbreitete Außendarstellung der eigenen Arbeit. Alle Kybernetiker stellten den eigenen Stil, kybernetisch zu arbeiten und zu denken, als den einzig seriösen und andere Ausprägungen als anrüchig dar. Zum anderen belegt diese Selbsteinschätzung die strikte Verhaftung der Stuttgarter Technischen Kybernetik in ingenieurwissenschaftlichen Gemeinschaften. Sie war von der sonstigen Entwicklung der Kybernetik abgeschottet. Der Begriff Kybernetik verlor auch in Stuttgart selbst immer mehr an Bedeutung. Heute hat er keinen inhaltlichen Wert mehr und taugt höchstens noch zu Werbezwecken. Ernst Dieter Gilles etwa mag sein Denken nicht mehr als kybernetisch bezeichnen und neigt eher dazu, es »systemwissenschaftlich zu nennen«.[123]

121 Jeweils Ernst Dieter Gilles im Interview, 26.4.2005.
122 Ebd.
123 Jeweils ebd.

### *Das Nebeneinander verschiedener Formen der Kybernetik*

Der biologische Teil der Kybernetik war in der Stuttgarter Technischen Kybernetik nur von marginaler Bedeutung. Zur Gänze fehlte ihr die Informationstheorie – und zwar inhaltlich wie sozial. Denn die Kybernetiker hatten keinen Kontakt zu Elektro- und Nachrichtentechnikern, die informationstheoretisch arbeiteten. Der Zwang des jungen Konzepts, seine »Existenzberechtigung innerhalb des Maschinenbaus«[124] zu beweisen, ließ die Technische Kybernetik die Fakultätsgrenzen nicht überschreiten, nicht einmal innerhalb der eigenen Hochschule. Dabei beantragte die Fakultät für Elektrotechnik in der Tradition der Feldtkellerschen Arbeiten zum Ohr als Nachrichtenempfänger 1969 erstmals einen Lehrstuhl für Nachrichtenverarbeitung in Organismen, der die Nachrichtentechnik »nach der Seite der Kybernetik«[125] abrunde. Besonders die Einengung von Informationen zwischen Rezeptoren und bewusster Wahrnehmung erschien dort ein wichtiges Forschungsgebiet. Auch der Lehrstuhl für Regelungstechnik und Prozessautomatisierung hatte kybernetische Themen auf seiner Agenda. Kontakte mit den Kollegen vom Maschinenbau um Gilles und Eppler oder eine Beteiligung am Studiengang Technische Kybernetik suchten aber die Vertreter der Elektrotechnik um Richard Feldtkeller genauso wenig, wie dies umgekehrt der Fall war.

Neben diesen technischen Formen der Kybernetik existierte an der TH Stuttgart eine weitere kybernetische Schule, die der Physiker und Philosoph Max Bense begründet hatte. Er war 1937 an der Universität Bonn promoviert worden und hatte 1945-48 eine außerplanmäßige Professur an der Universität Jena bekleidet. Seit dem Wintersemester 1949/50 war er Gastprofessor für Philosophie und Wissenschaftstheorie in Stuttgart, seit 1950 außerordentlicher Professor und Beamter auf Lebenszeit. Er war langjähriger Leiter des Studium generale und wurde 1953 zum Leiter der Abteilung Geisteswissenschaften in der Fakultät für Natur- und Geisteswissenschaften berufen, aber erst 1963 zum Ordinarius ernannt.[126] Seiner Karriere stand v.a. sein Ruf als »Linksprofessor«[127] im Weg. Er griff öffentlich Staat und Kirche an und wirkte als Spiritus Rector und Galionsfigur eines freidenkerischen Milieus an der Hoch-

124 Gilles: Abriss, S. 24.

125 Abt. Elektrotechnik: Antrag auf neue Lehrstühle, 15.1.1969, UA Stuttgart, 94/5. Der Lehrstuhl wurde 1970 und 1975 nochmals beantragt, scheint also nicht bewilligt worden zu sein.

126 K.G. Kiesinger: Ernennungsurkunde, 10.4.1963, UA Stuttgart, 57/21. Unter dieser Signatur ist die gesamte Personalakte Max Benses zu finden.

127 So bezeichnet bei Martin an M. Bense, 10.11.1952, UA Stuttgart, 57/21.

schule, das sich u.a. in der antiklerikalen »Progressiven Gruppe«[128] formierte. Bense stand im Brennpunkt der Presse wie kaum ein anderer Wissenschaftler seiner Zeit, besonders als er 1961 ein Papstattentat im Sinne eines Tyrannenmordes guthieß. Im Kampf gegen den überkommenen und ideologisch korrumpierenden Einfluss der Kirche auf die Politik sei jedes Mittel legitim.[129]

Doch auch Benses wissenschaftliche Arbeit erregte Aufmerksamkeit, positiv wie negativ. Seine Versuche, Technik-, Natur- und Geisteswissenschaften mittels der Sprache der Mathematik zu vereinigen, galten einerseits als hochmodern, wurden andererseits als unwissenschaftlich bis hin zur Scharlatanerie abgetan. Schon in seinem ersten Buch »Raum und Ich«[130] von 1934 veröffentlichte Bense Gedanken an der Grenze von Geist, Natur und Technik. In Stuttgart beschäftigte er sich insbesondere mit mathematischer Logik und einer modernen, mathematisch-informationstheoretischen Ästhetik. Daneben stellte er anthropologische Überlegungen an über die Bedeutung der Technik für das menschliche Dasein.[131] Hintergrund seines Denkens war die Motivation, »als ein philosophischer Schrittmacher des technizistischen Denkens dem Prinzip der Rationalität in allen Lebensbereichen zur Herrschaft«[132] zu verhelfen. Durch die Anwendung seines konsequenten Mechanismus, Technizismus und Rationalismus im künstlerisch-ästhetischen Bereich genauso wie im politischen Leben wurde er zum »Enfant terrible der deutschen Intelligenzija«.[133]

Kunst als Kommunikationsprozess zwischen Produzent und Rezipient zu verstehen und diesen Prozess zu algorithmisieren und zu objektivieren, also an technische Objekte zu übertragen, war das Hauptprogramm Benses und seiner Schule. Auf der Seite der Kunstwahrnehmung ebnete dieses Programm den Weg zur Informationsästhetik und damit zu einer geisteswissenschaftlichen Kybernetik, die in der Bundesrepublik beson-

128 Dieser Gruppe gehörte auch Helmar Frank an, der zentrale Akteur des Netzwerks »Grundlagenstudien aus Kybernetik und Geisteswissenschaften«. Dazu Frank: Mini-Memoiren, S. 48.

129 Die wütenden Reaktionen auf diese Äußerung siehe z.B. bei »Der Streit um Professor Bense«, in: Stuttgarter Zeitung, 8.2.1961; »Keine Narrenfreiheit im Lehramt«, in: Christ und die Welt, 17.2.1961; »Professor ohne Mythos«, in: Rheinischer Merkur, 3.3.1961.

130 Bense, Max: Raum und Ich. Eine Philosophie über den Raum, Berlin 1934.

131 Dazu z.B. Bense, Max: Der Mensch im technischen Zeitalter (Theorie der Meta-Technik), Bad Homburg (u.a.) 1961.

132 »Der Streit um Professor Bense«, in: Stuttgarter Zeitung, 8.2.1961.

133 Schüler, Alfred: Kunst aus dem Computer, in: Weltwoche Magazin, 21.6.1972.

ders Benses Schüler Helmar Frank prägte. Auf der Seite der Produktion von Kunst versuchten Walter Knödel, Theo Lutz, Frieder Nake und Rul Gunzenhäuser, den Kreativprozess auf den Computer zu übertragen. Die Computerkunst hatte sowohl eine literarische wie auch eine graphische Ausrichtung. Programmierer und Programm verschmolzen zu einem kunstproduzierenden System, wenn sich nicht allein die menschliche Komponente, sondern auch die maschinelle kreativ-schöpferisch betätigte. Ob der Künstler zum Programmierer wurde oder gar die Maschine selbst der Künstler »und der Mensch bloß noch der Programmierer«[134] war, sollte nicht mehr unterscheidbar sein. Die ersten Versuche, etwas wirklich Neues mittels einer menschlich-technischen Hybridintelligenz zu schaffen, unternahmen Gunzenhäuser und Lutz Ende der 1950er Jahre, als sie einem Computer nur Wörter vorgaben und diesen fortan selbständig Verse verfassen ließen.[135] Auch wenn die Programmierer in Kunstkreisen einige Aufmerksamkeit mit Gedichten wie »UND KEIN ENGEL IST SCHOEN« oder »NICHT JEDER BLICK IST NAH« erzeugten und 1965 in Stuttgart Graphiken ausstellten, verfolgten sie mit ihrer Computerkunst keine künstlerischen oder wissenschaftlichen Ambitionen. Sie verstanden ihre Arbeit eher als spielerische Verbindung von Technik und Kunst. Dennoch war sie nicht nur intellektuelle Tollerei jugendlicher Computerspezialisten, sondern beruhte auf klar kybernetischen Annahmen der Kunst als Kommunikationssystem und der Objektivierung geistiger Prozesse. Aus den Projekten zur Computerkunst entwickelte sich außerdem die Stuttgarter Informatik, und ihre Bearbeiter wurden wichtige Vertreter dieses Fachs. Rul Gunzenhäuser besetzte den Lehrstuhl für Dialogsysteme der Fakultät für Elektrotechnik und Informatik. Walter Knödel hatte den Lehrstuhl für Kombinatorik und Numerische Verfahren inne und gilt als einer der Pioniere der deutschen Hochschulinformatik. In Stuttgart hatte er maßgeblichen Anteil an der Einführung des Diplomstudiengangs Informatik und war lange Jahre Dekan der Fakultät.

Die Technische Kybernetik sah zur entstehenden Computer Science und der Schule Benses »keine unmittelbare Brücke.«[136] Obwohl beide das Feld der System- und Informationswissenschaften besetzten, hatten

134 »Computer-Grafik. Weltpremiere der ›schöpferischen Rechenmaschine‹ in Stuttgart«, in: Stuttgarter Nachrichten, 20.11.1965.

135 Dazu Rul Gunzenhäuser im Interview »Maschinensprache – Nachrichten aus der ›Galeere‹«, 27.11.2003, in: Ästhetik als Programm. Max Bense / Daten und Streuungen, hg. v. Barbara Büscher (u. a.) (= Kaleidoskopien 5), Berlin 2004, S. 137.

136 Ernst Dieter Gilles im Interview, 26.4.2005.

sie kein Interesse an einer Suche nach gemeinsamen Fragestellungen, Methoden oder der Zusammenführung von Lehrveranstaltungen. Auch Feldtkeller und seine Schüler untersuchten organische Funktionen system- und nachrichtentechnisch, ohne Kontakt zu den anderen Gruppen zu haben. Damit existierten an der TH Stuttgart drei Formen der Kybernetik unabhängig voneinander. An keinem anderen Ort wurden so viele bedeutende Kybernetiker ausgebildet wie in Stuttgart,[137] und nirgendwo wurden sowohl die technisch-konstruierende wie auch die wissenschaftlich-analysierende Ausrichtung der Kybernetik in ihrer Frühphase so stark geprägt wie dort. An eine Vereinigung der verschiedenen Formen war aber nicht zu denken, weil die Fakultätsgrenzen undurchlässig und die Wissenschaftler trotz des universalistischen Anspruchs der Kybernetik an einer transdisziplinären Kooperation nicht interessiert waren. Nicht einmal in dieser Keimzelle der bundesrepublikanischen Kybernetik konnte sie die Heterogenität überwinden, die sie als ein Ganzes auszeichnete.

137 Zu ihnen zählen Karl Steinbuch, Diss. TH Stuttgart 1944, Eberhard Zwicker, Diss. TH Stuttgart 1952, Hans Marko, Diss. TH Stuttgart 1953, Helmar Frank, Diss. TH Stuttgart 1959.

# 5. Das Netzwerk »Biological Cybernetics«

Die Biokybernetik etablierte sich in der Bundesrepublik in einem Netz aus Personen und Institutionen, die miteinander kooperierten, aber auch eigenständige Schwerpunkte setzten. Unter besonderer Berücksichtigung von Vernetzung und Dynamik ihrer Ausbreitung stellt dieses Kapitel die Kybernetik in der MPG, der DFG und der DAGK/DGK vor. Es zeigt, welche Fragen, Methoden und Theorien relevant waren und wie sich aus ihnen ein Kanon biokybernetischen Arbeitens entwickelte. Weil die Zeitschrift »Biological Cybernetics« die gemeinsame Form des Verständnisses von Kybernetik und des kybernetischen Arbeitens widerspiegelte, steht sie hier namensgebend für das biokybernetische Netzwerk mit all seinen persönlichen und institutionellen Kooperationen. Die im Folgenden genannten Personen und Institutionen waren nicht die einzigen, die in der Biokybernetik tätig waren. Weil sie aber wissenschaftlich und öffentlich das Feld am weitestreichenden vertraten, repräsentieren sie in dieser Studie ihre Wissenschaft im Ganzen.

## 5.1 Kybernetik in der MPG

### 5.1.1 Entstehung der Kybernetik in einer Forschungsgruppe um Erich von Holst und Horst Mittelstaedt

Ein Urvater der Kybernetik innerhalb der MPG war der Biologe Erich von Holst (1908-1962), der seit 1948 MPG-Direktor war und eine Abteilung im Max-Planck-Institut für Meeresbiologie in Wilhelmshaven leitete. Er hatte schon vor dem Zweiten Weltkrieg Verhaltensforschung betrieben und in diesem Rahmen die Funktion der Sinnesorgane und die zentralnervöse Koordination von Bewegungen untersucht. Dass er sich dabei »der Hypothese eines konkreten psycho-physischen Parallelismus« verschrieben hatte, befähigte ihn »streng naturwissenschaftlich, d.h. physikalistisch«[1] zu arbeiten. Er wandte mathematisches Denken auf die Analyse tierischen Verhaltens an, war sich aber stets der Grenzen dieser

1 Lebenslauf von Erich von Holst, Anhang zu E. v. Holst an B. Klatt, 12.4.1950, MPG-Archiv, III. Abt., Rep. 29, Nr. 1.

Methode bewusst. Sie diente ihm als Hilfsmittel zur Erforschung von Lebensfunktionen. In einen Zusammenhang mit der Klärung von Fragen nach dem menschlichen Geist oder der Subjektivität stellte er sie jedoch nie. Ob aus seiner Hypothese ein physikalistisches oder mechanistisches Menschenbild zu folgern sei, berührte seine biologische Arbeit nicht. Von Holst sah an diesem Punkt die Grenze zwischen Naturwissenschaft und Philosophie[2] und überließ weitergehende Überlegungen den Geisteswissenschaftlern.

Sein Physikalismus äußerte sich in quantifizierenden Verhaltensexperimenten und modellmäßigen Darstellungen des Verhaltens. Noch bevor er nach Wilhelmshaven ging und bevor die Arbeiten Wieners bekannt waren, wandten er und seine Mitarbeiter diese Methode am Zoologischen Institut der Universität Heidelberg an. Bernhard Hassenstein verfasste dort ab 1946 eine Doktorarbeit über die Elementarprozesse »bei der Wahrnehmung gesehener Bewegung in Auge und Zentralnervensystem«.[3] Zu diesem Zweck konstruierte er eine Versuchseinrichtung, die die Reaktion eines lebenden Tiers quantifizierbar zu messen erlaubte, und modellierte anschließend die Erscheinungen im Insektenauge. Die zentrale Erkenntnis Hassensteins war, dass die Lichtreize beim Bewegungssehen eine Signalkombination darstellten, die in Form einer Multiplikation im ZNS verrechnet wurde. Das Nervensystem des Insektenauges bewältige »eine biologische Aufgabe, das Bewegungssehen, wie ein kleiner Computer mit einer mathematischen Operation, der Multiplikation nach Vorzeichen und Betrag.«[4]

Unter den Pionierleistungen auf dem Gebiet quantifizierender und modellierender Verhaltensforschung erregte das »Reafferenzprinzip« die meiste Aufmerksamkeit in wissenschaftlichen Kreisen. Erich von Holst und sein Schüler Horst Mittelstaedt[5] veröffentlichten es 1950 und ver-

2 Explizit thematisierte er diesen Sachverhalt bei E. v. Holst an T. Litt, 23.11.1956, MPG-Archiv, III. Abt., Rep. 29, Nr. 346.

3 Nach E. v. Holst: Beurteilung der Doktorarbeit von Bernhard Hassenstein, 17.10. 1950, MPG-Archiv, III. Abt., Rep. 29, Nr. 199. Die Arbeit selbst existiert nur als Manuskript: Bernhard Hassenstein: Ommatidienraster und afferente Bewegungs-Integration, Diss. Uni Heidelberg, 13.12.1950.

4 Hassenstein, Bernhard: Bernhard Hassenstein. Der Biologe, in: Freiburger Universitätsblätter, Heft 114 (1991), S. 94. In diesem Aufsatz fasste er seine früheren Erkenntnisse zusammen.

5 Er wurde 1949 ebenfalls bei Erich von Holst in Heidelberg promoviert; Diss. veröffentlicht als Mittelstaedt, Horst: Physiologie des Gleichgewichtssinnes bei fliegenden Libellen, in: Zeitschrift für vergleichende Physiologie 32 (1950), S. 422-463.

suchten damit, eine Antwort auf eine zentrale Frage neurophysiologischer Untersuchungen zu liefern, nämlich auf die Frage nach den Beziehungen zwischen der Afferenz und der Efferenz, also den Impulsen, die in einen Organismus eingehen, und denen, die ihn verlassen. Wie mehrere andere Wissenschaftler hatte von Holst bereits in der Vorkriegszeit erkannt, dass die gängige Reflextheorie zur Erklärung des Verhaltens von Tieren nicht ausreichte. Der Organismus sei kein starrer Automat, der auf einen bestimmten Input genau einen vorgegebenen Output liefere. Stattdessen wirkten im ZNS Ordnungskräfte, die eingehende Signale koppelten, hemmten oder überlagerten. Die zentrale Hypothese von Holsts und Mittelstaedts war, »daß das intakte ZNS ein aktiv tätiges Gebilde ist, in dem auch ohne Reizanstöße ständig Geordnetes geschieht.«[6] Um diese Hypothese zu bestätigen, wendeten sie ihren Blick dem der Reflexlehre diametral entgegen und fragten nach dem Einfluss der Efferenz auf die Afferenz: »Was geschieht im ZNS mit der von dieser Efferenz über die Effektoren und Rezeptoren verursachten Afferenz, die wir die Reafferenz nennen wollen?«[7] Um beim obigen Bild zu bleiben, sahen von Holst und Mittelstaedt das ZNS nun als einen Automaten, der selbständig und flexibel Informationsverarbeitung vornahm. Er kontrollierte mittels Rückkopplung seine ausgehenden Signale und Aktionen, die im Prozess der Kontrolle wiederum zu Eingangssignalen wurden und das Verhalten des Automaten in einer bestimmten Weise beeinflussten. Von Holst und Mittelstaedt leiteten ihre Theorie von empirischen Untersuchungen der Willkürbewegung von Tieren her und stellten einen Verrechnungsprozess fest, bei dem die Reafferenz und eine Kopie der Efferenz mit negativem Vorzeichen addiert wurden.[8] Bevor z. B. das Gehirn einen Befehl an einen Muskel leitete, wurde dieser Befehl kopiert. Die so erhaltene Efferenzkopie verglich das Gehirn mit der Rückmeldung vom Muskel, dem Effektor. Diese rückläufige Meldung des Effektors war die Reafferenz. Regelungstheoretisch verstanden, war die Efferenzkopie der Sollwert des Systems und die Reafferenz der Ist-Wert. Auf die Differenz beider Werte konnte das Gehirn in bestimmter Weise reagieren. Sollte etwa das Gleichgewicht des Organismus durch einen Befehl des Gehirns

6 Holst, Erich von u. Horst Mittelstaedt: Das Reafferenzprinzip. Wechselwirkungen zwischen Zentralnervensystem und Peripherie, in: Die Naturwissenschaften 37 (1950), S. 464. Zur Wirkung und Weiterentwicklung der Theorie siehe auch Mittelstaedt, Horst: Reafferenzprinzip. Apologie und Kritik, in: Wolf Dieter Keidel u. K. H. Plattig (Hg.): Vorträge der Erlanger Physiologentagung 1970, Berlin u. a. 1971, S. 161-171.

7 Holst u. Mittelstaedt: Reafferenzprinzip, S. 464.

8 Die allgemeine Fassung des Reafferenzprinzips ist nachzulesen ebd., S. 467f.

gefährdet sein, konnte die Reafferenz diesen Befehl aufheben, wenn sie die genaue Kopie des Befehls mit negativem Vorzeichen darstellte. Dieser Extremfall entsprach dem Zustand der Homöostase, wie sie in technischen Objekten durch negative Rückkopplung erzeugt wurde.

Von Holst und Mittelstaedt hatten die Analogie von Regelungsprozessen in organischen und technischen Systemen erkannt und sich über das Studium einschlägiger technikwissenschaftlicher Literatur Kompetenzen erworben.[9] Indem sie die Physiologie des ZNS unter system- und regelungstheoretischem Aspekt analysierten, konnten sie »quer durch die Physiologie des ZNS hindurch von niedersten Erscheinungen (passive und aktive Einstellung der Glieder, Beziehungen der Körperteile zueinander) bis zu sehr hohen (Orientierung im Raum, Wahrnehmungen, Sinnestäuschungen) bestimmte Phänomene einheitlich«[10] deuten. Statt der Linearität der Reflextheorie postulierten sie nun eine Zirkularität des ZNS über verschiedene Ebenen hinweg, ohne über die Betrachtung der Funktion hinauszugehen und anatomische Entsprechungen als Stütze ihrer Theorie zu suchen.

Dieser Blick auf die Funktion des ZNS entsprach dem Vorgehen der Kybernetik nach Wiener. Konzeptionell lagen diese und andere Vorarbeiten hinter dem Werk Wieners zurück, weil sie nicht auf einer naturwissenschaftlich-mathematischen Informationstheorie aufbauten und noch stärker, weil sie auf einer rein konkreten Ebene verblieben. Auch Hassenstein war beispielsweise bewusst, dass bei seiner Dissertation nicht, wie sonst in der Neurobiologie üblich, physikalische und chemische Prozesse, sondern vielmehr »die ›Technik‹ des ZNS«[11] im Fokus stand. Von einem Doktoranden war nicht zu erwarten, über diese Beobachtung hinauszugehen. Aber auch Erich von Holst formulierte keine Theorie, wie die Phänomene von Regelung, systemischer Interdependenz sowie Nachrichtenübermittlung und -verarbeitung abstrakt und funktional zu verstehen und darzustellen seien. Diese Leistung wurde erst durch die Adaption von Wieners Kybernetik von außen in die Gruppe um von Holst getragen.

Erich von Holst lernte »Cybernetics« durch den einführenden Aufsatz in den »Physikalischen Blättern« von 1949 kennen, woraufhin er sich ein

9 Publiziert war zu dieser Zeit v.a. Oppelt, Winfried: Grundgesetze der Regelung, Wolfenbüttel/Hannover 1947. Dass sie ihr Wissen daraus bezogen, betont Horst Mittelstaedt im Interview, 15.6.2005.

10 Holst u. Mittelstaedt: Reafferenzprinzip, S. 475.

11 Bernhard Hassenstein im Interview, 11.7.2005. Ähnlich formuliert im Vorwort seiner Diss.

Exemplar des Buches von dem Biologen und Systemtheoretiker Paul Weiß aus den USA schicken ließ.[12] Er erkannte die Bedeutung für seine eigene Arbeit und versuchte, die gemeinsamen Aspekte der Analyse des ZNS und der Entwicklung von Rechenautomaten im Gedankenaustausch mit Ingenieuren und Mathematikern herauszustellen. »Die Nervenphysiologen und die mathematisch orientierten Techniker, insbesondere Regeltechniker«[13] könnten in fruchtbare Kooperationen treten, wenn sie nur ihre Denkweisen und Terminologien synchronisieren würden. Die Kontaktaufnahme mit der Kybernetik auf institutioneller Ebene und damit den ersten Versuch einer solchen Kooperation organisierte von Holst zu Pfingsten 1950 in Form einer informellen Tagung am MPI in Wilhelmshaven. Neben ihm und seinen Schülern Hassenstein und Mittelstaedt waren die Ethologen Otto Köhler, Gustav Kramer, Konrad Lorenz, William Thorpe und Nikolaas Tinbergen, der Gestaltpsychologe Wolfgang Metzger und der Ingenieur Herbert Böhm anwesend.[14] Primäres Ziel war es, erste Überlegungen zur Fruchtbarkeit einer Verbindung von Verhaltensforschung, Psychologie, Mathematik und Regelungstechnik anzustellen. Durch einen gemeinsamen Nenner zwischen diesen Feldern sollte eine neue Forschungsrichtung entstehen, die Verhalten gleichermaßen auf einer physiologischen, elementaren wie auf einer psychologischen, globalen Ebene untersuchte. Darüber hinaus bedeutete diese Tagung den Beginn der Karriere der Kybernetik in der Bundesrepublik, weil die meisten der Teilnehmer in einem Vortrag Böhms erstmals überhaupt das Wort hörten.[15] Von Holst hatte ihn kennengelernt, als er seinen Aufsatz »Über biologische Rhythmen« für die

12 Berichtet bei E. v. Holst an N. Wiener, 12.4.1950, MPG-Archiv, III. Abt., Rep. 29, Nr. 623. Obwohl Holst lediglich einen Herrn Weiß nennt, ist anzunehmen, dass es sich bei dem erwähnten um Paul Alfred Weiß (1898-1989) handelt.

13 E. v. Holst an A. Walther, 23.5.1951, MPG-Archiv, III. Abt., Rep. 29, Nr. 602.

14 Über das Treffen und seine Teilnehmer berichtet Bernhard Hassenstein im Interview, 11.7.2005. In einem schriftlichen Hinweis an Verf., 19.7.2006, terminiert er die Tagung auf 30.5.-5.6.1950. Die Bedeutung der Tagung betont auch Horst Mittelstaedt im Interview, 15.6.2005.

15 So, wiederum einhellig, Bernhard Hassenstein im Interview, 11.7.2005, u. Horst Mittelstaedt im Interview, 15.6.2005. Auch Holst u. Mittelstaedt: Reafferenzprinzip, S. 468, Fußnote: »Die Bekanntschaft mit der technischen Regelkunde danken wir Herrn Böhm«. Sie nennen als Referenz »Böhm, H., in: Studium Generale (1950)«, obwohl dieser Aufsatz erst 1951 unter dem Titel »Vom lebendigen Rhythmus« veröffentlicht wurde, also nach dem Erscheinen des Reafferenzprinzips.

Zeitschrift »Studium Generale« begutachtete.[16] Nun war es an Böhm, die mathematisch-technikwissenschaftlichen Gedanken seiner Studie und des weiterführenden Konzepts Wieners den Verhaltensforschern näherzubringen. Nach Böhm sei die Kybernetik eine »charakteristische Denkeinstellung«, die »im Vergleich der Funktionsprinzipien der automatischen Rechenmaschinen und des menschlichen Gehirns« deutlich werde. Besonders aber falle »die große Breite ihres Zuständigkeitsbereichs«[17] ins Auge.

Erich von Holst war bereits bei der Lektüre der »Cybernetics« klargeworden, dass Wieners »Denkart für die Physiologie der nervösen Koordination in vielerlei Hinsicht fruchtbar« sei und dass sie mit seinem Denken harmoniere. Wie Wiener bemühten er und seine Mitarbeiter sich »um eine exakte Analyse der zentralnervösen Koordination in niederen Zentren unter Vermeidung des Reflexbegriffs und in Anlehnung an physikalische und in neuerer Zeit auch an regeltechnische Modelle und Denkweisen.« Dabei hätten sie schon vor dem Kontakt mit Wieners Arbeit erkannt, »eine wie genaue und mathematisch erfaßbare Rechenmaschine selbst der höhere Organismus ist, wenn man sich einer geeigneten Untersuchungsmethode bedient.«[18] Auch von Holsts Mitarbeiter bemerkten durch den Vortrag Böhms, dass Wieners Konzept der Kybernetik mit ihren eigenen Arbeiten verwandt war. Mittelstaedt sah die entscheidende Weiterentwicklung in der wissenschaftlichen Behandlung der Information,[19] und für Hassenstein hatte Wiener einen Zugang zu ihren Problemen auf einer abstrakteren Ebene geliefert.[20] Sie begriffen die Kybernetik als anschlussfähig an ihre eigene Arbeit und darüber hinaus als das fundiertere und breiter gültige Konzept. Deshalb machten sie die Kybernetik zur theoretischen Grundlage ihrer Arbeiten.

Dass sie die Theorien Wieners umgehend mit ihren eigenen zu verknüpfen begannen, zeigte schon die Orientierungstagung zu Pfingsten 1950, als gleichzeitig mit der Kybernetik Wieners auch das Reafferenz-

16 Schriftlicher Hinweis B. Hassenstein an Verf., 19.7.2006. Damit löst sich auch der Widerspruch auf, dass von Holst und Mittelstaedt einen Aufsatz zitierten, der noch gar nicht erschienen war: Sie hatten das Manuskript gelesen, das von Holst zur Begutachtung besaß.

17 Sein Bild von der Kybernetik wird zitiert nach Böhm, Herbert: Vom lebendigen Rhythmus, in: Studium Generale 4 (1951), S. 38.

18 Jeweils E. v. Holst an N. Wiener, 12.4.1950, MPG-Archiv, III. Abt., Rep. 29, Nr. 623.

19 So Horst Mittelstaedt im Interview, 15.6.2005.

20 So Bernhard Hassenstein im Interview, 11.7.2005.

prinzip vorgestellt wurde.[21] Die Biologen adaptierten die Kybernetik und begannen sie gleichzeitig im Rahmen der entstehenden Verhaltensphysiologie zu transformieren. Diese neue Wissenschaft sollte, entgegen ihrem Namen, nicht nur die elementare physiologische Ebene der neuartigen Verhaltensforschung abdecken, sondern sich gleichermaßen der psychologischen Ebene annehmen. Der Begriff grenzte die neue Art zu forschen v.a. von der klassischen Verhaltensforschung ab. Die Verhaltensphysiologie sollte streng quantifizierend arbeiten und sich erkenntnistheoretisch auf zwei Niveaus bewegen, einem naturwissenschaftlich-empirischen, das methodisch im Rahmen der traditionellen Biologie verhaftet blieb, und einem mathematisch-kybernetischen, auf dem nach allgemeingültigen, abstrakten Prinzipien zu suchen war. Die Konzipierung der abstrakten Ebene und die Schöpfung des Namens verdankte die von Holst-Gruppe Norbert Wiener, die Verbindung dieser zwei Niveaus vollzog sie selbst.

Der erste explizit verhaltensphysiologische Kongress fand 1952 in Buldern/Westfalen statt, einer Außenstelle des MPI für Meeresbiologie, die Konrad Lorenz leitete. Hierbei näherten sich nicht nur die Tierpsychologie und die Physiologie weiter an, indem die eine wissenschaftlich exakter wurde und die andere die Analyse einzelner Nerven- und Sinneselemente um synthetisierende, systemtheoretische Aspekte ergänzte. Auch ein Anwendungszweck der neuen Wissenschaft wurde formuliert. Sie sei von großem medizinischen und sozialpsychologischen Interesse, wenn »das kausale Verständnis menschlichen Tuns«[22] in den Kanon der Verhaltensphysiologie aufgenommen werde. Je weiter die Anwendung ausgebaut werde, desto intensiver müssten Fachleute verschiedener Disziplinen zusammenarbeiten.

Weil die Verhaltensphysiologie biologische Objekte unter regelungs-, system- und informationstheoretischen Aspekten betrachtete und mathematisch beschrieb, lag es nahe, die Kybernetik als wichtigste Methodik in ihren Kanon aufzunehmen. Die Rolle der Kybernetik reichte aber noch weiter. Sie beschrieb einen Weg der Verbindung von Technik und Biologie und zeigte der Verhaltensphysiologie damit, dass die Synthese einzelner biologischer Elementarprozesse ein wesentlicher Teil des Erkenntnisgewinns und der Darstellung war. Auch Verhaltensphysiologen

21 Das erwähnt Bernhard Hassenstein im Interview, 11.7.2005.

22 Konrad Lorenz u. Erich von Holst: Vorschlag zur Gründung eines Max-Planck-Instituts für Verhaltensphysiologie, Anhang zu Lorenz und v. Holst an Präsident MPG, 20.10.1952, MPG-Archiv, II. Abt., Rep. 1A, IB Verhaltensphysiologie, Nr. 1.

hatten technische Modelle zu entwickeln, die organisches Verhalten imitierten. Damit konnten sie beispielsweise Bewegungen von Tieren anhand künstlicher Nachbauten darstellen und messen. Wo dies nicht mehr gelang, konstruierten sie mathematische Modelle, die von Gleichungen und Tabellen bis zu Rechenmaschinen reichten. Besonders bei der Regelung von Lebensfunktionen wiesen sie den Maschinen Modellhaftigkeit zu. Aus der gemeinsamen Behandlung von biologischem Experiment und technisch-mathematischer Synthese sollte ein »zusammenfassendes Begriffs- und Denksystem«[23] entstehen, das nach von Holst in der Kybernetik bereits theoretisch vorlag. Er betraute Horst Mittelstaedt mit der Aufgabe, die Kybernetik in der Verhaltensphysiologie zu etablieren.

In den frühen 1950er Jahren suchten die Biologen gezielt den Kontakt zu Ingenieuren, um die methodische und erkenntnistheoretische Annäherung der Disziplinen voranzutreiben. Die Regelungstechniker bewegten sich auf die Biologie zu, indem sie »immer biologischer« zu denken lernten. Die »mathematisch formulierbare dynamische Systemlehre« auf der Seite der Technik entspreche nämlich intellektuell genau dem, was »auch der Biologe auf organismische Systeme anzuwenden«[24] versucht. Umgekehrt dachten die Biologen immer technischer und mathematischer. Besonders die Frage beschäftigte sie, »ob und in welchem Maß sich diese Steuerungs- und Regelungstheorie im Bereich des Lebendigen anwenden«[25] ließ. Im Gegensatz zu Richard Wagners biologischer Regelungskunde blieben sie aber nicht bei der bloßen Beobachtung der Analogien stehen, sondern analysierten biologische und technische Regelungen systemtheoretisch und beschrieben sie mathematisch. Mittelstaedt bezeichnete diese Systeme als »Wirkungsgefüge«. Die Anwendung der Theorie von den Wirkungsgefügen brachte für ihn drei wesentliche Vorteile mit sich: Zunächst ergaben sich »neue Arbeitshypothesen«. Dann ermöglichten »neue Untersuchungsmethoden [...], die Arbeitsweise von Teilen des Systems aufzuklären und quantitativ zu bestimmen, die dem experimentellen Zugriff nicht zugänglich sind«. Schließlich ließ die »neue Darstellungsweise« in Form mathematisch-technischer Be-

23 Holst, Erich von: Physiologie des Verhaltens. Zur Gründung des Max-Planck-Instituts für Verhaltensphysiologie, in: Mitteilungen aus der MPG 1954, S. 274.

24 Zusammenfassung eines Vortrages, Anhang zu E. v. Holst an R. Sauer, 16.11.1954, MPG-Archiv, III. Abt., Rep. 29, Nr. 2.

25 Mittelstaedt, Horst: Regelung in der Biologie, in: Regelungstechnik 2 (1954), S. 177.

griffe, Symbole und besonders Modelle zu, dass »das Wirkungsgefüge unabhängig von der Struktur, von der Energetik und von der finalen, teleologischen Bestimmung des Systems beschrieben und quantitativ dargestellt werden« könne.[26] Die Kybernetik ermögliche der Verhaltensforschung, ein gesamtes System quantitativ zu erklären.

Um die klassisch biowissenschaftliche Methode der Elektrophysiologie zu erlernen, reiste Mittelstaedt 1956/57 an das Tufts College in Boston, das der berühmte Biologe Kenneth D. Roeder leitete. Weil Mittelstaedts Thesen zum Verhalten von Organismen mathematisch zwar stichfest, aber empirisch kaum fundiert waren, drohte ihm ein Glaubwürdigkeitsverlust.[27] Er versprach sich, nach seinem Studienaufenthalt die Elektrophysiologie in systemtheoretische Untersuchungen und damit in seine neuartige Verhaltensforschung einzuführen[28] und somit dieses Manko zu beseitigen. Seine Kenntnisse spezifisch kybernetischer Theorien oder Methoden konnte Mittelstaedt bei seinem Aufenthalt in den USA jedoch kaum vertiefen. Einer der seltenen Kontakte zur dortigen Kybernetik ergab sich auf einem Kongress über Informationstheorie, der aber »biologisch-physiologisch ziemlich unergiebig war«.[29] Mittelstaedt hatte sich auf biologischem und bio-technischem Gebiet bereits »unter den Fachgenossen einen Namen gemacht«[30] und war seinen amerikanischen Kollegen nicht mehr unterlegen. Er meinte sogar: »Von unseren hiesigen Originalkybernetikern am M.I.T. hört man zur Zeit nichts Überwältigendes.«[31] Dagegen wurde die bundesdeutsche kybernetische Verhaltensforschung sehr wohl in den USA rezipiert. K. D. Roeder zeigte sich »begeistert über die Ethologie im allgemeinen und die deutschen Ethologen im speziellen« und verlangte von seinen Studenten, »sie sollten Deutsch als zu ihrem wissenschaftlichen Hauptfach gehörig betrachten.«[32] Nachdem Wiener der europäischen und deutschen Ethologie die grundlegende Programmatik für die Mathematisierung und Technisierung

26 Jeweils ebd., S. 180f.

27 So Horst Mittelstaedt im Interview, 15.6.2005.

28 Diese Ziele formulierte er bei H. Mittelstaedt an E. v. Holst, 29.7.1957 u. 24.11.1957, MPG-Archiv, III. Abt., Rep. 29, Nr. 392.

29 H. Mittelstaedt an E. v. Holst, 13.11.1956, MPG-Archiv, III. Abt., Rep. 29, Nr. 391.

30 E. v. Holst an Fulbright Commission, 26.4.1956, MPG-Archiv, III. Abt., Rep. 29, Nr. 391.

31 H. Mittelstaedt an E. v. Holst, 29.7.1957, MPG-Archiv, III. Abt., Rep. 29, Nr. 392.

32 Nach H. Mittelstaedt an E. v. Holst, 24.11.1957, MPG-Archiv, III. Abt., Rep. 29, Nr. 392.

ihres Forschungsgebiets geliefert hatte, erfolgte Mitte der 1950er Jahre bereits ein Wissenstransfer in die Gegenrichtung.

Während sich Mittelstaedt in den USA aufhielt, verließen von Holst und seine Mitarbeiter Wilhelmshaven. Formal hatten sich ihre Abteilung und die Außenstelle Lorenz bereits 1954 vom MPI für Meeresbiologie gelöst und das MPI für Verhaltensphysiologie gegründet. 1956 verlegten sie ihren Sitz nach Seewiesen bei Starnberg, um dort 1958 das MPI und seine Gebäude offiziell einzuweihen.[33] In Seewiesen wurden für Mittelstaedt elektrophysiologische Labors errichtet, damit er in Deutschland sein erworbenes Wissen anwenden und weitergeben konnte. Bei seiner Rückkehr war er nicht nur ein Biologe, der technisch-mathematische Theorien und Methoden auf die Biologie anwenden konnte. Er war auch zum Mathematiker und Systemtheoretiker geworden, der biowissenschaftliche Methoden anwandte. Er war Kybernetiker. Mittelstaedt verstand darunter »eine allgemeine Verhaltenstheorie«, für die Physik, Mathematik und Biologie »Hilfswissenschaften« waren, durch deren Einsatz »die Verhaltensform und eben gerade nicht ihre physikalische Grundlage« erforscht werden konnten.[34] Die Biokybernetik hatte sich zu einer eigenständigen Wissenschaft entwickelt, und Mittelstaedt war ihr Vorreiter in diesem lokalen Rahmen. Ab 1960 konnte er als Abteilungsleiter des MPI für Verhaltensphysiologie[35] die Kybernetik selbstverantwortlich weiterentwickeln und Mitarbeiter in seiner Art zu arbeiten ausbilden.

Von Holst und Mittelstaedt waren auch bemüht, ihre Form der Biokybernetik zu verbreiten und dieser über ihre eigene Gruppe hinaus Gültigkeit zu verschaffen. Zu diesem Zweck referierte Mittelstaedt seine Theorie der biologischen Regelung auf der Naturforschertagung 1960 in Hannover und fügte sie damit in den Kanon einer allgemeinen Kybernetik ein.[36] Außerdem strebten von Holst und Mittelstaedt nach einer

33 MPG-Jahrbuch 1954, S. 6, bzw. Mitteilungen aus der MPG 1959, S. 97ff.

34 H. Mittelstaedt an E. v. Holst, 4.4.1957, MPG-Archiv, III. Abt., Rep. 29, Nr. 392.

35 Siehe MPG-Jahrbuch 1961, S. 16. Die offizielle Ernennung Mittelstaedts zum Direktor des MPI und zum Wissenschaftlichen Mitglied verzögerte sich »durch ein Versehen« (K. Lorenz an A. Butenandt, 17.9.1965, MPG-Archiv, II. Abt., Rep. 1A, IB Verhaltensphysiologie, Nr. 2) bis Ende 1965. Zur Ernennung selbst siehe Auszug aus Protokoll der Senatssitzung der MPG, 14.12.1965, MPG-Archiv, II. Abt., Rep. 1A, IB Verhaltensphysiologie, Nr. 2. Diese Verzögerung scheint aber nur formale Konsequenzen gehabt zu haben.

36 Vortrag gedruckt als Mittelstaedt, Horst: Regelungstheorie als methodisches Hilfsmittel der Verhaltensanalyse, in: Die Naturwissenschaften 48 (1961), S. 216-254.

Expansion auf personeller Ebene. »Für die Koordinierung der weiteren Arbeit«[37] veranstalteten sie 1958 erstmals ein Symposium, auf dem sie die relevanten Fragen mit Biologen aus dem In- und Ausland diskutierten und sich auf diese Weise mit ihnen vernetzten. Die wichtigste Aufgabe und gleichzeitig das größte Problem erschien die Einrichtung und Koordinierung interdisziplinärer Forschungsteams, die Verhalten gleichermaßen von der biologischen wie von der physikalisch-technischen Seite angreifen konnten. Den Nutzen dieser Teamarbeit hätten »in eindrucksvoller Weise die schönen Ergebnisse von Hassenstein und Reichardt«[38] gezeigt. Diese Art zu arbeiten entstammte einer zweiten biokybernetischen Tradition innerhalb der MPG, die im MPI für physikalische Chemie ihren Ausgangspunkt genommen hatte.

### 5.1.2 Entstehung der Kybernetik in einer Forschungsgruppe um Werner Reichardt und Bernhard Hassenstein

Karl Friedrich Bonhoeffer (1899-1957), seit 1949 Leiter des MPI für physikalische Chemie, zeigte stets Interesse an biologischen Fragen der physikalischen Chemie, besonders an der elektrochemischen Deutung der Fortpflanzung von Reizen in Nerven und der Eigenschaften von Membranen. Er galt als außergewöhnlich engagierter Förderer des wissenschaftlichen Nachwuchses und regte besonders seine jungen Mitarbeiter zur Anwendung physikalisch-chemischer Arbeitsmethoden auf biologische Probleme an. In dieser interdisziplinären Forschungsrichtung sah er die Zukunft der Naturwissenschaften und riet deshalb jedem Forscher, sich dahingehend zu »rüsten«.[39] Bonhoeffers Forschungsziel lag darin, »aus dem komplizierten Nebeneinander der erregbaren Nervenzellen das Miteinander der abgestimmten Lebensfunktionen, vor allem bis zum Phänomen des Gedächtnisses und des aktiven Denkprozesses«[40] streng mathematisch-naturwissenschaftlich zu erklären. Er wurde durch seine Versuche, physiologische Prozesse der Informationsverarbeitung mit einem einheitlich technisch-physikalisch-chemisch-biologischen Ansatz

37 H. Drischel an E. v. Holst, 19.10.1958, MPG-Archiv, III. Abt., Rep. 29, Nr. 117.

38 Ebd.

39 Bonhoeffer, Karl Friedrich: Über alte und neue Probleme der Elektrochemie, in: MPG-Jahrbuch 1952, S. 36f.

40 Gerischer, Heinz: Karl Friedrich Bonhoeffer (13.1.1899-15.5.1957), in: Mitteilungen aus der MPG 1957, S. 118f. Ähnlich formuliert auch Wagner, Carl: Max-Planck-Institut für physikalische Chemie in Göttingen, in: MPG-Jahrbuch 1961, S. 226f.

zu verstehen, zum intellektuellen Wegbereiter der Kybernetik. Außerdem war er ein früher Rezipient von Wieners Arbeit. Im September 1950 erhielt er von dem Biologen Max Delbrück aus Pasadena/Kalifornien das Buch. Wie sein Kollege Erich von Holst machte er dessen Inhalt und Bedeutung unter seinen Mitarbeitern bekannt. Gemeinsam mit von Holst sollte Bonhoeffer auch 1956 die Idee für ein kybernetisches Max-Planck-Institut auf den Weg bringen.

Zu diesem Zeitpunkt war der Physiker Werner Reichardt der hoffnungsvollste Kybernetiker unter Bonhoeffers Mitarbeitern, nachdem er erst ein Jahr zuvor in dessen Institut eingetreten war. Reichardt begann seine Laufbahn am Fritz-Haber-Institut der MPG in Berlin, wo er 1952 als Doktorand von Ernst Ruska promoviert wurde.[41] Intensiv mit der Biologie beschäftigte er sich erstmals 1954/55 während eines Forschungsaufenthalts bei Max Delbrück am Caltech in Pasadena. Seine Motivation, sich mit der Biologie auseinanderzusetzten, entsprang dem Wunsch, in seiner Arbeit eine theoretische und eine experimentelle Ebene zu vereinen, was ihm in der Physik nicht mehr möglich erschien.[42] Dementsprechend zeigte er sich begeistert von den ihm unbekannten Methoden und Forschungsfragen am Institut Delbrücks, besonders von der Anwendung der Informationstheorie in der Biologie. Nachdem er seine »Konversion von der Physik zur Biologie«[43] abgeschlossen hatte, kehrte er nach Göttingen zurück und stellte sein Wissen umgehend in den Dienst von Bonhoeffers Institut.[44] Dort bekleidete er offiziell seit Januar 1955 eine Assistentenstelle und war seit dem Sommer desselben Jahres vor Ort, um die Arbeitsgebiete Halbleiterphysik und Biophysik zu besetzen.

Die kybernetische Prägung erfuhr Reichardt aber nicht nur durch Karl Friedrich Bonhoeffer und Max Delbrück, sondern sie entwickelte sich vor allem aus seiner langjährigen Freundschaft und Zusammenarbeit mit Bernhard Hassenstein. Die beiden lernten sich als Soldaten im

41 Reichardt, Werner: Neue Versuche und Vorstellungen über den durch Druckzerstörung hervorgerufenen Lumineszenzrückgang von Zinksulfid-Phosphoren, maschinenschr. Diss., TU Berlin, 17.11.1952.

42 So Götz, Karl Georg: Nachruf auf Werner Reichardt (1924-1992), in: Jahrbuch 1992 der Akademie der Wissenschaften und der Literatur Mainz, S. 111.

43 Reichardt, Werner: Rede zur Einweihung des Neubaus der Abteilung Reichardt des MPI für Biologie am 14. Juni 1965 in Tübingen, in: Mitteilungen aus der MPG 1965, S. 340.

44 Das versprach W. Reichardt an K.F. Bonhoeffer, 12.1.1955, MPG-Archiv, III. Abt., Rep. 23, Nr. 45. Den Aufenthalt Reichardts dokumentieren daneben etliche Briefe M. Delbrücks an K.F. Bonhoeffer, 9.8.1954-10.6.1955, MPG-Archiv, III. Abt., Rep. 23, Nr. 16,8.

Zweiten Weltkrieg kennen und berichteten sich umgehend von ihren jeweiligen wissenschaftlichen Vorlieben. Hassenstein begriff durch den Gedankenaustausch, dass »das Buch der Natur, wie Galilei das ausgedrückt hatte, in der Sprache der Physik geschrieben war«.[45] Umgekehrt erkannte Reichardt, »was die Biologie eigentlich für ein großartiges Wissenschaftsgebiet sei«.[46] Gemeinsam beschlossen sie, dereinst ein Institut an der Grenze von Biologie und Physik zu gründen. In dieser Begegnung wurde, auch wenn sie im Rückblick etwas überbewertet sein mag, die Idee der Vereinigung von technischer Physik und Biologie geboren. Epistemisch war der Weg zu einer technisch-physikalisch-mathematischen Betrachtung der Verhaltensforschung geebnet. Hassenstein nahm aus dieser Erfahrung den Wunsch nach einer Mathematisierung der Biologie mit und konnte ihn nach dem Krieg bei Erich von Holst in eine biowissenschaftliche Umgebung einbringen. Dass die Bekanntschaft mit der Wienerschen Kybernetik ihn in seinen Bestrebungen nur noch zusätzlich bestärkte, drückte er 1952 aus, als er den Begriff Kybernetik erstmals in einer Veröffentlichung verwendete. Er hielt sie »für eine vielbesprochene, aber kaum bestätigte ›faszinierende‹ Theorie«,[47] die zur theoretischen Grundlage der Zoologie werden und diese zu einer wahrhaft mathematisch-naturwissenschaftlichen Disziplin machen könne.

Hassenstein und Reichardt trafen sich erneut um 1950, als der eine seine Doktorarbeit abschloss und der andere damit begann. In ihren gänzlich unterschiedlichen Forschungsobjekten bemerkten sie eine ähnliche Struktur: Beide untersuchten »die Eigenschaften eines unbekannten Systems«.[48] Sie manipulierten die Eingänge, maßen die Ausgänge dieser Black Box und schlossen darüber auf deren funktionelle Struktur. Die Erfahrung der gemeinsamen Fragestellung und Methode, angewandt auf völlig unterschiedliche Objekte, führte zu einer ersten informellen Zusammenarbeit, nachdem Reichardt 1952 seine Doktorarbeit beendet

45 Hassenstein: Bernhard Hassenstein, S. 87. Von diesem Treffen berichtet auch Johst, Volker: Verhaltensbiologe, Biokybernetiker, Anwalt des Kindes. Bernhard Hassenstein zum 80. Geburtstag, in: Naturwissenschaftliche Rundschau 55 (2002), S. 245-255.

46 Reichardt: Rede zur Einweihung, S. 339.

47 Hassenstein, Bernhard: Untheoretische Wissenschaft. Zur heutigen Situation in der Zoologie, in: Deutsche Universitätszeitung 19 (1952), o.S.

48 Hassenstein, Bernhard: Der Weg zur Tübinger Biokybernetik. Wissenschaftliche Zusammenarbeit mit Werner Reichardt von 1943 bis 1960, in: Acta Historica Leopoldina 48 (2007), S. 301. Hier terminiert Hassenstein das Wiedersehen auf das Jahr 1949. Bernhard Hassenstein im Interview, 11.7.2005, spricht von 1950. Der genaue Zeitpunkt scheint nicht mehr ganz klar.

hatte. Wegen ihrer räumlichen Trennung zwischen Wilhelmshaven und Berlin blieb die Kooperation zunächst auf einen Gedankenaustausch darüber beschränkt, welche Prozesse im Käfergehirn »die beobachteten Funktionen des Bewegungssehens«[49] verwirklichten. Hassenstein lieferte für ihre Kooperation das Objekt, Reichardt die Sprache der Mathematik sowie die physikalischen und technischen Methoden. Gemeinsam erstellten sie ein erstes Funktionsschema für die Leistung der Bewegungsperzeption des Facettenauges. Die persönliche Beziehung der beiden brachte, angeregt vom intellektuellen Milieu der MPG, die interdisziplinäre, biologisch-technische, kurz: kybernetische Forschung auf den Weg.

1954 untersuchten sie, zwar noch getrennt, aber in intensiver gedanklicher Wechselwirkung, »die Systemeigenschaften des Geschwindigkeitsauswertapparates bei Chlorophanus«.[50] Auch der Standort Göttingen war in diese Arbeit bereits einbezogen – nicht nur, indem die Koryphäe Bonhoeffer die Nachwuchswissenschaftler anregte und ermunterte, sondern auch indem die beiden die Infrastruktur der Forschergruppe »Elektronische Rechenanlagen« um Heinz Billing nutzten. Dass in diesem Projekt Rechenautomaten als Modelle der biologischen Analyse dienten, wies noch mehr in die Richtung der Kybernetik.

Organisatorisch war die Arbeit dadurch behindert, dass die Aufgaben in den verschiedenen Instituten räumlich und inhaltlich in unterschiedliche Richtungen zeigten. Zwar sollte Reichardt die Kooperation der beiden formal dadurch fixieren, dass er im September 1954 den Posten eines freien Mitarbeiters am MPI für Verhaltensphysiologie antrat.[51] Weil er zu diesem Zeitpunkt schon in den USA weilte, erwies sich der Plan jedoch als wertlos. Auch Hassenstein blieb nicht in Wilhelmshaven, sondern wechselte nach Tübingen. Weil von Holst in Mittelstaedt den besseren Experimentator und in ihm den besseren Didaktiker sah, galt Hassenstein in einem reinen Forschungsinstitut nur als »der zweite«[52] unter den Assistenten. In Übereinkunft mit von Holst sah er an einer Universität die Möglichkeit, seine Lehrfähigkeiten einzubringen, wollte sich aber gleichzeitig habilitieren. Hassenstein schlug den klassischen Weg eines Hochschulprofessors ein. Seine Forschungstätigkeit umfasste weiterhin

49 Ebd.

50 W. Reichardt an E. von Holst, 28.8.1954, MPG-Archiv, III. Abt., Rep. 29, Nr. 445.

51 W. Reichardt an E. von Holst, 26.7.1954, MPG-Archiv, III. Abt., Rep. 29, Nr. 445. Der Entwurf des Mitarbeitervertrags existiert als Anlage zu E. von Holst an W. Reichardt, 13.8.1954, MPG-Archiv, III. Abt., Rep. 29, Nr. 445.

52 Bernhard Hassenstein im Interview, 11.7.2005.

die »messende Verhaltensforschung«, allerdings beschränkt auf Methoden, bei denen Eingangs- und Ausgangsreiz »am intakten Organismus ohne Operationen und ohne Eindringen von Meßsonden«[53] gemessen wurden. Ein wichtiger Versuchsaufbau für diese Arbeit war der von Hassenstein konstruierte »Spangenglobus«, ein Gestell aus sich verzweigenden Strohhalmen, auf dem ein Käfer wanderte. Abhängig von Lichtreizen, die der Käfer von vorn oder den Seiten erhielt, wählte er unterschiedlich häufig die Abzweigung nach rechts oder nach links. Indem Hassenstein die Richtungsentscheidungen mitzählte, hatte er einen Weg gefunden, die Informationsverarbeitung im Käfer quantitativ zu messen. Er thematisierte seine Forschung auch in seinen Veranstaltungen, wo er »möglichst viel moderne Methoden«[54] vorführte. Die Kybernetik floss über Hassenstein bereits in die biologische Lehre ein, während sie sich gerade noch im Entstehen befand.

Obwohl die neuen Aufgaben Hassenstein und Reichardt banden, beschäftigten sie sich weiterhin mit ihrem gemeinsamen Projekt des Bewegungssehens bei Käfern. Bis Ende November 1955 waren sie bereits »zu einem gewissen Abschluß in der Theorie gelangt«[55] und konnten erstmals darüber veröffentlichen.[56] Ihnen blieb aber die Aufgabe, ihre qualitativen Ergebnisse mathematisch und v.a. informationstheoretisch zu fassen. Bei der mathematischen Deutung der Verarbeitung von Lichtreizen stellten sie fest, dass im ZNS des Käfers eine Vorzeichen-Multiplikation stattfindet. Die Verrechnungen visueller Muster seien von deren Bewegungsgeschwindigkeit »funktionell abhängig«[57] und entsprächen

53 Hassenstein: Bernhard Hassenstein, S. 102. Die Unversehrtheit der Versuchstiere zu betonen, war ihm im Interview, 11.7.2005, wichtig. Zu den Ergebnissen dieser Arbeitsphase siehe Hassenstein, Bernhard: Über die Wahrnehmung der Bewegung von Figuren und unregelmäßigen Helligkeitsmustern. Nach verhaltens- u. elektrophysiologischen Untersuchungen an Insekten, in: Zeitschrift für vergleichende Physiologie 40 (1958), S. 557-592 (zugl. Habil. Uni Tübingen, 1957).

54 B. Hassenstein an E. v. Holst, 7.6.1955, MPG-Archiv, III. Abt., Rep. 29, Nr. 199.

55 W. Reichardt an E. von Holst, 25.11.1954, MPG-Archiv, III. Abt., Rep. 29, Nr. 445.

56 Hassenstein, Bernhard u. Werner Reichardt: Systemtheoretische Analyse der Zeit-, Reihenfolgen- und Vorzeichenauswertung bei der Bewegungsperzeption des Rüsselkäfers Chlorophanus viridis, in: Zeitschrift für Naturforschung 11b (1956), S. 513-524.

57 B. Hassenstein an E. v. Holst, 25.7.1956, MPG-Archiv, III. Abt., Rep. 29, Nr. 200. Die entsprechende Veröffentlichung wurde vorgelegt als Reichardt, Werner: Autokorrelations-Auswertung als Funktionsprinzip des Zentralnervensystems (bei der optischen Bewegungswahrnehmung eines Insekts), in: Zeitschrift für Naturforschung 12b (1957), S. 448-457.

mathematisch einer Korrelationsauswertung. Das System bestand danach aus einer Vielzahl elementarer Bewegungsdetektoren. Jeder einzelne verglich die Information aus einer Facette mit der einer Nachbarfacette zu einem unmittelbar früheren Zeitpunkt. War die Information beider Facetten deckungsgleich und zeitverzögert, gab ein Bewegungsdetektor ein Signal weiter, dessen Vorzeichen von der Richtung der Bewegung abhing. Eine höhere Ebene summierte die Signale aller Detektoren, und das Vorzeichen der Summe bestimmte die wahrgenommene Bewegungsrichtung. Diese ausschließlich rechnerisch gewonnene These prüften Hassenstein und Reichardt an einem technischen Modell und experimentell nach, wofür sie einen vor dem Käfer rotierenden Streifenzylinder entwarfen. Die Unterschiede in Richtung und Geschwindigkeit der Streifenbewegung verursachten unterschiedliches Verhalten des Käfers in genau dem Maße, dass sie die mathematische Theorie bestätigten. Für die beiden Forscher waren die experimentellen Ergebnisse »traumhaft«.[58]

Mit dem wissenschaftlichen Fortschritt ging die institutionelle Entwicklung einher. Hassenstein und Reichardt konnten ab 1958 erstmals am selben Ort, dem MPI für Biologie in Tübingen, systemtheoretisch, experimentell und an Modellen arbeiten. Dass ihre Forschungsgruppe als erste Institution in der Bundesrepublik den Namen Kybernetik benutzte, nahmen sie nicht bewusst oder zumindest nicht als etwas Außergewöhnliches wahr. Weil sie ihre Methode der wechselseitigen Bedingung von Theorie, Modell und Experiment klar in der Tradition Wieners sahen, bot sich der Name konsequenterweise an.[59] Der Fortschritt bestand in ihren Augen ganz pragmatisch darin, dass sie nun infrastrukturell und finanziell angemessen ausgestattet waren. Sie konnten ihre Verhaltensstudien thematisch über die optomotorische Reaktion des Rüsselkäfers Chlorophanus viridis ausdehnen, ihre neuen Theorien an anderen Objekten anwenden, die Theorien durch diese Anwendungen weiterentwickeln und das biologische Wissen zur Grundlage technischer Entwicklungen machen. Ab 1958 entstand in ihrer »Forschungsgruppe Kybernetik« ein »elektronischer Aufbau eines neuen optischen Geschwindigkeitsmessverfahrens nach dem Korrelationsprinzip«, der »auf dem Funktionsprinzip von Chlorophanus viridis für das Bewegungssehen«[60] basierte. Reichardt und Hans Wenking, der Ingenieur der Gruppe, erhielten für das Datenverarbeitungsprinzip »Multiplikation

58 Hassenstein: Weg, S. 308.

59 Von dieser Selbstverständlichkeit berichtete Bernhard Hassenstein im Interview, 11.7.2005.

60 »Forschungsgruppe Kybernetik«, in: MPG-Jahrbuch 1958, S. 245.

verwirklicht Bewegungswahrnehmung« sogar ein Patent.[61] Durch die Kooperation eines Biologen, eines Physikers und eines Ingenieurs an einem Ort wurde ein interdisziplinäres Team geschaffen, wie es sich von Holst und Mittelstaedt immer erträumten. Die Forschungsgruppe Kybernetik erfüllte den urkybernetischen Anspruch auf Interdisziplinarität in beispielhafter, kaum anderswo realisierter Weise.

Bis Hassenstein 1960 einem Ruf als Ordinarius für Zoologie an die Universität Freiburg folgte, konnten er und Reichardt dank der neuen Arbeitsgegebenheiten ihre Ziele erreichen und schließlich »der Überzeugung sein, das Bewegungssehen des Käfers Chlorophanus viridis auf der Ebene der Datenverarbeitung funktionell zu verstehen.«[62]

Ihre Ergebnisse trugen sie u. a. auf dem Naturforscher-Kongress 1960 in Hannover vor,[63] auf dem die bundesdeutsche Kybernetik erstmals einem breiten Publikum vorgestellt wurde. Hassenstein als der geschicktere Didaktiker verfasste auch einen einführenden Aufsatz, in dem er die wesentlichen Elemente ihrer Biokybernetik zusammenfasste, aber auch den Charakter und die Leistungsfähigkeit der Kybernetik im Ganzen erläuterte.[64] Er führte damit der wissenschaftlichen Öffentlichkeit vor, wie Organismen quantifizierend, informations-, system- und regelungstheoretisch zu untersuchen seien. Als biokybernetisch arbeitende Forscher im deutschsprachigen Raum nannte er neben sich und Reichardt u. a. H. Drischel, E. von Holst, K. Küpfmüller, H. Mittelstaedt und G. Vossius. Gleichzeitig mit der Vorstellung ihrer eigenen Arbeit kanonisierte er die Biokybernetik in einem weiteren Rahmen. Dadurch begann er, unterschiedliche Ansätze zu vereinheitlichen und die Kybernetik zu einer Subdisziplin der Biologie auszubauen.

Die Arbeit Hassensteins und Reichardts war nicht nur »eine biokybernetische Analyse par Excellence«[65] und »ein Highlight der Kybernetik«.[66] Sie begründete in den Jahren von 1952 bis 1960 überhaupt erst eine eigen-

61 So Hassenstein: Bernhard Hassenstein, S. 94.

62 Ebd., S. 25.

63 Veröffentlicht als Hassenstein, Bernhard: Wie sehen Insekten Bewegung?, in: Die Naturwissenschaften 48 (1961), S. 207-214; Reichardt, Werner: Systemanalyse der Lichtreaktionen eines einzelligen Pilzes, in: Die Naturwissenschaften 48 (1961), S. 192-207.

64 Hassenstein, Bernhard: Die bisherige Rolle der Kybernetik in der biologischen Forschung, in: Naturwissenschaftliche Rundschau 13 (1960), S. 349-355, 373-382, 419-424.

65 Johst: Verhaltensbiologe, S. 247.

66 Gert Hauske im Interview, 13.10.2005.

ständige Form, biokybernetisch zu arbeiten. Sie stellte die »Axiomatik«[67] der Biokybernetik auf, indem sie zeigte, dass die Nachrichtenverarbeitung im ZNS nach mathematischen Prinzipien funktionierte und deshalb physikalisch-technisch und mathematisch zu untersuchen war. Daneben manifestierten Hassenstein und Reichardt mit der Gründung der »Arbeitsgruppe Kybernetik« den Begriff Kybernetik erstmals in der bundesdeutschen Wissenschaftslandschaft und schafften dem spezifischen kybernetischen Wissen, das bisher in der persönlichen Beziehung der beiden nur sozial verortet war, einen materiellen Ort. In ihrer Zusammenarbeit trafen sich auch erstmals die Schulen Bonhoeffers und von Holsts. Damit war die Grundlage für einen übergreifenden MPG-Stil der Biokybernetik gelegt, den verschiedene Organe wie der Naturforscher-Kongress 1960, die Tagungen der DAGK/DGK oder die Zeitschrift »Kybernetik« in weite Teile der wissenschaftlichen Öffentlichkeit hinaustrugen. Die Kooperation Hassensteins und Reichardts war personell, strukturell und inhaltlich wegweisend für die Kybernetik und wirkte in epistemologischer wie methodologischer Hinsicht paradigmatisch auf die Biologie.

Wegen ihres ungewöhnlichen, fast revolutionären Ansatzes wirkten beide Forscher in der Scientific Community zunächst fremd. Der Münchner Zoologe Hansjochem Autrum etwa meinte, die mathematische Darstellung des Bewegungssehens habe »nur den Wert einer (interessanten) Analogie, aber nicht den einer Beschreibung wesentlicher, tatsächlich vorhandener Prozesse«,[68] weshalb eine formale Beschreibung unzweckmäßig sei. Aber auch wegen ihres Alters stießen Hassenstein (Jahrgang 1922) und Reichardt (Jahrgang 1924) bei vielen etablierten Kollegen auf Unverständnis. Schließlich waren beide gerade Anfang bis Mitte Dreißig, als sie ihre neue Programmatik entwickelten. Da sich die Verhandlungen über die Gründung der Arbeitsgruppe in ihren Augen zu lange hinzog, fand der Alterskonflikt Ausdruck in einem Ausruf Hassensteins gegenüber seinem Lehrer von Holst: »Die Alten sollen mal bei Seite treten, jetzt kommen wir dran!«[69]

67 Diesen Ausdruck benutzte Bernhard Hassenstein im Interview, 11.7.2005.

68 H. Autrum an A. Butenandt (Präsident MPG) 13.5.1960, MPG-Archiv, II. Abt., Rep. 1A, IB Biologie, Reichardt allgemein.

69 Zitiert nach E. v. Holst an B. Hassenstein, 19.2.1958, MPG-Archiv, III. Abt., Rep. 29, Nr. 201. Von Holst erinnerte mit diesen Worten Hassenstein an dessen Ausruf.

### 5.1.3 Kybernetisches Arbeiten der Gruppe Reichardt/Hassenstein in etablierten Strukturen

Hassenstein und Reichardt lösten ihr Kooperationsverhältnis nicht, ohne einen Plan zu schmieden, wie sie die Kybernetik in Zukunft in den Biowissenschaften verbreiten und vertiefen könnten. Reichardt sollte das kybernetische Wissen durch elektrophysiologische Experimente an Fliegen weiter fundieren und durch die Gründung einer Zeitschrift[70] das Netzwerk biokybernetischer Forscher im In- und Ausland vergrößern. Hassenstein wollte v.a. biokybernetischen Nachwuchs heranziehen, indem er die Kybernetik in die Universitätsdidaktik einführte und durch Doktoranden möglichst viele biologische Phänomene unter kybernetischem Aspekt betrachten ließ. Sie fühlten sich an den König von Spanien und den König von Portugal erinnert, die sich um das Jahr 1500 die Neue Welt aufteilten – nur bei ihnen »war das die Welt der Kybernetik.«[71]

Weil sich Hassenstein in Freiburg notgedrungen auf die Lehre und die Organisation seines Lehrstuhls konzentrierte, musste er in der Folgezeit feststellen, dass er »persönlich etwas von der Kybernetik abgerückt« sei.[72] Sie war für ihn nur noch einer unter vielen Wegen biologischen Erkenntnisstrebens. Besonders die »Verhaltensbiologie des Kindes« wurde ab Mitte der 1960er Jahre sein zentrales Forschungsfeld. Er führte die Verhaltenstheorien Erich von Holsts und Konrad Lorenz' über den »Inneren Antrieb« fort und widmete sich verstärkt Fragen der biologischen Anthropologie, die in der Bildungspraxis direkt anwendbar zu sein hatten. Bei dieser Tätigkeit verstand er aber sein Forschungsobjekt ebenfalls als informationsverarbeitendes System, auf das kybernetische Methoden anzuwenden seien.[73] Explizit kybernetisch arbeitete er weiterhin an dem Problem des Farbensehens beim Menschen. Hieran wollte er theoretisch und experimentell biologische Datenverarbeitung nachweisen und mathematisch darstellen. Er fügte physiologisch und experimentalpsychologisch gewonnenes Material zu einem Modell in Form eines Schaltbildes zusammen, um der Frage auf den Grund zu gehen, wie aus einfallenden

70 Reichardt wurde tatsächlich Schriftleiter der neuen Zeitschrift »Kybernetik«, die an seiner Abteilung herausgegeben wurde. Siehe dazu Impressum und Editorial, in: Kybernetik 1 (1961/1963).

71 Bernhard Hassenstein im Interview, 11.7.2005. Diese Arbeitsteilung beschreibt auch Hassenstein: Weg, S. 321.

72 Hassenstein an W. Heitz/DFG, 25.5.1961, BA Koblenz, B227/138623.

73 Dazu Hassenstein: Bernhard Hassenstein, S. 107. Die maßgebliche Veröffentlichung dieses Arbeitsgebiets ist Hassenstein, Bernhard: Verhaltensbiologie des Kindes, München/Zürich 1973 (Heidelberg [5]2001).

Lichtsignalen die Empfindungen bestimmter Farben entstünden. Im Modell ergab die Veränderung der Farbwellenlänge eine Veränderung der Farbwahrnehmung. Durch Veränderung der Modellstruktur konnte Hassenstein sogar erklären, wie es »zu einer der sieben klinisch bekannten Formen von gestörtem Farbensehen«[74] komme. Er betonte aber ausdrücklich, dass es sich hierbei um eine Modellüberlegung handle, die das System Farbensehen bewusst begrenzte und vereinfachte. Dies gebe seinen Überlegungen eher den Charakter von Hypothesen und Voraussagen, die er »noch nicht nachgeprüft«[75] hatte. Die experimentelle Überprüfung der Hypothesen übernahmen vier Doktoranden, je ein Diplomingenieur, Diplombiologe, Diplomphysiker und Diplommathematiker. Sie bildeten ein für Hassensteins Institut typisches interdisziplinäres Forschungsteam.[76] Indem Hassenstein mit diesem Projekt versuchte, Empfindungen zu quantifizieren, stieß er weit in den Bereich des Subjektiven hinein. Methodisch und erkenntnistheoretisch entsprach sein Vorgehen unbedingt dem Anliegen der Kybernetik, Gebiete mathematisch-naturwissenschaftlich zu behandeln, die bis dahin den Geisteswissenschaften vorbehalten blieben.

Eine bemerkenswerte Doktorarbeit betreute Bernhard Hassenstein 1976 mit Gerd Willwachers Studie »Fähigkeiten eines assoziativen Speichersystems im Vergleich zu Gehirnfunktionen«. Willwacher simulierte auf einem Computer der Serie UNIVAC 1106 ein Neuronennetzwerk, das zur assoziativen Informationsspeicherung diente. Er baute damit ein System auf, dem es seiner Meinung nach gelang, Leistungen des menschlichen Gehirns wie Assoziieren, Musterbilden oder Zuordnen nachzuahmen. Bemerkenswert machte das Projekt die Tatsache, dass es an einem biologischen Institut angesiedelt war und zur Promotion angenommen wurde, obwohl es rein technischer Natur war. Die Arbeit hätte auf den ersten Blick viel eher in das Profil eines Instituts für Nachrichtenverarbeitung gepasst, war aber für Biologen interessant, weil das künstliche Neuronennetz die Informationsverarbeitung bei Gedächtnisleistungen modellierte. Willwacher sammelte die zeitgenössisch wichtigsten biologischen, physiologischen und psychologischen Ergebnisse über die Funktionen des Gehirns, um »Intelligenzleistungen in kybernetischen Systemen zu synthetisieren« und somit »Hypothesen zur Funktion des Gehirns zu gewinnen.«[77]

74 Hassenstein, Bernhard: Modellrechnung zur Datenverarbeitung beim Farbensehen des Menschen, in: Kybernetik 4 (1967/1968), S. 218.

75 Ebd., S. 223.

76 Das betont Hassenstein: Bernhard Hassenstein, S. 104.

77 Willwacher, Gerd: Fähigkeiten eines assoziativen Speichersystems im Vergleich zu Gehirnfunktionen, in: Biological Cybernetics 24 (1976), S. 197.

Die technische Verwertung hatte Willwacher jedoch durchaus auch im Kopf. Er wollte »Schaltungsprinzipien für zukünftige parallel arbeitende Rechner gewinnen, deren Einsatz bei komplizierten Problemen der technischen Datenverarbeitung sinnvoll erscheint.«[78] Mit dieser Arbeit waren die gesamte Spannbreite und die bidirektionale Ausrichtung kybernetischen Forschens im Institut für Zoologie der Universität Freiburg repräsentiert. Hassenstein war nicht nur kybernetischer Forscher, sondern wirkte auch als Multiplikator der Kybernetik. Bis 1984 entstanden unter seiner Betreuung 24 Dissertationen und Habilitationen[79] mit kybernetischer Fragestellung und Methodik, und in seinen Lehrveranstaltungen und als Autor von Lehr- und Einführungsbüchern[80] leistete er einen wichtigen Beitrag für die Verbreitung der biologisch-analytischen Kybernetik.

Neben der Entdeckung einer Korrelationsauswertung beim Bewegungssehen des Käfers war die »Laterale Inhibition« das große Forschungsthema Werner Reichardts. Diese Theorie besagte, »daß die vorhandene Sehfeldüberlappung benachbarter Ommatidien durch die gegenseitige nervöse Inhibition der Erregungsvorgänge im optischen Nerv korrigiert werden kann.«[81] Das Sehsystem rezipierte unterschiedlichste optische Signale, leitete einige an bestimmte Nervenzellen weiter und hemmte andere. Erst die Verrechnung dieser Signale erzeugte ein konsistentes Bild von der Außenwelt. Die laterale Inhibition leistete einen wichtigen Beitrag zur Invariantenbildung. Noch stärker als bei der Untersuchung des Bewegungssehens von Käfern diente in diesem Fall die Mathematisierung organischer Informationsverarbeitung nicht nur als theoretisches Werkzeug für die Biologie, sondern wurde auch »zur Lösung einer in der Nachrichtentechnik auftretenden Frage – der automatischen Zeichenerkennung«[82] herangezogen. Optisch-geometrisch oder mittels elektrischer Schaltungen konnten nach diesem organischen Prinzip zu erkennende Zeichen mit einem Satz vorgegebener Zeichen verglichen werden. Die technische Konstruktion, die der lateralen Inhibition entsprach, verarbeitete die ankommenden Zeichen vor, damit der Prozess der eigent-

78 Ebd.

79 Dies ist einer Liste aller von Hassenstein betreuten Qualifikationsarbeiten, im Besitz des Autors, zu entnehmen.

80 Das wichtigste ist das enorm erfolgreiche Schulbuch Hassenstein, Bernhard: Biologische Kybernetik. Eine elementare Einführung, Heidelberg 1973 ([5]1977).

81 Reichardt, Werner u. Gordon Mac Ginitie: Zur Theorie der lateralen Inhibition, in: Kybernetik 1 (1961/1963), S. 155.

82 Ebd., S. 163.

lichen Zeichenerkennung mit einer stark reduzierten Informationsmenge konfrontiert war.

Der technische, synthetisierende Aspekt der Kybernetik hatte in der Arbeit der Abteilung Reichardt im MPI für Biologie immer seinen Platz neben der Hauptaufgabe der Analyse von Informationsprozessen bei Insekten.[83] Damit hatte sich ein alternatives Verständnis der Kybernetik zu dem Mittelstaedts und eine stärker technisch orientierte Form des kybernetischen Arbeitens in der Forschungspraxis der MPG gebildet, wurde weiterentwickelt und über Veröffentlichungen und Tagungen nach außen getragen. Reichardt erhob explizit den politischen Anspruch, die Kybernetik mit Hilfe seiner wissenschaftlichen Erfolge und deren öffentlicher Darstellung »zu etablieren und auszubauen«.[84] 1965 nutzte er einen Festakt zur Einweihung seines Abteilungsgebäudes, um die Kybernetik in seinem Sinne gleichzeitig nach innen zu definieren und nach außen zu propagieren. Biokybernetik sei demnach »die quantitative Untersuchung nervöser Vorgänge mittels physikalisch biologischer Methodik«, die auf einer subzellulären, einer zellulären Ebene und auf einer Ebene der Neuronenverbände vorgenommen werde. Das Ziel der Forschung sei, »die vorliegenden Gesetzmäßigkeiten zu erkennen, sie zu beschreiben und dort, wo dies möglich und adäquat ist, auf ihre molekularen Grundlagen zurückzuführen.« Im Bereich der neuronalen Verbände liege das Hauptaugenmerk aber gerade nicht auf der Analyse neuronaler Prozesse, sondern auf der Abstraktion von einzelnen Vorgängen, womit »eine vertiefte Einsicht in die Prinzipien ermöglicht« und »die neuronalen Schaltungsprinzipien« biologischer Systeme verständlich würden. Die relevanten biowissenschaftlichen Methoden waren die elektrophysiologische Ableitung, also die direkte Messung von Reizströmen im Nervensystem, und die messende Verhaltensforschung, die eine bestimmte Verhaltensleistung des ganzen Organismus quantitativ registrierte und aus beobachteten Reiz-Reaktions-Beziehungen auf die zugrunde liegenden nervösen Systemstrukturen schloss. Diese indirekte Methode ging im Wesentlichen auf die Gruppe um von Holst, Lorenz und ihre Schüler Hassenstein und Mittelstaedt zurück. Um das Verhalten eines Organismus erkennen und messen zu können, waren beide Methoden zu kombinieren, weil die eine eher im zellulären und subzellulären Bereich und die andere

83 Siehe die Arbeitsberichte der Abteilung, in: MPG-Jahrbuch 1961, S. 146; MPG-Jahrbuch 1963, S. 198; MPG-Jahrbuch 1966, S. 222.

84 Reichardt, Werner: Rede zur Einweihung des Neubaus der Abteilung Reichardt des Max-Planck-Instituts für Biologie am 14. Juni 1965 in Tübingen, in: Mitteilungen aus der MPG 1965, S. 338.

im Bereich der Neuronenverbände anzuwenden war. Die wirklich kybernetische Herausforderung bestand nach Reichardt darin, die biologisch-neurologischen Methoden mit solchen mathematischen zu koppeln, »die innerhalb der letzten Jahrzehnte zu tieferen Einsichten in das Wesen der Nachricht oder Information geführt haben.«[85] Nur in der Kombination von Elektro- und Verhaltensphysiologie mit System-, Regelungs- und Informationstheorie könne die Funktion eines nervösen Prozesses wirklich quantitativ erforscht werden.

Ihre programmatische Bedeutung erhielt diese Rede durch ihre Zuhörerschaft. Zum einen waren Entscheidungsträger aus der Wissenschaftspolitik anwesend, Vertreter der MPG und der Bundes- und Landesministerien, zum anderen die Protagonisten der Biokybernetik, die das Netzwerk »Biological Cybernetics« bildeten: vom MPI für Verhaltensphysiologie Jürgen Aschoff, Konrad Lorenz und Horst Mittelstaedt, vom Zoologischen Institut der Universität Frankfurt Dietrich Burkhardt, von der Deutschen Forschungsanstalt für Psychiatrie Otto Creutzfeldt, Gerd Peters und Detlev Ploog, vom Zoologischen Institut der Universität Freiburg Bernhard Hassenstein, vom Institut für allgemeine Nachrichtentechnik der TH Darmstadt Karl Küpfmüller, vom Institut für Physik der Universität Neapel Valentin Braitenberg, vom Department of Molecular Biology des Caltech Max Delbrück, vom Department of Communication der Universität Keele Donald M. MacKay, vom M.I.T. Walter A. Rosenblith und viele mehr.[86] Diese illustre Runde von Biologen und Ingenieuren erfuhr im persönlichen Kontakt, sicher nicht zum ersten Mal, aber in diesem Rahmen besonders eindrücklich und verbindlich, von dieser spezifischen Art, kybernetisch zu denken und zu arbeiten. Da diese sich in der angesehenen MPG manifestiert hatte und von der wissenschaftlichen Kapazität und persönlichen Autorität Reichardts vertreten wurde, war sie in der wissenschaftlichen Öffentlichkeit schnell akzeptiert. Weitere Forscher adaptierten sie, verbreiteten sie in neue Kontexte und transformierten sie dadurch erneut. Das MPI für Biologie (und später das MPI für biologische Kybernetik) entwickelte sich zum institutionellen Zentrum[87] dieser Form der Kybernetik und dieses personellen

85 Jeweils ebd., S. 334-337.

86 Nach der Einladungsliste für die Einweihung des Neubaus, o. D., MPG-Archiv, II. Abt., Rep. 1A, IB Biologie, Reichardt allgemein.

87 Ein expliziter Grund für die Aufwertung der Abteilung Reichardt zum MPI war u. a., dass damit in Tübingen ein biokybernetisches Zentrum geschaffen würde. Ausgedrückt z. B. bei Protokoll der Sitzung des Senats der MPG, 5.3.1968, MPG-Archiv, II. Abt., Rep. 1A, IB Biologie, Reichardt allgemein.

Netzwerks. Von hier maßgebliche Forschungsergebnisse, hier residierten Protagonisten des Netzwerks, hier wurden Tagungen abgehalten und die Zeitschrift »Kybernetik« herausgegeben.

Spätestens durch Gründung des eigenständigen MPI baute die Biokybernetik in diesem lokalen Rahmen auch nicht mehr auf einzelne Forscher wie Reichardt und Hassenstein. Sie wurde entpersonalisiert, indem sie nun endgültig institutionell manifestiert war. Parallel zu dieser Etablierung stieg auch eine neue Generation von Kybernetikern auf, die zunächst Reichardts Co-Direktoren repräsentierten: Valentin Braitenberg, Karl Georg Götz und Kuno Kirschfeld. Neben diesen war v. a. noch Reichardts ehemaliger Mitarbeiter Dezsö Varjú kybernetisch aktiv. Er war seit 1958 Assistent am MPI, hatte sich 1967 habilitiert[88] und wurde 1968 auf einen Lehrstuhl für Zoologie der Universität Tübingen berufen, der nachträglich den Namen »Lehrstuhl für Biokybernetik« erhielt. Damit fand die Tübinger Form der Biokybernetik einen zweiten Platz für die Ausbildung des wissenschaftlichen Nachwuchses nach dem Institut Hassensteins.

Im Zentrum der Forschungsbemühungen stand weiterhin die Analyse des tierischen Verhaltens. In den frühen 1970er Jahren gewannen die Biokybernetiker schwerpunktmäßig experimentelle Ergebnisse über die Orientierungsfähigkeit einer Fliege, fassten diese zu einem mathematischen Modell zusammen und leiteten daraus eine allgemeine »Theory of the Pattern Induced Flight Orientation of the Fly Musca Domestica«[89] ab. Zusätzlich zum erprobten biokybernetischen Methodenapparat bezogen sie nun auch die Ebene der Gene in ihre Arbeit ein und untersuchten das Verhalten der Fliege abhängig von genetischen Manipulationen.[90] Eine breitere Öffentlichkeit interessierte sich für die Arbeit in Tübingen in erster Linie, weil sie technischen Nutzen von ihr erwartete. »Aus der Faszination des Rätsels«, also zweckfreier Neugierde des Forschers heraus, sollte die Forschung zwar motiviert sein, die gewonnenen Einsichten aber dafür verwendet werden, verwertbares Wissen für Navi-

88 Varjú, Dezsö: Nervöse Wechselwirkung in der pupillo-motorischen Bahn des Menschen, Berlin (u. a.) 1967 (zugl. Habil. Uni. Tübingen 1967).

89 Die zentralen Veröffentlichungen waren Poggio, Tomaso u. Werner Reichardt: A Theory of the Pattern Induced Flight Orientation of the Fly Musca Domestica, in: Kybernetik 12 (1973), S. 185-203; Dies.: A Theory of the Pattern Induced Flight Orientation of the Fly Musca Domestica II, in: Biological Cybernetics 18 (1975), S. 69-80.

90 Siehe Götz, Karl Georg: Hirnforschung am Navigationssystem der Fliegen, in: Die Naturwissenschaften 62 (1975), S. 468.

gationstechniker oder Computerkonstrukteure bereitzustellen.[91] Für die Kybernetiker selbst bildete eine mögliche technische Verwertbarkeit eher ein nicht unerwünschtes Abfallprodukt. Technische Konstruktionen waren nie das Ziel der Arbeit,[92] auch wenn der technische Aspekt der Kybernetik in dieser Gruppe präsenter war als in der der Verhaltensphysiologen in Seewiesen.

### 5.1.4 MPG-Stil

Die Gruppen um von Holst und Mittelstaedt bzw. um Reichardt und Hassenstein entwickelten in den 1950er Jahren ihre biokybernetischen Konzeptionen recht unabhängig voneinander – abgesehen von dem Einfluss der von Holstschen Verhaltensanalyse auf Hassenstein und damit auf Reichardt. Je weiter die Ausarbeitungen von Theorie und Methode auf beiden Seiten fortschritten, desto mehr öffneten sich die Gruppen nach außen und beeinflussten sich gegenseitig durch Korrespondenzen und Treffen, wie den Symposien in Seewiesen, Tagungen in Tübingen oder gänzlich informellen gegenseitigen Institutsbesuchen.[93] Im Resultat näherten sich das Verständnis und die Arbeitsweisen immer weiter an. In Mittelstaedts Auffassung von Kybernetik nahm die Regelungstheorie eine zentralere Position ein, und in der Reichardtschen war die Technik mehr als nur eine Begriffs-, Methoden- und Modelllieferantin. Diese Position einer Hilfswissenschaft bedeutete aber für Mittelstaedt keine Geringschätzung der Technik. Wie Reichardt nahm er die reale Existenz von mathematischen Informationsprozessen im Organismus an und vertrat vehement die These, dass diese Prozesse nur mit mathematisch-technischem Werkzeug zu verstehen und darzustellen seien.[94]

Der Nukleus dieses Denk- und Forschungsstils lag in den Instituten Erich von Holsts in Heidelberg und später in Wilhelmshaven, nicht nur weil dort die Grundlagen für die Biokybernetik gelegt wurden, sondern auch weil sich von hier aus das Wissen nach Seewiesen und Tübingen zu verbreiten begann. Die Arbeiten an den jeweiligen Orten adaptierten Vor-

91 So »Zwölftausend Computer auf ein Gramm. Biologische Kybernetik untersucht Flugdatenverarbeitung bei Insekten«, in: MPG-Spiegel 1975, H. 4, S. 14.

92 So Kuno Kirschfeld im Interview, 20.6.2005.

93 Von solchen sprach Kuno Kirschfeld im Interview, 20.6.2005.

94 Z.B. bei Mittelstaedt, Horst: Abteilung Mittelstaedt. Max-Planck-Institut für Verhaltensphysiologie in Seewiesen und Erling-Andechs/Oberbayern, in: MPG-Jahrbuch 1961, S. 762-788; Ders.: Grundprobleme der Analyse von Orientierungsleistungen, in MPG-Jahrbuch 1966, S. 120-151.

bilder und verknüpften diese mit eigenem Vorwissen oder dem Dritter, entwickelten so den Stil weiter und wirkten wiederum als Vorbilder für Nachkommende. Getragen wurde diese Ausbreitung des Wissens in der Regel zunächst vom Interesse einzelner Akteure, v. a. der alten Koryphäen wie von Holst und Bonhoeffer, die ihre jungen Mitarbeiter auf die einschlägigen Forschungsaufgaben ansetzten und damit lokale Netzwerke bildeten. Das Neue entstand nicht innerhalb festgefügter Strukturen, sondern wurde durch persönliche Beziehungen und die Dynamik kleiner Gruppen begründet und verbreitet. Erst später entstanden translokale Netzwerke, feste soziale Systeme und dauerhafte Institutionen, die dann für Öffentlichkeit und Nachprüfbarkeit des neuen Wissens sorgten. In dieser Phase der Entpersonalisierung und Institutionalisierung kam der Generationenfrage große Bedeutung zu. Nachdem die etablierten Institutsleiter für die Adaption der Kybernetik verantwortlich gezeichnet hatten, definierte in den 1960er Jahren die Generation um Mittelstaedt, Hassenstein und Reichardt die relevanten Begriffe und formulierte die Forschungsfragen, Methoden und Ziele der neu entstehenden und sich formierenden Wissenschaft. Damit hatten sie die maßgebende Position übernommen, die zu Beginn der Entwicklung, also etwa 15 Jahre vorher, noch von Holst und Bonhoeffer innehatten. Besonders Werner Reichardt wurde in forschungspraktischer wie in politischer Hinsicht zum dominierenden Akteur der Gruppe von MPG-Kybernetikern.[95] In den 1970er Jahren stiegen bereits die Schüler der zweiten Generation zu Institutsleitern auf und führten die Kybernetik als etabliertes biologisches Forschungsfeld weiter.

Viel mehr als die amerikanischen Ur-Kybernetiker begründeten und beeinflussten die Arbeiten der MPG-Forscher die Biokybernetik in der Bundesrepublik.[96] Die Kybernetik breitete sich Schritt für Schritt aus, von ihrem Nukleus zur weit verbreiteten und anerkannten Wissenschaft. Das geistige Milieu der MPG erwies sich dafür als Glücksfall. Sie war durch ihre vielen unterschiedlichen Institute, ihre interdisziplinäre Orientierung, die relativ hierarchiearmen Strukturen und die sich daraus ergebende Vernetzung der Forscher verschiedener Herkunft ein idealer Nährboden für die Entwicklung der Biokybernetik.[97] Innerhalb der

95 So Horst Mittelstaedt im Interview, 15.6.2005. Ähnlich würdigt ihn auch Götz: Nachruf auf Werner Reichardt, S. 110-114.

96 Das betonte etwa Gert Hauske im Interview, 20.10.2005.

97 Dass die Entwicklung aufgrund des Charakters der MPG nur konsequent verlief, betonten die Akteure selbst; z. B. Protokoll der Kuratoriumssitzung des MPI für Biologie, 2.9.1957, MPG-Archiv, II. Abt., Rep. 1A, IB Biologie, Protokolle 3; Max-Planck-Institut für Biologie in Tübingen. Abteilung Reichardt, in: MPG-Jahrbuch 1961, S. 111-153.

MPG wurden sowohl erstmals die Begriffe definiert, die Forschungsprobleme formuliert und die Methoden verfestigt wie auch eine wissenschaftliche Institution erstmals mit dem Namen »Kybernetik« versehen. Auch die Zeitschrift »Kybernetik« wurde am MPI für Biologie und später für biologische Kybernetik herausgegeben, in diesem Fall allerdings schon in Zusammenarbeit mit anderen Kybernetikern. Die Kybernetik in der Bundesrepublik erhielt innerhalb der MPG ihre maßgebliche Prägung.

Die MPG beeinflusste die Entwicklung der Kybernetik auch insofern, als sie nach ihrer Gründungsidee und in der forschungspraktischen Realität für Forscher eine Art Insel der Seligen bildete, die von Konjunkturen, gesellschaftlicher Nachfrage und Erwartung relativ ungestört blieb. Wenn ein Institut oder eine Abteilung einmal gegründet war, standen eine Vielzahl von Mitarbeitern und ein hoher Sachetat bereit. Solange die Kybernetiker nur ihre Leistung brachten, konnten sie relativ frei forschen. Sie spürten »keine Einflüsse von außen« und »keine Konjunkturen«.[98] Dass Kybernetik eine Modeerscheinung wurde, nutze ihnen genauso wenig, wie ihnen das Ende der Kybernetik-Welle schadete. Als Schlagwort hatte die Kybernetik mit der Gründung eines Instituts »ihre Schuldigkeit getan«.[99] Die MPG-Forscher hielten das Wort so lange hoch, wie sie es zu Werbungszwecken benötigten. Danach war es für sie von eher untergeordneter Bedeutung, ob die Weiterentwicklungen von Fragen und Methoden noch im Sinne der ursprünglichen Programmatik waren, ob die Kybernetik in ihrem zeitgenössischen Charakter noch der Norbert Wieners entsprach. Werbung für das Forschungsfeld betrieb der Begriff Kybernetik, indem er eine Metapher für Interdisziplinarität, Rationalität und damit Modernität darstellte. Mit dieser Werbung adressierten die MPG-Forscher weniger eine Massenöffentlichkeit über die Medien. Entscheidend war vielmehr, dass der Fachbeirat der Institute deren Arbeit positiv bewertete.[100] Als Öffentlichkeit, die zu überzeugen war, fungierten hier die Geldgeber aus den verantwortlichen Bundesministerien und in erster Linie die MPG-Leitung. Im Elfenbeinturm saß aber auch bei der MPG niemand. Kontakte nach außen waren dort ebenfalls wichtig für die Entwicklung eines neuen Forschungskonzepts. Allerdings war es nicht nötig, sich mit einem außerwissenschaftlichen, öffentlichen Bild von der Kybernetik auseinanderzusetzen.

98 Horst Mittelstaedt im Interview, 15.6.2005.
99 Kuno Kirschfeld im Interview, 20.6.2005.
100 Das wird ebd. betont.

Der Forschungsstil der Biokybernetik, den die ideellen und strukturellen Konstitutionen der MPG maßgeblich geprägt hatten, wirkte in zwei verschiedene Richtungen über die Grenzen der MPG hinaus. Zum einen waren die Forscher Teile einer internationalen Community von Bio- und Neurowissenschaftlern und besuchten demzufolge regelmäßig einschlägige Tagungen in aller Welt. Die Tübinger Gruppe war etwa 1959 auf den Tagungen »Cerebral Systems« am Caltech und »Principles of Sensory Communication« am M.I.T. vertreten. Daneben hielt Bernhard Hassenstein Gastvorlesungen an der Universität Buenos Aires und an der University of Southern California in Los Angeles.[101] 1969, um noch ein zweites Jahr willkürlich herauszugreifen, war Reichardt Hauptredner und Chairman auf einem Neuroscience-Kongress in Boston, und Götz nahm am Treffen des »Neuroscience Research Program« am M.I.T. teil.[102] Umgekehrt waren immer ausländische Gastwissenschaftler am MPI in Tübingen.[103] Ein transnationaler Wissenstransfer, v.a. mit den USA, fand durchaus statt, aber eher innerhalb der traditionellen Disziplin Biologie, indem Schlagwörter wie »Neuroscience« oder »Molekularbiologie« die Begriffe, Fragestellungen und Methoden vorgaben. Wenn im Ausland der Begriff Kybernetik verwendet wurde, bezeichnete er eher disziplinenübergreifend die theoretische und meist philosophische Ebene der Kybernetik. Die empirische Ebene blieb außen vor, und Probleme, die an der Forschungspraxis orientiert waren, wurden zweitrangig diskutiert. Beispielsweise hatten die Biokybernetiker der MPG an die große internationale Kybernetik-Vereinigung AIC, in der der Begriff in diesem Sinne verwendet wurde, nur wenig Anknüpfungspunkte. Weil Hassenstein und Reichardt die Fremdheit beider Konzeptionen erkannten, besuchten sie lediglich die erste Konferenz der AIC in Namur.[104]

Zum anderen wirkte der MPG-Stil der Biokybernetik nach außen, indem er die bundesdeutsche Neuro-Wissenschaft prägte – hier aber explizit unter dem Titel Kybernetik. Durch die Nähe Seewiesens zu München

101 Mitteilungen aus der MPG 1960, S. 54.

102 So Preiß/MPG: Vermerk: MPI für biologische Kybernetik. Reise von Professor Reichardt zum Kongreß nach Boston/USA, 12.8.1969, MPG-Archiv, II. Abt., Rep. 1A, IB biolog. Kybernetik, Nr. 4,1, bzw. K.G. Götz: Bericht über die Teilnahme am 17. Meeting des Neuroscience Research Program, 3.-5.2.1969 am M.I.T. in Boston, 22.2.1969, MPG-Archiv, II. Abt., Rep. 1A, IB biolog. Kybernetik, Nr. 4,1.

103 Siehe die Statistiken des Instituts, z.B. Max-Planck-Gesellschaft: Arbeitsbericht 1.1.1968-31.12.1969, in: Die Naturwissenschaften 57 (1970), S. 620.

104 So Bernhard Hassenstein im Interview, 11.7.2005.

bot sich für die Gruppe Mittelstaedt der Kontakt mit den kybernetisch arbeitenden Nachrichtentechnikern der dortigen TU geradezu von selbst an. Die Kooperation der beiden Institute beeinflusste die Programme der DFG in außerordentlichem Maße, aber auch die Tübinger Gruppe wirkte auf das Schwerpunktprogramm und den Sonderforschungsbereich ein, indem sie dort Gutachtertätigkeiten übernahm. Schließlich dominierte die Kombination aus MPG- und DFG-Forschern immer stärker die DAGK/DGK. Dadurch verbreiteten sich das Verständnis der Kybernetik, die spezifische Art des kybernetischen Arbeitens und das produzierte Wissen über die Grenzen der MPG hinaus in die anderen Institutionen und Organe des Netzwerks hinein.

## 5.2 Kybernetik in der DFG

### 5.2.1 Das Schwerpunktprogramm »Kybernetik«

Mit dem Schwerpunktprogramm (SPP) schuf die DFG 1953 ein zusätzliches Förderinstrument zum Normalverfahren. Der Idee nach unterstützte sie dadurch »neue oder in Deutschland vernachlässigte Forschungsbereiche«,[105] die sich besonders durch interdisziplinäre Ansätze und Kooperationen auszeichneten. Außerdem wurden »die Anforderungen, die Gesellschaft, Staat und Wirtschaft an die Forschung stellen,«[106] verstärkt zum Kriterium der Förderung gemacht. Die DFG begriff die Nutzbarkeit wissenschaftlichen Wissens nicht mehr als Eingriff in die Freiheit der Forschung, sondern verstand Wissenschaft als Dienstleisterin der Gesellschaft. Die Förderung von Forschungsprojekten, die ihre Innovationskraft aus Clusterbildungen zogen, sollte eine Kluft des rückständigen deutschen Wissenschaftssystems zum Ausland schließen und bundesdeutschen Forschern die Möglichkeit geben, sich in internationale Communities besser einzupassen. Interdisziplinarität und Anwendungsorientierung waren seit den 1950er Jahren zentrale Schlagwörter in der Förderungsstrategie der DFG.

105 DFG-Tätigkeitsbericht 1966, S. 68.
106 DFG-Tätigkeitsbericht 1967, S. 68. Ganz ähnlich wird auch argumentiert im DFG-Tätigkeitsbericht 1969, S. 44.

### *Erste Problemstellungen im Rahmen eines SPP »Regelungstechnik«*

Im Sinne ihrer Förderungsgrundsätze beriet die DFG 1959 über die Einrichtung eines SPP »Regelungstechnik«, um dieses neue Feld ingenieurwissenschaftlicher Forschung in der Wissenschaftslandschaft zu verankern. In den Aushandlungen über die Fassung des Programms wurde die Frage aktuell, ob darin auch Untersuchungen »über Regelvorgänge der belebten Natur«[107] einzubeziehen seien. Auch wenn einige Fachberater der DFG »eine gewisse Gefahr unberechtigter Analogieschlüsse«[108] bei der Gleichsetzung biologischer und technischer Regelung sahen, begrüßten sie durchwegs die Idee einer schwerpunktmäßigen Förderung von Untersuchungen zur Regelung in Organismen. Weil auf diesem Gebiet Technik und Biologie methodisch verzahnt waren, erwarteten sie Forschungserfolge nur durch Arbeit in interdisziplinären Teams. Damit war die DFG geradezu in der Pflicht, schließlich konnten durch eine übergreifende Förderung die disziplinären Barrieren überwunden werden, die an einzelnen Hochschulen die Regel waren.[109] Ja sogar zwischen Universitäten und Technischen Hochschulen mussten Brücken geschlagen werden, weil in der Regel an den einen die Biologen und an den anderen die Regelungs- und Nachrichtentechniker zu Hause waren. Aushängeschilder dieser interdisziplinären Art zu forschen waren die Forschungsgruppen der MPG und erste bereits stattgefundene Tagungen über biologische Regelung.[110]

Im November 1959 zog die Geschäftsstelle der DFG eine erste Zwischenbilanz, in der sie die Information als Grundlage der Regelung und die Existenz von Informationsprozessen sowohl in der Technik wie auch in der Natur betonte. In diesem Zusammenhang erfasse man in Deutschland »die natürlichen Erscheinungen unter dem Begriff ›Kybernetik‹.«[111] Zwar sollte das SPP die Regelungstechnik nur unter technischen Gesichtspunkten behandeln und biologische Probleme nur insofern berücksichtigen, »als der Techniker daraus etwas lernen kann.«[112] Aber die Zusammenführung von Elektrotechnikern, Apparatebauern, Mathematikern, Biologen, Medizinern, Soziologen, Psychologen und Philosophen

107 Waldemar Heitz/Planer und späterer Koordinator des SPP an H. Autrum, 22.7.1959, BA Koblenz, B 227/138623.

108 Hensel an W. Heitz, 25.8.1959, BA Koblenz, B227/138623.

109 So die Hoffnung des Gutachtens Stegemann an W. Heitz, 20.8.1959, BA Koblenz, B 227/138623.

110 Ebd.; auch bei H. Autrum an W. Heitz, 11.8.1959, BA Koblenz, B 227/138623.

111 W. Heitz an Treue, 22.11.1959, BA Koblenz, B227/138623.

112 Ebd.

war zu einer »der wichtigsten und fruchtbarsten Aufgaben dieses Schwerpunktprogramms«[113] geworden. Weil das SPP die Kategorie Information unabhängig von ihrem materiellen Träger zum Gegenstand hatte, konnten Forscher unterschiedlicher Herkunft technische, biologische und soziale Systeme einheitlich unter dem Aspekt ihrer Informationsprozesse untersuchen. Die Bedeutung der Kybernetik war erkannt und die Idee einer schwerpunktmäßigen Förderung geboren.

Eine nächste Verhandlungsrunde hatte 1960 die Frage zu erörtern, ob das SPP Regelungstechnik weiter oder eng zu fassen sei, d. h. ob die biologische Regelung integriert werde oder nicht. Auf physiologischer, biologischer und philosophischer Seite war eine Beteiligung erwünscht. Die Geschäftsstelle sah aber die Gefahr, dass sie den Schwerpunkt überlaste. Diesen Bedenken folgte auch die Besprechungsgruppe des SPP und sprach sich gegen eine Erweiterung aus, weil »geisteswissenschaftliche Tendenzen [...] oft Verschwommenheit der Konzeption«[114] brächten. Stattdessen schlug sie ein gesondertes Schwerpunktprogramm für Kybernetik vor. Die Kybernetik umfasste nach dieser Auffassung neben der naturwissenschaftlichen auch eine philosophische Dimension der Regelung, würde also jegliches Forschungsprogramm unendlich in die Breite führen und dadurch dessen Rahmen sprengen. Schlussendlich nahm die DFG Abstand von jeglicher Erweiterung des SPP über die technische Regelung hinaus, weil die Kybernetik der gewünschten Konzentration auf wenige Hauptprobleme entgegenlaufe und dadurch »die Zersplitterung des Forschungsplanes in zahlreiche, sich nicht berührende Aufgaben«[115] drohe.

Eine Entscheidung suchte die DFG in Form eines Dialogs mit Fachwissenschaftlern. Die Geschäftsstelle koordinierte diesen Prozess, sammelte zunächst einschlägiges Material in Form von Veröffentlichungen und Stellungnahmen von Experten und legte sie der Besprechungsgruppe vor. Diese setzte sich wiederum aus Wissenschaftlern zusammen, und zwar beim SPP Regelungstechnik aus dem Vorsitzenden Karl Küpfmüller, daneben aus Otto Kraemer und Karl Steinbuch aus Karlsruhe, Adolf Leonhard und Rudolf Quack aus Stuttgart sowie Winfried Oppelt aus Darmstadt. Diese Protagonisten der Regelungstechnik werteten die unterschiedlichen Gutachten aus und formulierten aus diesen Vorgaben und ihrer eigenen Fachkenntnis einheitliche Vorschläge und Pläne.

113 W. Heitz: Aktenvermerk, 9.12.1959, BA Koblenz, B227/138623.
114 Nach W. Heitz an A. Leonhard, 8.8.1960, BA Koblenz, B227/138623.
115 W. Heitz an R. Wagner, H. Mittelstaedt, B. Hassenstein, 5.5.1961, BA Koblenz, B227/138623.

Damit ermöglichten sie dem Senat der DFG, Förderstrategien zu entwickeln, und dem Hauptausschuss der DFG, Entscheidungen über den Umfang der Förderung zu treffen. Schließlich gehörten diejenigen, die Anträge zur Förderung von Einzelprojekten im Rahmen eines bewilligten SPP stellten, derselben Gruppe an, die im Vorfeld des Förderprogramms Fachgutachten erstellt hatte. Aktive Forscher begannen und beendeten die Initiierungsphase eines Forschungsprogramms. Dessen Vorbereitung, Entscheidungsfindung und Durchführung – nicht nur im Fall der Regelungstechnik – trugen also Züge einer Kreiskausalität. Im Rahmen der Aushandlungen wurde der zu fördernde Gegenstand scharf definiert, die relevanten Fragen formuliert und andere ausgeschlossen. Ein vormals vages Forschungsfeld erhielt auf diesem Weg feste Agenden.

### *Vorarbeiten und Anlaufschwierigkeiten*

Als im SPP Regelungstechnik über die Aufnahme nichttechnischer Regelung diskutiert wurde, ergab sich die Frage, ob Regelung im Organismus gleichbedeutend sei mit Kybernetik oder was genau sonst noch unter dem Begriff Kybernetik zu subsumieren sei. Nach den Gutachten konnte sie eng oder weit gefasst werden. Die enge Fassung, die mathematisch-technische Fragen in Organismen hineintrug, hätte den Vorteil eindeutig bestimmbarer Probleme und wäre damit leicht in einem Förderprogramm zu erfassen. Eine weitere Fassung würde darüber hinaus das Verhalten von Lebewesen im Ganzen und von Gruppen von Lebewesen sowie die wissenschaftstheoretische und anthropologische Deutung der Anwendung mathematisch-technischer Methoden auf den Menschen in die Kybernetik aufnehmen. »Die geschichtliche, vielleicht epochale Bedeutung der Kybernetik« lag nach Meinung der Gutachter darin, dass mit ihr »eine Wende zu ›Modellen‹ vollzogen« werde.[116] Die Kybernetik synthetisierte Informationsprozesse, deutete sie somit mathematisch und drang dadurch in ein Gebiet ein, das bisher den Geistes- und Sozialwissenschaften vorbehalten war. Welche konkreten Fragen und Ansprüche sich daraus ergäben, war noch völlig offen. Kybernetik konnte als Dachwissenschaft konzipiert werden, in der alle Formen von Informationsprozessen untergebracht wären. Sie konnte aber auch eine Basiswissenschaft bilden, die traditionellen wissenschaftlichen Disziplinen, soweit möglich, mathematisch-technische Methoden und Theorien zur Verfügung stellte.

116 J. Ritter an DFG, 8.8.1960, BA Koblenz, B227/138623.

Diesen Tenor hatten die von der DFG eingeholten Expertisen und vermittelten damit ein erstes Bild der Kybernetik, das die Gruppe von DFG-Angestellten und wissenschaftlichen Beratern als verbindlich anerkannte. Klar definiert war die Kybernetik längst noch nicht. Fest stand lediglich, dass sie nicht mehr mit einer neu zu schaffenden Regelungstechnik vereinbar war, also nur im Rahmen eines eigenständigen SPP gefördert werden konnte. Dafür mussten ihre Forschungsfragen so weit geklärt und allgemein akzeptiert sein, dass sie sich in ein klar strukturiertes Programm einfügten. Schon die Besprechungsgruppe für die Regelungstechnik sah in der Unklarheit und Amorphie der Kybernetik eine Schwierigkeit. Der Stuttgarter Regelungstechniker Adolf Leonhard gab zu bedenken, dass sie »überhaupt nicht scharf umrissen werden kann. Vielleicht meint jemand, der von Kybernetik spricht, etwas ganz anderes als irgendein anderer.«[117]

Wenn biologische, soziologische und philosophische Probleme der Regelung zu breit waren, um im Rahmen des SPP Regelungstechnik aufzugehen, und zu unscharf, um in einem eigenen Programm zusammengefasst zu werden, aber zu bedeutend, um gar nicht gefördert zu werden, dann musste eine klare Bestimmung der relevanten Fragen und Begriffe erfolgen. Zu diesem Zweck wurde die Geschäftsstelle Ende 1960 beauftragt, »Material für eine Diskussion über eine schwerpunktmäßige Förderung der Kybernetik vorzubereiten, dazu auch die Stellungnahme von maßgeblichen Kybernetikern wie Prof. R. Wagner, Dr. Hassenstein und Dr. Mittelstaedt einzuholen.«[118] Die Protagonisten kybernetischer Forschung hatten in der Folge ihr Gebiet zu einem förderungswürdigen Komplex zu gestalten.

Richard Wagner befürwortete eine Förderung biologischer Regelung, weil dadurch »dieses Urprinzip« seiner Bedeutung gemäß behandelt werden könne. Schließlich seien die einschlägigen Probleme in Deutschland bekannt gewesen, »längst bevor in Amerika von Norbert Wiener die Kybernetik in das Interesse der Öffentlichkeit gebracht«[119] worden war. Durch die Förderung der biologische Regelkunde verhelfe die DFG der bundesrepublikanischen Forschung, verglichen mit dem Ausland, in die Position, die ihr historisch zustehe. Die Argumente der originären Wurzeln, der langen Forschungstradition und des Stellungsgewinns der nationalen Wissenschaft kamen im zeitgenössischen forschungspolitischen

117 A. Leonhard an W. Heitz, 1.9.1960, BA Koblenz, B227/138623.
118 Sitzungsprotokoll der Besprechungsgruppe des SPP Regelungstechnik, 12.12.1960, BA Koblenz, B227/138623.
119 R. Wagner an W. Heitz, 8.5.1961, BA Koblenz, B227/138623.

Klima sicher an, da eine vermeintliche wissenschaftliche und technologische Lücke im Vergleich zu den USA und der UdSSR wettzumachen ein primäres Ziel war. Dem Zweck, der Kybernetik eine förderungs- und forschungspraktische Form zu geben, nützte Wagner mit seinen eifersüchtigen Prioritätsansprüchen aber nicht.

Dem Würzburger Zoologen G. Schneider zufolge seien die Lebensfunktionen nicht allein experimentell zu analysieren, weil dies nur eine Unmenge nicht mehr überschaubarer Einzelergebnisse zutage fördere. Angesichts der Komplexität des Gegenstands »kommt man nur dann zu sinnvollen Arbeitshypothesen, zu gezielten Untersuchungsmethoden und zu einer verständlichen Darstellung der Ergebnisse, wenn man die untersuchten Teile des Organismus als Übertragungs-, Steuerungs-, Regelungs- oder Verrechnungssystem betrachtet und die Methoden anwendet, die von den Physikern zur Untersuchung und Beschreibung solcher Systeme entwickelt worden sind.« Die Kybernetik war demzufolge zu fördern, damit dieses physikalisch-technische Instrumentarium erkenntnistheoretisch, methodisch und darstellerisch noch gewinnbringender für die Biologie werde. Schneider nahm die DFG aus dem praktischen Grund in die Pflicht, dass kybernetisches Arbeiten wegen seiner Interdisziplinarität und seines hohen Geräteaufwands in den üblichen Hochschulstrukturen meist »an organisatorischen oder finanziellen Schwierigkeiten«[120] scheitere.

Den Aspekt der Interdisziplinarität betonte auch Horst Mittelstaedt. Er wies darauf hin, dass biologische Forschungsinstitute junge Nachrichten- und Regelungstechniker aus Technischen Hochschulen für einzelne Projekte aufnehmen könnten, ihr Personaletat dies aber nicht gestatte.[121] Damit spielte er besonders auf das Verhältnis seiner Abteilung zum Institut Markos an der TH München an, in dem bereits vereinzelt Kooperationen stattfanden, diese aber formalisiert und v.a. gesichert finanziert werden mussten.

Bernhard Hassenstein schlug ebenfalls wegen der interdisziplinären Ausrichtung der Kybernetik eine Angliederung an das Schwerpunktprogramm »Biophysik« vor, weil die Methoden häufig an physikalische oder chemische Probleme anschlössen. Die charakteristische »mathematische Erfassung und Diskussion der Befunde« der Kybernetik werde »viel eher von Physikern als von reinen Mathematikern geleistet«. Hassenstein bemerkte noch einmal ganz deutlich, dass die Kybernetik in einem wesentlichen Punkt über die Regelungstechnik hinausreichte, der »in den

120 Beides G. Schneider an DFG, 14.8.1961, BA Koblenz, B227/138623.
121 So H. Mittelstaedt an W. Heitz, 17.5.1961, BA Koblenz, B227/138623.

Bereich der Nachrichten-Verarbeitung«[122] einzuordnen war. Mit diesem Befund warf Hassenstein den Aspekt der mathematisch-wissenschaftlichen Behandlung von Information in die Debatte.

Dass der Begriff Kybernetik »ebenso weitreichend wie verschwommen« erscheine, betonte der Frankfurter Zoologe Dietrich Burkhardt. »Ernsthafte, intensive und nützliche Arbeit im Bereich der Biologie« fiele ebenso darunter wie »ein Sammelsurium dilettantischer Arbeiten und Spekulationen«. Wie die anderen Gutachter betrachtete er eine schwerpunktmäßige Förderung wegen der gängigen Schwierigkeiten interdisziplinärer Forschung für angezeigt, schlug allerdings den Titel »Koordination im Organismus« vor, um Forscher auszugrenzen, die lediglich »geschickt mit Schlagwörtern umzugehen verstehen.«[123] Burkhardt machte die DFG mit seinem Gutachten auf den anrüchigen Ruf der Kybernetik und die Gefahr unseriöser Forschung unter diesem Titel aufmerksam. Dieses Rufs könne sich die DFG nur durch eine strikte Einengung des Programms auf biologisch-analytische Aspekte entledigen.

Nach Werner Reichardt sei die Kybernetik in Gefolgschaft von Norbert Wieners Definition, unter erkenntnistheoretischem wie methodischen Aspekt, »die Anwendung der Denkmethoden, wissenschaftlichen Erkenntnisse und Verfahren aus dem mathematisch-physikalischen Bereich auf Vorgänge im Organismus [...] mit dem Ziel einer naturwissenschaftlichen Theorienbildung von vollständig beschreibender und vorausberechenbarer Aussagekraft.«[124] In Umkehrung der bisherigen Diskussion regte er die Eingliederung der Regelungstechnik in die Kybernetik und damit ein großes, naturwissenschaftlich orientiertes SPP an, das die Technik als Teilaspekt und Hilfsmittel für die Analyse in sich aufnehme. Reichardt stellte hier eine Maximalforderung wahrscheinlich aus dem politischen Kalkül, damit das Mögliche zu erreichen, nämlich ein eigenständiges SPP, das zur Etablierung seines Forschungszweiges beitragen konnte.

Erstmals explizit empfahl J. Stegemann vom MPI für Arbeitsforschung, eine analytische Kybernetik in Abgrenzung zu einer konstruierenden Regelungstechnik zu fördern. Die Inhalte einer wissenschaftlichen Kybernetik würden aus den Veröffentlichungen der Zeitschrift »Kybernetik« und dem Programm der Tagung der Gesellschaft Deutscher Naturforscher und Ärzte, 1960 in Hannover, ersichtlich.[125]

122 B. Hassenstein an W. Heitz, 25.5.1961, BA Koblenz, B227/138623.
123 Jeweils D. Burkhardt an DFG, 2.8.1961, BA Koblenz, B227/138623.
124 W. Reichardt an W. Heitz, 22.8.1961, BA Koblenz, B227/138623.
125 So J. Stegemann an W. Heitz, 30.8.1961, BA Koblenz, B227/138623.

Die DFG erachtete aus Angst vor einer Zersplitterung nur einen Teil der Kybernetik für förderungswürdig, überließ aber die Profilschärfung der Scientific Community. Selbst wirkte sie nur unterstützend, indem sie die Rolle einer Koordinatorin und Vermittlerin übernahm. Ihre Autorität bezog sie in diesem Prozess aus der Aussicht auf Zuweisung finanzieller Mittel, womit sie die Wissenschaft in die gewünschte Richtung drängen konnte. Umgekehrt übten die Wissenschaftler Druck auf die DFG aus, ihrer Satzung gemäß die neue Wissenschaft zu fördern. Die forschungspolitischen Argumente der Experten für eine Förderung waren, dass die Bundesrepublik auf einem zukunftsträchtigen Forschungsgebiet international im Rückstand sei und dass die Praxis kybernetischen Arbeitens die Strukturen der Hochschulen sprenge. Beide Seiten erarbeiteten somit dialektisch ein Forschungsprogramm, das gleichzeitig die analytische Kybernetik als Wissenschaft konstruierte.

Die DFG verstand die Stellungnahmen der Wissenschaftler als »repräsentative Meinungsäußerung der Fachwelt«.[126] Sie benannten Akteure, Institute, Vereinigungen und deren Tagungen, Organe, Theorien, Hypothesen, Forschungsfragen und -methoden und kanonisierten damit eine wissenschaftliche Disziplin. Sie grenzten die Kybernetik ihrem Charakter nach als eine Wissenschaft ein, die biologische Objekte nach regelungs- und informationstheoretischen Gesichtspunkten interdisziplinär mit mathematisch-technischen Methoden untersuche. Von einer Dachwissenschaft war längst nicht mehr die Rede, weil die dabei postulierte Breite die Existenz eines klar umgrenzten Forschungsprogramms unmöglich erscheinen ließ. Der Ansatz der DFG lag vielmehr in der Kybernetik als einer Basiswissenschaft für die Analyse biologischer Systeme.

Weil die Max-Planck-Institute als Zentren kybernetischer Forschung galten, besaßen ihre Protagonisten eine starke Deutungsmacht. Werner Reichardt und Horst Mittelstaedt konnten nicht nur ihre Meinungen in die Debatte einbringen, sondern ihrer Art kybernetisch zu denken und zu arbeiten wurde auch ein Vorbildcharakter eingeräumt. Der MPG-Stil der Kybernetik beeinflusste damit auch die DFG und breitete sich weiter aus. Er fand seinen Weg in ein bundesweites Forschungsprogramm, wo er sich mit anderen Formen kybernetischen Arbeitens und Denkens inhaltlich, personell und strukturell verknüpfte und somit erneut transformierte.

Im nächsten Schritt fasste die Geschäftsstelle der DFG die Stellungnahmen der Experten zusammen, um sie dem Senat vorzulegen. Sie bejahte dabei die schwerpunktmäßige Förderung der Kybernetik besonders

126 W. Heitz: Aktennotiz, 12.9.1961, BA Koblenz, B227/138623.

wegen ihres interdisziplinären Charakters, wies aber eindringlich auf die Notwendigkeit einer Förderung »mit starker Lenkungstendenz«[127] hin, um die Gefahren der Unseriosität und Ausuferung zu umgehen. Mit diesem Memorandum hatte das Verfahren zur Einrichtung eines SPP Kybernetik offiziell begonnen.

In seiner ersten Amtshandlung bestellte der Senat eine Besprechungsgruppe, in der die Protagonisten der neuen Wissenschaft versammelt waren. Die 23 Mitglieder[128] sollten den Stand und die gewünschte Entwicklung der Kybernetik überblicken und den Vorschlag einer Schwerpunktförderung konkretisieren, damit der Senat auf seiner folgenden Sitzung über die Realisierung einer solchen entscheiden könne.[129] Die Besprechungsgruppe bildete fortan die wichtigste Beratungsinstanz im Entscheidungsprozess der DFG. Bevor sie sich aber mit den zentralen Fragen nach der Förderungswürdigkeit kybernetischen Arbeitens in unterschiedlichen Disziplinen beschäftigen konnte, entspann sich in der ersten Sitzung im März 1962 eine intensive Diskussion über das Wesen der Kybernetik und den Kanon ihrer Teilgebiete. Besonders die Bedeutung der Informationstheorie im Vergleich zur Regelungstheorie und die Anwendbarkeit kybernetischen Denkens und ihrer Methode in Geistes- und Gesellschaftswissenschaften waren umstritten.[130] Karl Küpfmüller schlug eine thematische Orientierung des Programms an der Zeitschrift »Kybernetik« vor und betonte damit die Verortung in der Mathematik. Nur solange sich Phänomene quantitativ erfassen ließen, seien sie Gegenstände der Kybernetik. Richard Wagner dagegen beharrte darauf, dass auch »der qualitative Erkenntnisvorgang«[131] in den Forschungsarbeiten des Schwerpunkts berücksichtigt werden müsse. Die Breite der Anwendbarkeit und die inhaltliche Ausformung der Kybernetik waren noch offen, genauso wie der Titel des SPP längst nicht entschieden war. Wiederum Küpfmüller plädierte für den Begriff Kybernetik, damit die DFG an bestehende explizit kybernetische Einrichtungen, also v. a. die

127 Ebd.

128 U. a. H. Autrum, D. Burkhardt, B. Hassenstein, E. von Holst, W.D. Keidel, K. Küpfmüller, A. Leonhard, H. Mittelstaedt, W. Reichardt, H. Schmidt, J. Stegemann, K. Steinbuch, G. Vossius, R. Wagner, A. Walther. Siehe W. Heitz an Autrum, 24.11.1961, BA Koblenz, B227/138623.

129 So Protokoll über die Sitzung der Besprechungsgruppe Kybernetik, 5.5.1962, BA Koblenz, B227/138623.

130 Nach Arbeitsunterlage für die Besprechungsgruppe Kybernetik, Anlage zu W. Heitz an Autrum, 25.1.1962, BA Koblenz, B227/138623.

131 Protokoll über die Sitzung der Besprechungsgruppe Kybernetik, 5.5.1962, BA Koblenz, B227/138623.

Zeitschrift »Kybernetik«, anschließe und damit das Bestreben unterstütze, »diesem Wort wieder zu wissenschaftlicher Anerkennung zu verhelfen«.[132] Mit Küpfmüller stellte sich ein Protagonist dieses spezifischen interdisziplinären Arbeitens auf dem Gebiet der Information bewusst in Opposition zum weit verbreiteten öffentlichen Verständnis des Begriffs Kybernetik und wollte ihm eine strenge wissenschaftliche Konnotation verleihen. Weil er seine Kollegen und in deren Gefolge alle weiteren Instanzen der DFG von seinem Vorhaben überzeugen konnte, schuf die DFG in einem willentlichen politischen Prozess eine dritte wissenschaftliche Manifestation der Biokybernetik in der Bundesrepublik nach der Forschungsgruppe in Tübingen und der Zeitschrift.

Die Besprechungsgruppe einigte sich schließlich auf die offizielle Formulierung: »Im Schwerpunktprogramm Kybernetik sollen Forschungsarbeiten gefördert werden über die Anwendung der Erkenntnisse aus Nachrichtenübertragung, Nachrichtenverarbeitung, Steuerung und Regelung auf biologische Probleme, auf Vorgänge im Organismus und in Gruppen von Organismen. Es soll sich insbesondere um Untersuchungen von solchen Vorgängen handeln, die experimentell erfaßbar sind.« Auch ex negativo legte die Gruppe diese Form der Kybernetik fest, indem sie die Entwicklung von Automaten dezidiert vom Programm ausschloss. Weil sich Konstruktion und Analyse methodisch und erkenntnistheoretisch fundamental unterschieden, empfahl Küpfmüller, die technische Richtung der Kybernetik im Schwerpunktprogramm »Regelungstechnik und Elektronische Rechenanlagen (Nachrichtenverarbeitung)« zu bearbeiten.[133] Titel, Thema und Inhalte des SPP wurden durch einen forschungspolitischen Akt der Konsensfindung festgelegt, und in diesem Zuge wurde eine Form analytisch-kybernetischen Arbeitens kodifiziert, die auch in der MPG, der Zeitschrift und der gerade gegründeten DAGK verortet war. Obwohl die Besprechungsgruppe eine strenge Definition der Kybernetik vermied, konstituierte sie mit ihren Formulierungen sehr wohl die Wissenschaft Kybernetik, weil sich ab sofort die Forscher in ihrer praktischen Arbeit und der Antragstellung neuer Projekte an diese Vorgaben zu halten hatten, um gefördert zu werden. Mit der Formulierung des Programms war die Konzentration auf die Biokybernetik fixiert und die technische, synthetisierend arbeitende Kybernetik marginalisiert. Sie war von den großen Geldtöpfen der DFG abgeschnitten, und die einzelnen Projekte auf diesem Gebiet fanden nicht in translokalen Programmen und Netzwerken zusammen.

132 Ebd.
133 Ebd.

Als Finanzbedarf veranschlagte die DFG für das erste Förderungsjahr 500.000 DM, die nach den Vorschlägen der Besprechungsgruppe an qualifizierte Projekte auszuzahlen waren. Bis dahin hatte der Senat noch das Programm offiziell zu genehmigen, die Geschäftsstelle die interessierten Forscher zu ermitteln und anzuschreiben und diese hatten Anträge auf Förderung zu stellen. Der Beginn des Schwerpunkts war für das Jahr 1963 vorgesehen. Der Senat bewilligte im Oktober die Mittel bis einschließlich 1964,[134] so dass der Förderung nichts mehr im Weg zu stehen schien.

Obwohl das SPP Anfang 1963 bereits als bestehend gemeldet wurde,[135] verzögerte sich der Beginn der Förderungen noch für erhebliche Zeit. Die eingegangenen Anträge hatten nicht den Vorgaben der DFG entsprochen, sondern sich nur als Weiterführung der tradierten Forschung mit kybernetischer Begrifflichkeit erwiesen. Der systemtheoretische und mathematisch-informationstheoretische Aspekt sowie die Abstraktion von der materiellen Substanz des untersuchten Objekts kamen den DFG-Stellen wesentlich zu kurz. Die Anträge hatten einen Maßstab gesetzt, nach dem alle Projekte, die Informationsprozesse anatomisch oder physiologisch untersuchten, zur Kybernetik gezählt hätten. »Wo kämen wir da hin?«,[136] fragte der Vorsitzende der Besprechungsgruppe Hansjochem Autrum und regte deshalb an, dass »eingehende Besprechungen über begriffliche und erkenntnistheoretische Fragen stattfinden« sollten.[137] Die analytische Kybernetik wurde noch nicht allgemein strikt mathematisch-naturwissenschaftlich verstanden. Dass sie mehr als nur ein Apparat modischer Begrifflichkeiten war, mussten die bio- und technikwissenschaftlichen Communities erst verinnerlichen. Beispielsweise regte Richard Feldtkeller an, man möge die ausgearbeiteten Kriterien der Kybernetik nicht zu streng anwenden. Er sah die Hauptaufgabe des SPP darin, interdisziplinäre Zusammenarbeit zu initiieren. Auf der Ebene konkreter Forschungsprojekte müsste sich die DFG »mit zoologischen Vorhaben, die nachrichtentechnisch angefärbt sind, oder technischen Vorhaben, die zoologisch angefärbt sind,« begnügen. Hier sah Feldtkeller die Grenze der kybernetischen Leistungsfähigkeit. Schließlich sei man Kybernetiker auch »nur auf Tagungen.« Im Institutsalltag dagegen sei der Kybernetiker

134 Nach W. Heitz: Vermerk, 6.11.1962, BA Koblenz, B227/138623.

135 Siehe DFG-Mitteilungen 2/1963, S. 30.

136 Autrum an W. Heitz, 1.2.1963, BA Koblenz, B227/138623. W. Heitz an Küpfmüller, 13.12.1962, BA Koblenz, B227/138623, äußerte sich ganz ähnlich zu den eingegangenen Anträgen.

137 Ebd.

»wieder Zoologe oder Nachrichtentechniker«.[138] Mit einer solchen Minimalanforderung an die Kybernetik, nicht mehr als ein Instrumentarium für den interdisziplinären Dialog zu liefern, tat er denen Unrecht, die erfolgreich kybernetisch arbeiteten und in interdisziplinären Teams eine neuartige mathematisch orientierte Form biologischen Arbeitens prägten.

Die DFG gab sich mit dieser Minimalanforderung nicht zufrieden. Im Juli 1963 veröffentlichte die Geschäftsstelle ein weiteres Memorandum über den aktuellen Stand des SPP und das weitere Verfahren. Die größte Enttäuschung war, dass bisher niemand »durch die Aufforderung zur Antragstellung zu kybernetischen Arbeiten angeregt worden« sei, sondern alle Antragsteller ihre Arbeiten wie gehabt fortführen mochten. Demnach ließen die Anträge auch »wenig Ansätze zur Gruppenbildung unter Biologen und Nachrichtentechnikern erkennen«, und die einzelnen Forschungsvorhaben seien »nicht miteinander verzahnt.«[139] In Reaktion auf diesen Missstand war das vordringlichste Ziel der DFG, die wissenschaftspolitisch ausgehandelte Form der Kybernetik in die Institute und Labors zu bringen und wahrhaft interdisziplinäre Arbeitsgruppen zu schaffen, in denen Nachrichten- und Regelungstechniker sowie Biologen gleichberechtigt kooperierten. Dies konnten keine Vereinigung und keine Zeitschrift leisten, sondern nur die DFG mit ihrem Instrument, »dem sanften Zwang, der mit den Bewilligungen infolge der Berücksichtigung der Meinungen von Fachgutachtern verschiedener Disziplinen ausgeübt wird.«[140] Die DFG war bestrebt, die in ihrem Rahmen konstruierte neue Wissenschaft nun in der Forschungspraxis zu etablieren. Daneben war immer noch nicht endgültig klar, ob dies nur auf dem bisher berücksichtigten Gebiet der Biokybernetik oder auch bei einer geisteswissenschaftlichen und einer technischen Kybernetik anzustreben sei. Das Argument für eine allgemeine Kybernetik war, dass im ausländischen Schrifttum die Trennung zwischen den Teilgebieten nicht vorgenommen werde und dieses Verständnis sich »auf dem Weg über die populärwissenschaftliche Literatur immer mehr im deutschen Sprachgebrauch«[141] einbürgere. Eine Beschränkung auf die Förderung lediglich biologischer Fragen könne also als Willkür der DFG verstanden werden und Kritik provozieren. Trotz dieser Gefahr empfahl die Geschäftsführung die Konzentration auf die Biokybernetik, weil in der Biologie die

138 R. Feldtkeller an W. Heitz, 12.2.1963, BA Koblenz, B227/138623.
139 W. Heitz an Autrum, 23.7.1963, BA Koblenz, B227/138623.
140 Ebd.
141 Ebd.

interessantesten Probleme für die kybernetische Methode vorlägen. Für Nachrichtentechniker sei es attraktiver, biologische Phänomene zu untersuchen, als dies umgekehrt der Fall wäre. Für den aktuellen Stand jedenfalls zog die Geschäftsstelle den Schluss, dass »die kybernetische Forschung noch nicht reif für ein Schwerpunktprogramm« sei. Um die angesprochenen Ziele zu erreichen, sollte das Programm nochmals in Form einer Sitzung mit den Antragstellern und Sachverständigen verhandelt werden. Die Forscher wurden regelrecht auf die Konzeption der Kybernetik im Sinne der DFG eingeschworen, damit »die Forschungsvorhaben schwerpunktwürdig werden.«[142] Auch wenn der Senat bald darauf den Vorschlägen der Geschäftsstelle zustimmte,[143] verschob die DFG den Beginn der Förderung auf 1965.

Die Akteure der DFG setzten sich während der Einführungsphase des SPP beständig mit dem öffentlichen Bild von der Kybernetik auseinander. Die Vorstellung, Kybernetik sei in erster Linie spekulativ, utopisch und bilde haltlos Analogien, wollten sie durch ein klares Forschungsprogramm ausräumen. Vorbild war die Genese des öffentlichen Verständnisses von Rechenanlagen, die durch DFG-Förderung zu weitgehend positiv bewerteten wissenschaftlichen und wirtschaftlichen Instrumenten geworden waren und ihre Suggestivkraft als »Elektronengehirne« oder »Denkmaschinen« verloren hatten.[144] Die Konkurrenz elektronischer Rechenmaschinen zum menschlichen Denken blieb weiterhin als unheilvolle Vorstellung erhalten und bestimmte auch die öffentlichen Debatten um die Kybernetik. Diese bezogen ihre Sprengkraft daraus, dass in der Kybernetik die Information als berechenbare Kategorie erschien, womit der menschliche Geist mathematisch und mechanistisch erklärbar werde. Der DFG-Präsident Gerhard Hess erklärte explizit dieses wissenschaftliche wie außerwissenschaftliche Bild und speziell »die oft angreifbare Behandlung der Themen in der populärwissenschaftlichen Literatur und manchmal leider auch in der Fachliteratur«[145] zum Anlass des Forschungsprogramms. Die kybernetische Denkweise und Begrifflichkeit sollten nicht mehr modische Worthülsen und »Schlagworte von politischen Ideologien«,[146] sondern von nun an klare wissenschaftliche Fra-

142 Jeweils ebd.

143 Siehe Protokoll der 46. Sitzung des Senats der DFG, 29.10.1963, BA Koblenz, B227/138623.

144 So ausgedrückt bei A. Walther an G. Hess/DFG, 6.2.1962, BA Koblenz, B227/138623.

145 G. Hess an Hauptausschuß der DFG, 15.1.1964, BA Koblenz, B227/138623.

146 W. Heitz an O.H. Gauer u. a., 11.3.1965, BA Koblenz, B227/138623.

gen, Methoden und Theorien hervorbringen. Seriöse Forschung sollte das Bild von der Kybernetik prägen.

Dieses Motiv ließ die DFG die kybernetische Forschung so streng bewerten und an ihrer Konzeption so unerbittlich festhalten. Auch als 1964 dem Hauptausschuss erstmals Anträge zur Genehmigung der Förderung vorlagen, standen noch immer die mangelnde Fokussierung der Arbeiten auf den Informations- und den Systemaspekt sowie die unzureichende Kohärenz der einzelnen Projekte durch interdisziplinäre Kooperation in der Kritik.[147] Gezielt fasste die DFG deshalb unter den Antragstellern nach lokalen und thematischen Gesichtspunkten Gruppen zusammen, in denen »interdisziplinäre Probleme in Gemeinschaftsarbeit behandelt, die disziplinären Probleme aber in jedem Institut selbständig verfolgt« wurden. Die Kooperation sollte »durch Mitbenützung von Apparaten eines anderen Institutes, zeitweiligen Austausch von Mitarbeitern und Kolloquien«[148] ermöglicht und intensiviert werden. Für den Raum München sah die DFG die Kooperation des Instituts für Nachrichtentechnik der TH, der Deutschen Forschungsanstalt für Psychiatrie[149] und des MPI für Verhaltensphysiologie im nahen Seewiesen vor und schuf damit quasi per Dekret ein biokybernetisches Forschungszentrum.

Im März 1965 lief das Schwerpunktprogramm dann endlich an, indem die einschlägigen Forscher persönlich adressiert und zur Antragstellung aufgefordert wurden. Damit die Intentionen der DFG unmissverständlich wurden, legte die Geschäftsstelle sie noch einmal in aller Deutlichkeit dar: Aufgabe der Forschungsprojekte sei es, mit Methoden der Regelungs- und Nachrichtentechnik sowie der Mathematik lebende Organismen zu untersuchen. Dabei ergab sich die Schwierigkeit, dass diese fremdartigen Theorien nicht linear auf biologische Phänomene anwendbar waren, sondern »eine für die Kybernetik spezifische Umformung und Weiterentwicklung der Methoden erforderlich« war. Der nächste spezifisch kybernetische Arbeitsschritt lag in der technischen oder mathematischen Modellierung einzelner biologischer Funktionen, in der Regel mit Hilfe von Computern. Die Forderung der DFG war klar: »Alle experimentellen Ergebnisse müssen reproduzierbar sein.« Mögliche Widersprüche zwischen den Ergebnissen des Experiments und dem Modell

147 So G. Hess an Hauptausschuss der DFG, 15.1.1964, BA Koblenz, B227/138623. Ganz ähnlich äußert sich W. Heitz: Förderung der Kybernetik im Jahr 1964 bei der Deutschen Forschungsgemeinschaft, 2.3.1965, BA Koblenz, B227/138624.

148 W. Heitz: Förderung der Kybernetik im Jahr 1964 bei der Deutschen Forschungsgemeinschaft, 2.3.1965, BA Koblenz, B227/138624.

149 1966 umbenannt in »Max-Planck-Institut für Psychiatrie (Deutsche Forschungsanstalt für Psychiatrie)«.

mussten in jedem Fall erklärt werden. Sollten die Widersprüche nicht aufgelöst werden können, müsse notfalls das mathematische Modell korrigiert werden. Diese kybernetische Betrachtungs- und Arbeitsweise sollte zu einem neuartigen Verständnis der Lebensvorgänge führen, zu einer Technisierung der Naturwissenschaften. Weil sie nur spezifische Informationsprozesse problematisierte, wurde der Kanon der Forschungsfragen als sehr begrenzt angesehen und »nicht an die Ausbildung einer eigenständigen Disziplin der Kybernetik«[150] gedacht. Stattdessen sollten intensive Wechselwirkungen zwischen Ingenieuren und Biowissenschaftlern entstehen, die sich einen Raum zwischen den Disziplinen und an deren Grenzen zu schaffen hatten. In diesem Rahmen strebte die DFG die dauerhafte Institutionalisierung der Kybernetik in der Hochschullandschaft an. Das SPP sollte zum Aufbau von Forschungsgruppen dienen, die unabhängig und über die Reichweite der DFG hinaus interdisziplinär arbeiteten und die Kybernetik als Objekt der Lehre einführten.

Dem vorgegebenen Verständnis der Kybernetik gerecht zu werden, lag nun an den Forschern. Förderungswürdig waren lediglich »Forschungsarbeiten über Informationsaufnahme, Weiterleitung und motorische Auslösung in den in einem Organismus nachweisbaren Systemen und in Systemen, die in Kollektiven von Organismen nachweisbar sind, mit dem Ziel der System-Analyse«. Anatomische und physiologische Arbeiten fielen nur ins Programm, soweit sie »zur Aufstellung der experimentellen und mathematischen Modelle« erforderlich seien. Die technische Dimension der Kybernetik war im SPP soweit relevant, als »Arbeiten zur Herstellung von speziellen Apparaten, die der System-Analyse bei den Forschungsvorhaben dienen,« und die Ausarbeitung entsprechender Rechenverfahren gefördert wurden. Am Rande sollte sich das Programm mit »der Behandlung der erkenntnistheoretischen Fragestellung nach den Grenzen des wahren Aussagewertes von Ergebnissen der Kybernetik« und »der Einordnung der Kybernetik in die Wissenschaftstheorie«[151] beschäftigen. Die Kybernetik hatte sich auf die Analyse biologischer Systeme zu beschränken. Alle weiteren Formen dienten nur zur methodischen Unterstützung oder zur theoretischen Fundierung der Hauptarbeiten.

Um die Kybernetik wissenschaftlich zu fixieren, nutzte die DFG die Macht, die ihr aus ihrer Position als wichtigster Forschungsfinancier

150 Jeweils W. Heitz an O.H. Gauer u.a., 11.3.1965, BA Koblenz, B227/138623. Die Motive der DFG werden auch zusammengefasst in DFG-Tätigkeitsbericht 1965, S. 76f; DFG-Mitteilungen 1/1965, S. 10; DFG-Mitteilungen 3/1966, S. 26.

151 Jeweils ebd.

erwachsen war, und betrieb eine aktive Politik der Netzwerk- und Agendenbildung. Von der anfänglichen Idee biologischer Regelung über die Erkenntnis der gesamten Breite des Forschungsfeldes, die Katalogisierung der kybernetisch arbeitenden Forscher und Institute, die Einengung der Fragen und Methoden, die Formulierung der Ziele der Förderung und das Einschwören der Forscher auf das Programm konstruierte sie willentlich die Wissenschaft Kybernetik, machte ihre Form der Kybernetik öffentlich und führte sie in die Forschungspraxis bundesdeutscher Institute ein.

Der Prozess hätte genauso gut zu einem anderen Ergebnis führen können, etwa zu der Erkenntnis, dass die Kybernetik ein zu weites und ideologisch zu stark aufgeladenes Konzept sei, das sich mit den Regeln der Forschungsförderung nicht fassen lasse. Damit hätte die analytisch-biologische Kybernetik nie Anerkennung als Wissenschaft erhalten und hätte nie eine prominente Stellung in der bundesdeutschen Wissenschaftslandschaft gefunden. Der Begriff Kybernetik hätte dann, ebenso wie z. B. in den USA, wissenschaftlich keine oder nur eine marginale Rolle gespielt.

### *Philosophie im SPP*

Im Aushandlungsprozess über Aufgaben und Ziele des SPP blieb genauso wie die technische Kybernetik eine kybernetische Philosophie auf der Strecke, obwohl sie seit den Vorüberlegungen 1959 Gegenstand der Diskussion war. Hermann Schmidt wies mit den Gutachten »über die naturphilosophische Grundlage der Regeltechnik« bzw. »über die synthetische Funktion des Rückkopplungsprinzips«[152] früh auf die Dringlichkeit der philosophischen Untermauerung hin. Auch in der DFG ging man von einem »dringenden Bedürfnis der Zeit« aus, »vom technischen Objekt zum Menschen zurückzufragen und so eine neue Synthese naturwissenschaftlicher und geisteswissenschaftlicher Erkenntnis, aber auch des menschlichen Erkennens und Handelns überhaupt«[153] zu erhalten. Die Motive klangen typisch für eine philosophische Bewertung der Kybernetik, wie sie Schmidt und Richard Wagner unter anderem Titel vorgenommen und wie sie die öffentlichen Debatten zum Gegenstand hatten.

152 Das erste wurde zusammengefasst bei W. Heitz: Aktenvermerk, 9.12.1959, BA Koblenz, B227/138623; zum zweiten siehe Schmidt an DFG, 9.7.1961, BA Koblenz, B227/138623.

153 J. Ritter/Vorsitzender des Fachausschusses Philosophie an DFG, 8.8.1960, BA Koblenz, B227/138623.

Um solchen Überlegungen im SPP eine Plattform zu geben, plante die DFG ab 1962 einen philosophischen Arbeitskreis, der »eine vernünftige Interpretation« der naturwissenschaftlichen Ergebnisse vorzunehmen hatte. Besonders »die Frage ›Mechanismus – Teleologie‹, das sogenannte ›Leib-Seele-Problem‹, insbesondere in Betreff des Verhältnisses von Geist und Gehirn, ferner die Frage ›Determinismus oder Freiheit‹« waren ausgehend von der »Denkfähigkeit der Maschine«[154] zu behandeln. Auch in diesem Rahmen war daran gedacht, die Kybernetik auf den Boden klarer wissenschaftlicher Analyse zurückzuführen. Die Philosophen sollten besonders die wildwuchernden Hypothesen und Analogieschlüsse der Kybernetik kritisieren und widerlegen, wonach »der Maschine grundsätzlich ein Bewußtsein« zuzuordnen und »sogar von Selbstbewußtsein« zu sprechen sei. Dazu mussten sie »das Wesen des menschlichen Bewusstseins klar und deutlich in seiner Vollständigkeit«[155] erforschen und mit den Ergebnissen der kybernetischen Analyse vergleichen. Im Mai 1963 trafen sich Vertreter der Geschäftsstelle mit Philosophen, u. a. Johannes Erich Heyde aus Berlin und Simon Moser aus Karlsruhe, um ein erstes Treffen des Arbeitskreises im Herbst vorzubereiten und die Philosophen mit ihren Aufgaben vertraut zu machen.[156] Tatsächlich aktiv wurde die Gruppe aber lediglich einmal auf einer dreitägigen Tagung im Februar 1965 in Bad Kreuznach. Die dortigen Vorträge und Diskussionen hatten den Tenor, dass die Kybernetik in wissenschaftstheoretischer Perspektive keine eigenständige Wissenschaft, sondern eine Methodik sei, die in vielen Wissenschaften anzuwenden war. Ihre Aufgabe sahen die Philosophen einmütig »in der Feststellung des Erkenntnisvermögens der kybernetischen Aussage und in der Einordnung der Kybernetik ins System der Wissenschaftstheorie.« Hitzige Debatten entbrannten dagegen über den Einfluss der Kybernetik auf das Geistesleben, insbesondere »über das Verhältnis des Menschen zum Automaten«.[157]

Die DFG verstand die philosophische Deutung der kybernetischen Forschung als wichtigen Schritt einer wissenschaftlichen Stabilisierung der Kybernetik. Sie förderte philosophische Bemühungen so weit, wie sie den revolutionären Charakter der Kybernetik verdeutlichten. Konkrete epistemologische Fragestellungen zur Analogie organischer und tech-

154 J.E. Heyde: Entwurf eines philosophischen Arbeitskreises, 30.11.1962, BA Koblenz, B227/138623.

155 Ebd.

156 Dazu W. Heitz: Vermerk, 16.5.1963, BA Koblenz, B227/138623.

157 Bericht über das Rundgespräch in Bad Kreuznach am 3.-5.2.1965, BA Koblenz, B227/138623.

nischer Systeme waren jedoch nicht mehr im Förderprogramm vorgesehen. Sie fielen der Profilschärfung des Schwerpunkts zum Opfer.

### *Verlauf des SPP*

Offiziell installierte die DFG das Schwerpunktprogramm 1965. Um dem interdisziplinären Ansatz auch formal gerecht zu werden, wurde es in die Gruppe der biologischen Schwerpunkte eingeordnet, aber vom Referenten für Ingenieurwissenschaften Waldemar Heitz geplant und betreut.[158] Der Prüfungsausschuss des SPP erhielt im Juni 1965 zwölf Projektanträge[159] und bewilligte alle. Im ersten Förderungsjahr wurden damit 618.000 DM ausgeschüttet und über das sogenannte Großgeräteverfahren zusätzlich Rechenhilfsmittel über 500.000 DM gewährt.[160] Die einzelnen Projekte stammten vorwiegend aus der Biologie, z. B. untersuchte Otto Creutzfeldt »die Informationsverarbeitung im visuellen System«, Wolf Dieter Keidel in Erlangen die »zentralnervöse Informationsverarbeitung«, Hans Marko »Funktionsmodelle von Neuronennetzen«, Werner Reichardt die »Informationsverarbeitung im visuellen System von Vertebraten«, Hans Wallraff in Seewiesen »die Orientierungsleistungen und Orientierungsmechanismen der Zugvögel« und Eberhard Zwicker »die Verwendbarkeit der elektronischen Nachbildung eines Funktionsschemas für das menschliche Gehör zur Spracherkennung«. Lediglich Helmar Frank bearbeitete an der PH Berlin mit der »Aufstellung und Begründung einer Theorie des Lernens auf der Grundlage von Versuchen mit Lehrmaschinen« ein außerbiologisches Thema.[161]

Die kybernetische Forschung erlebte dank der DFG einen enormen Aufschwung. Förderte sie vor dem Beginn des SPP drei Kybernetiker,[162] waren es 1965 zwölf. Die Zahl wuchs jährlich, bis das SPP 1970 seinen Spitzenwert erreichte mit 23 bewilligten Projekten von 16 Antragstellern über 1,34 Millionen DM.[163] Bis zum Ende des SPP 1971 schüttete die DFG

158 So W. Heitz: Schwerpunktprogramm »Kybernetik«, 8.10.1968, BA Koblenz, B227/138624. 1968 übernahm Jürgen Tobolski die Betreuung des SPP.

159 Nach J. Speer an Bunning u. a., 28.5.1965, BA Koblenz, B227/138623. Dem Ausschuss gehörten u. a. Erwin Bunning, Richard Feldtkeller, Otto Heinrich Gauer und Wolf Dieter Keidel an.

160 Siehe DFG-Tätigkeitsbericht 1965, S. 77.

161 Dazu das komplette Verzeichnis der Projekte, ebd., S. 323.

162 So Treue/Generalsekretär DFG an Mitglieder des Hauptausschusses, 5.10.1967, BA Koblenz, B227/138624

163 Siehe DFG-Jahresbericht 1970, S. 391.

insgesamt 4,8 Millionen DM aus.[164] Darüber hinaus fundierte und standardisierte das SPP die Kybernetik methodisch, indem die Beteiligten sich auf gemeinsamen Kolloquien trafen und sich z. B. »über Fragen der mathematischen Auswertung von elektrophysiologischen Messungen«, über »die für die Auswertungen geeigneten Messungen«[165] oder über »physiologische Grundlagen des Sehens«[166] austauschten.

Das letztgenannte Kolloquium fand 1969 in Berlin explizit mit dem Ziel statt, »daß die zahlreichen guten jungen Leute, die wir inzwischen auf diesem Gebiet haben, vortragen können und ihre Daten mit den anderen diskutieren können.«[167] Weil die Förderung des Nachwuchses generell in der Intention der DFG lag, verantwortete sie auch die Ausweitung einer biokybernetischen Community. Als einer der ersten Kybernetiker wurde der Nachrichtentechniker Gert Hauske 1968 an der TH München mit einer Arbeit promoviert, die im Rahmen des SPP angefertigt worden war.[168] Exemplarisch für die Arbeit im SPP und paradigmatisch für die gesamte Biokybernetik war seine Zusammenarbeit mit Biologen des MPI für Verhaltensphysiologie. Hauskes verhaltensanalytisches Projekt war in drei methodische Schritte unterteilt, nämlich in Experiment, Beschreibung und Deutung zufällig auftretender Verhaltensweisen von Fischen. Biologen und Physiologen untersuchten das Tierverhalten experimentell und deuteten es naturwissenschaftlich. Hauske blieb die nachrichtentechnische Arbeit. Er beschrieb die empirisch gewonnenen Ergebnisse mathematisch und stellte die gewonnenen Gleichungen »durch ein – allerdings stark schematisiertes – Funktionsmodell«[169] dar.

164 So »Kybernetik«, in: DFG-Tätigkeitsbericht 1971, S. 84. Dieser Text folgt R. Feldtkeller: Schwerpunkt »Kybernetik« [Abschlussbericht des SPP], ca. 1971, BA Koblenz, B227/138624.

165 Diese Kolloquien nennt Treue/Generalsekretär DFG an Mitglieder des Hauptausschusses, 5.10.1967, BA Koblenz, B227/138624.

166 Zu diesem Kolloquium siehe O.J. Grüsser an DFG, 21.7.1969, BA Koblenz, B227/138624; O.J. Grüsser an J. Tobolski/DFG, 15.8.1969, BA Koblenz, B227/138624.

167 Grüsser an J. Tobolski/DFG, 15.8.1969, BA Koblenz, B227/138624.

168 Hauske, Gert: Statistische Beschreibung und Simulation einfacher und gekoppelter Verhaltensweise durch Erneuerungsprozesse, Diss. TH München 1968. Veröffentlicht u.a. als Hauske, Gert: Stochastische und rhythmische Eigenschaften spontan auftretender Verhaltensweisen von Fischen, in: Kybernetik 4 (1967/1968), S. 26-36.

169 Beides Hauske, Gert: Ein statistisches Modell für verkoppelte Verhaltensweisen, Kybernetik 1968. Berichtswerk über den Kongress der Deutschen Gesellschaft für Kybernetik in München 23.-26.4.1968, München/Wien 1968, hg. v. Hans Marko u. Georg Färber, S. 119.

Wegen der Indeterminiertheit des Verhaltens musste Hauske ein statistisches Modell konstruieren, um die in den Fischen stattfindenden Informationsprozesse simulierbar und voraussagbar zu machen. Er war mit der Kybernetikkonzeption der DFG aufgewachsen und hatte sie in seiner Arbeit bereits internalisiert.

Hauske erläuterte das Projekt, innerhalb dessen er seine Doktorarbeit gemacht hatte, auf dem Kybernetikkongress 1968 in München. Die DAGK und später die DGK als Trägerinnen dieser Kongresse entwickelten sich zeitlich und personell parallel und mit starken Überschneidungen zur Kybernetik in der DFG. Weil die DFG schon früh erkannt hatte, dass »die zu berücksichtigenden Fachgebiete« und »etwa die Hälfte der Namen«[170] die gleichen seien, stimmten beide Institutionen ihre Aktivitäten aufeinander ab. Die DFG sah die Kongresse der DAGK/DGK als Plattformen, auf der sich ihre Forscher gegenseitig »über die Ziele, Methoden und Ergebnisse des Programms unterrichten«[171] und Dritten über ihre Arbeiten berichten konnten. Sie bildeten einen zentralen Ort, an dem die DFG-spezifische Form der Kybernetik und das durch sie produzierte Wissen über die Grenzen der DFG und ihrer Akteure hinausdrang sowie eine breitere Öffentlichkeit unter allen naturwissenschaftlich arbeitenden Kybernetikern fand.

Auf sozialer Ebene beabsichtigte die DFG mit dem SPP eine Netzwerkbildung und -erweiterung, indem sie den Nachwuchs förderte und ihre spezifische Form der Kybernetik mittels Vorträgen und Diskussionen auf Kongressen sowie schriftlicher Veröffentlichungen verbreitete. Inhaltlich war das Ziel des SPP »die Begründung einer theoretischen Biologie«, die mathematisch-technisch basiert war. Ein gerngesehenes Abfallprodukt dieser Ausrichtung war, die Prinzipien organischen Verhaltens »auch zur Lösung technischer Aufgaben«[172] zu nutzen. In diese Kategorie fiel etwa das Projekt Eberhard Zwickers zur »Verwendbarkeit der elektronischen Nachbildung eines Funktionsschemas für das menschliche Gehör zur Spracherkennung«. Rein mengenmäßig waren aber immer die analytisch orientierten Projekte in der Oberhand.

170 W. Heitz: Vermerk betr. Besprechung DFG – VDI, 17.10.1961, BA Koblenz, B227/138623.

171 So »Kybernetik«, in: DFG-Tätigkeitsbericht 1971, S. 84. Ebenso bei R. Feldtkeller: Schwerpunkt »Kybernetik« [Abschlussbericht des SPP], ca. 1971, BA Koblenz, B227/138624.

172 Beides W. Heitz: Schwerpunktprogramm »Kybernetik«, 8.10.1968, BA Koblenz, B227/138624.

Die DFG erreichte ihre Ziele insofern, als das SPP eine biologisch-analytische Kybernetik in der bundesdeutschen Wissenschaftslandschaft etablierte. Es kodifizierte spezifische Fragen, Methoden und Theorien und präsentierte diese einer breiten wissenschaftlichen Öffentlichkeit als nützlich für biowissenschaftliches Arbeiten. Die Akteure und Ergebnisse des SPP machten aus einem neuartigen und exzentrischen Forschungsansatz eine anerkannte Methode der Biologie und der Nachrichtentechnik mit festen Standards. Dagegen wurde die technisch-synthetische Kybernetik mit dem Ausschluss aus der Konzeption des SPP in der bundesdeutschen Wissenschaft marginalisiert.

Das Ziel einer dauerhaften Institutionalisierung der analytischen Kybernetik erreichte die DFG allerdings nicht, auch wenn sie die Gründung des MPI für biologische Kybernetik als ihren Erfolg verbuchte.[173] Am ehesten manifestierte sich diese Form der Kybernetik im Sonderforschungsbereich 50 »Kybernetik«, den die DFG 1969 in München ins Leben rief. Hier konnte die DFG ihre Motive und Ziele weiter fortführen, und die Forscher schlossen thematisch an die Arbeiten des SPP an.

### 5.2.2 Der Sonderforschungsbereich 50 »Kybernetik«

Sonderforschungsbereiche waren eine Erfindung der Bundespolitik, um neue, interdisziplinäre Forschungsgebiete zu fördern und an Hochschulen in Forschung und Lehre zu institutionalisieren. Der Wissenschaftsrat wollte 1967 mit seiner Empfehlung zur Errichtung der SFB die finanzielle Förderung verstärken und zugleich mit einer Leistungskontrolle verbinden, die Kooperation zwischen Forschern fördern und leistungsfähige Forschungseinheiten in den Hochschulen schaffen. Sonderforschungsbereiche sollten »langfristig institutionalisierte Forschungseinheiten der wissenschaftlichen Hochschulen« [174] bilden, die von der DFG finanziell getragen wurden. Besonderes Augenmerk lag auf der Zusam-

173 Siehe »Kybernetik«, in: DFG-Tätigkeitsbericht 1971, S. 85. Ebenso R. Feldtkeller: Schwerpunkt »Kybernetik« [Abschlussbericht des SPP], ca. 1971, BA Koblenz, B227/138624.

174 Nach DFG-Tätigkeitsbericht 1970, S. 76. Zum Wissenschaftsrat im Allgemeinen und seiner Rolle bei der Gründung der SFB siehe Bartz, Olaf: Der Wissenschaftsrat. Entwicklungslinien der Wissenschaftspolitik in der Bundesrepublik Deutschland 1957-2007, Stuttgart 2007, bes. S. 97-99. Zu den Aktivitäten des Wissenschaftsrats in den »langen 1960er Jahren« auch Metzler, Gabriele: Konzeptionen politischen Handelns von Adenauer bis Brandt. Politische Planung in der pluralistischen Gesellschaft, Paderborn/München 2005, S. 164-170.

menarbeit von Instituten und Forschungsgruppen unterschiedlicher Fakultäten, auch über die Grenze der Hochschule hinaus, und auf Kontinuität. Die wissenschaftliche Einrichtung, die einen SFB beantragte, musste bereits über ein klares Forschungsprogramm, also standardisierte Fragen, Methoden und Strukturen auf dem zu fördernden Gebiet verfügen. Genauso sollte der SFB an seinem Ende zu einer dauerhaften Etablierung des Forschungsfelds führen, möglichst zur Institutionalisierung in Forschung und Lehre einer beteiligten Hochschule. Die hohe personelle und materielle Ausstattung des SFB hatten die beteiligten Wissenschaftler selbst zu verwalten und das wissenschaftliche Fortschreiten selbst zu planen. Kontrolliert und begutachtet wurde der SFB vom Wissenschaftsrat und von der DFG, die für diese Tätigkeit fachnahe Wissenschaftler und Politiker aus Bundes- und Landesministerien bestellte. Die Entscheidungsgewalt hatte der Bewilligungsausschuss der DFG.[175] Im SFB waren der Idee nach die Freiheit der Forschung und deren planvolle Steuerung von außen verquickt, die wiederum einerseits durch Peer Review und andererseits durch die Politik erfolgte.

Im Vergleich zu den SPP wurde bei der Errichtung von SFB außer auf die Kontinuität auch besonderer Wert auf den Aufbau fester, auf einen Ort begrenzter Strukturen gelegt. Die SFB selbst waren bereits ein gutes Stück weit »institutionell geprägt«.[176] Ein SFB konnte gewissermaßen die Strukturen eines SPP fortsetzen und verfestigen, etwa wenn sich »ein ausgezeichnetes lokales Forschungsteam« herauskristallisierte, »dessen dauerhafte Verankerung in der Hochschule wünschenswert war.«[177]

### *Beginn und Verlauf*

Die Kybernetik war mit ihrer interdisziplinären Ausrichtung prädestiniert, eines der ersten Forschungsgebiete zu werden, das im Rahmen der neuen SFB gefördert wurde. Die gültigen Fragen und Methoden waren bereits im SPP festgelegt und standardisiert worden, und die Mitarbeiter des Instituts für Nachrichtentechnik der TH München, der Deutschen Forschungsanstalt für Psychiatrie in München und des MPI für Verhaltensphysiologie hatten innerhalb des SPP ein Zentrum gebildet, das den Anforderungen der DFG gerecht wurde.

Die DFG sah einem SFB »Kybernetik« deshalb nicht nur positiv entgegen, sondern drängte die Münchner Kybernetiker um Hans Marko,

175 So erklärt im DFG-Tätigkeitsbericht 1982, S. 146f.
176 DFG-Tätigkeitsbericht 1966, S. 69.
177 Ebd.

Eberhard Zwicker, Horst Mittelstaedt u. a. geradezu, einen Antrag auszuarbeiten. Bereits Anfang des Jahres 1969 richtete sie eine »Kommission für den Sonderforschungsbereich Kybernetik München« ein, die den Wissenschaftlern half, ihr Forschungsprogramm gemäß den Statuten der DFG aufzustellen, den Antrag zu planen und die einzelnen Vorarbeiten zu koordinieren. Bevor das Verfahren zur Errichtung des SFB überhaupt begann, lag in dieser Kommission schon der Vorschlag auf dem Tisch, ein Fraunhofer-Institut für Kybernetik im Süden von München zu gründen, um dem SFB »ein eigenes Heim zu geben«. Mit diesem neuen und den bestehenden Instituten würde München »an der internationalen Spitze der kybernetischen Forschung« stehen.[178] Aus Zeitnot brachte die TH München 1968 keinen Antrag auf einen SFB mehr zustande, sondern sie reichte lediglich das Einzelprojekt »Optische Parallelverarbeitung von Informationen«[179] bei der DFG ein. Dieses lehnte die DFG prompt ab mit dem Hinweis, dass sie keine einzelnen Anträge, sondern einen Forschungsverbund zwischen einzelnen Projekten und ein Forschungsprogramm wünsche. Sie forderte die TH München auf, bis März 1969 die Mängel zu beheben und einen neuen Antrag zu stellen.[180]

Die Kommunikation und Kooperation zwischen DFG und Wissenschaftlern funktionierte zu Beginn dieser neuen Form der Förderung noch nicht wie gewünscht, sollte sich aber bald einspielen. Als die TH München nämlich fristgerecht ihren Antrag zum SFB vollendet hatte, wurde sie den Anforderungen der DFG wieder gerecht. Der Antrag sah zwei große Blöcke vor, deren erster die »Bildverarbeitung und optische Mustererkennung bei Tier und Mensch und ihre Simulation« zum Thema hatte. Diese Projektgruppe A wurde von Hans Marko geleitet und umfasste die Projekte »Neurophysiologische Untersuchungen«, »Psychophysikalische Untersuchungen«, »Simulation mittels kohärentem Licht und mittels Digitalrechner« und »Theoretische Arbeiten«. Die Projektgruppe B unter Leitung von Eberhard Zwicker behandelte »Funktionsmodelle des Gehörs und Spracherkennung« und bestand aus den Projekten »Physiologie«, »Psychoakustik«, »Schaltungstechnik«, »Datenverarbeitung« und »Weitere Anwendungen des Funktionsmodells«.[181] All diese Projekte waren nochmals unterteilt in Einzelarbeiten, an denen

178 Protokoll der Kommissionssitzung vom 2.2.1968, BA Koblenz B227/010698.

179 Antrag der TH München, 1968, BA Koblenz B227/010633.

180 J. Speer an Rektor TH München u. H. Marko, 13.12.1968, BA Koblenz B227/010633.

181 Jeweils H. Marko u. a.: Antragsbegründung zum SFB 50, 1969, BA Koblenz B227/010698.

Biowissenschaftler und Nachrichtentechniker komplementär oder gemeinsam arbeiteten.

Neben der Forschungsstruktur gab sich der entstehende SFB auch eine formale Geschäftsordnung, nach der der SFB Kybernetik ein »institutionalisierter [...] Zusammenschluß von Wissenschaftlern oder wissenschaftlichen Forschungsgruppen aus dem Raume München« war. Sein Zweck war »die wissenschaftliche Forschung auf dem Gebiet der Nachrichtenaufnahme und -verarbeitung in Organismen und Maschinen«, darüber hinaus wollte er die Kybernetik auch in der »Lehre adäquat vertreten«. Er setzte sich zusammen aus den Organen »Mitgliederversammlung«, »Kommission«, die den SFB zu verwalten, die Forschungsprojekte zu koordinieren und das Antragsverfahren durchzuführen hatte, und »Sprecher«,[182] der den SFB nach außen vertreten und die Beschlüsse der Mitgliederversammlung ausführen sollte. Mit dem SFB hatte die Biokybernetik in der Bundesrepublik nun nach dem MPI in Tübingen eine weitere große Institution, die wiederum über eigene Begriffsbestimmungen und ihr eigenes Forschungsprogramm verfügte. Das Spektrum der Biokybernetik wurde größer bei gleichzeitig zunehmendem Tiefgang. Wie weit sich die Münchner Form der Kybernetik von der Wienerscher Prägung entfernt hatte, zeigt allein die Definition des Begriffs, bei der das »Control« aus Wieners Untertitel weggefallen war. Übersetzt wollte sich der SFB nur noch mit »Communication in the Animal and the Machine« beschäftigen.

Im Juni wurde der »Sonderforschungsbereich 50 ›Kybernetik‹« von der DFG offiziell installiert[183] und mit einer Fördersumme von 670.493 DM für das Jahr 1969 ausgestattet. Die Fachrichtungen Arbeitsphysiologie, Elektrotechnik in Form von Datenverarbeitung, Elektroakustik und Nachrichtentechnischen Anlagen, Medizinische Optik, Neurologie, Neurophysiologie und Verhaltensphysiologie beteiligten sich am SFB, um in Kooperation den Gegenstand ihres Programms »Verarbeitung und Erkennung akustischer bzw. visueller Muster« zu erforschen. Ziel des SFB war es, »umfassendere Kenntnis vom Zusammenhang zwischen der Art der Elemente und ihrer Verschaltung einerseits und der Leistung des Systems andererseits zu gewinnen.« Damit würden »sowohl die der Informationsverarbeitung im Organismus zugrundeliegenden Prinzipien aufgedeckt, als auch Möglichkeiten gegeben, Erkennung und Weiter-

182 Jeweils Geschäftsordnung des Sonderforschungsbereichs 50 »Kybernetik«, BA Koblenz B227/010774.

183 Die Benachrichtigung der Forscher erfolgte als J. Speer an Rektor TH München u. H. Marko, 3.6.1969, BA Koblenz B227/010698.

leitung von Signalen technisch effektiver zu leisten.«[184] Der technische Aspekt der Kybernetik war im SFB wesentlich präsenter als noch im SPP oder im MPI für biologische Kybernetik. Moderne Forschung, die zu fördern ja der Grundgedanke des Konzepts SFB war, sollte gesellschaftsrelevant sein, und auch Grundlagenforschung sollte ihre Anwendbarkeit in Aussicht stellen. Konkret erwartete die DFG vom SFB 50, dass seine Arbeit »Wege zur Konstruktion von Seh- und Hörhilfen sowie neue Diagnosemöglichkeiten bei Sinnesdefekten«[185] eröffne.

Für die externen Gutachter aus Politik und Wissenschaft waren Neuigkeitswert, Originalität und Nutzen der Forschung die Kriterien zur Beurteilung des SFB 50, genauso wie zuvor des SPP. Schon einige Projekte aus dem ursprünglichen Antrag wurden zunächst nicht bewilligt und mussten überarbeitet werden, etwa die »Untersuchung zur Verarbeitung optischer Informationen beim Frosch«, weil sie sich mit einem andernorts geförderten Projekt überschnitten.[186] Dagegen hoben die Gutachter das Einzelprojekt »Nachrichtenparallelverarbeitung von Flächenmustern mittels kohärentem Licht« hervor, weil es ein zukunftsträchtiges Forschungsgebiet erschließe, auf dem »neue technische Möglichkeiten« gerade für die automatische Mustererkennung zu erwarten seien.[187]

Nicht nur die Anträge, auch die Forschungspraxis des SFB 50 war von einer umfangreichen Begutachtung begleitet. Fachkollegen wie Karl Küpfmüller, Richard Feldtkeller und die Tübinger Kybernetiker Werner Reichardt, Kuno Kirschfeld, Karl Georg Götz und Dezsö Varjú blickten kritisch auf die Institutsarbeit und bemängelten etwa nach ihrer ersten Begehung des SFB 50 im November 1969, dass »im Sonderforschungsbereich eine schlechte Kommunikation« herrsche.[188] Während einige Gutachter, unter ihnen besonders Varjú, sogar eine neue, funktionellere Geschäftsordnung forderten, gab sich Feldtkeller gemäßigter. Er lobte die wissenschaftliche Qualität der Forscher und gab seinen Eindruck wieder, dass »die Münchener Herren durchaus gewillt« seien, mit den Spannungen untereinander selbst fertig zu werden, und dass dabei »den jüngeren Wissenschaftlern ein genügend großer Einfluß eingeräumt«[189]

184 Jeweils DFG-Tätigkeitsbericht 1970, S. 435.
185 Ebd.
186 So J. Speer an Rektor TH München u. H. Marko, 3.6.1969, BA Koblenz B227/010698.
187 Engelhard/DFG an H. Marko, 29.5.1969, BA Koblenz B227/010698.
188 Ergebnis-Protokoll über die Begehung des SFB »Kybernetik«, 28.11.1969, BA Koblenz B227/010774.
189 R. Feldtkeller an DFG, 20.11.1969, BA Koblenz B227/010774.

werde. Generell seien die Münchner Kybernetiker auf einem guten Weg, ihr bedeutendes Forschungsprogramm umzusetzen. Solche Gutachten entschieden über das Wohl und Wehe des SFB. Seine Mitglieder mussten aber nicht nur ihren Kollegen Rechenschaft ablegen, sondern sie beeinflussten die Gutachter gleichzeitig, weil ihre Arbeit wissenschaftlich maßgeblich war und ihre Kollegen das von ihnen produzierte Wissen wiederum adaptierten. Sie stellten damit selbst die Kriterien erfolgreichen kybernetischen Arbeitens auf, nach denen sie beurteilt wurden. Ein Konflikt, wie er anscheinend bei der Begehung entstanden war, konnte zu negativen Beurteilungen führen. Weil die Gruppe der Gutachter aber heterogen besetzt war, entschied nicht eine einzelne, vielleicht willkürliche Meinung über die Entwicklung des SFB, sondern es existierten unterschiedliche, z.T. sich widersprechende Stellungnahmen wie die Varjús und Feldtkellers. Damit besaß letztendlich doch die DFG die Entscheidungshoheit über die Struktur und Ausstattung des SFB 50. In dieser Konstellation wechselseitigen Einflusses von Wissenschaftlern und der steuernden Wirkung der Politik entwickelte sich der SFB 50 weiter.

Finanziell blieb der SFB 50 gut ausgestattet und legte in den folgenden Jahren nochmals zu. 1970 überschritt die Fördersumme die Millionengrenze und erreichte 1973 einen Höchststand mit 1.942.000 DM. Nach einem Rückgang auf 1.464.600 DM angesichts einer Finanzierungskrise der DFG 1975/76 pendelte sich die jährliche Fördersumme zwischen etwa 1,6 und 1,8 Millionen DM ein.[190] Bis 1983 unterstützte die DFG insgesamt 98 Forscher und 23 Einzelprojekte mit 22.493.893 DM.[191]

Den Fortgang des SFB bestimmten inhaltlich die Spannungen zwischen Freiheit der Forschung und politischer Steuerung sowie zwischen Konzentration der Themen auf eine eng gefasste wissenschaftlich-analytische Kybernetik und die technische Anwendbarkeit des Wissens. Die synthetische Dimension der Kybernetik spielte demnach immer mit ins Forschungsprogramm, etwa indem physiologisch und psychologisch ge-

190 Siehe die DFG-Jahresberichte 1973, S. 519; 1976, S. 717; 1977, S. 746; 1980, S. 701. Die Finanzkrise 1975/76 dokumentieren u.a. H. Maier-Leibnitz/Präsident der DFG an Rektoren der Hochschulen, 21.5.1975, BA Koblenz B227/011638; Funk/DFG: Vermerk über ein Telefonat mit E. Zwicker, 7.8.1975, BA Koblenz B227/011638; E. Zwicker an DFG, 26.2.1976, BA Koblenz B227/011639.

191 Siehe Projects and their Leaders, List of Participants, List of Contributors, Funding, in: Hans Marko (Hg.): Processing Structures for Perception and Action. Final Report of the Sonderforschungsbereich »Kybernetik« 1969-1983, Weinheim 1988, S. 266-272. DFG-Tätigkeitsbericht 1983, S. 153. Hier wird die Gesamt-Fördersumme auf 22.454.000 DM beziffert.

wonnene Befunde auf einem Digitalrechner simuliert wurden. Dabei war die Konstruktion dieses Systems nicht der Endzweck der Arbeiten, sondern diente dazu, »die analytisch erhaltenen Prinzipien nachdrücklich«[192] zu bestätigen. Mehr als die Projektgruppe A dachte die Projektgruppe B daran, die zu entwickelnden Funktionsmodelle nicht nur als Hilfsmittel für die Analyse einzusetzen, sondern das modellhafte Verständnis der Gehörfunktionen auch als Vorbild für die Fernsprechtechnik und die automatische Spracherkennung zu verwenden. Hier entwickelten die Wissenschaftler etwa ein Funktionsmodell des Gehörs, das auch als »problemorientierter, flexibel programmierter Hybridrechner«[193] in der Technik einsetzbar war. Das Modell reduzierte die ankommende Information nach dem Vorbild der Natur und gab damit einen Weg vor, wie Spracherkennung zu automatisieren war. Der Hybridrechner funktionierte analog zur bewussten Informationsverarbeitung im Menschen und arbeitete nach diesem Prinzip nur mit stark reduzierter Information, die eine zwischengeschaltete Instanz bereits vorverarbeitet hatte.

Nach außen vertraten die Forscher die Ansicht, dass der SFB 50 sich »ausschließlich mit Fragen der Biokybernetik« befasse.[194] Mögliche Anwendungen sollten mitgedacht und in Anträgen erwähnt werden, dürften aber keine geistigen und materiellen Ressourcen binden, die für die Grundlagenforschung notwendig waren. Technische Entwicklungen waren nach dieser Auffassung, wie bei der Arbeit des MPI für biologische Kybernetik und des SPP »Kybernetik«, eher ein willkommenes Abfallprodukt der analytisch orientierten Forschung, waren aber im Vergleich zu Forschungsprogrammen an anderen biokybernetischen Einrichtungen von größerem Umfang.

Das Verhältnis zwischen Grundlagenforschung und Anwendungsorientierung tarierte der SFB 50 sehr zur Zufriedenheit der DFG aus. Nachdem die anfänglichen Schwierigkeiten überwunden waren, waren die Vertreter der DFG »einhellig der Ansicht«, dass der Sonderforschungsbereich »sehr gute Arbeit«[195] leiste. Als Folge verringerten sie 1972 die Kontrolle, vergrößerten den Zeitraum zwischen den Begutachtungen und machten die neuerlichen Genehmigungen des SFB nur noch im Dreijahresturnus zur Auflage für die TU München. Nichtsdestotrotz griffen die Geschäftsführung und der Prüfungsausschuss der DFG wei-

192 H. Marko: Antrag des SFB 50 1971-72-73, BA Koblenz B227/010774.
193 Ebd.
194 Protokoll der 16. Mitgliederversammlung, 26.10.1976, BA Koblenz B227/011639.
195 DFG: Vermerk über ein Kolloquium am 3.2.1972, BA Koblenz B227/011006.

terhin aktiv in die Belange des SFB ein. Als Bedingung für die Genehmigung des Fortsetzungsantrags für die Jahre 1973 bis 1975 hielten sie die Forscher beispielsweise an, die personelle Struktur auszuweiten und die Mitarbeiter des MPI für Psychiatrie in München stärker mit einzubeziehen, dabei aber das Forschungsprogramm so konzentriert zu belassen wie bisher.[196]

Als 1973 die neue Projektgruppe C »Erzeugung, Steuerung und Überwachung von motorischen Mustern« eingerichtet werden sollte, drehte sich der Konflikt zwischen den Mitgliedern des SFB und DFG genau um die Frage der thematischen und methodischen Erweiterung des SFB. Nach der Darstellung der Forscher erfuhr das Programm lediglich eine Änderung hinsichtlich der zu untersuchenden Objekte, die Fragen und Methoden blieben dieselben. Statt bisher nur die Wahrnehmung von Mustern, also die Informationsaufnahme zu betrachten, werde nun auch die entgegengesetzte Richtung des Informationsflusses, die Abgabe, berücksichtigt. Die Sorge der DFG, der SFB könne unnötig aufgebläht werden, linderte dieses Argument noch nicht. Schließlich unterschied sich die neue Gruppe erkenntnistheoretisch wesentlich dadurch von den anderen, dass sie den Wienerschen »Control«-Aspekt ungleich stärker betonte, als er bisher im SFB vertreten war. Daneben bemängelte die DFG, dass die Arbeitsweise der neuen Projektgruppe ihrer Selbstdarstellung zufolge die wesentlichen Kriterien kybernetischer Analyse »Gewinnung quantitativer Ergebnisse, mathematische Beschreibung der Ergebnisse, Aufstellung von Hypothesen über kausale Beziehungen zwischen verschiedenen Ergebnissen, Prüfung der Hypothesen und ihrer Konsequenzen durch Funktionsmodelle«[197] nicht ausreichend erfülle. Die Maßstäbe an kybernetische Forschung, die im SPP ausgearbeitet worden waren, galten auch im SFB unerschütterlich. Erst als diese Vorgaben erfüllt waren, genehmigte die DFG den Antrag für eine dritte Projektgruppe.[198]

Das ausgewogene Verhältnis von Freiheit und Steuerung der Forschung, von Konzentration auf wenige Forschungsprobleme bei einer großen Zahl beteiligter Institute mit unterschiedlichen Stärken und die ausnehmend gut funktionierende interdisziplinäre Teamarbeit verschafften in den Augen der Akteure dem SFB 50 »innerhalb weniger Jahre im

196 W. Klofat/DFG an E. Zwicker, 21.2.1972, BA Koblenz B227/011006.

197 Protokoll der Kuratoriumssitzung vom 16.2.1973, BA Koblenz B227/011209.

198 Die erste Nachricht über eine neue Projektgruppe ist nachzulesen in DFG-Mitteilungen 1/1973, S. 49.

internationalen Vergleich eine Spitzenposition«.[199] Die Biokybernetik hatte nun nach dem Max-Planck-Institut ein zweites institutionelles Zentrum in der Bundesrepublik und einen weiteren Ort, an dem sie auch inhaltlich fortschritt.

### *Protagonisten*

Die führende Gestalt auf theoretischem Gebiet innerhalb des SFB 50 war Hans Marko, der Leiter des Instituts für Nachrichtentechnik der TU München. Im Vorfeld des SFB hatte er bereits die »Theorie der bidirektionalen Kommunikation« formuliert, mit der er die Shannonsche Informationstheorie vom Sonderfall eines einseitig gerichteten Nachrichtenkanals abstrahierte. Diese Theorie machte den Empfänger eines Signals gleichermaßen zum Sender und beschrieb damit nachrichtentechnisch die Kommunikationssituation, in der Information in mehrere Richtungen floss. Die entscheidende Leistung eines kommunizierenden Systems war nach Marko, dass es seinen Nachrichtenvorrat mit dem des Gegenübers synchronisiere, dass also die gesendete Nachricht abhängig von der empfangenen sei. Durch die Berücksichtigung der Synchronisierung des Nachrichtenvorrats und der Bidirektionalität des Nachrichtenkanals wurde Shannons Informationstheorie auf die Kommunikation zwischen Menschen anwendbar, was Grundvoraussetzung für die Analyse des Gruppenverhaltens von Organismen war. Allerdings beschrieb diese Theorie »nicht mehr als den informationstheoretischen Aspekt einer Kommunikation zwischen Menschen«,[200] ließ also, wie die Shannonsche Theorie, den semantischen Aspekt außer acht. Daneben stellte sie »nur eine erste Näherung des Problems dar, da Stationarität vorausgesetzt wurde und somit Lernprozesse ausgeschlossen«[201] waren. Die Theorie galt ebenfalls nicht uneingeschränkt und war weiterhin zu verallgemeinern. Dass die Informationstheorie nun zu einer Kommunikationstheorie erweitert war, stellte dennoch einen wichtigen Schritt für die analytische Kybernetik dar, weil die Beschreibbarkeit der Informationsübermittlung zwischen Individuen von zentraler Bedeutung für die Anwendung der Nachrichtentechnik auf organische Systeme war. Marko lieferte ein grundlegendes Werkzeug für die empirische Analyse der op-

199 E. Zwicker an Schierer/DFG, 24.10.1975, BA Koblenz B227/011638.

200 Marko, Hans: Die Theorie der bidirektionalen Kommunikation und ihre Anwendung auf die Nachrichtenübermittlung zwischen Menschen (Subjektive Information), in: Kybernetik 3 (1966/1967), S. 135.

201 Ebd., S. 136.

tischen und akustischen Informationsverarbeitung. Im SFB 50 wurde sie auch intensiv angewandt, z. B. war sie die Grundlage des Dissertationsprojekts von Walter Mayer »Gruppenverhalten von Totenkopfaffen unter besonderer Berücksichtigung der Kommunikationstheorie«. Mayer arbeitete an Markos Institut für Nachrichtentechnik und am MPI für Psychiatrie und reichte seine Studie 1970 an der TU München ein.[202] Mit Hilfe der Kommunikationstheorie deutete und erklärte er dominantes und sich unterordnendes Verhalten von Affen in Herden. Auch über die Grenzen des SFB 50 hinaus wurde Markos Theorie rezipiert. Sie ging in den Kanon der Nachrichtentechnik ein, als sie Werner Meyer-Eppler in der zweiten Auflage seines Lehrbuchs »Grundlagen und Anwendungen der Informationstheorie« ausführlich erläuterte.[203]

Im Rahmen des SFB 50 arbeitete Marko an der »Systemtheorie der homogenen Schichten«. Physiologen hatten in neuronalen Netzwerken geschichtete Systeme nachgewiesen, etwa das optisch-sensorische System der Säugetiere, das von der Retina mit drei neuronalen Schichten über den von ihr ausgehenden Sehnerv und weiteren Neuronenschichten bis zum Cortex reichte. Diese Schichten waren nicht nur untereinander verkoppelt, sondern auch innerhalb einer Schicht lateral verschaltet und über reafferente Bahnen rückgekoppelt. Wegen der Komplexität des Systems konnten elektrophysiologische Messungen dieses Phänomen nur teilweise und stark schematisiert erfassen. Als Desiderat blieb eine »allgemeine Theorie der Schichtstrukturen, die es gestattet, die Ergebnisse solcher Messungen zu deuten oder besser noch die Zusammenhänge zwischen Struktur und Funktion des Systems aufzuzeigen.« Marko setzte hier an und versuchte mit seiner Theorie, »wesentliche Funktionen und Fähigkeiten des Nervensystems, wie etwa Mustererkennung und Abstraktionsfähigkeit«,[204] zu erklären. Er schloss an die Systemtheorie Küpfmüllers an und verlieh dieser einen mehrdimensionalen Charakter, womit ihm eine relativ einfache nachrichtentechnische Beschreibung der kompliziert verschalteten neuronalen Schichtstrukturen gelang. Auch wenn die Theorie aus physikalischer Sicht kaum mehr als »eine Ausdeh-

202 Siehe Mayer, Walter: Gruppenverhalten von Totenkopfaffen unter besonderer Berücksichtigung der Kommunikationstheorie, in: Kybernetik 8 (1971), S. 59-68.

203 Siehe Meyer-Eppler, Werner: Grundlagen und Anwendungen der Informationstheorie (= Kommunikation und Kybernetik in Einzeldarstellungen 1), Berlin (u. a.) ²1969, Kapitel 5: »Gestörte Systeme«.

204 Beides Marko, Hans: Die Systemtheorie der homogenen Schichten. I. Mathematische Grundlagen, in: Kybernetik 5 (1967/1968), S. 221.

nung bekannter Sachverhalte der linearen Übertragungstheorie ein- oder zweidimensionaler Vorgänge auf drei Dimensionen«[205] lieferte, erwies sie sich für die biowissenschaftliche Deutung und Erklärung optischer und akustischer Phänomene als überaus nützlich. Im SFB 50 wandte u. a. das Projekt »Nachrichtenparallelverarbeitung von Flächenmustern mittels kohärentem Licht« die Systemtheorie der homogenen Schichten an. Generell galt der Ansatz, Schichtstrukturen technisch nachzubilden, in diesem Rahmen als vielversprechend für die Lösung des Problems der automatischen Mustererkennung.

Experimentelle Arbeiten zur Anwendung und Weiterentwicklung der Theorien an seine Schüler zu vergeben, war ein beliebtes Vorgehen Markos, das er bei einem guten Teil seiner 73 Doktoranden praktizierte. Marko wurde als akademischer Lehrer, aber auch als Forscher, Autor und Gründer wissenschaftlicher Vereinigungen[206] einerseits zu einem der wichtigsten Multiplikatoren kybernetischen Wissens, andererseits zum Bildner eines interdisziplinären Netzwerks. Wie in den Fällen Gert Hauskes und Walter Mayers drängte er seine Doktoranden und schon Diplomanden dazu, ihre Arbeiten zumindest teilweise am MPI für Verhaltensphysiologie oder am MPI für Psychiatrie anzufertigen. Marko pflegte gerade mit Horst Mittelstaedt intensiven Austausch in Forschung und Lehre sowie in der Nachwuchsförderung. Die Institutsmitglieder und die besten Studenten beteiligten sich an den Symposien in Seewiesen, und Mittelstaedt hielt Vorlesungen im Rahmen des Studienplanmodells Kybernetik an der TU München. Unter seinen Studenten konnte er Diplomanden und unter diesen Doktoranden auswählen, die an seinem Institut arbeiteten und an der TU promoviert wurden.[207] Auf diese Weise erhielten Ingenieure ihre Ausbildung am biologischen Objekt, arbeiteten aber immer mit nachrichtentechnischen Methoden. Die Kooperation Markos und Mittelstaedts war exemplarisch für eine interdisziplinäre Kooperation im Rahmen der Biokybernetik.

Die inhaltlichen Berührungspunkte zwischen dem Ingenieur Marko und dem Biologen Mittelstaedt lagen in der disziplinenübergreifenden

205 Das behauptet ein Bericht über die Begutachtung der Projekte: Engelhard/DFG an H. Marko, 29.5.1969, BA Koblenz B227/010698.

206 Damit sind v. a. die DGK und die DAGM gemeint. Die Zahl von 73 Dissertationen und über 100 Publikationen, u. a. die »Systemtheorie-Bibel« »Methoden der Systemtheorie« von 1977, nennt Eichin, Klaus: 100 Jahre Nachrichtentechnik an der TU München. 100 Jahre Lehrstuhlgeschichte, in: TU München. 100 Jahre Lehrstuhl für Nachrichtentechnik, München 2000, S. 22.

207 Dies berichten Horst Mittelstaedt im Interview, 15.6.2005, und Hans Marko im Interview, 27.10.2005.

Methode und in der gemeinsamen Sprache der Mathematik. Kybernetik war in Markos Augen das, »was den Biologen und den Nachrichtentechnikern gemeinsam ist – auch methodisch.«[208] Mittelstaedt konnte dabei an Markos Theorien anschließen, als er Orientierungsleistungen zu messen, zu modellieren und zu deuten versuchte. In allen seinen Arbeiten hatte er die Intention, komplexe biologische Systeme kybernetisch zu beschreiben, »ohne auf Einzelheiten der materiellen Verwirklichung einzugehen.« Er verstand diese Systeme – mit dem von ihm geschöpften Wort – ausschließlich als »Wirkungsgefüge«, als interkausale Mechanismen einer Verhaltensbeziehung. Mittelstaedt beschrieb die Funktionszusammenhänge im Organismus und postulierte, dass »im Inneren entstehenden Ereignisse und die von außen auf den Organismus einwirkenden Ereignisse« miteinander verrechnet würden und dadurch »das Verhalten des Organismus oder beim Menschen seine Wahrnehmungen, Empfindungen, Gefühle und so weiter«[209] entstünden. Mit diesem Erkenntnisinteresse untersuchte er im Rahmen des SFB 50 die Raumwahrnehmung von Menschen, speziell die »Subjektive Vertikale«. Ein im Dunkeln liegender Proband hatte in Mittelstaedts Versuchsanordnung eine Leuchtlinie über sich senkrecht nach oben einzustellen. Diese vermeintliche, eben subjektive Vertikale unterschied sich von der tatsächlichen Vertikalen über dem Probanden z.T. erheblich und neigte sich immer mehr oder weniger weit zu dessen Kopfseite hin.[210] Seine Bedeutung zog das Experiment daraus, dass es »die höchste Art von Leistung impliziert, nämlich eine Wahrnehmungsleistung, was erkenntnistheoretisch in den Bereich der Subjektivität gehört – etwas, was die objektive Wissenschaft eigentlich überhaupt nicht berührt.«[211] Dieser Geistesprozess wurde durch die genaue Messung der Leuchtlinie quantifizierbar. Mittelstaedt beschrieb nicht nur das Wirkungsgefüge der Raumwahrnehmung im Dunkeln mathematisch, sondern wies auch die tatsächliche Rechen-

208 Hans Marko im Interview, 27.10.2005.

209 Jeweils Horst Mittelstaedt im Interview, 15.6.2005. Der Begriff taucht erstmals auf bei Mittelstaedt, Horst: Regelung in der Biologie, in: Regelungstechnik 2 (1954), S. 180.

210 Veröffentlicht als Mittelstaedt, Horst: The Information Processing Structure of the Subjective Vertical. A Cybernetic Bridge Between its Psychophysics and its Neurobiology (Research Group on Perception and Action at the Center for Interdisciplinary Research (ZiF) University of Bielefeld, Report 60), Bielefeld 1985; Ders.: The Information Processing Structure of the Subjective Vertical. A Cybernetic Bridge Between its Psychophysics and its Neurobiology, in: Marko (Hg.): Structures, S. 217-261.

211 Horst Mittelstaedt im Interview, 15.6.2005.

leistung des Gehirns nach. Wenn das Gehirn nämlich in diesem Wahrnehmungsprozess ein »Vektor-Kreuzprodukt« bildete, machte es einen individuellen Fehler, der zur unterschiedlichen Abweichung der Subjektiven Vertikalen je nach Proband führte. Mittelstaedt stellte mathematisch eine Theorie auf, die zwar auf experimentalpsychologischen Ergebnissen, aber nicht auf einem neurophysiologischen oder anatomischen Befund fußte. Das biowissenschaftliche Fundament musste er in einem nächsten Schritt legen, um zu zeigen, dass die Theorie nicht nur hinreichend, sondern auch notwendig zutraf. Dadurch erst konnte er Wahrnehmung als rechnendes System darstellen, das berechenbar und somit voraussagbar war. Was Hassenstein und Reichardt erstmals an Insekten gezeigt hatten, war Mittelstaedt nun bei einer speziellen Leistung des Menschen gelungen.

Im Rahmen des SFB 50 wurden Mittelstaedts Arbeiten auch am MPI für Psychiatrie angewandt und gaben der Analyse funktioneller Geistesstörungen wichtige Impulse. Die experimentelle Verhaltensforschung sollte helfen, »eine Brücke von physischen Vorgängen und anatomischen Strukturen zu psychischen Erscheinungen zu schlagen, ohne sich in die für die Psychiatrie so schwer zu überwindende Dichotomie körperlicher und seelischer Vorgänge zu verstricken.«[212] Auch zwischen der biologischen Verhaltensforschung und der Medizin entstanden durch die Kongruenz der Forschungsprobleme intensive Kooperationsverhältnisse.

## *Ende des SFB*

1983 lief die Förderung des SFB 50 aus. Ihre Ergebnisse stellten die Forscher auf einer Abschlusstagung im März 1984[213] und durch einen Sammelband vor, der 1988 erschien. Die Verzögerung bis zur Veröffentlichung des Abschlussbuches resultierte aus einer letzten Diskussionsrunde zwischen den Autoren und den Gutachtern. Immer wieder forderten die Gutachter Kohärenz und Synthese der Einzelprojekte zu einem gemeinsamen, übergreifenden Ergebnis des SFB. Dezsö Varjú wies außerdem darauf hin, dass der SFB in die Gesamtentwicklung der Kybernetik als Wissenschaft einzuordnen sei. Während nämlich »die Fachbezeichnung Kybernetik zumindest im englischsprachigen Ausland einen schlechten

212 Ploog, Detlev: Die Bedeutung der experimentellen Verhaltensforschung als Grundlagenwissenschaft für die klinische Psychiatrie, in: MPG-Jahrbuch 1963, S. 146.

213 Siehe Programm der Abschlusstagung des Sonderforschungsbereiches 50, 15.-16.3.1984, BA Koblenz B227/122269.

Ruf« genieße und eher mit Spekulationen und Utopien als mit wissenschaftlichen Konzepten verbunden werde, sei die Entwicklung in der Bundesrepublik anders verlaufen. Eine scharf eingegrenzte, ernstzunehmende Wissenschaft habe sich vor allem durch die Gründung des SFB 50, aber auch der Zeitschrift »Biological Cybernetics« und des MPI für biologische Kybernetik herausgebildet. Diese Gruppierungen trugen nach Varjú dazu bei, »daß die Kybernetik in der Bundesrepublik vom früher zweifelhaften Ruf befreit wurde.«[214] Er wies mit diesen Anmerkungen auf eine Vernetzung einzelner persönlicher und institutioneller Akteure hin, die die Biokybernetik in einer spezifisch bundesrepublikanischen Ausformung zur Wissenschaft machte. Nicht nur in diesem Fall griffen die Gutachter und die politischen Förderer in die Veröffentlichung ein und transformierten das Wissen auf dem Weg zwischen den Produzenten im Labor und der Publikation. Demzufolge waren das Verständnis von der Kybernetik, die Art kybernetischen Denkens und Arbeitens sowie das im Rahmen dieser Determinanden produzierte Wissen ein Produkt von Aushandlungsprozessen und nicht nur eines der Forschungspraxis. Was für diesen speziellen Fall galt, traf generell auch auf die Wissensproduktion im Rahmen der DFG-Programmforschung zu.

Auf Druck der DFG setzte Hans Marko als Herausgeber des Abschlussbuches Varjús Anmerkungen um und nahm sie in das Vorwort auf.[215] Er definierte das Forschungsgebiet des SFB 50 negativ, indem er es nach Maßgabe Varjús von anderen Formen der Kybernetik abgrenzte. Dieses Verständnis entsprach auch dem Bewusstsein der Forscher selbst, die sich von der Kybernetik als einer »übergeordneten Theorie« sowie »von Philosophen und Pädagogen und solchen Leuten« explizit distanzierten. Marko betonte: »Wir wollten keine Superwissenschaft bauen.«[216] Positiv definierte er die Kybernetik anhand ihrer Forschungsfragen, Methoden und Objekte. Danach analysiere sie das Verhalten und die Struktur von Systemen unabhängig von ihrer Materialität, wodurch gleichermaßen biologische und technische Systeme zu ihren Untersuchungsobjekten wurden. Eine interdisziplinäre Herangehensweise an die Objekte sei durch den übergreifenden und vereinheitlichenden Systemaspekt möglich. Die Ergebnisse dieses Arbeitsstils waren für Marko und seine Kollegen gleichermaßen ermutigend wie enttäuschend.[217] Denn einerseits

214 D. Varjú an Königs/DFG, 13.10.1986, BA Koblenz B227/122269.
215 Siehe Preface, in: Marko (Hg.): Structures, S. V.
216 Hans Marko im Interview, 27.10.2005.
217 So Preface, in: Marko (Hg.): Structures, S. V.

konnten sie tatsächlich Verbindungen und Gemeinsamkeiten zwischen Bio- und Ingenieurwissenschaften herausarbeiten. Andererseits klafften auch noch am Ende des SFB große methodische und erkenntnistheoretische Lücken zwischen den teilnehmenden Disziplinen – besonders diejenige zwischen der holistischen Sicht der Psychophysik und der elementaren Sicht der Neurobiologie blieb. Wenn diese Lücken aber je zu schließen seien, dann durch die Brücke der Kybernetik.

Dass an so prominenter Stelle, auf der ersten Seite des Abschlussberichts des SFB 50, die Kybernetik neuerlich definiert werden musste, zeugte einmal mehr von der Heterogenität ihrer einzelnen Formen. Jede Forschungsgruppe, jedes Programm und jede Institution hatte sich stets des eigenen Stils zu vergewissern und diesen nach außen zu vermitteln. Die Mitglieder des SFB pflegten demnach auch nur Kontakt zu Wissenschaftlern, die die Kybernetik weitgehend in ihrem Sinn verstanden und betrieben. Zuvörderst bestanden ein enger Gedankenaustausch und Kooperationen mit den Mitarbeitern des MPI für biologische Kybernetik, die den SFB 50 begutachteten, mit denen die Mitglieder des SFB aber auch auf Symposien, Seminaren und Tagungen diskutierten und gemeinsam die Zeitschrift »Biological Cybernetics« betreuten.[218] Über die Grenzen der Biokybernetik knüpften die Mitarbeiter des SFB 50 Kontakte zu Ingenieuren, die wie sie mit dem Problem der automatischen Mustererkennung konfrontiert waren. Besonders Hans Marko baute Verbindungen zu Nachrichtentechnikern der TH Karlsruhe und des Fraunhofer-Instituts für Informationsverarbeitung in Technik und Biologie (IITB) auf und engagierte sich in der Deutschen Arbeitsgemeinschaft für Mustererkennung (DAGM), die den Gedankenaustausch dieser Forscher manifestierte.[219] Daneben hatten die Münchner Kybernetiker noch losen Kontakt zur Wirtschafts- und Sozialkybernetik. Marko war Gründungsmitglied der Gesellschaft für Wirtschafts- und Sozialkybernetik, und Hauske stellte auf dem DGK-Kongress 1970 ein Modell vor, das den sogenannten Schweinezyklus wirtschaftlicher Konjunkturschwankungen beschrieb.[220] Schließlich veröffentlichten und diskutierten die Mitglieder des SFB ihre Ergebnisse nicht nur im Rahmen der DGK, sondern betei-

218 Davon sprechen Hans Marko im Interview, 27.10.2005; Gert Hauske im Interview, 13.10.2005; Kuno Kirschfeld im Interview, 20.6.2005.

219 So Hans Marko im Interview, 27.10.2005.

220 Gedruckt als Hauske, Gert: Wachstum und Konjunkturschwankungen im kybernetischen Funktionsmodell, in: Kybernetik und Bionik. Berichtswerk über den 5. Kongreß der DGK in Nürnberg, 28.-30.3.1973, hg. v. Wolf D. Keidel (u. a.), München 1974, S. 144-151.

ligten sich auch an internationalen Vereinigungen und trugen auf deren Kongressen über optische und akustische Informationsaufnahme oder über Mustererkennung vor.[221]

### *Biokybernetik nach dem SFB*

Die DFG etablierte die Biokybernetik als Wissenschaft und band ihre Forscher in die internationale Scientific Community ein. Die Programme der DFG mögen durch den Druck, den die Politik auf die Wissenschaft ausübte, die Freiheit und Kreativität der Forschung eingeschränkt haben. Sie ermöglichten jedoch eine soziale Integration, die der Biokybernetik einen disziplinären Raum schuf. Die Konzeption kybernetischen Arbeitens, die in der MPG begründet worden war, adaptierte die DFG, schärfte und kanonisierte sie im SPP, so dass sie für einen breiten Kreis von Forschern verbindlich wurde. Im SFB wurde die Konzeption nochmals inhaltlich, personell und geographisch konzentriert. Sie wurde zum festen Forschungsprogramm für eine abgegrenzte Gruppe, die aber maßgeblich für die Biokybernetik in der Bundesrepublik war.

Damit erreichten DFG und TU München als antragstellende Hochschule ihr wichtigstes Ziel, durch den SFB auf dem Forschungsgebiet der Kybernetik »an Profil zu gewinnen.«[222] Das Ziel einer dauerhaften Institutionalisierung der Biokybernetik konnten sie aber nur sehr eingeschränkt verwirklichen. Über 1983 hinaus existierte weiterhin die Forschungsgruppe Kybernetik am Institut für Nachrichtentechnik, die Gert Hauske leitete, und in der Lehre blieb das Studienplanmodell Kybernetik erhalten. Einen kybernetischen Lehrstuhl errichtete die TU München aber nicht, so dass die Kybernetik nie offiziell zu einer Subdisziplin der Nachrichtentechnik an der TU aufstieg. Ein Grund dafür lag in den traditionellen Strukturen der Hochschule, die das Überschreiten der Fakultätsgrenzen »extrem schwer«[223] machte. Unmöglich wurde dieses Vorhaben angesichts der Inhomogenität nicht nur der Kybernetik im Ganzen, sondern auch des SFB 50. Mit dem Hinweis auf die mangelnde Kohärenz der Einzelbeiträge im Abschlussbericht kritisierte Dezsö Varjú nur das Symptom der wahren Malaise. Denn der SFB 50 als ganzer ver-

221 Z.B. trugen mehrere Mitglieder des SFB 50 im April 1976 auf einer Konferenz der »Speech and Signal Processing Society« vor, einer Tochtergesellschaft des Institute of Electrical and Electronics Engineers. Dazu G. Ruske: Tagungsbericht der ICASSP, April 1976, BA Koblenz B227/011639.

222 Dieses Ziel ist explizit ausgegeben im DFG-Tätigkeitsbericht 1983, S. 149.

223 Hans Marko im Interview, 27.10.2005.

fügte kaum über Kohärenz, ein Gesamtkonzept war nicht zu erkennen, ganz zu schweigen von übergreifenden, allgemeinen Ergebnissen. Noch mehr als der Abschlussbericht machte der Austritt der Projektgruppe B die Spaltungen innerhalb des SFB 50 deutlich. Mit Ende des Jahres 1982 lösten sich die Akustik-Forscher »unter Geheimhaltung«[224] von ihren Kollegen und gründeten den SFB 204 »Nachrichtenaufnahme und -verarbeitung im Hörsystem von Vertebraten«.[225] Im Anschluss an ihre vorangegangene Arbeit wollten die Mitglieder des neuen SFB die Funktion des Gehörs physiologisch und psychologisch analysieren, die Ergebnisse in Funktionsschemata und Funktionsmodellen darstellen und »bei der Sprachverarbeitung, Lärmbekämpfung, musikalischen Akustik, Diagnose von Hörschäden sowie bei der Entwicklung von Hörhilfen und Sinnesprothesen«[226] technisch verwerten. Wie schon in den Jahren zuvor hatte die Arbeit dieser Gruppe einen stärkeren Anwendungsbezug als die Gruppe Markos. Der wesentliche Unterschied zwischen beiden lag aber in den Objekten. Schon im SFB 50 hatten die Bearbeiter des akustischen Systems mit denen des optischen Systems wenig zu tun, sondern bildeten »zwei Cluster, die von der Denkrichtung her verwandt waren, aber deren Kohärenz doch sehr klein war«.[227] Weil die Ziele verschieden waren, interessierten nur die Methoden der jeweils anderen als mögliche Vorbilder, ansonsten aber hätten sich »die optischen Leute [...] für die optischen Vorträge interessiert, und die akustischen für die akustischen Vorträge.«[228] Nicht einmal in diesem klar begrenzten Raum des SFB gelang eine Zusammenarbeit von zwei Gruppen, die zwar mit denselben Methoden, aber an verschiedenen Forschungsgegenständen und mit verschiedenen Anwendungszwecken, nämlich der Muster- bzw. der Spracherkennung, arbeiteten. Diese Unterschiede waren für eine bedingungslose Zusammenarbeit zu groß, obwohl gerade die Abstraktion vom Objekt und die einheitliche Anwendung derselben Methoden auf unterschiedliche Phänomene das Wesen der Kybernetik ausmachen sollten. Selbst die Kybernetik, die ja in ihrer Theorie den Anspruch hatte, die Einheit der Wissenschaft wieder herzustellen, konnte dieser Tendenz der Spezialisierung nicht widerstehen. Sie warf nur gemein-

224 Gert Hauske im Interview, 13.10.2005.

225 Dazu Protokoll des Senatsausschusses/Bewilligungsausschusses, 10.11.1982, BA Koblenz B227/114815. Auch der DFG-Jahresbericht 1983, S. 757, nennt nur noch die Projektgruppen A und C als Teile des SFB 50.

226 Abschlußbericht des Projektbereiches B des SFB 50 »Kybernetik«, 1982, BA Koblenz B227/114815.

227 Gert Hauske im Interview, 13.10.2005.

228 Hans Marko im Interview, 27.10.2005.

same Forschungsfragen auf und ebnete einen für viele Probleme einheitlichen Lösungsweg. Ihre Forschungsprogramme lieferten aber nur wenig allgemein anerkannte Antworten auf diese Fragen, also Theorien. Auch ihr wesentlicher Anspruch ließ sich nicht umsetzen, dass die übergreifende Methode das Forschungsobjekt als disziplinenbildendes Element ablöse sowie die Methode und die gemeinsame Sprache soziale Integration trotz getrennter Objekte ermöglichten. Den programmatischen Ansatz, die »Einheit der Wissenschaften« zu schaffen, konnte die Kybernetik nie realisieren.

Ein weiterer Grund für das Ausbleiben der Institutionalisierung der Kybernetik lag darin, dass sich am Ende des SFB der Begriff Kybernetik in der Öffentlichkeit abgenutzt hatte. Ähnlich wie ihren Kollegen von der MPG kam den DFG-Forschern in der Initiierungsphase ihrer Programme der gesellschaftliche Hype um die Kybernetik zupass. Sie richten sich schlichtweg danach, »was die Geldgeber wollten«. Und weil Kybernetik »eine zeitlang mal so ein Modewort« war, konnten sie mit dieser Bezeichnung Gelder einwerben. Schließlich seien auch Förderungsmittel »abhängig von der Meinung der Öffentlichkeit«, weil sich die Politik »nach der allgemeinen Meinung«[229] richte. Als die Programme eingerichtet waren, verlor der Begriff Kybernetik in der Forschungspraxis schnell seine Bedeutung. Um sich nach dem Abebben der Kybernetikwelle weiterhin modern und fortschrittlich zu geben, führten die Protagonisten des SFB im Zuge neuen Drittmittelbedarfs bald frische, unverbrauchte Schlagwörter ein. Marko und seine Mitarbeiter stellten nun ihre Anträge »unter dem Namen Bionik oder Neuroscience«.[230] Bionik bedeutete dabei »die Synthese technischer Systeme mit Hilfe biologischer Kenntnisse.«[231] Entscheidend war nach Markos Verständnis die Orientierung technikwissenschaftlicher Forschungsarbeit. Das Neuronenmodell Küpfmüllers und Jeniks etwa ordnete er der Kybernetik zu, weil es als Hilfsmittel für die Analyse biologischer Vorgänge diente. Dagegen zählte er sein »System zur Impulsgenerierung bei der Übertragung von pulsförmigen Informationen«, das er 1967 zum Patent angemeldet hatte,[232] zur Bionik, weil in diesem Fall seine Arbeit die Entwicklung eines technischen Systems zum Ziel hatte. Bionik wäre nach diesem Verständnis ein anderes Wort für technische Kybernetik – oder ein neues Modewort,

229 Jeweils ebd.

230 Ebd.

231 Marko, Hans: Bionik oder die Nutzung biologischer Kenntnisse für den technischen Fortschritt, in: ETZ 93 (1972), S. 699.

232 Dieses System wird ebd., S. 700, beschrieben.

das an die Stelle eines verbrauchten trat. Dieser nonchalante Umgang mit den Begrifflichkeiten ließ die Münchner Biokybernetiker zwar immer auf der Höhe der Zeit wandeln, stand jedoch einer dauerhaften Etablierung ihres Arbeitsstils im Wege. Ein heterogenes, diversifiziertes Forschungsfeld, das nicht einmal über einen festen Namen verfügte, ließ sich nun einmal schlecht institutionalisieren. Wenn es sich nach der Mitte der 1970er Jahre noch irgendwo in Forschung und Lehre etablierte, dann nicht mehr unter dem Namen Kybernetik. Der SFB 462 »Sensomotorik« in München und das aus ihm hervorgegangene »Zentrum Sensomotorik« an der Neurologischen Klinik der dortigen Universität sind genauso Einrichtungen in der Tradition der Münchner Bemühungen um die Kybernetik wie der Studienschwerpunkt »Mensch-Maschine-Interaktion« und die außerplanmäßige Professur »Bioanaloge Informationstechnik« an der TU München. Der universelle Anspruch der Kybernetik und die umfassende Konzeption werden dort jedoch nicht mehr vertreten.

## 5.3 Die Deutsche Arbeitsgemeinschaft Kybernetik (DAGK) und die Deutsche Gesellschaft für Kybernetik (DGK) als netzwerkübergreifende Plattform

### *Vorgängertagungen*

Die Erforschung biologischer Regelungsvorgänge und die Verbreitung von Norbert Wieners Buch »Cybernetics« ließen Anfang der 1950er Jahre bei Biologen und Ingenieuren den Wunsch nach Gedankenaustausch immer größer werden. Der gemeinsame Fachausschuss Regelungstechnik des VDI und des Vereins Deutscher Elektrotechniker (VDE) übernahm die Initiative zur Vereinigung der beiden Disziplinen. Er organisierte 1954 die Tagung »Biologische Regelung« in Darmstadt, wo mit Winfried Oppelt der führende Regelungstechniker und mit Karl Küpfmüller einer der bedeutendsten theoretischen Nachrichtentechniker der Bundesrepublik angesiedelt waren. Erstmals fanden hier in offiziellem Rahmen Biologen, v. a. die Gruppe um Erich von Holst, und Ingenieure zusammen. Ziel der Vereinigung war es, »den konkreten Ordnungsprinzipien auf die Spur zu kommen, die im lebenden Objekt selbst den gesetzmäßigen Funktionszusammenhang bedingen.« Die Akteure wollten nicht mehr nur Einzelfunktionen analysieren, die nur noch mehr diversifizierendes Einzelwissen hervorbrächten, sondern Funktionssysteme, deren Hauptleistungen gerade »die Koordinierung verschiedenster Elementarvorgänge« sei.[233] Den Anstoß, solche Koordinationsleistungen zu untersuchen, erhielten die Biologen von der Technik und dabei insbesondere von »der Konstruktion immer vollkommenerer selbstregulierter, rechnender, Schlüsse vollziehender und speichernder Maschinen«. Denn bei ihrer Beschäftigung mit maschineller Intelligenz hätten die Ingenieure unwissentlich gelernt, »biologisch zu denken.«[234]

Um weiter gegenseitig voneinander zu profitieren, mussten beide Parteien einander zunächst ihre jeweiligen Begrifflichkeiten, Fragen und Methoden vorstellen. Auf Seiten der Technik übernahm Winfried Oppelt diese Aufgabe und sprach über Regelung, Systeme, Wirkungsgefüge, Informationsübertragung und -verarbeitung.[235] Aus der Sicht der Biologie trug Horst Mittelstaedt vor und fragte nach der Anwendbarkeit der Regelungstheorie auf organische Systeme. Nach seiner Einschätzung ermöglichte der technische Blick »neue Arbeitshypothesen«, »neue Methoden« sowie eine neue und überlegene »Darstellungsweise«.[236] V.a. half die Regelungstechnik dem Biologen, »die Arbeitsweise von Teilen des Systems aufzuklären und quantitativ zu bestimmen, die dem experimentellen Zugriff nicht zugänglich sind.«[237] Ihre epistemologische Besonderheit liege nämlich darin, das Wirkungsgefüge »unabhängig von der Struktur, von der Energetik und von der finalen, teleologischen Bestimmung des Systems« beschreiben und quantitativ darstellen zu können.[238]

Obwohl die Biologen zu diesem Zeitpunkt bereits Vorstellungen von der Anwendung technischer Fragen und Methoden hatten und erste Projekte liefen, sahen sie sich in der Position des Lernenden. Nicht nur mussten sie von der Technik das theoretisch-mathematische Werkzeug adaptieren, sondern die Ingenieure waren auch die treibende Kraft, die diesen interdisziplinären Dialog initiierte und die Biologen auf die Bedeutung gegenseitiger Befruchtung aufmerksam machte. Das Anliegen der Biologen, Geistesfunktionen zu analysieren, wurde durch die theoretische Regeltechnik »unerwartet und entscheidend gefördert«.[239] Dem-

233 Jeweils Holst, Erich von: Zur Einführung, in: Regelungsvorgänge in der Biologie. Vorträge der Tagung »Biologische Regelung« 2.-3.4.1954 in Darmstadt, hg. v. Horst Mittelstaedt (= Beihefte zur Regelungstechnik 2), München 1956, S. 7.

234 Ebd.

235 Oppelt, Winfried: Regelung in der Technik, a.a.O., S. 9-15. Den Systemaspekt greift er nochmals ausführlich auf bei Oppelt, Winfried: Tagungsbericht »Biologische Regelung«, in: Physikalische Blätter 10 (1954), S. 274.

236 Mittelstaedt, Horst: Regelung in der Biologie, a.a.O., S. 22.

237 Ebd., S. 23.

238 Ebd., S. 24.

239 Holst: Einführung, S. 8.

nach setzten die Ingenieure auf terminologischem und methodischem Gebiet die Maßstäbe.

Das Wort Kybernetik nutzte die Gruppe zwar noch nicht zur Selbstbezeichnung, es war aber bereits Gegenstand der Debatte. Erich von Holst wies drauf hin, dass ihr Forschungsfeld in den USA unter dem Terminus »Cybernetics« bekannt sei und dort »unbestreitbaren Publikumserfolg«[240] genieße. Im Anschluss an Norbert Wieners Programmatik sollte ihre Gruppe nun eine eigene Form biologisch-technischen Arbeitens begründen. Diese Tagung in Darmstadt war die Initialzündung für eine wissenschaftliche Kybernetik in der Bundesrepublik auf überinstitutionellem Niveau. Sie leitete den Findungsprozess zwischen Biologie sowie Nachrichten- und Regelungstechnik ein und schuf damit eine erste transdisziplinäre Vernetzung, einen sozialen Raum, in dem die Kybernetiker ihre auf Institutsebene erarbeiteten Erkenntnisse veröffentlichen und diskutieren konnten.

Den nächsten Schritt zum Aufbau einer kybernetischen Community markierte 1958 die Tagung »Regelungsvorgänge in lebenden Wesen« in Essen. Da das »Grenzgebiet« zwischen Biologie und Technik seinen »embryonalen Zustand«[241] inhaltlich noch nicht verlassen hatte und demnach auch eine soziale Vernetzung sich noch in der Entstehungsphase befand, mussten die Protagonisten des Fachs die relevanten Fragen und Methoden sowie die möglichen Objekte klären, für die diese Fragen und Methoden gelten könnten. Heinz Zemanek führte in das Gebiet der Rechenmaschinen sowie der biologischen und kybernetischen Modelle ein.[242] W. Ross Ashby stellte die nachrichtentechnische Systemtheorie und dabei besonders die Black Box-Methode vor.[243] Schließlich wies Erich von Holst darauf hin, dass die Regelung nicht der einzige für die Biologie relevante technische Aspekt sein könne, und forderte den Ausbau des Forschungsfelds zu »einer künftigen Systemtheorie des Lebendigen«.[244] Seine zweite Bemerkung galt dem didaktischen und heuristischen Nutzen des Modells für den biowissenschaftlichen Erkenntnis-

240 Ebd.

241 Mittelstaedt, Horst: Vorwort, in: Regelungsvorgänge in lebenden Wesen. Nachrichtenverarbeitung, Steuerung und Regelung in Organismen, Vorträge der Tagung Essen 6.-7.11.1958, hg. v. Horst Mittelstaedt (= Beihefte zu Regelungstechnik 8), München 1961, S. 7.

242 Vortrag gedruckt als Zemanek, Heinz: Technische und kybernetische Modelle, a.a.O., S. 32-50.

243 Vortrag gedruckt als Ashby, W. Ross: System Theory, a.a.O., S. 51-62.

244 Holst, Erich von: Biologische Regelung. Eine kritische Betrachtung, a.a.O., S. 23.

gewinn, aber auch den Gefahren, die eine »voreilige Identifizierung«[245] organischer mit technischen Systemen aufgrund einiger Funktionsanalogien berge. Begriffe wie der des Elektronengehirns oder die Annahme, das Gehirn arbeite nach dem Prinzip einer digitalen Rechenmaschine, seien unwissenschaftlich und griffen zu kurz. Soziale Integrationskraft besaß diese Aufzählung der Probleme und Gefahren, der Nutzen und Möglichkeiten kybernetischen Arbeitens insofern, als von Holst durch seine persönliche Autorität und seine bisherigen Forschungsaktivitäten der maßgebliche Akteur der entstehenden Gruppe war und diese sich an seiner streng analytischen und ans Forschungsobjekt gebundenen Ausrichtung orientierte. Teil der Gruppe konnte nur sein, wer sich unter die inhaltlichen Vorgaben der Protagonisten einordnete.

Umgekehrt war den Akteuren im Vergleich zur Vorgängertagung die größere Breite kybernetischer Methoden und Theorien und deren Anwendungen bewusst. Neben Regelung wurden nun auch System und Nachricht zu zentralen Begriffen, die nicht mehr nur in der Biologie, sondern auch in der Psychologie und der Philosophie gelten sollten. »Der Zuwachs an Genauigkeit am einen Ende und der an Forschungsoptimismus« [246] und damit der vermeintlich schier endlos breiten Gültigkeit der kybernetischen Theorie am anderen Ende machten den Spagat deutlich, den eine wissenschaftliche Kybernetik zu wagen hatte. Die Protagonisten standen vor der Aufgabe, einerseits klar begrenzte Fragen und Methoden zu definieren, andererseits ein möglichst breites Spektrum von Anwendungen zuzulassen, solange diese sinnvoll erschienen.

Die Gruppe war nicht nur zahlenmäßig angewachsen, sondern wurde auch um namhafte ausländische Kybernetiker bereichert, unter ihnen W. Ross Ashby und Georges Boulanger. Indem sie ihre eigenen Vorstellungen von Kybernetik durch jeweils einen Vortrag einbrachten, trat erstmals die Kehrseite der Breite des Forschungsfeldes, »die Inhomogenität«, deutlich zutage. Der Blick von außen auf die entstehende kybernetische Vereinigung bot »ein besonders buntes Bild«, wenn Boulanger, »der ›Prophet‹ der neuen Lehre«, mit »dem sorgfältig abwägenden Biologen v. Holst« um die Macht stritt, die Kybernetik zu deuten und inhaltlich auszugestalten. Man konnte diese soziale und inhaltliche Diversität positiv deuten als »ein Momentbild aus der dynamischen Entwicklung einer Wissenschaft«[247] oder als ein Defizit auf dem Weg zur Etablierung einer

245 Ebd., S. 28.

246 Mittelstaedt: Vorwort, S. 7.

247 Jeweils Eichhorn, Gerhard: Rezension zu Mittelstaedt, H. (Hg.): Regelungsvorgänge im lebenden Wesen, München 1961, in: Naturwissenschaftliche Rundschau 15 (1962), S. 205.

Wissenschaft verstehen. Die Akteure selbst sahen gerade in der Zusammenarbeit mit Boulanger und seiner AIC keine sinnvolle Erweiterung des Forschungsgebiets, sondern eine Aufweichung. Als im Vorfeld der Tagung bekannt wurde, dass die AIC neben dem VDI/VDE-Fachausschuss »Regelungstechnik« die Tagungsleitung übernehmen sollte, protestierten von Holst und seine Mitarbeiter vehement. Bernhard Hassenstein bemängelte das wissenschaftliche Niveau der AIC und mahnte an, man dürfe sich nicht »von einer Flut nichtssagender aber wortreicher belgischer Vorträge [...] an die Wand drücken lassen«. Stattdessen sollten sie selbst versuchen, »der Tagung ein Gesicht zu geben.« Eine »rein deutsche Zusammenkunft«[248] käme nach Hassenstein ihrem Bestreben, eine streng analytische Kybernetik inhaltlich und sozial zu manifestieren, viel eher entgegen. Der VDI/VDE-Fachausschuss Regelungstechnik konstatierte selbst, dass eine gemeinsame Veranstaltung mit der AIC »gewisse Schattenseiten«[249] habe. Ihm gelang es nicht, die AIC von der Tagung in Essen fernzuhalten. Allerdings übernahm von Holst dort die Führungsrolle und marginalisierte Boulanger und die AIC. Hassenstein hatte das Problem nationenspezifischer Differenzen der Kybernetik formuliert, und von Holst beschleunigte die nationale Begrenzung der Kybernetik, indem er die inhaltlich und kulturell fremde Form aktiv ausschloss. Die AIC erhielt unter dem Einfluss von Holsts und seiner Schüler nie eine bedeutende Stellung in der bundesdeutschen Wissenschaftslandschaft. Obwohl sie früher gegründet worden war und bereits über gefestigte Strukturen verfügte, kam ihr bei der Entstehung einer kybernetischen Vereinigung in der Bundesrepublik keine Vorbildrolle zu, sondern sie wurde eher als Antagonist betrachtet. Solche differierenden Formen der Kybernetik dienten den biokybernetisch geprägten Akteuren lediglich als Projektionsfläche, auf die sie die negative Konnotation der Kybernetik in der Öffentlichkeit abwälzen konnten. Indem sie sich von der AIC distanzierten, definierten sie ihre Form der Kybernetik ex negativo.

Der Begriff Kybernetik tauchte auch 1958 in Essen noch nicht namensgebend auf, obwohl er durch die Anwesenheit der AIC und in den Vorträgen allgegenwärtig war. Zwar wurde »die Anwendung nachrichtentechnischer oder nachrichtentheoretischer Gedankengänge auf bio-

248 Jeweils B. Hassenstein an E. v. Holst, 9.1.1958, MPG-Archiv, III. Abt., Rep. 29, Nr. 201. Von Holst bekräftigt diese Meinung und leitet sie an den VDI weiter als E. v. Holst an G. Müller/VDI, 29.1.1958, MPG-Archiv, III. Abt., Rep. 29, Nr. 846.

249 G. Müller/VDI an E. v. Holst, 3.2.1958, MPG-Archiv, III. Abt., Rep. 29, Nr. 846.

logische Funktionszusammenhänge und ihre Abbildung als technisches Modell« auf der Tagung diskutiert, also genau das Gebiet, für das Norbert Wiener den Begriff geprägt hatte. Weil er öffentlich aber meist »nur als modisches Synonym für Regelung, elektronische Berechnung und Automation«[250] verwendet wurde, scheuten die Akteure noch, ihre Gruppierung mit Kybernetik zu überschreiben.

Erstmals explizit unter dem Titel Kybernetik traf sich die Gruppe 1961 in Karlsruhe. Nun konnte sie an die Forschungsgruppe Kybernetik des MPI für Biologie und an die Diskussionen um ein SPP Kybernetik anschließen, die dem Begriff eine wissenschaftlich seriöse Konnotation und ein klares Forschungsprofil gaben. Die Befürchtungen, in die Ecke einer inhaltslosen Modeerscheinung gesteckt zu werden, waren deshalb nicht mehr zentral. Dagegen wurde bereits hier, als sich die Kybernetik sozial immer noch in statu nascendi befand, eine Binnendifferenzierung deutlich, die sich ebenfalls am Vorbild von MPG und DFG orientierte. Der erste explizite Kybernetikkongress in der Bundesrepublik fand in Form einer Doppeltagung statt, bei der die technisch-synthetische Kybernetik erst nach der biologisch-analytischen Ausprägung auf der Tagesordnung stand. Beide kybernetischen Richtungen waren inhaltlich und entsprechend auch organisatorisch getrennt.

Träger der ersten Tagung »Aufnahme und Verarbeitung von Nachrichten durch Organismen« war der NTG-Fachausschuss »Informations- und Systemtheorie«. Sein Leiter Hans Marko hatte sie organisiert und saß ihr vor. Richard Feldtkeller, Karl Küpfmüller, Wolf D. Keidel, Werner Reichardt, Horst Mittelstaedt, Gerhard Vossius u.a. sprachen über ihre Arbeiten »aus dem Gebiet der Kybernetik«.[251] Weil sie die bedeutendsten Forscher auf dem Grenzgebiet von Technik und Biologie in der Bundesrepublik waren, repräsentierten ihre Vorträge den Kanon oder zumindest das Grundgerüst der analytischen Kybernetik. Dazu zählten die physiologisch-psychologisch-nachrichtentechnische Analyse des Gehörs nach Feldtkeller, »die nachrichtenverarbeitenden Funktionen der Nervenzellen« nach Küpfmüller, »die Verarbeitung optischer Nachrichten im Zentralnervensystem von Insekten« nach Reichardt und »Probleme der Kursregelung bei frei beweglichen Tieren« nach Mittelstaedt.[252] Bewusst und

250 Zemanek: Technische und kybernetische Modelle, S. 40.

251 So der Untertitel des Tagungsbandes: Aufnahme und Verarbeitung von Nachrichten durch Organismen. Vorträge auf dem Gebiet der Kybernetik, gehalten auf der NTG-Fachtagung in Karlruhe, 11.-12.4.1961, hg. v. NTG-Fachausschuß »Informations- und Systemtheorie«, Stuttgart 1961.

252 Vorträge gedruckt als Feldtkeller, Richard: Wechselbeziehungen zwischen Psychologie, Physiologie und Nachrichtentechnik, a.a.O., S. 9-16; Küpfmüller,

willentlich diente die Tagung zur Vernetzung aller Forscher, die an solchen oder ähnlichen Problemen arbeiteten, also technische und biologische Prozesse einheitlich verstanden sowie mit einer gemeinsamen Methode beschrieben und deuteten, kurz: Kybernetik betrieben. Darüber hinaus seien Kybernetik und die ihr zugrunde liegende Informationstheorie »in Deutschland an einigen Forschungsstellen zwar sehr intensiv betrieben worden,« hätten aber »nicht die Breitenwirkung erlangt, wie sie im Ausland anzutreffen«[253] war. Das zweite Ziel der Tagung war in diesem Sinn die Verbreitung der kybernetischen Fragen, Methoden und Theorien sowie des Kreises derer, die daran arbeiteten. In Karlsruhe wurde ein bundesweites Netzwerk der analytischen Kybernetiker begründet und deren Art zu denken und zu arbeiten veröffentlicht.

Gleiches galt für die direkt anschließende Tagung »Lernende Automaten«, die der NTG-Fachausschuss »Informationsverarbeitung« veranstaltete und Karl Steinbuch leitete. Die technisch-synthetische Kybernetik basierte auf der Hoffnung, wissenschaftliches Wissen über die Funktion der menschlichen Informationsaufnahme und -verarbeitung für die Automatenentwicklung nutzbar zu machen. Speziell die technische Imitation des Lernvorgangs betrachteten die Tagungsteilnehmer als zukunftsweisendes Forschungsproblem. Der lernende Automat war in ihrem Verständnis »nicht irgend ein Seitenzweig der elektronischen Rechenmaschine«,[254] sondern deren höchste Entwicklungsform und damit das dringlichste Problem der Computer Science. Die Entwicklung solcher Automaten galt aber auch als technisch enorm anspruchsvoll und dadurch kostenintensiv, weil sie aufwändige wissenschaftliche Forschung, leistungsstarke Rechenmaschinen und eine intensive Kooperation zwischen Wissenschaft und Technik erforderte. Steinbuch sah dieses Gebiet nicht gebührend gefördert und befürchtete deshalb, dass die Bundesrepublik »den Anschluss an den Fortschritt der technischen Entwicklung« verliere.[255] Ähnlich wie auf der Tagung der analytischen Kybernetik klär-

Karl: Die nachrichtenverarbeitenden Funktionen der Nervenzellen, a.a.O., S. 17-27; Reichardt, Werner: Die Verarbeitung optischer Nachrichten im Zentralnervensystem von Insekten, a.a.O., S. 109-125; Mittelstaedt, Horst: Probleme der Kursregelung bei frei beweglichen Tieren, a.a.O., S. 138-148.

253 Marko, Hans: Begrüßungsrede des Fachausschußleiters, a.a.O., S. 6.

254 Zemanek, Heinz: Logische Beschreibung von Lernvorgängen, in: Lernende Automaten. Bericht über die Fachtagung der NTG in Karlsruhe, 13.-14.4.1961, hg. v. Heinz Billing (= Elektronische Rechenanlagen, Beiheft 3), München 1961, S. 24.

255 Steinbuch, Karl: Vorwort, a.a.O., S. 7.

ten die Redner auch hier die relevanten Begriffe, Fragen und Methoden und stellten erste lernende Automaten vor.[256]

Gemeinsam war der entstehenden synthetischen und der analytischen Community die Beschäftigung mit komplexen dynamischen Systemen. Beide einte die Notwendigkeit, ihre Objekte durch Vereinfachen und Abstrahieren überhaupt erst bearbeitbar zu machen. Der Weg dorthin führte nur über die Methode des Modellierens. Während für die analytische Kybernetik das Modellieren ein Hilfsmittel für die wissenschaftliche Erkenntnis darstellte, versuchte die synthetische Kybernetik, die technischen Objekte wirtschaftlich nutzbar zu machen. Diese Zielrichtung begründete auch die höhere gesellschaftliche Rezeption der kybernetischen Technik. Mit den Hinweisen auf die Zukunftsfähigkeit ihres Gebiets strebten die Ingenieure schon auf ihrem ersten großen Kongress ein Bündnis mit außerwissenschaftlichen Öffentlichkeiten an. Sie wollten Förderern aus Politik und Wirtschaft den ökonomischen Nutzen ihrer Arbeit vermitteln, um über den Umweg externer Nachfrage nach der Erforschung und Entwicklung lernender Automaten dieses Gebiet in der Wissenschaft zu etablieren, wo es bisher nur eine Marginalie bildete. Dass außerdem die Medien bioanaloge Technik häufig mit der Konstruktion menschengleicher Maschinen identifizierten, erzeugte hohe öffentliche Aufmerksamkeit, fast einen Skandal, den die synthetischen Kybernetiker ebenfalls für sich nutzen wollten. Besonders Steinbuch war bemüht, die Debatten um Nutzwert und Gefahren von denkenden und lernenden Maschinen für die technikwissenschaftliche Kybernetik zu instrumentalisieren.[257] Neben dem Ziel, sich nach innen zu formieren und nach außen von anderen Stilen abzugrenzen, wie es auch die analytischen Kybernetiker auf ihrem Kongress anstrebten, stand bei den synthetischen Kybernetikern die Selbstdarstellung gegenüber Politik, Wirtschaft und Öffentlichkeit im Zentrum der Netzwerkbildung.

256 Die Klärung von Fragen und Begriffen übernahmen v. a. Steinbuch und Zemanek; die vorgestellten Automaten waren Steinbuchs Lernmatrix und Rosenblatts »Perceptron«. Siehe Steinbuch, Karl: Schaltungen mit der Lernmatrix, a.a.O., S. 63-68; Rosenblatt, Frank: Perceptrons and Cognitive Systems, a.a.O., S. 225-239.

257 Z.B. Steinbuch: Vorwort, a.a.O., S. 8. In diese Kerbe schlagen aber auch alle anderen Texte.

### *Die DAGK und ihre Tagungen*

Die frühen 1960er Jahre waren die Zeit der Versuche, die Kybernetik in ihrer gesamten Breite wissenschaftlich zu manifestieren. Deshalb fanden die analytische und die synthetische Kybernetik trotz ihrer Unterschiede in den Zielrichtungen und den personellen Strukturen ein gemeinsames Dach in der 1962 gegründeten DAGK. Somit existierte erstmals eine Institution mit gesamtkybernetischem Anspruch. Ihrer Organisationsform nach war sie formal kein eigenständiger Verein, sondern in ihr als Arbeitsgemeinschaft schlossen sich lediglich mehrere wissenschaftliche Vereinigungen zusammen, um ihre Tätigkeiten auf dem Gebiet der Kybernetik zu koordinieren. Als Träger fungierten die Deutsche Gesellschaft für Biophysik, die Deutsche Gesellschaft für Psychologie, die Deutsche Physiologische Gesellschaft, die Gesellschaft deutscher Naturforscher und Ärzte, die Gesellschaft für Angewandte Mathematik und Mechanik, die Gesellschaft für Physikalische Biologie, der VDE, der VDI und der Verband Deutscher Physikalischer Gesellschaften. Initiator und Gründer der DAGK war Karl Küpfmüller, ihr erster Vorsitzender der Erlanger Physiologe Wolf Dieter Keidel. Die Vorstandsmitglieder, u. a. Friedrich L. Bauer und Karl Steinbuch, rekrutierten sich aus Vertretern der Trägergesellschaften. Die Verwaltung der DAGK übernahm die Geschäftsführung der Nachrichtentechnischen Gesellschaft im VDE (NTG).[258] Die DAGK sollte »die Kybernetik durch gegenseitigen Erfahrungsaustausch und die gemeinsame Behandlung wissenschaftlicher und technischer Fragen«[259] fördern, ihre Mitglieder über die Entwicklungen der Kybernetik unterrichten und kybernetisches Wissen nach außen tragen. Sie sollte die Kybernetik in der bundesdeutschen Wissenschaftslandschaft verankern und damit ihren Beitrag für die »Renaissance der Universitas litterarum«[260] leisten.

Die Haupttätigkeit der DAGK lag in der Organisation und Durchführung der Kybernetikkongresse. Diese beabsichtigten explizit, dass die Kybernetik »einen gewissen Widerhall in der Öffentlichkeit«[261] erfahre. Jedem sollte vor Augen geführt werden, dass die bundesrepublikanische

258 Nach einer Notiz: Deutsche Gesellschaft für Kybernetik, in: Naturwissenschaftliche Rundschau 15 (1962), S. 203.

259 Deutsche Arbeitsgemeinschaft Kybernetik, in: Mitteilungen der GAMM 1/1962, S. 3.

260 Keidel, Wolf Dieter: Begrüßung und Eröffnung, in: Neuere Ergebnisse der Kybernetik. Bericht über die Tagung Karlsruhe 1963 der DAGK, hg. v. K. Steinbuch u. S.W. Wagner, München/Wien 1964, S. 8.

261 Steinbuch, Karl: Einführung, a.a.O., S. 10.

Forschung auf vielen zentralen Gebieten moderner Wissenschaft und Technik den Anschluss an das Ausland zu verlieren drohe. Die Kybernetikkongresse waren der Ort, an dem kybernetisches Wissen in die Welt hinaus drang. Sie adressierten aber auch wissenschaftliche Öffentlichkeiten, sowohl Kybernetiker verschiedener Prägungen und Zielrichtungen als auch nicht kybernetisch arbeitende Forscher im In- und Ausland. So halfen sie der wissenschaftlichen Kybernetik, sich in der Wissenschaftslandschaft zu etablieren – und zwar gleichermaßen direkt, indem sie die Scientific Community von ihrer Leistungsfähigkeit überzeugte, wie indirekt, indem sie ihre Bedeutung einem breiten Publikum vermittelte, damit dieses Druck auf die Wissenschaftspolitik und die Wissenschaft selbst ausübe.

Nach dieser Vorgabe stellte etwa Hans Marko auf der Tagung 1965 in Kiel Ansätze seiner Kommunikationstheorie Biologen wie auch Ingenieuren vor. Er wies auf die Schwierigkeiten der Modellierung eines zumindest bidirektionalen Nachrichtenkanals hin, was »für die quantitative Erfassung der informationstheoretischen Verhältnisse beim Menschen«[262] unumgänglich sei. Darüber hinaus sprach er über die Vorbildrolle der menschlichen Invariantenbildung für die Technik. Auf Seiten der technischen Kybernetik schloss der Karlsruher Ingenieur Helmut Kazmierczak an diese Überlegungen an und berichtete über die praktische Entwicklungsarbeit zeichenerkennender Automaten und deren Anwendbarkeit in Wirtschaft, Militär und Wissenschaft.[263] Sogar Vertreter der ansonsten separierten kybernetischen Pädagogik waren in Kiel anwesend und berichteten über Maschinen und Programme im Unterrichtseinsatz.[264] Weil die DAGK-Kongresse der Binnendifferenzierung der Kybernetik entgegenwirkten, waren auch die Anwendungsgebiete weit verzweigt, über die auf den ersten beiden Tagungen vorgetragen wurde. 1963 in Karlsruhe stammten neun aus der analytischen und 15 aus der synthetischen Kybernetik.[265] 1965 in Kiel beschäftigten sich elf Vor-

262 Marko, Hans: Informationstheorie und Kybernetik, in: Fortschritte der Kybernetik. Bericht über die Tagung Kiel 1965 der DAGK, hg. v. Werner Kroebel, München/Wien 1967, S. 28.

263 Siehe Kazmierczak, Helmut u. F. Holdermann: Methoden der automatischen Zeichenerkennung, a.a.O., S. 209-224.

264 Frank, Helmar: Lehralgorithmen und Lernautomaten, a.a.O., S. 323-342; Matt, G: Einsatz elektronischer Datenverarbeitung für den Unterricht, a.a.O., S. 343-374.

265 Die Aufstellungen über die Verteilung der Vorträge beziehen sich jeweils nur auf die in den Tagungsbänden gedruckten. Siehe jeweils die Inhaltsverzeichnisse, in: Neuere Ergebnisse der Kybernetik u. Fortschritte der Kybernetik.

träge mit der biologischen Analyse, zehn mit technischen Konstruktionen oder deren theoretischer Voraussetzungen, fünf mit der Informationspsychologie oder der kybernetischen Pädagogik, drei mit der Betriebswirtschaft und einer mit kybernetisch fundierter Verkehrsplanung. Ähnlich weit gefächert war die Herkunft der Kybernetiker. 1963 kamen allein 15 der 31 Redner aus dem Ausland nach Karlsruhe, die kybernetischen Institutionen innerhalb der Bundesrepublik waren allesamt auf den Tagungen vertreten. Inhaltlich und sozial erfuhr die Kybernetik mit der DAGK eine enorme Verbreitung.

### *Die DGK und ihre Tagungen*

Dem Verständnis der DAGK zufolge erwies die wissenschaftliche Kybernetik in den Augen ihrer Angehörigen »im erfolgreichen Zusammenwirken der vielen beteiligten Disziplinen ihre Lebensfähigkeit«. Insbesondere dass schon wenige Jahre nach ihrer Gründung quer durch alle Disziplinen »ein gemeinsames Repertoire von Fachausdrücken entstanden«[266] war, verdeutlichte in den Augen der Kybernetiker ihren Erfolg. Bis 1968 hatte sich durch den Austausch auf den Kybernetikkongressen eine eigenständige, funktionierende Community gebildet. Um dieser Verfestigung der Sozialstrukturen gerecht zu werden, wurde die DAGK reformiert. Ihre Protagonisten gaben die bisherige lockere Form der Arbeitsgemeinschaft auf und gründeten stattdessen eine straffere Organisationsform unter dem Titel »Deutsche Gesellschaft für Kybernetik«. Zu ihrem ersten Präsidenten wurde Horst Mittelstaedt gewählt. Das Präsidium bildeten Mittelstaedt, seine Stellvertreter Werner Kroebel und Hans Marko sowie Friedrich L. Bauer, Otto D. Creutzfeldt, Eberhard Zwicker u.a. Weil auch die DGK noch verschiedene wissenschaftliche Vereinigungen trugen, war die Trägerversammlung das entscheidende Gremium. Sie bestand aus den Präsidiumsmitgliedern sowie Wolf D. Keidel, Hermann Schmidt, Winfried Oppelt, Bernhard Hassenstein, dem Ostberliner Psychologen Friedhart Klix, Karl Küpfmüller, Karl Steinbuch, Heinz Zemanek u.a. als Abgesandte der einzelnen Vereinigungen.[267] Wie die DAGK vor ihr war auch die DGK »ein Zusammenschluß wissenschaftlicher Organisationen zum Zweck der Koordinierung

266 Hauske, Gert: Bericht über den Kybernetikkongreß München 1968, in: NTZ 21 (1968), S. 365.

267 Zur Struktur der DGK siehe Mitteilung: Präsidiumswahlen der DGK, in: NTZ 21 (1968), S. 126. Über die Rolle Mittelstaedts berichtet auch Mitteilungen aus der MPG 1968, S. 63.

ihrer Aktivität auf dem Gebiet der Kybernetik.«[268] Da sie nun über gefestigtere Strukturen verfügte, schrieb sie sich auf die Fahnen, die Begriffe, Fragen und Methoden der Kybernetik auch an den klassischen Orten der Wissenschaft zu verankern, nämlich in Forschung und Lehre der Hochschulen. Sie sollte die Kybernetik als selbständige Disziplin oder zumindest »in der Gestaltung der Studienpläne einzelner Wissenschaftszweige«[269] etablieren. Denn nur dadurch schien sie auf Dauer als eigenständiges Konzept überlebensfähig.

An der inhaltlichen Ausrichtung, die Kybernetik möglichst in ihrer gesamten Breite zu repräsentieren, änderte auch die DGK vorerst nichts. Sie blieb die breiteste kybernetische Organisation der Kybernetik und veranstaltete weiterhin die großen Kybernetikkongresse nach altem Muster. Daneben koordinierte sie auch Fachausschüsse, in denen Spezialisten einzelne Fragen und aktuelle, auch unfertige Projekte im kleinen Kreis diskutierten. Im Gegensatz zu den Kongressen sollten die Ergebnisse der Ausschüsse den Beteiligten vorbehalten bleiben und »im allgemeinen nicht veröffentlicht«[270] werden. Die Ausschüsse waren Orte, an denen Wissen, noch im Status der Produktion, erstmals über das Labor hinausreichte. Von ihnen wurden zunächst zwei eingerichtet. Den ersten über Fragen der Informationsübertragung und -verarbeitung leitete Marko. Der zweite, dem Mittelstaedt vorstand, thematisierte biologische Steuerung und Regelung und zählte gleichzeitig als Ausschuss für Biologische Regelungskunde der VDI/VDE-Fachgruppe Regelungstechnik.

Ihren ersten Kongress veranstaltete die DGK 1968 in München mit über 700 Teilnehmern aus 12 Ländern.[271] Die Kybernetik präsentierte sich hier als ein wissenschaftliches Konzept, das auf einer festen Organisation fußte und in weiten Kreisen der Wissenschaftslandschaft anerkannt war. Um diese Position zu untermauern, beantwortete Mittelstaedt als Präsident der DGK in seiner Begrüßungsrede programmatisch die immer noch häufig gestellte Frage, was Kybernetik überhaupt sei: »Kybernetik ist eine naturwissenschaftliche Methodik, die sich mit funktionellen und strukturellen Eigenschaften von Systemen unabhängig von

268 Marko, Hans u. Georg Färber: Vorwort, in: Kybernetik 1968. Berichtswerk über den Kongreß der DGK in München vom 23.-26.4.1968, hg. v. Hans Marko u. Georg Färber, München/Wien 1968, S. 9.

269 Hauske: Bericht, S. 365.

270 Ebd., S. 10.

271 Hauske: Bericht, S. 363, beziffert die Teilnehmerzahl auf 800; bei Kybernetik-Kongreß München 1968, in: Naturwissenschaftliche Rundschau 21 (1968), S. 304, ist von 700 die Rede; 750 nennen Marko u. Färber: Vorwort, in: Kybernetik 1968, S. 11.

deren spezieller Realisierung befaßt und dabei analysierend (Beschreibung eines vorgegebenen Objekts) oder synthetisierend (Erzeugung einer bestimmten Leistung) vorgehen kann. [...] Damit ist die Kybernetik keine neue Wissenschaft, sondern eine neue Art, Wissenschaft zu treiben, in der das Funktionieren und die Struktur eines Systems wichtiger ist als die jeweilige substantielle Realisierung desselben.«[272] Mittelstaedt lieferte eine Definition, die zumindest in dem weiten Rahmen der DGK gültig war und fixierte damit die Kybernetik auch inhaltlich im Sinne eines Minimal-Anspruchs, der aber ein weites Spektrum von Disziplinen zu Anwendungsgebieten der Kybernetik machte.

Die verschiedenen Formen der Kybernetik in der Bundesrepublik und der DGK waren auf der Tagung in München in jeweils eigenen Sektionen repräsentiert. Die Humankybernetik sammelte sich in der Sektion »Kybernetik in der Psychologie«, wo u. a. Klaus Weltner über »Informationspsychologie und programmierte Instruktion« vortrug und damit die kybernetische Pädagogik in München vertrat. In der Sektion »Kybernetik in der Nachrichtentechnik« waren die Akteure der technischen Kybernetik vertreten. Dabei trugen ausschließlich Mitarbeiter des Instituts für Nachrichtenverarbeitung der TH Karlsruhe über verschiedene Einzelprojekte vor, die dem gemeinsamen Zweck der automatischen Luftbildauswertung dienten. Die Biokybernetiker sammelten sich in den Sektionen »Kybernetik in der Sinnes- und Nervenphysiologie« und »Kybernetik in der Verhaltensforschung«, wo u. a. Gert Hauske seine Doktorarbeit vorstellte. Dass diese Sektionen personell von allen die größten waren, sei »ein Hinweis auf den Erfolg der Anwendung kybernetischer Methoden in diesen Disziplinen«.[273] Weil bis 1968 in erster Linie die Biowissenschaften den Nutzen der kybernetischen Theorien und Methoden nachgewiesen und die Erfolge sich durch die Gründung des MPI in Tübingen und der DFG-Programme manifestiert hatten, richtete auch die gesamtkybernetische Community ihr Augenmerk hauptsächlich auf die Biologie.[274] Der Schwerpunkt der gesamten Münchener Tagung lag auf ihr, ja die Protagonisten der Biokybernetik übernahmen als die erfolgreichsten Kybernetiker auch die führenden Positionen in der DGK – auf

272 Zitiert nach Hauske: Bericht, S. 363.

273 Ebd. Er nennt auch die einzelnen Sektionen.

274 In diese Richtung argumentieren Marko u. Färber: Vorwort, in: Kybernetik 1968, S. 11. Den biokybernetischen Schwerpunkt demonstriert auch das Inhaltsverzeichnis des Tagungsbandes, nach dem von 34 veröffentlichten Vorträgen 7 Aufsätze die Kybernetik in der Verhaltensforschung behandelten, 9 die Kybernetik in Sinnes- und Nervenphysiologie und 5 die Biologische Regelung.

der Münchner Tagung waren dies Mittelstaedt als DGK-Präsident und Marko als Tagungsleiter – und formten sie nach ihren Vorstellungen um.

Mit Ernüchterung, fast mit einem bösen Erwachen nach der Kybernetik-Euphorie musste die DGK auf ihrem Kongress 1970 in Berlin umgehen. Mittlerweile war deutlich geworden, »dass die Jahre optimistischer Voraussagen über die Leistung digitaler Rechenmaschinen oder anderer Automaten« vorbei waren und nun die Notwendigkeit »mühsamer Detailarbeit an speziellen Problemen«[275] an die Stelle von Utopien und Universalitäts-Phantasien zu treten hatte. Deshalb konzentrierte sich das Programm der Tagung auch auf die automatische Zeichenerkennung. Dieses Problem war einerseits so vielschichtig und breit, dass »auf diesem Gebiet ein Dialog zwischen technischer, psychologischer und physiologischer Forschung«[276] nötig war. Andererseits war es so speziell, dass interdisziplinäre Kontakte und Kooperationen nicht ins Vage verschwammen, sondern problemorientiert blieben und relativ schnell konkrete Ergebnisse versprachen. Die Kybernetik stand unter Rechtfertigungsdruck. Sie musste praktische Erfolge vorweisen, um nicht die Glaubwürdigkeit ihrer Theorien und Prognosen sowie das öffentliche Bild einer Zukunftswissenschaft zu verspielen. Die automatische Zeichenerkennung war gleichsam die technische Referenzleistung für das kybernetische Postulat der funktionalen Gleichheit von menschlicher und maschineller Informationsaufnahme und -verarbeitung. Sie war außerdem ein gesellschaftlich höchst relevanter Anwendungsbereich, weil die Konstruktion einschlägiger Automaten »wohl noch in diesem Jahrhundert« zu erwarten sei. Damit würde für jeden Laien sichtbar, dass »der Mensch durch einen allgemeine Zeichen erkennenden Automaten ersetzt«[277] werde, dass das Postulat folglich zuträfe.

Unter diese Problemstellung und Zielvorgabe hatten sich die Teilnehmer des Kongresses einzuordnen. Auch der Biokybernetik wurde ihre Zweckfreiheit genommen. Sie konnte zwar weiterhin Sinnesleistungen untersuchen, um »Einsichten in eine lebenswichtige Fähigkeit der Organismen, besonders des Menschen« zu gewinnen, musste sich aber als Hilfswissenschaft für »neue technische Entwicklungen von –

275 Grüsser, Otto-Joachim: Strategien zur Lösung des Problems der Zeichenerkennung, in: Zeichenerkennung durch biologische und technische Systeme. Tagungsbericht des 4. Kongresses der DGK, Berlin, 6.-9.4.1970, hg. v. Otto-Joachim Grüsser u. Rainer Klinke, Berlin u. a. 1971, S. 15f.

276 Vorwort, a.a.O., S. V.

277 Grüsser: Strategien, S. 15.

vermutlich – erheblichem Nutzen«[278] einordnen. Trotz dieser Anwendungsorientierung waren rein biologisch-analytische Vorträge noch in der Mehrzahl.[279] Aber die Klassifizierung der Kybernetik in einen analytischen und synthetischen Teil, also nach ihrer methodischen und erkenntnistheoretischen Zielrichtung, entfiel zugunsten einer Orientierung auf das Untersuchungsobjekt. Das Thema der Tagung »Zeichenerkennung durch biologische und technische Systeme« war unterteilt in »Visuelle Zeichenerkennung« und »Auditorische Zeichenerkennung«. Indem die Protagonisten der DGK das organische oder technische Objekt der Informationsaufnahme und -verarbeitung über seine Funktion stellten, folgten sie der Unterteilung des SFB 50. Sie orientierten sich, ebenfalls im Gefolge des SFB 50, wesentlich stärker am materiellen Objekt der Forschung, als dies die Gründungsakte der Kybernetik vorgesehen hatte. In SPP und SFB waren die Inhalte und Ziele der Kybernetik unter dem gesellschaftlichen Rechtfertigungsdruck ausgehandelt worden, unter dem sich nun die DGK sah. Diese vergleichbare Situation und die personelle Kongruenz ließen die DFG-Programme zu Vorbildern für die DGK-Kongresse werden.

Die Abkehr von der Idee des Universalistischen fand ihre Fortsetzung auf der DGK-Tagung 1973 in Nürnberg. Diesmal lag der Schwerpunkt auf »Kybernetik und Bionik«. Der Kongress folgte, bezeichnenderweise unter der DGK-Präsidentschaft von Hans Marko, der Konzeption des SFB 50. Er trennte zwischen einerseits analytischer Kybernetik, unter die auch die Entwicklung technischer Modelle fiel, solange sie Hilfsmittel für die Analyse blieben, und andererseits der »Bionik«, unter der sich alle synthetisch-konstruktivierend arbeitenden Kybernetiker sammelten. Unter Kybernetik wollte Marko nur noch »eine exakte naturwissenschaftliche Methodik« verstanden wissen, »die die Methoden der Nachrichten- und Regelungstheorie in anderen Bereichen, wie in der Biologie oder Soziologie, anwendet.«[280] Die spezifischen heuristischen Hilfsmittel der Kybernetik bildeten nach Marko das Modell, das Funktionsschema und das Experiment. Ihre Methoden waren allesamt technischer Natur und rekrutierten sich v. a. aus der Informationstheorie, der Netzwerktheorie, der Systemtheorie, der Theorie der Schaltnetze und der Automaten-

278 Mittelstaedt, Horst: Sinn und Wert einer Kybernetik des Zeichenerkennens. Eröffnungsansprache des Präsidenten der DGK, a.a.O., S. 11.

279 20 von 37 Aufsätzen des Tagungsbandes sind rein analytischer Natur.

280 Marko, Hans: Einleitung und Einleitungsvortrag des Präsidenten der DGK: Methodenlehre der Kybernetik, in: Kybernetik und Bionik. Berichtswerk über den 5. Kongreßder DGK in Nürnberg, 28.-30.3.1973, hg. v. Wolf Dieter Keidel (u. a.), München 1974, S. 16.

theorie. Die Beschreibung des Objekts erfolgte klassischerweise mathematisch, besonders statistisch. Von dieser charakteristisch kybernetischen Arbeitsweise und Zielsetzung grenzte Marko die Bionik ab, weil sie die kybernetisch gewonnenen Erkenntnisse »zu einer Verbesserung technischer Systeme«[281] nutze. Die Bionik war nach diesem Verständnis die Technologie, die erkenntnistheoretisch an die Kybernetik anschloss.

Neben der Bionik tauchte in Nürnberg auch der Begriff der Künstlichen Intelligenz-Forschung auf, die durch ihre Fragestellung eine Brücke zwischen Kybernetik und Computer Science schlug.[282] Beide Begriffe ersetzten den der synthetischen Kybernetik. Die klassische Unterteilung der Kybernetik nach ihrer analysierenden und ihrer konstruierenden Zielrichtung war nicht mehr relevant und wurde von den objektorientierten Themenblöcken »Biokybernetik«, »Automaten, Mensch-Maschine-Dialog, künstliche Intelligenz« sowie »Biokybernetik und Bionik« ersetzt.[283] Wie schon die Titel andeuten, waren die einzelnen Blöcke nicht klar voneinander getrennt, sondern überschnitten sich auch inhaltlich. Die neuen Begrifflichkeiten und die Unklarheiten in der Abgrenzung voneinander und von dem Begriff Kybernetik lassen diese ebenfalls nur als Schlagwort erscheinen, unter dem alle Forschungs- und Entwicklungsvorhaben im Bereich der Informationsverarbeitung in künstlichen und organischen Systemen, oder mit den Worten Wieners: im Bereich von »Control and Communication in the Animal and the Machine« subsumiert wurden. Auch innerhalb der DGK benutzten die Forscher auf diesem Gebiet die Kybernetik nur so lange als Schlagwort, wie sie mit diesem Begriff Hoffnungen und Erwartungen wecken und mit Hilfe solcher Erwartungen Forschungsgelder einwerben konnten.

Dass der Begriff »Kybernetik« in erster Linie Werbezwecken diente, machte ihn auch anfällig für Enttäuschung und damit Diskreditierung der Erwartungen. Weil die Versprechen der Kybernetik nicht eingehalten wurden, machte sich Ernüchterung breit. Das Schlagwort allein war kein Garant mehr, um Aufmerksamkeit zu erregen. Deshalb musste es in der Öffentlichkeitsdarstellung der Forschung durch neue Begriffe ersetzt oder zumindest um diese ergänzt werden. Das erkannten schon die Protagonisten des 4. DGK-Kongresses 1970 und setzten auf den Schwerpunkt »Zeichenerkennung«. 1973 waren es dann die Schlagwörter »Bionik« und »Künstliche Intelligenz«. Dass die Arbeit in den Instituten und Labors trotz dieser Änderungen ohne merkliche Brüche vonstatten ging,

281 Ebd., S. 24.
282 So Händler, Wolfgang: Man-Machine-Dialog, a.a.O., S. 179.
283 Diese Themenblöcke spiegelt die Kapitelunterteilung des Tagungsbands.

demonstrierte die Lücke zwischen der Praxis und der Außendarstellung der Forschung. Durch diese inhaltliche und strukturelle Uneinheitlichkeit geriet die explizite Aufgabe der Kongresse, »einem breiteren Interessentenkreis einen Überblick über Forschungsergebnisse auf dem Gebiet der Kybernetik«[284] zu vermitteln, noch weiter zur Schwierigkeit.

Nicht nur durch die Organisation des Kongresses zeigte sich die DGK 1973 aktiv, sondern auch dadurch, dass sie ihre Fachausschüsse umfassend umgestaltete und thematisch erweiterte. Sie waren nun gegliedert in Kybernetik 1.) des visuellen Systems, 2.) des akustischen Systems, 3.) des motorischen und taktilen Systems, 4.) des Lehrens und Lernens, 5.) der Ökosysteme. Weiterhin fanden die unterschiedlichen Formen der Kybernetik unter dem Dach der DGK Platz, solange sie einen gemeinsamen Zugang zur Kybernetik hatten. Kybernetik wurde danach »als eine besondere Methodik der exakten Naturwissenschaften verstanden, die geeignet ist, hochkomplexe Strukturen, wie sie Lebewesen (allg. Organismen sowie Teile oder Gruppen von Organismen) darstellen, quantitativ exakt zu beschreiben.« Dabei nutze sie »hauptsächlich die in der Nachrichtentechnik und Regelungstechnik entwickelten Methoden und Modelle.«[285] Im Zentrum der Aktivitäten der DGK standen aber die drei ersten Themenbereiche, die mit denen des SFB 50 übereinstimmten. Inhaltlich, sowohl was das Verständnis von Kybernetik als auch die Strukturen der Gesellschaft anbetrifft, genauso wie personell kongruierte die DGK mittlerweile weitgehend mit den DFG-Programmen.

### *Bedeutung der DAGK/DGK*

Die DAGK und die DGK entwickelten sich kontinuierlich und homogenisierten sich in ihrem Verständnis der Kybernetik und damit der kybernetischen Arbeitsweise. Immer stärker ins Zentrum rückte die quantitative Analyse von Informationsprozessen in Organismen. Angetrieben wurde diese Entwicklung dadurch, dass zentrale Akteure der DFG wie Mittelstaedt und Marko auch die Führung der DGK übernahmen. Die Ausrichtung auf den DFG-Stil spiegelten auch die neuen Fachausschüsse, deren erste drei den Projektgruppen des SFB 50 entsprachen.

Andere Formen der Kybernetik fanden auch ihren Platz in den Kongressen, sahen sich aber von der Menge biokybernetischer Vorträge und

284 Tagungsankündigung: Kybernetik-Kongreß 1973. Kybernetik und Bionik, in: NTZ 26 (1973), K15.

285 Mitteilung: Neuorganisation der Deutschen Gesellschaft für Kybernetik, in: NTZ 26 (1973), K 211.

Sektionen dominiert. Die leitenden und maßgebenden Akteure tolerierten zwar die Anwesenheit etwa geisteswissenschaftlicher Kybernetiker, wollten jedoch »mit dieser wolkigen Sache [...] nichts zu tun haben.« Nacheinander marginalisierten sie Georges Boulanger und seine AIC, Helmar Frank und die gesamte informationspsychologisch geprägte Humankybernetik und schließlich Karl Steinbuch, der anfangs sogar noch Vorstandsmitglied der DAGK war, aber zunehmend nicht mehr dem geforderten »Standard der Nachprüfbarkeit«[286] entsprach. Auch im Rahmen der DGK blieben Kooperationen, ein Gedankenaustausch oder auch nur das Gefühl der Zusammengehörigkeit auf Akteure beschränkt, die gemeinsame oder zumindest ähnliche Forschungsfragen und Methoden hatten.

Die DGK bildete die Plattform zur Vernetzung regionaler und lokaler Zentren wie München und Tübingen.[287] Forscher, die sich einander inhaltlich nahe fühlten, tauschten sich auf den Kongressen aus, diskutierten ihre Probleme, Methoden und Ergebnisse, und veröffentlichten das bisher lokal gebundene Wissen. Besonders die DFG sah in der DAGK und der DGK den Ort, an dem die Forscher Ergebnisse ihrer Programme nach außen trugen und vor gleichgesinnten Außenstehenden zur Diskussion stellten.[288] Die wissenschaftliche Kybernetik fand durch die DGK eine breite Öffentlichkeit von Fachkollegen und wurde auch außerwissenschaftlich rezipiert. Ausländische Forscher beteiligten sich ebenfalls rege an den Kongressen. Obwohl sie sich meist nicht als Kybernetiker sahen, konnten sie sich in die bundesdeutsche kybernetische Community einfinden, wenn ihre Forschungsprobleme mit denen der deutschen Kybernetiker verwandt waren.[289] Inhaltliche Grenzen zwischen den verschiedenen Formen der Kybernetik niederzureißen, gelang der DGK aber nicht. Eine Vereinigung aller kybernetisch arbeitenden Forscher stellte sie nie dar. Der Schwerpunkt ihrer Kongresse lag immer auf der biologischen Analyse. Alle anderen Formen waren nur Beiwerk und wurden

286 Beides Horst Mittelstaedt im Interview, 15.6.2005.

287 Das bestätigen auch Gert Hauske im Interview, 13.10.2005, und Kuno Kirschfeld im Interview, 20.6.2005.

288 Diese Hoffnung äußerte schon das Protokoll über die Sitzung der Besprechungsgruppe Kybernetik, 5.5.1962, BA Koblenz, B227/138623.

289 Den Beiträgen der Tagungsbände nach zu schließen, lag der Anteil ausländischer Redner bis auf eine Ausnahme immer über einem Drittel. Laut Vorwort, in: Kybernetik und Bionik, S. 10, wurde der Band der Tagung 1973 wegen der starken internationalen Beteiligung sogar zweisprachig gedruckt. Dort konnten v. a. Amerikaner an die in den USA ebenfalls sehr aktuellen Fragen der Bionik und der KI-Forschung anschließen.

von außen kaum wahrgenommen. Ein echtes Miteinander der verschiedenen Formen existierte immer weniger, eher ein binnendifferenziertes Nebeneinander.

Neben diesem Defizit hatte die DGK damit zu kämpfen, dass die Trägergesellschaften sich nach dem Ende der Kybernetikbegeisterung nach und nach weniger um die Belange der DGK kümmerten und kaum noch Vertreter auf die Versammlungen schickten.[290] Das Dilemma machte schon die Zusammensetzung des Vorstandes der DAGK und DGK deutlich: Mit Friedrich L. Bauer war ein ausgewiesener Gegner der Kybernetik seit ihrer Gründung 1962 Präsidiumsmitglied und wurde auch 1968 wieder von der GAMM dorthin gesandt, obwohl er schon 1967 das Amt hatte abgeben wollen.[291] Nach eigenem Bekunden nahm er nie an einer Sitzung teil und wollte sich um keinen Preis von Kybernetikern vereinnahmen lassen.[292] Die offizielle Struktur der DGK samt ihrer Trägerschaft durch weite Teile der bundesdeutschen naturwissenschaftlichen Community existierte nur pro forma. Tatsächlich stand und fiel die DGK mit dem Engagement weniger einzelner, allen voran Marko, Mittelstaedt und Hauske. Allmählich erstreckte sich auch die Wirkung der DGK nur noch auf diese Gruppe. Die Tagungen wurden kleiner und immer weniger rezipiert. In einem letzten Versuch der Existenzerhaltung schloss Gert Hauske als DGK-Präsident seine Gesellschaft 1990 noch an eine mittlerweile entstandene Community von Neuro-Informatikern an und richtete gemeinsam mit dieser in Düsseldorf den Kongress »Parallel Processing in Neuroscience and Computing«[293] aus. Weil aber auch damit keine neuen Interessenten gefunden werden konnten, trug Hauske »die DGK zu Grabe«.[294] Nichtsdestotrotz war diese Gesellschaft die Organisation, mit der die wissenschaftliche Kybernetik ihre größte Breitenwirkung erzielt hatte. Sie bot der Biokybernetik die wichtigste Plattform und repräsentierte in den 1960er und 1970er Jahren die wissenschaftliche und gesellschaftliche Stellung der Kybernetik in der Bundesrepublik.

290 So Gert Hauske im Interview, 20.10.2005, und Horst Mittelstaedt im Interview, 15.6.2005.

291 So F.L. Bauer an Lothar Collatz, 6.7.1967, Archiv TU München, Institutsakten Informatik 3047.

292 So Friedrich L. Bauer im Interview, 15.2.2006.

293 Die Vorträge dieser Tagung, Düsseldorf 1990, sind gedruckt als Eckmiller, Rolf (u.a.) (Hg.): Parallel Processing in Neural Systems and Computers, Amsterdam 1990.

294 Gert Hauske im Interview, 20.10.2005. Zu diesem Kongress siehe den Tagungsband.

## 5.4 Der netzwerkspezifische Stil und seine Repräsentation in der Zeitschrift »Kybernetik«

Begriffe, Fragen, Methoden und Theorien rund um die mathematisch-technische Analyse von Informationsprozessen in Organismen und deren technische Synthese bildeten sich in einem Netzwerk von Forschern, das zwar nicht hermetisch vom Ausland abgeriegelt, aber national dominiert war. Besonders den amerikanischen Ur-Kybernetikern um Norbert Wiener kam kaum eine Bedeutung zu, die über die Prägung des Titels und erste programmatische Inspirationen hinausreichte. Die Akteure empfanden ihr Forschungsgebiet als originär, selbst entwickelt und nicht als Adaption von Wieners Kybernetik. Die bundesdeutsche Biokybernetik war dieser Ansicht nach »mit Notwendigkeit aus den biologischen Problemen« entstanden und verfolgte »andere Ansatzpunkte«[295] als Norbert Wiener. Internationale Kooperationen blieben zunächst in den Grenzen traditioneller Disziplinen verhaftet, und erst allmählich zogen Biologen Nachrichten- und Regelungstechniker zu ihren Forschungsgruppen hinzu, um disziplinenübergreifende Forschungsprobleme gemeinschaftlich zu lösen. Erste Ergebnisse auf dem neuen Forschungsfeld erzielte v. a. die Gruppe um Reichardt, die auch den Begriff Kybernetik einführte. Sie nannte sich 1958 »Forschungsgruppe Kybernetik« und manifestierte damit erstmals den Begriff in der bundesrepublikanischen Wissenschaft. Außerdem war Reichardt 1960 maßgeblich an der Gründung der Zeitschrift »Kybernetik« beteiligt, die den Begriff und die damit verbundenen Forschungsfragen und Methoden sanktionierte und allen späteren Institutionen, Programmen und Organen als Vorbild galt.

Die neue Art zu forschen etablierte sich in einem Spannungsverhältnis zwischen einer disziplinär verfestigten und international gültigen Arbeit auf Institutsebene und dem überinstitutionellen und interdisziplinären Netzwerk. Die Max-Planck-Institute waren die frühen Zentren der Kybernetik, prägten Begriffe und produzierten Fragen, Methoden und Theorien, die den Charakter des Netzwerks beeinflussten. An diesem Kanon orientierten sich im Folgenden die Programme der DFG, die Zeitschrift und die DAGK/DGK. Somit verbreitete sich der Stil der MPG in weite Teile der Wissenschaftslandschaft hinein und formte ein großes, wenn auch lockeres und oft nur sporadisch in Erscheinung tretendes Netzwerk. Teil eines solchen Sozialverbands konnte nur werden, wer weitgehend mit dem vorgegebenen Verständnis der Kybernetik und der anerkannten Art kybernetischen Arbeitens konform ging. Auf der Netz-

295 B. Hassenstein an E. v. Holst, 9.1.1958, MPG-Archiv, III. Abt., Rep. 29, Nr. 201.

werkebene transformierten und verfestigten dann aber alle Akteure diskursiv die Begriffe, Theorien, Methoden und Hierarchien der Forschungsprobleme. Diese sozial ausgehandelten Ergebnisse wirkten zurück auf die alltägliche Arbeit im Institut. Besonders die DFG war ein Akteur auf der Netzwerkebene, wo sie eine Plattform für Aushandlungen bot und einen Ort darstellte, der den Stil verbindlich machte. Darüber hinaus wirkte sie auch auf die Institutsebene ein, indem sie zur Umsetzung ihrer verbindlichen Vorgaben in die Praxis zwang.

Das Produkt dieser Wechselwirkung von Instituts- und Netzwerkebene war ein Forschungsstil, der durch die Methode technisch-mathematischer Analyse von organischen Objekten in einem Miteinander von Empirie und Modellierung und durch Theorien wie die zur Korrelation, zur Lateralen Inhibition, die Subjektive Vertikale, die Kommunikationstheorie oder die Systemtheorie homogener Schichten geprägt war. Positiv definierten die Protagonisten des Netzwerks die Kybernetik als eine interdisziplinäre Methodik, die auf verschiedenartige Objekte angewandt werden und neuartige, auf die Funktion des Objekts konzentrierte Erkenntnisse zutage bringen könne. Negativ grenzten sie ihr Gebiet besonders vom »Bereich der spekulativen Philosophie« und von allen weltanschaulichen Tendenzen ab, mit denen der Begriff Kybernetik häufig verbunden wurde.[296] Sie drängten auch die synthetische Kybernetik an den Rand des Netzwerks, indem sie diese als zweitrangig im Vergleich zur quantitativen Analyse einstuften und nach außen hin geringschätzten. Zur Marginalie in der Darstellung des Forschungsstils wurde die technische Zielrichtung der Kybernetik dadurch, dass die größten und bestfinanzierten Programme der wissenschaftlichen Kybernetiker in der Bundesrepublik sie ausklammerten. Dadurch bildeten sich kein Kanon der gültigen Fragen und Methoden und keine Standards des synthetisch-konstruktivierenden Arbeitens. Dennoch erhielt die synthetische Kybernetik in der Forschungs- und Entwicklungspraxis der Institute einen Platz, konnte sich aber nie dauerhafte Institutionen und Organe im Rahmen des Netzwerks schaffen. Der biologisch-analytischen Kybernetik hingegen gelang dies teilweise durch ein Max-Planck-Institut, einige Studiengänge, die Zeitschrift »Kybernetik« und Handbuchartikel.[297] Ihr

296 Marko u. Färber: Vorwort, in: Kybernetik 1968, S. 13. Ganz ähnlich klingt Mittelstaedt: Eröffnungsansprache, in: Kybernetik 1968, S. 15-18.

297 Die wichtigsten sind Hassenstein, Bernhard: Kybernetik und biologische Forschung, in: Handbuch der Biologie, Teil I, hg. v. Fritz Gessner, Frankfurt a. M. 1965, S. 629-719; Mittelstaedt, Horst: Einführung in die Kybernetik des Verhaltens am Beispiel der Orientierung im Raum, in: W. Hoppe (u. a.) (Hg.): Biophysik, Berlin/Heidelberg $^{2}$1982, S. 822-830 (erstm. 1977).

Erfolg war aber auch nur ein vorübergehender, mit dem Kulminationspunkt im Jahr 1968, als der Kongress in München mit nahezu 800 Teilnehmern veranstaltet, das Max-Planck-Institut gegründet und die Einrichtung des SFB 50 beschlossen wurden. Selbst als sie diese herausragende Stellung im deutschen Wissenschaftssystem innehatten, gelang es den Biokybernetikern nicht, ihr Forschungsgebiet in klassischen Hochschulinstituten oder Lehrbüchern zu zementieren. Das verhinderte v.a. ihre soziale und inhaltliche Uneinheitlichkeit.

Das Netzwerk war in seinem Charakter schon um 1960 ausgebildet und entwickelte sich von da an kontinuierlich weiter. Nicht nur am Titel der namensgebenden Zeitschrift »Kybernetik«, später »Biological Cybernetics« benannt und zuletzt mit dem Zusatz »Computational Neuroscience« versehen, lässt sich die Entwicklung ablesen. Auch inhaltlich spiegelte die Zeitschrift den Charakter des Netzwerks. Sie wurde kurz nach der Forschungsgruppe in Tübingen und nahezu gleichzeitig mit der DAGK und den DFG-Programmen aus der Taufe gehoben und schärfte ihr Profil parallel zur DFG. Obwohl auch in ihr immer Platz für technikwissenschaftliche Aufsätze war, bildete sie doch in erster Linie den Ort für die Veröffentlichung biokybernetischen Wissens und wurde zum meist rezipierten Organ des Netzwerks. Damit trug sie wesentlich »zur soliden Etablierung«[298] der analytischen Kybernetik bei. Weil sie auch in die Öffentlichkeit ausstrahlte, demonstrierte sie weithin ihre wissenschaftliche Strenge. Damit bescherte sie dem Begriff Kybernetik in der Bundesrepublik eine seriösere Konnotation als in anderen Ländern und machte sie um 1960 »wieder etwas hoffähiger«,[299] nachdem ihr zuvor eher ein spekulativer und ideologischer Charakter zugeschrieben worden war. Nach innen erfüllte die Zeitschrift gemeinsam mit den Kybernetikkongressen die Rolle einer Plattform, auf der die Akteure ihre Arbeit und ihre Theorien zur Diskussion stellen konnten. Angeführt durch die Herausgeber Werner Reichardt und später Gert Hauske, war durch das System des Peer Review alles, was in der Zeitschrift erschien, im Netzwerk anerkannt und repräsentierte somit den Kanon der Biokybernetik. Auf einen Nenner gebracht: Innerhalb des Netzwerks war Kybernetik das, was Eingang in die Zeitschrift fand. Sie spiegelte das Verständnis und die Arbeitsweise aller Akteure.

298 Reichardt, Werner: Rede zur Einweihung des Neubaus der Abteilung Reichardt des MPI für Biologie am 14. Juni 1965 in Tübingen, in: Mitteilungen aus der MPG 1965, S. 342.

299 Heitz/DFG: Vermerk, 28.9.1961, BA Koblenz, B227/138623.

# 6. Das Netzwerk »Informationsverarbeitung in Technik und Biologie«

In der Bundesrepublik wurde der Aufgabenstellung der technischen Kybernetik, also Versuchen, biologisches Wissen für technische Konstruktionen nutzbar zu machen, in erster Linie in Karlsruhe nachgegangen. Diese Zentrumsbildung spiegelte sich beispielsweise in den Kongressen der DAGK/DGK, auf denen die Vortragenden zur technischen Synthese beinahe ausschließlich aus Karlsruhe stammten. Wie sich die Kybernetik inhaltlich und sozial in verschiedenen Instituten etablierte und entwickelte, wie diese Institute miteinander kooperierten und inwieweit sie mit den Biokybernetikern in Kontakt kamen, bzw. was sie trennte, ist Gegenstand des folgenden Kapitels. Schwierig macht dieses Unterfangen, dass Ingenieure den Begriff Kybernetik im Alltag kaum verwendeten. Wenn sie überhaupt einen Titel für ihre Arbeit benutzten, dann meist den der Bionik. Auf das Verhältnis beider Begriffe wird demnach ebenfalls einzugehen sein.

## 6.1 Kybernetisches Arbeiten am Institut für Nachrichtenverarbeitung der Universität Karlsruhe (TH)

Das Problem der automatischen Zeichenerkennung beschäftigte Karl Steinbuch schon zu seiner Zeit bei SEL.[1] An der TH Karlsruhe setzte er die entsprechenden Arbeiten ab 1959 nahtlos fort und richtete das Forschungsprofil seines Lehrstuhls für Nachrichtentechnik und Nachrichtenverarbeitung auf maschinelles Lernen aus. Er wollte menschliche Geistesvorgänge, speziell den Lernprozess, auf dem Computer simulieren oder per spezieller Hardware modellieren, ohne die strukturellen Unterschiede menschlicher und maschineller Informationsverarbeitung zu berücksichtigen und über deren funktionelle Analogien hinauszugehen. Ihn interessierte nur, wie der Ingenieur das Wissen über menschliche Anpassung an unvorhergesehene Situationen nutzen konnte. Grundlage

1 Erste Veröffentlichungen darüber sind Steinbuch, Karl: Automatische Zeichenerkennung, in: NTZ 11 (1958), S. 210-219 u. 237-244; Ders.: Automatische Spracherkennung, in: NTZ 11 (1958), S. 446-454.

dieser Anpassung war das Lernen und damit die »Veränderung des Verhaltens durch Erfahrung.«[2] Ein System lerne dann, wenn es Modellstruktur besitze, wenn es also »vor einer nach außen wirksamen Maßnahme in einem internen Modell der Außenwelt die voraussichtlichen Reaktionen der Außenwelt auf verschiedene mögliche Maßnahmen«[3] prüfe. Dann könne das System die Reaktion der Außenwelt im Modell durchspielen und nur die Aktion wirklich nach außen dringen lassen, die eine gewünschte Wirkung und Reaktion der Außenwelt erzeuge. Die technische Herausforderung lag nach Steinbuch darin, das interne Modell des Systems so zu konstruieren, dass dessen Prozesse und Ergebnisse gespeichert würden und dem System als Erfahrungen für zukünftige gleiche oder ähnliche Situationen zur Verfügung stünden. Damit könnte das System selbständig mit der Außenwelt kommunizieren und sich ohne Zutun des Konstrukteurs und über dessen Wissensstand hinaus nach dem Prinzip »Mutation und Zuchtwahl«,[4] d.h. evolutionär, weiterentwickeln. Ökonomisch einsetzen wollte Steinbuch solche Maschinen dort, wo Probleme bewältigt werden mussten, die nicht vollständig überschaubar waren. Anstatt etwa bei der Verkehrssteuerung, Wettervorhersage, Sprach- und Schrifterkennung, Sprachübersetzung und Lehrtätigkeit die Maschine oder das Programm ständig von außen auf neue Situationen einzustellen, sei es praktikabler, wenn die Maschine oder das Programm sich automatisch optimiere.

Insbesondere die menschliche Fähigkeit zu assoziieren und die Konditionierung wollte Steinbuch technisch imitieren. Rechner sollten nicht mehr stumpf jede Information speichern, sondern nur sinnvolle, und sie sollten nicht nur exakte Übereinstimmungen von Verhältnissen der Außenwelt mit ihrem Erfahrungsschatz, sondern auch ähnliche erkennen. Die so geartete Simulation organischer Verhaltensformen auf Rechenautomaten hielt er sowohl für die Automatenentwicklung als auch für die Psychologie für hoch bedeutend.[5] Sie ermögliche einerseits das Studium menschlicher Geistesprozesse mittels technischer Modelle und

2 Steinbuch, Karl: Vorwort, in: Lernende Automaten. Bericht über die Fachtagung der NTG in Karlsruhe, 13.-14.4.1961, hg. v. Heinz Billing (= Elektronische Rechenanlagen, Beiheft 3), München 1961, S. 7.

3 Steinbuch, Karl: Lernende Automaten, in: Elektronische Rechenanlagen 1 (1959), S. 112f. Die grundlegenden Probleme maschinellen Lernens erläuterte er außerdem in einem Vortrag an der TH Karlsruhe im Juni 1959, gedruckt als Steinbuch, Karl: Lernende Automaten, in: Physikalische Blätter 16 (1960), S. 4-11.

4 So bezeichnet bei Steinbuch, Karl: Kybernetik. Weg zu einer neuen Einheit der Wissenschaften, in: VDI-Z 104 (1962), S. 1312.

5 Vgl. Steinbuch: Vorwort, in: Lernende Automaten, S. 8.

andererseits die Herstellung von Computern, die nicht mehr »auf das Niveau des Menschen beschränkt«[6] wären. Sie verfügten dann nämlich über die gleiche Art von Intelligenz wie der Mensch, wären aber als technische Objekte nicht dessen Beschränkungen wie Ermüdung oder Altersgebrechen unterworfen.

Belegen konnte Steinbuch diese Hypothese einer grundsätzlichen Überlegenheit des Computers freilich nicht, weil er einen entsprechenden Rechner nie realisierte und deshalb die Hypothese nicht am Objekt nachprüfen konnte. Steinbuch verletzte den Grundsatz, dass ein Wissenschaftler in der Pflicht ist, seine Behauptungen zu verifizieren[7] und dass seine Gedankengänge stets nachprüfbar sein müssen. Er verließ den Boden der Wissenschaftlichkeit und begab sich bewusst in den Bereich der Utopie, um mit solchen Machbarkeitsphantasien öffentliche Aufmerksamkeit zu erregen. Damit hoffte er, sein Forschungs- und Entwicklungsfeld als besonders zukunftsträchtig und förderungswürdig zu präsentieren.

Den ersten Versuch, einen solchen Lernvorgang zu synthetisieren, stellte die von Steinbuch so getaufte »Lernmatrix« dar, der er die Leistung zuschrieb, den Pawlowschen »Bedingten Reflex« technisch zu imitieren. Schriftlich stellte er sie erstmals 1961 in der neu gegründeten Zeitschrift »Kybernetik« vor. Dabei unterschied er zwei Phasen in ihrem Verhalten, nämlich einmal die »Lernphase«, während der ihr gleichzeitig »Sätze von Signalen (Eigenschaften) {e} und die zugehörigen Bedeutungen b« angeboten wurden. Die Matrix merkte sich nun, dass bestimmte Eingangssignale immer gleichzeitig mit bestimmten Ausgangssignalen auftraten, verknüpfte diese und bildete damit »Bedingte Reflexe«. Danach trat sie in eine »Kannphase« ein,[8] während der sie nach Erhalt der Sätze Eigenschaften selbsttätig deren Bedeutung zuordnete. Information konnte dann auch in umgekehrter Richtung fließen. Wenn in die Matrix die Bedeutungssignale eingegeben wurden, ordnete sie diesen selbständig die Eigenschaften zu. Dieser Vorgang imitierte die bekannte Experimentalsituation Pawlows, in der der Hund Speichel absonderte, nur weil vor seinen Augen Licht erstrahlte.

6 Steinbuch: Automaten, in: Elektronische Rechenanlagen 1, S. 175.

7 Diesen Grundsatz betonten F.L. Bauer und M. Taube in ihrer Kritik.

8 Jeweils Steinbuch, Karl: Die Lernmatrix, in: Kybernetik 1 (1961/1963), S. 36. Weitere Aufsätze, in denen die Lernmatrix zumindest erwähnt wird, sind Steinbuch: Lernende Automaten, in: Physikalische Blätter 16; Ders.: Kybernetik, in: VDI-Z 104; Ders.: Adaptive Networks Using Learning Matrices, in: Kybernetik 2 (1963/1965), S. 148-152; Ders.: Maschinelle Intelligenz und Zeichenerkennung, in: Die Naturwissenschaften 58 (1971), S. 210-217; Ders. u. Helmar Frank: Nichtdigitale Lernmatrizen als Perzeptoren, in: Kybernetik 1 (1961/1963), S. 117-124.

Das Prinzip der Lernmatrix lag darin, »anorganische Schaltungsstrukturen für Lernvorgänge zu finden«,[9] d.h. die Lernmatrix simulierte der Idee nach organisches Verhalten auf funktioneller Ebene und verwirklichte einen konkreten Lernvorgang. Nach Steinbuch setzte sie aus technischer Sicht erstmals seinen Anspruch an Lernende Automaten um, sich durch Anpassung aufgrund von Erfahrungen selbständig weiterzuentwickeln. Sie sollte in dreierlei Hinsicht als Modell für organische Lernfunktionen dienen. Zum einen verdeutlichte sie die Nachrichtenverarbeitung im Menschen. Wie beim Menschen die eingehenden Informationen »im sensorischen Bereich von außen nach innen stark zusammengepresst, im motorischen Bereich von innen nach außen wieder stark ausgeweitet« würden,[10] so arbeitete auch die Lernmatrix. Wer in dieser relativ einfachen Konstruktion den Informationsfluss beobachtete, verstand Steinbuch zufolge auch, wie das Bewusstsein nur stark vorverarbeitete Information nutzte. Zweitens sah Steinbuch in der Arbeitsweise der Lernmatrix ein Modell für die semantische Dimension der Information, die in Shannons Informationstheorie nicht berücksichtigt war. Da im Computer Nachrichten verarbeitet und dadurch neue Bedeutungen erzeugt wurden, wurde im Computerzeitalter »auch eine semantische Informationstheorie dringend benötigt.«[11] Besonders bei der Entwicklung von Assoziativspeichern, die ja selbständig Bedeutungen von Zeichen erkennen sollten, war sie wichtig. Durch die Funktionsanalogie der Lernmatrix zur Nachrichtenverarbeitung im Menschen konnte, so der Anspruch, der Vorgang der Bedeutungszuordnung am technischen Modell beobachtet und verstanden werden. Drittens sah Steinbuch in der Lernmatrix ein Modell für das Lernen im Ganzen, und zwar für ein imitierendes genauso wie ein selbsttätiges, kreatives Lernen. Mit dieser Fähigkeit könnten Automaten über die Vorgaben und das Wissen des Konstrukteurs hinausgehen.

Steinbuch entwickelte seine Lernmatrix in enger Kooperation mit SEL. Diese versprach sich von der Zusammenarbeit die Rechte eines exklusiven Patentnehmers, eine Entwicklung der Lernmatrix bis zu ihrer industriellen Einsatzfähigkeit und dadurch finanzielle Gewinne durch massenhafte Produktion der Schaltung in ihrem Haus. Steinbuch war besonders an der finanziellen Förderung seiner Arbeit, der Unterstützung bei der patentrechtlichen Absicherung der Lernmatrix durch SEL und der Nutzung der Infrastruktur eines Großunternehmens auf dem

9 Ebd., S. 38.
10 Ebd., S. 45.
11 Ebd.

Weg zur Konstruktion eines industriellen Prototyps interessiert. Um SEL das Engagement schmackhaft zu machen, schilderte er im August 1960 einem ihrer Direktoren die Lernmatrix als »einen Zauberstab für Lernvorgänge«. Obwohl er keine konkrete Anwendung nennen konnte, hatte er »das sichere Gefühl, daß mit Hilfe der Lernmatrix sich der Nachrichtentechnik ganz neue Gebiete erschließen werden.« Steinbuch versicherte, »daß sich hier mit relativ geringen Mitteln auf lange Sicht ein merklicher technischer Vorsprung gegenüber der Konkurrenz aufbauen ließe.«[12]

SEL nahm wenig später die Arbeit an der Lernmatrix auf und verwandte einige Energie auf diese akademisch-industrielle Kooperation. Weil sie aber innerhalb der Planungshorizonte eines gewinnorientierten Industrieunternehmens keine Aussicht auf Erfolg erkannte, stellte sie ihre Bemühungen um eine serienmäßige Verwertbarkeit der Lernmatrix schon bald wieder ein. Im November 1961 wurde Steinbuch mitgeteilt, dass SEL »eine wirkungsvolle Unterstützung« nicht mehr zusagen könne und ihm »hinsichtlich einer anderweitigen Industrieanlehnung volle Handlungsfreiheit« zubillige.[13] Doch Steinbuch fand nirgendwo sonst in der Wirtschaft finanzielle Unterstützung und ebenso wenig einen industriellen Kooperationspartner für die Entwicklung der Lernmatrix hin zur Serienreife. Ihm wurde zwar 1965 ein Patent auf die Lernmatrix erteilt und diese als »Steinbuch-Matrix«[14] geschützt, wirtschaftlich spielte sie aber Mitte der 1960er Jahre bereits keine Rolle mehr.

Innerhalb des Instituts war die Lernmatrix weiterhin ein Thema. Zunächst wurde sie durch Zusammenschaltung zweier oder mehrerer Matrizen zu einem »Autonomen Lernmatrix-Dipol« weiterentwickelt, der »sich einer gegebenen Außenwelt nach Maßgabe einer vorgegebenen Werteskala« anpasse.[15] Der Gewinn dieser Konstruktion lag in der Möglichkeit, die Komplexität adaptiver Strukturen zu steigern, beispielsweise indem ihnen »Innere Modelle« eingebaut werden konnten. Parallel zum Verlauf dieser Arbeiten erweiterte sich auch der Schwerpunkt der gesamten Institutsarbeit hin zur Entwicklung jedweder adaptiver Systeme, die auf biowissenschaftlichem Wissen aufbauten. Die technische Herausforderung lag v.a. in der Konstruktion zeichen- und mustererkennender Maschinen. Im Auftrag der Bundeswehr etwa entwickelte das Institut ein spezielles Zeichenabtast-Computersystem zur Vorverarbeitung von Bildern der Erdoberfläche, damit die eigentliche Auswertung auf einem

12 Jeweils Karl Steinbuch an G. Häßler/SEL, 30.8.1960, UA Karlsruhe, 39,05/178.
13 G. Häßler/SEL an Karl Steinbuch, 13.11.1961, UA Karlsruhe, 39,05/178.
14 So bezeichnet in SEL an Karl Steinbuch, 5.3.1965, UA Karlsruhe, 39,05/178.
15 Steinbuch: Adaptive Networks, in: Kybernetik 2, S. 148f.

üblichen Computer auf informationsreduzierte Objekte zurückgreifen konnte und so in relativ kurzer Bearbeitungszeit durchführbar war.[16] Auch im Auftrag der Industrie arbeitete das Institut. Beispielsweise wurde 1968/69 ein adaptiver Regler entwickelt, der den Zustand eines beliebigen zu regelnden Systems, etwa in der Prozessteuerung, stabil halten sollte, indem der Regler die ihm zugeleiteten Größen selbständig klassifizierte und diesen Größen die zweckmäßigen Ausgangsgrößen zuordnete.[17]

Der Blick auf die Organisation des Instituts verdeutlicht ebenfalls dessen Forschungsschwerpunkte. 1970 beschäftigte Steinbuch 27 wissenschaftliche Mitarbeiter, die in zwei Gruppen aufgeteilt waren. Die erste arbeitete auf dem Gebiet der automatischen Bildverarbeitung. Die zweite Gruppe widmete sich ebenfalls adaptiven Systemen und konzentrierte sich auf die Fragen der Fehlererkennung in digitalen Schaltungen, der Simulation von digitalen Strukturen und der Untersuchung von Algorithmen zur Matrixinversion.[18] Für all diese Projekte und Forschungsschwerpunkte des Instituts bildete die Lernmatrix die Keimzelle. Mit ihr nahm die Genese der Arbeiten Steinbuchs und seines Instituts ihren Anfang. Sie hatte die Forschungsfragen auf dem Gebiet Künstlicher Neuronaler Netze, Mustererkennung, adaptiver Systeme oder ganz allgemein der Künstlichen-Intelligenz-Forschung geliefert. Eine technische Realisierung des Prinzips Lernmatrix strebte um 1970 jedoch niemand mehr an, weil sie sich als ungeeignet für die praktische Anwendung herausgestellt hatte. Organischem Verhalten wurde prinzipiell zwar immer noch Vorbildcharakter für die Technik eingeräumt. Die Technik hatte aber nicht mehr zum Ziel, die Strukturen der Informationsverarbeitung von Lebewesen direkt in informationsverarbeitende Maschinen zu übersetzen. Stattdessen diente organisches Verhalten der technischen Entwicklung nur noch als heuristisches Hilfsmittel. Außerdem war die Maschine, auf der die Probleme der Theorie bioanaloger Informationsverarbeitung modelliert wurden, nun kaum mehr eine spezielle Hardware-Konstruktion, sondern im Regelfall ein Universalcomputer mit Von-Neumann-

16 Darüber berichtete »Wehretatkürzungen gefährden Forschungsarbeit. Prof. Steinbuch: Verzicht auf Datenverarbeitungs-Forschung wird Konkurrenzfähigkeit der deutschen Industrie bedrohen«, in: Badische Neueste Nachrichten, 13.7.1967.

17 Dazu Wendt, S.: Adaptive Zuordner für Steuerung und Regelung, in: Kybernetik 6 (1969/1970), S. 6.

18 Siehe Jahresbericht 1970 über Forschung und Lehre am Institut für Nachrichtenverarbeitung und Nachrichtenübertragung Universität Karlsruhe (TH).

Architektur, auf dem Programme die biologische Nachrichtenverarbeitung simulierten.

Immer mehr übernahm die »Forschungsgruppe Mustererkennung« die Forschungsarbeit des gesamten Instituts. Sie war 1960 gegründet worden und wurde seither von Helmut Kazmierczak geleitet. Ihr Gegenstand waren gleichermaßen auf theoretischer wie auf technisch-konstruktivierender Ebene die adaptiven Systeme, v.a. Systeme der automatischen Mustererkennung. Finanziert wurde die Gruppe über Drittmittel klassischer Forschungsförderer wie der DFG, aber auch durch Forschungsverträge aus der Industrie und dem Militär. Aus Angst vor einem verteidigungspolitischen Rückstand der Bundesrepublik aufgrund der »Technologischen Lücke« hatte das Bundesministerium für Verteidigung (BMVg) ein Forschungs- und Entwicklungsprogramm zu militärisch relevanten Fragen angeregt, finanzierte es und übergab die Koordinations- und Verwaltungsaufgaben der Fraunhofer-Gesellschaft (FhG). Die Arbeitsgruppe Kazmierczaks war eine unter vielen Institutionen, die Projekte zur Technisierung der Kriegsführung bearbeiteten.[19] Besonders die automatische Bildauswertung für die militärische Aufklärung und die Entwicklung einer computerlesbaren Schrift[20] waren relevante Aufgaben im Rahmen der sogenannten Verteidigungsforschung. Für das Projekt »Automatische Bildauswertung und Zeichenerkennung« etwa erhielt die Gruppe in den Jahren 1968 und 1969 485.020 DM vom BMVg.[21] 1969 waren die Stellen für 20 Mitarbeiter und ein Jahresetat von ca. einer Million DM durch Verträge mit dem BMVg gedeckt.[22] Weil die Forschungsgruppe außerdem von Geldern aus den Datenverarbeitungs-Programmen der Bundesregierung getragen wurde,[23] war sie Ende der 1960er Jahre vom Institut finanziell unabhängig. Auch inhaltlich war die For-

19 Dass das Institut Steinbuchs Teil dieses Programms war, erwähnt A. Epp: Exposé über ein Institut für Kybernetik. Material zur konstituierenden Sitzung des Forschungsbeirats der FhG, 1.6.1965, Archiv IfZ, ED 721/74. Nach FhG: Notiz, 19.10.1965, Archiv IfZ, ED 721/104, wurde sogar H. Kazmierczak persönlich von der FhG bezahlt. Zur Verteidigungsforschung und speziell der Rolle der FhG siehe Trischler, Helmuth u. Rüdiger vom Bruch: Forschung für den Markt. Geschichte der Fraunhofer-Gesellschaft, München 1999, bes. S. 69-79, 239-251.

20 Siehe z.B. Forschungsanträge Kazmierczak 1970, Archiv IfZ, ED 721/407.

21 Nach FhG an BMVg, 28.8.1967, Archiv IfZ, ED 721/407.

22 Aktenvermerk: Betr. Forschungsvorhaben Prof. Steinbuch – Dr. Kazmierczak. Besprechung am 17.11.1969, Archiv IfZ, ED 721/407.

23 Laut Leussink an Christian Lenzer/MdB, 8.12.1971, Archiv IfZ, ED 721/407, erhielt die TH Karlsruhe bis 1970 689.000 DM im »Überregionalen Forschungsprogramm Informatik«, wovon ein erheblicher Teil auf Steinbuchs Institut abfiel. Kazmierczaks Forschungsgruppe wurde im 1. DV-Programm für das Projekt

schung von der Institutsleitung weitgehend separiert, weil Steinbuch sich kaum mehr um solche konkreten Projekte kümmerte.[24] Er engagierte sich ab Mitte der 1960er Jahre zunehmend für die Popularisierung der Kybernetik und wollte seine »kybernetische These« belegen, »daß das Lebensgeschehen und die psychischen Vorgänge aus der Anordnung und physikalischen Wechselwirkung der Teile des Organismus im Prinzip vollständig erklärt werden können.«[25]

Die Forschungsgruppe hatte die Forschungsarbeit des Instituts übernommen, agierte aber mit eigenen Zielen und auf eigene Rechnung. Sie nutzte um 1970 lediglich noch die Infrastruktur der Universität. Diese hatte aber wenig Verständnis, ein Forschungsunternehmen zu beherbergen, das kaum mehr der traditionellen Vorstellung gesellschaftsferner Hochschulforschung entsprach und gar nichts mit akademischer Lehre zu tun hatte. In der Konsequenz sollte die Gruppe aus der Universität Karlsruhe ausgelagert werden. Nahe hätte eine Eingliederung in die FhG gelegen, weil diese bereits zu einem großen Teil die Finanzierung und Abwicklung ihrer Projekte verwaltete. Allerdings konnte sie sich mit einer völligen Eingliederung der Gruppe »nicht recht befreunden«.[26] Deshalb wurde sie 1971 als »selbständige Forschungsgruppe für Informationsverarbeitung und Mustererkennung« in die »Gesellschaft zur Förderung der Astrophysikalischen Forschung« eingegliedert,[27] die ihren Sitz in Wachtberg-Werthhoven bei Bonn hatte und die Tätigkeiten mehrerer anwendungsorientierter Institute aus dem Bereich der Wehrtechnik koordinierte.

Steinbuch hatte zu Beginn der 1960er Jahre mit der Lernmatrix und seinen Äußerungen große Hoffnungen geweckt, dass Maschinen den Menschen geistig übertreffen und dadurch in wichtigen Lebensbereichen unterstützen könnten. Etwa am Beispiel des Einsatzes von Automaten in Weltraummissionen plädierte er, in Anlehnung an Norbert Wiener, man solle »einen menschlichen Gebrauch von menschlichen Wesen machen.«

»Bewertung der Schrift ORC-B« vom 1.7.1970 bis Ende 1971 mit 43.950 DM gefördert. So A. Epp an Kazmierczak, 23.12.1971, Archiv IfZ, ED 721/407.

24 Explizit vermerkt im Aktenvermerk: Betr. Forschungsvorhaben Prof. Steinbuch – Dr. Kazmierczak. Besprechung am 17.11.1969, Archiv IfZ, ED 721/407.

25 Steinbuch, Karl: Automat und Mensch. Auf dem Weg zu einer kybernetischen Anthropologie, Berlin (u. a.) [4]1971, S. 7.

26 Aktenvermerk A. Epp: Arbeitsgruppe Kazmierczak. Besprechung am 24.11.1970, Archiv IfZ, ED 721/407.

27 So H. Kazmierczak an Loeser/FhG, 12.4.1972, Archiv IfZ, ED 721/407. Zur Struktur und Geschichte der Gesellschaft siehe auch deren Homepage http://www.fgan.de/fgan/fgan_c43_de.html (Stand 20.11.2008).

Dieser schien ihm gegeben, wenn »intelligente Automaten durch Menschen entwickelt« würden, aber nicht, wenn im Weltraum der menschliche Körper »durch Beschleunigungen, Hitze, Kälte, radioaktive Strahlungen usw.« geschädigt werde.[28] Oft betonte Steinbuch die Bedeutung seiner Arbeit als Grundlage für technologische Zukunftsfelder wie Weltraum- oder Automatisierungstechnik und damit ihren wirtschaftlichen und militärischen Nutzen. Er wählte bewusst solche höchst publikumswirksamen Anwendungsgebiete der Technik, um zu zeigen, dass selbsttätig arbeitende Maschinen, die aus der Reaktion der Außenwelt auf ihre Handlungen lernen und sich unvorhergesehenen Situationen anpassen konnten, also – wenn man so will – intelligent handelten, keine Gefahr für den Menschen bedeuteten, sondern ihm widernatürliche oder schlicht lästige Aufgaben abnehmen konnten. Damit erzielte er öffentliche Aufmerksamkeit und konnte staatliche und wirtschaftliche Stellen als Geldgeber gewinnen. Konkrete Probleme der Zeichen- und Mustererkennung erfüllten er und seine Mitarbeiter dabei meist zufriedenstellend. Auch im Vergleich mit der internationalen Community auf dem Gebiet »Computer Imitation of Brain Function« wähnte Steinbuch 1967 die Institutsarbeit auf einem hohen Niveau. Dagegen war sein Optimismus in theoretisch-kybernetischer Hinsicht bereits gedämpft. Er stellte fest, dass die technische Imitation der Intelligenz sich bisher »viel weniger ermutigend entwickelt«[29] habe als noch zu Beginn der 1960er Jahre erhofft. Als das Institut mit der Forschungsgruppe für Mustererkennung seinen forschungs- und entwicklungspraktischen Brückenkopf verlor, blieben nur noch Steinbuchs theoretische und spekulative Arbeiten. Diese kamen aber nie über das Stadium der Visionen und Versprechungen wie »theoretisch ist es möglich …«, »in einigen Jahrzehnten …« hinaus. Greifbare Ergebnisse, die die These von der grundsätzlichen Gleichartigkeit maschineller und menschlicher Informationsverarbeitung belegt hätten, lieferte Steinbuch nie. Damit büßte er an Glaubwürdig-

28 Jeweils Steinbuch, Karl: Menschen oder Automaten im Weltraum?, in: Naturwissenschaftliche Rundschau 16 (1963), S. 349. Weitere solcher generalisierender Aufsätze sind u. a. Ders.: Über Kybernetik, in: Veröffentlichungen der Arbeitsgemeinschaft für Forschung des Landes Nordrhein-Westfalen, Heft 118, Köln 1963, S. 7-30; Ders.: Maschinelle Intelligenz und Zeichenerkennung, in: Die Naturwissenschaften 58 (1971), S. 210-217. Siehe v. a. seine dezidiert populärwissenschaftlichen Bücher.

29 Beides K. Steinbuch: Bericht über die Reise zum Symposium »National Committee of Automatic Control of the USSR« 28.2.-4.3.1967, UA Karlsruhe 28002/463. Von diesen enttäuschten Erwartungen spricht auch Zemanek, Heinz: Professor Steinbuch 60 Jahre, in: Elektronische Rechenanlagen 19 (1977), S. 165.

keit ein, und seine Auftraggeber trauten seiner Förderungswürdigkeit nicht mehr. Auch an die Scientific Community auf dem Gebiet adaptiver Automaten verlor er den Anschluss.

## 6.2 Das Institut für Schwingungsforschung / Fraunhofer-Institut für Informationsverarbeitung in Technik und Biologie (IITB)

Dass Nachrichtenübermittlung und -verarbeitung in Lebewesen mathematisch-technischen Prinzipien folgten, erkannte auch Horst Tischner, ein außerplanmäßiger Professor für Physik der Universität Tübingen. Im Umkehrschluss konnten, so seine Idee, auch technische Apparate vom Wissen über biologische Funktionen profitieren. Die Anregung zu diesem kybernetischen Gedanken erhielt Tischner 1953 bei einem Aufenthalt als Gastprofessor in Indien, als er sich vornahm, die Ausbreitung der Malaria zu bekämpfen. Er untersuchte zu diesem Zweck das Hörvermögen der krankheitsübertragenden Stechmücken, um sie mit einem speziell darauf ausgerichteten akustischen Sender anlocken und wirkungsvoll bekämpfen zu können. Zurück in Tübingen vergab er eine Diplomarbeit zum Richtungshören von Stechmücken. Alfred Schief, der Bearbeiter des Projekts, war dadurch mit der Bidirektionalität des kybernetischen Erkenntnisstrebens konfrontiert. Auf der einen Seite wurde ihm klar, dass die Stechmücken aufgrund ihrer Größe nur sehr kurze Wellenlängen peilen können. Er gewann also aus einer nachrichtentechnischen Untersuchung biologisches Wissen. Andererseits beschäftigte ihn auch die weiterführende technische Fragestellung, ob die Untersuchung der Stechmücke Anregungen für einen Peiler mit kleinen Abmessungen bieten konnte.[30] Inhaltlich schlossen Schief und Tischner dabei an die Theorien Georg von Békésys und Norbert Wieners an, aber auch an bundesdeutsche, physiologisch interessierte Nachrichtentechniker, allen voran Richard Feldtkeller und Karl Küpfmüller.[31] Trotzdem verstanden sie sich nicht als Kybernetiker und engagierten sich nicht in der entstehenden Community in der Bundesrepublik. Sie blieben im disziplinären Kontext der technischen Physik verhaftet.

30 So A. Schief im Interview, 18.5.2006.

31 Über die Ereignisse und Motive in der Vorphase der Institutsgründung wird ebd. berichtet.

## *Gründung und Frühphase des Instituts*

Innerhalb der traditionell strukturierten Universität Tübingen sah Tischner sein Arbeitsgebiet schlecht verortet, weil es keiner klassischen Disziplin zuzuordnen und stark anwendungsorientiert war. Deshalb plante er ein eigenständiges Forschungs- und Entwicklungsinstitut, das von einem Verein getragen und durch Vertragsforschung finanziert werden sollte. Hier hatten Physiker biologisches Wissen als Vorbild für die Technik zu nutzen und direkt darauf aufbauend technische Konstruktionen im Auftrag der Industrie zu entwickeln. Mit diesen Vorgaben gründete er das »Institut für Schwingungsforschung in Verbindung mit der Universität Tübingen« (ISf), das 1957 seine Arbeit »auf dem Gebiet der Physik mechanischer und elektrischer Schwingungen« aufnahm. Es führte grundlegende und angewandte Forschung durch, sowohl um Wissen »der Allgemeinheit zur Verfügung« zu stellen als auch um Forschungsaufgaben »für Mitglieder und Nichtmitglieder« des Trägervereins zu erfüllen und schließlich um Industrie und Politik auf dem Arbeitsgebiet des Instituts zu beraten.[32] Es war per Satzung zu einem Spagat gezwungen zwischen einerseits unabhängiger, zweckfreier Forschung und Entwicklung im Bereich technischer und biologischer Informationsübermittlung durch Schwingungen und andererseits zweckgebundener Vertragsforschung. Diese Orientierung auf zwei unterschiedliche Ziele bestimmte auch den Arbeitsalltag im Institut.

Im Anschluss an eigene und fremde Vorarbeiten auf dem Gebiet der Psychoakustik standen u. a. »Akustische Peilung mit einer Anordnung, die dem Hörorgan von Stechmücken verwandt ist«, »Elektrische Nachbildung des Innenohrs und Studien zum Frequenzauflösungsvermögen des menschlichen Ohres« und »Modellmäßige Nachbildung der Hörbahnen zwischen Innenohr und Hirnrinde mit Koinzidenz-Siebschaltung« auf dem Forschungsprogramm des ISf.[33] Der Prozess des Hörens wurde untersucht, wegen seiner Komplexität modelliert und diese Modelle einerseits als Hilfsmittel der Analyse verwendet, andererseits für den Einsatz im Industrie-, Militär- und Verwaltungsalltag weiterentwickelt. Gerade die Vergrößerung von Kanalkapazitäten durch Unterdrückung von Störungen des Signalflusses sahen Institutsleitung und Kuratorium in der Natur besser gelöst als in technischen Anordnungen.

32 Jeweils Satzung der Gesellschaft für Schwingungsforschung e. V., Neufassung gemäß dem Beschluß der Mitgliederversammlung vom 18. November 1958, Privatbesitz Dr. A. Schief. Die ursprüngliche Satzung geht nach A. Schief im Interview, 18.5.2006, auf das Jahr 1956 zurück.

33 Vgl. GfS: Fragebogen, 10.7.1959, Archiv IfZ, ED 721/593.

Deshalb hielten sie biologische Analysen für unabdingbar. Das Institut sollte experimentelle Ergebnisse Dritter, wie des MPI für Biologie, für seine Arbeit nutzen, aber auch eigene biologische Grundlagenforschung betreiben. Um diese zufriedenstellend zu organisieren, erhielt es 1960 eine eigenständige Abteilung für Informationsverarbeitung in Organismen. Deren Untersuchungsgegenstände, wie das Hören von Insekten, das Ortungsvermögen von Fischen, die Orientierungsleistungen des Käfers oder das Infrarot-Sehen von Klapperschlangen, kongruierten mit der biokybernetischen Forschungspraxis, wurden in gleicher Weise elektrophysiologisch, verhaltenspsychologisch und mittels Modellen analysiert. Trotzdem erschienen die in der Nachbarschaft sich formierenden Biokybernetiker nie als Vorbilder auf organisatorischem oder inhaltlichem Gebiet. Denn im ISf war die biologische Erkenntnis nie ein Produkt um ihrer selbst willen, sondern hatte nur die Funktion eines Werkzeugs für die technische Entwicklung. Entsprechend mussten die Arbeiten der biowissenschaftlichen Abteilung den Zielen des Instituts dienen und »letzten Endes zu einer realisierbaren und technisch interessanten Anordnung führen.«[34] Eine Vorbildrolle kam dementsprechend eher den US-amerikanischen Anstrengungen um die Ausarbeitung eines bionischen Forschungsprogramms zu, in dem »die Kopplung von biologischen mit physikalischen Gedankengängen«[35] am deutlichsten zum Ausdruck kam. Die Anwendungs- und Technikorientierung des ISf verdeutlichten darüber hinaus auch die Auftraggeber seiner Projekte: Die US Army, das BMVg, das Kultusministerium Nordrhein-Westfalen und die LOCKHEED Aircraft Corporation waren nicht an biologischem Wissen interessiert, sondern wollten in ihrem Geschäftsfeld einsetzbare Ergebnisse sehen. Auftraggeber wie Bearbeiter waren der Überzeugung, dass »die in der Natur eingeschlagenen Wege«[36] den technischen überlegen, also ökonomischer und zuverlässiger seien. Deshalb erwarteten sie, dass biologisches Wissen direkt in technische Konstruktionen umgesetzt werden könne.

Um das Niveau der Forschungsarbeiten zu heben, verzichtete das Institut ab 1962 auf die billige Arbeitskraft von Diplomanden und ließ die Projekte in erster Linie von Doktoranden bearbeiten, die offiziell an der TH Hannover promoviert wurden, wo Tischner mittlerweile einen Lehrstuhl besetzte. Das ISf kooperierte damit mit zwei Hochschulen und ver-

34 ISf: Bericht über die im Geschäftsjahr 1960 durchgeführten Arbeiten, 27.6.1961, Archiv IfZ, ED 721/593.

35 Ebd.

36 ISf: Bericht über das Geschäftsjahr 1963, 19.3.1964, Archiv IfZ, ED 721/593.

stand sich insofern als Ausbildungsstätte für Ingenieure und Physiker, als diese nach ihrer Doktorarbeit am Institut durch ihre Forschungs- und Entwicklungserfahrung in der Industrie überaus gefragt waren. Für die Qualitätssicherung bedurfte es neben den Nachwuchsforschern auch etablierter Kräfte. Deshalb wurde 1965 die Struktur reformiert und das Institut in die drei Arbeitsgruppen »Technische Datenverarbeitung«, geleitet von K. Ossenberg, »Biologische Datenverarbeitung«, geleitet von W. von Seelen, und »Statistische Kommunikationstheorie«, geleitet von G. Winkler,[37] unterteilt. 1967 wurde die Struktur noch einmal modifiziert und das Institut in die Gruppen »Physikalisch-Technische Verfahren«, »Technische Informationsverarbeitung«, »Theoretische Verfahren« und »Biologische Informationsverarbeitung« gegliedert. Die Gruppenleiter hatten in erster Linie die Aufgabe, den Nachwuchs durch ihre Erfahrung anzuleiten und »methodisch auf dem letzten Stand der Wissenschaft«[38] zu halten. Neben den Gruppenleitern sollte ein fester Mitarbeiterstamm von zwei Dritteln der Institutsbelegschaft für personelle Kontinuität sorgen. Mit dieser neuen Organisation wurde die Arbeit des ISf wesentlich professionalisiert und die Breite des Zuständigkeitsgebiets weiterhin garantiert, indem zwar Spezialisten in den verschiedenen Gruppen ausgebildet wurden, danach aber in Teams über deren Grenzen hinweg kooperierten.

Parallel zur Strukturreform und der Professionalisierung seiner Arbeit näherte sich das Institut an die Fraunhofer-Gesellschaft an. Weil Aufträge aus der Verteidigungsforschung seit jeher eine wichtige Einnahmequelle bedeuteten, hatte das ISf schon seit seiner Gründung in der FhG, die diese Forschung ja koordinierte, einen wichtigen Partner gesehen. Es intensivierte den Kontakt, als es wegen der steigenden Mitarbeiterzahl 1964 einen Institutsneubau und wegen der Verwissenschaftlichung seiner Tätigkeiten eine engere Anbindung an eine Hochschule benötigte. Die Universität Tübingen lieferte weder genügend wissenschaftlichen Nachwuchs, noch verfügte sie in ihrem auf Natur- und Geisteswissenschaften orientierten Profil über das Fachpersonal, das zum Gedankenaustausch und zu Kooperationen mit dem ISf geeignet wäre. Auch die Abteilung Reichardt des MPI für Biologie schien dem ISf kein Partner, der den Standort Tübingen attraktiv machte. Wollten sich die ISf-Mitarbeiter dort nicht mehr als »Fremdkörper«[39] fühlen, mussten sie ihre Ausrich-

37 Siehe Organisationsplan des ISf, 5.4.1965, Archiv IfZ, ED 721/592.

38 Syrbe, Max: Entwicklung und Tätigkeit eines Forschungsinstituts für Informations- und Biotechnik, in: Mitteilungen aus dem ISf 1968, S. 3.

39 A. Schief im Interview, 18.5.2006.

tung ändern. Nicht mehr technische Physik mit Anregungen aus der Natur müsste im Vordergrund stehen, sondern »die biologische, gegebenenfalls noch physiko-chemische Informationsverarbeitung [...], die aus den Bereichen der technischen Physik Anregungen erhält.«[40] An diesen Stil, der durch die Entstehung des Reichardtschen Instituts und später die Besetzung Varjús auf einen Lehrstuhl der Universität in Tübingen ein Zentrum erhielt, wollte sich das ISf gerade nicht anpassen. Alternativ zu einer Umorientierung um 180 Grad kam daher nur eine lokale Veränderung infrage. Anschlussfähig sah sich die Institutsleitung viel eher an die TH Karlsruhe und dort besonders an die forschungspolitischen und wissenschaftlichen Bemühungen Karl Steinbuchs. Sowohl die Inhalte der Forschungsgruppe Mustererkennung am Institut für Nachrichtenverarbeitung der TH wie auch die Versuche, ein Fraunhofer-Institut für Kybernetik in Karlsruhe zu gründen, eröffneten dem ISf die Perspektive auf wissenschaftlichen Nachwuchs, studentische Hilfskräfte, gemeinsame Lehrveranstaltungen und Forschungssymposien bis hin zur gemeinsamen Nutzung von Räumen und Geräten. In Karlsruhe konnte das ISf den eingeschlagenen Weg weitergehen und sich in ein Zentrum einfügen, in dem »technische Verfahren und Anwendungen der Informationsverarbeitung« im Vordergrund standen, »die aus der Biologie Anregungen« erhielten.[41] Ein Lieferant biologischen Wissens stand mit dem Institut für Elektrobiologie und Biophysikalische Messtechnik der TH und seinem Leiter Wilhelm Ernsthausen ebenfalls zur Verfügung.[42]

Um die Motive der Institutsleitung zu verdeutlichen, fasste Alfred Schief für die Mitglieder der Gesellschaft für Schwingungsforschung das Arbeitsgebiet des ISf zusammen. Er bezeichnete den Stil der Arbeiten als »Statistische Kommunikationstheorie«, die in einem Verhältnis von zwei zu eins technische und biologische Datenverarbeitung zum Gegenstand habe und die Nachrichtenaufnahme und -verarbeitung bei vorhandenen Störungen untersuche. Essentiell sei dabei die Wechselwirkung von Technik und Biologie, die jeweils ein analytisches oder methodisches Hilfsmittel für das Gegenüber darstellten. Deshalb sei es unumgänglich, »daß auch weiterhin biologische und technische Aufgaben zusammen behandelt werden, die bisherige Arbeitsrichtung also beibehalten wird.«[43]

40 Protokoll der außerordentlichen Mitgliederversammlung der Gesellschaft für Schwingungsforschung am 26.10.1964, Archiv IfZ, ED 721/600.

41 Ebd.

42 Diese Erwartung wird geäußert bei FhG: Betr. Institut für Schwingungsforschung, 10.9.1965, Archiv IfZ, ED 721/592.

43 Protokoll über die Mitgliederversammlung der Gesellschaft für Schwingungsforschung, 22.4.1965, Archiv IfZ, ED 721/600.

Nach dem Vorbild der Geschehnisse in den USA wurde eine »Kopplung von biologischer und technisch-physikalischer Forschung« angestrebt, die besonders »im Bereich der technischen Datenverarbeitung [...] weitreichende Fortschritte«[44] erwarten lasse. Diese spezifische Arbeitsrichtung und Zielsetzung der Statistischen Kommunikationstheorie oder der Bionik, wie sie das ISf in Tübingen initiiert hatte, waren nun nur noch durch die speziellen materiellen und personellen Gegebenheiten in Karlsruhe weiterzuführen und auszubauen. Deshalb beschloss die Mitgliederversammlung im April 1965 die Verlegung des Instituts nach Karlsruhe.

Dass das ISf Tübingen zu der Zeit verließ, als dort Reichardt und die MPG ein lokales Netzwerk der Biokybernetik und ein Zentrum innerhalb des Netzwerks »Biological Cybernetics« schufen, demonstrierte die gefühlte Kluft zwischen den Akteuren der technisch orientierten synthetisierenden Kybernetik und der biologisch orientierten analytischen Kybernetik. Inhaltlich dagegen trennte beide Formen nur die Gewichtung der technischen Entwicklungen. Auf der einen Seite waren diese der Endzweck der Bemühungen und auf der anderen nur ein Hilfsmittel für die Analyse organischer Systeme, d. h. höchstens ein willkommenes Abfallprodukt.

### *Eingliederung in die FhG und Umzug nach Karlsruhe*

Gleichzeitig mit dem Umzug nach Karlsruhe plante die Leitung des ISf auch die Eingliederung ihres Instituts in die Fraunhofer-Gesellschaft. Im März 1965 signalisierte die Geschäftsstelle der FhG gegenüber Tischner ihre grundsätzliche Bereitschaft,[45] und auch das BMVg als Hauptgeldgeber beider Einrichtungen befürwortete die Aufnahme des ISf. Das ISf konnte – so die Hoffnung – das Forschungsprofil der FhG »auf dem biologischen Sektor«[46] wesentlich stärken und dadurch der Verteidigungsforschung neue Impulse geben. Bedenken bestanden andererseits darin, dass die biologische Arbeit bereits bei Reichardt in Tübingen und durch die Autoren der Zeitschrift »Kybernetik« abgedeckt sei und in biologischen Milieus im Zweifel kompetenter erledigt würde.[47] Daneben orientierte sich die Arbeit des ISf aus Sicht der FhG zu stark an den tech-

44 FhG: Betr. Institut für Schwingungsforschung, 10.9.1965, Archiv IfZ, ED 721/592.

45 Dazu Aktenvermerk der FhG, 24.3.1965, Archiv IfZ, ED 721/592.

46 A. Epp/Geschäftsführer FhG: Aktenvermerk, 23.9.1965, Archiv IfZ, ED 721/104.

47 So geäußert durch Werner Kleen/Siemens & Halske, Forschungslabor. Wiedergegeben in A. Epp an H. Tischner, 19.10.1965, Archiv IfZ, ED 721/592.

nischen und biologischen Grundlagen und zu wenig an Anwendungen und Auftraggebern. Um dem Profil eines Fraunhofer-Instituts zu entsprechen, musste das ISf aber seinen Etat zu etwa zwei Dritteln durch Forschungsaufträge selbst einwerben. Im Gegensatz zum gängigen Verständnis von Wissenschaft wurde Vertragsforschung in der FhG nicht als Beschneidung der Freiheit und dadurch »als Zumutung« begriffen, sondern geradezu »als Leitbild«[48] der Arbeit angesehen. Erfolg maß sich daran, wie viel Geld ein Institut von der Industrie und der öffentlichen Hand erhielt. Tischner und die Geschäftsstelle der FhG konnten jedoch alle Entscheidungsträger aus Politik und Wirtschaft überzeugen, dass auch das ISf diesem Leitbild gerecht werde, dass es im gebührenden Maß Vertragsforschung betreibe und deshalb »in seiner Struktur und Aufgabenstellung ausgezeichnet in die FhG«[49] passe. Lediglich der Umzug des Instituts nach Karlsruhe wurde dem ISf zur Auflage gemacht, damit es dem FhG-Prinzip regionaler Zentrierung von Forschungs- und Entwicklungskonzepten entsprach.[50] Da dieser Schritt längst beschlossen war, stand einer Eingliederung des Instituts in die FhG nichts entgegen. Die Gesellschaft für Schwingungsforschung übergab der FhG auf einer Mitgliederversammlung im Oktober 1966 die Trägerschaft des Instituts und löste sich zum Ende des Jahres auf.[51] Damit war innerhalb der FhG der Weg geebnet für Forschung und Entwicklung auf dem Gebiet bioanalog arbeitender Automaten mit starker Grundlagen- und gleichermaßen Auftragsorientierung.

Als das ISf 1967 offiziell den Status eines Fraunhofer-Instituts erhielt, zog seine Leitung auch eine Namensänderung in Betracht, um die Arbeitsgebiete besser repräsentieren zu können, als dies mit dem Titel »Schwingungsforschung« möglich war. 1968 waren diese Arbeitsgebiete »Elektrisches Messen physikalischer Größen«, »Statistische und Prozeßrechner-Informationsverarbeitung«, »Mustererkennung« und »Bionik und Biokybernetik«. Um nicht »mit zu neuen Begriffen« zu schocken, sich aber dennoch modern zu geben und die beiden Hauptrichtungen der Institutsarbeit zu demonstrieren, schlugen die neuen Institutsleiter Alfred Schief und Max Syrbe »eine Umbenennung in ›Institut für Informationstechnik und Biokybernetik‹« vor.[52] Da sich Geschäftsstelle und

48 Trischler u. Bruch: Forschung, S. 159.

49 Aktenvermerk: ISf, Tübingen, 11.7.1966, Archiv IfZ, ED 721/592.

50 Dieses Prinzip erwähnen Trischler u. Bruch: Forschung, S. 155.

51 Siehe Protokoll der Mitgliederversammlung der GSf vom 7.10.1966, Archiv IfZ, ED 721/600; Institut für Schwingungsforschung, in: Mitteilungsblatt der FhG 4 (1966), Nr. 4, S. 4.

52 M. Syrbe u. A. Schief an A. Epp, 8.11.1968, Archiv IfZ, ED 721/592.

Forschungsbeirat der FhG mit dieser Bezeichnung aber nicht anfreunden konnten, einigten sich die Akteure nach längerer Debatte im April 1970 auf »Institut für Informationsverarbeitung in Technik und Biologie (IITB)«.[53] Die Ablehnung des Vorschlags aus dem Institut bedeutete auch den Niedergang des Begriffs Kybernetik in der FhG. Damit fiel das Wort Kybernetik innerhalb der FhG unter den Tisch, obwohl das Institut nach Zielsetzung und Methode eindeutig kybernetisch arbeitete. Doch die Akteure der FhG erachteten die biologische Informationsverarbeitung in der Praxis des Instituts nicht als gleichbedeutend mit der technischen, sondern die Analyse organischer Systeme nur als Hilfswissenschaft. Weil sie sich in ihrem Verständnis von Kybernetik am Programm Reichardts und seiner Kollegen orientierten, hätte aber nur eine Gleichrangigkeit beider Zielrichtungen das Wort Kybernetik gerechtfertigt. Noch weiter marginalisiert wurde der Gedanke der Gleichheit organischer und technischer Informationsprozesse, als 1979 der Name des Instituts in »Institut für Informations- und Datenverarbeitung« geändert wurde. Hierdurch war die biologische Arbeitsrichtung endgültig aus dem Zentrum gerückt.

Noch in Tübingen hatte das Institut 1967 seine Tätigkeit unter der Trägerschaft der FhG aufgenommen und setzte sie seit 1969 in Karlsruhe fort. Den Kontakt zur dortigen Universität knüpfte es formal, indem mit Karl Steinbuch und Helmut Friedburg, dem Extraordinarius für Höchstfrequenztechnik und Elektronik, zwei Vertreter der Hochschule ins Kuratorium des IITB berufen wurden.[54] Ansonsten stammten die Kooperationspartner des IITB mehrheitlich aus Industrie und Politik. Bei der Einweihungsfeier des Neubaus in Karlsruhe im Februar 1969 etwa waren 35 Industrielle, einige Ministerialbeamte und nur sechs Wissenschaftler zu Gast, darunter Friedburg und Steinbuch sowie der ehemalige Leiter des ISf Horst Tischner, der nun an der Universität Hannover lehrte.[55] Die innerwissenschaftliche Vernetzung des IITB beschränkte sich fast ausschließlich aufs Lokale. Zum Netzwerk »Biological Cybernetics« bestand zu dieser Zeit kein sozialer Konnex mehr. Die Mitarbeiter des IITB waren nicht primär auf wissenschaftliche Anerkennung aus, etwa auf den Erwerb von Reputation aufgrund von Produktion wissenschaftlichen

53 H. Berg/Senatsvorsitzender FhG an Senat FhG, 27.4.1970.

54 Zur vollständigen Zusammensetzung siehe Bericht über die Sitzung des Kuratoriums des ISf vom 7.4.1967, Archiv IfZ, ED 721/600.

55 So die Einladungsliste, nach A. Epp an Kuratoriumsmitglieder, 27.1.1969, Archiv IfZ, ED 721/600. Siehe auch FhG: Pressenotiz zur Einweihung der Institutsgebäude des ISf am 5.2.1969, Archiv IfZ, ED 721/598; Institut für Schwingungsforschung, in: Mitteilungsblatt der FhG 7 (1969), Nr. 1, S. 4.

Wissens oder auf den Aufbau dauerhafter Strukturen, also die Manifestierung ihres Arbeitsgebiets in Forschung und Lehre. Sie suchten ihre Erfolge innerhalb der Mechanismen der Wirtschaft, d.h. sie wollten zumindest indirekt ökonomisch verwertbare Forschungsergebnisse und gewinnbringende technische Entwicklungen liefern, um ihre Auftraggeber zufriedenzustellen. Gewinn stand als Prinzip über allem – das galt auch für die Grundlagenforschung. Sogar das BMVg legte »besonderen Wert auf den biologischen Teil der Institutsarbeit.«[56] Dieser erhielt demnach in erheblichem Maß finanzielle und personelle Ressourcen. 1969 fielen von insgesamt 24 wissenschaftlichen Stellen am ISf 7,5 auf biokybernetische Projekte.[57] Auch 1976 war das zu dieser Zeit so bezeichnete Aufgabengebiet »Biokybernetik und Anthropotechnik« mit 10,5 Stellen immer noch personell am stärksten besetzt.[58] Allerdings hatte die biologische Abteilung ihre Arbeit deutlich von der Grundlagenforschung der Tübinger Biokybernetiker und des parallel entstandenen SFB 50 abzusetzen,[59] am besten deren Ergebnisse weiterführend zu verwenden und auf die technische Verwertbarkeit auszurichten. Nur darin sahen die Geldgeber den Zweck der biologischen Abteilung.

Mit diesem Profil arbeitete das Institut marktorientiert und erfolgreich. Es führte »anwendungsorientierte Grundlagenforschung und angewandte Forschung« durch und arbeitete »fast ausschließlich vertragsgebunden für Behörden (1969: 44%), Industrie (1969: 36%) und die DFG (1969: 18%).«[60] 98% Drittmittel- und 80% Vertragsforschung machten es zu einem Aushängeschild der Fraunhofer-Gesellschaft. Für theoretische Vorarbeiten und Nachbereitungen, die wissenschaftlichen Veröffentlichungen dienten, blieb bei dieser finanziellen Struktur kaum Spielraum. Deshalb profitierte das IITB in besonderem Maße von der Einführung des »Fraunhofer-Modells« 1973, nach dem die Grundfinanzierung der Institute prozentual von ihren eingeworbenen Drittmitteln abhängig gemacht wurde.[61] Für die meisten Fraunhofer-Institute bedeutete es einen kaum zumutbaren Zwang, zwei Drittel ihres Etats am Markt selbst zu verdienen. Dem IITB bescherte diese politische Vorgabe eine enorme Steigerung seiner Grund-

56 Nach ISf: Bericht über Institutsbesuch durch DFG, BMVg, BMwF am 12. u. 13.2.1968, 16.2.1968, Archiv IfZ, ED 721/593.

57 So Bericht: Kuratoriumssitzung des ISf am 19.3.1970, Archiv IfZ, ED 721/601.

58 So Bericht: Kuratoriumssitzung des IITB am 27.4.1976, Archiv IfZ, ED 721/60.

59 Nach einer Vorgabe des BMVg, referiert in ISf: Bericht über Institutsbesuch durch DFG, BMVg, BMwF am 12. u. 13.2.1968, 16.2.1968, Archiv IfZ, ED 721/593.

60 M. Syrbe: Notiz, 24.7.1969, Archiv IfZ, ED 721/592.

61 Darüber berichten Trischler u. von Bruch: Forschung, S. 98-131, bes. S. 116-118.

finanzierung. Die Konjunktur des Instituts hielt nämlich weiter an, seine Arbeiten stießen auch Mitte der 1970er Jahre noch »auf breites Interesse im öffentlichen und industriellen Bereich«.[62] Neben dem Forschungs- und Verteidigungsministerium waren Firmen aus dem Maschinenbau und der Elektro- und Verfahrenstechnik die wichtigsten Kunden und damit Kooperationspartner des IITB. Motor für den Erfolg war der anhaltende und weiter steigende »Automatisierungs- und Informationsbedarf«[63] der Gesellschaft, für den das IITB einer der wichtigsten Produktionsorte wissenschaftlicher Grundlagen und technischer Entwicklungen war.

Trotz seiner Markt- und Verteidigungsorientierung behielt das IITB seinen Anspruch »auf hohen wissenschaftlichen Rang und die Freiheit der Forschung«.[64] Es ließ sich auch die Veröffentlichung seiner Ergebnisse auf Kongressen, in Zeitschriften und mittels eines eigenen Mitteilungsblatts nicht nehmen, solange es nicht explizit zur Geheimhaltung, beispielsweise bei Militärprojekten, verpflichtet wurde. Gerade die biologischen Arbeiten entsprachen den Standards wissenschaftlicher Vereinigungen voll und ganz. Sie waren system- und informationstheoretisch sowie klassisch biowissenschaftlich durch Elektrophysiologie und Experimentalpsychologie fundiert und wurden vom Netzwerk der Biokybernetiker rezipiert, v.a. wenn Institutsmitglieder in der Zeitschrift »Kybernetik« veröffentlichten oder auf einem DGK-Kongress vortrugen.[65] Auf

62 IITB: Materialsammlung zur Kuratoriumssitzung 1974, Archiv IfZ, ED 721/601.

63 Ebd.

64 Institut für Schwingungsforschung, Tübingen, in: Mitteilungsblatt der FhG 5 (1967), Nr. 1, S. 4.

65 Dass dies die zentralen Organe für die biologische Arbeit des Instituts waren, wird erwähnt in Bericht: Kuratoriumssitzung des ISf am 19.3.1970, Archiv IfZ, ED 721/601. Als Autoren dieser Organe traten Institutsmitglieder u.a. auf bei Seelen, Werner von: Zur Informationsverarbeitung im visuellen System der Wirbeltiere, in: Kybernetik 7 (1970), S. 43-60 u. S. 89-106; Seelen, Werner von u. H.J. Reinig: Methoden zum Vergleich des Leistungsvermögens biologischer und technischer Systeme, in: Kybernetik 10 (1972), S. 1-16; Niemann, Heinrich u. Hans-Joachim Reinig: Experimente zur binären Klassifikation von Mustern durch den Menschen, in: Kybernetik 11 (1972), S. 50-60; Niemann, Heinrich: Zur Extrapolation von Ziffern durch den Menschen, in: Kybernetik 12 (1973), S. 154-159; Tischner, Horst u. Werner von Seelen: Strukturen von Inhibitionsfeldern, in: Kybernetik 1968. Berichtswerk über den Kongreß der DGK in München vom 23.-26.4.1968, hg. v. Hans Marko u. Georg Färber, München/Wien 1968, S. 309-328; Seelen, Werner von: Die Anwendung von Inhibitionsfeldern bei der Mustererkennung im visuellen System der Wirbeltiere, in: Zeichenerkennung durch biologische und technische Systeme. Tagungsbericht des 4. Kongresses der DGK, Berlin, 6.-9.4.1970, hg. v. O.J. Grüsser u. Rainer Klinke, Berlin u.a. 1971, S. 152-161.

forschungspraktischer Ebene kooperierte das IITB nicht mit den Biokybernetikern in Tübingen und München, sondern beschränkte sich auf Karlsruhe. Ein Beispiel war das Projekt »Nervöse Informationsverarbeitung«, das Alfred Schief und seine biologische Abteilung gemeinsam mit dem Institut für Elektrobiologie und biophysikalische Messtechnik, nun unter Leitung von Gerhard Vossius, ab 1970 bearbeitete. Ziel war dabei »die Entwicklung von Modellen für biologische Systeme hoher Leistungsfähigkeit und ihre Anwendung zur Verbesserung technischer Systeme«.[66]

Die technischen Arbeiten schlossen an die biologischen direkt an und umfassten bis Ende der 1960er Jahre v.a. theoretische Arbeiten zur »Ermittlung von optimalen Empfangssystemen für statistisch gestörte Signale, die bei mechanischen, elektrischen und optischen Messungen auftreten«,[67] statistische und prozessnahe Datenverarbeitung und Mustererkennung durch Parallelverarbeitung sowie auf allen Gebieten die Entwicklung entsprechender Automaten oder Rechnerprogramme. Die parallele Verarbeitung von Information statt der in der Computertechnik üblichen seriellen zu untersuchen und technisch zu realisieren, war eine Paradeaufgabe des Instituts. Denn diese entsprach einerseits dem Prinzip menschlicher Informationsverarbeitung. Andererseits erschien sie technisch höchst bedeutsam, »da derartige Strukturen technischen Forderungen entgegenkommen: hoher Informationsfluß bei großer Systemsicherheit und der Verwendung vieler möglichst gleicher Baueinheiten.«[68] Besonders die automatische Zeichen- und Mustererkennung sollte durch Parallelverarbeitung zuverlässiger werden.

Diesen Arbeiten lag stets die Annahme der prinzipiellen Gleichartigkeit biologischer und technischer Informationsprozesse zugrunde, weshalb die beiden Gebiete mit denselben mathematischen und technischen Methoden und Theorien erarbeitet werden könnten.[69] Außerdem ließ diese Annahme einen Vergleich menschlicher und maschineller Fähigkeiten zu und ebnete damit den Weg zu einem weiteren Schwerpunkt

66 Darüber wird referiert in Bericht: Kuratoriumssitzung des ISf am 19.3.1970, Archiv IfZ, ED 721/601.

67 Institut für Schwingungsforschung, Tübingen, in: Mitteilungsblatt der FhG 5 (1967), Nr. 1, S. 4.

68 Institut für Schwingungsforschung. Informationsbroschüre der FhG, ca. 1969, Archiv IfZ, ED 721/593.

69 Expliziert wurde diese Grundannahme kaum, am ehesten noch in »Mit wenigen Methoden viele Aufgaben erfüllen. Die theoretischen und experimentellen Forschungsarbeiten im Institut für Informationsverarbeitung in Technik und Biologie«, in: Mitteilungsblatt der FhG 9 (1971), Nr. 2, S. 3.

der Institutsarbeit, der Anthropotechnik oder Ergonomie. Ein frühes derartiges Projekt suchte 1969-1971 »Methoden zum Vergleich des Leistungsvermögens biologischer und technischer Systeme«,[70] die auf der statistischen Kommunikationstheorie aufbauten sowie Stärken und Schwächen des Menschen ausmachen sollten. Ziel anthropotechnischer Bemühungen war es, technische Anlagen aufgrund biowissenschaftlichen Wissens möglichst optimal den menschlichen Nachrichtenkanälen anzupassen, indem etwa spezielle Einrichtungen »zur Übertragung optischer Information an den Menschen«[71] entwickelt wurden. Die Anthropotechnik war in diesem Sinne ein Anwendungsfeld der Biokybernetik.

In einem weiteren Projekt untersuchte das IITB, ob ein Pilot ein Flugzeug besser steuern könne, wenn er nicht nur optische, sondern auch akustische Informationen über den Zustand des Flugzeugs und der Außenwelt erhielte. Die Ergebnisse der Versuchsreihe zeigten, dass »die Informationsaufnahme über zwei Sinnesorgane keine Verbesserung gegenüber der Aufnahme mit nur einem Sinnesorgan« ergebe. Stattdessen sollte möglichst nur das Sinnesorgan adressiert werden, das »am besten für die vorliegende Aufgabe geeignet«[72] war. Hier entstand Wissen, das direkt im industriellen und militärischen Alltag verwendbar war. Die Anzeige- und Bedienungseinheiten von Datenverarbeitungs- und Prozesssteuerungs-Anlagen konnten nach solchen Vorgaben optimiert werden, um »die Leistungsfähigkeit der Gesamtanlagen« zu erhöhen.[73] Dieses Arbeitsgebiet – wie alle im IITB – sollte technische Systeme so entwickeln, dass der Mensch möglichst weitgehend von der Routinearbeit entlastet und nur dort eingesetzt werde, »wo die Verantwortung seine spezifischen Fähigkeiten erfordert.«[74]

Dass dabei organische Funktionen direkt in die Technik übertragbar seien, wurde immer seltener postuliert. Die technischen Bemühungen

70 Das BMwF bewilligte das Projekt auf zwei Jahre und über 98.800 DM. Bearbeiter war W. von Seelen. So BMwF an FhG, 4.8.1969, Archiv IfZ, ED 721/599. Der Abschlussbericht liegt vor als Seelen u. Reinig: Methoden, in: Kybernetik 10.

71 Bericht: Kuratoriums- und Mitgliederversammlung am 19.2.1971, Archiv IfZ, ED 721/601.

72 »Gleichzeitige Informationsverarbeitung in zwei Sinneskanälen des Menschen. Aus dem Institut für Informationsverarbeitung in Technik und Biologie«, in: Mitteilungsblatt der FhG 10 (1972), Nr. 3, S. 4.

73 IITB: Materialsammlung zur Kuratoriumssitzung 1974. Aufgabengebiet II: Biokybernetik und Anthropotechnik, Archiv IfZ, ED 721/601.

74 Schief, Alfred: Möglichkeiten und Grenzen der Übernahme menschlicher Sinnesfunktionen durch technische Sensoren. Fachvortrag auf der Jahrestagung der FhG, 25.,26.6.1975, in: Mitteilungsblatt der FhG 13 (1975), Nr. 4, S. 3.

auf diesem Gebiet hatten sich, gerade im Bereich der Nachrichten-Parallelverarbeitung, als nicht realisierbar herausgestellt. Auch andere Projekte auf dem Gebiet Künstlicher Neuronaler Netze waren gescheitert, etwa die Entwicklung assoziativer Speicher, die Informationen nach organischen Prinzipien aufbewahren und wiederfinden sollten. Der Pfad der klassischen Computertechnik hatte sich als effektiver erwiesen, weil Rechenleistungen und Speicherkapazitäten immer größer wurden und die komplexeren, aber dadurch langsameren Prinzipien der menschlichen Informationsverarbeitung überflüssig machten. Durch diese Ernüchterung verlor die biologische Forschung auch in der Forschungspraxis ab Mitte der 1970er Jahre ihre Stellung im Institut. Auf biologisches Wissen wurde seltener direkt zurückgegriffen, Forschung und Entwicklung an der Schnittstelle biologischer und technischer Informationsverarbeitung aber weiterhin betrieben.

### *Die Bedeutung der Kybernetik für das Forschungsprofil*

Weil das Institut sich nicht mit theoretischen Fragen beschäftigte, sondern sich ausschließlich auf konkrete Probleme konzentrierte, zog die Abkehr von der kybernetischen These keine existentielle Krise oder Glaubwürdigkeitsprobleme für das IITB nach sich. Dauerhaftes Wissen zu produzieren und sich in einer wissenschaftlichen Community zu etablieren, war nicht das primäre Ziel der Arbeiten am IITB, sondern es verortete sich gerade im Spagat zwischen den Mechanismen der Wissenschaft und der Wirtschaft. Zweckfreie Forschung und Auftragsforschung liefen parallel und griffen ineinander. Die Projekte zielten aber letzten Endes immer auf die Gewinnsteigerung des Auftraggebers und damit auf wirtschaftliche oder militärische Innovation. Weil das Wissen, die Verfahren oder Konstruktionen zunächst dem Auftraggeber zur Verfügung standen, waren die Ergebnisse, aber auch die Fragestellungen und Methoden des IITB oft der Geheimhaltungspflicht unterworfen. Allerdings erschienen sie immer wieder auf Tagungen und in Zeitschriften. Die Mitarbeiter des IITB adressierten wissenschaftliche Öffentlichkeiten, um sich ins Wissenschaftssystem einzugliedern. Besonders die hauseigenen Hefte, die Zeitschrift »Mitteilungen aus dem ISf«, später »Mitteilungen aus dem IITB«, und das »Mitteilungsblatt der FhG« waren gleichermaßen Organe zur Publikation wissenschaftlichen Wissens und damit zur Erzeugung einer wissenschaftlichen Öffentlichkeit wie auch Organe zur Information der Auftraggeber und Geldgeber, also zu Werbe- und Rechenschaftszwecken. Damit repräsentierten sie die Hybridstellung des Instituts zwischen Wissenschaft und Gesellschaft.

Das Resultat dieser forschungspraktischen Verortung war ein enorm pragmatischer Arbeitsstil. Die Mitarbeiter verfuhren stets nach dem Prinzip: »Nimm lieber eine abgegrenzte Aufgabe, die lösbar ist, als einen Riesenanspruch, bei dem man dann nach Jahren merkt, dass ich jetzt ein paar allgemeine Feststellungen gemacht habe, aber dass ein konkretes Gerät, ein Verfahren oder eine Messung nicht rausgekommen ist.«[75] Dieser Stil bescherte dem IITB Erfolg im Rahmen der ökonomischen Logik, auch auf dem Gebiet der biologischen Informationsverarbeitung. Noch in den 1980er Jahren wurde das IITB mit bis zu 60% von der Wirtschaft finanziert, und auch das BMVg trat weiterhin als gewichtiger Förderer auf.[76] Erfolg hatte das IITB auch im Rahmen der wissenschaftlichen Logik, wenn es konkrete Forschungsprobleme löste und sie veröffentlichte. Eine dauerhafte Agenda oder einen Forschungsstil begründete es aber nicht. Sobald sich Theorien oder Methoden als nicht mehr effektiv erwiesen, wurden sie fallengelassen und folgende Probleme mit neuen Theorien und Methoden zu lösen versucht. Das Institut gab sich nie eine feststehende Programmatik und ein klar definiertes Arbeitsgebiet, sondern entwickelte seine Fragen und Methoden in Kooperation mit seinen Kunden ständig weiter. Diese Praxis spiegelten auch die häufigen Namensänderungen: Zuerst wurde der Name »Schwingungsforschung«, später »in Technik und Biologie« gestrichen. Die Titel entsprachen schlicht nicht mehr den aktuellen Forschungsinhalten. An einer beständigen und unverwechselbaren Etablierung ihrer Methoden und Fragen in der Wissenschaft war den Mitarbeitern des IITB nicht gelegen.

Für den Titel Kybernetik mitsamt seiner philosophisch-ideologischen Überhöhung blieb bei dieser strikten Problemorientierung kaum Platz. Lediglich das Wort »Biokybernetik« wurde in Anlehnung an die Programme des MPI für biologische Kybernetik und des SFB 50 verwendet – und zwar inklusive des holistischen Anspruchs an die Kybernetik, eine umfassende und verschiedene Wissensgebiete vereinende Methodik zu sein. Repräsentativ für das gesamte Institut verstand Werner von Seelen die Kybernetik als einen Ansatz, der dem Forscher zum einen »zu einer übersichtlichen Einordnung der verwirrend großen Anzahl von Einzelergebnissen« verhelfe und ihm zum anderen Lösungsmethoden eröffnete, die »sich bei Problemen anderer Gebiete als wirksam bewährt«[77] hatten. Anwendung fand sie im Arbeitsalltag des IITB bei Fragen ner-

75 A. Schief im Interview, 18.5.2006.

76 So Trischler u. von Bruch: Forschung, S. 209.

77 Seelen, Werner von: Biologie und Technik, in: Mitteilungen aus dem ISf 1968, S. 29.

vöser Nachrichtenverarbeitung, die gleichermaßen »biokybernetisch als auch biotechnisch«[78] relevant waren. Kybernetik war diesem Verständnis zufolge eine biologische und rein analysierende Wissenschaft und eben nicht konstruierende Technik. Damit folgten die Protagonisten des IITB dem Verständnis im Netzwerk »Biological Cybernetics«, besonders den theoretischen Überlegungen Hans Markos. Im Gegensatz dazu waren im IITB Biokybernetik und Biotechnik oder Bionik nicht gleichwertige und kongruente Forschungsfelder mit entgegengesetzten Zielrichtungen, sondern die Biokybernetik war Hilfswissenschaft der Bionik. Kybernetik wurde nie »als Selbstzweck betrieben, sondern zur Lösungsanregung und Leistungskontrolle für technische Systeme«.[79] Dementsprechend waren für jedes analytische Projekt und jede biologische Stelle die entsprechenden technischen Projekte und Stellen eingeplant. »Die Erforschung der im Laufe der Evolution entstandenen Verfahren« zur Lösung von Problemen der Informationsübermittlung und -verarbeitung waren lediglich so weit interessant, als sie »Anregungen bei der Behandlung technischer Fragestellungen« lieferten, auch wenn den Akteuren bewusst war, »daß biologische Rahmenbedingungen technisch nicht immer sinnvoll«[80] seien. Informationelle Prinzipien des Menschen wie Parallelverarbeitung, hohe Redundanz und Lernfähigkeit wurden nach dieser theoretischen Vorgabe in Rechnern zu verwirklichen versucht. Damit stand das IITB im Gegensatz zur klassischen Computerentwicklung. Als sich dieser Pfad zunehmend als nicht praktikabel herausstellte, wurde er zurückgefahren und die Mensch-Maschine Analogie nur noch für den Leistungsvergleich zwischen biologischen und technischen Systemen bemüht.[81] Damit war die Grundlage für eine Anthropotechnik oder Ergonomie gelegt, bei der Maschinen möglichst optimal auf die Stärken und Schwächen der Konstitution des Menschen sowie auf die spezifischen Eigenschaften menschlicher Nachrichtenkanäle angepasst wurden.

Wie in Ingenieurmilieus üblich, berücksichtigte im IITB niemand, dass die Kybernetik in ihrer Theorie auch einen synthetisierend-konstruierenden Aspekt hat. Dass die Zusammenarbeit von Ingenieuren und Biologen mit technischer Zielrichtung, gerade zur Lösung von Proble-

78 Ebd.

79 M. Syrbe an Menden/BMwF, 17.10.1968, Archiv IfZ, ED 721/593. Genauso äußert sich Seelen: Biologie und Technik, S. 30.

80 Jeweils Seelen, Werner von u. Alfred Schief: Nachrichtenverarbeitung in biologischen Systemen, in: Mitteilungsblatt der FhG 6 (1968), Nr. 1, S. 1.

81 Eine grundlegende Erläuterung dieses Arbeitsgebiets ist Seelen, Werner von: Methoden zum Vergleich des Leistungsvermögens biologischer und technischer Systeme, in: Mitteilungen aus dem ISf 1969, S. 30-38.

men der automatischen Mustererkennung und der Nachrichten-Parallelverarbeitung, zum Kanon der Kybernetik gezählt wurde, war den Akteuren zwar bewusst,[82] in der Forschungs- und Entwicklungspraxis war diese Tatsache jedoch irrelevant. Das Wort Kybernetik beschrieb im technikwissenschaftlichen Verständnis nur den theoretischen Anspruch, dass informationsverarbeitende Maschinen die funktionale Gleichartigkeit technischer und organischer Systeme belegten.

## 6.3 Der Plan eines FhI für Kybernetik

Die Forschungsgruppe des Instituts für Nachrichtenverarbeitung der TH Karlsruhe arbeitete 1964 mit etwa zehn bis 15 Mitarbeitern auf den Gebieten der lernenden Automaten und der automatischen Zeichenerkennung. Finanziert wurde sie von der DFG und seit diesem Jahr vom BMVg im Rahmen der Verteidigungsforschung. Nachdem bis dahin in erster Linie »recht erfolgversprechende Grundlagen aufgebaut« worden waren, mussten diese nun anhand von funktionierenden Konstruktionen technisch nachgeprüft sowie wirtschaftlich und militärisch einsatzfähig gemacht werden. Die Infrastruktur des Hochschulinstituts war aber nicht in der Lage, »eine langfristige Geld- und vor allem Personalplanung« für die anstehenden Projekte zu garantieren. Deshalb suchte Steinbuch nach Wegen, »die bisher etwas locker organisierte Forschungsgruppe«[83] in anderer Form zu institutionalisieren. Die geeignete Anlaufstelle für dieses Ansinnen erschien ihm die Fraunhofer-Gesellschaft.

Dort stand man zwiespältig zu Steinbuch und seinem Forschungsfeld. Die Berater und Entscheidungsträger der FhG hielten sowohl »das hochmoderne Fach der Kybernetik« wie auch »den in aller Welt bekannten Kybernetiker«[84] Steinbuch für wissenschaftlich wie wirtschaftlich zukunftsweisend und dem Profil ihrer Gesellschaft für unbedingt entsprechend.[85] Ungünstiger bewerteten sie aber, dass die Kybernetik im öffentlichen Bild ideologisch überfrachtet war und gerade von Steinbuch noch weiter überfrachtet wurde. Wenn Steinbuch »die sogenannte ›Intelligenz‹ der Rechenautomaten« beschwor, dann nahm er in den Augen

82 Im Rahmen der FhG wurde der Kybernetik ebenfalls explizit eine synthetische Dimension zugesprochen. Siehe Schmitt, E.: Kybernetik, in: Mitteilungsblatt der FhG 4 (1966), Nr. 1, S. 2.

83 Jeweils K. Steinbuch an H. Reiher, 24.6.1964, Archiv IfZ, ED 721/407.

84 H. Jebsen-Marwedel an A. Epp, 15.7.1964, Archiv IfZ, ED 721/407.

85 Dies äußert v. a. H. Reiher an A. Epp, 23.7.1964, Archiv IfZ, ED 721/407.

Hans Jebsen-Marwedels, eines wissenschaftlich beratenden Vorstandsmitglieds, »einen materialistischen Standpunkt« ein und begab sich in die Nähe ostdeutsch-sozialistischer Positionen. »Eine gewisse Vorsicht ist also geboten.«[86] Die Ausgangsposition für Steinbuchs Plan, explizit kybernetische Forschung in der FhG zu installieren, war durch das typische Bild von der Kybernetik geprägt, in dem sich Moderne und Zukunft mit Scharlatanerie und Ideologie stritten. Kybernetik konnte nicht allein durch ihre forschungs- und entwicklungspraktischen Inhalte überzeugen, sondern musste sich einmal mehr mit von außen an die Kybernetik herangetragenen Vorurteilen auseinandersetzen.

Die Voraussetzungen für die Gründung eines Instituts, in dem selbstadaptive und zeichenerkennende Automaten erforscht und entwickelt wurden, schienen günstig, obwohl Mitte der 1960er Jahre der Name Steinbuch im Zusammenhang mit der Kybernetik bereits Konnotationen des Populären und Politischen hervorrief. Sollte er nur die entscheidungstragenden Akteure der FhG von seinem Konzept überzeugen können, wäre erstmals in der Bundesrepublik die Gründung eines Instituts für synthetische Kybernetik möglich. Denn in dem nun folgenden Aushandlungsprozess wurde nicht die wissenschaftliche Kybernetik allein auf den biologisch-analytisch arbeitenden Teil bezogen, sondern die Synthese technischer Systeme als integrativer Bestandteil der Kybernetik verstanden. Beide Zielrichtungen der Kybernetik galten als wichtige Forschungsaufgaben und gesellschaftlich bedeutsam.

Erstmals trafen sich Steinbuch und Vertreter der FhG im Oktober 1964, um die Arbeit seiner Forschungsgruppe zu begutachten und über deren institutionelle Positionierung nachzudenken. Die FhG war nach wie vor von der Verbindung von Theorie und Anwendung und dem praktischen Nutzen kybernetischer Forschung angetan. Weil sich daraus ein ebenso breites wie auf spezielle und praxisnahe Fragen bezogenes Forschungsprogramm ergeben könnte, fasste sie im Vorfeld des Treffens erstmals explizit ins Auge, die Forschungsgruppe als »die Keimzelle eines mehr oder weniger selbständigen […] Instituts«[87] anzusehen. Deshalb war ihr Arbeitsplan auch als inhaltlicher Grundstock eines zukünftigen Fraunhofer-Instituts interessant und diente den Sachverständigen in der FhG als Bewertungsgrundlage wissenschaftlich-technischer Leistungsfähigkeit der synthetischen Kybernetik. Für das Jahr 1966 gaben Helmut

86 H. Jebsen-Marwedel an A. Epp, 15.7.1964, Archiv IfZ, ED 721/407.

87 H. Jebsen-Marwedel an K. Steinbuch, 29.7.1964, Archiv IfZ, ED 721/407. K. Steinbuch an H. Jebsen-Marwedel, 10.8.1964, Archiv IfZ, ED 721/407, übernimmt diese Formulierung.

Kazmierczak und seine Mitarbeiter an, sich mit adaptiven Systemen und der automatischen Zeichenerkennung zu beschäftigen, von der Untersuchung theoretischer technischer Grundlagen bis hin zur Entwicklung praktisch einsetzbarer Systeme. Simulationsprogramme auf Universalrechnern und der autonome Lernmatrix-Dipol waren die wichtigsten Konstruktionen, die bei der automatischen Auswertung von Masseninformationen, etwa auf Papierträgern, Luftaufnahmen oder Radarschirmbildern, der Wettervorhersage oder Diagnoseproblemen, angewandt werden sollten.[88] Bei dem Treffen gelang es Steinbuch, die FhG zu überzeugen, dass das Arbeitsgebiet und seine Forschungsgruppe »eine sehr große Zukunft und Entwicklungsmöglichkeit« habe. Er vermittelte auch glaubwürdig, am Scheideweg zu stehen, ob er die Arbeiten, die sich bisher in der »Spielzeugphase« bewegt hätten, einstellen müsse oder ob er »mit einem entsprechend höheren und für mindestens fünf Jahre gesicherten Aufwand an die zweite Phase der praktischen Arbeit und des Baues größerer Modelle« herangehen könne.[89] Steinbuch kalkulierte die Erhöhung des jährlichen Aufwands der Forschungsgruppe von derzeit 100.000 DM auf 2,75 Millionen DM für die folgenden fünf Jahre. Durch einen Rechenautomaten und ein Institutsgebäude fielen nochmals etwa eine Million DM an. Auch die Zahl wissenschaftlicher Mitarbeiter müsse auf etwa zwanzig anwachsen, und jeder müsse besser bezahlt werden als durch die Hochschule und die Forschungsaufträge, damit er nicht von der Industrie abgeworben werde. Einen dementsprechenden Etat konnte nach Steinbuchs Dafürhalten nur die Fraunhofer-Gesellschaft stemmen.

Gemäß der Anwendungsmöglichkeiten der Forschung und Entwicklung in der militärischen Aufklärung und Logistik sowie der Raumfahrt kamen als Finanziers von einzelnen Projekten besonders das Verteidigungs- und das Forschungsministerium infrage. Bevor dem Senat der FhG die Pläne vorzulegen waren, mussten also die Bundesministerien ihre Bereitschaft zur Unterstützung signalisieren. Bei diesem Schritt stieß das Unternehmen auf erste Widerstände, weil das Forschungsministerium nicht von der unbedingten Notwendigkeit dieses Instituts überzeugt und deshalb die Neugründung eines Instituts nicht zu finanzieren bereit war. Stattdessen zog es »bis auf weiteres den Weg über eine Arbeitsgruppe«[90] vor.

88 So Arbeitsplan der Forschungsgruppe ab 1.1.1966. Anlage zu K. Steinbuch an H. Jebsen-Marwedel, 10.8.1964, Archiv IfZ, ED 721/407.

89 Nach A. Epp: Aktenvermerk. Betr.: Neugründung eines Instituts für Technische Kybernetik, 8.10.1964, Archiv IfZ, ED 721/407.

90 A. Epp an K. Steinbuch, 21.10.1964, Archiv IfZ, ED 721/407.

Dass der Plan nun aufgeschoben war, hielt Steinbuch nicht davon ab, ihn inhaltlich sogar noch zu erweitern. Neben seiner Forschungsgruppe nahm er die Projekte Hans Markos aus München mit ins Boot,[91] wodurch das zukünftige Institut nicht nur eine technisch-synthetische, sondern auch eine analysierende Ausrichtung erhielt. Somit wäre die Kybernetik komplett gewesen. Marko schlug vor, nach dem Vorbild der DAGK-Tagungen die Ausrichtungen getrennt zu halten und eine Abteilung »Synthese« in Karlsruhe und eine Abteilung »Analyse« in München zu gründen. Dort entstehe nämlich gerade ein Zentrum der analytischen Kybernetik mit den beiden Hochschulen, der Deutschen Forschungsanstalt für Psychiatrie und dem MPI für Verhaltensphysiologie in Seewiesen[92] und vereinige verschiedene natur- und technikwissenschaftliche Fragestellungen und Methoden mit dem Ziel, die Funktionsweise organischer Systeme zu erforschen. Marko betonte, dass sein Institut neuronale Netze experimentell untersuche und in Funktionsmodellen nachbilde. Dadurch leiste es einen wichtigen Beitrag zum Verständnis von Prozessen der Selbstadaption, der Invariantenbildung und der Mustererkennung durch organische Systeme. Das in seinem Institut produzierte Wissen sei in einem synthetisch orientierten Institut direkt wirtschaftlich und militärisch nutzbar zu machen. Marko suggerierte mit seinen Ausführungen einen direkten Einfluss seiner Arbeit auf den nationalen Innovationsprozess. Ihre gesellschaftliche Bedeutung könne die analytische Kybernetik aber nur entfalten, wenn sie angemessen finanziert werde. Ein derart gefördertes Institut unter der Trägerschaft der FhG müsse »aus etwa 20 wissenschaftlichen Mitarbeitern und etwa ebenso vielen Mitarbeitern für technisches Personal, Büro und Hilfskräfte bestehen.«[93] Wie die beiden getrennten Abteilungen kooperieren, die analytische und die synthetische Kybernetik also in Wechselwirkung treten sollten, damit sie den Innovationsprozess ankurbeln könnten, erwähnte Marko jedoch nicht.

Zunächst herrschte in der FhG nur Übereinstimmung, dass das Forschungsgebiet der Kybernetik in seiner ganzen Breite zu fördern und dadurch auf den Aspekt praktischer Anwendung hin zu schärfen sei. In welcher Form dies geschehen sollte, war völlig offen. Auch Max Syrbe

91 Dass Steinbuch Marko anregte, an dem Plan mitzuarbeiten, ist nachzulesen bei A. Epp: Exposé über ein Institut für Kybernetik. Material zur konstituierenden Sitzung des Forschungsbeirats der FhG, 1.6.1965, Archiv IfZ, ED 721/74.

92 So H. Marko an A. Epp, 29.10.1964, mit Anhang: »Vorschlag für die Errichtung eines Kybernetischen Instituts in der Nähe von München«, Archiv IfZ, ED 721/407.

93 Ebd.

witterte die Chance zum Ausbau des Instituts für Schwingungsforschung und regte die Fusion der Forschungsgruppen Markos und Steinbuchs mit dem ISf unter dem Dach der FhG in Karlsruhe an.[94] Auch wenn dieser Vorschlag nicht weiter verfolgt wurde, hatte Syrbe das Problem verbalisiert, dass mit dem ISf bereits ein zumindest FhG-nahes Institut auf dem Gebiet anwendungsorientierter Kybernetik tätig war und dadurch bei Gründung eines explizit kybernetischen Instituts unter Umständen Doppelarbeit geleistet würde.

Anfang 1965 stellte die FhG die Gründung einer analytischen Abteilung hintan und verständigte sich mit Marko darauf, dass seine Forschungsgruppe im Augenblick durch die DFG ausreichend gefördert und ein eigenes Institutsgebäude erst in einigen Jahren nötig sei.[95] Als drängend und nicht aufschiebbar hingegen erachtete Steinbuch seine Belange. Er wünschte die Umwandlung der Forschungsgruppe seines Instituts in eine Abteilung in einem Fraunhofer-Institut, wobei die inhaltlichen Strukturen beibehalten und in Richtung der Entwicklung großer Funktionsmodelle und einsetzbarer Maschinen ausgeweitet werden sollten.[96] Die Kooperation mit dem ISf stellte er sich so vor, dass beide Institute ein gemeinsames Gebäude und einen gemeinsamen Rechenautomaten nutzten sowie miteinander Seminare abhielten. Dadurch ergebe sich »ein beiderseitig sehr befruchtender wissenschaftlicher Kontakt«.[97] An die Synchronisierung oder nur die Koordinierung der Forschungsprogramme dachte Steinbuch nicht.

Obwohl die Gründung von Markos Abteilung bereits auf unbestimmt verschoben war, tauchte sie im März 1965 in einem Exposé der Geschäftsstelle der FhG wieder auf, das die Darstellungen Steinbuchs und Markos zusammenfasste. Es informierte über das geplante Institut für Kybernetik und warb bei potentiellen Geldgebern und Entscheidungsträgern für dessen Realisierung.[98] Aus diesem Anlass wurden die gewünschten Strukturen vollständig aufgeführt: Inhaltlich hielt sich das Exposé an die bisherigen Arbeitsgebiete der beiden Hochschulinstitute und bot diesen

94 Nach Aktenvermerk: Besprechung im Wirtschaftsministerium Baden-Württemberg am 16.11.1964, Archiv IfZ, ED 721/407.

95 Siehe Aktenvermerk: Besprechung am 18.1.1965 über ein Institut für Kybernetik, Archiv IfZ, ED 721/407.

96 Aktenvermerk: Besprechung über Abteilung Karlsruhe mit A. Epp, Jebsen-Marwedel und Steinbuch am 16.2.1965, Archiv IfZ, ED 721/407.

97 K. Steinbuch an M. Syrbe, 5.5.1965, Archiv IfZ, ED 721/597.

98 Erstmals erwähnt wird das Exposé bei A. Epp an Marko, 31.3.1965, Archiv IfZ, ED 721/407. Der erste Adressat war das BMVg; dazu FhG/Geschäftsführung an Himburg/BMVg, 18.5.1965, Archiv IfZ, ED 721/104.

somit Möglichkeiten zur Expansion. Es veranschlagte einen Personalaufwand von zehn Wissenschaftlern und zehn Technikern je Abteilung und darüber hinaus einigen Büro- und Hilfskräften. Der jährliche Etat wurde auf 580.000 DM für die Abteilung Karlsruhe und 560.000 DM für die Abteilung München geschätzt.[99] Mit diesen Ausstattungen wären die analytische und die synthetische Zielrichtung der Kybernetik erstmals in einem Institut gleichberechtigt vertreten gewesen. Unklar blieb aber immer noch, wie genau die beiden Abteilungen zusammenzuarbeiten hätten, wie die Synthetiker das biologische Wissen aus München nutzen wollten und demnach, wie die analytische Kybernetik von technisch-wirtschaftlichem Interesse sei. Der FhG wurde nicht klargemacht, warum das rein an wissenschaftlichen Grundlagen orientierte Forschungsinstitut Markos in ihr anwendungsbezogenes Profil passen sollte. Außerdem war immer noch keine Lösung für die zu erwartende Doppelarbeit des neuen Instituts und des bestehenden ISf gefunden. Die Arbeiten der Abteilung Steinbuch mit ihrer Konzentration auf Mustererkennung und Lernfähigkeit besäßen ein etwas engeres und die Arbeiten der Abteilung Marko ein breiteres und theoretisch stärker vertiefendes Forschungsprogramm, als diese am ISf schon realisiert waren. Damit war Marko in einem eher an Grundlagenforschung orientierten Kontext besser aufgehoben als in der FhG, und Steinbuchs Abteilung konnte, in welchem Rahmen auch immer, an das ISf angegliedert werden.

Trotz dieser offenkundigen Schwächen befürwortete der Forschungsbeirat der FhG den Plan weiterhin.[100] Er machte jedoch keine Anstalten, die Geschäftsstelle zu beauftragen, Gutachten einzuholen oder Details auszuarbeiten. Dafür sah er schlicht keine ausreichende finanzielle Unterstützung von außen. Gerade das BMVg blieb bei seiner Skepsis und sah keine Veranlassung, die beiden Forschungsgruppen über den laufenden Umfang hinaus zu fördern. Der Plan der Institutsgründung blieb in der Phase informeller Beratung stecken, und der Prozess der Entscheidungsfindung, der Expertengutachten, nochmalige Beratung, Empfehlung des Forschungsbeirats bis zu einem formellen Senatsbeschluss umfasst hätte, konnte nicht eingeleitet werden.

Weil die Furcht vor Doppelarbeit in einem kybernetischen Fraunhofer-Institut und dem ISf bestehen blieb, befragte der Vorstand der FhG auch Horst Tischner. Der sah keine Schwierigkeiten in der Abstimmung mit Steinbuchs Forschungsgruppe. Dagegen seien die biologischen Arbeiten

99 A. Epp: Exposé über ein Institut für Kybernetik. Material zur konstituierenden Sitzung des Forschungsbeirats der FhG, 1.6.1965, Archiv IfZ, ED 721/74.
100 So A. Epp an Menden/BMwF, 1968, Archiv IfZ, ED 721/593.

Markos, soweit sie anwendungsorientiert waren, großteils bereits durch das ISf abgedeckt. Für die FhG bedeutete diese Arbeitsaufteilung »ein schwieriges Problem«,[101] weil sie sinnigerweise nur entweder das ISf eingliedern oder ein neues Institut gründen konnte. Da Mitte des Jahres 1965 die Aufnahme des ISf längst beschlossene Sache war, hatte sich der Plan eines Instituts für Kybernetik de facto erledigt. Im September besprach sich August Epp, der Geschäftsführer der FhG, noch einmal mit den Verantwortlichen im Forschungs- und Verteidigungsministerium und kam zu längst feststehenden Ergebnissen. Das Forschungs- und Entwicklungsgebiet bioanaloger Automaten sollte federführend dem ISf überlassen werden, Steinbuchs Forschungsgruppe daran aber organisatorisch und inhaltlich sehr nah angegliedert werden, eventuell bis hin zu einer gastweisen Unterbringung in dessen Gebäude und einer gemeinschaftlichen Nutzung großer Geräte. Finanzieren würden beide Ministerien sowohl Steinbuchs wie Markos Arbeiten weiterhin über einzelne Aufträge. Gerade für Marko galt, dass weder die Ministerien noch die FhG »die Notwendigkeit der Bildung eines besonderen Instituts« sahen.[102] Marko war damit aus dem Dunstkreis der FhG ausgeschieden, die Forschungsgruppe Steinbuchs arbeitete in der Folge in einzelnen Projekten, v. a. im Rahmen der Verteidigungsforschung, mit dem ISf/IITB zusammen.

Mit der Ablehnung der FhG war erneut ein Versuch Steinbuchs gescheitert, die synthetische Kybernetik in der bundesdeutschen Wissenschaftslandschaft explizit zu verankern. Zwar wurden die Bemühungen seiner Forschungsgruppe für bedeutend erachtet und deshalb großzügig gefördert, aber eben nur auf einer forschungs- und entwicklungspraktischen Ebene. Die allgemeinkybernetische, theoretische Ebene, die Steinbuch so wichtig war, wurde im Milieu von Ingenieuren einmal mehr übergangen. Die Fraunhofer-Gesellschaft war sicher nicht der Ort für theoretische Überlegungen, weil sie qua Satzung anwendungsorientierte und wirtschaftsrelevante Forschung zu betreiben hatte. Aber sie unternahm erstmals und einzigartig den Versuch, die analytische und die synthetische Kybernetik gleichberechtigt und gleich stark in einem Institut zu vereinen und den Begriff der technischen Kybernetik auch explizit zu gebrauchen. Hätten die beiden Abteilungen in wechselseitiger Bedingtheit kooperiert und damit gleichermaßen biologisches Wissen wie auch

101 Aktenvermerk: Vorstandssitzung ISf am 30.8.1965, 31.8.1965, Archiv IfZ, ED 721/593.

102 A. Epp/Geschäftsführer FhG: Aktenvermerk, 23.9.1965, Archiv IfZ, ED 721/104. Steinbuch wurde dieser Beschluss mitgeteilt durch A. Epp an Steinbuch, 6.10.1965, Archiv IfZ, ED 721/74.

technische Entwicklungen nach denselben Fragestellungen und mit denselben Methoden hervorgebracht, dann wäre hier der Ort gewesen, an dem die volle Breite der kybernetischen These von der Gleichartigkeit organischer und technischer Nachrichtenverarbeitung auf forschungspraktischer Ebene untersucht worden wäre.

Steinbuch schien sich mit den Gegebenheiten und einer weiteren Niederlage zufriedenzugeben, weil er durch diese Verhandlungen seine Forschungsgruppe erheblich vergrößern konnte. Marko aber kämpfte weiter und suchte selbständig nach Geldgebern, um seinen Plan zu realisieren. 1968 stellte er bei der Stiftung Volkswagenwerk eine Anfrage nach der Finanzierung eines Fraunhofer-Instituts in der Nähe von München, die aber ebenfalls abgelehnt wurde.[103] Dass die von ihm erhofften Forschungsstrukturen zu dieser Zeit bereits im SFB 50 realisiert wurden, reichte ihm nicht aus. Anscheinend begnügte er sich nicht mit einer mittelfristigen Institutionalisierung, denn auch die DFG zog er als Fürsprecher für die Gründung eines Instituts heran. Der SFB sollte nach seinem Wunsch »ein eigenes Heim« erhalten, »in welchem alle Aktivitäten zusammengefaßt werden«[104] konnten. Weil sich Marko nun ausschließlich für seine analytisch-kybernetische Zielsetzung engagierte, war er bei der FhG wirklich an der falschen Adresse. Sein neuerlicher Plan wurde nicht ernsthaft aufgegriffen, und auch ein Institut Marko/Steinbuch stand Ende der 1960er Jahre, in welchem Rahmen auch immer, »kaum noch zur Debatte.«[105]

## 6.4 Das Problem der automatischen Mustererkennung

Das automatische Erkennen von Zeichen und Zeichengruppen, also Mustern, egal ob in Form von Schriften oder Bildern, war das hauptsächliche Anwendungsgebiet des Wissens und der technischen Systeme, die in der synthetischen Kybernetik entwickelt wurden. Weil das Bedürfnis danach in Wirtschaft, Verwaltung und Militär seit den 1960er Jahren außerordentlich hoch war, bestimmte es die Forschungsfragen und die Zielsetzungen biologischer wie technischer Projekte.

103 Siehe G. Gambke/Stiftung Volkswagenwerk an H. Marko, 19.3.1968, BA Koblenz B227/010633.

104 Protokoll der Kommissionssitzung der DFG vom 2.2.1968, BA Koblenz B227/010698.

105 A. Epp an Syrbe, 18.4.1969, Archiv IfZ, ED 721/593.

Ihren Ausgangspunkt nahmen die Bemühungen um Entwicklung mustererkennender Systeme in Karl Steinbuchs Lernmatrix, die die Modellierbarkeit eines speziellen Lernvorgangs, des Bedingten Reflexes, postulierte. Erstmals im Juli 1960 veranstaltete Steinbuch an seinem Institut ein internes Kolloquium »über die Prinzipien der Lernmatrix, ihre Realisierungsmöglichkeiten und ihre Anwendungen«,[106] an dem seine Mitarbeiter und einige Vertreter von IBM und SEL, u. a. Hans Marko, teilnahmen. Diese »Karlsruher Lerntagungen« weiteten sich personell und inhaltlich bald aus und fanden in den folgenden Jahren im Abstand weniger Monate statt. Sie behandelten Probleme des maschinellen Lernens im Allgemeinen, die ihre technischen Anwendungen nun in der Zeichen-, Muster- und Spracherkennung fanden. Ein akademisch-industrielles Netzwerk war geboren, das künstliche Intelligenz gleichermaßen theoretisch untersuchte wie gesellschaftlich anwendbar machen wollte. Im Gegensatz zu anderen Netzwerken, etwa dem der Biokybernetiker, war hier der Wissenstransfer durch die ökonomischen Interessen der beteiligten Firmen und immer stärker durch die militärischen Interessen des Verteidigungsministeriums als Hauptförderer des gesamten Arbeitsgebiets eingeschränkt. Aus diesem Grund befanden sich die Akteure immer in einem Zwiespalt zwischen freiem akademischen Gedankenaustausch und Kooperation auf der einen sowie Geheimhaltung auf der anderen Seite.

Den Stamm des Netzwerks bildeten die Mitarbeiter des Instituts für Nachrichtenverarbeitung der TH Karlsruhe und des ISf/IITB. Zwischen beiden Instituten funktionierte der Kontakt problemlos, etwa indem die Mitarbeiter informell Gedanken austauschten, an den Kolloquien der jeweils anderen teilnahmen, Angehörige des ISf Lehrveranstaltungen an der Hochschule hielten und umgekehrt Steinbuch Diplomanden und Doktoranden ans Fraunhofer-Institut vermittelte.[107] Darüber hinaus kooperierten die Forscher in einzelnen Gemeinschaftsprojekten, und ab 1970 besetzte ein Mitarbeiter Steinbuchs einen Platz im IITB, damit »sich der Gedankenaustausch weiter intensivieren«[108] konnte. Die Forschungsgruppe für Mustererkennung und das ISf/IITB arbeiteten so »stark abgestimmt«, dass es für die Akteure selbst nicht klar war, warum »man die beiden Institute nicht zusammenlegen sollte«.[109] Auch nachdem die For-

106 Karl Steinbuch an G. Häßler/SEL 30.8.1960, UA Karlsruhe, 39,05/178.

107 Das beschreibt Aktenvermerk: Besprechung mit Dr. Syrbe am 17.1.1968 in München, 18.1.1968, Archiv IfZ, ED 721/593.

108 A. Schief an A. Epp, 6.3.1970, Archiv IfZ, ED 721/593.

109 A. Schief im Interview, 18.05.2006.

schungsgruppe Karlsruhe verlassen hatte, hielt sie den Kontakt zum IITB aufrecht. Diese beiden Institutionen bildeten inhaltlich wie organisatorisch das Zentrum der automatischen Mustererkennung in der Bundesrepublik.

Erweitert wurde die Gruppe sporadisch durch informelle Treffen der Akteure mit einer recht kleinen Zahl von Industrieforschern der Firmen Siemens, AEG-Telefunken, IBM und SEL sowie von Hochschulforschern, v. a. der TH Karlsruhe und der Mitarbeiter Markos an der TH München. Beim Gedankenaustausch über die Mustererkennung erkannten die Akteure die Schwierigkeit, dass jedes einzelne Projekt vor spezielle Eigenschaften eines Mustersatzes gestellt war und deshalb jeweils eigene, kaum vergleichbare Methoden und Verfahren entwickelte. Diese Praxis fand ihren Ausdruck in dem Slogan »Mustererkennung ist eine Kunst, keine Wissenschaft«.[110] In der Reaktion darauf war das Ziel der Zusammentreffen, die einzelnen empirischen Arbeiten zu bündeln und nachprüfbare, vergleichbare und imitierbare Verfahren zu entwickeln. Die Mustererkennung sollte auf ein allgemeineres, theoretisches Niveau gehoben, d. h. verwissenschaftlicht werden. Dies wurde umso nötiger, als Ende der 1960er Jahre die Euphorie um maschinelle Intelligenz verflog.[111] Die teils durch die Kybernetik geschürten und teils in sie hineingetragenen Hoffnungen, dass menschliche Leistungen durch technische ersetzt werden könnten, hatten sich nicht erfüllt, und die Technik konnte nicht mit entsprechenden Entwicklungen aufwarten. Wollte sie nicht ihre Glaubwürdigkeit verlieren, musste sie allmählich Ergebnisse präsentieren. Und diese schienen, wenn überhaupt, nur durch eine theoretische Fundierung der Bemühungen möglich.

Einen offiziellen Rahmen erhielten die Treffen der Forschungsgruppen, die am Problem der Mustererkennung arbeiteten, in Form der »IITB-Kolloquien«. Themen waren Schriftzeichen- und Spracherkennung, aber auch grundlegende Probleme der Bildanalyse und Bildverarbeitung.[112] Das erste Kolloquium fand 1970 statt und behandelte recht allgemein »Verfahren und Systemkonzeptionen zur Mustererkennung«, das zweite stand 1971 unter dem Titel »Parallele Informationsverarbeitung«. Von den insgesamt 18 Rednern kamen sieben aus Karlsruhe und

110 Nach Marko, Hans: Die DAGM. Bemerkungen zu ihrer Geschichte, in: Siegfried Fuchs (Hg.): Mustererkennung 1992. 14. DAGM-Symposium, 14.-16.9. 1992 in Dresden, Berlin 1992, S. 3.

111 Das betont z. B. Steinbuch: Maschinelle Intelligenz, in: Die Naturwissenschaften 58, S. 210.

112 So Marko: DAGM, S. 3.

vier aus München. Dass niemand aus dem Ausland kam,[113] war sicher der Tatsache geschuldet, dass die Tagung auf Anregung und unter der Schirmherrschaft des BMVg stattfand. Die Verteidigungsforschung generierte mit nationalen Interessen auch nationale Netzwerke und verhinderte einen unbegrenzten Wissenstransfer.

Das dritte Kolloquium widmete sich 1972 der optischen Mustererkennung mit einem Schwerpunkt auf der Klassifikation handgeschriebener Zeichen, wo im Gegensatz zur Erkennung von Maschinenschriften noch keine praktisch einsetzbaren Verfahren hervorgebracht worden waren. Durch die ungleich höheren Variationsmöglichkeiten in der Handschrift mussten »noch erhebliche Anstrengungen unternommen werden, um die zahlreicher werdenden Verwechslungsmöglichkeiten zu reduzieren.«[114] Das wesentliche Problem lag hier einmal mehr in der Vorverarbeitung der Muster, die durch Invariantenbildung die Informationsmenge so weit reduzieren sollte, dass ein Computer die Schriftzeichen in relativ kurzer Zeit erkennen konnte.

Die Kolloquien des IITB entwickelten sich seit den frühen 1970er Jahren zur wichtigsten Plattform, auf der sich Forscher auf den Gebieten der lernenden Systeme und der Mustererkennung in der Bundesrepublik austauschen konnten. Sie wurden in ähnlicher Form jährlich zu einem anderen speziellen Problem oder Anwendungsfall der Mustererkennung fortgeführt,[115] bis sie in den Kongressen der 1976 gegründeten »Deutschen Arbeitsgemeinschaft Mustererkennung« (DAGM) aufgingen. In dieser Vereinigung, zu deren erstem Vorsitzenden Hans Marko gewählt wurde, erfuhren die speziellen Probleme der Künstlichen-Intelligenz-Forschung und die daran arbeitenden Forscher eine Institutionalisierung.

113 Siehe das Programm der Tagung IITB: Einladung zum 2. IITB- Kolloquium am 24./25. Juni 1971, Archiv IfZ, ED 721/598. Über beide Kolloquien wird auch referiert in den Miszellen Institut für Schwingungsforschung, in: Mitteilungsblatt der FhG 8 (1970), Nr. 2, S. 4, bzw. Institut für Informationsverarbeitung in Technik und Biologie, in: Mitteilungsblatt der FhG 9 (1971), Nr. 3, S. 6.

114 Computer hören und sehen. Kolloquium Mustererkennung über erprobte Verfahren und Geräte, in: Mitteilungsblatt der FhG 11 (1973), Nr. 1, S. 1.

115 Beim 4. Kolloquium, 16.-17.5.1974, nahmen ca. 80 Personen teil und hörten 16 Vorträge über »Kognitive Systeme für die Fertigungs- und Prüftechnik«; dazu Institut für Informationsverarbeitung in Technik und Biologie. Kognitive Systeme für die Fertigungs- und Prüftechnik, in: Mitteilungsblatt der FhG 12 (1974), Nr. 4, S. 6. Nach »Akustische Mustererkennung«. Aus dem Institut für Informationsverarbeitung in Technik und Biologie, in: Mitteilungsblatt der FhG 14 (1976), Nr. 3, S. 4, stand das 5. Kolloquium 1976 unter dem Titel »Akustische Mustererkennung – Automatische Klassifikation von Geräuschen, Sprache und medizinischen Zeitsignalen« und umfasste 25 Vorträge.

Satzungsgemäß sorgte die DAGM »für weitgehende Verbreitung ihrer Arbeitsergebnisse und für eine möglichst umfassende Unterrichtung aller Interessenten über die in- und ausländische Entwicklung der Mustererkennung durch Veröffentlichungen in einschlägigen Fachzeitschriften, durch Berichte und Rundschreiben sowie durch Herausgabe von Arbeitsblättern und Richtlinien.«[116] Konkret hatte sie regelmäßige Tagungen zu organisieren, an denen bald bis zu 300 Personen teilnahmen. Ihren Höhepunkt erreichte sie 1982, als sie gemeinsam mit der »International Association of Pattern Recognition« einen internationalen Kongress mit ca. 800 Teilnehmern veranstaltete.[117] Durch sie wurde das von ihren Mitgliedern produzierte Wissen veröffentlicht und nun auch in internationale Netzwerke hinein verbreitet. Sie sorgte für den Austausch und die Verallgemeinerung der Fragen, Methoden und Theorien zur Mustererkennung und bildete den Ort der Transformation des Wissens und der Verfahren, die von einzelnen Forschern produziert worden waren, zu wissenschaftlichem Wissen, das von Kollegen nachgeprüft und beurteilt werden konnte. Die IITB-Kolloquien und die DAGM-Kongresse verallgemeinerten das Wissen und die Probleme auf dem Gebiet der Mustererkennung, sowohl in inhaltlicher Hinsicht, indem sie konkrete Probleme auf ein theoretisches Niveau hoben, wie auch in sozialer Hinsicht, indem sich auf den Kongressen eine Scientific Community fand und festigte.

Diesen Prozess der Verallgemeinerung und Verwissenschaftlichung der automatischen Mustererkennung oder allgemeiner: der Forschung über maschinelle Intelligenz verfolgte dessen Begründer Karl Steinbuch immer weniger. Er hatte mit dem Prinzip der Lernmatrix erstmals die relevanten Fragen dieses Forschungsfelds formuliert.[118] Nachdem er aber den Ausgangspunkt für diese frühe Form der Künstlichen-Intelligenz-Forschung geschaffen hatte, überließ er die aktive Forschung schnell seinem Mitarbeiter Helmut Kazmierczak. Dessen Forschungsgruppe Mu-

116 Marko: DAGM, S. 4.

117 So berichtet ebd., S. 5.

118 Auch wenn die Lernmatrix die erwartete wirtschaftliche und modellhafte Bedeutung nie erreichte, hatte sie doch technik- und sozialhistorische Bedeutung als frühe Entwicklung auf dem Gebiet der KI-Forschung und als netzwerkbildendes Objekt. Dazu Hilberg, Wolfgang: Karl Steinbuch. Ein zu unrecht vergessener Pionier der künstlichen neuronalen Systeme, in: Frequenz 49 (1995), S. 28-36; Aumann, Philipp: Kybernetik als technisch bedingte Wissenschaft und als wissensbasierte Technologie. Karl Steinbuch und die Lernmatrix, in: Technikgeschichte 74 (2007), S. 311-334.

stererkennung wirkte auch bald auf den Lerntagungen des Instituts federführend und meinungsbildend, genauso wie sie den täglichen Kontakt zum ISf/IITB hielt. Steinbuch war dort zwar Kuratoriumsmitglied, ließ sich aber ab 1970 auf den Sitzungen durch Kazmierczak vertreten[119] und legte 1971 sein Amt offiziell nieder.[120]

Ab Mitte der 1960er Jahre war Steinbuch eher als akademischer Lehrer und Begründer einer Schule der Computerentwicklung von Bedeutung denn als aktiver Forscher.[121] Die Ausbildung zahlreicher und bedeutender Schüler war auch ein wichtigerer Beitrag zur Bildung eines Netzwerks als seine forschungspolitischen Bemühungen um eine Fakultät und um ein Fraunhofer-Institut für Kybernetik, die beide scheiterten. Daneben wandte er sich schrittweise zum Populären und Politischen und interessierte sich kaum mehr für die technischen, wohl aber für die anthropologischen Dimensionen der automatischen Mustererkennung. Die Forschungsprobleme auf diesem Gebiet hatten in seinen Augen »vorläufig kaum praktisches, wohl aber großes theoretisches Interesse.« Ihre Bedeutung liege zum einen darin, dass »Automaten zunehmender Kapazität und Komplexität den Menschen beim Aufsuchen optimaler Problemlösungen möglicherweise« einmal überholen, d.h. »möglicherweise ›intelligenter‹ als Menschen« werden könnten. Zum anderen würden »die informationellen Strukturen, welche menschliches Denken und Verhalten begründen, durch Computersimulation immer deutlicher.«[122] Die Technik war für Steinbuch nur noch ein Referenzsystem, das seine These von der funktionalen Gleichartigkeit menschlicher und maschineller Informationsverarbeitung belegen sollte. Der Mensch war für Steinbuch nichts anderes als eine besonders komplexe informationsverarbeitende Maschine. Mit diesem Interesse bewegte er sich außerhalb der Fragen des Netzwerks »Informationsverarbeitung in Technik und Biologie«.

119 Siehe Bericht: Kuratoriumssitzung des ISf am 19.3.1970, Archiv IfZ, ED 721/601; Bericht: Kuratoriums- und Mitgliederversammlung am 19.2.1971, Archiv IfZ, ED 721/601.

120 Das ist zu entnehmen bei Mohr/FhG an K. Steinbuch, 2.3.1971, Archiv IfZ, ED 721/601. Neuer Vertreter der Universität Karlsruhe wurde G. Vossius.

121 Dies betont auch A. Schief im Interview, 18.5.2006.

122 Jeweils Steinbuch: Maschinelle Intelligenz, in: Die Naturwissenschaften 58, S. 216.

## 6.5 Überschneidungen mit dem Netzwerk »Biological Cybernetics«

Hinsichtlich seiner Forschungsprobleme und besonders seines Anwendungsgebiets der automatischen Mustererkennung überschnitt sich das Netzwerk »Informationsverarbeitung in Technik und Biologie« mit dem Netzwerk »Biological Cybernetics«. Die Verbindung verdeutlichten am augenfälligsten das Engagement Hans Markos auf den Kolloquien des IITB und der Deutschen Arbeitsgemeinschaft für Mustererkennung sowie die Pläne für ein Fraunhofer-Institut für Kybernetik, die gleichwertig den biologisch-analytischen wie den technisch-synthetischen Aspekt der Kybernetik berücksichtigten. Der Stil der Karlsruher Ingenieure war aber auch für andere Biokybernetiker von Interesse und hatte Vorbildcharakter. Besonders die Orientierung an konkreten, oft von außen stammenden Problemen und wirtschaftlichen Anwendungen erschien eine wichtige Ergänzung zum rein wissenschaftlich-analytischen Denken der Biokybernetik, so dass dem biokybernetischen Nachwuchs eine Ausbildung am IITB nahegelegt wurde.[123] Mit einer systematischen Einbindung junger Biokybernetiker ins Institut hätte sich das IITB grundlagenorientiertem Personal und damit der Logik des Wissenschaftssystems geöffnet. Die FhG wollte jedoch keine »Gruppe sehr ideenreicher und phantasiebegabter junger Menschen, deren spätere Einordnung in einen verantwortlichen Beruf dann Schwierigkeiten bereitet.«[124] Sie fühlte sich auch bei der Nachwuchsförderung dem Kriterium der Marktfähigkeit verpflichtet, wie es in der Ingenieurausbildung üblich war. Weil darüber hinaus das IITB fast ausschließlich durch Drittmittel finanziert war und keine Ausbildungsstellen auf eigene Kosten schaffen konnte, lehnte es Absolventen aus München oder Tübingen ab.[125] Beide Netzwerke zogen ihren Nachwuchs getrennt voneinander heran und blieben deshalb personell weitestgehend getrennt. Wie in diesem konkreten Fall scheiterte die Kooperation zwischen den Netzwerken in der Regel an deren unterschiedlicher Orientierung, beim einen an den Mechanismen der Wissenschaft und beim anderen an den Mechanismen des Markts.

Diese Trennung verhinderte aber nicht, dass Akteure beider Netzwerke sporadisch, etwa auf Tagungen, Gedanken austauschten und ihre Ergebnisse gegenseitig rezipierten. Das IITB verfolgte die Arbeiten des SFB 50

123 Dies schlug Horst Mittelstaedt vor, nach O. Mohr/Präsident FhG an M. Syrbe, 13.7.1970, Archiv IfZ, ED 721/593.

124 O. Mohr an M. Syrbe, 13.7.1970, Archiv IfZ, ED 721/593.

125 So M. Syrbe an O. Mohr, 16.7.1970, Archiv IfZ, ED 721/593.

genau, um sie eventuell als Grundlagen für eigene Projekte zu nutzen. Leitfigur auf erkenntnistheoretischem Gebiet war insbesondere Werner Reichardt. Auch für die synthetisierenden Ingenieure galt seine These, »dass man bei der Verknüpfung der Sinneszellen eine Verarbeitung ortsabhängiger Signale hat und dass man das systemtheoretisch beschreiben kann.«[126] Beide Netzwerke gehorchten demselben Paradigma. Sie lagen inhaltlich längst nicht so weit auseinander wie auf organisatorischer Ebene.

Die Akteure der technischen Kybernetik nahmen auch an den Veranstaltungen der Biokybernetiker teil. Schon 1961 trug Karl Steinbuch auf einem Symposium am MPI in Seewiesen vor, auf dem ein gesamtkybernetisches Netzwerk begründet werden sollte. Statt die Gemeinsamkeiten der Gruppen um Erich von Holst und um Steinbuch herauszuarbeiten, mussten die Anwesenden aber auf schmerzliche Art die Unterschiede erkennen. In einer Diskussion um Verhaltensanpassung von Systemen an ihre Umwelt, speziell der Vorstellung von einem »inneren Modell, an dem das Subjekt in seinem Hirn experimentiert«, provozierte Steinbuch einen Streit. Er musste sich vorwerfen lassen, »ohne Kenntnis des Gebiets und mit unzulänglicher Terminologie«[127] zu argumentieren sowie der psychologischen und philosophischen Grundlagen für seine Hypothesen zu entbehren. Steinbuch holte einmal mehr die Tatsache ein, dass seine technischen Entwicklungen naturwissenschaftlich und theoretisch mangelhaft fundiert waren. Weil seine Überlegungen zu den informationsverarbeitenden Funktionen des Menschen auf diesen Mängeln aufbauten, waren auch diese unzureichend. Daneben verdeutlichte der Streit den Anspruch der Biokybernetiker, die Praxis der Entwicklung bioanaloger technischer Systeme und deren Vertreter nur dann als gleichrangig zu akzeptieren, wenn diese mit naturwissenschaftlich exakten Methoden und mit biowissenschaftlichem Wissen umzugehen wussten. Auch die Arbeit eines Konstrukteurs hatte biowissenschaftlichen Qualitätsmaßstäben zu gehorchen. Deswegen waren die Akteure des Netzwerks erst dann für die Biokybernetiker gesellschaftsfähig, als nicht mehr Steinbuch, sondern das IITB maßgeblich für den Forschungsstil wurde, das ja selbst biologische Forschung in einer eigenständigen Abteilung betrieb.

Ausdruck fand die inhaltliche Übereinstimmung der Netzwerke auf den Kongressen der DGK. Dort war die Karlsruher Ingenieurskybernetik selbst dann noch vertreten, als die Gesellschaft bereits eindeutig biokybernetisch geprägt war. Unter den Mitarbeitern des IITB war beson-

126 A. Schief im Interview, 18.5.2006.

127 Jeweils E. v. Holst an K. Steinbuch, 20.2.1961, UA Karlsruhe 39,05/159, worin der Streit noch einmal aufgerollt wird.

ders Werner von Seelen ein regelmäßiger Teilnehmer und Referent, aber auch Max Syrbe besuchte zumindest die Tagung 1968 in München.[128] Darüber hinaus engagierte sich das Institut auch in den Fachausschüssen der DGK.[129] Wegen des Schwerpunktthemas Mustererkennung war der Kybernetikkongress 1970 in Berlin für die Karlsruher Ingenieure geradezu ein Pflichttermin. Sie berichteten aus dem gesamten Spektrum ihres Arbeitens, von der biologischen Analyse über methodische Grundfragen bis zur anwendungsorientierten Technik. Helmut Kazmierczak etwa legte in einem Werkstattbericht dar, in welcher Spannweite die Forschungsgruppe Mustererkennung Fragen zur Informationsreduktion und Invariantenbildung bei der Bildverarbeitung mit einem Computer untersuchte und darauf aufbauend Geräte zur Objekterkennung und Luftbildauswertung entwickelte.[130] Solche konkreten Fragen waren in beiden Netzwerken relevant und ließen Biologie und Nachrichtentechnik sowie Grundlagen- und Marktorientierung verschmelzen.

Auf der Ebene konkreter Forschungs- und Entwicklungsprobleme trafen sich die Netzwerke, obwohl sie nicht nur in Bezug auf ihre Organisation, sondern auch in Bezug auf ihr Erkenntnisstreben unterschiedlich ausgerichtet waren. Der Kybernetikkongress 1970 wollte zwar – genauso wie die der IITB-Kolloquien – das technische Problem der Mustererkennung theoretisch fundieren,[131] weil seine Protagonisten das vorwissenschaftliche Suchen nach schnellen technischen Lösungen als gescheitert ansahen. Im explizit kybernetischen Rahmen eines DGK-Kongresses diente das Problem aber zusätzlich als Beispiel, das die urkybernetische These von der Gleichartigkeit organischer und technischer Informationsprozesse belege. Das Erkenntnisziel im Netzwerk »Biological Cybernetics« war vor diesem Hintergrund bidirektional. Es war auf eine biologische und auf eine technikwissenschaftliche Theorie ausgerichtet. Damit positionierte es sich zwischen dem rein technischen Ziel des Netzwerks »Informationsverarbeitung in Technik und Biologie« und dem anthropologischen Ziel von dessen Abweichler Karl Steinbuch.

128 Seine Reise nach München kündigt er an bei M. Syrbe an Soldan/FhG, 9.2.1968, Archiv IfZ, ED 721/597.

129 Nach Bericht: Kuratoriumssitzung am 27.4.1976, Archiv IfZ, ED 721/601, war der IITB-Mitarbeiter Hülshoff Mitglied des DGK-Fachausschusses »Kybernetik des akustischen Systems«.

130 Siehe Kazmierczak, Helmut: Informationsreduktion und Invarianzleistung bei der Bildverarbeitung mit einem Computer, in: Zeichenerkennung, S. 228-240.

131 So der Anspruch bei Hauske, G. u. H. Platzer: Zeichenerkennung durch biologische und technische Systeme. Bericht über den Kybernetik-Kongreß Berlin vom 5. bis 9. April 1970, in: NTZ 23 (1970), S. 325.

## 6.6 Bionik und Kybernetik

Wenn die Akteure des Netzwerks einen Sammelbegriff für die konstruierende Tätigkeit auf der Basis biologischen Wissens verwendeten, dann war dies eher »Bionik« als »Kybernetik«. Bereits bei den Plänen eines Fraunhofer-Instituts für Kybernetik war das Wort präsent, und sorgte – ähnlich wie dies bei der Kybernetik der Fall war – für Unklarheiten in der Begriffsbestimmung. Niemand wusste so recht, ob beides komplementäre Begriffe, Widersprüche oder das eine ein Teilgebiet des anderen sei.[132] Auch das Arbeitsgebiet »Bionik und Biokybernetik« des IITB lässt erahnen, dass beide Begriffe in sich nicht klar und noch weniger klar voneinander abgegrenzt waren. Eine halbwegs aussagekräftige Definition gelang Hans Marko, indem er die Bionik als »die Synthese technischer Systeme mit Hilfe biologischer Kenntnisse«[133] bezeichnete. Ihre allgemeine Anerkennung zog diese Definition aber nicht aus ihrer Aussagekraft, sondern im Gegenteil aus ihrer Offenheit und Vagheit. Über die konkreten Inhalte der Bionik war damit nichts gesagt.

Die Bionik war ab Ende der 1960er Jahre politisch gewünscht und wurde entsprechend gefördert. Ihre explizite Anwendungsnähe ließ jene wirtschaftliche Innovationskraft erwarten, die die Kybernetik nicht hatte liefern können. Das Bundesministerium für wissenschaftliche Forschung (BMwF) ließ ab 1969 ein Forschungsprogramm vorbereiten, für das die FhG die Organisation übernehmen und das ISf/IITB inhaltlich das Zentrum bilden sollte. Ursprünglich war recht vage vorgesehen, auf dem Gebiet Biologie/Technik ein Programm in gleicher Weise auszuarbeiten, wie die DFG ihre SPP und SFB vorbereitete.[134] Dafür musste zunächst der Stand der Forschung eruiert und eine gemeinsame Terminologie gefunden werden. Das BMwF koordinierte diese Schritte und beauftragte dafür ein Expertengremium, bestehend aus dem Informatiker Wolfgang Händler und dem Physiologen Wolf Dieter Keidel aus Erlangen, Hans Marko aus München, Werner Reichardt aus Tübingen sowie Alfred Schief und Max Syrbe. Weil die Evaluation der bundesdeutschen Wissenschaftslandschaft eine weite Verbreitung der analytischen Richtung in der MPG und DFG ergab, engte das Forschungsministerium das Pro-

132 Das geht z. B. hervor aus Jebsen-Marwedel an Marko, 3.2.1965, Archiv IfZ, ED 721/407.

133 Marko, Hans: Bionik oder die Nutzung biologischer Kenntnisse für den technischen Fortschritt, in: ETZ 93 (1972), S. 699.

134 Nach M. Syrbe: Bericht über Besprechung am 9./10.6.1969 im BMwF, 25.6.1969, Archiv IfZ, ED 721/593.

gramm auf die technische Zielsetzung ein und subsumierte es unter dem Titel »Bionik«. Das Resultat dieser Arbeitsphase war ein Heft über Aufgaben, Zustand und Entwicklungsmöglichkeiten bionischer Forschung in der Bundesrepublik, das von Schief redaktionell betreut und in der »Schriftenreihe Technologien« herausgegeben wurde.[135] Der Redaktion gehörten neben Schief Werner von Seelen vom ISf, vom Institut Markos Helmut Platzer und vom Institut Keidels Manfred Spreng an.[136] Mit dem oben genannten Expertengremium bildeten diese Personen die Gruppe der federführenden Bioniker der Bundesrepublik und demonstrierten gleichermaßen die personelle Nähe der Bionik zur Biokybernetik.

Die Bionik ging konzeptionell von der Überzeugung aus, dass sich die Technik zahlreiche Organisations- und Bauprinzipien vom »großen, in Jahrmillionen der Entwicklung und Auslese gewachsenen Reservoir der belebten Natur«[137] abschauen könne. Die Bionik wollte die Wissensressourcen aus der Natur nutzen und setzte sich deshalb die Aufgabe, zuerst mit technischen Methoden biologische Systeme hoher Leistungsfähigkeit nach deren Funktionen und Strukturen zu untersuchen und zu beschreiben. Das hierbei gewonnene Wissen sollte sie auf technische Aufgabenstellungen übertragen »mit dem Ziel, neue und leistungsfähigere Stoffe, Geräte, Verfahren oder Systeme zu gewinnen.«[138] Dass diese beiden Ziele dem entsprachen, was die kybernetische Theorie als ihre analytische bzw. synthetische Ausrichtung bezeichnete, übergingen die Autoren der Studie.[139] Sie änderten den kybernetischen Gedanken lediglich dadurch, dass sie nicht nur informationelle Aspekte zum Gebiet der Bionik zählten und die Natur nicht nur funktional zum Vorbild für die Technik erklärten, sondern Anregungen »in Form von Funktions- und von Bauprinzipien«[140] in Aussicht stellten.

135 Über seine Stellung informiert A. Schief an O. Mohr, 14.1.1971, Archiv IfZ, ED 721/598.

136 Siehe Bionik. Studie über ein Förderungsprogramm, ausgearbeitet im Auftrage des Bundesministeriums für Bildung und Wissenschaft (= Schriftenreihe Technologien 1), Bonn 1970, S. 51.

137 Ebd., S. 3.

138 Ebd., S. 8.

139 Die Autoren gaben ebd. als Referenz ihrer Kategorisierung nur die Ergebnisse des für die Bionik grundlegenden Symposiums 1960 in Dayton/Ohio an. Die Beiträge des Symposiums sind gedruckt als Living Prototypes. The Key to New Technology. Bericht des Bionics Symposium, 13.-15.9.1960, hg. v. Joan C. Robinette, Dayton/Ohio 1960.

140 Bionik, S. 8.

Die Bionik wurde nie als Wissenschaft um ihrer selbst willen verstanden oder dargestellt, sondern per Gründungsakte in den Dienst der Wirtschaft gestellt. Die Innovationskraft eines so modernen wissenschaftlich-technischen Konzepts sah die BMwF-Studie darin bestätigt, dass die Bionik besonders in Ländern gefördert werde, »die eine hochentwickelte und zukunftsorientierte Industrie«[141] besaßen. Die Bionik versprach, zentrale zukünftige »Probleme wie ›Synthetische Sprache‹, ›Automatische Zeichenerkennung‹, ›Mensch-Maschine-Systeme‹, ›Informationsreduktion‹, ›Massenverkehrsregelung‹«[142] zu lösen. Die Politik glaubte diesen Versprechungen und sah zwischen der Förderung der Bionik und wirtschaftlichem Aufschwung eine lineare Konsequenz. Insbesondere versprach sie sich, dass die Bionik ein Mittel war, die »Technologische Lücke« der Bundesrepublik, v. a. gegenüber den USA und der Sowjetunion, zu schließen.

Diese Hoffnung versuchten die Autoren der Studie für sich auszunutzen. Sie verwendeten den modischen Begriff Bionik und schnitten ihn und damit das BMwF-Förderprogramm auf die bestehenden Forschungsinhalte ihrer Institute zu. Als sie die Strukturen eines zukünftigen bionischen Förderprogramms konkretisierten, berücksichtigten sie den materiellen Aspekt der Bionik kaum mehr und engten sie wiederum auf kybernetische Aspekte ein. Als Ziel des Programms gaben die Autoren aus, »Kenntnisse über die Arbeitsweise des menschlichen Gehirns zu erhalten, diese Kenntnisse mathematisch zu beschreiben und sie der Nutzung in der Technik in Form neuer Konzeptionen zuzuführen.«[143] Die einzelnen Kapitel des Hefts lesen sich dann auch wie eine Beschreibung der Arbeitsgebiete des SFB 50 und des IITB: Auf analytischer Seite besetzten Sensorik, Zentralnervöse Informationsverarbeitung und -speicherung, Verhaltensuntersuchungen sowie Motorik und auf synthetischer Seite Optische Mustererkennung, Leistungsvergleich sowie Anthropotechnik den Raum der Forschung. Sonstige Bereiche der Bionik waren Marginalien.[144]

Besonders das IITB als die federführende Institution nutzte die Begriffsbildung lediglich aus politischem Kalkül. Die Realisierung des Forschungsprogramms im Rahmen der BMwF-Förderung »Neue Technologien« änderte im Institut inhaltlich nichts, verbesserte die finanzielle

141 Ebd., S. 13. Ihre volkswirtschaftliche Bedeutung wird auch betont ebd., S. 7 u. 15.
142 Ebd., S. 15.
143 Ebd., S. 12.
144 Die Arbeitsgebiete spiegeln sich in den Kapitelüberschriften der Studie.

Ausstattung der Arbeiten durch die zusätzliche staatliche Förderung aber nochmals gehörig. Das Institut stärkte seine Position, indem seine Protagonisten ihr Arbeitsgebiet mit einer neuen, modischen Terminologie beschrieben. Daneben kanonisierten sie ihren längst bestehenden Arbeitsstil. Der Begriff Bionik übernahm im Milieu der konstruierend arbeitenden Ingenieure die Rolle, die unter den Analytikern der Begriff Kybernetik innehatte. Er gab der Öffentlichkeit ein Schlagwort an die Hand, das modern klang und das komplexe Arbeitsgebiet eher in Form einer Metapher als definitorisch umschrieb. Allerdings wurde das dazugehörige Forschungsprogramm durch das Forschungsministerium und seine Experten weit weniger klar eingegrenzt als die Programme der DFG. In der Konsequenz »kam alles rein«,[145] was im Grenzgebiet von Technik und Biologie irgendwie wirtschaftlich interessant erschien. Weil noch dazu der Begriff seine modische Zugkraft verlor, bevor irgendwo ein festes bionisches Forschungsprogramm entstand, etablierte er sich nicht dauerhaft. Die Ingenieure des Netzwerks griffen kurzfristig mit Hilfe des Titels Bionik »nach den Geldtöpfen«,[146] um ihn dann in wissenschaftlichen und gesellschaftlichen Nischen verschwinden zu lassen. Auch Darstellungen des IITB gebrauchten ihn in den frühen 1970er Jahren, um die Anwendungsorientierung und Wirtschaftsrelevanz der Institutsarbeit zu demonstrieren.[147] Signifikanz für den Stil des Netzwerks erreichte er aber nie.

Die konstruierenden Arbeiten des Netzwerks, gerade die automatische Mustererkennung, wurden in den 1960er Jahren sowohl innerhalb des Netzwerks[148] wie auch öffentlich[149] sehr wohl zur Kybernetik gezählt und in den Kanon ihrer Forschungsprobleme aufgenommen.[150] Im Arbeitsalltag des Netzwerks »Informationsverarbeitung in Technik und Biologie«

145 A. Schief im Interview, 18.5.2006.

146 Ebd.

147 Z.B. bei K. Ossenberg und A. Schief: Aufgabengebiet II: Biokybernetik und Anthropotechnik. Material zur Kuratoriumssitzung am 2.4.1973, Archiv IfZ, ED 721/601.

148 Am deutlichsten in dem Überblicksaufsatz Schmitt: Kybernetik, in: Mitteilungsblatt der FhG 4, Nr. 1, S. 2.

149 Das öffentliche Verständnis prägten einführende und theoretische Aufsätze wie Lutz, Theo: Kybernetik. Portrait einer Wissenschaft, in: VDI-Z 112 (1970), S. 413-417, 1009-1014, 1341-1346, 1613-1618; VDI-Z 113 (1971), S. 337-343; VDI-Z 114 (1972), S. 16-21, 554-558.

150 Besonders durch den DGK-Kongress 1970 »Zeichenerkennung durch biologische und technische Systeme«.

wurde der Begriff der Technischen Kybernetik dagegen nicht verwendet. Wenn Forschung und Entwicklung dort einen umfassenden Titel erhielten, dann war dies die Bionik. Dieser Begriff erlebte jedoch nur politisch und öffentlich eine kurze Konjunktur. In der Praxis konstruktivierender Forschung und Entwicklung war er kaum gebräuchlicher als der Begriff Kybernetik. Die Akteure selbst sahen sich schlicht als »Nachrichtentechniker mit Arbeitsbereichen wie der Statistik, der statistischen Kommunikationstheorie, der Stochastik, der Systemtheorie, lineare und nichtlineare Systeme und der Theorie der Optimalempfänger.«[151] Einen theoretischen Superbegriff benötigten sie nur, wenn damit Förderprogramme, wie das für Bionik, oder Institute, wie das Fraunhofer-Institut für Kybernetik, bezeichnet werden mussten. Bionik und Kybernetik dienten nur als öffentlichkeitswirksame, weil griffige und modern klingende Begriffe.

Im Netzwerk existierten zwei verschiedene Lesarten der Kybernetik. Zum einen stand der Begriff für die Biokybernetik, wie sie das MPI in Tübingen und die DFG-Programme ausgearbeitet hatten und pflegten. In diesem Sinne hatte die Kybernetik ihren Platz im Arbeitsalltag des IITB und bezeichnete hier die biologisch-analytische Grundlagenarbeit.[152] Dank der politischen und wissenschaftlichen Leistungen der Akteure des Netzwerks »Biological Cybernetics« hatte sich dieser Stil in der bundesdeutschen Wissenschaftslandschaft durchgesetzt und war spätestens ab Ende der 1960er Jahre akzeptiert. Auf der Ebene empirischer Forschung war der Begriff Kybernetik damit besetzt. Für andere Formen des Verständnisses und Arbeitens blieb unter seinem Dach kein Platz mehr. Der Charakter der Biokybernetik änderte sich im Netzwerk »Informationsverarbeitung in Technik und Biologie« lediglich dadurch, dass sie nicht mehr um ihrer selbst willen Bestand hatte, sondern als Grundlagen- oder Hilfswissenschaft für die anschließende Rechnerentwicklung oder die ergonomische Optimierung von Maschinen und in Wechselwirkung mit diesen Anwendungen betrieben wurde.

Zum Zweiten spielte die Kybernetik im Sinne Steinbuchs ins Netzwerk hinein. Steinbuch war für das Netzwerk insofern maßgebend, als seine Arbeiten dem Begriff Kybernetik auch auf der theoretischen, anthropologischen Ebene des Analogisierens zwischen Mensch und Maschine Geltung verschafften. Diese Richtung prägte zwar das Verständnis der Akteure von Kybernetik, philosophische Betrachtungen hatten aber

151 A. Schief im Interview, 18.5.2006.

152 Siehe z. B. das Arbeitsprogramm für das Jahr 1968, formuliert bei M. Syrbe u. A. Schief an A. Epp, 8.11.1968, Archiv IfZ, ED 721/592.

in der Praxis des Netzwerks keinen Platz. Deshalb entfernte sich ihr einstmaliger Protagonist Karl Steinbuch desto weiter vom Netzwerk »Informationsverarbeitung in Technik und Biologie«, je mehr er sich auf seinen eigenen kybernetischen Stil konzentrierte.

Der pragmatische Umgang mit kybernetischen Theorien und Methoden, die nie mit anthropologischem Überbau, kaum explizit und nur so lange Verwendung fanden, wie sie für die Realisierung technischer Konstruktionen oder Verfahren einen praktischen Nutzen brachten, bescherte dem Netzwerk auf der Ebene der Forschungs- und Entwicklungspraxis einigen Erfolg. Das IITB und die Forschungsgruppe Mustererkennung des Instituts für Nachrichtenverarbeitung an der Universität Karlsruhe konnten mit ihrem Forschungs- und Entwicklungsstil über Jahre hinweg zahlreiche Aufträge einwerben und diese zur Zufriedenheit ihrer Kunden erledigen. Ihren Stil in der Wissenschaft zu etablieren, gelang ihnen jedoch nicht. Steinbuch strebte dies mit den Plänen einer Fakultät und eines Fraunhofer-Instituts für Kybernetik an, scheiterte aber beide Male.

Über diese Versuche hinaus verhielten sich die Akteure des Netzwerks kaum wie Wissenschaftler, die mit ihren Ergebnissen Reputation unter ihresgleichen und Manifestierung des eigenen Arbeitsgebietes in dauerhaften Strukturen zu erhalten suchten. Stattdessen war die Arbeit durch die spezifischen Gegebenheiten der Auftrags- und Verteidigungsforschung geprägt. Politik und Wirtschaft förderten anwendungsbezogene Forschungs- und Entwicklungsarbeiten auf dem Gebiet der technischen Kybernetik unter dem Eindruck der »Technologischen Lücke« intensiv,[153] weil sie sich davon wirtschaftliche und militärische Innovationen versprachen. Die empirische Arbeit der Institute des Netzwerks war deshalb, v. a. auf dem Gebiet automatischer Zeichenerkennung, finanziell bestens ausgestattet[154] und stand als Lieferantin von Wohlstand und Sicherheit im Fokus der Öffentlichkeit. Auf der anderen Seite beschränkte die Verbindung von Wissenschaft und Technik mit ökonomischen und sicher-

153 Dass Kybernetik im Rahmen der Verteidigungsforschung zu fördern sei, wird explizit erwähnt in Der Deutsche Bundestag – 4. Wahlperiode: Drucksache IV/2963, 1965, S. 62, Archiv IfZ, ED 721/104.

154 Nach »Der sehende Computer blickt nach Bonn. Etatkürzungen würden die deutsche Datenverarbeitung noch weiter hinter die USA zurückwerfen«, in: Süddeutsche Zeitung, 31.8.1967, investierte die Bundesregierung jährlich 60 Millionen DM für Arbeiten zur automatischen Zeichenerkennung. Dass dieser Betrag noch unzureichend sei, besagt auch »Wehretatkürzungen gefährden Forschungsarbeit. Prof. Steinbuch: Verzicht auf Datenverarbeitungs-Forschung wird Konkurrenzfähigkeit der deutschen Industrie bedrohen«, in: Badische Neueste Nachrichten, 13.7.1967.

heitspolitischen Interessen auch die Freiheit der Forschung in Bezug auf die Auswahl von Fragen und Methoden, aber auch auf den Wissenstransfer. Zwar behauptete die FhG offiziell, der Vertragsforscher sei nichts und niemandem gegenüber »anders gebunden als der freie Forscher«.[155] Die Realität zeigte aber, dass Forschung im Auftrag staatlicher oder wirtschaftlicher Stellen deren Mechanismen und nicht denen der Wissenschaft gehorchte. Der primäre Interaktionspartner des Forschers war der Auftraggeber,[156] und dieser hatte als Financier eines Projekts auch ein Vorrecht auf dessen Produkte, seien es Wissen, Verfahren oder Objekte. Statt Freiheit und Offenheit herrschten Exklusivität und Geheimhaltung. Gerade die Interessen der Politik begrenzten den Wissenstransfer auf nationale Kooperationsgemeinschaften. Den Akteuren des Netzwerks gelang zwar der Spagat zwischen freier und vertragsgebundener Forschung, indem sie ihre Auftraggeber zufriedenstellten, sich aber auch ins Wissenschaftssystem eingliederten. Sie veröffentlichten in Zeitschriften, trugen auf Kolloquien und Tagungen vor und bildeten Nachwuchs aus. Theoretisch fixieren, kanonisieren und dadurch dauerhaft machen konnten sie ihren Stil des Forschens und Entwickelns aber nicht.

Das Prinzip, unter starkem Anwendungsbezug Informationsprozesse mathematisch zu erfassen, zu modellieren und für die Technik nutzbar zu machen, verschwand mit dem Ende der Kybernetikmode aus dem öffentlichen Bewusstsein und fristete ein Schattendasein, bis es in den 1980er Jahren unter dem Titel »Künstliche Neuronale Netze« erneut Konjunktur hatte.[157] Diese neuerlichen Versuche, Rechenmaschinen nach den Prinzipien und Strukturen organischer nachrichtenverarbeitender Systeme zu entwickeln, wiesen zahlreiche Parallelen zu den Bemühungen des Netzwerks »Informationsverarbeitung in Technik und Biologie« auf: Wieder erzeugten die Bemühungen und v.a. die Versprechungen der Akteure »eine Modeströmung oder Euphorie«,[158] und wieder wollten Forscher Phänomene nachbilden, die sie »nicht genügend erkannt«[159] hatten. Dennoch griffen die Protagonisten auf dem Gebiet Künstlicher Neuronaler Netze weder öffentlich noch forschungspraktisch auf Steinbuchs theoretische Vorleistungen oder auf das Wissen, die Verfahren

155 »Ist Vertragsforschung freie Forschung?«, in: Mitteilungsblatt der FhG 1 (1963), Nr. 1, S. 1.

156 A. Schief im Interview, 18.5.2006.

157 Dazu z.B. das Lehrbuch Ritter, Helge (u.a.): Neuronale Netze. Eine Einführung in die Neuroinformatik selbstorganisierender Netze, Bonn (u.a.) 1990.

158 W. Händler an K. Steinbuch, 5.7.1988, UA Karlsruhe, 39,05/159.

159 W. Händler an K. Steinbuch, 13.10.1988, UA Karlsruhe, 39,05/159.

oder die Objekte des Netzwerks zurück.[160] Steinbuch, seine Kollegen und Schüler waren aus dem Bewusstsein ihrer Nachfolger verschwunden.

160 Dass in den 1980er Jahren auch in der Bundesrepublik nur US-amerikanische Autoren und Arbeiten rezipiert werden, beklagt Hilberg: Karl Steinbuch, in: Frequenz 49, S. 28. Zu belegen ist diese Einschätzung auch mit dem Literaturverzeichnis und den Referenzen bei Ritter (u. a.): Neuronale Netze.

# 7. Das Netzwerk »Grundlagenstudien aus Kybernetik und Geisteswissenschaft«

Humankybernetik etablierte sich in der Bundesrepublik in erster Linie in der Pädagogik als eine mathematisch-technische Methode, die Unterrichtssituation zu analysieren und zu modellieren sowie die Lehreinheit technisch zu imitierten. Obwohl dergestalte Bemühungen im Wesentlichen auf das »Institut für Kybernetik«, Berlin/Paderborn, beschränkt blieben und von dessen Leiter Helmar Frank dominiert wurden, bildeten auch hier unterschiedliche Akteure mit z.T. differierenden Interessen ein wissenschaftliches Netzwerk und entwickelten die Humankybernetik kooperativ weiter. Gerade in den Ursprüngen des Netzwerks versuchten diese Akteure, ein Geflecht verschiedener Fragen, Methoden und Hypothesen zu einer einheitlichen kybernetischen Theorie zusammenzufassen. Sie erreichten die angestrebte Homogenisierung nie, obwohl das Netzwerk von relativ bescheidenem personellen, materiellen und räumlichen Ausmaß war. Die Kybernetik zeigte sich hier wie sonst auch äußerst vielschichtig. Anthropologische Überlegungen waren hier genauso selten wie in der biologischen oder technischen Kybernetik. Dennoch spielten philosophische und ideologische Komponenten – voran der Universalitätsanspruch – mehr als irgendwo anders in den humankybernetischen Stil hinein. Wie sich dieser Stil herausbildete und festigte, wie andere Kybernetiker und die Öffentlichkeit ihn rezipierten, ist Gegenstand des folgenden Kapitels.

## 7.1 Die Wurzeln geisteswissenschaftlicher Kybernetik in Stuttgart und Karlsruhe

### *Max Bense und Gotthard Günther*

Dass intellektuelle und ästhetische Prozesse, also Geist und Denken, mathematisch erfassbar seien, formulierte vom Standpunkt der Geisteswissenschaften aus sehr früh der Physiker und Philosoph Max Bense. Zeitlich parallel zu Richard Wagner und Hermann Schmidt, aber ohne jeglichen Kontakt zu ihnen, postulierte er eine methodisch und erkenntnistheoretisch einheitliche Behandlung von Natur-, Geistes- und Technikwissenschaften. »Die Sprache der Physik« war für ihn »genauso interessant wie die Sprache der Literatur«[1], und die Literatur oder ähnliche Geistesphänomene seien mit dieser ungewohnten, aber vereinheitlichenden Sprache der Natur zu untersuchen. Gezielt verschrieb sich Bense dem technischen Erkennen und Beschreiben intellektueller Phänomene während des Zweiten Weltkriegs, als er in der angewandten Radarforschung arbeitete. Weil Technisierung zum Signifikant der Moderne geworden sei und »eine apparative Welt«[2] die natürliche Welt zunehmend überlagere, musste sich nach Bense jedes Denken mit Technik auseinandersetzen. Klassisches Erkenntnisstreben, das nach Disziplinen sowie nach Grundlagen- und Anwendungsforschung getrennt war, sei für diese Aufgabe nicht mehr zureichend. Bense setzte dagegen einen theoretischen Neuanfang, der die denaturierte Welt gleichermaßen von natur- und technikwissenschaftlicher wie von geisteswissenschaftlicher Seite verstehbar machen sollte. Diese Technikphilosophie als Möglichkeit, die hochindustrialisierte Welt mit all ihren Implikationen für das Individuum und die Gesellschaft zu deuten, war Gegenstand von Benses Arbeiten, bevor er die Kybernetik Wieners kennenlernte. Auch Spekulationen über zukünftige Möglichkeiten, Information von materiellen Trägern zu lösen, sie damit Räumen gegenüber indifferent zu machen, menschliches Denken also prinzipiell überall zugänglich zu machen, interessierten ihn schon während des Krieges.[3] Früh beschäftigten ihn einige lose und unscharfe Fragen auf dem Gebiet der Technisierung des Menschen, der Information und der Kommunikation; allein, daraus ein interdisziplinäres Forschungsprogramm an der Grenze von Technik und Geist zu entwickeln, war er noch nicht in der Lage.

Auf der Suche nach neuen Publikationen auf diesen Gebieten erhielt er 1949 Post seines Kollegen Hans Erich Hollmann aus den USA, die ihm »Cybernetics« vorstellte. Wiener wandte Hollmann zufolge »die Gesetze moderner Technik, vor allem moderner Steuertechnik und moderner

1 »Ab morgen Philosophie« – Begegnungen in Jena. Interview mit Elisabeth Walther am 28. November 2003 in Stuttgart, Teil 1, in: Ästhetik als Programm. Max Bense/Daten und Streuungen, hg. v. Barbara Büscher (u. a.) (= Kaleidoskopien 5), Berlin 2004, S. 13. Die erste Veröffentlichung mit einschlägigen Vorstellungen ist Bense, Max: Raum und Ich. Eine Philosophie über den Raum, Berlin 1934.

2 So M. Bense, zitiert nach Herrmann, Hans-Christian von und Christoph Hoffmann: »Der geistige Mensch und die Technik« – Max Bense im Labor für Hochfrequenztechnik, in: Ästhetik als Programm, S. 19. Danach fasste Bense seine Gedanken dieser Zeit 1946 in dem Aufsatz »Der geistige Mensch und die Technik« zusammen.

3 Dies betont Walther, Elisabeth: Max Bense und die Kybernetik, in: Computer Art Faszination 10 (1999), S. 360.

elektronischer Rechenmaschinen auf den Menschen« an und zeigte, dass »beide in gewisser Beziehung enge Berührungspunkte« hatten. Besonders deutlich würden die Ähnlichkeiten dadurch, dass die Speicherung »von Intelligenzsignalen in den elektronischen Komputoren [...] genau dem menschlichen Erinnerungsvermögen« entsprächen.[4] Als Bense das Buch erstmals selbst lesen konnte, zeigte er sich begeistert von Wieners interdisziplinärem, technikorientiertem Ansatz. Er verstand Kybernetik als Metakonzept, das den Menschen auf seine Informationsprozesse reduzierte und technisierte. Damit war es an seine vorausgegangenen Gedanken leicht anschlussfähig. Indem er diese um informationstheoretische Aspekte ergänzte, wurde sein neues Konzept für ihn »zur Passage ins technische Stadium der Information«.[5] Bense vereinte im Folgenden seine Interessen mit kybernetischen Fragen, Methoden und Theorien und begründete die »Metatechnik einer Maschine«. Um die Fragen der modernen Welt zu lösen, musste deren zentraler Faktor, die Technik, »auf die Ebene philosophischer Betrachtung gehoben werden.« Hierin sah Bense die Bedeutung Wieners. Weil er Technik, Natur und Geist in einem umfassenden Ansatz vereint hätte, sei er der Autor eines grundlegenden Buchs »moderner Natur- und Technikphilosophie«.[6] Umso wichtiger wurden die Erklärung der Welt mit der Technik und die philosophische Deutung der Technik, seit »Kybernetische Maschinen«, also Computer, »in Zonen, die bisher unerreichbar waren«, eindrangen und »die Grenzlinie zwischen den sogenannten materiellen und nichtmateriellen Bereichen«[7] verwischten. Dass Geist und Bewusstsein formal auf einer Maschine reproduzierbar waren, galt Bense als Beleg seiner These von der Technisierung der Welt. Zumindest seit Pascal sei die Utopie vom künstlichen Hirn existent gewesen und nun durch die schiere Geschwindigkeit der modernen digitalen Rechenautomaten realisiert. In Computern verschmolzen in Benses Augen Natur, Geist und Technik, weil sie an alle Phänomene das Maß der Information anlegten und sie dadurch unabhängig von ihrem Seinsbereich und ihrem materiellen Niederschlag mathematisch beschrieben und technisch imitierten. Die

4 Hans Erich Hollmann an Max Bense 16.7.1949, zitiert nach Herrmann, Hans-Christian von: Metatechnik, in: Ästhetik als Programm, S. 46.

5 Ebd., S. 48.

6 Beides Bense, Max: Kybernetik oder die Metatechnik einer Maschine, in: Ästhetik als Programm, S. 51. Ursprünglich erschien die Schrift in der Zeitschrift »Merkur«, März 1951; veröffentlicht auch in: Bense, Max: Ausgewählte Schriften, Bd. 2, hg. v. Elisabeth Walther, Stuttgart 1998, S. 429-446.

7 Ebd., S. 54.

Kybernetik bot das intellektuelle Rüstzeug, um diesen Kulminationspunkt der Technik zu verstehen.

Bense legte die philosophischen Grundlagen für ein neuartiges Verständnis der Technik und ein spezifisches Verständnis der Kybernetik. Im Weiteren wirkte er dadurch auf diesem Gebiet, dass er seine Gedanken nochmals in der Einleitung zur deutschen Übersetzung von Louis Couffignals Buch »Les machines à penser«[8] darlegte und im Juli 1955 Norbert Wiener einen Vortrag an der TH Stuttgart ermöglichte.[9] Er selbst hielt ebenfalls einschlägige Vorlesungen und förderte 1959 entscheidend die Gründung der Zeitschrift »Grundlagenstudien aus Kybernetik und Geisteswissenschaft«,[10] die er gemeinsam mit anderen auch herausgab. Seinen Meta-Ansatz arbeitete er aber nicht zu einem klaren empirischen Forschungsprogramm aus, sondern überließ diesen Schritt seinen Schülern.[11] Er übernahm die Rolle eines Weichenstellers und Initiators für die wissenschaftliche Beschäftigung mit der Kybernetik auf philosophisch-geisteswissenschaftlichem Gebiet. Damit entsprach er in etwa dem, was Bonhoeffer und von Holst für das Netzwerk »Biological Cybernetics« bedeuteten.

Die zweite wesentliche Wurzel der Humankybernetiker in der Bundesrepublik war Gotthard Günthers Schrift »Das Bewußtsein der Maschinen. Eine Metaphysik der Kybernetik«. Sie ging aus einem Vortrag Günthers im »kybernetischen Arbeitskreis« der TH Stuttgart hervor, entsprang also ebenfalls dem Kreis um Max Bense. Ihr zufolge war mit der Kybernetik »eine ganz umwälzende wissenschaftliche Betrachtungsweise

8 Dt. Couffignal, Louis: Denkmaschinen, Stuttgart 1955.

9 Darüber berichtet Walther: Max Bense, S. 360.

10 Nach Frank, Helmar: Meine Mini-Memoiren (Unveröffentlichter Privatdruck), Paderborn 1998, S. 78, wurde die erste Ausgabe an Benses Lehrstuhl an der TH Stuttgart produziert.

11 Dies waren nicht nur die Computerkünstler und Informatikpioniere sowie Helmar Frank, sondern auch der führende DDR-Kybernetiker Georg Klaus. Er studierte 1947-48 bei Bense in Weimar und übernahm etliche von dessen Thesen. Damit wurde auch eine Brücke zwischen der bundesrepublikanischen und der ostdeutschen Humankybernetik geschlagen. Dazu Eckardt, Michael: Philosophie und Philosophen in Jena. Max Bense und Georg Klaus, in: M. Weißbecker (Hg.): Gewalten, Gestalten, Erinnerungen. Beiträge zur Geschichte der FSU Jena in den ersten Jahren nach 1945, Jena 2002, S. 51-69; Ders.: »... sich in die wissenschaftliche Welt allerbestens einführen können.« Max Bense, Walter Wolf und Georg Klaus zwischen Kooperation und Konflikt an der Universität Jena in den Jahren 1945-1949, in: Uwe Hoßfeld (u.a.) (Hg.): Hochschule im Sozialismus. Studien zur Friedrich-Schiller-Universität Jena (1945-1990), Bd. 2, Köln (u.a.) 2007, S. 1929-1970.

hervorgetreten, die fundamentale Voraussetzungen unseres bisherigen Weltbildes in Frage« stelle.[12] Ihren revolutionäreren Charakter sah Günther in der Behandlung von Information, die sich nicht in die klassischen physischen und metaphysischen Kategorien einordnen lasse. Durch Einführung der Information werde die Zweiwertigkeit des Denkens aufgelöst, indem erstens »die mehrtausendjährige und altehrwürdige Unterscheidung von Spiritualität und Materialität« nicht mehr gelte und zweitens von nun an »die traditionelle Unterscheidung von einfacher Subjektivität und antithetischer Objektivität zu grob und zu primitiv« erscheine. Verschuldet sei dies dadurch, dass mittlerweile »ein exakt definierbarer Bereich von Phänomenen« erkannt worden sei, »der sich weder auf der physisch-materiellen noch auf der subjektiv-spirituellen Seite unterbringen« lasse.[13] Mit diesem nicht einzuordnenden Restbestand meinte Günther die Information. Dieses Dritte zwischen dem Ich und dem Du, dem Subjekt und dem Objekt, totem und lebendem Organismus, Mechanismus und Organismus finde seinen Ausdruck im maschinellen Bewusstsein. Die Berechenbarkeit und Manipulierbarkeit der Information bewirke »einen grundsätzlichen Wandel der bisherigen menschlichen Bewußtseinsstruktur, das Heraufkommen eines neuen metaphysischen Weltbildes und last but not least eine gänzlich neue Vorstellung vom Wesen der Maschine und dem Verhältnis des Menschen zu ihr.«[14] Auch wenn der Mensch nur die Funktionsweise seines Geistes und nicht diesen selbst technisch nachbilden könne, gestalte er doch mit »der mit ›Denken‹ und ›Bewußtsein‹ begabten Maschine […] eine Analogie des eigenen Ichs«,[15] die zwischen Materie und Geist, zwischen Subjekt und Objekt angesiedelt sei.

Wie Bense nahm Günther »Cybernetics« nur als Ausgangspunkt für seine eigenen philosophischen Betrachtungen. Wiener war für ihn nicht mehr als programmatisches Rohmaterial, das er in sein bestehendes Gedankengebäude einbaute. Insofern tat er genau das, was auch alle anderen mit der Kybernetik anstellten: Er arbeitete in einem überkommenen disziplinären Kontext, der Philosophie, ein intellektuelles Konzept auf Grundlage der Wienerschen Kybernetik aus und versuchte, dieses transformierte Produkt im sozialen Umfeld seiner Disziplin zu etablieren.

12 Günther, Gotthard: Das Bewußtsein der Maschinen. Eine Metaphysik der Kybernetik, Krefeld/Baden-Baden 1957, S. 11. Dort erwähnt Günther auch den Ort des Vortrags.

13 Jeweils ebd., S. 15.

14 Ebd., S. 43.

15 Ebd., S. 86.

Dadurch bildete sich innerhalb der Philosophie, oder besser: an deren Rand, eine Gruppe Gleichgesinnter, die sich durch den gemeinschaftlichen Gebrauch kybernetischer Theorien und Methoden formierte. Günther beeinflusste die entstehende Humankybernetik unter dem quantitativen Aspekt der Anzahl von Zitierungen sogar noch stärker als Max Benses »Kybernetik oder die Metatechnik einer Maschine«.[16] Damit war »Das Bewußtsein der Maschinen« die grundlegende philosophische Arbeit für das Verständnis der Kybernetik unter Humankybernetikern. Günther und Bense betonten beide den Meta-Charakter der Kybernetik und führten damit neben den empirisch-kybernetischen Ansätzen einen philosophischen in die bundesdeutsche Wissenschaftslandschaft ein.

Bense war darüber hinaus stilbildend für die Humankybernetik, weil er einen Lehrstuhl innehatte. Dadurch konnte er seiner neuen Wissenschaft einen Ort geben und sie inhaltlich weiterentwickeln, etwa indem er Wiener und Günther Vorträge halten ließ, aber auch indem er Schüler um sich scharte, die erstmals in seinem Sinne kybernetische Probleme bearbeiteten. Bense brachte die Humankybernetik in der Bundesrepublik nicht nur inhaltlich auf den Weg, sondern war auch in sozialer Hinsicht ihr Begründer. Die von ihm aufgebaute Gruppe an der TH Stuttgart beschäftigte sich in der konstruktivierenden Ausrichtung der Kybernetik mit Computerkunst, die eine kleine Nische der Computer Science besetzte und personell wichtige Beiträge zur Entstehung der Informatik leistete. Auf analysierendem Gebiet untersuchte die Gruppe besonders den Prozess der Rezeption von Kunst. Zu dieser sogenannten »Informationsästhetik« leistete Bense selbst noch einige Beiträge, in denen er das Problem der Ästhetik eines Textes für ein informationstheoretisches erklärte. Text sei »in dem Maße ein sprachliches Kunstwerk, als er ästhetische Information verwirklicht und vermittelt«,[17] sei also als Zeichenprozess, Informationsprozess und Kommunikationsprozess zu verstehen. Bense beauftragte die Vertreter seiner neuen Wissenschaft, die mathematisch-nachrichtentechnischen Aspekte von Texten oder anderen Kunstwerken herauszuarbeiten und sie mit den Methoden und Theorien der Technik sowie der Sprache der Mathematik zu bearbeiten und darzustellen. Er kybernetisierte klassisch geisteswissenschaftliche Phänomene.

16 Dies fällt z. B. bei der Lektüre der Zeitschrift »Grundlagenstudien aus Kybernetik und Geisteswissenschaft« ins Auge.

17 Bense, Max: Textästhetik, in: GrKG 1 (1960), S. 2.

### *Helmar Franks frühe Aktivitäten*

Ein erstes größeres Forschungsprojekt übergab Bense seinem Schüler Helmar Frank. Dieser hatte während seines Studiums der Mathematik und Physik an der TH Stuttgart philosophische Lehrveranstaltungen bei Max Bense besucht und war Mitglied in Benses antiklerikaler »Progressiven Gruppe«. Außerdem war er in den Veranstaltungen des Studium Generale an der TH Stuttgart aktiv gewesen, das Bense leitete.[18] In Kontakt mit Kybernetik und Informationstheorie kam Frank in der Endphase seines Studiums ebenfalls über Max Bense. Intensiver beschäftigte er sich damit 1957/58 während eines Studienaufenthalts in Paris in Gesprächen mit den Kybernetikern Louis Couffignal und Abraham Moles. Insbesondere Zweitgenannter lehrte Frank, dass die Analyse menschlicher Geistesprozesse, etwa der ästhetischen Wahrnehmung, neue Aspekte hinzugewinnen könne, wenn sie aus mathematischer Sicht vorgenommen werde. Bereits zu dieser Zeit stellte Frank erste Überlegungen zu einer informationstheoretisch fundierten Psychologie an, die er als »Basis einer kybernetischen Ästhetik«[19] ansah.

Zurück in Stuttgart begann er seine Doktorarbeit bei Bense und wandte dessen Ästhetik-Konzept auf die dramatische Darstellungsform der »Mime Pure« an. Seine Informationsästhetik war nach Frank ein »Zweig der Kybernetik«[20] und bildete einen vorläufigen Kulminationspunkt in der Tradition mathematischer und kommunikationswissenschaftlicher Betrachtung von Kunst, die »spätestens mit Hegel«[21] begonnen habe und bis zu Bense reiche. Wie bei kybernetischen Forschungskonzepten üblich, berief sich Frank auf Wiener als nur eine unter vielen und längst nicht die älteste Quelle. Bense war ihm der bei weitem wichtigere Referenzpunkt. Gegenüber den Vorarbeiten erweiterte Frank sein Konzept dadurch, dass er Benses quantitative Beschreibungen um experimentalpsychologische Messungen ergänzte und dadurch den Weg von einer beschreibenden »zu einer ›exakten Informationsästhetik‹«[22] ebnete, die dem Kunstwerk Nachrichtencharakter verlieh. Die Franksche Infor-

18 Das alles beschreibt Frank: Mini-Memoiren, S. 39-43, 48 u. 50.

19 Ebd., S. 66.

20 Frank, Helmar: Über das Verhältnis von kybernetischen und philosophisch-geisteswissenschaftlichen Disziplinen, in: GrKG 6 (1965), S. 49.

21 Frank, Helmar: Informationsästhetik. Grundlagenprobleme und erste Anwendung auf die mime pure, Quickborn ²1968, S. 32. Dem Vorwort zur zweiten Auflage zufolge druckte die erste Auflage 1959 der kleine Verlag Hess in Waiblingen in sehr geringer Stückzahl, so dass sie kaum erhältlich war.

22 Ebd., Vorwort zur zweiten Auflage.

mationsästhetik folgte Wiener und Bense, aber auch Günthers Theorie von der informationsverarbeitenden Maschine als dritter Seinskategorie zwischen Subjekt und Objekt, Geist und Materie. Erkenntnistheoretisch war sie die Auffassung der Ästhetik als Kommunikationsprozess mit dem Menschen als Sender, Empfänger, Codierungs- und Decodierungsanlage. Ihre Methode war es, diesen Kommunikationsprozess zu quantifizieren und mathematisch darzustellen. Zum Ziel hatte sie die Formalisierung des ästhetischen Prozesses.[23] Mathematisch lag Franks Arbeit in erster Linie die Informationstheorie zugrunde, die er für seine Bedürfnisse modifizierte.[24] Als »psychophysische Grundlagen« bezeichnete er die Übertragung der Informationstheorie auf die menschliche Wahrnehmung, skizzierte also eine informationstheoretisch basierte Psychologie.[25] Dieser Teil der Dissertation Franks bildete den Nukleus der »Informationspsychologie«, die in der Folge die Basis der gesamten humankybernetischen Arbeit bilden sollte. Ebenso verdeutlichten diese Passagen seiner Studie bereits die größte Schwäche seines kybernetischen Forschungsstils: Viel zu wenig baute Frank auf empirischen biowissenschaftlichen Ergebnissen auf, noch nahm er eigene physiologische oder experimentalpsychologische Untersuchungen vor. Im Vertrauen auf wenige fremde Ergebnisse entwarf er voreilig mathematische Modelle und zog Analogieschlüsse, die den Menschen als nachrichtentechnisches System beschrieben. Die Arbeiten waren physiologisch und anatomisch nicht fundiert und bewegten sich deshalb im Ungefähren, Spekulativen.

Mit Franks Dissertation lag 1959 erstmals eine selbständige Veröffentlichung aus dem Bereich der Humankybernetik vor. Wie exzentrisch dieses Forschungsfeld war, belegt die Tatsache, dass sich erst 1968 mit Schnelle in Quickborn ein größerer Verlag bereitfand, die Schrift zu drucken. Erst dadurch stand sie einer breiten wissenschaftlichen Öffentlichkeit zur Verfügung. Bedeutend war sie vor allem, weil sie inhaltlich »den Grundstein für die folgenden Entwicklungen auf den Gebieten der Informationspsychologie und der kybernetischen Pädagogik«[26] legte. Mit seiner Dissertation hatte Frank in paradigmatischer Weise mathematisch-informationistisch-technische Ansätze für geisteswissenschaftliche Themen, eben geisteswissenschaftlich-kybernetische Forschung, konzipiert und damit Informationsästhetik und Informationspsychologie begründet. Er hatte einen Ansatz gefunden, die zwei Kulturen des Geistes

23 So zusammengefasst ebd., S. 8.
24 Siehe ebd., S. 11-20.
25 Siehe ebd., S. 21-30.
26 Frank: Mini-Memoiren, S. 66.

und der exakten Naturwissenschaften mit Hilfe der Sprache der Mathematik zu vereinen.[27] Innerhalb einer wachsenden Gruppe von Forschern kursierte dieser Ansatz, breitete sich aus und wurde transformiert. Bis 1968 waren von Frank benutzte Begriffe wie »Superzeichen«, »subjektive Information« oder »informationelle Akkomodation« in dieser Gruppe üblich. Autoren wie Felix von Cube, Harald Riedel, Klaus Weltner, Theo Herrmann, Friedhart Klix benutzten sie und hatten Franks Hypothesen und Postulate wie das der Messbarkeit von semantischer Information anerkannt.[28]

Inhaltlich entwickelten die Humankybernetiker die Informationsästhetik in diesem Zeitraum dadurch weiter, dass sie das System der Ästhetik und darin besonders den Sender und Empfänger Mensch gezielt im Modell nachbildeten. »Angesichts der Spärlichkeit« informationspsychologischer Kenntnisse fühlten sie sich empirisch angreifbar und wollten dieses Manko »durch eine Folge von Subjektmodellen«[29] beheben. Nun objektivierten sie den ästhetischen Prozess und fühlten sich dadurch in der Lage, quantitative Aussagen über einen subjektiven Geistesprozess zu fällen und »die Wirkung des Kunstwerks bei verschiedenen sozio-kulturellen Gruppen vorauszusagen«.[30] Die analytische Informationsästhetik hatte einerseits die Grundlage für eine exakte, nachprüfbare Kunstkritik und -geschichte zu liefern und andererseits die automatische Verfertigung von Kunstwerken zu ermöglichen, weil die einzelnen Elemente und deren Beziehungen des Schaffens- und Rezeptionsprozesses nun mathematisch und technisch fassbar vorlägen.

Auch mit der Informationspsychologie beschäftigte sich Frank über seine Dissertation hinaus und baute sie zur umfassenden Theorie aus, weil sie nicht nur seiner mathematisch fundierte Ästhetik, sondern allen Untersuchungen über menschliche Wahrnehmung und Bewusstsein zugrunde lag. Sie war dem kybernetischen Denken verpflichtet und strebte demnach an, geistige Phänomene »mit informationstheoretischen Begriffen zu formulieren und ein durch solche Begriffe bestimmtes, gedankliches Modell der bewußten Informationsverarbeitungsprozesse des

27 Dies wird als die große Leistung der Informationsästhetik beschrieben, bei Pias, Claus: »Hollerith ›gefiederter‹ Kristalle.« Kunst, Wissenschaft und Computer in Zeiten der Kybernetik, in: Michael Hagner u. Erich Hörl (Hg.): Die Transformation des Humanen. Beiträge zur Kulturgeschichte der Kybernetik, Frankfurt a. M. 2008, S. 102. Dort, S. 80-98, wird auch eine Einführung in die Informationsästhetik gegeben.

28 So Frank: Informationsästhetik, Vorwort zur zweiten Auflage.

29 Frank: Verhältnis, S. 50.

30 Ebd., S. 53.

Menschen zu entwickeln.«[31] Für das Verständnis des Bewusstseins und anderer spezifisch menschlicher Informationsprozesse waren in Franks Augen besonders nachrichtentechnische Modelle von heuristischem Nutzen. Sie dienten ihm aber in einem zweiten Schritt auch zum Aufbau technischer Geräte, die psychische Prozesse objektivierten, d.h. durch ein funktionsanaloges Objekt nachbildeten und den Menschen im Bereich dieser Funktion ersetzten. Nach Frank musste ein solches Modell verschiedene Formen von Bewusstsein berücksichtigen, indem es über verschiedenartige Speichermodule verfügte. Dann ermögliche es Hypothesen über die Fassungskapazität des Gedächtnisses und über das Lernen. Da sich ein bestehendes Modell »schon vielfach bewährt«, also hinreichende Erklärungen für psychische Funktionen geliefert habe, sei »eine spätere empirische Bestätigung« der Hypothesen »zu vermuten«. Aber selbst die nicht zu erwartende Widerlegung des Modells würde neue Informationen liefern, die zu dessen Verbesserung beitragen könnten, und damit »einen Schritt weiter in der Approximation des Menschen durch eine Modellfolge«[32] führten. Mit dieser Argumentation zeigte Frank, dass auch die Informationspsychologie auf tönernen Füßen stand. Weil die erklärenden Modelle nicht auf empirisch-naturwissenschaftlichem Wissen aufbauten, konnten sie psychische Phänomene bestenfalls hinreichend, aber nie notwendig erklären. Sie lieferten eine Möglichkeit, wie etwa Bewusstsein funktionieren könnte, erhoben aber nicht den Anspruch, dass es so, wie in ihnen realisiert, funktionieren musste. Den Umkehrschluss zu wagen und von diesem Modell auf den Menschen zu schließen, war demnach logisch nicht haltbar.

Die Informationspsychologie bildete für Frank die »Brücke, über welche naturwissenschaftliche Methoden in geisteswissenschaftliche Problemkreise«[33] eindrangen. Er verband mit ihr die Hoffnung, dass sie den Gegensatz zwischen Natur- und Geisteswissenschaften aufheben und für eine einheitliche Betrachtungsweise in den Wissenschaften sorgen werde. Auf ihren Versuchen, die Psyche quantitativ, modellmäßig zu erklären und mathematisch darzustellen, bauten die wichtigsten human-

31 Frank, Helmar: Informationspsychologie und Nachrichtentechnik. Kybernetik. Brücke zwischen den Wissenschaften, Teil 4, in: Die Umschau 61 (1961), S. 600. Von zentraler Bedeutung für die Informationspsychologie sind auch Frank, Helmar: Über grundlegende Sätze der Informationspsychologie, in: GrKG 1 (1960), S. 25-32; Ders.: Über das Intelligenzproblem in der Informationspsychologie, in: GrKG 1 (1960), S. 85-96.

32 Jeweils Frank, Helmar: Zum Problem des vorbewußten Gedächtnisses, in: GrKG 2 (1961), S. 23.

33 Frank: Informationspsychologie, in: Die Umschau 61, S. 600.

kybernetischen Anwendungen in der Ästhetik und der Pädagogik auf. Eine wissenschaftstheoretische Besonderheit stellte die Tatsache dar, dass die Informationspsychologie aus der Informationsästhetik heraus entstand. Um Ästhetik mathematisch-naturwissenschaftlich genau zu untersuchen, wurde eine theoretische Grundlage benötigt und diese in ihrem eigenen Anwendungskontext nachträglich konstruiert. Die übliche Vorstellung eines linearen Wissenstransfers von der Theorie zur Anwendung und derer kausaler Abhängigkeit wurde hier umgekehrt.

Helmar Frank arbeitete nicht nur auf theoretischem Gebiet über Informationsästhetik und Informationspsychologie, sondern er bekam durch eine Anstellung bei der Forschungsgruppe des Instituts für Nachrichtenverarbeitung der TH Karlsruhe 1961-63 auch die Gelegenheit, seine Hypothesen technisch zu modellieren. Seine Hauptaufgabe jener Phase lag darin, »die Modelleigenschaften der Steinbuchschen ›Lernmatrix‹ zu rechtfertigen«.[34] Er sollte also das bereits bestehende technische Konstrukt im Nachhinein zum Modell für seine informationsästhetischen und -psychologischen Hypothesen, explizit »für die Gestaltwahrnehmung, für Assoziationsfähigkeit des menschlichen Gedächtnisses u. ä.«,[35] erklären. V.a. die Perzeption, der Prozess der Reduktion aufgenommener Information durch Strukturierung, Invariantenbildung o. ä., die Frank erstmals in seiner Dissertation zum Kanon der informationspsychologisch relevanten Probleme gezählt hatte, konnte er nun an Modellen nachbilden. Da er diesen psychischen Prozess nun mathematisierte und technisierte, konnte er sich erstmals überhaupt ein konsistentes Bild von der Perzeption machen.[36]

Frank und Karl Steinbuch bildeten in diesem Stadium eine spezifische Form kybernetischen Denkens und Arbeitens aus. Sie verschrieben sich in besonderem Maß dem universalistischen Charakter der Kybernetik und verstanden unter der Abkehr vom Spezialistentum auch die Abkehr von wissenschaftlicher Strenge. Nach Steinbuch konnte »die wissenschaftliche Erforschung großer Systeme nicht mit demselben Grad an

34 Frank: Mini-Memoiren, S. 85.

35 Frank, Helmar: Die Lernmatrix als Modell für Informationspsychologie und Semantik, in: Lernende Automaten. Bericht über die Fachtagung der NTG in Karlsruhe, 13.-14.4.1961, hg. v. Heinz Billing (= Elektronische Rechenanlagen, Beiheft 3), München 1961, S. 101.

36 So dargelegt bei Frank, Helmar: Über einen abstrakten Perzeptionsbegriff, in: GrKG 2 (1961), S. 86. Vgl. auch Steinbuch, Karl u. Helmar Frank: Nichtdigitale Lernmatrizen als Perzeptoren, in: Kybernetik 1 (1961/63), S. 117-124. Dass in Karlsruhe die Ansätze der Dissertation Franks wieder aufgenommen wurden, beschreibt auch Frank: Informationsästhetik, Vorwort zur 2. Aufl.

Akkuratesse«[37] erfolgen wie die Erforschung weniger komplexer und überschaubarerer Systeme. Frank und Steinbuch konzentrierten sich auf philosophische und ideologische Aspekte und verstanden die Kybernetik in erster Linie als »Brücke zwischen den Wissenschaften«,[38] statt sie als mathematisch-naturwissenschaftlich-technisch exakte Methodik zu nutzen. Damit öffneten ihre Arbeiten einer nonchalanten, nicht mehr streng mathematischen Systemanalyse die Tür und verliehen dieser vielfach spekulative Züge. Viele Kollegen betrachteten diesen Mangel an wissenschaftlicher Strenge missbilligend. Aus Sicht Hans Markos etwa entfernten sich Frank und Steinbuch gänzlich aus der naturwissenschaftlichen Community, deren gemeinsames Merkmal die quantitative und messende Forschung war. Stattdessen hätten sie mit ihrem neuen Verständnis von Kybernetik »einen Zirkel gegründet, der mehr in die allgemeinbildende Richtung ging«.[39] Noch geringschätziger äußerte sich der Hamburger Sozialpsychologe Peter R. Hofstätter, bei dem Frank seine Schrift »Über einige Grundlagen der Informationspsychologie« zur Habilitation eingereicht hatte. Frank habe sowohl den Stand experimentalpsychologischer Forschung schlecht referiert, wie auch seine Hypothesen unzureichend seien. »Am dürftigsten« beurteilte Hofstätter jedoch Franks eigene empirische Untersuchungen. Sie reichten »nur recht knapp für eine Vordiplomsarbeit« aus. Mit den Maßstäben der Psychologie gemessen war Franks Studie »die reichlich undisziplinierte Arbeit eines Außenseiters, dessen Dilettantismus nur allzu deutlich«[40] wurde. Frank war zwar interdisziplinär orientiert und auch gebildet wie kaum ein zweiter: Bis er 1963 nach Berlin ging, hatte er Mathematik und Pädagogik studiert und sich parallel intensiv mit Philosophie beschäftigt, als Schullehrer genauso wie in einer ingenieurwissenschaftlichen Forschungsgruppe gearbeitet und sogar künstlerisches, gestaltendes Arbeiten kennengelernt.[41] Er hatte sich aber nie so intensiv mit biowissenschaftlichen Theorien und Methoden beschäftigt, dass er kompetent gewesen wäre, fundierte Aussagen über Funktionen und Prozesse im menschlichen Körper zu treffen. Ihm fehlte die lebenswissenschaftliche Seite der kyber-

37 Steinbuch, Karl: Einführung, in: Neuere Ergebnisse der Kybernetik. Bericht über die Tagung Karlsruhe 1963 der DAGK, hg. v. K. Steinbuch u. S.W. Wagner, München/Wien 1964, S. 12.

38 Nach dem programmatischen Titel Frank, Helmar: Kybernetik. Brücke zwischen den Wissenschaften, Frankfurt a. M. 1962.

39 Hans Marko im Interview, 27.10.2005.

40 Jeweils P. Hofstätter an K. Steinbuch, 6.2.1963, UA Karlsruhe 39,05/159.

41 Während eines Lehrauftrags an der Hochschule für Gestaltung in Ulm. Vgl. Frank: Mini-Memoiren, S. 91.

netischen Ausbildung. Durch die mangelnde physiologische und psychologische Fundierung seiner und Steinbuchs Arbeiten und den ungenügenden Kenntnissen dieser Disziplinen, auf die sie ihre Theorien anwandten, wurden Frank und Steinbuch von den Fachwissenschaftlern nicht ernstgenommen. Auch von der biologisch-analytischen Kybernetik entfernten sie sich auf diese Weise, und als Kooperationspartner kamen nur noch solche Wissenschaftler infrage, für die ein exaktes Verständnis der Funktionsweise organischer Informationsprozesse ebenfalls von untergeordneter Bedeutung war.

## 7.2 Kybernetische Pädagogik

### 7.2.1 Grundzüge der Wissenschaft »Kybernetische Pädagogik«

Die Informationspsychologie mathematisierte und technisierte nicht nur die Ästhetik, sondern auch die Pädagogik. Helmar Frank hielt sie für die wichtigste »Grundwissenschaft der kybernetischen Pädagogik.«[42] Sie entsprang ebenfalls seiner Dissertation. Ganz in kybernetischer Tradition abstrahierte Frank dort von seinem Untersuchungsgegenstand, der Mime Pure, und wies auf die Möglichkeit hin, seine Theorien, Methoden und Begriffe in anderen, auch komplexeren Feldern, u. a. der Pädagogik, anzuwenden.[43] Er befolgte die eigene Anregung, indem er seine Dissertation zur pädagogischen Zulassungsarbeit für die Lehramtsprüfung umarbeitete und damit den Grundstein »einer informationstheoretisch fundierten Pädagogik«[44] legte. Beide Schriften reichte Frank 1959 bei der TH Stuttgart ein, und wie seine Dissertation galten auch die »Kybernetischen Grundlagen der Pädagogik«[45] als so exzentrisch, dass er sie erst 1962 veröffentlichen konnte. Als bereits alles, was »das Wort ›Kybernetik‹

42 Frank, Helmar: Derzeitige Bemühungen um Erweiterung des informationspsychologischen Modells, in: GrKG 18 (1977), S. 61.

43 Darauf verwies er bei Frank, Helmar: Informationsästhetik. Grundlagenprobleme und erste Anwendung auf die mime pure, Quickborn ²1967, Vorwort zur zweiten Auflage.

44 Frank: Mini-Memoiren, S. 76.

45 Frank, Helmar: Kybernetische Grundlagen der Pädagogik, Manuskript, TH Stuttgart 1959. Veröffentlicht als Frank, Helmar: Kybernetische Grundlagen der Pädagogik. Eine Einführung in die Informationspsychologie und ihre philosophischen, mathematischen und physiologischen Grundlagen, Baden-Baden/Paris 1962.

im Titel führte«,[46] auf breites Interesse stieß, fand auch die Idee der Mathematisierung und Objektivierung der Unterrichtssituation ihr Publikum. Öffentlichkeit und Fachwissenschaftler empfanden es jedoch auch weiterhin als einen unerhörten Akt, die Theorien und Methoden der Kybernetik auf die Pädagogik anzuwenden. Denn Erziehung und Vermittlung von Wissen sollten immer individuell, nie standardisiert und objektiviert ablaufen. Die Kybernetik sah dagegen ihren Ansatzpunkt in der systemischen und informationellen Dimension der Unterrichtssituation. Diese sei nichts anderes als – in Gefolgschaft Steinbuchs – »Weitergabe, Aufnahme und Verarbeitung von Information«[47] und damit unbedingt informationspsychologisch analysierbar.

Von diesem Gedanken ging auch Helmar Frank in seiner programmatischen Schrift aus. Für ihn bestand die Pädagogik aus einem wissenschaftlichen und einem normativen Teil. Der erste analysiere lediglich, mit welchen Methoden ein Mensch von einer gegebenen körperlichen oder geistigen Situation in eine gewünschte höherwertige Situation zu transferieren sei.[48] Hier drängte sich der Gedanke an einen Sollwert-Istwert-Vergleich geradezu auf, und Regelungs- und Informationstheorie schienen zweckmäßige Hilfsmittel. Die Ergebnisse einer solchen rein rationalen Analyse konnten dann zur Grundlage für eine normative Pädagogik werden, die aufgrund ethischer oder anderer Vorgaben die in der didaktischen Praxis anzuwendenden Methoden auswählte. So weit ging Frank aber nicht. Er verblieb rein auf der wissenschaftlichen Ebene und entwickelte ein neuartiges pädagogisches Konzept auf Basis der Kybernetik, speziell der Informationspsychologie. Diese wiederum speiste sich aus der Mathematik, der Experimentalpsychologie und der Physiologie. Gerade physiologisch aber war die Studie Franks einmal mehr hinter dem Forschungsstand zur Frage nach der Funktion der organischen Informationsverarbeitung zurück.[49] Dieses Manko machte viele pädago-

46 Frank: Mini-Memoiren, S. 88.

47 Wehnert, Klaus: Die Entwicklung der kybernetischen Pädagogik zwischen 1960 und 1972 (Paderborner Arbeitspapier 43), Paderborn 1978, S. 15. Vgl. Steinbuchs Grundgedanken der kybernetischen Anthropologie: »Was wir an geistigen Funktionen beobachten, ist Aufnahme, Verarbeitung, Speicherung und Abgabe von Informationen.« Steinbuch, Karl: Automat und Mensch. Auf dem Weg zu einer kybernetischen Anthropologie, Berlin (u. a.) [4]1971, S. 2.

48 Frank: Kybernetische Grundlagen, S. 7.

49 Z. B. bezieht sich das Kapitel »Physiologische Grundlagen der Informationspsychologie«, ebd., kaum auf aktuelle physiologische, biologische oder biokybernetische Arbeiten wie die von W. D. Keidel, H. Mittelstaedt, B. Hassenstein oder W. Reichardt.

gische Thesen methodisch zweifelhaft, z. B. wenn Frank Intelligenz und geistige Leistungsfähigkeit gleichsetzte und deren Messbarkeit mittels eines Vektors postulierte.[50]

Nichtsdestotrotz begründete Frank mit diesen Überlegungen eine kybernetische Pädagogik, die er auch selbst kategorisierte und deren relevante Begriffe er bestimmte. Ihr formaler Zweig beschrieb demnach die Unterrichtungssituation mathematisch mit Hilfe der Regelungs-, Informations- und Systemtheorie und unterteilte sie in ein Lehr- und ein Lernsystem. Ziel der formalen kybernetischen Pädagogik war v. a. »die Entwicklung wirksamer Algorithmen, die einem Lehrsystem die Bewirkung gewünschter Lernprozesse bei vorgegebenen Adressaten«[51] gestatteten. Das gesamte System der Unterweisung war möglichst weitgehend zu formalisieren, so dass es in die Zukunft extrapolierbar und technisch nachbildbar wurde. Dahinter steckte die Hoffnung, das Lehrsystem nach exakt wissenschaftlichen Methoden an eine technische Konstruktion zu übertragen und dadurch zu automatisieren. Dies war die Aufgabe der angewandten oder technischen kybernetischen Pädagogik. Mit diesem Anspruch war sie der Zweig der Kybernetik, der am weitesten in die gesellschaftliche Praxis hineinreichte: Sie bemühte sich direkt um den Ersatz menschlicher Lehrer durch Lehrautomaten.

Im Stadium nach dem Erscheinen der »Kybernetischen Grundlagen der Pädagogik« lag die wichtigste Ausweitung der kybernetischen Pädagogik in den Bemühungen um eine Objektivierung des Lehrsystems. Frank selbst erkannte die größte Schwäche der ersten Auflage darin, dass er »das Kernstück der Kybernetik, die Objektivation geistiger Arbeit, nicht klar gesehen« hatte. Mit diesem Zusatz führte er die Theorie Hermann Schmidts in seine Form der Humankybernetik ein, die unter Objektivierung »die Übertragung einer bisher vom Menschen absichtlich ausgeübten Funktion an ein eigens hierfür erzeugtes Objekt«[52] verstand und das Ergebnis dieses Prozesses, also die Konstruktion, die die menschliche Tätigkeit ersetzte, eine »Objektivation« nannte. Die letztendliche Zielsetzung der Kybernetik lag in diesem Sinne in der Objektivierung geistiger Arbeit.

50 So geschehen ebd., S. 118.

51 Frank, Helmar: Lehralgorithmen und Lernautomaten, in: Fortschritte der Kybernetik. Bericht über die Tagung Kiel 1965 der DAGK, hg. v. Werner Kroebel, München/Wien 1967, S. 323.

52 Beides Frank, Helmar: Kybernetische Grundlagen der Pädagogik. Eine Einführung in die Pädagogistik für Analytiker, Planer und Techniker des didaktischen Informationsumsatzes in der Industriegesellschaft, Baden-Baden/Stuttgart ²1969, S. VIII bzw. S. 17.

Diese Theorie machte die zweite Auflage der »Kybernetischen Grundlagen der Pädagogik« zum Standardwerk[53] der gesamten Humankybernetik. Genauso aber war sie das zentrale Lehrbuch[54] der kybernetischen Pädagogik, weil diese ja lediglich einen speziellen Anwendungsfall der kybernetischen Objektivierungsbemühungen darstellte. Anschließend kürzte Frank die 700 Seiten umfassende zweite Auflage für eine Taschenbuchausgabe wieder auf 240 Seiten, um damit eine »Einführungslektüre«[55] in die kybernetische Pädagogik für Schulabgänger und Studienanfänger vorzulegen. Daneben veröffentlichte Frank gemeinsam mit Brigitte S. Meder die »Einführung in die kybernetische Pädagogik«, mit der sie durch weitgehenden Verzicht auf mathematische Darstellungen v. a. die kybernetisch unbeleckten Pädagogen gewinnen wollten, ohne sich aber auf das Gebiet der Popularisierung der kybernetischen Pädagogik zu begeben.[56] Dieser Reigen von Einführungen und Lehrbüchern kanonisierte und kodifizierte die kybernetische Pädagogik. Für alle nachfolgenden Forscher war das Gebiet festgelegt »auf die Vorstellung der Rückkoppelung zwischen dem Lehr- und dem Lernsystem, wobei die Eigenschaften des Lehrsystems unabhängig von der Tatsache formuliert werden, ob es sich um den lebendigen Lehrer oder um eine zu diesem Zweck konstruierte technische Einrichtung handelt.«[57] Dagegen war das Lernen, wie es etwa die Karlsruher Forschungs- und Entwicklungsinstitute untersuchten und in adaptiven technischen Systemen nachbildeten, kein wesentlicher Teil der wissenschaftlichen Bemühungen dieses Netzwerks. Weder objektivierten seine Akteure das Lernen in irgendeiner Form, noch stellten sie es ins Zentrum ihrer theoretischen Überlegungen. Aus pädagogischer Sicht bedeutete diese Einschränkung, dass der Lernende nicht als aktiver Teil des Systems untersucht wurde, sondern nur insofern in die Konzeption einfloss, als seine psychologischen und physiologischen Konstitutionen eine Bedingtheit darstellten, die die Formalisierung und Objektivierung der Lehre beeinflussten.

53 Dazu erklärt es Wehnert: Entwicklung, S. 61.

54 Explizit als ein solches bezeichnet bei Frank: Kybernetische Grundlagen ²1969, S. X.

55 So die Zielsetzung im Vorwort von Frank, Helmar: Kybernetische Grundlagen der Pädagogik, gekürzte Taschenbuchausgabe, Stuttgart 1971. Ein weiteres Standardwerk der kybernetischen Pädagogik ist Weltner, Klaus: Informationstheorie und Erziehungswissenschaft, Quickborn 1970.

56 So der Anspruch bei Frank, Helmar u. Brigitte S. Meder: Einführung in die kybernetische Pädagogik, München 1971, S. 8.

57 Lansky, Milos: Über wechselseitige Einflüsse bei der Entwicklung der Kybernetischen Pädagogik in West- und Osteuropa, in: GrKG 13 (1972), H. 1, S. 5.

Die Gesellschaftsrelevanz war nicht von Anfang an ein Wesensmerkmal der kybernetischen Pädagogik, vielmehr war deren Entwicklung geprägt von einem ständigen Hin und Her zwischen Praxisbezug und Ausbau der Theorie zum Zweck der Formierung einer vollwertigen Wissenschaft. Die erste Ausgabe der »Kybernetischen Grundlagen der Pädagogik« bewegte sich noch – wie der Namen verrät – ausschließlich auf grundlegendem Niveau und interessierte sich für die Pädagogik lediglich unter theoretischen Aspekten, soweit sie eben zur Anwendung informationspsychologischer Erkenntnisse diente. Weder erwähnte Frank darin, wie diese Erkenntnisse in den Unterrichtsalltag einfließen könnten, noch stellte er Lehrmaschinen als das technische Produkt der kybernetischen Pädagogik vor. Den Vorwurf des fehlenden praktischen Nutzens nahm er billigend in Kauf. Schließlich sah er seine Aufgabe nicht darin, »dem Praktiker ein Rezeptbuch in die Hand zu geben.«[58] Erfolgreich war diese Fokussierung insofern, als die Schrift tatsächlich eine Wissenschaft begründete, die eine Hochschule für lehrwürdig hielt. Deshalb berief die PH Berlin Frank 1963 zum Professor für Kybernetik. Dort angelangt, erkannte er aber, dass seine Vorarbeiten »für den Sprung in die Praxis nicht ausreichten.«[59] Denn einmal institutionalisiert, rückte die kybernetische Pädagogik von ihrer Fixierung auf die Theorie ab und konzentrierte sich stärker auf praxisbezogene Forschungs- und Entwicklungsarbeit. Im Institut für Kybernetik stand zunächst die Lehrmaschinen-Entwicklung im Mittelpunkt, bis die Arbeitsgebiete auf andere didaktische Techniken wie Lehralgorithmen und auf die Organisationskybernetik ausgeweitet wurden. Schließlich erlebten auch die theoretischen Grundlagen, v.a. die Informationspsychologie, eine Renaissance, weil sich die Akteure von einem soliden theoretischen Fundament bessere Entwicklungen versprachen.

Der Schwerpunkt der Institutsarbeit und der gesamten kybernetischen Pädagogik blieb anwendungsorientiert, weil der Kybernetik in der Bildungsdebatte der Bundesrepublik große Bedeutung zukam. In den 1960er Jahren wurde ein nationaler Bildungsnotstand attestiert, der die »Technologische Lücke« im Vergleich zum Ausland verursache. Er schien für einen Fachkräftemangel in der Wirtschaft, aber auch in Wissenschaft und Technik verantwortlich zu sein, was die Wirtschaft durch Mangel an geistigen und materiellen Ressourcen wiederum schwäche. Umgekehrt führten solche Befunde den unzureichenden Stand der schulischen und universitären Ausbildung, parallel zur wirtschaftlichen Entwicklung, viel-

58 Frank: Kybernetische Grundlagen, S. 139.
59 Wehnert: Entwicklung, S. 34.

fach auf eine technologische Lücke in der Didaktik selbst zurück.[60] Weil der Wissensstoff immer weiter wuchs und die Zahl höher und höchst ausgebildeter Menschen in einer wissens- und technikbasierten Gesellschaft immer größer zu werden hatte, aber gleichzeitig der Lehrermangel immer eklatanter wurde, versprach nur noch die »Reformierung der Lehrmethoden und eine Rationalisierung des Unterrichts«[61] einen Ausweg. Hier schlug die Stunde der kybernetischen Pädagogik, die zum einen die Unterrichtssituation mathematisch-naturwissenschaftlich untersuchte und sie zu rationalisieren bezweckte, zum anderen anpassungsfähige technische Lehrsysteme entwickelte. Diese sollten Routineaufgaben des Lehrers übernehmen, insbesondere bei der Wissensvermittlung und beim Üben bekannter Aufgaben. Rechenautomaten erschienen dem Lehrer teilweise sogar überlegen, weil sie prinzipiell schneller und mehr Information aufnehmen und diese an den Schüler rückgekoppelt verarbeiten konnten. Dank dieser Eigenschaften könnten sie sich – so die Hoffnung – flexibler dem individuellen Arbeitstempo der Schüler anpassen. Dadurch sprachen ihre Verteidiger der automatisierten Unterweisung »eine zutiefst demokratische, egalitäre Tendenz«[62] zu, weil nun jeder alles lernen könne und sich Begabungsunterschiede nur noch in der Lernzeit auswirkten. Den zentralen Fortschritt versprachen sich die Kybernetiker aber dadurch, dass

60 Zu dieser Debatte siehe das meist rezipierte einschlägige Werk dieser Zeit: Picht, Georg: Die deutsche Bildungskatastrophe, Stuttgart 1964. Dazu, aus historiographischer Sicht, Köhle, Klaus: Bildungsrestauration, »Bildungskatastrophe«, Bildungsexplosion. Die Entwicklung des Bildungssystems in der Bundesrepublik von 1945 bis heute, in: Robert Hettlage (Hg.): Die Bundesrepublik. Eine historische Bilanz, München 1990, S. 234-254.

61 Matt: Einsatz elektronischer Datenverarbeitung für den Unterricht, in: Fortschritte der Kybernetik, S. 343. Rationalisierung und Technisierung als Ausweg aus der Bildungskrise nennt auch, aus Sicht der allgemeinen Pädagogik, Dolch, Josef: Kybernetik und Informationstheorie im pädagogischen Bereich, in: Zeitschrift für Pädagogik 10 (1964), S. 254. Auch Wehnert: Entwicklung, S. 11f., sieht in diesen gesellschaftlichen Bedingungen den Ursprung für den Erfolg der kybernetischen Pädagogik. Ebendies wird als Grund für den Erfolg der kybernetischen Pädagogik beschrieben bei Oelkers, Jürgen: Kybernetische Pädagogik: Eine Episode oder ein Versuch zur falschen Zeit, in: Hagner u. Hörl (Hg.): Transformation, S. 222. Oelkers behauptet sogar, die auf diesem Gebiet scheinbar weiterentwickelte DDR sei Ansporn und Vorbild für bundesrepublikanische Bemühungen gewesen. Er liefert auch, ebd., S. 206-228, einen recht ausführlichen Überblick über die kybernetische Pädagogik in der BRD, der aber reichlich unsystematisch und wirr ausfällt und deshalb kaum weiterhilft.

62 Gehrmacher, Ernst: Programmierter Unterricht: Theorie und Praxis, in: Forschungen und Fortschritte 38 (1964), S. 149.

Computer den Lehrer entlasteten und diesem »mehr Zeit für seine eigentliche Aufgabe, die Erziehung junger Menschen«,[63] bliebe. Durch diese Versprechen erhielt die kybernetische Pädagogik spätestens Mitte der 1960er Jahre einen klaren gesellschaftlichen Auftrag zur Rationalisierung des Unterrichts, und sie nahm ihn gerne an. Sie zielte auf die pädagogische Praxis. Ihre Vertreter sahen ihr Ziel nicht in einer allgemeinen mathematischen Theorie der Pädagogik, sondern ihre gesamte Wissenschaft als grundlegende Theorie für die Objektivierung des Unterrichts, konkret für den Einsatz von Lehrmaschinen und Formaldidaktiken.

Weil der kybernetischen Pädagogik an der technischen Verwertbarkeit ihrer Theorien gelegen war, wurde sie zum wichtigsten Anwendungsgebiet des humankybernetischen Gedankens. Der Begriff kybernetische Pädagogik oder Bildungskybernetik wurde dabei nur für die wissenschaftlichen, theoretischen Grundlagen und als Titel für die Manifestierung von Forschungs- und Lehrprogrammen benutzt. Auf die technische Ebene dagegen zielten eher die Begriffe »Bildungstechnologie« und »Lehrobjektivation« ab, die wiederum unterteilt waren in Methoden zur Rationalisierung des Unterrichts und in technische Konstruktionsarbeiten wie die Entwicklung von Lehrmaschinen oder Formaldidaktiken. Diese technischen Anwendungen basierten allerdings nicht ausschließlich auf humankybernetischen Theorien, sondern bedienten sich u.a. auch beim Behaviorismus nach Burrhus Frederic Skinner. Weil gerade in den Anfangsjahren die Kybernetik noch nicht genügend Praxisrelevanz besaß, mussten sich ihre Vertreter noch auf außerkybernetische Theorien berufen, die in den USA unter dem Titel »Programmierte Instruktion« zusammengefasst wurden.[64] Die Kybernetik schloss an diese Vorarbeiten an und systematisierte die Programmierte Instruktion »durch ein umfassendes theoretisches Verständnis«.[65] Die Überlegungen zur Rationalisierung und Objektivierung des Unterrichts gründeten nicht mehr nur auf den relativ simplen deterministischen Reiz-Reaktions-Mustern des Behaviorismus. Sie bereicherten auch informations-, regelungs- und systemtheoretische Überlegungen sowie die Bestrebungen nach Formalisierung und Mathematisierung des Untersuchungsgegenstandes. Allerdings wirkte der Behaviorismus auf die kybernetische Theorie zurück, so dass sein Menschenbild Eingang in die Humankybernetik fand wie in keine andere kybernetische Ausprägung.

63 Matt: Einsatz, in: Fortschritte, S. 343.

64 Diesen Missstand kreidet sich Frank: Kybernetische Grundlagen, [2]1969, S. VIII, selbst an.

65 Wehnert: Entwicklung, S. 24.

### 7.2.2 Bildungstechnologie

Die gesellschaftliche Nachfrage nach technischen und strukturellen Reformen der Ausbildung beschleunigte in den 1960er Jahren die Entwicklung von Lehrmaschinen und -programmen nicht nur im Umfeld des Instituts für Kybernetik, sondern in allen Forschungs- und Entwicklungslabors auf dem Gebiet der Computertechnik. Beispielsweise entwickelte IBM Deutschland ein System für die Automatisierung der Kundenschulung mittels programmierten Unterrichts, das nicht nur Wissen speicherte und zur Abfrage vorbereitete, sondern auch lernpsychologische Erkenntnisse berücksichtigte.[66] Der Schüler sollte gerne mit dem technischen System lernen. Gleichermaßen Kybernetiker und Ingenieure ohne kybernetischen Anspruch bearbeiteten solche Themen. Vergleichbar mit der Entwicklung adaptiver Rechner zur automatischen Mustererkennung, hafteten diejenigen, die sich nicht als Kybernetiker verstanden, am konkreten Phänomen und hoben das System Lernen und Lehren nicht auf ein theoretisch fundierteres, abstraktes Niveau. Sie nahmen v. a. keinen Rekurs auf die Theorie der Objektivation und damit auf das kybernetische Menschenbild. Dennoch standen Kybernetiker wie Nicht-Kybernetiker vor derselben Schwierigkeit: Schon recht überschaubare Probleme machten das System von Lehrendem und Lernendem höchst komplex. Je allgemeiner der Ansatz von Automatisierung und Programmierung des Unterrichts wurde, je flexibler und breiter einsetzbar die Konstruktion sein sollte, desto schwieriger wurde es, eine brauchbare Lösung zu finden. Das System verfügte schnell über zu viele Elemente und Interdependenzen, als dass es noch mathematisch zu formalisieren und technisch nachzubilden wäre.

#### *Die Aktivitäten des Instituts für Kybernetik*

Die Mitarbeiter des Instituts für Kybernetik in Berlin versuchten auf zwei Arten, den Unterricht zu objektivieren, nämlich durch die Entwicklung von Maschinen und von Programmen. Die einzige praktisch verwendete Lehrmaschine des Instituts war der »Robbimat«, der in Kooperation mit der Nixdorf Computer AG entwickelt und in der Ber-

66 Siehe Bulling, G.: Programmierte Unterweisung über die Datenverarbeitung, in: Elektronische Rechenanlagen 8 (1966), S. 73-80. Ein ähnliches Projekt lief am Institut für Datenverarbeitung der Universität Erlangen. Dazu Schmitt, A.: Über Teilnehmer-Rechensysteme für programmierten Unterricht, in: Elektronische Rechenanlagen 11 (1969), S. 143-145.

liner E.O. Plauen-Schule eingesetzt wurde.[67] Theoretisch wesentlich anspruchsvoller war die Entwicklung des Automaten »Geromat«, weil in ihm lern- und informationspsychologische Forderungen gleichermaßen verwirklicht waren. Diese wissenschaftliche Qualität machte die Konstruktion aber so aufwändig, dass sie die finanziellen Möglichkeiten des Instituts sprengte. Deshalb blieb der »Geromat« vom technischen Standpunkt »archaisch«[68] und wurde nie über das Stadium von Prototypen hinaus realisiert.

Ab 1965 mathematisierten die Kybernetiker die Didaktik in einem systematischen Ansatz und realisierten die Ergebnisse als »Formaldidaktiken«. Diese entsprachen nach der kybernetischen Theorie der Objektivation der Formalisierung von Didaktik. Im engeren Sinn bezeichneten die Kybernetiker mit diesem Begriff aber auch die realisierten Rechnerprogramme selbst, von denen das Institut etliche entwickelte.[69] Die Grundidee dieses Arbeitsgebiets war, dass die Entwicklung von Lehrprogrammen ein didaktisches Problem darstellte, das nach mathematisch-naturwissenschaftlichen Kriterien gelöst werden könne. Lehrprogramme sollten nach einem »didaktischen Algorithmus«[70] erzeugt werden, also sowohl den Lehrer durch programmiertes Lehren ersetzen als auch sich selbst reproduzieren können und damit auch den Programmierer ersetzen. Wie bei den Lehrautomaten erwiesen sich auch bei diesem Ansatz der theoretische Anspruch und die technische Realisierbarkeit als Widersprüche. Die eher primitiven Programme »Alzudi« und »Alskindi« erreichten »wenigstens bescheidene Anwendungen außerhalb des Instituts«.[71] Beispielsweise setzte sie das Goethe-Institut im Unterricht von Deutsch als Fremdsprache ein. Dagegen war bei Projekten für komplexere Formaldidaktiken die Anwendbarkeit in der Praxis aussichtslos. Das System Unterricht hatte sich als zu komplex herausgestellt, um es in Algorithmen zu gießen und zu objektivieren. Selbst die kybernetische Methode der Komplexitätsreduktion mittels Modellierung erwies sich als unzureichend für die Lösung des Problems.

67 Siehe Frank: Mini-Memoiren, S. 97; Piotrowski Siegfried: Institut für Kybernetik Berlin e.V. / Gesellschaft für Kommunikationskybernetik, in: Kybernetiknet. Das virtuelle Kybernetik-Magazin 1 (2000) = http://www.kybernetiknet.de (Stand 15.12.2008).

68 Frank: Mini-Memoiren, S. 97.

69 In dieses Aufgabengebiet führt ein Graf, Klaus-Dieter: Formale Didaktik und Formaldidaktiken – Ein Überblick über Entwicklung und Ansätze bis 1971, in: GrKG 14 (1973), S. 109-120.

70 Frank: Mini-Memoiren, S. 100.

71 Ebd., S. 101.

Diese Erfahrung ließ die Entwicklungsarbeit im Institut ab Mitte der 1960er Jahre immer stärker von den kybernetischen Grundlagen abrücken. Projekte auf diesem Gebiet hatten nur noch ihren Zweck als heuristische Hilfsmittel für technische Entwicklungen zu erfüllen. Von kybernetischen Erkenntnissen erwartete niemand mehr, »daß sie ›wahr‹ seien, sondern daß sie sich als Basis technologischer Folgerungen«[72] eigneten. Der Anspruch auf die Möglichkeit der Analyse, Deutung, Planung und Manipulation prinzipiell aller informationsverarbeitender Systeme war nicht mehr grundlegend für die Institutsarbeit. Stattdessen breiteten sich rein pragmatisches Denken und eine Doktrin der technischen Umsetzbarkeit der Entwicklungen immer weiter aus. Das Institut wollte seinen Erfolg an der praktischen Anwendbarkeit der Entwicklungen gemessen wissen. Seine Hinwendung zu Technik und Wirtschaft spiegelte sich auch in den Förderern der Arbeit, die weitestgehend drittmittelfinanziert war. Im Rahmen des Themas »DV im Bildungswesen« des Ersten Datenverarbeitungs-Programms der Bundesregierung erhielt das Institut zwischen 1967 und 1971 335.000 DM für das Projekt »Rechnerunterstützte Erstellung von Lehrprogrammen und automatische Programmierung von Datenverarbeitungs-Anlagen als Lehrautomaten«.[73] Zunehmend unterstützten auch Privatunternehmen und dabei besonders Rechnerfirmen wie die Zuse AG oder Nixdorf[74] die Forschung und Entwicklung. Sie hofften, dass sich die Arbeiten des Instituts einmal ökonomisch auszahlten. Schließlich zog das Institut sogar nach Paderborn, um die Kooperation des Instituts mit der dort ansässigen Nixdorf AG zu intensivieren. Das Institut ging freiwillig in die Peripherie der bundesdeutschen Wissenschaftslandschaft und lehnte sich an die Wirtschaft an, anstatt sich an den Mechanismen der Wissenschaft zu orientieren. Diese Ausrichtung wirkte sich auch inhaltlich auf das Institut aus und verstärkte die Enttheoretisierung und die zunehmende Konzentration auf marktfähige Entwicklungen innerhalb der Institutsarbeit noch zusätzlich. Besonders die Gründung des FEoLL fixierte die Anbindung an die Industrie. Forschung für den Markt war endgültig wichtiger als die dauerhafte Etablierung der Bildungskybernetik in der bundesdeutschen Wissenschaftslandschaft.

Allerdings war auch die technische Seite der Institutsarbeit kaum von Erfolg gekrönt. Über das Stadium von Prototypen kamen die Projekte

72 Ebd., S. 102.

73 So Leussink an Christian Lenzer/MdB, 8.12.1971, Archiv IfZ, ED 721/407.

74 Diese u.a. nennt Frank: Mini-Memoiren, S. 98.

bis auf wenige Ausnahmen nicht hinaus[75] und blieben meist bei »guten Einfällen und Ansätzen zur Realisierung des Konzepts der formalen Didaktik«[76] stecken. Die Entwicklungen von Lehrmaschinen und Formaldidaktiken unterlagen den gleichen Schwierigkeiten wie die von mustererkennenden Automaten: Bis zu einem gewissen Grad entstanden leistungsfähige Konstruktionen, generell aber erwies sich das Problem für das Institut für Kybernetik als zu komplex, um ökonomisch sinnvoll in die Technik umgesetzt zu werden. Der Anspruch, Maschinen könnten eine vorgegebene Arbeit besser, weil billiger oder zuverlässiger, als Menschen ausführen, ließ sich nie einlösen. Darunter litt letztendlich auch die Glaubwürdigkeit der kybernetischen These von der Objektivierbarkeit geistiger Leistungen, die diesen Entwicklungen zugrunde lag.

### *Die »Nürtinger Symposien« über Lehrmaschinen*

Einer breiten Fachöffentlichkeit wandte sich das Institut für Kybernetik durch die maßgebliche Beteiligung seiner Mitarbeiter an einer Reihe von Symposien über Lehrmaschinen zu, die seit 1963 abgehalten wurden. Angeregt wurden diese durch die Anfrage Richard Riederers, des Leiters einer privaten Stenographie- und Schreibmaschinenschule in Nürtingen, bei Helmar Frank, ob nicht »ein kybernetisches Gerät einen Schreibmaschinenlehrer ersetzen«[77] könne. Frank konnte nicht sagen, wer in der Bundesrepublik auf dem Gebiet der Lehrmaschinen arbeite. Weil er vielmehr diesbezüglich eine völlige Brache feststellte, organisierte er ein Treffen in Riederers Schule und lud eine Reihe von Wissenschaftlern und Praktikern ein, um das Gebiet anhand ausländischer Literatur und eventuell vorhandener inländischer Arbeiten erstmals abzustecken. Das Echo auf Franks Initiative von Seiten der wissenschaftlichen Community war sehr gering. Dagegen zeigten sich praktische Ingenieure, die Industrie und die Medien interessiert.[78] Erst die gesellschaftliche Nachfrage nach

75 Neben den oben beschriebenen nennt Uwe Lehnert im Interview, 13.11.2006, das midi-rechnergesteuerte Lehrsystem Educator, das von der EDV-Firma Wagner/Berlin konstruiert und von der Brüsseler Staatsbank eingesetzt wurde.

76 Graf: Formale Didaktik, S. 115.

77 Nach Frank: Mini-Memoiren, S. 88.

78 Siehe Frank, Helmar: Das 1. Nürtinger Symposium über Lehrmaschinen, in: Ders. (Hg.): Lehrmaschinen in kybernetischer und pädagogischer Sicht 1, Stuttgart/München 1963, S. 5. Auch die Verlage Klett und Oldenbourg begründeten, dem Klappentext des Buchs zufolge, mit der gesellschaftlichen Nachfrage nach Lehrmaschinen und einschlägigem Wissen den Druck der Referate des 1. Nürtinger Symposiums.

der Bildungstechnologie beschleunigte die Transformation der Wissenschaft von der Grundlagen- zur Anwendungsorientierung. »Die Öffnung der Kybernetiker zur Praxis hin«[79] war von außen motiviert. Selbst Frank hatte bisher nicht erkannt, dass Lehrmaschinen ein Teil der kybernetischen Pädagogik waren und verstand das nun folgende Symposium »als dankbar ergriffene Gelegenheit, peinlicherweise Versäumtes schleunigst nachzuholen.«[80]

Entsprechend erschienen im März 1963 auf dem ersten Symposium in Nürtingen nicht in erster Linie Wissenschaftler. Zwar waren bei über 120 Teilnehmern auch Vertreter von Hochschulen anwesend, doch der Großteil setzte sich aus Praktikern aus Schulen und der Industrie sowie Vertretern der Presse und der Politik zusammen. Dass von insgesamt 16 Vortragenden elf aus der pädagogischen oder industriellen Praxis stammten und darunter nur fünf Wissenschaftler – keiner von diesen ein Lehrstuhlinhaber – waren,[81] demonstrierte die Außenseiterrolle der Bildungstechnologie in der Scientific Community. Bezeichnenderweise war der Redner, »der auf die längste eigene Erfahrung auf dem Gebiet der Lehrmaschinen und der Aufstellung von Lehralgorithmen zurückblicken konnte«,[82] kein Wissenschaftler, sondern der Volkswirt Jürgen Deutsch, weil er in seinem Büro für Rechnerentwicklungen bereits mit Lehrmaschinen experimentiert hatte. Diesen Eindruck des Unprofessionellen bestätigten auch die Vorträge, die ohne erkennbaren roten Faden von pädagogischen und informationspsychologischen Grundlagen über den »allgemein vermuteten gewaltigen Vorsprung des Auslands«[83] und konkrete Probleme der Rechner- und Programmentwicklung bis hin zu psychischen und sozialen Konsequenzen Programmierten Unterrichts reichten. Dieser Strauß von Themen verschuldete auch, dass die einzelnen Referate kaum »inhaltlich und terminologisch aufeinander abgestimmt«[84] waren. Hier wurde der Status Nascendi der Technologie besonders deutlich. Einig waren sich die Tagungsteilnehmer nur in der Überzeugung von der gesellschaftlichen Bedeutung der Entwicklung von Lehrautomaten und -programmen. Programmierer, Fachwissenschaftler und Pä-

79 Wehnert: Entwicklung, S. 36.
80 Frank, Helmar: Kybernetik und Lehrmaschinen, in: Ders. (Hg.): Lehrmaschinen 1, S. 13.
81 Die Zahlen sind entnommen aus Frank: 1. Nürtinger Symposium, S. 7; Programm des 1. Nürtinger Symposiums über Lehrmaschinen, in: Frank (Hg.): Lehrmaschinen 1, S. 6.
82 Frank: 1. Nürtinger Symposium, S. 8.
83 Ebd.
84 Ebd., S. 9.

dagogen müssten zusammenarbeiten, damit die immer noch »vorherrschende kybernetisch-pädagogische Doppel-Sicht dieser Geräte bald zu der Ein-Sicht aller«[85] werde, dass nur der Computereinsatz in der Ausbildung die Herausforderungen der Informationslawine und des technischen und wirtschaftlichen Rückstands gegenüber dem Ausland bewältigen könne.

Bis zum zweiten »Nürtinger Symposium über Lehrmaschinen« im März 1964 verfestigten sich die Strukturen der Lehrmaschinen-Forschung. Zunächst wurde am Vorabend der Tagung eine »Arbeitsgemeinschaft Programmierte Instruktion e. V.« gegründet, die Helmar Frank leitete. Sie sollte das folgende und alle weiteren Symposien offiziell veranstalten.[86] Nicht nur organisatorisch, sondern auch inhaltlich wurde die Tagung gestrafft, indem sie in einzelne Sektionen unterteilt wurde. Vorträge über Maschinen, Algorithmen und Programme zur Lehrobjektivierung sowie über grundlegend pädagogische Themen waren nun klar voneinander getrennt. Die Kybernetik war in der »Sondergruppe Ingenieurkybernetik und Informationswissenschaft« vertreten, nahm also keine zentrale Position ein, auch weil eine Trennung von Kybernetikern und Pädagogen wegen ihrer unterschiedlichen Terminologien »noch unvermeidlich«[87] war. Doch auch dieses Problem versuchte die Tagungsleitung durch einen für alle Referenten verbindlichen Katalog zentraler Begriffe und Erläuterungen aus dem Gebiet der Lehrobjektivierung[88] zu verringern, an den sich die Referenten zu halten hatten. Solche Vereinheitlichungsbemühungen formierten und professionalisierten das Forschungsfeld und dessen Community von innen heraus. Daneben wuchs die Community an, sowohl auf wissenschaftlicher Seite wie auf der der Praktiker. Zum zweiten Nürtinger Symposium kamen über 400 Teilnehmer.[89] Dominiert wurde die Tagung mittlerweile eindeutig von Wissenschaftlern. Dass technisch interessierte Pädagogen maßgeblich waren, demonstrierte die Zusammensetzung der Redner: Sie stammten zum Großteil aus Hochschulen, und vier von ihnen besaßen nun auch einen

85 Ebd., S. 11.

86 So Frank, Helmar: Das 2. Nürtinger Symposium über Lehrmaschinen, in: Ders. (Hg.): Lehrmaschinen in kybernetischer und pädagogischer Sicht 2, Stuttgart/München 1964, S. 9.

87 Ebd., S. 10.

88 Veröffentlicht als Frank, Helmar: Anregungen zur Terminologie auf dem Gebiet der Lehrobjektivierung, in: Ders. (Hg.): Lehrmaschinen 2, S. 143-151.

89 Vgl. Frank: 2. Nürtinger Symposium, S. 10.

Professorentitel.[90] Doch auch die Kybernetik war prominent vertreten, neben Helmar Frank als wissenschaftlichem Leiter und einzigem, der die Brücke zwischen den beiden Herangehensweisen schlug, durch Karl Steinbuch als Mitglied des Wissenschaftlichen Beirats und Georges R. Boulanger als Ehrenpräsident der »Arbeitsgemeinschaft Programmierte Instruktion«.[91]

Ganz im Sinne seiner Zusammensetzung war das primäre Ziel des 2. Nürtinger Symposiums explizit nicht, »öffentliche Aufklärungsarbeit zu leisten«, sondern »den Gedankenaustausch zwischen deutschsprachigen Fachleuten zu fördern.«[92] Die Arbeitsgemeinschaft und ihre Veranstaltung hatten sich binnen eines Jahres von einer eher zufällig zusammengekommenen Gruppe zum zentralen Ort eines wissenschaftlichen Netzwerks entwickelt. Die Teilnehmer diskutierten und bestimmten die relevanten Fragen, Methoden und Theorien und legten die Qualitätsstandards fest. Trotzdem war die Arbeit immer noch von außen, durch den gesellschaftlichen Bedarf nach objektivierter Lehre, motiviert. Die Akteure sahen weiterhin in ihrer Arbeit hohe kulturpolitische Bedeutung, die ihren Ausdruck in der Anwesenheit des Bundesministers für wissenschaftliche Forschung fand. Auch die Öffentlichkeit rezipierte die Tagung, weil sie von ihr »eine Erleichterung und Verbesserung des Lernens« erwartete, die »den Lehrer keineswegs entbehrlich machen, sondern ihm mehr Zeit und Kraft für Erziehungsaufgaben geben«[93] sollten. Die Lehrmaschinensymposien unterlagen demnach demselben gesellschaftlichen Auftrag wie die gesamte kybernetische Pädagogik.

Nochmals einen Fortschritt in der Teilnehmerzahl wie auch im Niveau erlebte die Bildungstechnologie auf dem »3. Nürtinger Symposium über Lehrmaschinen« im März 1965. 500 Teilnehmer erschienen, erlebten eine weitere Verwissenschaftlichung, aber auch einen Konflikt zwischen Theorie und Praxis, der parallel zum Institut für Kybernetik auch die Nürtinger Symposien erreichte. Einerseits schien das Forschungs- und

90 Neun von 14 Autoren des Tagungsbandes (bei insgesamt 21 Vorträgen) waren an Hochschulen oder Forschungsinstituten tätig. Bei den Professoren handelte es sich um Helmar Frank, a.o. Prof. PH Berlin; Heinz Kelbert, Prof. am Dt. Pädagogischen Zentralinstitut, Berlin; Alfons O. Schorb, Prof. PH Bonn; Klaus Weltner, Prof. PH Osnabrück. Siehe Autorenverzeichnis, in: Frank (Hg.): Lehrmaschinen 2, S. 8.

91 Vgl. Frank: 2. Nürtinger Symposium, S. 9.

92 Ebd.

93 Flechtner, H.J.: Rezension zu H. Frank (Hg.): Lehrmaschinen in kybernetischer und pädagogischer Sicht, Stuttgart/München 1964, in: Naturwissenschaftliche Rundschau 19 (1966), S. 433f.

Entwicklungsgebiet ohne klare inhaltliche und soziale Strukturen im Dunkeln zu tappen. Andererseits war noch immer »der Bedarf an praktisch verwendbaren Lehrprogrammen in der Wirtschaft ebenso wie im öffentlichen und privaten Schulwesen«[94] der entscheidende Motor der Entwicklungen, so dass von der Bildungstechnologie schnell brauchbare Ergebnisse verlangt wurden. Weil darunter aber das informationstheoretische, psychologische und pädagogische Niveau der Entwicklungen litt, waren Spannungen zwischen politischen, wirtschaftlichen und schulpraktischen Auftraggebern, den potentiellen Anwendern im Bildungs- und Industrie-Sektor, den anwendungsnahen Programmierern und Didaktikern sowie den theoretisch orientierten Kybernetikern und Pädagogen unvermeidlich. Die Erwartungen und Zielsetzungen innerhalb der »Arbeitsgemeinschaft Programmierte Instruktion« sowie die der Rezipienten ihrer Arbeit waren höchst heterogen und widersprachen sich teilweise. Ein weiterer inhaltlicher Konflikt entspann sich um die technische Frage, ob die Programmierte Instruktion durch spezielle Lehrautomaten oder Programme auf universellen Datenverarbeitungsanlagen zu realisieren sei. Obwohl die Praxis noch nicht üblich war, erkannte Helmar Frank bereits, dass die Simulation auf Dauer billiger und flexibler, weil fortwährend veränderbar, sei. Karl Steinbuch dagegen hielt am technologischen Pfad der analogen Spezialrechner fest und wollte beweisen, dass seine Lernmatrix in der Bildungstechnologie Anwendung finden könne.[95] Damit stand er jedoch auf verlorenem Posten, weil der Siegeszug der Universalcomputer auch in diesem Rahmen nicht mehr aufzuhalten war.

Dass 1966 erstmals das Lehrmaschinen-Symposium nicht mehr in Nürtingen, sondern im mondäneren Düsseldorf stattfand, symbolisierte die Ankunft der Bildungstechnologie im Zentrum des wissenschaftlich-technisch-wirtschaftlichen Innovationssystems. Mittlerweile zählte die Tagung 800 Teilnehmer und wurde von der seit diesem Jahr so genannten »Gesellschaft für Programmierte Instruktion« (GPI) getragen.[96] Ihr neuer Titel war Ausdruck einer Manifestierung der Community und ihrer Inhalte. Dieser Umbenennungsprozess verlief nicht nur parallel zu

94 Frank, Helmar: Das 3. Nürtinger Symposium über Lehrmaschinen, in: Ders. (Hg.): Lehrmaschinen in kybernetischer und pädagogischer Sicht 3, Stuttgart/München 1965, S. 11.

95 Siehe Steinbuch Karl u. Hans Martin Lipp: Der autonome Lernmatrix-Dipol, in: Frank (Hg.): Lehrmaschinen 3, S. 58-62.

96 Nach Frank, Helmar: Das 4. Symposium über Lehrmaschinen, in: Ders. (Hg.): Lehrmaschinen in kybernetischer und pädagogischer Sicht 4, Stuttgart/München 1966, S. 12.

dem der DAGK/DGK, sondern die GPI war seit 1966 auch eine offizielle Trägerorganisation der DGK. Obwohl sie damit zum Kreis kybernetisch arbeitender Fachverbände zählte, stand in ihr selbst »nur eine Minderheit der Kybernetik nahe«.[97] Indem die Themenvielfalt sich auf den Symposien beständig ausweitete, entfernte sich der Weg der Bildungstechnologie von der grundlegenden Konzeption der kybernetischen Pädagogik. Den Kybernetikern gelang es immer weniger, die bildungspraktischen Arbeiten theoretisch zu fundieren. Allgemein anerkannte Forschungsfragen und Methoden waren in der Bildungstechnologie generell nicht in Sicht. Dennoch diagnostizierten die Akteure eine Verfestigung der Strukturen und eine Ausweitung der Community. Darin sahen sie Anzeichen, dass sich die Programmierte Instruktion »als eigenständige wissenschaftliche und lehrtechnische Disziplin durchgesetzt«[98] habe. Der einzige unanfechtbare Maßstab und das identitätsstiftende Ziel war »wie in allen technischen Disziplinen der praktische Erfolg.«[99] Die Eigenständigkeit der Programmierten Instruktion war eher ex negativo begründet, weil sie weder in den Ingenieurwissenschaften, dort v.a. in der Computer Science, noch in der Pädagogik – und dort wegen der marginalen Bedeutung des Lernenden ganz und gar nicht – anerkannt war. Sie konnte sich nicht in traditionellen Disziplinen verwurzeln, sondern musste sich selbständig positionieren. Das tat sie auf den Nürtinger Symposien. Wenn auch die sehr hohe Zahl der Teilnehmer auf eine weite Verbreitung des Ansatzes schließen lässt, so hat sich die Programmierte Instruktion als Wissenschaft nie breit durchgesetzt und wurde von den immerselben Namen und immer in Verbindung mit der GPI und dem Institut für Kybernetik, Berlin/Paderborn, getragen. Dagegen war sie außerwissenschaftlich von hoher Bedeutung. Besonders die Anwendbarkeit der Theorien und Entwicklungen im Lehralltag waren ein wichtiges Thema, was schon die große Zahl der Akteure aus der Unternehmens- und Ausbildungspraxis andeutete. Weil die Nachfrage nach automatisierter Instruktion sowie den dazugehörenden Programmen und Maschinen enorm groß war, setzte sich auch unter den Wissenschaftlern die ursprüngliche Intention wieder durch, die Entwicklung funktionsfähiger Konstruktionen in den Vordergrund zu stellen und theoretische Grundlagen höchstens als heuristische Hilfsmittel zu nutzen. Durch diese Hinwendung zur Praxis ging der kybernetisch-theoretische Anspruch in der GPI verloren.

97 Wehnert: Entwicklung, S. 64.

98 Frank, Helmar: Das 4. Symposium 12.

99 Ebd., S. 13.

### *Erfolg und Misserfolg der Bildungstechnologie nach 1970*

Die Symposien der GPI spiegelten die Entwicklung der Bildungstechnologie im Ganzen wider, die nach ihrem Aufblühen seit der Mitte der 1960er Jahre ab den 1970er Jahren in eine Phase der Konsolidierung[100] trat. Inhaltlich wie sozial wuchs das Gebiet weiter an, ohne dass je eine Integration der Einzelströmungen zu erkennen gewesen wäre. 1968 am Deutschen Museum in München und 1970 in Basel nahmen jeweils etwa 2.000 Personen an den GPI-Tagungen teil.[101] Die Thematik verlagerte sich hin »zur allgemeinen Unterrichtstechnologie«[102] oder, anders ausgedrückt, thematisierte »alle Fragen des ›Neuen Lernens‹«.[103] Gehör fand alles, was in irgendeiner Weise die Bereiche der Didaktik und Technik in einem übergreifenden Ansatz berührte. Die Hoffnungen der technikgläubigen und von ihrem bildungspolitischen und -technischen Rückstand überzeugten Gesellschaft der 1960er Jahre und erste »aufsehenerregende Anfangserfolge« mussten nun, optimistisch gesehen, durch »harte Spezialistenarbeit«[104] bestätigt werden. Weniger wohlwollend beurteilt, musste die Bildungstechnologie in den 1970er Jahren den Nachweis liefern, dass sich ihre Entwicklungen auch im praktischen Einsatz bewährten. Sie hatte die gesellschaftlichen Hoffnungen zu erfüllen.

Die Akteure selbst sahen ihre Position und ihren Auftrag noch unbedingt positiv. 1969 befand eine Erhebung, an wie vielen Schulen und in welchem Umfang in der Bundesrepublik programmiert unterrichtet wurde, ein logarithmisches Anwachsen des programmierten Unterrichts in den 1960er Jahren. Danach setzten in diesem Jahr 25% aller Gymnasien sowie 12% aller Volksschulen diese Praxis in irgendeiner Form ein.

100 Diese Begriffe und Periodisierung gebraucht Schriftleitung und Verlag: In eigener Sache, in: GrKG 12 (1971), S. 38. Das Modethema Bildungstechnologie verdeutlicht auch die hohe Zahl von Tagungen, die 1969/70 hierüber veranstaltet wurden. Siehe Mitteilungen über Kybernetische Veranstaltungen, in: GrKG 10 (1969), S. 29-30.

101 So Wehnert: Entwicklung, S. 64; Frank: Mini-Memoiren, S. 107.

102 Wehnert: Entwicklung, S. 78.

103 Mitteilung: 12. »Symposium über Lehrmaschinen« in Wiesbaden, 17.-20.4.1974, in: GrKG 15 (1974), S. 31. Die Symposien sind bis heute fortgesetzt worden. Aktuelle Schwerpunkte sind z.B. Wissensvermittlung über Internet und E-Learning. Veranstalter ist mittlerweile die »Gesellschaft für Pädagogik und Information«, wie die »Gesellschaft für Programmierte Instruktion« seit 1980 heißt. Siehe die Homepage der GPI, zu ihrer Geschichte http://www.gpi-online.de/front_content.php?idcat=1273 und zu den Symposien http://www.gpi-online.de/front_content.php?idcat=1283 (Stand 17.12.2008).

104 Schriftleitung und Verlag: In eigener Sache, in: GrKG 12 (1971), S. 38.

Die Erhebung prognostizierte aufgrund dieser Entwicklung den flächendeckenden Einsatz von Maschinen und Programmen im Unterricht bis Anfang der 1980er Jahre. Was die Autoren der Erhebung dabei unter dem Begriff des Programmierten Unterrichts verstanden, blieb allerdings unklar. Sie subsumierten wohl jegliche Art rationalisierten Lernens darunter, angefangen mit dem Lückentext. Auf einer anderen Ebene war ihr Befund wesentlich ernüchternder. Sie räumten nämlich ein, dass Lehrautomaten »in fast überhaupt keinen Schulen«[105] standen. Doch die Kybernetiker ließen sich davon nicht beeindrucken. 1971 prognostizierten Helmar Frank und Brigitte Meder den Bedarf weiterhin ungebremst optimistisch. Bis 1977 sollten danach 50% der allgemeinbildenden Schulen mit Lehrautomaten ausgestattet sein und 10.000 Fachleute für Lehrobjektivierung in der Bundesrepublik beschäftigt werden.[106] Tatsächlich wiesen die Indikatoren zu dieser Zeit bereits »nicht mehr auf eine ungetrübte Zukunft der programmierten Instruktion hin.«[107] Dass die Unterrichtstechniken nur sehr zögernd Eingang in die Schule fanden, lag an den begrenzten finanziellen Möglichkeiten der Schulen und der mangelhaften pädagogischen Fundierung der Technik. Den Sieg technischer und ökonomischer Überlegungen über pädagogische und kybernetische verdeutlichten am eindrucksvollsten Parallelschulungsautomaten wie das »BAKKALAUREUS«-System, das seit 1968 verschiedene Schulen einsetzten. Zwar verbilligte das Prinzip, mehrere Schüler mit einem starren Programm zu unterweisen, die Konstruktion entscheidend, vernachlässigte aber Kriterien der Individualität und der Systemdynamik vollständig. Demnach fand das System Kritiker nicht nur von außerhalb der kybernetischen Pädagogik, sondern selbst unter den eigenen Vertretern, wie Felix von Cube. Er hielt die Parallelschulung für eine unzulässige Gleichmachung der Schüler, weil Lehrer in der parallelen Unterweisung aller Lernenden nicht mehr auf Stärken und Schwächen der Individuen eingehen konnten.[108] Zugunsten der technischen Anforderung der Kostenreduzierung wurden hier sowohl die pädagogischen wie die kybernetischen Grundsätze fallengelassen. Die Kybernetiker hatten ja immer wieder darauf hingewiesen, dass ein Computer oder ein Lehrprogramm durch seine Fähigkeit zur schnellen Verarbeitung eingehender Informa-

105 Einsiedel, Hildebrand von: Erhebung über die Verbreitung der Programmierten Instruktion in den westdeutschen Allgemeinbildenden Schulen, in: GrKG 10 (1969), S. 65.

106 Siehe Frank u. Meder: Einführung, S. 170-180.

107 Wehnert: Entwicklung, S. 71.

108 Dazu Cube, Felix von: Technik des Lebendigen. Sinn und Zukunft der Kybernetik, Reinbek $^{3}$1973, S. 89.

tionen individueller auf die Stärken und Schwächen Einzelner eingehen könne als ein Lehrer, der allein einer Vielzahl von Schülern gegenüberstand. Dass dieses Parallelschulungssystem den Rechner von der Lehrmaschine zur reinen Unterweisungsmaschine degradierte, gab den Kritikern der kybernetischen Pädagogik endgültig Recht.

Die theoretisch-kybernetische Fundierung der Bildungstechnologie hatte versucht, die Prozesse des Lehrens und Lernens quantitativ zu beschreiben und dadurch zu einem mathematischen Modell zu gelangen, das das System Unterricht steuern sollte. Dieser Ansatz hatte sich als »viel zu ambitioniert«[109] erwiesen. Sein kybernetisches und behavioristisches Fundament manövrierte den Programmierten Unterricht »in eine pädagogische Sackgasse«, so dass dieser in den Schulalltag »kaum nennenswerten Eingang«[110] fand. Aber auch die pragmatisch-technische Orientierung der Bildungstechnologie, die die Objektivierung des Lehrens auf technisch und ökonomisch sinnvolle Anforderungen reduzierte und kybernetisches wie auch lernpsychologisches Wissen vernachlässigte, brachte nicht den gewünschten praktischen Erfolg. Außer einigen wenigen Systemen wurden auch in den 1970er Jahren in der bundesdeutschen Bildungspraxis kaum Lehrmaschinen oder -programme eingesetzt. Weil daneben die gesellschaftliche Technikbegeisterung abflaute[111] und die Debatten um den Bildungsnotstand in den 1970er Jahren nachließen, verschwand die Bildungstechnologie allmählich aus dem Fokus der Öffentlichkeit. Damit fand sie auch immer weniger politische Förderer und Finanziers.[112] Ihre Vertreter versuchten noch, mit der konkurrierenden pädagogischen Strömung der »Curriculumforschung« mitzuschwimmen. Diese hatte die kybernetische Bildungstechnologie »in den Augen der Öffentlichkeit etwa ab 1971 als pädagogische Modeerscheinung«[113] abgelöst und versuchte nun den Unterricht mit einem konträren Ansatz zu rationalisieren. Dagegen wollte Frank beide Konzepte vereinen, die Lehre nach den Vorgaben der Curriculumforschung durch den Abgleich von Lehrzielen mit den Lehrinhalten optimieren und anschließend auf kybernetische Weise in technische Entwicklungen übersetzen. Noch ein-

109 Uwe Lehnert im Interview, 13.11.2006.

110 Nicklis, Werner: Didaktik als Informationsumsatz (Zu H. Frank: Kybernetische Grundlagen der Pädagogik, 2. Aufl.), in: Zeitschrift für Pädagogik 16 (1970), S. 545. Als Referenz für den mäßigen praktischen Erfolg zieht Nicklis auch Einsiedel: Erhebung, S. 57-66, heran.

111 Diesen Grund sieht auch Wehnert: Entwicklung, S. 33.

112 Das bestätigt auch Uwe Lehnert im Interview, 13.11.2006.

113 Frank, Helmar: Bildungstechnologie und Lehrplanung, in: GrKG 14 (1973), S. 73.

mal tauchte hier der Anspruch auf Vereinheitlichung verschiedener Ansätze unter den Aspekten von »Control« und »Communication« auf. Diese Bemühungen entsprachen denen der Biokybernetiker, die auf das Pferd »Bionik« aufsprangen, um mit einem neuen Modewort für ihre Arbeit zu werben. Im Gegensatz dazu war Helmar Frank mit seinem Versuch, sich in die planende Curriculumforschung einzugliedern, erfolglos. Die Bildungstechnologie und ihre theoretische Basis, die kybernetische Pädagogik, verloren ihre Stellung als pädagogische Nische,[114] die jedoch öffentlich befürwortet und politisch unterstützt war. Sie wurden endgültig wissenschaftlich und gesellschaftlich marginalisiert. Dass die Kybernetik im Rahmen der Pädagogik nur während der 1960er Jahre Konjunktur hatte, drückten drastisch die Worte aus: »1960 gab es die kybernetische Pädagogik noch nicht, 1972 fast schon nicht mehr.«[115]

## 7.3 Der netzwerkspezifische Stil der Kybernetik

### *Verständnis, Denken und Arbeiten*

Die geisteswissenschaftliche Kybernetik basierte auf der Formalisierung und Mathematisierung psychischer Phänomene, der Informationspsychologie. Diese wurde v.a. in der Ästhetik, der Pädagogik, der Sprachtheorie, der Soziologie und der Organisationskybernetik angewandt. Für ihre Vertreter war sie eine »Synthese aus der Thematik und Methodik der Naturwissenschaft und klassischen Technik einerseits und der Thematik und Methodik der Philosophie, der Geisteswissenschaften und der zugehörigen Techniken (Rechtswesen, Erziehungs- und Bildungswesen, Politik) andererseits.« Demnach entsprach sie thematisch »eher den Geisteswissenschaften und der Philosophie«, methodisch jedoch »eher den Naturwissenschaften«. Denn die Humankybernetik strebte »quantitative Aussagen und die Erklärung bzw. Voraussage der Phänomene mittels eines Kalküls«[116] an. Sie sah ihren Gegenstand in informationellen Prozessen und nutzte formalistische, algorithmische Methoden mit dem Ziel, ihren Gegenstand zu objektivieren,[117] d.h. technisch nachzubilden.

114 Das Außenseiterdasein, selbst an der PH Berlin, bestätigt Uwe Lehnert im Interview, 13.11.2006.

115 Wehnert: Entwicklung, S. 28.

116 Frank, Helmar: Über das Verhältnis von kybernetischen und philosophisch-geisteswissenschaftlichen Disziplinen, in: GrKG 6 (1965), S. 46.

117 Frank, Helmar: Vorwort der Schriftleitung, in: Eberhard Lang: Zur Geschichte des Wortes Kybernetik (= Beiheft zu GrKG 9, 1968), S. 1.

Dieser Zielrichtung wegen betonte die Humankybernetik die technische Dimension ihrer Arbeit besonders stark. Felix von Cube beschrieb die Kybernetik sogar als »die Technik des Lebendigen«. Sie strebte nicht klassisch wissenschaftlich nach einer positivistischen Erkenntnis natürlicher Phänomene, sondern arbeitete an der Schnittstelle von Technik und Wissenschaft. Indem sie die natürlichen Phänomene technisch imitierte, zielte sie darauf ab, die Dynamik des Lebens zu verstehen, und entwickelte gleichzeitig maschinelle Nachahmungen organischer Geistesfunktionen, besonders lernende Automaten sowie Human- und Soziotechniken.[118] In der Praxis der Humankybernetik griffen dann auch Analyse und Synthese immer ineinander. Verstehen und Konstruieren bedingten sich gegenseitig. Kybernetik wurde gleichzeitig als »kalkülisierende Theorie und konstruierende Technik der Nachrichten, der Nachrichtenverarbeitung und der Nachrichtenverarbeitungssysteme«[119] betrieben. Darüber hinaus war die Technik, speziell die des digitalen Rechenautomaten, auch eine wesentliche philosophische Grundlage der Humankybernetik. Das gesamte Netzwerk folgte der Ansicht Max Benses, dass der Computer die Menschheit und ihr Selbstverständnis bis hin zu einer »neuen Stufe der Technischen Welt oder der Technischen Zivilisation«[120] umgestaltet habe. Auf dieser Ebene verstand sich die Kybernetik als Hilfsmittel zur Deutung des Verhältnisses von Mensch und (Rechen-)Maschine. Sie war in diesem Sinne gleichermaßen postklassische »Technowissenschaft«[121] wie »Metatechnik«.

Neben diesem Verständnis der Technik und speziell der Rechenmaschine, das auf Bense und Gotthard Günther zurückging, waren die Theorien der Objektivation und der Regelung als Symbol der Einheit nach Hermann Schmidt das zweite philosophische Fundament der Humankybernetik in der Bundesrepublik. Gerade die Zeitschrift »Grundlagenstudien aus Kybernetik und Geisteswissenschaft« (GrKG) berief sich auf Schmidts Thesen und druckte dessen Denkschrift als Beiheft

118 Siehe Cube, Felix von: Kybernetik als Technik des Lebendigen, in: GrKG 9 (1968), S. 89f. Diese Schrift existiert auch als eigenständiges Buch. Cube, Felix von: Technik des Lebendigen, Stuttgart 1970. Das Buch war ein Bestseller und wurde 1972 und 1973 nochmals aufgelegt.

119 Frank: Kybernetische Grundlagen, ²1969, S. 41.

120 Bense, Max: Vorwort, in: Louis Couffignal: Denkmaschinen, Stuttgart 1955.

121 Der Begriff stammt von Alfred Nordmann. Er beschreibt damit einen zweitmodernen Modus der Wissenschaftlichkeit, dem die Kybernetik in weiten Teilen entspricht. Siehe z. B. Nordmann, Alfred: Philosophy of Nanotechnoscience, in: G. Schmid (u. a.) (Hg.): Nanotechnology, Bd. 1, Weinheim 2008, S. 217-244.

ihres Jahrgangs 1961 nach. Bedeutend erschien ihrer Schriftleitung insbesondere, dass Schmidt die technischen Phänomene Regelung und Objektivierung philosophisch beschrieben, damit auf ein überdisziplinär gültiges Niveau gehoben und die Kybernetik als Meta-Technik eingeführt habe, noch bevor sie als Wissenschaft begründet worden war. Allerdings gab die Schriftleitung dabei als ihr Motiv aus, dass die Denkschrift es verdient habe, »der Vergessenheit entrissen zu werden«.[122] Damit gestand sie, dass keine Kontinuitäten zwischen Schmidts Arbeiten und der zeitgenössischen humankybernetischen Forschung existierten. Die Humankybernetik rezipierte ihn erst nachträglich, als sie bereits konstituiert war. Schmidts Bedeutung für das Netzwerk lag also nicht darin, dass er die theoretischen Grundlagen geliefert hätte, auf denen empirische Forschung aufbaute. Vielmehr zogen die Akteure Hermann Schmidts vorkybernetische Arbeit heran, um der eigenen Wissenschaft eine längere Geschichte zu geben und damit größere Autorität einzufordern. Daneben diente seine Begrifflichkeit als Leitidee, als eine Art Dach für die einzelnen Forschungsansätze, aber wohlgemerkt lediglich als Konstrukt ex post. Auch diesen Schritt verantwortete in erster Linie Helmar Frank. Er zuvorderst, aber auch andere, vermengten Schmidts Theorien mit eigenen Thesen und produzierten damit wesentlich erweiterte, fast gänzlich neue Theorien. Das Resultat dieser Transformation war der Anspruch, geistige Prozesse des Menschen vollständig analysieren und modellieren zu können. Damit sollten sie maschinell vollständig nachzubilden sein und in ihrer technischen Realisation mit anderen organischen Informationsprozessen optimal interagieren. Mehr als die Begriffe hatte Schmidt zu diesem Anspruch nicht beigetragen.[123]

Die empirische Arbeit im Netzwerk zielte darauf ab, mit diesem theoretischen Rüstzeug alle denkbaren geistigen Prozesse des Menschen, beispielsweise die Kreativität, quantitativ zu analysieren und zu synthetisieren. Als kybernetischer Königsweg erschien dabei die Modellierung der Geistesfunktionen, da sie Rationalisierung, d. h. mathematische Nachprüfbarkeit, versprach. Das Modell war ein methodisches Hilfsmittel bei der Erforschung der Objektivierung geistiger Prozesse und gleichermaßen das Produkt, nämlich die »Objektivation« eines Prozesses. In Bezug auf die Kreativität bestand das Problem, dass sie weder in einem klassischen Modell nachzubilden, noch auf einem Computer zu simulieren

122 Vorwort der Schriftleitung, in: Hermann Schmidt: Denkschrift zur Gründung eines Instituts für Regelungstechnik (1941), Beiheft zu GrKG 2 (1961).

123 Die Bedeutung von Schmidts Begriffen betonten auch Schriftleitung und Verlag: In eigener Sache, in: GrKG 13 (1972), S. 1.

war. Für Ersteres stellte sie ein zu komplexes System mit zu vielen unbekannten Parametern dar. Vom Computer unterschied sie sich dadurch wesentlich, dass sie initiativen Charakter besaß und Neues schuf, der Computer aber nur logisch-deduktiv, abhängig vom Programmierer arbeitete. Eine naturwissenschaftlich exakt beschriebene Theorie, die dieses Verhalten erklärte, sahen die Humankybernetiker in der »Appetenz«, wie sie die Verhaltensforschung beschrieb. Dieses Instinktverhalten löste eine Handlung initiativ und ohne unmittelbaren Reiz aus der Umwelt aus. Mathematisch zu analysieren und technisch nachzubilden sei die Appetenz mittels Spieltheorie und stochastischer Modelle. Mit diesen Hilfsmitteln erschien es auch möglich, die Kreativität als Informationsfluss zu deuten und in bit pro Sekunde zu messen, also mathematisch darzustellen.[124] Wenn aber Kreativität erst einmal informationstheoretisch gemessen vorlag, wäre es nur der logische nächste Schritt, auf dieser Basis eine Maschine zu konstruieren, die nicht nur Informationen übermittelte und verarbeitete, sondern auch selbst erzeugte, also kreativ war. Technisch war dies, so die Hoffnung der Humankybernetiker, mittels einer »Kombination eines Zufallsgenerators mit einem nachgeschalteten logischen Auslesesystem«[125] realisierbar. Anwendung fänden solche Maschinen z. B. in der Computerkunst.

Das Beispiel des kreativen Automaten verdeutlichte einmal mehr das methodisch-erkenntnistheoretische Dilemma dieser Form humankybernetischen Arbeitens: Die Akteure gingen von sehr oberflächlichen biologischen und physiologischen Betrachtungen aus, die naturwissenschaftlich kaum belegt waren. Sie formalisierten diese vermeintlich menschlichen Geistesfunktionen und entwickelten Modelle, die analog zu den angenommenen organischen Funktionen arbeiteten. Als Beweis für das ebenso mechanische Funktionieren geistiger Prozesse im Organismus sahen sie das Funktionieren des Modells. Eine tatsächliche Kausalität konnten sie jedoch nicht nachweisen. Wenn sich die technischen Anlagen, die aus solchen Arbeiten entstanden, als funktionell erwiesen, d. h. wenn sie effektive Automaten hervorbrachten, waren die Arbeiten unter technischem Aspekt erfolgreich. Wissenschaftlich seriös und besonders biologisch oder physiologisch brauchbar waren die Modelle jedoch nicht.

In den Augen der Humankybernetiker aber bewiesen die technische Regelung und die Objektivierung geistiger Prozesse ihre These von der

124 So Franke, Herbert W.: Ein kybernetisches Modell der Kreativität, in: GrKG 9 (1968), S. 86.

125 Ebd., S. 88.

Einheit aller Seinsbereiche und leisteten damit ihrem universalistisch-mechanistischen Menschenbild Vorschub: Weil diese Theorien einheitlich auf organische und technische Systeme angewandt werden konnten, verschmolzen Mensch und Maschine auf funktionaler Ebene. Die Dualismen von Subjekt und Objekt sowie Seele und Leib schienen überwunden. Weil diese philosophische These im Netzwerk der Humankybernetiker besonders stark ausgeprägt war, bewegte es sich näher als andere Netzwerke an dem, was die Kybernetik idealtypisch war. Daneben war auch der Anspruch, eine universell anwendbare Methode bei der Hand zu haben, in diesem Netzwerk stärker ausgeprägt als anderswo. Damit wiederum ging die Hoffnung einher, eine universelle, allgemeingültige, theoretische Kybernetik schaffen zu können. Nicht zufällig schrieben die Akteure dieses Netzwerks allgemeine Einführungen oder Überblickswerke der Kybernetik.[126] Und nicht zufällig war das Institut für Kybernetik Berlin/Paderborn die einzige Einrichtung in der Bundesrepublik, die die Kybernetik in ihrer gesamten Breite vertreten wollte. Nicht nur die kybernetische Pädagogik stand auf seinem Programm, sondern auch Fragen der Objektivierbarkeit technischer, sozialer und biologischer Systeme sowie organisationskybernetische Themen – wenn auch nicht alle im Zentrum der Arbeiten.[127]

Erstaunlicherweise behandelte die Humankybernetik trotz der Breite ihres Ansatzes und der Gewichtung der philosophischen Aspekte anthropologische Fragen nie explizit. Kybernetische Forschungsarbeiten auf Gebieten wie der Ästhetik, Psychologie oder Pädagogik setzten stets implizit voraus, dass der Mensch nichts anderes sei als eine Rechenmaschine mit besonders vielen Schaltungen, weil dadurch Formalisierung und Objektivierung erst möglich wurden. Explizite Definitionen des Wesens des Menschen oder des menschlichen Geistes und philosophische Diskussionen darüber blieben aber weitgehend aus. Solche anthropologischen Probleme thematisierte nur einmal Karl Steinbuch, der jedoch von außen kam bzw. sich höchstens am Rand des Netzwerks bewegte. Er bejahte die Frage, ob »künstlich aufgebaute technische Systeme ein Bewußtsein haben«[128] könnten, indem er seine Lernmatrix als Referenzmodell für einen Geistesprozess ausgab. Daraufhin extrapolierte er spe-

126 Dazu sind v.a. zu zählen Anschütz, Herbert: Kybernetik. Kurz und bündig, Würzburg 1967; Cube, Felix von: Was ist Kybernetik? Grundbegriffe, Methoden, Anwendungen, München 1967; Flechtner, Hans-Joachim: Grundbegriffe der Kybernetik. Eine Einführung, Stuttgart 1966.

127 So Uwe Lehnert im Interview, 13.11.2006.

128 Steinbuch, Karl: Bewußtsein und Kybernetik, in: GrKG 3 (1962), S. 2.

kulativ diese eine geistige Funktion, die die Lernmatrix technisch nachbildete, und postulierte, dass ein entsprechend komplexeres technisches System nicht nur eine einzelne Funktion, sondern das menschliche Nervensystem im Ganzen imitiere. Damit hätte es auch ein Bewusstsein. Steinbuch paraphrasierte in diesen Ausführungen seine Schrift »Automat und Mensch« und gab sie streckenweise wörtlich wieder. Die Anthropologie, auf die das wissenschaftliche Netzwerk der Humankybernetiker aufbaute, ging also nicht über das Niveau von Steinbuchs populärwissenschaftlichen Schriften mit all ihren Fehlerhaftigkeiten und ihrem spekulativen Charakter hinaus.

Noch seltener reflektierten die Akteure des Netzwerks die Grenzen der Kybernetisierung spezifisch menschlicher Phänomene wie Willensfreiheit oder Kreativität. In einem der wenigen Fälle setzte sich Uwe Lehnert, wenn auch erst 1998, mit der Frage nach der Möglichkeit der Untersuchung des menschlichen Wesens und seines Verhaltens auseinander. Ihn beschäftigte »der Einwand des prinzipiellen Unterschieds zwischen naturwissenschaftlichen und humanwissenschaftlichen Untersuchungsgegenständen«.[129] Weil die Humanwissenschaften nicht die Materialität des Menschen, sondern dessen Bewusstsein, Willensfreiheit und Individualität untersuchten, stellten Kritiker infrage, ob solche Phänomene überhaupt mit den Mitteln und Zielen der Naturwissenschaft bzw. der Technik zu bearbeiten seien. Denn die Sprache von Naturwissenschaft und Technik, die Mathematik, sei nicht ausreichend, Geist oder Psyche zu beschreiben, weil sie nur die numerische Seite eines Problems erfasse, ihr »die Qualität, das ›wahre Wesen‹ einer Sache« aber verschlossen bleibe. Dem entgegnete Lehnert, dass gerade die Mathematik und mit ihr die Modellierung in der Lage seien, der Komplexität des Untersuchungsgegenstandes zu begegnen. Dadurch seien sie prädestiniert, »Eigenschaften und Verhalten, also ›wesentliche‹ Merkmale der Materie zu beschreiben und empirische Befunde zu ordnen und zu deuten.«[130] Als Kronzeuge seiner These führte er die Automatisierung geistiger Prozesse an, durch die deren Mathematisierbarkeit evident würde.

Lehnert setzte sich 1998 mit denselben Argumenten auseinander, denen Kybernetiker seit jeher begegnet waren. Er übersah oder verschwieg dabei – ebenfalls wie alle vor ihm –, dass die Humankybernetik Willens-

129 Lehnert, Uwe: Pädagogik auf dem Weg zu einer exakten Wissenschaft? Wissenschaftsgeschichtliche und wissenschaftstheoretische Reflexionen anläßlich des Erscheinens von Helmar Franks »Bildungskybernetik«, in: Unterrichtswissenschaft 26 (1998), S. 366.

130 Ebd., S. 367.

freiheit und weitere individuelle Eigenarten eines Menschen schlicht ausklammerte. Die Frage nach der Zulässigkeit kybernetischer Forschung in den Humanwissenschaften beruhte stets auf dem Missverständnis, dass die Kybernetiker auf einem forschungspraktischen Niveau argumentierten und ihre Gegner auf einem theoretischen, philosophischen oder ideologischen. Sie war also nie zielführend. Vielmehr musste sich das Konzept der Kybernetik als eine Methodik, die in jedem denkbaren Wissensbereich angewandt werden könne, der Frage stellen, ob sie in den Humanwissenschaften gewinnbringend sei. Wenn mit ihrer Hilfe Phänomene geklärt werden könnten, die ohne sie verborgen blieben, hätte sie sich als eine nützliche Methode in den Humanwissenschaften, in vorliegendem Fall der Ästhetik und Pädagogik, durchgesetzt. Dagegen sprachen aber die ausbleibenden praktischen Erfolge, etwa auf den Gebieten der Entwicklung von Lehrmaschinen und -programmen oder der automatisierten Kunstkritik. Die Kybernetik bewährte sich im praktischen Einsatz kaum, weder als Technologie noch als analytisches Hilfsmittel. Aus diesem Grund blieb sie in den Geisteswissenschaften eine Randerscheinung.

### *Helmar Frank, Institut und Zeitschrift als wichtigste Akteure des Netzwerks*

Dieser netzwerkspezifische Stil der Kybernetik wurde wie kaum ein anderer von einer Einzelperson getragen und nach außen repräsentiert. Helmar Frank war der dominante Akteur des Netzwerks, der »fast alle Klassifikationen, Terminologievorschläge, Abgrenzungen sowie Rechtfertigungen«[131] selbst vornahm. Er formulierte die relevanten Fragen und beeinflusste die zentralen Forschungsgebiete maßgeblich – allerdings nicht im Alleingang, sondern meist in Kooperation oder angeregt und initiiert von seinen Lehrern und Vorgesetzten. Egal wie sich die Humankybernetik konkret darstellte, ob in Form von Informationsästhetik, Informationspsychologie, Sprachkybernetik oder kybernetischer Pädagogik und Bildungstechnologie, immer hatte Frank bei ihren Konzeptionierungen ganz wesentlich die Fäden in der Hand.

Über die Person Franks hinaus erreichte der humankybernetische Stil die GPI, die Zeitschrift »Grundlagenstudien aus Kybernetik und Geisteswissenschaft« und das Institut für Kybernetik, wobei Frank auch diese Organisationen stark beeinflusste. Bei allen dreien war er Initiator und nach ihrer Gründung Vorsitzender, Schriftleiter bzw. Leiter. Beson-

131 Wehnert: Entwicklung, S. 13.

ders im Institut war seine Dominanz »maximal.«[132] Nur die GPI rückte von Franks Konzeption ab und stellte die Entwicklung von Lehrmaschinen und -programmen auch auf andere theoretische Fundamente als ein kybernetisches. Damit entfernte sie sich inhaltlich teilweise vom Netzwerk.

Die netzwerkspezifische Form zu denken und zu arbeiten begründete in erster Linie das Institut. Damit war es der primäre Ort der Produktion humankybernetischen Wissens und humankybernetischer Technik. Dort wurden die wichtigsten technischen Entwicklungen sowie die wichtigsten wissenschaftlichen Einzel- und Sammelprojekte realisiert. Das »Lexikon der Kybernetischen Pädagogik und der Programmierten Instruktion« etwa, das Frank mit seinen Mitarbeitern 1966 am Institut herausgab, wirkte insofern netzwerkbildend, als es eine allgemein anerkannte Terminologie schuf.[133] Darüber hinaus war das Institut Ausgangspunkt von Neugründungen, von der GPI über das FEoLL und das Bildungstechnologische Zentrum Wiesbaden bis zur Bildungswissenschaftlichen Universität Klagenfurt und der Internationalen Akademie der Wissenschaften San Marino mit Außenstellen in Hermannstadt und Nitra. Schließlich war das Institut das Ausbildungszentrum schlechthin für eine nachkommende Generation technisch orientierter Pädagogen.

Die Zeitschrift GrKG dagegen hatte nach innen die Akteure des Netzwerks über die relevanten Fragen, Methoden und Theorien zu informieren und die Standards humankybernetischen Arbeitens zu vermitteln. Was die Zeitschrift »Kybernetik« für die Biokybernetiker bedeutete, war sie für die Humankybernetiker, nämlich das zentrale Organ des Netzwerks. Sie wurde 1959 am Lehrstuhl Max Benses in Stuttgart gegründet, ab 1960 von einem Kollegium um Bense, Frank, Felix von Cube, Gerhard Eichhorn, Gotthard Günther, Abraham A. Moles und Elisabeth Walther herausgegeben und ab 1961 vom Verlag Schnelle in Quickborn bei Hamburg gedruckt. Nach dem Motiv der Herausgeber sollte die Zeitschrift die »Annäherung zwischen Natur- und Geisteswissenschaft als Auswirkung methodologischer Bestrebungen«, eben die Kybernetik nach dem Verständnis des Netzwerks, fördern. Zu diesem Zweck sollten in ihr »grundlegende Ergebnisse, sowohl mathematischer, psycholo-

132 Uwe Lehnert im Interview, 13.11.2006.

133 Siehe Lexikon der Kybernetischen Pädagogik und der Programmierten Instruktion, hg. v. L. Englert (u.a.), Quickborn, 1966. Die Aktivitäten des Instituts sind zusammengestellt bei Piotrowski, Siegfried: Institut für Kybernetik Berlin e.V./Gesellschaft für Kommunikationskybernetik, in: Kybernetiknet. Das virtuelle Kybernetik-Magazin 1 (2000) = http://www.kybernetiknet.de (Stand 17.12.2008).

gischer, physiologischer und in Einzelfällen physikalischer als auch philosophischer und geisteswissenschaftlicher Art«[134] erscheinen. Mit dieser Konzeption wurde allen ein Forum geschaffen, die – im Sinne Franks – Kybernetik als Brücke zwischen den Wissenschaften, als Weg der Wiederherstellung der Einheit in einer diversifizierten Welt sahen und sich in geisteswissenschaftlichen Disziplinen verortet fühlten. Weil die Gruppe dergestalt Denkender und Arbeitender sehr überschaubar war, war der Autorenstamm der Zeitschrift in den ersten Jahren mehr oder weniger mit der Herausgeberschaft deckungsgleich. Um in der Frühphase der Humankybernetik überhaupt öffentlich wahrgenommen zu werden, mussten sich die Akteure ihr Organ selbst schaffen.[135] Auch als sich das Profil des Netzwerks in Richtung der kybernetischen Pädagogik schärfte und diese in den 1960er Jahren eine zumindest gesellschaftlich starke Konjunktur erlebte, waren einschlägige unselbständige Veröffentlichungen fast ausschließlich auf die GrKG beschränkt.[136] Im wissenschaftlichen Bereich reichte der humankybernetische Stil kaum über die Akteure und die nicht personellen Elemente des Netzwerks hinaus. Eingang in die allgemeine Pädagogik etwa fand er nie.

Durch die herausgehobene Stellung der Zeitschrift spiegelten ihre Beiträge die inhaltliche Entwicklung des Netzwerks wider. Die Zeitschrift wirkte sogar als Triebfeder, weil die veröffentlichten Aufsätze den Maßgaben der Herausgeber und des Schriftleiters Helmar Frank genügen mussten. Damit übten sie Druck auf die Autoren aus, die vorgegebene Entwicklung mitzutragen. Im Laufe der 1960er Jahre vereinheitlichten sie auf diese Weise die oft zusammenhanglosen kybernetischen Beiträge aus allen möglichen Ecken der Geisteswissenschaften, indem sie diese auf das theoretische Fundament der Objektivations-Theorie stellten. Die »Kalkülisierung geistiger Arbeit« galt nun als zentraler Gegenstand der Zeitschrift, und Veröffentlichungen mussten auf sie abzielen, entweder unter technischem oder reflektierendem Aspekt. Damit wurde sie willentlich als »übergreifende Leitidee«[137] des Netzwerks eingeführt. 1972 gab die Schriftleitung explizit als Zweck der Zeitschrift aus, »die verborgenen Algorithmen« hinter geistigen Prozessen des Menschen »aufzudecken oder wenigstens durch eine Folge einfacherer Algorithmen

134 Editorial, in: GrKG 1 (1960), S. 1.

135 Dass dies der Zweck der Zeitschrift war, behauptet Frank: Mini-Memoiren, S. 79.

136 So Wehnert: Entwicklung, S. 33.

137 Siehe zur »Kalkülisierung geistiger Arbeit« und zur »übergreifenden Leitidee« Schriftleitung und Verlag: In eigener Sache, in: GrKG 13 (1972), S. 1.

anzunähern und damit immer besser objektivierbar zu machen«.[138] Weil die Protagonisten des Netzwerks dem Unterricht den größten gesellschaftlichen Bedarf an Objektivation attestierten, stellten sie das Problem der Lehrobjektivation aus theoretischer und technischer Sicht in den Mittelpunkt der Zeitschrift. Sie schärften damit das Profil der Zeitschrift und fokussierten gleichzeitig die Arbeit des Netzwerks auf einen bestimmten Anwendungsfall der humankybernetischen Theorie. Als sie 1979 erkannten, dass die Lehrobjektivierung »an Aktualität verloren«[139] habe, sorgten sie für die Abkehr des Netzwerks von der Bildungstechnologie und kybernetischen Pädagogik, wiederum mit Hilfe der Zeitschrift. Auch die Idee der Einheit, symbolisiert im Bild des Regelkreises, war fortan kein zentraler Gegenstand der Zeitschrift mehr. Stattdessen repräsentierte sie wieder die Humankybernetik in ihrer vollen Breite, ohne Konzentration auf ein einheitliches theoretisches Fundament. Humankybernetik war ab den 1980er Jahren der Dachbegriff für alle wissenschaftlichen Bemühungen, die »nach dem Vorbild der neuzeitlichen Naturwissenschaft« versuchten, »Gegenstände, die bisher ausschließlich mit geisteswissenschaftlichen Methoden bearbeitet wurden, auf Modelle abzubilden und mathematisch zu analysieren.«[140] Speziell Informationspsychologie, Informationsästhetik, kybernetische Pädagogik, Sprachkybernetik, Wirtschafts-, Sozial-, und Rechtskybernetik zählten zu ihr. Damit wandten sich die Zeitschrift und mit ihr das gesamte Netzwerk wieder von ihren philosophischen Grundlagen ab und akzeptierten die Heterogenität der Kybernetik.

Der Zeitschrift gelang weder, ein scharfes theoretisches und thematisches Profils ins Netzwerk einzuführen, noch setzte sie allgemeine Qualitätsstandards durch. Zahlreiche Veröffentlichungen wandten die kybernetische Theorie ohne Aussicht auf Zweckmäßigkeit oder Erkenntnisgewinn auf geisteswissenschaftliche Themen an und fielen im Niveau sowohl hinter den Stand der kybernetischen Forschung als auch hinter den geisteswissenschaftlicher Forschung zurück. Der Autor eines Aufsatzes in den GrKG von 1974 versuchte beispielsweise, kybernetische Regelkreise in Linguistik und Textwissenschaft auszumachen. Das Ergebnis lautete, dass »der Sollwert des Regelkreises auf dem Gebiet der Literatur und der Ästhetik im weitesten Sinne nicht die Konstanterhaltung einer unmittelbaren Gegebenheit, sondern vielmehr die Konstanterhaltung

138 Ebd., S. 2.

139 Mitteilungen: Besprechung über die Lage und eine Neuorientierung der Zeitschrift am 25.11.1979 in Paderborn, in: GrKG 21 (1980), S. 31

140 In eigener Sache, in: GrKG 23 (1982), S. 3.

des Innovationsprozesses« sei.[141] Dies erinnerte an die prinzipielle Feststellung der Existenz biologischer Regelkreise von Richard Wagner aus dem Jahr 1925, die er um das Jahr 1960 stetig wiederholte. Bezeichnend für den Wert des Aufsatzes war die Aussage, dass der kybernetische Regelkreis »nicht nur im Bereich der Technik anwendbar« sei, sondern sich »auch zur Beschreibung von Regelvorgängen in Biologie«[142] sowie in Geistes- und Sozialwissenschaften eigne. Dieser Satz mochte aus der Feder Norbert Wieners Aufsehen erregt haben. Ein Vierteljahrhundert später musste er jedem, der sich, wenn auch nur wenig, mit Kybernetik beschäftigt hatte, wie ein Allgemeinplatz vorkommen. In der Humankybernetik, repräsentiert durch die GrKG, existierten Projekte und Veröffentlichungen von so unterschiedlicher Qualität, dass nie eine einzige, auf allgemein anerkannten Standards beruhende und in ihren Fragen und Methoden einheitliche geisteswissenschaftliche Kybernetik entstehen konnte.

### *Die Interaktion des Netzwerks mit Öffentlichkeiten*

Die zweite Aufgabe der GrKG war, den Stil des Netzwerks nach außen zu repräsentieren. Allerdings waren die Humankybernetiker selbst nur bedingt interessiert, ihren Kreis inhaltlich und personell zu erweitern. Sie bildeten eine recht abgeschlossene Gruppe, die kaum Anregungen von außen aufnahm, auch nicht von Biologen und Physiologen, indem sie etwa deren Ergebnisse als Grundlagen ihrer Arbeit genutzt hätte. Die Akteure des Netzwerks entwickelten bioanaloge Automaten und Funktionsmodelle des Nervensystems ohne detaillierte Kenntnisse derselben. Auch Aufsätze in den GrKG verfassten sie, ohne auf die führenden Biokybernetiker Bezug zu nehmen, selbst wenn deren Wissen direkt das Thema des Aufsatzes betraf.[143] Kooperationen suchten sie ebenso wenig. Nicht einmal mit Karl Steinbuch arbeiteten sie zusammen oder pflegten einen intensiveren Gedankenaustausch,[144] obwohl dieser auf derselben theoretischen Basis ganz ähnliche technische Entwicklungen wie das In-

141 Nöth, Winfried: Kybernetische Regelkreise in Linguistik und Textwissenschaft, in: GrKG 15 (1974), S. 84.

142 Ebd., S. 76.

143 Z.B. bei Schaefer, H.: Biologische und technische Regelvorgänge, in: GrKG 6 (1965), S. 57-63, sind die Namen Mittelstaedt oder von Holst nicht zu finden, obwohl dieser Aufsatz den eher technisch und mathematisch gebildeten Lesern genau die biologischen Zusammenhänge erklären sollte, mit denen sich die beiden Biokybernetiker beschäftigten.

144 Dies betont Uwe Lehnert im Interview, 13.11.2006.

stitut für Kybernetik anstrebte. Die DAGK/DGK nutzte kaum jemand aus dem Netzwerk als Plattform für die Veröffentlichung und Diskussion von Fragen, Methoden und Theorien. Ausnahmen bildeten zwei Teilnahmen Helmar Franks und eine Klaus Weltners an den großen Kybernetikkongressen.[145]

Dagegen agierten die Humankybernetiker in ganz ähnlichem Maß wie die Vertreter anderer Netzwerke, wenn sie die Seriosität ihres kybernetischen Stils betonten und versuchten, sich von außerwissenschaftlichen Bildern der Kybernetik abzugrenzen, die populärwissenschaftliche und feuilletonistische Schriften vermittelten. Diese pickten, so der Vorwurf der Wissenschaftler, lediglich »aus dem trockenen Kuchen der Wissenschaften ein paar Rosinen« heraus und servierten sie, »mit einer Sauce aus tieferen Gedanken versehen, einem erstaunten Publikum«. Übrig bliebe dann der Eindruck, dass »die Kybernetik groß und seltsam«[146] sei. Die Humankybernetik sah sich durchaus auf der Seite der Wissenschaft, sowohl der Kybernetik wie auch der Geisteswissenschaft, ohne aber näher in Kontakt mit diesen zu treten.

Ihre Vertreter pflegten allerdings intensiven Austausch mit Gleichgesinnten über die nationalen Grenzen hinweg, besonders im Rahmen der Bemühungen um die Technisierung des Lehrens. Obwohl in den 1960er Jahren die Bildungstechnologie nationale bildungspolitische Bedeutung hatte, existierten sogar Verbindungen in den Ostblock. Auf einer Reise in die UdSSR lernte Frank 1961 den Behaviorismus Skinners und den Begriff der »Programmierten Instruktion« kennen.[147] Mit dem Ostberliner Psychologen Friedhart Klix und dem tschechischen Mathematiker Milos Lansky stand er in dauerhaft engem Kontakt. Auch an den Lehrmaschinensymposien nahmen osteuropäische Forscher teil, und die deutschen Bildungskybernetiker rezipierten ihre Arbeiten, etwa durch Nachdrucke ihrer Veröffentlichungen in den GrKG.[148] In den Staaten des

145 Vgl. Frank, Helmar: Lernmatrix, S. 101-108; Ders.: Lehralgorithmen, in: Fortschritte der Kybernetik, S. 323-342. Weltner, Klaus: Informationspsychologie und programmierte Instruktion, in: Kybernetik 1968. Berichtswerk über den Kongress der DGK in München vom 23.-26.4.1968, hg. v. Hans Marko u. Georg Färber, München/Wien 1968, S. 175-198.

146 Eichhorn, Gerhard: Fragwürdige Bücher (Literaturbericht), in: GrKG 1 (1960), S. 62.

147 Frank: Mini-Memoiren, S. 86.

148 Z.B. Neue Ansichten über die Sprache, aus dem Russischen übersetzt und referiert von Rolf-Dietrich Keil, in: GrKG 10 (1969), S. 15-22. Dieser Aufsatz referiert ein Kapitel aus Andrejew, N.D.: Statistisch-kombinatorische Methoden in der theoretischen und angewandten Sprachwissenschaft, Leningrad 1967.

Ostblocks war die geisteswissenschaftliche Kybernetik wesentlich stärker verbreitet und besser gefördert als im Westen, nicht nur in der Philosophie und der Volkswirtschaft, sondern auch auf pädagogischem Gebiet. Deshalb dienten die dortigen Arbeiten in der Bundesrepublik immer wieder als Vorbild.[149] So strikt die Humankybernetik also inhaltlich in ihren Grenzen blieb, so weit erstreckte sie sich geographisch.

Entsprechend der mangelnden Außendarstellung des Netzwerks nahmen weder nichtkybernetische Geisteswissenschaftler noch Kybernetiker aus anderen Netzwerken die Humankybernetik in nennenswertem Umfang wahr. Wenn sie sich darüber äußerten, dann kritisch. Für strenge Analytiker verfolgte Frank durch die Theorie der Objektivierung einen gewinnbringenden kybernetischen Ansatz, machte »sich die Sache aber zu leicht«,[150] indem er zu wenig empirisch arbeitete, noch die empirisch-analytischen Ergebnisse seiner Kollegen verwendete. Im Resultat erschien der Stil des Netzwerks, repräsentiert durch die Zeitschrift, als »Sammelsurium über Gott und die Welt« und als »viel esoterischer, spekulativer«[151] als es ein strikt wissenschaftlich denkender Forscher billigen konnte.

Vor allem die allgemeine Pädagogik attackierte den Ansatz heftig, menschliche Informationsprozesse zu formalisieren und zu objektivieren, wenn er sich auf das Lehren bezog. Helmar Frank sah seine kybernetische Pädagogik von der allgemeinen von Beginn an abgelehnt. Schon bei seinem Berufungsvortrag an der PH Berlin bezweifelten zahlreiche spätere Kollegen, dass die Kybernetik »mehr sei als neue Worte für bekannte Probleme und Phänomene«. Sie stellten insbesondere infrage, dass die Kybernetik »irgend etwas Neues zur pädagogischen Praxis beitrage.«[152] An dem Vorwurf, der kybernetische Ansatz ziele an der Wirklichkeit von Erziehung und Unterweisung vorbei, sollte sich in den folgenden Jahren und Jahrzehnten nichts ändern. Die Kluft zwischen den traditionellen Pädagogen und den Kybernetikern blieb unüberbrückbar. Die Fronten verhärteten sich durch gegenseitige Vorwürfe sogar noch. Die Kybernetiker führten an, dass ihr Gegenüber über ein

149 Uwe Lehnert bezieht sich im Interview, 13.11.2006, besonders auf den Vorbildcharakter des Buchs Itelson, Lew: Mathematische und kybernetische Methoden der Pädagogik, Berlin 1967. Zum Ost-West-Transfer siehe auch Karl, Klaus u. Heinz Lohse: Brücken zwischen Inseln. Beziehungen zwischen Schwerpunkten bildungskybernetischer Forschung im Westen und Osten Deutschlands vor 1990 (Teil 2), in: grkg/Humankybernetik 41 (2000), S. 117-132.

150 Gert Hauske im Interview, 13.10.2005. Die anderen Akteure des Netzwerks »Biological Cybernetics« äußerten sich ähnlich.

151 Ebd.

152 Frank: Mini-Memoiren, S. 92.

vieldeutiges und dadurch unwissenschaftliches Begriffs- und Methodenrepertoire verfüge. Umgekehrt behaupteten die traditionellen Pädagogen, dass die Kybernetiker sich aufs Messen beschränkten und mit dieser Methode dort ins Leere zielten, wo Erziehung zum Thema der Pädagogik wurde, d. h. wo der Schüler nicht mehr nur ein passiv rezipierendes Element im Lehrsystem war, sondern zum »sittlichen Wesen« wurde, das »selbst jemand sein und mündig werden«[153] wollte. Kybernetik und Pädagogik standen sich in ihrem Charakter diametral entgegen. Die eine strebte mit einem mathematisch exakten Zugriff an, möglichst viele Phänomene zu formalisieren und objektivieren, und die andere betonte gerade die Nicht-Kalkülisierbarkeit ihres Objekts.[154]

Wenn die Pädagogik auf die Individualität des Schülers hinwies, äußerte sie den zweiten, genauso fundamentalen wie ausdauernden Kritikpunkt an der Kybernetik: Das kybernetische Menschenbild war mit dem pädagogischen nicht vereinbar. Der anthropologische Ansatz der Kybernetik war für die Pädagogen »konstruktiv, reduziert auf die vereinfachenden kybernetischen Strukturschemata« und zielte »auf die technische Wiederholung anthropologischer Strukturen.« Der Ansatz der Pädagogik dagegen wollte den Menschen so erfassen, »wie er in der Erziehung gegeben ist«.[155] Er legte interpretierendes Vorgehen im Gegensatz zum konstruierenden der Kybernetik nahe. Weil damit die anthropologischen Perspektiven fundamental voneinander abwichen, konnten aus Sicht der Pädagogen kybernetische Theorien und Methoden nicht für ihre Disziplin herangezogen werden. Der mathematische, konstruierende, positivistische Ansatz der Kybernetik griff in den Augen der pädagogischen Fachwelt auf ihrem Gebiet in theoretischer wie auch in bildungspraktischer Hinsicht zu kurz. Dadurch wurde die kybernetische Pädagogik zu dem Zweig der Kybernetik, der am meisten der Kritik und der Anfeindung aus Reihen der ihm entsprechenden traditionellen Disziplin ausgesetzt war. Sie war das »enfant terrible in der langen Geschwisterreihe der sogenannten Bindestrich-Kybernetiken«.[156]

153 Heller, Ewald: Die Perspektive der Kybernetik. Ein Beitrag zur pädagogischen Diskussion, in: Zeitschrift für Pädagogik 11 (1965), S. 16.

154 Diesen Unterschied erkennt, aus Sicht der Kybernetiker, Schmid, Wolfgang: Zum Stellenwert der Kybernetik in der Lehrerausbildung, in: GrKG 15 (1974), S. 98.

155 Jeweils Heller: Perspektive, S. 12.

156 Nicklis, Werner: Buchrezension zu Frank, Helmar u. G. Hollenbach (Hg.): Begriffswörterbuch der kybernetischen Pädagogik, Hannover/Paderborn 1973, in: Zeitschrift für Pädagogik 21 (1975), S. 473.

Die Anfeindungen waren aber nicht nur inhaltlich begründet, sondern auch politisch wegen der Stellung der Bildungstechnologie als gesellschaftlicher Modeerscheinung. Die traditionelle Pädagogik sah mit Missgunst, dass sich ihr Forschungsfeld im Aufschwung befand, ohne dass ihre Vertreter materiellen oder deutungsmächtigen Profit daraus schlagen konnten. Stattdessen übernahmen Ingenieure und Mathematiker ihr Feld. Dass diese mit dem Rückenwind der Nachfrage nach Rationalisierung und Objektivierung des Unterrichts nun auch die Verwissenschaftlichung der Pädagogik von außen anstrebten, kam einem Affront gleich. Die Pädagogik sah sich einer »Fremdherrschaft«[157] der Kybernetik ausgesetzt. Ihre Vertreter akzeptierten nicht, dass wesensfremde und unverständliche Erscheinungen wie Informationstheorie, Nachrichtentechnik, Regelungstechnik, Rechnerentwicklung etc. ihre Belange bestimmen sollten. Sie dachten nicht daran, sich in geistige Abhängigkeit und Vormundschaft von Experten anderer Gebiete zu begeben, die in der Pädagogik ebenfalls nur Laien waren. Helmar Frank wurde in diesem Sinne vorgeworfen, dass er sich nicht auf der Höhe pädagogischer Forschung bewege. Wenn er etwa den Begriff »Rezepte« im Zusammenhang mit Lehrmethoden verwendete, gebrauche er einen »in der pädagogischen Literatur verpönten Ausdruck«.[158]

Als die Vertreter der Fachdisziplin eine Dichotomie von Kybernetik und Pädagogik konstruierten, übersahen sie, dass die Kybernetiker keineswegs beabsichtigten, sich die Pädagogik im Ganzen einzuverleiben. Die kybernetische Pädagogik erhob nie den Anspruch, dass ihre Theorien linear in den Unterrichtsalltag einzufließen hätten. Sie wollte dem Praktiker kein »Rezeptbuch in die Hand«[159] geben, sondern vielmehr eine rationale Grundlage darstellen für eine anschließende praktische, an vorwissenschaftlichen Normen orientierte und idealistische Pädagogik. Die Kritik wurde der Sache erst dann gerecht, wenn sie an diesem Punkt ansetzte und fragte, ob die Kybernetik wirklich für die Anwendung in der Pädagogik brauchbare Fragen, Methoden und Theorien zur Verfügung stellte, ob mit Hilfe der Kybernetik pädagogische Probleme gelöst werden könnten, die ansonsten ungelöst blieben. Und hier attestierten die Pädagogen der Kybernetik Mitte der 1960er Jahre: »Der Nachweis

157 Dolch: Kybernetik, S. 256.

158 Ebd., S. 268. Er bezieht sich auf Franks »Kybernetische Grundlagen der Pädagogik«.

159 Frank: Kybernetische Grundlagen, 1962, S. 139. Zur Intention der kybernetischen Pädagogik auch ebd., S. 6f.

ihrer Bedeutung für die Pädagogik steht noch aus.«[160] Weder auf theoretischem Gebiet noch auf dem der anderen kybernetischen Zielrichtung, der Technik, konnte sie signifikante Erfolge vorweisen. Die Anwendbarkeit der kybernetischen Technik im Unterricht galt sowohl innerhalb der Kybernetik[161] wie auch im Rahmen einer maßvollen und nicht polemischen fachpädagogischen Kritik[162] als Erfolgsmaßstab. Wären einsetzbare Lehrmaschinen und -programme entwickelt worden, wäre die Kybernetik über alle Zweifel erhaben gewesen. Höchstens ihre Verabsolutierung als einzige theoretische Basis der Pädagogik hätte dann angefochten werden können.[163] Einmal mehr übernahm der Computer, hier als Lehrmaschine oder Träger des Lehrprogramms, die Rolle eines Referenzmodells der kybernetischen Theorie. Weil die Lehrmaschinen und -programme sich in der didaktischen Praxis aber nie durchsetzten, blieb die Kybernetik auch in dieser Beziehung den Nachweis ihres Nutzens schuldig.

### *Humankybernetik in einer wissenschaftlichen Nische*

Abgelehnt von der Fachpädagogik und ohne nennenswerte theoretische und praktische Erfolge fristeten die kybernetische Pädagogik und die Bildungstechnologie nach dem Ende der Bildungsdebatte der 1960er Jahre ein wissenschaftliches und gesellschaftliches Schattendasein. Auch viele ihrer selbst gestellten technischen und theoretischen Aufgaben blieben ungelöst. Bis 1977 war weder der Programmierte Unterricht in der Bundesrepublik verbreitet, noch die Kalkülisierung der Intelligenz, der Motivation, der Bildung von Invarianten und Klassen, der Altersabhängigkeit von Lern- und Problemlösungsverhalten gelungen.[164] Die Kybernetik konnte nicht wie gewünscht die menschlichen Geistesfunktionen rationalisieren, quantifizieren und objektivieren. Damit blieb auch der grundlegende informationspsychologische Anspruch unerfüllt.

Nichtsdestotrotz ging der Stil und das Wissen der Humankybernetik in tradierte wissenschaftliche Strukturen ein – auch und vor allem in die Pädagogik. Verantwortlich hierfür waren Berufungen von Kybernetikern auf allgemeinpädagogische Lehrstühle, etwa die Felix von Cubes zum Sommersemester 1974 auf den »Lehrstuhl für Allgemeine Erzie-

160 Heller: Perspektive, S. 19.
161 Z.B. bei Schmid: Stellenwert, S. 101.
162 Z.B. bei Heller: Perspektive, S. 21.
163 So argumentiert auch Dolch: Kybernetik, S. 269.
164 So Frank, Helmar: Derzeitige Bemühungen, in: GrKG 18, S. 61.

hungswissenschaft unter besonderer Berücksichtigung der Schulpädagogik« an der Universität Heidelberg.[165] Er war bei weitem nicht der einzige im Umfeld der PH Berlin und des Instituts für Kybernetik, Paderborn, der an andere deutsche Hochschulen ging. Die kybernetischen Gedanken verbreiteten sich durchaus in der deutschen Pädagogik. Obwohl die Mitarbeiter und Schüler Franks in ihren neuen institutionellen Umgebungen Lehre und Forschung meist nicht unter dem Titel der Kybernetik fortsetzten, hatten sie doch eine einschlägige Prägung erfahren und führten den Stil der mathematisch-technischen Betrachtung der Pädagogik und die Ausrichtung auf Rationalisierung und Objektivierung weiter. Demzufolge war die informationstheoretisch-kybernetische Didaktik Ende der 1970er Jahre oft Thema in erziehungswissenschaftlichen Standardwerken und Lehrbüchern.[166] Trotz des Widerstandes blieben die Arbeiten Franks und seiner Mitarbeiter nicht ohne Einfluss auf die theoretische Basis der Pädagogik. Gerade durch »die Präzisierung und Definierung ihrer tragenden Begriffe« sowie durch »Formalisierung« und »Mathematisierung wesentlicher am Lehr- und Lerngeschehen beteiligter Prozesse«[167] gelang es ihnen, die Pädagogik exakter zu gestalten und zu mathematisieren, eben zu verwissenschaftlichen.

In seiner »wegweisenden Funktion, Pädagogik zu einer exakten Wissenschaft«[168] gemacht zu haben, liegt in den Augen seiner Schüler auch bis heute die Bedeutung Helmar Franks für die Pädagogik. Versuche, Prozesse der pädagogischen Informationsverarbeitung zu mathematisieren und technisch zu imitieren, existieren noch immer, ja wurden

165 Vgl. Mitteilungen, in: GrKG 15 (1974), S. 31. Zu anderen Besetzungen siehe Mitteilungen, in: GrKG 16 (1975), S. 97; Frank: Mini-Memoiren, S. 102.

166 So Wehnert: Entwicklung, S. 8.

167 Uwe Lehnert im Interview, 13.11.2006.

168 Lehnert, Uwe: Pädagogik, S. 368. Als Beispiel für mathematisch exaktes pädagogisches Arbeiten sei hier die »Kybernetik der Aufmerksamkeit« von André Zimpel genannt. Dabei werden experimentalpsychologische Tests durchgeführt, um die Aufmerksamkeitsfähigkeit und -spanne des Menschen zu messen, daraus mathematische Modelle entwickelt, diese an Probanden erneut geprüft und die Ergebnisse in der Sonderpädagogik, speziell im Umgang mit Autisten, angewendet. Dazu z.B. Zimpel, André Frank: Kybernetik der Aufmerksamkeit, in: Zeitschrift für Heilpädagogik 58 (2001), S. 456-463; Ders.: Ein dynamischer Zugang zum Aufmerksamkeitsdefizitsyndrom: Die Aufmerksamkeitskybernetik, in: Zimpel, André Frank (u.a.) (Hg.): Aufmerksamkeitsdefizit Hyperaktivität Teilleistungsstörungen, Hamburg 2004, S. 49-73; Ders.: Wie viel Naturwissenschaft verträgt die Sonderpädagogik? Eine Reflexion der mathematisch-naturwissenschaftlichen Grundlagen sonderpädagogischer Forschung, in: Sonderpädagogik 36 (2006), S. 165-173.

mit der Verbesserung der Computertechnik sogar immer zahlreicher. Die Bezeichnung »Kybernetik« wird dabei freilich nicht mehr benutzt, sondern eher andere Titel wie »E-Learning«.[169] Auch diesbezügliche Ansätze basieren mehr oder weniger stark »auf den Konzepten der programmierten Unterweisung: Lehreinheit darbieten – Reaktion darauf abfordern – Reaktion bewerten und ggf. Fortgang der Unterweisung von der Art und Qualität der Adressatenreaktion abhängig machen.« Sie greifen aber nicht mehr auf die Objektivierungs-Theorie der Kybernetik oder deren Anthropologie zurück, sondern gehorchen ausschließlich den technisch-ökonomischen Mechanismen: »Es wird gemacht, was funktioniert.« [170] Bis heute finden diese Konzepte samt ihrer pragmatischen Orientierung ein Forum in der GPI. Sie nennt sich bezeichnenderweise, um ihre Herkunft aus der Kybernetik nicht mehr im Namen tragen zu müssen, bei Beibehaltung des Akronyms nunmehr »Gesellschaft für Pädagogik und Information«.[171] Die Kybernetik ist damit aus dem Bewusstsein der pädagogisch-wissenschaftlichen Öffentlichkeit verschwunden. Wenn Bildungskybernetik aber nichts anderes als »der mathematisierende Zweig der Bildungswissenschaft«[172] und dessen wesentliche Methode das Modellieren ist, dann existiert sie bis heute. Und ihre Vertreter sind bis heute überzeugt, dass mit ihrer Hilfe, ihren Begriffen, Fragen und Methoden, »die Humanwissenschaften schließlich den Weg der ›Berechnung‹ einschlagen werden.«[173] Auch die Tradition der Humankybernetik, dass Spekulationen über eine mögliche zukünftige Leistungsfähigkeit des Konzepts interessanter sind als eine Bestandsaufnahme der aktuellen realen Situation, ist auf diese Weise erhalten geblieben.

169 Ein Beispiel dafür ist die Plattform www.ich-will-schreiben-lernen.de (Stand 17.12.2008), eine interaktive Website zum Zweck der Alphabetisierung der ca. vier Millionen funktionalen Analphabeten in Deutschland. Darin ist der kybernetische Traum eines automatisierten und adaptiven Lehrprogramms realisiert.

170 Jeweils Uwe Lehnert im Interview, 13.11.2006.

171 Siehe die Homepage der GPI, http://www.gpi-online.de (Stand 17. 12.2008).

172 Lehnert, Uwe: Pädagogik, S. 365.

173 Ebd., S. 368.

# III. ZWISCHENFAZIT

## 8. Netzwerke als Räume des Wissens. Kybernetik zwischen lokaler und globaler, zwischen vorübergehender und dauerhafter Gültigkeit

Nur in umfassender Betrachtung der physisch-geographischen, sozialen und semantischen Dimensionen der Gültigkeit und räumlichen Begrenzung von Wissen lässt sich die Kybernetik in all ihren verschiedenartigen Manifestationen, all ihren Charakterzügen und all ihren Bedeutungen verstehen: Die Kybernetik breitete sich von einem einzelnen Buch zu zahlreichen Forschungskonzepten in den verschiedensten Disziplinen zum einen in einer physischen, fassbaren Dimension aus. Institute und Objekte schufen Wissen, begrenzten aber auch dessen Gültigkeit. Die Anwendung kybernetischer Fragen, Theorien, Methoden und Verfahren sowie der Einsatz von kybernetischen Konstrukten entgrenzte die Kybernetik in geographischer Hinsicht. Diese Entgrenzung war v.a. ein sozialer Prozess. Diskursgemeinschaften, Disziplinen und die Bereiche der Wissenschaft, der Technik und der Öffentlichkeit samt deren jeweiliger Verhaltensregeln bildeten Räume, in denen sich die Kybernetik ausbreitete. Die Kybernetik passte dabei als neues, revolutionäres Konzept in keinen vorhandenen sozialen Raum, sondern musste sich über die Grenzen bestehender Räume hinweg etablieren. Weil der Begriff Kybernetik zunächst nur einen sehr vagen Inhalt repräsentierte, musste jeder soziale Raum sein je eigenes Verständnis von Kybernetik festlegen, d.h. den Begriff mit Inhalt füllen. Ein gemeinsames Verständnis von Kybernetik sowie ein gemeinsames kybernetisches Sprechen und Schreiben in Form einer einheitlichen Terminologie generierten damit einen gemeinsamen Bedeutungsraum.

Die semantische Dimension weist auch den Weg, die scheinbar banalste Frage nach der Definition der Kybernetik zu klären. Zu fragen ist demnach nicht, was Kybernetik in einer idealtypisch angenommenen Ganzheit ist, sondern vielmehr, welcher Gestalt die einzelnen Ausprägungen der Kybernetik in ihrer historischen Forschungspraxis waren. Indem Wissenschaftler oder Laien sich vor Augen führten, was sie unter Kybernetik verstanden, füllten sie den Begriff mit Inhalt und kommunizierten diesen Inhalt nach außen. Wenn Einzelne oder Gruppen festgelegt hatten, was für sie Kybernetik ausmachte, was alles nach ihrem

Verständnis in diesem Wort enthalten war und was nicht, dann hatten sie bereits ihren kybernetischen Stil gefunden und hatten den Charakter eines Netzwerks geprägt. Die Sinngebung des Wortes Kybernetik spiegelte die jeweilige Stilrichtung der Kybernetik.

### *Etablierung der Kybernetik in der Bundesrepublik*

Als Norbert Wiener die Kybernetik begründete, schuf er nicht mehr als den Begriff und eine erste, vage Programmatik. Seine Überlegungen, genauso wie die an seine Thesen anschließenden Bemühungen der »Cybernetics Group«, legten keineswegs den Charakter und die konkrete Erscheinungsform der Kybernetik fest, sondern gaben lediglich einen Einblick in mögliche Einsatzgebiete dieser scheinbar unbegrenzt gültigen Theorie. Die amerikanischen Urkybernetiker waren sich nicht einig, ob ihr Konzept nun eine Universalwissenschaft, eine philosophische Theorie, eine Sprache, ein Mittel zur Analogienbildung oder ein festes Forschungsprogramm war.[1] Allgemeinverbindlich an der Kybernetik der amerikanischen Pioniere war lediglich das Verständnis als nachrichten- und regelungstechnische Denkweise im Grenzgebiet von organischen und technischen Systemen, wie sie der Untertitel von Wieners Buch vorgab. Darüber hinaus konnten und mussten alle nachkommenden kybernetisch Denkenden und Arbeitenden den Charakter ihrer Wissenschaft jeweils neu verhandeln. Sie mussten Forschungsprogramme entwickeln, die die Kybernetik erst zu greifbaren Konzepten machten. Dabei existierte kein linearer Wissenstransfer von den USA oder dritten Ländern in die Bundesrepublik. Die »Cybernetics Group« war nicht einmal ein strahlendes Vorbild für bundesrepublikanische Kybernetiker, sondern lediglich ein Netzwerk von Kybernetikern unter vielen, wenn auch zeitlich das erste. Wenn sie den Kybernetikern in der BRD überhaupt bekannt war, dann wurden ihre Mitglieder als Kollegen wahrgenommen. Es gab auch vereinzelt Gedankenaustausch, der aber auf Augenhöhe und bidirektional stattfand.

Unter semantischem Aspekt war der Transfer der Kybernetik in die Bundesrepublik das Anfüllen des Begriffs Kybernetik mit neuer Bedeutung. Die neue Wissenschaft wurde transformiert durch die andersartigen gesellschaftlichen und wissenschaftlichen Voraussetzungen in der Bundesrepublik einerseits und andererseits durch die jeweiligen disziplinären Kulturen, in die sie Eingang fand. Dieser Prozess hatte drei Ebenen:

1 So Rosenblith, Walter A.: Norbert Wiener in memoriam, in: Kybernetik 2 (1963/1965), S. 196.

1.) forschungspraktisch in einzelnen Instituten,
2.) politisch in Aushandlungsprozessen über Forschungsprogramme und
3.) sozial in Plattformen der Scientific Community, v.a. in wissenschaftlichen Vereinigungen und Zeitschriften.

Je nach den Strukturen und Ereignissen auf diesen drei Ebenen bildete die Kybernetik unterschiedliche Erscheinungsformen aus. Diese Entwicklungen folgten der Dynamik von sozialen Netzwerken und entsprachen Disziplinengenesen im Kleinen. Kybernetik war nie eine eigenständige wissenschaftliche Disziplin, weil sie keine eigenen Gegenstände besaß oder, der Theorie des »Agenda-Building« zufolge, keine eigenen Probleme. Sie war lediglich ein Hilfsmittel zur Erkenntnis und Lösung von Forschungsproblemen in etablierten Disziplinen. Die Frage, um die sich kybernetische Netzwerke nach innen formierten, war nicht »What is to be done?«,[2] sondern, in Abwandlung dieses Zitats, How is to be done? Wenn eine Gruppe von Kybernetikern diese Frage einheitlich beantwortete, also über gemeinsame Forschungsfragen und Methoden verfügte, bildete sie ein kybernetisches Netzwerk. Wer durch seine institutionelle Position oder seine persönliche Autorität die Macht hatte, einen Kanon gültiger Fragen und Methoden festzulegen, war ein Protagonist des Netzwerks.

Von Netzwerken wird hier gesprochen, weil die Gruppierungen nicht über feste Strukturen verfügten. Sie befanden sich bei tendenziellem Wachstum ständig in Veränderung, präsentierten sich gerade an ihren Rändern als unscharf definiert und ihre Akteure fühlten sich ihnen nicht dauerhaft, sondern oft nur sporadisch oder zyklisch zugehörig – wenn sie sich überhaupt einer Vernetzung bewusst waren und diese nicht eher implizit bestand. Formelle Verbindungen wie neu gegründete Gesellschaften, Institutionen und überinstitutionelle Kooperationen sowie informelle Verbindungen wie Korrespondenzen, gemeinsame Veröffentlichungen in Zeitschriften und Sammelbänden und ein gesteigertes Maß gegenseitiger Zitationen hielten die Netzwerke von Kybernetikern zusammen. Die Netzwerke erzeugten ein Gefühl der Zusammengehörigkeit durch institutionelle und besonders persönliche Kontakte ihrer Zugehörigen sowie durch ein gemeinsames Verständnis vom Charakter und den Aufgaben der Kybernetik. Dadurch entwickelten die Akteure eines Netzwerks gemeinsam einen spezifischen Stil kybernetischen Arbeitens, Denkens und Redens bzw. Schreibens und vertraten diesen nach außen.

2 Nach Mahoney, Michael: Software as Science – Science as Software, in: Ulf Hashagen (u.a.) (Hg.): History of Computing: Software Issues, Berlin (u.a.) 2002, S. 28.

Dieser Stil, das spezifische Verständnis der Kybernetik und die Akteure, die diese beiden Kriterien einten, bildeten in der Summe eine kybernetische Kultur.[3] Netzwerke waren demnach Träger einer je spezifischen wissenschaftlichen Kultur.

Innerhalb kybernetischer Netzwerke ergänzten sich die scheinbar gegenläufigen Phänomene der räumlichen Nähe und der Globalität.[4] Reale Orte konstituierten dabei Kooperationen, weil sich Forscher auch und gerade über Disziplinengrenzen hinweg in persönlichem Kontakt über ein konkretes Problem austauschten, eine bestehende Infrastruktur gemeinsam nutzen konnten und somit zu interdisziplinären Teams zusammenwuchsen. Dadurch entstand ein lokaler Forschungsstil. Die räumliche Nähe erwies sich etwa bei Horst Mittelstaedt und Hans Marko als Faktor der Kooperation. Obwohl selbst Biologe und MPG-Mitglied, hatte Mittelstaedt weniger mit dem Biologen und MPG-Mitglied Werner Reichardt zu tun als mit dem benachbarten Ingenieur Marko. Er lag ihm nicht nur buchstäblich, sondern auch aus forschungspraktischen Gründen näher als Reichardt: Durch die Möglichkeit des persönlichen Kontakts konnten die beiden leichter ein interdisziplinäres Forschungsteam zusammenstellen, um in diesem Rahmen konkrete Forschungsfragen zu lösen.

Auf der anderen Seite war das Ziel der Forscher stets die Allgemeingültigkeit ihres Forschungsstils und des von ihnen produzierten Wissens. Deshalb versuchte jede Gruppe von Kooperierenden, die Gültigkeit des Wissens ständig zu vergrößern. Diese Bemühungen überwanden die Lokalität der Kooperationen und des Wissens. Im Fall der Gruppe Marko/Mittelstaedt waren die Plattformen für diese Ausweitung ins Globale die DAGK/DGK und die Zeitschrift »Kybernetik«. Dabei wurde wiederum Reichardt als Schriftleiter der Zeitschrift Teil der Gruppe.

Forschungsstil und Wissen auszubreiten, war eine wesensimmanente Aufgabe der kybernetischen Netzwerke. Sie waren die Räume, in denen ein spezifischer Stil geprägt sowie das kybernetische Wissen produziert und erstmals veröffentlicht wurde. Nach innen fand das Wissen ein Publikum in den netzwerkbildenden Zeitschriften und auf Tagungen. Bereits diese Plattformen transformierten es. Kybernetiker vernetzten sich,

3 Zu dem derzeit sehr modischen Kulturbegriff in den Wissenschaften siehe einführend Ash, Mitchell: Von Vielschichtigkeiten und Verschränkungen. Kulturen der Wissenschaft – Wissenschaften in der Kultur, in: Berichte zur Wissenschaftsgeschichte 30 (2007), S. 91-105.

4 Dies attestiert Netzwerken im Allgemeinen Heßler, Martina: Vernetzte Wissensräume. Zur Bedeutung von Orten in einer vernetzten Welt, in: Technikgeschichte 70 (2003), S. 253.

um die Wissensproduktion zu organisieren und hierarchisieren, aber auch um das Wissen über das Netzwerk hinaus zu verteidigen, auszubreiten und weiter zu verallgemeinern. Wenn ein breites externes Publikum das Wissen und den Forschungsstil eines Netzwerks adaptierte, wurde das kybernetische Konzept idealerweise allgemeingültig. Dann war nicht mehr nur das Wissen nochmals transformiert, sondern auch die wissenschaftlichen Netzwerke selbst. Die gemeinsamen Inhalte schufen soziale Gemeinsamkeiten, verringerten Grenzen und verstärkten die Interaktions- und Kooperationsfähigkeiten, etwa zwischen Disziplinen oder Nationen. Damit löste sich das Netzwerk in der Gesamtheit der Scientific Community auf. Sein Forschungsstil und Wissen wurden entpersonalisiert und institutionell manifestiert, konkret indem sich seine Fragen, Methoden und Erkenntnisse in Lehrbüchern, Lehrstühlen, Hochschul- oder außeruniversitären Forschungsinstituten und Studiengängen niederschlugen. Das Wissen war endgültig nicht mehr an bestimmte lokale und personelle Kontexte gebunden.

In diesem Zusammenhang kam der Generationenfrage hohe Bedeutung zu. Die Generation von Protagonisten der traditionellen Disziplinen adaptierte die Kybernetik um 1950, erkannte die Anschlussfähigkeit an ihre eigenen Vorarbeiten und transformierte sie dadurch erstmals. Mit der Ausarbeitung von Forschungsprogrammen beauftragte sie bis etwa 1960 ihre Schüler. Sie waren die Vertreter der nachfolgenden Generation, die durch ihre Tätigkeit zu echten Kybernetikern wurden. Forscher wie Werner Reichardt, Bernhard Hassenstein, Horst Mittelstaedt, Hans Marko, Karl Steinbuch, Alfred Schief, Max Syrbe oder Helmar Frank erarbeiteten die relevanten Fragen, Methoden und die ersten Theorien innerhalb der kybernetischen Netzwerke. Sie wurden zu Protagonisten der wissenschaftlichen Kybernetik in der Bundesrepublik. Mit dieser nachfolgenden Generation hatte sich die Kybernetik nicht nur durch Lehrbücher und Institutionen materiell manifestiert, sondern auch sozial. Die zweite Generation war bereits innerhalb ihres jeweiligen Netzwerks sozialisiert, arbeitete um 1970 an bereits anerkannten kybernetischen Forschungsfragen und wandte etablierte Methoden an. Als die dritte Generation wichtige Positionen übernahm, fand kybernetisches Arbeiten und Denken endgültig und wie selbstverständlich Eingang in die bundesdeutsche Wissenschaftslandschaft – oft ohne dass der Begriff überhaupt noch verwendet wurde.

### *Unterschiedliche Formen der Kybernetik*

Die Unterschiede zwischen den einzelnen kybernetischen Netzwerken lagen v.a. in den Zielrichtungen ihres Arbeitens. Das Netzwerk »Biological Cybernetics« war um die Analyse biologischer Systeme bemüht. Den Ursprung hatte sein Forschungsstil in der Praxis einiger Max-Planck-Institute. Die dort ausgearbeiteten Fragen, Methoden und Theorien präsentierten v.a. die DAGK/DGK und die Zeitschrift »Kybernetik« als zentrale Plattformen des Netzwerks einer internen und externen Öffentlichkeit. Die nachhaltigste Prägung erfuhr der Forschungsstil aber in den Programmen der DFG, die ihn kanonisierten und kodifizierten. Aus Furcht vor Zersplitterung wurde dort nicht der gesamte Aufgabenkomplex der Kybernetik berücksichtigt, sondern das SPP Kybernetik und der SFB 50 auf einige Probleme der Biokybernetik konzentriert. Ziel war es, trotz des heterogenen Charakters der Kybernetik Kohärenz in diesen Programmen zu schaffen. Dies gelang insofern, als die in das SPP und den SFB aufgenommenen Forschungsfragen die Kybernetik in der Bundesrepublik dominierten. Allerdings konnte nicht einmal der lokal, methodisch und thematisch extrem konzentrierte SFB inhaltlich und sozial Kohärenz schaffen. Deshalb etablierten sich Fragen und Methoden aus dem Bereich der Kybernetik zwar in der Biologie, der Nachrichtentechnik und der Psychiatrie. Der universalistische Anspruch der Kybernetik und der Begriff selbst aber gingen unter.

Auch wenn die Akteure gemäß offizieller Maßgabe nach außen hin stets ihre Analyse- und Grundlagenorientierung betonten, hielt in der Forschungspraxis der DFG-Programme auch die technische, konstruierende Zielrichtung der Kybernetik Einzug in die Biokybernetik. Wegweisend für eine derartige Ausgestaltung der Kybernetik innerhalb der DFG-Programme wirkten Richard Feldtkellers und Karl Küpfmüllers Arbeiten, die immer die Optimierung technischer Konstruktionen durch das Wissen über organische Systeme bezweckten. Feldtkeller beeinflusste dabei besonders seinen Schüler und Mitarbeiter Eberhard Zwicker, der später die psychoakustische Gruppe des SFB 50 leitete. Aber auch Theodor Einsele, der 1954 bei Feldtkeller promoviert wurde, und Hans Marko, der 1953 von ihm promoviert wurde und sich 1961 bei ihm habilitierte, zählten zu seinen Schülern. Weil alle drei Professuren an der TH München übernahmen, darüber hinaus Marko und Zwicker alternierend den Sonderforschungsbereich Kybernetik leiteten, formte die Feldtkeller-Schule[5]

5 Die Existenz einer Schule bescheinigt H. Marko an R. Feldtkeller, 1966, UA Stuttgart, NL Feldtkeller, o. Signatur.

die Kybernetik an der TH München, innerhalb der DFG und über ihren Einfluss in der DGK im gesamten Netzwerk. Daneben prägten Feldtkeller und Küpfmüller das Gesicht der Kybernetik auch direkt durch ihre persönliche Autorität als Protagonisten der Nachrichtentechnik und formal als Gutachter und Berater der DFG.

Der Eintritt der Münchner Nachrichtentechniker in die biowissenschaftlichen Forschungsprogramme der DFG schuf die personellen Voraussetzungen, die Vorgaben Feldtkellers und Küpfmüllers umzusetzen und die Erkenntnisse biokybernetischer Analyse technisch nutzbar zu machen. Zwar stand auch für die Ingenieure Grundlagenforschung im Vordergrund – ihre Aufgabe bestand dabei in der Entwicklung und Auswertung von Funktionsmodellen –, aber ihre disziplinäre Kultur genauso wie die Maßgaben der DFG-Förderung legten es nahe, die »Grundlagen auch nutzbar«[6] zu machen. Projekte, deren Ziel die technische Verwertung biologischer Erkenntnisse war, fielen dabei verstärkt unter den Titel »Bionik«.

Als Resultat dieser Entwicklung war kybernetisches Arbeiten, in dem sich wissenschaftliches Erkenntnisstreben und technische Entwicklungen gegenseitig bedingten, in einem großen, wohl ausgestatteten und weithin rezipierten und anerkannten Programm fixiert. Gleichzeitig war ein netzwerkspezifischer Stil geprägt, demzufolge dieses Arbeiten dem Ziel der biologischen Analyse diente.

Das Arbeitsgebiet »Entwicklung von Automaten nach dem Vorbild der Nachrichtenverarbeitung im Menschen«, also der technische Zweig der Kybernetik, fand weder im SPP »Kybernetik« noch im SFB 50 Berücksichtigung. Weil das SPP »Elektronische Rechenanlagen (Nachrichtenverarbeitung)« und der SFB 49 entsprechende Forschungsfragen ebenso nicht vorsahen,[7] wurde die synthetische Kybernetik nie in dem Maße kanonisiert und kodifiziert, wie dies in der analytischen Kybernetik der Fall war. Sie etablierte sich nirgendwo in der bundesdeutschen Wissenschaftslandschaft.

Vielleicht hätte sie sich etabliert, wenn die Akteure des Netzwerks »Informationsverarbeitung in Technik und Biologie«, also die Mitarbeiter des Instituts für Nachrichtenverarbeitung der Universität Karlsruhe und des ISf/IITB, ein streng organisiertes überregionales Forschungsprogramm initiiert hätten. Ihren in der praktischen Institutsarbeit gepflegten Forschungsstil diskursiv mit anderen Forschern, Experten von außen und Geldgebern in ein breiteres Forschungsprogramm auf ein allgemein-

6 G. Hauske im Interview, 20.10.2005.

7 Das bestätigt Friedrich L. Bauer im Interview, 15.2.2006.

gültiges Niveau zu übersetzen, lag aber nicht im Interesse der Ingenieure des Netzwerks. Sie orientierten sich nicht primär an den Mechanismen der Wissenschaft, strebten also nicht nach wissenschaftlicher Reputation, der Produktion dauerhaften wissenschaftlichen Wissens und der Manifestation ihres Konzepts durch institutionalisierte Strukturen. Vielmehr unterlag ihr Denken und Arbeiten ökonomischen Mechanismen, nach denen die Wissensproduktion und die technischen Entwicklungen zuvorderst wirtschaftliche oder militärische Relevanz besitzen mussten. Weil Forschung und Entwicklung hier auf den Gewinn des Auftraggebers zielten, hielten die Akteure des Netzwerks ihr Wissen sogar eher geheim, statt um eine Verbreitung bemüht zu sein. Zudem dienten Forschung und Entwicklung, angeregt durch die Debatte um die »Technologische Lücke«,[8] dem Streben nach einer wirtschaftlichen Spitzenstellung der Bundesrepublik. Konsequenterweise waren ausländische Forscher in den Augen der Auftraggeber nicht Kollegen der Akteure des Netzwerks, sondern bedeuteten Konkurrenz. Diese Mentalität verstärkte den Transfer wissenschaftlichen Wissens von außen noch zusätzlich und begrenzte ihn auf den nationalen Raum. Die Exklusivität von Wissen, die wirtschaftlich und militärisch einen Vorteil vor der Konkurrenz bedeutete, und der freie Wissenstransfer in der Wissenschaft waren konträre Bestrebungen. Die Akteure des Netzwerks konnten im Alltag von Forschung und Entwicklung beide Interessen zwar zumeist vereinen. Die Differenzen verhinderten aber die Etablierung des Forschungsstils in der Wissenschaft.

Zusätzlich zu den analytischen und synthetischen Zielrichtungen verlieh das Netzwerk »Grundlagenstudien aus Kybernetik und Geisteswissenschaft« der Kybernetik eine philosophische Komponente, indem es diese als Metatechnik verstand. Die Akteure des Netzwerks analysierten nicht nur die Funktion der Informationsverarbeitung in bestehenden Systemen und synthetisierten die Ergebnisse dieser Analysen in künstlichen Systemen. Sie untersuchten auch, was kybernetisches Denken und Arbeiten für den Menschen und menschliche Gesellschaften bedeuteten. Sie wollten die Rolle des Menschen in einer Welt klären, in der der Mensch als Maschine verstanden und eine Maschine nach dem Vorbild

8 Einen wissenschaftlich-technisch-wirtschaftlichen Wettkampf zwischen den Industrienationen und damit eine Konkurrenzsituation erwähnt explizit u. a. Edwards, Ralf: Was hält der Steuerzahler von der Wissenschaft? Bemerkenswert positives Ergebnis einer Meinungsumfrage, in: Mitteilungsblatt der FhG 7 (1969), Nr. 3/4, S. 6.

des Menschen entwickelt werden konnte, die Grenzen zwischen Mensch und Maschine sich also auflösten.

Naturwissenschaftliches Erkenntnisstreben, technische Entwicklung und anthropologische Interpretation waren in allen drei Netzwerken in Form analytischer, synthetischer und philosophischer Kybernetik gegenwärtig, wurden nur unterschiedlich gewichtet. Alle Netzwerke bezogen ihren Stil auf die ursprüngliche Programmatik Norbert Wieners, nach der informationsverarbeitende Systeme, gleich ob lebender oder technischer Natur, nachrichten- und regelungstechnisch zu verstehen, zu beschreiben und in Form von Modellen funktional zu imitieren seien. Die Netzwerke adaptierten und transformierten diese grundlegende These unterschiedlich und getrennt voneinander, indem sie diese mit ihrer tradierten Art zu denken und zu arbeiten, ihrem Vorwissen und ihrer Terminologie verschmolzen. Von Anbeginn existierte die Kybernetik nicht als eine Wissenschaft, sondern als ein Nebeneinander unterschiedlicher Forschungskonzepte, die durch die Verortung in traditionellen Disziplinen mindestens ebenso stark geprägt waren wie durch die kybernetische Theorie. Auch wenn alle Netzwerke den Titel Kybernetik gebrauchten und den kybernetischen Anspruch der Vereinheitlichung unterschiedlicher Formen des Denkens mehr oder weniger stark pflegten, existierten getrennte natur-, technik- und geisteswissenschaftliche Ausprägungen der Kybernetik, die nicht viel miteinander zu tun hatten. Die disziplinären Strukturen behielten weiterhin ihre Kraft. Die Kybernetik etablierte sich in diesen Strukturen, die Kooperationen fanden weitgehend innerhalb der disziplinären Kontexte statt. Die Kybernetik ließ nur dann Forscher aus unterschiedlichen Disziplinen zueinander finden, wenn sie mit demselben Forschungsproblem befasst waren und es in einem Team zu lösen versuchten. Interdisziplinarität war ein Produkt disziplinenübergreifender Probleme und gemeinsamer Fragen. Die theoretischen Ansätze und ideologische Ansprüche der Kybernetik, etwa der der universellen Mathematisierbarkeit, wirkten, von anfänglichen Versuchen abgesehen, nicht einend. Nicht der Begriff Kybernetik konstituierte Netzwerke, sondern die Inhalte. Friedrich L. Bauers kritischer Kommentar beschrieb die Ausbreitung kybernetischen Wissens in verschiedenen voneinander unabhängigen Netzwerken zutreffend: Die ursprüngliche Begriffsbildung Wieners sei »recht verschwommen« gewesen, dieses »Vakuum […] in der einsetzenden Diskussion jedoch bald ausgefüllt« worden.[9] Der Begriff Kybernetik wurde, abhängig von den disziplinären

9 Bauer, Friedrich L.: Kybernetik als Utopie und als Realität, in: Kybernetik, Medizin, Verhaltensforschung (= Tutzinger Texte 5), München 1969, S. 11.

Verortungen, dem Inhalt der Arbeiten und den Zielsetzungen, mit verschiedenen Bedeutungen gefüllt.

Die Verhältnisse an der Universität Stuttgart verdeutlichten die Beharrungskraft tradierter Strukturen und das Scheitern des kybernetischen Anspruchs der Vereinheitlichung eindrücklich. Nicht einmal die lokale Gemeinsamkeit konnte dort die drei Gruppen um Max Bense, Richard Eppler und Ernst Dieter Gilles sowie Richard Feldtkeller vereinen, obwohl alle drei kybernetisch arbeiteten. Die Kybernetik als ein einheitliches Ganzes bestand also nur idealtypisch. Auch die zeitgenössische Literatur konstruierte sie lediglich im Nachhinein aus den vielen real existierenden unterschiedlichen Formen. Selbst der Begriff Kybernetik wurde nicht einheitlich verwendet. Bio- und Humankybernetiker etwa verstanden ihn vollständig unterschiedlich, die einen als Titel für einen Methodenapparat zur Analyse organischer Systeme, die anderen als Titel für eine Metawissenschaft. Die Ingenieurwissenschaften vermieden ihn bei konkreten Forschungs- und Entwicklungsprojekten sogar gänzlich. Wenn Autoren die Kybernetik in ihrer Gesamtheit präsentierten, zählten sie demnach unter dem Titel der technischen Kybernetik ein Arbeitsgebiet zu dieser Wissenschaft, das sich in seiner Forschungspraxis gar nicht als Teil davon verstand. Umgekehrt verfügte der Begriff der Kybernetik über wenig Durchsetzungskraft. Er grenzte explizit kybernetisch Denkende und Arbeitende nicht von anderen Wissenschaftlern ab, die sich nicht als Kybernetiker bezeichneten, solange diese mit gleichen oder ähnlichen Forschungsfragen und Methoden arbeiteten. Dies war insbesondere dann der Fall, wenn Wissenschaftler dieselben Forschungsfragen und Methoden innerhalb unterschiedlicher national begrenzter Wissens- und Wissenschaftskulturen benutzten. Beispielsweise entwickelten sich die traditionellen Disziplinen in der Bundesrepublik und den USA inhaltlich parallel, der Begriff Kybernetik war jedoch unterschiedlich konnotiert. Deshalb war er in deutsch-amerikanischen Kooperationen kaum gebräuchlich. Vielmehr wurde dabei auf Begriffe aus den traditionellen Disziplinen zurückgegriffen um Gemeinsamkeiten zu stiften. Nationale Kulturen wirkten auf den Begriff Kybernetik begrenzend, nicht aber auf die Inhalte, die unter ihn fielen.

### *Gemeinsamkeiten in allen Formen der Kybernetik*

Der Netzwerkbegriff intendiert, dass verschiedene Netzwerke nicht hermetisch voneinander getrennt sind, sondern sich personell, materiell und inhaltlich überschneiden. Er lässt Grenzbereiche offen und Platz für Gemeinsamkeiten. Damit wird er dem dynamischen und unscharfen

Charakter der Kybernetik gerecht. Denn zwischen den kybernetischen Netzwerken existierten nicht nur Unterschiede, sondern auch Gemeinsamkeiten. Diese hoben ihre Akteure erstens aus forschungspraktischen und -politischen Gründen hervor, weil sie nach Allgemeingültigkeit des von ihnen produzierten Wissens strebten. Schließlich ist es ein charakteristischer Antrieb eines Wissenschaftlers, die räumliche Begrenzung seines Netzwerks zu überwinden und begrenzte Theorien zu einer allgemein anerkannten genauso wie zu einer auf möglichst viele Phänomene anwendbaren Wissenschaft zu vereinen, kurzum »Agenda-Building« zu betreiben.

Zweitens betonten Kybernetiker ihre über die Netzwerkgrenzen hinausreichenden Gemeinsamkeiten aus dem spezifischen und ideologischen Grund, dass sie der kybernetische Universalitätsanspruch ihrer Wissenschaft dazu motivierte: Um 1960 war der Prozess der Adaption der Wienerschen Kybernetik und deren Transformation im Wesentlichen abgeschlossen. Die Ur-Konzeption war mit den eigenen und den Vorarbeiten Dritter verbunden und zu neuen Konzepten umgearbeitet worden. Diese waren auf lokaler Ebene anerkannt und wurden erfolgreich angewandt. Im nächsten Schritt versuchten auch bundesdeutsche Kybernetiker, Wieners Anliegen einer universellen Wissenschaft nachzuahmen und ihr Konzept auf prinzipiell alle Untersuchungsgegenstände anwendbar zu machen. Sie wollten eine allgemeine, die traditionellen Disziplinen übergreifende Wissenschaft kreieren, in der die gemeinsame Methode und Terminologie ein gemeinsames Forschungsobjekt als konstituierendes und definierendes Element ersetzten. Beispiele für diese Bemühungen waren die Zeitschrift »Kybernetik«, gegründet 1961, die Aufsatzserie bzw. das Buch Helmar Franks »Kybernetik. Brücke zwischen den Wissenschaften« aus den Jahren 1961/62 und die Gründung der DAGK 1962. Sie besaßen allesamt eine enorme thematische Breite, bezogen weite Kreise von Forschern ein und berücksichtigten gleichermaßen Naturwissenschaft, Technik und Philosophie.

Die Versuche, die vielen Äste und Zweige der Kybernetik gemeinsam zu fassen und so eine wirkliche »Einheit der Wissenschaften«[10] zu schaffen, waren zum Scheitern verurteilt, weil sie sich als nicht praktikabel erwiesen. Wie fremd sich die verschieden ausgerichteten Kybernetiker waren, bewies schon Franks einleitender Aufsatz zur »Brücke zwischen den Wissenschaften«. Von den Vorläufern und Pionieren der Kybernetik,

10 Dieses vielfach verwendete Schlagwort taucht z. B. auf bei Steinbuch, Karl: Kybernetik. Weg zu einer neuen Einheit der Wissenschaften, in: VDI-Z 104 (1962), S. 1307-1314.

die er in seinem historischen Überblick über die Kybernetik vorstellte, waren nur die Namen Norbert Wiener und Claude Shannon mehrheitsfähig. Wenn sich auf diese die meisten Kybernetiker wohl noch hätten einigen können, herrschte über den Einfluss Hermann Schmidts bereits Dissens – ganz zu schweigen davon, dass Hermann Hesse, Abraham A. Moles und Max Bense Vorreiter gewesen waren.[11] Mit diesen Namen verwies Frank eindeutig auf seine philosophische, humankybernetische Prägung. Sein Verständnis repräsentierte nicht die Kybernetik in ihrer Gesamtheit. Ein Biokybernetiker hätte sich auf diese Namen nie bezogen, sondern auf ganz andere wie Richard Wagner und Erich von Holst.

Spezialisten, die moderne Wissenschaftler sein müssen, um in einem Fachbereich Neues zu liefern, konnten die Kybernetik in ihrer gesamten Breite nicht überblicken. Noch weniger konnten sie diese Breite zu konkreten Forschungsprogrammen oder einer Disziplin mit sinnvollen Grenzen zusammenfassen. Deshalb bildeten sich keine allgemeine Kybernetik, sondern nur kybernetische Anwendungen heraus, deren Gültigkeiten auf ihre jeweiligen Disziplinen beschränkt blieben. Sie etablierten und manifestierten sich als Sub-Disziplin bzw. neuartige heuristische und methodische Hilfsmittel in traditionellen Disziplinen. In diesen Prozessen bemühte sich niemand mehr, eine universelle Kybernetik als wissenschaftliche Disziplin zu schaffen. Lediglich in den bestehenden Disziplinen kybernetische Fragen, Methoden und Theorien auf bereits vorhandene Forschungsprobleme anzuwenden, war dabei das Ansinnen der Kybernetiker. Auch in diesem Fall bewiesen die Disziplinengrenzen ihre Beharrungskraft, weil die Kybernetik ihre je unterschiedlichen Terminologien und Formen des Denkens nicht auflösen konnte.

Die Kybernetik forderte die traditionellen wissenschaftlichen Denkstrukturen dadurch heraus, dass sie neben das objektfokussierte und dadurch disziplinär begrenzte Denken eine neue Form des Denkens stellte. Sie war mathematisierendes Denken, das nachrichtenverarbeitende Funktionen von ihrer Materialität abstrahierte und formalisierte und dadurch das informationstragende Objekt irrelevant werden ließ. Sie war darüber hinaus systemisches Denken, das zum einen innerhalb von Systemen Kausalitäten als nicht linear, sondern in Kreisbahnen und interkausal wirkend annahm. Zum anderen war dem kybernetischen Denken zufolge jedes betrachtete System bei genügend genauer Analyse vollständig verstehbar und dadurch vorausberechenbar und in seinem

11 Diese Namen nennt Frank, Helmar: Was ist Kybernetik? Kybernetik. Brücke zwischen den Wissenschaften, Teil 1, in: Die Umschau 61 (1961), S. 417.

Verhalten planbar. Damit wurde der »Laplacesche Dämon«[12] zum Sinnbild eines spezifisch kybernetischen Denkstils, in dem sich eine klassische Moderne noch ein letztes Mal aufbäumte und ein letztes Mal ideologisch Einheitlichkeit und Totalität postuliert wurde. Kybernetik war die Bestrebung, die Diversifizierung des Wissens durch eine einheitliche Betrachtungsweise aufzuhalten und damit intellektuelle Sicherheit zu schaffen.[13] Informationstheoretisch verstanden war Kybernetik der Versuch, die Komplexität des Wissens durch Vereinheitlichung zu reduzieren und somit ebenfalls Sicherheit zu schaffen.

Auf forschungspraktischer und -politischer Ebene erreichte die Kybernetik Gemeinsamkeit über die Netzwerkgrenzen hinaus auch dadurch, dass sie einen Arbeitsstil eigener Art darstellte. Wenn Geistesprozesse, Subjektivität oder Denken kybernetisch untersucht und nachgebildet wurden, wirkten Wissenschaft und Technik in spezifischer Weise ineinander. Beim Arbeiten im Wechsel von Experimentieren und Modellieren, das so charakteristisch war für die Kybernetik, bedingte die Technik das wissenschaftliche Erkenntnisstreben buchstäblich und in zweifacher Hinsicht: Die Entwicklung von Modellen als »technischen Dingen«[14] beschleunigte im kybernetischen Arbeiten den Erkenntnisprozess, also die Produktion »epistemischer Dinge«, oder ermöglichte ihn überhaupt erst. Denn Informationsprozesse in Organismen waren oft nicht direkt zu analysieren, sondern deren Funktionen traten erst durch die Analyse technischer Nachbildungen zutage. Andererseits begrenzte das »technische Ding« den Erkenntnisprozess insofern, als er nur so weit fortschreiten konnte wie es die Konstruktion des Modells zuließ. Das Modell war aber nicht nur ein analytisches Hilfsmittel für die Wissenschaft. Die »epistemischen Dinge« erschienen darüber hinaus im nächsten Schritt als Grund-

12 Zur Beschreibung des kybernetischen Denkens verwendet z. B. bei Herrmann, Hans-Christian von und Christoph Hoffmann: »Der geistige Mensch und die Technik« – Max Bense im Labor für Hochfrequenztechnik, in: Ästhetik als Programm. Max Bense / Daten und Streuungen, hg. v. Barbara Büscher (u. a.) (= Kaleidoskopien 5), Berlin 2004, S. 28: Der Dämon sei die »Idee einer rechnenden Intelligenz [...], die in einem Moment vergangene und zukünftige Zustände der Welt vollständig zu bestimmen vermag«.

13 Damit richtete sie sich gegen Unbestimmtheit und dadurch Unsicherheit, die gesellschaftlich immer wirkmächtiger wurden und damit die Zweite Moderne ankündigten. Zu dieser v. a. Beck, Ulrich: Risikogesellschaft. Auf dem Weg in eine andere Moderne, Frankfurt a. M. 1986.

14 Siehe Rheinberger, Hans-Jörg: Experimentalsysteme und epistemische Dinge. Eine Geschichte der Proteinsynthese im Reagenzglas, ND Frankfurt a. M. 2006 (original Göttingen 2001), bes. S. 27-34.

lage, Vorbild oder Bedingung für die Weiterentwicklung des Modells. Sie wurden zu »technischen Dingen« für den technisch-epistemischen Prozess, in dem herausgefunden wurde, wie eine Konstruktion zu entwickeln oder zu optimieren war. Im Erkenntnisstreben der Kybernetik sollten in diesem Sinne, idealerweise einheitlich, gleichzeitig und in gegenseitiger Bedingtheit, neues Wissen genauso wie neue technische Konstruktionen entstehen. Wissenschaft und Technik gingen in der Kybernetik Hand in Hand, verschmolzen zu einer »Technowissenschaft«.[15] Am erfolgreichsten praktizierte diesen Arbeitsstil der SFB 50, aber auch das MPI für biologische Kybernetik und das Institut für Kybernetik Berlin/Paderborn pflegten ihn. Besonders anschaulich demonstrierte die Lernmatrix Karl Steinbuchs diesen epistemischen Prozess,[16] bei dem die Wissenschaft und der technisch-wirtschaftliche Bereich personell, institutionell und inhaltlich in intensiver Wechselwirkung standen. Dort führte er allerdings nicht zu den gewünschten Ergebnissen, weil die technische Entwicklung zu wenig biologisch fundiert, also unzureichend wissenschaftlich bedingt war.

### *Niedergang und Fortleben der Kybernetik*

Die Geschichte der Kybernetik ist eine Geschichte der Ausweitung von anfangs persönlichen, lokalen Gültigkeiten der Terminologien, Fragen, Methoden und Theorien, aber des Scheiterns der Verfestigung und Entpersonalisierung, also des Scheiterns der Disziplinengenese. Dass die Kybernetik ihre Akteursbezogenheit und die Informalität ihrer Netzwerke nicht überwinden konnte, hatte auch Auswirkungen auf die Gültigkeitsdauer ihrer Inhalte. Genauso wie eine räumliche Ausbreitung hin zur Allgemeingültigkeit scheiterte, gelang dies auch auf einer zeitlichen Achse nicht. Dauerhaft etablierten sich kybernetische Konzepte kaum.

Der offensichtlichste Grund für den Bruch kybernetischer Traditionen war die Uneinheitlichkeit der Kybernetik, selbst innerhalb der Netzwerke. Nicht einmal die etablierte Biokybernetik schaffte es, die in

15 Nach dem Begriff Alfred Nordmanns. Siehe u.a. Nordmann, Alfred: Kitsch. Zur Kritik technowissenschaftlicher Weltgestaltung, in: Thomas Köbner (Hg.): Ästhetische Existenz – Ethische Existenz. Ein zeitgenössisches Entweder – Oder?, Stuttgart 2008, S. 72-83; Ders.: Philosophy of Nanotechnoscience, in: G. Schmid (u.a.) (Hg.): Nanotechnology, Bd. 1, Weinheim 2008, S. 217-244; Ders.: Trennungsarbeit. Die Geistes- und Technowissenschaften im Zeitalter der Begleitforschung, in: N.T.M. 16 (2008), S. 127-132.

16 Ausführlich dargestellt bei Aumann, Philipp: Kybernetik als technisch bedingte Wissenschaft und als wissensbasierte Technologie. Karl Steinbuch und die Lernmatrix, in: Technikgeschichte 74 (2007), S. 311-334.

ihren Forschungsprogrammen ausgearbeiteten Standards durch Lehrbücher zu fixieren.[17] Begriffe, Fragen, Methoden und der aktuelle Forschungsstand wurden dadurch nie allgemein verbindlich definiert und nie für eine nachfolgende Generation auf formalem Weg erlernbar. Die einschlägigen Studienrichtungen gingen nach der Pensionierung der Generation führender Kybernetiker oder spätestens bei der daraufhin anstehenden Lehrplanreform zugrunde oder als Teilgebiete in den Curricula anderer Studienrichtungen auf. Einige Lehrstühle und Institute führen das kybernetische Wissen und die spezifische Art zu arbeiten bis heute fort, allerdings in den seltensten Fällen unter dem Namen »Kybernetik«.[18] Meist sind für das Arbeitsgebiet neue Titel geprägt worden, die aber einen vergleichbaren Inhalt beschreiben, der sich kontinuierlich aus der Kybernetik heraus entwickelte. Ein Beispiel hierfür ist das »Zentrum für biologische Signalstudien (bioss) – von der Analyse zur Synthese« in Freiburg, das 2007 vom BMBF zum Exzellenzcluster ernannt wurde.[19] Durch solche Institutionen ist das kybernetische Wissen implizit erhalten geblieben, die Kybernetik als Wissenschaft ist jedoch untergegangen.

Den Niedergang der technischen Kybernetik zeigt am eindrucksvollsten der Bruch zwischen den Arbeiten Karl Steinbuchs und der KI-Forschung. Obwohl Steinbuch über eine hohe Anzahl von Schülern verfügte, die z.T. die einschlägigen Lehrstühle auf dem Gebiet der Künstlichen Intelligenz besetzten, war dort nicht mehr von kybernetischen Bemühungen und erst recht nicht vom Begriff Kybernetik die Rede. Die technische Kybernetik wurde forschungspolitisch marginalisiert, weil ab etwa 1970 die Informatik an Hochschulen das Feld der Informationsverarbeitung besetzte. Damit war es zu spät, kybernetische Inhalte explizit

17 Die interviewten Biokybernetiker bedauern dieses Desiderat einmütig. Bemühungen in diese Richtung, die das Forschungsfeld Biokybernetik vorstellten und eingrenzten, also Vorläufer eines Lehrbuchs, waren z.B. Hassenstein, Bernhard: Kybernetik und biologische Forschung, in: Handbuch der Biologie, Teil I, hg. v. F. Gessner, Frankfurt a.M. 1965, S. 629-719; Mittelstaedt, Horst: Einführung in die Kybernetik des Verhaltens am Beispiel der Orientierung im Raum, in: W. Hoppe (u.a.) (Hg.): Biophysik, Berlin/Heidelberg [2]1982 (erstm. 1977), S. 822-830.

18 Am prominentesten das MPI für biologische Kybernetik in Tübingen, aber auch der Arbeitsbereich »Biologische Kybernetik/Theoretische Biologie« an der Universität Bielefeld ist ein Beispiel.

19 Weitere Beispiele sind der Lehrstuhl für Kognitive Neurowissenschaft an der Universität Tübingen, ehemals Lehrstuhl für Biokybernetik; an der TU München das Institut für Informations- und Kommunikationstechnik, der Lehrstuhl für Mensch-Maschine-Kommunikation, das Fachgebiet Bioanaloge Informationsverarbeitung.

im Rahmen der Hochschullehre zu kanonisieren und in Form von Lehrbüchern zu kodifizieren.[20] Außerdem überholten sich die Entwicklungen der Kybernetiker, weil sie zumeist Spezialrechner zur Umsetzung ihrer Theorien, z. B. der automatischen Zeichenerkennung, bevorzugten, sich aber universell einsetzbare Digitalrechner und die Programmierung von Software für diese Rechner durchsetzten. Dass die Kybernetik den falschen technologischen Pfad wählte, machte auch ihr Wissen obsolet. Schließlich wurde der synthetischen Kybernetik auch ihre Popularität zum Verhängnis. Weil die Verwertbarkeit ihrer Ergebnisse sie besonders stark in den Fokus von Öffentlichkeit, Wirtschaft und Politik rückte, fanden ihre Vertreter mehr Gehör und konnten leichter Gelder anwerben. Sie standen andererseits aber unter enormem Erwartungs- und Erfolgsdruck. Gerade der Anspruch, mit mehr Förderung die »Technologische Lücke« zu den USA zu schließen, für Wirtschaftswachstum zu sorgen und die kybernetisch-anthropologische These vom Menschen als überkomplexer Maschine zu belegen, wirkte als Bumerang, als sichtbare Erfolge ausblieben. Die gesamte technische Kybernetik wurde unglaubwürdig. Sie war forschungspraktisch, forschungspolitisch und in der öffentlichen Wahrnehmung gescheitert.

Die Humankybernetik verfügte, insbesondere auf ihrem Teilgebiet der kybernetischen Pädagogik, über die Lehrbücher, die ihr Forschungsgebiet kodifizierten, über Institute, die sie manifestierten, und über eine nachfolgende Wissenschaftlergeneration, die sie inhaltlich und personell hätte am Leben erhalten können. Die theoretisch-kybernetische Seite des Netzwerks verkümmerte aber ebenso, ja noch stärker als diejenige anderer Netzwerke. Die technische Seite des Netzwerks, die Entwicklungen von Lehrautomaten und -programmen, gab den Titel und die Ansprüche der Kybernetik schnell auf. Die Akteure des Netzwerks versuchten zwar weiterhin, kybernetisches Wissen in der Wissenschaft zu etablieren.[21]

20 Durch Lehrbücher wie Bauer, Friedrich L. u. Gerhard Goos: Informatik. Eine einführende Übersicht, Berlin (u. a.) 1970; Giloi, Wolfgang: Was ist Informatik?, Berlin 1969, bildete im Gegensatz zur Kybernetik die Informatik ein festes Profil aus. Dazu Coy, Wolfgang: Zum Streit der Fakultäten: Kybernetik und Informatik als wissenschaftliche Disziplinen, in: Claus Pias (Hg.): Kybernetik. The Macy-Conferences, Bd. 2: Essays und Dokumente, Zürich/Berlin 2004, S. 259f. Ausführlicher bei Ders.: Was ist Informatik? Zur Entstehung des Faches an deutschen Universitäten, in: Jörg Desel (Hg.): Das ist Informatik, Berlin (u. a.) 2001, S. 1-22.

21 Das wird u. a. ersichtlich aus dem Lehrbuch Frank, Helmar: Bildungskybernetik. Eine Kurzeinführung in die kybernetisch-pädagogischen Modellgrundlagen der Bildungstechnologie, München/Bratislava 1996.

Diese Bemühungen waren aber nur mehr eine Marginalie. Kybernetik, so hatte sich herausgestellt, diente schlichtweg nicht als nützliches Hilfsmittel für die Pädagogik und fand deshalb nie eine breite Anhängerschaft.

Das wichtigste Kriterium für eine Etablierung der Kybernetik war, dass sie als Hilfsmittel sinnvoll und gewinnbringend in ihren Anwendungsgebieten eingesetzt werden konnte. Eine prominentere Stellung als eine subsidiäre konnte die Kybernetik nie erreichen, auch in ihrer Hochphase bis Anfang der 1970er Jahre nicht. Wenn sie sich in den traditionellen Disziplinen bewährte und sich dort oder in einem abgegrenzten Raum zwischen zwei Disziplinen verfestigte, dann waren ihre Inhalte auch gegenüber der Enttäuschung gesellschaftlicher Erwartungen und dem damit verbundenen Niedergang resistent. Mitte der 1970er Jahre geriet die Kybernetik allerdings an den Rand der wissenschaftlichen und außerwissenschaftlichen Wahrnehmung, weil der Begriff als Metapher für die Gleichrangigkeit von organischem und maschinellem Verhalten und der kybernetische Totalitätsanspruch ihre Glaubwürdigkeit und Provokationskraft verloren. Daraufhin erlebte sie eine Transformation von einer politisierten und hitzig diskutierten Wissenschaft zur reinen Methodik in verschiedenen traditionellen Disziplinen.[22] In der Biologie, gerade der Neurobiologie, sind Modellieren und Simulieren heute unbedingter Bestandteil, weil das ZNS viel zu komplex ist, als dass es sich der direkten Betrachtung erschlösse. In der Nachrichtentechnik ist Informationsreduktion durch Invarianten- und Klassenbildung für den Einsatz in der automatischen Zeichenerkennung weiterhin ein wichtiges Thema. Und selbst die Pädagogik baut bei aktuellen E-Learning-Konzepten auf einer Kontinuität zu den Ansätzen der kybernetischen Entwicklung von Lehrmaschinen und -programmen auf und profitiert von deren Erfahrungen.

Der kybernetische Arbeitsstil hat die Generationen überdauert, wo er gewinnbringend angewendet werden kann, der Denkstil dagegen nur teilweise. Das Denken in Systemen, auch in interdisziplinären Zusammenhängen, und ein mechanistisches Menschenbild haben Eingang in viele Wissenschaften gefunden, der Anspruch auf Einheitlichkeit und Totalität dagegen ist verloren gegangen.

22 Als internationalen Trend beschreibt dies Dittmann, Frank: Kybernetik in der DDR – eine Einstimmung, in: Ders. u. Rudolf Seising (Hg.): Kybernetik steckt den Osten an. Aufstieg und Schwierigkeiten einer interdisziplinären Wissenschaft in der DDR, Berlin 2007, S. 35.

# IV. KYBERNETIK UND GESELLSCHAFT

## 9. Kybernetik im außerwissenschaftlichen Bereich

Kybernetik war im öffentlichen Bewusstsein der 1950er und 1960er Jahre in ebensolchem Maße ein außerwissenschaftliches Phänomen, wie sie Wissenschaft war. Um diesem Aspekt gerecht zu werden, wird die Perspektive dieser Studie nun grundlegend gewendet. Laien rezipierten kybernetisches Wissen eigenständig und pflegten einen Umgang mit der Kybernetik, der von wissenschaftlichen Diskursen stark abwich. Er war vom Wissenstransfer von der Wissenschaft in den außerwissenschaftlichen Bereich z.T. vollständig losgelöst. Nichtwissenschaftliche Akteure machten sich ein eigenständiges Bild von der Kybernetik, verbanden eigene Vorstellungen, Erwartungen, Hoffnungen und Ängste mit ihr und erreichten damit eine massenmediale Öffentlichkeit. Die Versuche der Wissenschaftler, ihr Verständnis der Öffentlichkeit zu vermitteln, also die Popularisierung der Kybernetik im weitesten Sinn, blieben von diesem öffentlichen Bild der Kybernetik nicht unberührt und mussten darauf abgestimmt werden.

### 9.1 Das öffentliche Bild der Kybernetik

Digitale Rechenautomaten waren in den frühen 1950er Jahren eine Sensation. Schon die Technik an sich beeindruckte mit ihren zuvor nicht gekannten Zahlen der Rechenleistungen und der Speicherkapazitäten. Zudem verliehen die Massenmedien den Maschinen anthropomorphe Züge, indem sie Rechner mit Begriffen wie »Maschinen-«, »Elektronen-« oder »Robot-Gehirn« beschrieben. Die zentrale Frage richtete sich dahin, »ob Rechenautomaten wirklich ›denken‹.«[1] Besonders am Beispiel der

1 »Maschinengehirn. Beängstigend menschlich«, in: Der Spiegel Nr. 28/1950, S. 38. Diese Perzeption zieht sich durch die gesamten 1950er Jahre, auch bei »Automation. Die Revolution der Roboter«, in: Der Spiegel Nr. 31/1955, S. 29f.; »Elektronengehirne. Die Magie der Roboter, in: Der Spiegel Nr. 40/1956, S. 42. Einen Überblick über die Darstellung des Computers im Spiegel liefert Balles, Ulrike: Die kulturelle Erfindung des Computers – eine Analyse des Nachrichtenmagazins »Der Spiegel« (= Forschungsberichte des Fachbereichs Informatik der TU Berlin 99-7), Berlin 1999.

automatischen Sprachübersetzung wurde immer wieder gezeigt, dass die Technik nun originär menschliche Geistesleistungen zu übernehmen vermochte.[2] Der Computer erschien als der Kulminationspunkt technischer Entwicklungen und als Herausforderung an den Menschen. Man wähnte sich am Beginn einer Zeit, in der die »Supergehirne herrschen«.[3]

Als Experte für diesbezügliche Fragen wurde in erster Linie Norbert Wiener herangezogen, weil er in »Cybernetics«, aber noch mehr in seinem zweiten Buch »The Human Use of Human Beeings«[4] als einer der wenigen Computerpioniere metatechnische Überlegungen zur prinzipiellen Leistungsfähigkeit des Computers sowie den sozialen und anthropologischen Konsequenzen der neuen Technik anstellte. Auch weil er dem Stereotyp des Wunderkinds und kauzigen Genies entsprach,[5] war er ein medientauglicheres Objekt als Personen wie John von Neumann oder Howard Aiken. Dadurch erfuhr er höhere öffentliche Aufmerksamkeit als alle anderen Wissenschaftler und Ingenieure aus dem Umfeld des Computers. Die Medien stilisierten ihn zum Ideengeber und Initiator des Computers und verliehen ihm eine Rolle für dessen Entwicklung, wie sie Albert Einstein für die der Atombombe zugeschrieben wurde.[6]

Weil mit Wiener auch sein Begriff »Kybernetik« ins öffentliche Bewusstsein rückte, war der Debatte um die Bedeutung des Computers ein klingender Titel vorgegeben. Die Kybernetik galt als die theoretische Grundlage für die Entwicklung des neuartigen technischen Objekts. Der Begriff war in dieser Hinsicht deckungsgleich mit dem der Computer Science. Das Nachrichtenmagazin »Der Spiegel« etwa nahm explizit an, dass Computer »nach Wieners Theorie gebaut«[7] würden. Auch der Dichter Gottfried Benn schrieb der Kybernetik die Bedeutung zu, dass sie alles, was der Mensch denke, auch in maschinelles Denken verwandeln könne.[8]

2 Thematisiert z. B. bei »Maschinengehirn. Beängstigend menschlich«, in: Der Spiegel Nr. 28/1950, S. 38; »Übersetzungsmaschinen. Die Wortfabrik«, in: Der Spiegel Nr. 2/1958, S. 38f.

3 Ebd., S. 39.

4 Wiener, Norbert: The Human Use of Human Beings. Cybernetics and Society, Boston 1950 (dt. Mensch und Menschmaschine, Frankfurt a. M. 1952).

5 So dargestellt z. B. bei »Elektronengehirne. Die Magie der Roboter«, in: Der Spiegel Nr. 40/1956, S. 42 u. 44.

6 So geschehen ebd., S. 42 u. 45.

7 Ebd., S. 46. So verwendet auch bei »Automation. Die Revolution der Roboter« (Titelgeschichte), in: Der Spiegel Nr. 31/1955, S. 30; »Leibniz-Kongreß. Solche Fülle«, in: Der Spiegel Nr. 48/1966, S. 171.

8 Vgl. Benn, Gottfried: Der Radardenker (1949), in: Ders.: Sämtliche Werke, Bd. 5: Prosa 3, Stuttgart 1991, S. 71.

Damit wies Benn einer zweiten Bedeutungsebene den Weg. Schnell verband die Öffentlichkeit mit diesem schillernden Begriff alles, was mit Nachdenken über den Computer zu tun hatte. Die Kybernetik war die »Magie« des neuen Computerzeitalters und Norbert Wiener ihr »Prophet«.[9]

Die Öffentlichkeit adaptierte die Kybernetik nicht nur gleichzeitig, sondern auch analog mit der Wissenschaft. Weil Wiener sich auch zu metatechnischen Problemen nur sehr vage äußerte und wenig konkretisierte, konnte auch jeder nichtwissenschaftliche Rezipient aus Wieners Schriften herauslesen oder in sie hineininterpretieren, was ihn interessierte und was mit seinem Vorwissen zu vereinbaren war. Am meisten faszinierte Laien wie Wissenschaftler an der Kybernetik, dass sie Mensch und Maschine gleich behandelte. Denn sie entsprach der individuellen Erfahrung einer immer weiter fortschreitenden Technisierung des Lebens und des Ersatzes des Menschen durch die Maschine.

Die gesellschaftliche Entwicklung, die dieser Erfahrung Ausdruck verlieh und damit diskursiv am engsten mit der Kybernetik verbunden war, war die Automatisierung von Industrie und Verwaltung. Nach dieser Vorstellung war die »menschenleere Fabrik« die zentrale Auswirkung kybernetischer Maschinen auf die Gesellschaft. Computer agierten diesem Bild zufolge »als Steuerungsmechanismus und Befehlsorgan für Büros, Laboratorien und Fabriken«[10] und beherrschten zusammen mit der Firmenspitze und einem kleinen Stab von Ingenieuren den Industriebetrieb. Der technologische Fortschritt führe zu einem Wirtschaftswachstum, das kleine, unrational arbeitende Betriebe zerstöre und v. a. Massenarbeitslosigkeit erzeuge und deshalb auf Kosten der Arbeiter gehe. Im öffentlichen Bewusstsein entsprach die Kybernetik damit einer Automatisierungswissenschaft mit v. a. negativer Konnotation. Auch für diese gesellschaftliche Konsequenz wurde Norbert Wiener als Experte herangezogen,[11] weil seine Bücher gleichermaßen Reflexionen über die wissen-

9 »Elektronengehirne. Die Magie der Roboter«, in: Der Spiegel Nr. 40/1956, S. 42.

10 Beides »Automation. Die Revolution der Roboter« (Titelgeschichte), in: Der Spiegel Nr. 31/1955, S. 21.

11 Z. B. bei »Automation. Einzug der Roboter«, in: Der Spiegel Nr. 14/1964, S. 46; Penzlin, Kurt: Wer hat Angst vor Robotern?, in: Der Spiegel Nr. 36/1966, S. 88. Siehe auch Bluma, Lars: Norbert Wiener und die Entstehung der Kybernetik im Zweiten Weltkrieg (= Kritische Informatik 2), Münster 2005 (zugl. Diss. Uni. Bochum 2004), S. 170 u. S. 176f. Bluma thematisiert den Zusammenhang von Computer, Kybernetik, Automatisierung und Massenarbeitslosigkeit im amerikanischen Diskurs.

schaftliche Grundlage für die Automatisierung wie auch das Nachdenken über die sozialen Konsequenzen enthielten.

Die Meinungsbildung auf dem Gebiet der Kybernetik übernahm in besonderem Maß »Der Spiegel«, der sich früh des Themas annahm und einige große Artikel darüber veröffentlichte. Doch auch andere Printmedien und einige populäre Monographien schlugen in dieselbe Kerbe. Die bedeutendste Veröffentlichung war wohl ein Buch des Journalisten Rolf Strehl mit dem aufwühlenden Titel »Die Roboter sind unter uns« von 1952.[12] Niemand, der einen nur ähnlich breiten Leserkreis fand, thematisierte im außerwissenschaftlichen Bereich die Kybernetik so umfassend wie Strehl. Gemeinsam mit dem »Spiegel« prägte sein Buch damit das öffentliche Bild der Kybernetik.

Bei Strehl stand der Mensch staunend und verängstigt vor der monumentalen Technik, angesichts derer er seine Bedeutung verlor und in ihr unterging. Der Rechenautomat, der Kulminationspunkt der Technik, maschinisierte den Menschen und vermenschlichte die Maschine endgültig. Hierbei war die Kybernetik »eine Art vergleichender Anatomie und Psychologie von Menschen und Robotern«.[13] Sie stellte die Technologie dar, die die vollständige Verschmelzung des Menschlichen und des Technischen ermöglichte. Strehl zufolge schaffte sie Maschinen, die dächten und handelten wie ein Mensch, die »ihre ›Vermenschlichung‹ bereits so weit« trieben, »daß sie aus ›Erfahrungen‹ lernen« könnten.[14] Durch die Kybernetik werde der Mensch aber auch »zum ›vollautomatischen Industriepalast‹« mit dem Gehirn als »einem ›mechanischen Schaltbrett‹« oder als »›Büro‹ des menschlichen Industriewerkes«, das mit allen Teilen des Körpers über ein »Telefonnetz« in Kontakt stehe.[15] Strehl beließ seine Betrachtungen nicht beim Funktionsanalogisieren, sondern beschrieb eine Homomorphie von Mensch und Maschine. Über den Befund und die Darstellung tatsächlicher oder scheinbarer Analogien zwischen organischen und technischen Systemen ging er aber nicht hinaus. Diese Oberflächlichkeit leistete nichts als die Einführung einer neuen technischen Begrifflichkeit für organische Phänomene, die in der Früh-

12 Z.T. sind bei Strehl die Phrasen und Inhalte des »Spiegel« wortwörtlich übernommen, und andererseits zitiert der »Spiegel« bei Strehl, z. B. indem er auf sein Titelblatt der Ausgabe 31/1955 schreibt: »Die Roboter sind unter uns«. Als Autor des »Spiegel« kommt Strehl aber nicht infrage, weil er in keinem Autorenverzeichnis auftaucht.

13 Strehl, Rolf: Die Roboter sind unter uns. Ein Tatsachenbericht, Oldenburg 1952, S. 252.

14 Ebd., S. 259.

15 Ebd., S. 261f.

phase der Existenz von Computern unheimlich und bedrohlich, ja skandalös klang.

Die Aufgabe eines Journalisten war es, Aufmerksamkeit zu erregen und die öffentliche Debatte um die Technik zu beleben. Das tat Strehl indem er die Probleme benannte, die Computer und Kybernetik zu lösen versprachen oder schufen. Im Zentrum standen dabei die Analogien zwischen Mensch und Maschine – und zwar nicht nur Analogien im Bereich einzelner Verhaltensfunktionen, sondern einer gänzlichen Synthetisierbarkeit menschlichen Verhaltens und damit des Ersatzes des Menschen durch die Maschine. Diese Sicht prägte das öffentliche Bild von der Kybernetik. Der Computer wurde zur neuen Technik und die Kybernetik zur neuen Wissenschaft, die eine »Diktatur der Automaten« oder eine »Zivilisation der Elektronen-Denker«[16] schufen. Beide stellten in diesem Verständnis aber nur zwei Elemente einer säkularen Entwicklung der Technisierung dar, die seit der (ersten) Industriellen Revolution Mensch und Gesellschaft überrollt hätten. Diese Maschinisierung des Lebens erregte gleichzeitig Bewunderung und Angst. Die negativen Gefühle waren allerdings vorherrschend, eben weil diese Entwicklung in einer Herrschaft der Maschinen und damit einer Entwertung des Menschen ende.

Auch weitere außerwissenschaftliche Veröffentlichungen zur Kybernetik waren fasziniert von der Leistungsfähigkeit der neuen Technik, fürchteten aber deren Auswirkungen. Dem Produkt der Kybernetik, der Technisierung des Lebens und der Gesellschaft, standen sie ablehnend gegenüber. Kybernetik erschien als Fanal einer technisierten Welt, als Metapher für alles, was die Menschheit auf technischem Wege verändern könne oder werde: »Der Mensch deutet sich immer mehr in der Art der Maschinen, der Automaten, die ihn nun bald ersetzen werden oder zumindest ersetzen sollen. Denn in dem Maße, in dem wir uns selbst als Maschinen begreifen, […] werden unsere neuen Maschinen dem Menschen immer ähnlicher.«[17] Durch die Kybernetik war das »Homo Mensura«-Prinzip gefährdet. Die neue Technologie griff das idealistische Menschenbild und die Stellung des Menschen in der Welt an, die er sich ursprünglich mit Hilfe von Wissenschaft und Technik hätte untertan machen wollen. Die Kritiker der Kybernetik wurden nicht müde zu betonen, dass Verantwortung, freier Wille, Gewissen oder Schuld niemals an eine Maschine delegiert werden könnten.

16 Ebd., S. 178 bzw. S. 247.

17 Wasmuth, Ewald: Der Mensch und die Denkmaschine, Köln/Olten 1955, S. 26.

Dass zwischen empirischer wissenschaftlicher Forschung und technischen Entwicklungen auf der einen Seite und auf der anderen Seite grundsätzlichen anthropologischen und moralphilosophischen Überlegungen eine Kluft herrschte, berücksichtigte kaum jemand. Kybernetik war in den 1950er Jahren stark aufgeladen, erhitzte die Gemüter und ließ keine sachliche Diskussion zu. Wer den Begriff benutzte, musste sich den Vorwurf gefallen lassen, er wolle das menschliche Gehirn »durch das Elektronengehirn«[18] ersetzen. Man war entweder ein fortschrittlicher, rationalistisch-mechanistischer Kybernetiker oder ein in Traditionen verhafteter Idealist.

In den 1960er Jahren hatte sich die Öffentlichkeit an den Computer gewöhnt. Er war nicht mehr das Neue und Unerhörte schlechthin, sondern hielt allmählich Einzug in den Alltag. Unter dem Schlagwort der Kybernetik diskutierte man deshalb nicht mehr die Technik selbst, sondern nur mehr die Fragen nach ihrer Bedeutung für den Menschen und der Stellung des Menschen in einer computerisierten Welt. Mit der Gewöhnung setzte auch eine Umdeutung des Begriffs Kybernetik ins Positive ein. In ihr wurde immer mehr ein Mittel zur rationalen Umgestaltung der Gesellschaft mittels der neuen Technik gesehen. Alles, was irgendwie im Zusammenhang mit Automatik oder mit maschinellen Geistesprozessen stand, fand nun unter dem Dach der Kybernetik Platz. Sie diente oft nur »als modisches Synonym für Regelung, elektronische Berechnung und Automation«.[19] Sie wurde zum allgegenwärtigen Trend-Begriff,[20] obwohl weiterhin Unsicherheit über ihren Inhalt herrschte und sie wegen ihrer scheinbaren Unterwanderung der Menschenwürde teilweise immer noch negativ konnotiert war.[21] Weder wurde diese Unsicherheit abgebaut, indem Wissenschaft und Technik den Inhalt der

18 »Elektronengehirne. Die Magie der Roboter«, in: Der Spiegel Nr. 40/1956, S. 51.

19 Zemanek, Heinz: Technische und kybernetische Modelle, in: Regelungsvorgänge in lebenden Wesen. Nachrichtenverarbeitung, Steuerung und Regelung in Organismen, Vorträge der Tagung Essen 6.-7.11.1958, hg. v. Horst Mittelstaedt (= Beihefte zu Regelungstechnik 8), München 1961, S. 40.

20 Wie gegenwärtig der Begriff in der Bundesrepublik der 1960er Jahre war, zeigen Übersetzungen amerikanischer Bücher, die erst im Deutschen den Titel Kybernetik erhielten: Taube, Mortimer: Der Mythos der Denkmaschine. Kritische Betrachtungen zur Kybernetik, Reinbek 1966 (engl. Computers and Common Sense. The Myth of Thinking Machines, New York 1961); Deutsch, Karl W.: Politische Kybernetik. Modelle und Perspektiven, Freiburg i. Br. 1969 (engl. The Nerves of Government, New York 1966).

21 Diesen Zwiespalt beschreibt Haseloff, Otto Walter: Referat, in: Kybernetik als soziale Tatsache. Anwendungsbereiche, Leistungsformen und Folgen für die industrielle Gesellschaft (Bergedorfer Protokolle 3), Hamburg/Berlin 1963, S. 9f.

Kybernetik definiert und vermittelt hätten, noch konnten sie sichtbare Erfolge vorweisen. Weil im Gegenteil Autoren sich vermehrt nur mit der fortschrittlichen Begrifflichkeit schmückten und ansonsten leeres Stroh droschen, war die Kybernetik nicht nur eine Mode, sondern sah sich gleichzeitig mit der negativen Seite eines Hypes konfrontiert. Sie wurde immer stärker als unseriös betrachtet. Durch das Missverhältnis »zwischen Aufsehen und konkreten Ergebnissen« drohte die Kybernetik »ein Synonym für Jahrmarktsgetue und Pseudowissenschaft zu werden«.[22]

Kybernetik blieb eine Metapher für alles, was mit den Auswirkungen der Rechenmaschinen auf den Menschen und die Gesellschaft zu tun hatte, auch wenn sie stets als ein schmaler Grat zwischen Fortschrittlichkeit und Scharlatanerie wahrgenommen wurde und über ihre Inhalte immer Unsicherheit herrschte. Sie schuf aber erst ein Forum für die öffentliche Diskussion über wissenschaftlich-technische Prozesse. Die Öffentlichkeit nahm unter dem Schlagwort Kybernetik an der Entwicklung des Computers und, damit in Wechselwirkung stehend, der Technisierung des Lebens diskursiv teil. Sie konnte die Fragen auf diesem Gebiet nicht nur indirekt durch politischen oder finanziellen Druck mitbestimmen, sondern durch diese Debatten direkt beeinflussen. Diese Machtposition bedeutete einen enormen Schritt in der Demokratisierung von Wissenschaft und Technik.

Eine Dichotomie zwischen der wissenschaftlichen Kybernetik als seriös arbeitende »Realität« und der außerwissenschaftlichen als reißerischer, aber inhaltsleerer »Utopie«[23] zu postulieren, wäre vereinfacht. Schließlich prägte die Suche nach Analogien zwischen organischen und technischen Systemen beide Verständnisformen. Und für beide Seiten galt: Wenn das kybernetische Denken bei der Feststellung von Analogien stehen blieb und nur organische Phänomene mit technischer Begrifflichkeit beschrieb, dann waren diese Beobachtungen nicht mehr als »alter Wein in neuen Schläuchen«. Auch Übertreibungen waren auf beiden Seiten gängig – auf der wissenschaftlichen, um Förderer anzulocken, und auf der außerwissenschaftlichen, um Sensationen zu erzeugen. Ihren »unbestreitbaren Publikumserfolg« verdankte die Kybernetik nicht nur den journalistischen Übertreibungen, die aus ihren Begriffen »Modeworte«[24] mach-

22 Zemanek, Heinz: Kybernetik, in: Elektronische Rechenanlagen 6 (1964), S. 171.

23 Nach Bauer, Friedrich L.: Kybernetik als Utopie und als Realität, in: Kybernetik, Medizin, Verhaltensforschung (= Tutzinger Texte 5), München 1969, S. 9-30.

24 Beides Holst, Erich von: Biologische Regelung. Eine kritische Betrachtung, in: Regelungsvorgänge, S. 7f.

ten, wie dies Wissenschaftler gern darstellten. Auch im wissenschaftlichen Bereich ging von diesen Begriffen die Faszination des vereinenden Denk- und Arbeitsstils aus.

Weil Wissenschaftler nicht mit den negativen Auswirkungen des Kybernetik-Hypes behelligt werden wollten, zeigten sie eine beinahe reflexhafte Reaktion dabei, nichtwissenschaftliche Texte abzulehnen und sich von diesen zu distanzieren. Dabei nahm die außerwissenschaftliche Öffentlichkeit nicht nur »Utopien« wahr, sondern die »reale« Form der Kybernetik genoss durchaus auch massenmediale Aufmerksamkeit. Die Medien zeigten sogar großes Interesse an der Nutzbarmachung biologischen Wissens für die Technik. Allerdings bezeichneten sie dieses Forschungs- und Entwicklungsfeld kaum mit dem Begriff Kybernetik, sondern eher mit »Biotechnik« oder »Bionik«.[25] Nur gelegentlich stellten Journalisten die wissenschaftliche Kybernetik explizit vor, z. B. als sie über die Einweihung des Institutsneubaus der Abteilung Reichardt in Tübingen berichteten. Doch auch dann standen der Anwendungsaspekt und ein möglicher gesellschaftlicher Nutzen der Arbeiten, besonders im Bereich der Computertechnik, im Vordergrund.[26] Dies aber war eher der Logik journalistischer Darstellung geschuldet, die dem Gegenstand Spannung und Gesellschaftsrelevanz verleihen wollte, als einer grundsätzlichen Blindheit der Öffentlichkeit gegenüber Grundlagenforschung und kybernetischer Forschungspraxis. Diese konnte sich allein deshalb nicht so viel Gehör verschaffen, weil sie weniger spektakulär erschien. Was für die unterschiedlichen Formen der Kybernetik in der Wissenschaft galt, traf auch auf die Darstellung der Kybernetik in den Massenmedien zu: Sie war geprägt von Heterogenität. Sich ein konsistentes Bild zu machen, war schier unmöglich. Auch in der öffentlichen Rezeption verschuldete die Wahlfreiheit aus den unüberblickbaren Beschreibungen und Definitionen in erster Linie Unsicherheit.

25 Z.B. bei »Biotechnik. Bienen und Raketen«, in: Der Spiegel Nr. 21/1961, S. 88-89; »Tierpsychologie. Hunger auf Befehl«, in: Der Spiegel Nr. 6/1963, S. 74-78.

26 Siehe »Institut für Kybernetik«, in: Schwarzwälder Bote, 15.6.1965; »Jetzt in eigenen Räumen«, in: Schwäbisches Tagblatt, 15.6.1965; »Modernes Grenzgebiet der Biologie«, in: Stuttgarter Zeitung, 15.6.1965. Eine vergleichbare mediale Verarbeitung kam auch dem Kybernetikkongress 1968 in München zuteil. Dazu »Geburt einer neuen Wissenschaft«, in: Süddeutsche Zeitung, 25.4.1968; »Automat mit Erkennungsvermögen«, in: Süddeutsche Zeitung, 29.4.1968.

## 9.2 Popularisierung der Kybernetik: Karl Steinbuch

Die Unerhörtheit der Analogiebildung von Mensch und Maschine wurde schnell journalistisch und publizistisch aufgenommen und ausgeschlachtet – schneller, als sich Wissenschaftler damit auseinandersetzten und dazu äußerten, und vor allem schneller, als wissenschaftliche Forschungsprogramme mit klaren Inhalten an die Öffentlichkeit traten. Daher war das Bild der Öffentlichkeit von der Kybernetik längst vorgefertigt, als die wissenschaftlichen Kybernetiker um 1960 ihre Formen des Verständnisses der Kybernetik sowie des kybernetischen Denkens und Arbeitens präsentierten. Einerseits profitierten sie von dieser Situation, weil der Begriff bereits in aller Munde war und sie hohe öffentliche Aufmerksamkeit genossen, andererseits hatten sie gegen etliche Vorurteile und differierende Verständnisse anzukämpfen, von denen keine den »Sinn des Wortes ›Kybernetik‹ genau« traf, aber »auch keine völlig daran vorbei«[27] führte.

Popularisierung konnte unter diesen Voraussetzungen nicht die Aufklärung unwissender Laien in missionarischer Weise bedeuten. Sie musste sich mit den bestehenden Meinungen auseinandersetzten und diese schrittweise nach Möglichkeit so ändern, dass sie die Gesamtheit der Laien auf die Linie der Wissenschaft brachte. Dieser Prozess transformierte das kybernetische Wissen und blieb nicht ohne Rückwirkungen auf das Denken und Arbeiten der popularisierenden Kybernetiker selbst.[28]

27 Frank, Helmar: Was ist Kybernetik? Kybernetik. Brücke zwischen den Wissenschaften, Teil 1, in: Die Umschau 61 (1961), S. 417.

28 Siehe Schirrmacher, Arne: Nach der Popularisierung. Zur Relation von Wissenschaft und Öffentlichkeit im 20. Jahrhundert, in: Geschichte und Gesellschaft 34 (2008), S. 82f. Danach wird der Popularisierungsbegriff diesem komplexen Beziehungsgeflecht in der Wissenschaftsvermittlung des 20. Jahrhunderts nicht mehr gerecht. Doch auch Daum, Andreas: Wissenschaftspopularisierung im 19. Jahrhundert. Bürgerliche Kultur, naturwissenschaftliche Bildung und die deutsche Öffentlichkeit 1848-1914, München ²2002, S. 26, sieht in den Transformationen des Wissens das spannendste Phänomen der Popularisierung. Dazu außerdem Sarasin, Philipp: Das obszöne Genießen der Wissenschaft. Über Populärwissenschaft und »mad scientists«, in: Ders.: Geschichtswissenschaft und Diskursanalyse, Frankfurt a. M. 2003, S. 231-257; Wolfschmidt, Gudrun (u. a.): Methoden der Popularisierung, in: Gudrun Wolfschmidt (Hg.): Popularisierung der Naturwissenschaften, Berlin 2002, S. 21-37.

### *Steinbuchs populärwissenschaftliche Schriften*

Der prominenteste Popularisierer der Kybernetik war Karl Steinbuch. Besonders sein Buch »Automat und Mensch« führte Laien die gesamte Breite der Kybernetik vor Augen.[29] Dass er allerdings keinen repräsentativen Querschnitt anstrebte, zeigten bereits der Untertitel der ersten Auflage »Über menschliche und maschinelle Intelligenz« und der der vierten Auflage »Auf dem Weg zu einer kybernetischen Anthropologie«. Steinbuch propagierte in diesem Buch sein persönliches Verständnis von Kybernetik und seinen spezifischen Arbeitsstil.

Aufbauend auf einer spezifisch kybernetischen Anthropologie[30] führte Steinbuch in die Begrifflichkeit und technischen Grundlagen von Signal, Information, Regelung, Nachrichtenübertragung und -verarbeitung sowie in die Informationstheorie Shannons ein. Er beschrieb die Probleme technischer Nachbildung der menschlichen Informationsverarbeitung und Ansätze zu deren Lösung, v.a. auf dem Gebiet der automatischen Zeichenerkennung. Als Beispiel für diese Aufgabe nannte Steinbuch Automaten mit adaptiven Strukturen, die den »Bedingten Reflex« simulierten, und ging speziell auf seine Lernmatrix ein. Die zweite Zielrichtung kybernetischen Denkens legte er dar, indem er den Menschen nachrichtentechnisch, speziell informationstheoretisch beschrieb. In diesem Zusammenhang stellte er auch biokybernetische Theorien vor, z.B. die »Laterale Inhibition« nach Reichardt und das »Reafferenzprinzip«.[31] Schließlich nannte er Beispiele für die gesellschaftliche Anwendbarkeit der kybernetischen Technik und des kybernetischen Denkens, nämlich in der Raumfahrt, in der Organisation wirtschaftlicher und politischer Systeme und in der Rationalisierung des öffentlichen Lebens.

Immer schwang bei diesen Ausführungen die Metaebene des neuen wissenschaftlich-technischen Denk- und Arbeitsstils mit. Der Mensch selbst und seine Umwelt wurden nach Steinbuch grundlegend verändert durch die Einsicht, »daß das menschliche Gehirn nicht der einzig mögliche Ort geistigen Geschehens ist«. Diese Erkenntnis werde »das menschliche Selbstverständnis nicht weniger revolutionieren als die Einsicht, dass die Erde, die Heimat des Menschen, nicht der Mittelpunkt des Uni-

29 Die Akzeptanz und die Öffentlichkeitswirksamkeit des Buchs verrät schon sein Erscheinen in vier Auflagen zwischen 1961 und 1971.

30 Explizit dargelegt wird diese erst bei Steinbuch, Karl: Automat und Mensch. Auf dem Weg zu einer kybernetischen Anthropologie, Berlin (u.a.) ⁴1971, Kapitel 1, aber auch den ersten drei Auflagen lag sie zugrunde.

31 Ebd., S. 198f.

versums ist.«[32] Steinbuch prognostizierte, dass Automaten in naher Zukunft das geistige Vermögen des Menschen erreichten. Und selbst die Imitation menschlichen Denkens war in seinen Augen längst nicht die Grenze der Leistungsfähigkeit von Rechnern. Schließlich seien alle geistigen Funktionen des Menschen lediglich »Aufnahme, Verarbeitung, Speicherung und Abgabe von Informationen«,[33] der Mensch als Ganzes also auch nur eine Maschine, die aber schneller ermüde und fehleranfälliger sei als ihr technisches Ebenbild. Besonderen Wert legte Steinbuch darauf, dass auch bei wesentlichen, höheren Geistesfunktionen des Menschen wie Bewusstsein oder freiem Willen keine »überphysikalischen Ursachen wirksam« seien.[34] All diese Thesen zur menschlichen Informationsverarbeitung fasste Steinbuch in einem »Informationsflußschema«[35] zusammen, das den Menschen vollständig nachrichtentechnisch darstelle. Auch dieses Modell war einmal mehr biowissenschaftlich nicht fundiert, sondern nur von der Funktionsweise seiner technischen Modelle abgeleitet. Dennoch postulierte Steinbuch aufgrund dessen, dass der menschliche Geist vollständig darstellbar sei, und umgekehrt, dass die Konstruktion eines Automaten mit menschengleichem Denkvermögen und mit Bewusstsein lediglich ein Problem des technischen Aufwands, nicht aber ein prinzipielles Problem sei.[36]

Die Frage nach den moralischen Konsequenzen dieses mechanistischen Menschenbildes stellte sich für Steinbuch nicht. Er legte in seinen Augen lediglich Tatsachen dar, die zu akzeptieren und aus denen technisch-wirtschaftliche Konsequenzen abzuleiten seien. Der durch die neue Art zu denken und zu handeln ausgelöste Fortschritt sei unaufhaltsam, es bestehe lediglich die Möglichkeit, »in diesem wissenschaftlich-technischen Wettstreit vorne oder hinten zu rangieren, mit all den politischen und wirtschaftlichen Konsequenzen.«[37] Dabei sah er für die Bundesrepublik keine rosige Zukunft. Sie liege auf wissenschaftlich-technischem Gebiet weit hinter den führenden Ländern zurück, weil ihr Innovationssystem verkrustet sei, insbesondere aber weil hier die kollektive Mentalität außergewöhnlich technikfeindlich sei. Steinbuch deprimierte, dass der »typische Intellektuelle« geradezu stolz darauf sei, von solch »inferioren Tä-

32 Ebd., S. 116.
33 Ebd., S. 187.
34 Ebd., S. 203.
35 Grafik, ebd. S. 209.
36 Der spekulative Charakter und der argumentative Kurzschluss dieser These sind schon zur Genüge verdeutlicht worden.
37 Steinbuch, Karl: Automat und Mensch. Kybernetische Tatsachen und Hypothesen, Berlin (u. a.) [3]1965, S. 358.

tigkeiten« wie Naturwissenschaft und Technik nichts zu verstehen.[38] Der Verlust einer vorderen Platzierung im Wettlauf der Nationen, wie ihn Steinbuch sah, werde zu »einer geschwächten wissenschaftlichen, kommerziellen und politischen Position«[39] der Bundesrepublik führen.

Das Motiv, die Gesellschaft wissenschafts- und technikfreundlicher machen zu wollen, lag auch Steinbuchs populärwissenschaftlichen Publikationen zugrunde, die nicht mehr direkt die Kybernetik betrafen. Die Kritik an der mangelhaften technischen Bildung der Gesellschaft und v. a. der Eliten nahm er 1966 in seiner Schrift »Die informierte Gesellschaft« wieder auf. Dieser Mangel wog in seinen Augen umso schwerer, als die Gesellschaft zunehmend von Information und Informationstechniken durchdrungen werde. Seinen Ausdruck finde dieser Prozess in der Automatisierung von Wirtschaft und Verwaltung. Verfügen über und Bewältigung von Information sei »ein wesentlicher Machtfaktor«[40] geworden. Deshalb müsse die Politik die entsprechenden wissenschaftlich-technischen Gebiete ausreichend fördern und das kollektive Denken dahingehend schulen, damit die anfallenden und immer komplexer werdenden gesellschaftlichen Probleme noch zu bewältigen seien. Als wichtigstes wissenschaftliches Mittel sei eine funktionsfähige Zukunftsforschung aufzubauen, die auf einer sich ständig weiterentwickelnden Informationstechnik beruhe und damit die Zukunft rational zu planen vermöge. Dieser Überzeugung von der Planbarkeit und Steuerbarkeit der Gesellschaft lag ein deterministisches Bild der Zukunft zugrunde. Was als Indeterminiertheit erschien, war laut Steinbuch lediglich »die Unkenntnis der Anfangs- und Randbedingungen, also mangelnde Information.«[41] Mit der Erhebung ausreichenden Datenmaterials und dessen Verarbeitung war demnach jedes noch so komplexe System analysierbar, planbar und steuerbar. Die Menschheit stand eben »am Übergang vom irrationalen, vorwissenschaftlichen Zeitalter zum rationalen, wissenschaftlichen Zeitalter«.[42] Neue Verkehrs- und Kommunikationsmittel, die Psychoanalyse und die Kybernetik bedingten diesen revolutionären Prozess.[43] Steinbuch trat mit diesen Ausführungen als Anwalt eines wissenschaftlich planenden Denkens auf, das ein vorwissenschaftlich historisches und ideologisches Denken ablöse. Er zeigte sich unbedingt zukunftsoptimistisch

38 Ebd., S. 341.

39 Ebd., S. 340.

40 Steinbuch, Karl: Die informierte Gesellschaft. Geschichte und Zukunft der Nachrichtentechnik, Stuttgart 1966, S. 101.

41 Ebd., S. 299.

42 Ebd., S. 332.

43 Siehe ebd., S. 333.

und gläubig an die handlungsleitende Kraft von Wissenschaft und Technik, die jedes Phänomen rationalisieren und planen könnten.

Die Konkurrenz seines wissenschafts- und zukunftsorientierten zum idealistischen historischen Denken trieb er 1968 in seinem Buch »Falsch programmiert« auf die Spitze, indem er das überkommene Denken und seine Vertreter mit einem Wort Nietzsches in die »Hinterwelt«[44] verbannte. Diese Ideologie behinderte nach Steinbuch Wissenschaft und Technik weit aus mehr als die Probleme des »Brain Drain« nach dem Zweiten Weltkrieg oder die zeitgenössische Unterfinanzierung der Forschung. Weil sie der wirtschaftlichen und geistigen Entwicklung der Bundesrepublik das Wasser abgrabe, sei das Land in Zukunft nicht mehr konkurrenzfähig.[45] Dann nämlich, wenn die Welt beherrscht werde »durch eine perfekte Technik«,[46] die ihren gesellschaftlichen Ausdruck in der Automatisierung von Wirtschaft, Verwaltung und Militär, im rapiden Anwachsen von Information und deren ständiger Verfügbarkeit finde. Steinbuch rief dazu auf, diese Veränderungen nicht in Manier der »Hinterwelt« zu beklagen, sondern die zukünftige Welt aktiv zu gestalten. Dazu müsse die wissenschaftliche Analyse der Zukunft zur Grundlage der Politik werden und endlich eine Erziehung zu ihrem Recht kommen, »die auf Logik, Semantik, Kybernetik aufgebaut ist und Denkmodelle liefert, die nicht schon heute unbrauchbar sind, sondern Verständnis unbekannter Umwelten ermöglichen.«[47] Nur diese Maßnahmen könnten einen »Technischen Staat« vermeiden, wie ihn Helmut Schelsky befürchtete. In einem solchen Staat lösten Sachzwänge die Politik ab, und anstelle des Menschen herrschte die Technik. Steinbuch stellte dieser Dystopie »das Modell eines ›Kybernetischen Staates‹« gegenüber. In diesem seien zwar die politischen, verwaltenden und wirtschaftlichen Funktionen »bis zu höchster Perfektion durchrationalisiert«, dienten aber ausschließlich ethischen, vorwissenschaftlichen Zielen des Menschen. Er bleibe »der Kybernetes all dieses politischen Geschehens«.[48]

44 Der Begriff wird eingeführt bei Steinbuch, Karl: Falsch programmiert. Über das Versagen unserer Gesellschaft in der Gegenwart und vor der Zukunft und was eigentlich geschehen müsste, Stuttgart 1968, S. 18, und weiter verwendet ebd., S. 20, 22f., 93.

45 Wenn Steinbuch von »Gesellschaft« schrieb, bezog er sich übrigens immer auf die bundesdeutsche Gesellschaft. Er war strikt verankert in nationalen Kontexten. Der Wettlauf um Innovation war für ihn eine Konkurrenz zwischen Nationen.

46 Steinbuch: Falsch programmiert, S. 57.

47 Beides ebd., S. 146.

48 Jeweils ebd., S. 151. Steinbuch spielt an auf Schelsky, Helmut: Der Mensch in der wissenschaftlichen Zivilisation (= Arbeitsgemeinschaft für Forschung des Landes Nordrhein-Westfalen. Geisteswissenschaften 96), Köln 1961.

Angesichts der immer hitziger geführten Debatten der 1960er Jahre um »Bildungsnotstand« und »Technologische Lücke« meldete sich Steinbuch 1970 nochmals mit seinem »Programm 2000« zu Wort. Darin stellte er Überlegungen an, was für eine bessere Anpassung der Gesellschaft an die Herausforderungen der technologischen Entwicklung, für die bessere Ausnutzung der Technik und für die bessere Förderung der Technik nötig sei. Mit technischen Herausforderungen meinte er wieder einmal die Computertechnik, die Informationsflut, die Automatisierung und die Raumfahrt, stellte aber erstmals auch Überlegungen zu den Folgen des Wachstums von Technik, Wohlstand und der Bevölkerung an. Er thematisierte Umweltprobleme. Einen Ausweg sah er nur, wenn kybernetisches Denken, also das Denken in Regel- und Systemzusammenhängen auf wissenschaftlich-rationaler Basis, aber auch kreatives Denken breit gefördert würden. Die Lösung gesellschaftlicher Probleme war für ihn nur durch das kollektive Erlernen demokratischen, kritischen Denkens möglich.[49]

Mit seinen populärwissenschaftlichen Büchern war Karl Steinbuch einer der wenigen Kybernetiker, ja generell einer der wenigen Wissenschaftler, die die Bedeutung der neuen Technik für den Menschen und seine Umwelt thematisierten. Weil dadurch endlich ein Fachmann »das Problem Mensch und Maschine« deutete,[50] gewannen die öffentlichen Debatten enorm an Niveau. Gerade mit seinen auf gesellschaftliche Probleme abzielenden Büchern ging Steinbuch aber noch einen Schritt weiter und zeigte auf, welche Relevanz kybernetisches Denken in der Praxis besaß. Kybernetik war für ihn eine philosophisch-anthropologische Grundlage der Analyse, ein analytisches Hilfsmittel zur Erkenntnis der Probleme der Gesellschaft, zur Entwicklung von Lösungsstrategien und der Planung der Zukunft, aber auch eine Technologie, die Konstruktionen zur Optimierung der Gesellschaft lieferte.

### *Steinbuch als Person des öffentlichen Lebens*

Seine Position vertrat Steinbuch nicht nur in Büchern, sondern auch in einer Unzahl von öffentlichen Vorträgen, Zeitungs-, Zeitschriften-, Funk- und Fernsehbeiträgen. »Über Kybernetik« trug er etwa 1963 bei der Arbeitsgemeinschaft für Forschung des Landes Nordrhein-Westfalen vor, der wichtige Politiker wie Leo Brandt, Staatssekretär im Düsseldor-

49 So Steinbuch, Karl: Programm 2000, Stuttgart 1970, S. 183.

50 Dies war Steinbuchs großes Verdienst laut Zemanek, Heinz: Professor Steinbuch 60 Jahre, in: Elektronische Rechenanlagen 19 (1977), S. 165.

fer Wirtschaftsministerium und Mitbegründer des Wissenschaftsrats, angehörten. Eingangs stellte Steinbuch dabei die zentralen Fragen der Kybernetik vor: »Können geistige Prozesse objektiviert werden? Können Denkakte in technischen Systemen ablaufen?«[51] Er bejahte beide grundsätzlich und wollte seine These dann bewiesen wissen, wenn ein Computer von dem Umfang konstruiert worden sei, dass er ein Bewusstsein besitze. Dadurch wäre die Technik eine vollkommene Nachbildung der Natur und der Mensch ein Teil der Natur wie jeder andere und in seiner Funktion als ganzer nachbaubar. Doch nicht nur das Bild vom Menschen werde die Kybernetik entscheidend ändern, auch der Alltag werde durch kybernetische Technik revolutioniert. Der Einsatz von Automaten in Militär, Politik und Wirtschaft, in Verwaltung und Industrie führe zu einer Automatisierung und Vorausplanung weiter Lebensbereiche und damit zu einer Entideologisierung und Rationalisierung der Gesellschaft.[52]

Parallel zu seiner Publizistentätigkeit wandte er auch als Person im öffentlichen Leben sein kybernetisches Denken auf Fragen der Technisierung, der Gestaltung von Zukunft und der rationalen Gesellschaftsplanung an. Als bezahlter Redner vor Zuhörerschaften aus Politik und Wirtschaft war er gefragt, und populärwissenschaftliche Vorträge mit Titeln wie »Verantwortung für die Zukunft«[53] waren Legion. Als seine Popularität um 1970 auf dem Höhepunkt war, konnte er sich vor Anfragen für Vorträge und Stellungnahmen kaum retten.[54] Seine Breitenwirkung, besonders in Funk und Fernsehen, war enorm. Allein mit einem Interview in der ZDF-Sendereihe »Fragen der Zeit« erreichte er zwischen vier und fünf Millionen Menschen.[55] Daneben schrieb er Artikel für alle denkbaren Zeitungen und Zeitschriften,[56] und seine Bücher waren Best-

51 Steinbuch, Karl: Über Kybernetik, in: Veröffentlichungen der Arbeitsgemeinschaft für Forschung des Landes Nordrhein-Westfalen 118 (1963), S. 11.

52 Das führt er aus ebd., S. 21f.

53 Nach IBM Österreich an K. Steinbuch, 12.3.1970, UA Karlsruhe 27048/4, hielt er diesen Vortrag im Frühjahr 1971 bei IBM Österreich in Wien.

54 Die Signatur 27048 des UA Karlsruhe ist voll davon. Z.B. bat ihn, laut Jungkurth an K. Steinbuch, 14.10.1970, UA Karlruhe 27048/4, der Kommandeur des Leichten Kampfgeschwaders 42 in Sobernheim/Nahe um einen Vortrag. Auch die Vorbereitung, Durchführung und Abwicklung der Lehrfilm-Serie »Mensch – Technik – Zukunft« des Studios Hamburg im Auftrag des SDR leitete er. Dazu Studio Hamburg an Uni Karlsruhe, 3.2.1971, UA Karlsruhe 21001/369.

55 So Hans Erich Koertgen (ZDF) an K. Steinbuch, 8.6.1970, UA Karlsruhe 27048/4, bei seiner Einladung an Steinbuch.

56 Z.B. veröffentlichte der »Esso Reporter« 2/1970 seinen Aufsatz »Technik und Gesellschaft als Zukunftsprobleme«.

seller.[57] Er erreichte ein Massenpublikum wie sonst kein Wissenschaftler. Die Kehrseite dieser Popularität war, dass er seine Positionen beinahe mantraartig wiederholen musste. Über die Ausführungen in seinen Büchern ging er nicht mehr hinaus, sondern spitzte Altbekanntes lediglich zu, um es journalistisch unterhaltsam und sensationell erscheinen zu lassen. Wenn er Begriffe wie den der Hinterwelt »absichtlich aggressiv«[58] wählte, erzeugte er Aufmerksamkeit, vermittelte aber nie mehr Inhalt als seine Forderung nach rationaler, ideologiefreier Analyse gesellschaftlicher Systeme und der Vorausplanung derer Entwicklungen. Indem er sein kybernetisches Denken in die Massenöffentlichkeit hinein verbreiten wollte, entfernte er sich von den Mechanismen wissenschaftlichen Arbeitens und ordnete sich in die Logik der Medien ein.

Weil ihn seine populärwissenschaftliche Arbeit im Laufe der 1960er Jahre immer stärker band und er deshalb nichts Neues mehr produzierte, rezipierten ihn wissenschaftliche Communities immer weniger. »Automat und Mensch« hatten seine Kollegen noch vielfach gelesen und schätzten das Buch wegen seines Versuchs, den kybernetischen Ansatz in voller Breite allgemeinverständlich darzustellen.[59] Dass dieser populärwissenschaftliche Stil nach und nach Steinbuchs wissenschaftliche Arbeit bestimmte und er »die wissenschaftliche Erforschung großer Systeme nicht mit demselben Grad an Akkuratesse«[60] wie die Erforschung weniger komplexer Systeme forderte, sahen andere Wissenschaftler aber nicht mehr wohlwollend. Beispielsweise kritisierte ihn Bernhard Hassenstein in einer Auseinandersetzung um die biowissenschaftlichen Grundlagen der kybernetischen Thesen, wie sie in »Automat und Mensch« vertreten wurden, wie sie aber auch die Basis für Steinbuchs technikwissenschaftliches Arbeiten bildeten. Hassenstein betonte, prinzipiell sei zwar zu vermuten, dass auch subjektive Erfahrungen »ganz bestimmten physikalischen Gegebenheiten in unserem Organismus« entsprächen. Welche Vorgänge im Gehirn solche Erfahrungen konkret steuerten und spei-

57 In den Bestseller-Listen des »Spiegel« waren sie allesamt vertreten.

58 Entwurf der Antworten Steinbuchs für ein Interview in der Sendung »Entwicklungsland Bundesrepublik« des WDR, ausgestrahlt am 16.9.1970, beigefügt zum Brief Alexander von Cube/Westdeutscher Rundfunk an K. Steinbuch, 11.9.1970, UA Karlsruhe 27048/2.

59 Z.B. bei Goldschmitt, W.: Rezension zu Karl Steinbuch: Automat und Mensch, Berlin 1961, in: Physikalische Blätter 18 (1962), S. 92; Winfried Oppelt an K. Steinbuch, 2.12.1963, UA Karlsruhe, 39,05/24.

60 Steinbuch, Karl: Einführung, in: Neuere Ergebnisse der Kybernetik. Bericht über die Tagung Karlsruhe 1963 der DAGK, hg. v. K. Steinbuch u. S.W. Wagner, München/Wien 1964, S. 12.

cherten, sei aber »noch völlig offen«. Ganz bestimmt kämen afferente Nervenimpulse nicht, wie von Steinbuch behauptet, »als die Korrelate bzw. Träger der Empfindungen in Frage«.[61] Dass er sich nur mehr an theoretischen Fragen orientierte und dabei empirische wissenschaftliche Erkenntnisse ignorierte, dass er nur mehr spekulierte, statt klare Analysen vorzunehmen, wurde Steinbuch zum Verhängnis. Seine Thesen verloren den Anspruch der Wissenschaftlichkeit und wurden ins Reich der kybernetischen »Utopien« verwiesen. Immer öfter unterstellten ihm seine Kollegen, »einer Ideologie nahezustehen.«[62] Als er sich auf seine gesellschaftsanalytischen und reformerischen Schriften konzentrierte, fand er in wissenschaftlichen Communities kaum noch über den Kreis seiner Schüler und Mitarbeiter hinaus Ansprechpartner. Wissenschaftler lobten ihn bestenfalls gelegentlich für sein gesellschaftliches Engagement.[63] Als gleichwertigen Kollegen nahmen sie ihn ab den 1970er Jahren nicht mehr wahr.

Aus mehreren Gründen gab Steinbuch seine Stellung in der Scientific Community auf und begab sich stattdessen in die Öffentlichkeit: Zunächst trieb ihn ein starker aufklärerischer Eifer an. Die öffentlichen Auftritte verschafften seinem Streben nach einem Stellungsgewinn von Technik, Rationalität und Planung im öffentlichen Denken und Handeln weithin Gehör. Er hoffte, auf diese Weise eine rationale, technikfreundliche und dadurch zukunftsfähige kollektive Mentalität schaffen zu können.[64] Dass ihn dieses Engagement zum Star in den Medien machte, mit einer großen Zahl von Gefolgsleuten und einer vielleicht noch größeren Zahl von Gegnern, mag ihm einerseits die Genugtuung verschafft haben, endlich die Reputation zu erhalten, die er in der wissenschaftlichen Community nie erreicht hatte. Andererseits versetzten ihn die positiven und negativen Reaktionen auf sein Werk erst recht »in eine Mission und in einen schriftstellerischen Kampf«,[65] weil er die Unwissenden, Ideologiebehafteten mit aller Macht von seinem Denken überzeugen wollte. Schließlich sicherten ihm seine Popularisierungsbemühungen ein nicht unerhebliches Einkommen, weil er seine Bücher

61 B. Hassenstein an K. Steinbuch, 20.7.1965, UA Karlsruhe, 39,05/24.

62 Bauer: Kybernetik, S. 24.

63 Dies tun z. B. Frank, Helmar: Kybernetische Buchveröffentlichungen im Jahre 1966, in: GrKG 7 (1966), S. 128f.; P. Rechenberg an K. Steinbuch, 12.3.1974, UA Karlsruhe 39,05/161.

64 Dieser Ansatz ist programmatisch formuliert als Steinbuch, Karl: Information und Gesellschaft, in: VDI-Z 114 (1972), S. 1013-1021.

65 Zemanek: Professor Steinbuch, S. 166.

massenhaft verkaufte und sich seine Vorträge und Auftritte gut bezahlen ließ.

Nicht zuletzt trieb Steinbuch außerdem das Motiv an, die Kybernetik externalistisch, an der Scientific Community vorbei, zu etablieren. Nachdem er nämlich zweimal daran gescheitert war, die Kybernetik auf klassische Weise durch die Gründung einer Fakultät bzw. eines Fraunhofer-Instituts in der Wissenschaft zu manifestieren, wollte er nun die Öffentlichkeit vom Nutzen der Kybernetik für die Gesellschaft überzeugen. Er wurde nicht müde zu betonen, dass »die Kybernetik als ein wesentliches Bildungsmittel unserer Hochschulen«[66] erscheine, wenn man den Herausforderungen der Zukunft begegnen wolle. Nur ein Studium der Kybernetik könne politische und wirtschaftliche Eliten »auf ihre zukünftigen Aufgaben vorbereiten.«[67] Steinbuch sah keine Alternative zur Lösung der technischen Probleme mit Mitteln der Kybernetik. Die Bundesrepublik habe nur die Alternative, »in diesem wissenschaftlich technischen Wettstreit vorne oder hinten zu rangieren«. Politik und Wirtschaft könnten den Anschluss an die »vorn« stehenden Nationen nur schaffen, wenn »alle Kräfte – auch im Bereich der Kybernetik – aktiviert« würden.[68] Steinbuch stilisierte die Förderung der Kybernetik zum einzig zweckmäßigen Mittel, um einen Ausweg aus der »Technologischen Lücke« und dem »Bildungsnotstand« zu finden. Er suchte mit diesen, sicherlich übertriebenen Darstellungen Verbündete in einer breiten Schicht von Laien, um seinem Anliegen eine demokratische Basis zu verleihen. Diese Basis konnte ihrem und seinem Anliegen über die Massenmedien lautstark Gehör verschaffen. Daneben verbalisierte Steinbuch sein Anliegen selbst in den Massenmedien, oder er adressierte auf Vorträgen die politischen Entscheidungsträger und möglichen Finanziers aus der Wirtschaft direkt. Immer war sein Ziel, dass gesellschaftliche Eliten ihre politische oder finanzielle Macht nutzten, um der Kybernetik über Stellen- und Mittelzuweisungen von außen einen prominenten Platz in Forschung und Lehre zu verschaffen. Dazu müssten sie nur von der einzigartigen Bedeutung der Kybernetik überzeugt sein. Auf dieser sozialen Ebene entfremdete sich Steinbuch von der Wissenschaft, nicht aber inhaltlich. Er wählte außenstehende Interaktionspartner, hatte aber

66 Steinbuch: Programm 2000, S. 139. Dieser Hinweis fehlt in beinahe keiner Veröffentlichung und in keinem Vortrag.

67 Steinbuch: Über Kybernetik, S. 24.

68 Ebd., S. 26. Man beachte die wortgleiche Formulierung in »Automat und Mensch«, wie sie oben bereits zitiert wurde. Steinbuch wiederholte sich tatsächlich immer wieder.

immer noch die Intention, die Kybernetik als Wissenschaft zu etablieren. Auf diese Weise nutzte er die Öffentlichkeit als Ressource[69] für seine wissenschaftspolitischen Bemühungen.

Parallel zur Kybernetik versuchte er auch, die Zukunftsforschung als Wissenschaft zu etablieren – und zwar ebenfalls auf klassischem Wege und nach dessen Scheitern über den Umweg, gesellschaftlichen Bedarf zu schüren. Im Zuge der Strukturreformen der TH Karlsruhe schlug er 1965 einen interdisziplinären Forschungsschwerpunkt »Zukunftsforschung«[70] vor. Nachdem dieser nicht bewilligt worden war, wandte er sich mit seinen populärwissenschaftlichen Veröffentlichungen und der »Gesellschaft für Zukunftsfragen« an die Öffentlichkeit. V. a. mit der Gesellschaft gedachte Steinbuch, sich gleichermaßen auf wissenschaftlichem wie auf außerwissenschaftlichem Gebiet zu bewegen, indem sie einerseits Forschungsvorhaben unterstützen und koordinieren, andererseits gezielt Werbung für die Zukunftsforschung machen sollte.[71]

Erfolg hatte Steinbuch auch mit diesen Bemühungen nicht und konnte weder für die Zukunftsforschung noch für die Kybernetik einen Stellungsgewinn erreichen. Stattdessen passte er sich durch das Adressieren einer Massenöffentlichkeit immer weiter der Logik der Medien an. Er wurde zur öffentlichen Figur, zu dem Experten schlechthin auf den Gebieten der »Technologischen Lücke« und des Bildungsnotstands. Zeitungen und Nachrichtenmagazine nötigten ihn geradezu zu Stellungnahmen.[72] Er mischte sich auch als Diskussionsteilnehmer in öffentliche Debatten ein, ohne von der überhöhten Position des Wissenschaftlers aus zu sprechen. Er verfasste beispielsweise gewöhnliche Leserbriefe,[73]

69 Zu den Ressourcenbeziehungen von Wissenschaft und Öffentlichkeit im Allgemeinen siehe Schirrmacher: Popularisierung, S. 88-95; Ders. u. Sybilla Nikolow (Hg.): Wissenschaft und Öffentlichkeit als Ressourcen füreinander. Studien zur Wissenschaftsgeschichte im 20. Jahrhundert, Frankfurt a. M./New York 2007. Der Begriff der Ressource wird dort abgeleitet von Ash, Mitchell G.: Wissenschaften und Politik als Ressourcen füreinander, in: Rüdiger vom Bruch u. Brigitte Kaderas (Hg.): Wissenschaften und Wissenschaftspolitik. Stuttgart 2002, S. 32-51.

70 K. Steinbuch an Rektor TH Karlsruhe, 20.1.1965, UA Karlsruhe 21001/1048.

71 So ausgedrückt u. a. bei K. Steinbuch an Simon Moser, 6.5.1969, UA Karlsruhe 27014/7.1

72 Z.B. wurde er bei der »Spiegel«-Serie »Mit dem Latein am Ende«, die 1969 »Krise und Zukunft der deutschen Hochschulen« thematisierte (so das Titelblatt des »Spiegel« Nr. 26/1969) als Experte für Bildungs- und Hochschulfragen herangezogen.

73 Z. B. Steinbuch, Karl: Leserbrief, in: Der Spiegel Nr. 46/1971; K. Steinbuch an Leserbriefredaktion der HÖRZU, 19.9.1973, UA Karlsruhe 39,05/159.

um seine Sicht über die Notwendigkeit rationaler Analyse gesellschaftlicher Systeme darzulegen. Daneben kontaktierten ihn vielfach Privatpersonen, um ihre Meinungen zu Themen mitzuteilen, bei denen Steinbuch scheinbar oder tatsächlich Experte war. Besonders für Kritik an zeitgenössischen Phänomenen, die in irgendeiner Weise unter den Begriff »Hinterwelt« zu fassen waren, wurde Steinbuch als Verbündeter gesucht. Dabei kannte die Skurrilität keine Grenzen. Ein Anhänger Steinbuchs forderte etwa im Kampf gegen alles Ideologisch-Restaurative die Abschaffung der bundesrepublikanischen Justiz, weil sie diese »Hinterwelten« konserviere. Deshalb bat er Steinbuch, Studenten abzustellen, »die mal eben sämtliche Bundesrichter und vor allem die Bundesverfassungsrichter aufhängen«.[74] Wenn einzelnen Lesern Steinbuchs Vorschläge zu politischen oder kulturellen Reformen nicht weit genug gingen, konfrontierten sie ihn hemmungslos mit ihrer Enttäuschung[75] bis hin zu Beleidigungen. Einen selbsternannten »Kommissarischen Präsident des Deutschen Reiches der zweiten Republik und Vorsitzenden des kommunistischen Revolutionskomitees« brüskierte er etwa dadurch, dass er dessen radikale Neuordnung des europäischen Bildungssystems auf kommunistischer Basis nicht mittragen wollte. Stattdessen habe er »lieber den Bonner Nazischweinen, Regierung und Opposition, zum Ausbau der Zukunftsforschung und damit auch zur Absicherung der Existenz des Bonner Nazistaates verholfen«. Der Revolutionär verabscheute Steinbuch dafür, bezeichnete ihn als »Arschkriecher« und distanzierte sich von seinen Reformvorschlägen »mit dem Ausdruck tief empfundener Verachtung: Pfui Teufel, Steinbuch, Sie Nazischwein«.[76]

Steinbuchs Texte und Äußerungen entwickelten ein Eigenleben und wurden zur Projektionsfläche für jeden Rezipienten, der Steinbuchs Ausführungen mit seinen eigenen politischen und kulturellen Vorstellungen verknüpfte. Damit standen solche Perzeptionen in der Kontinuität der Adaption und Transformation kybernetischer Theorien, wurden aber hierin auf die Spitze getrieben. Steinbuch hatte Wieners Thesen adaptiert, diese in wissenschaftliche Theorien und Methoden im Rahmen der

74 N.N. an K. Steinbuch, Kronshagen bei Kiel, 8.2.1970, UA Karlsruhe 27048/2. (Aus archivrechtlichen Gründen wurde der Absender vom Archivar anonymisiert.)

75 Z.B. N.N. an K. Steinbuch, Wiesbaden 16.6.1970, UA Karlsruhe 27048/2. Der Absender kritisierte, dass Steinbuch sich nicht entschieden genug von der Religion distanziere. (Aus archivrechtlichen Gründen wurde der Absender vom Archivar anonymisiert.)

76 N.N. an K. Steinbuch, Velpke 5.4.1970, UA Karlsruhe 27048/3. (Aus archivrechtlichen Gründen wurde der Absender vom Archivar anonymisiert.)

Nachrichtentechnik umgewandelt und daraus eine Anthropologie sowie Maximen für das politische Handeln abgeleitet. Schon dieser Prozess war nicht einseitig verlaufen, sondern er hatte die wissenschaftlichen Theorien und Methoden genauso wie Steinbuchs Denken verändert. Aus »Communication and Control in the Animal and the Machine« war die Forderung nach Denken in rationalen Kategorien und Systemen geworden. Insbesondere Vertreter der »Neuen Linken« nahmen nun Steinbuchs Postulat auf und wandelten es einmal mehr um in Ideologie- und Gesellschaftskritik nach marxistischen Maßstäben. Steinbuch verkam dabei zum Spielball des öffentlichen Diskurses.

Steinbuch verhielt sich aber nicht passiv, sondern mischte sich, gefragt und ungefragt, in politische Debatten ein. Seine Thesen und Begriffe, voran die »Hinterwelt« und die »Informierte Gesellschaft«, wurden in den 1960er Jahren zu gängigen Slogans fortschrittsorientierter politischer Gruppierungen. Steinbuch selbst war »Stichwortgeber«[77] v. a. der SPD und ein zumindest informeller Berater vieler ihrer Spitzenpolitiker. Er nutzte seinen Expertenstatus, um die Sozialdemokraten von der Notwendigkeit einer modernen, d. h. wissenschaftlich-technisch basierten Politik zu überzeugen. Die SPD schien ihm die geeignete Partei, weil sie nicht in überholten Gesellschaftsstrukturen feststecke. Sie pflegte in Steinbuchs Augen nicht wie die CDU eine »verhängnisvolle Ideologie«, nach der sich Planung und Freiheit ausschlössen.[78] Weil die SPD seinem Ideal einer Politik auf Basis kybernetischer Theorien und mit kybernetischer Technik am nähesten kam, engagierte er sich 1969 im Wahlkampf Willy Brandts für das Amt des Bundeskanzlers.[79] Auch nach der Regierungsübernahme der SPD stand er weiter in engem Kontakt mit ihren Vertretern, trat als Redner und Dozent auf politischen Seminaren auf und war Mitglied der »Arbeitsgruppe Forschungspolitik«[80] der SPD sowie des »Fachbeirats für Datenverarbeitung« des Bundesministeriums

77 Metzler, Gabriele: Konzeptionen politischen Handelns von Adenauer bis Brandt. Politische Planung in der pluralistischen Gesellschaft, Paderborn/München 2005, S. 340.

78 »Über unsere Zukunft«. Vortrag von Prof. Dr. Ing. Karl Steinbuch, gehalten auf dem 20. Landesparteitag der SPD in Bayern, vom 20.-22.6.1969 in Ingolstadt, Manuskript, UA Karlsruhe, 39,05/55.

79 U.a. durch eine Anzeige in Der Spiegel Nr. 28/1969 in der Serie »Männer, die JA zur SPD sagen«. Im Anschluss bedankte sich der Bundeskanzler in einem Neujahrsgruß, Willy Brandt an K. Steinbuch, 28.12.1969, UA Karlsruhe 39,05/158.

80 Nach Ulrich Lohmar an K. Steinbuch, 21.9.1970, UA Karlsruhe 27048/4. Daneben belegen seine SPD-Kontakte Waldemar von Knoeringen an K. Steinbuch, 13.3.1970 bzw. 12.5.1970, UA Karlsruhe 27048/4.

für Bildung und Wissenschaft, der die Grundlinien eines zweiten Datenverarbeitungs-Förderprogramms erarbeitete.[81] Zeitweilig war er sogar »als Wissenschaftsminister der sozialliberalen Koalition im Gespräch«.[82]

1970 war Steinbuch noch der Ansicht, dass die Probleme der Zukunft »mit den Grundsätzen der CDU nicht gelöst werden« könnten.[83] Diese bröckelte aber bald, weil sich die SPD nach Steinbuchs Dafürhalten nicht klar genug von den Studentenunruhen distanzierte, die in seinen Augen ebenso irrational und ideologisch durchdrungen waren wie traditionalistisches, vormodernes Denken. Deshalb schrieb Steinbuch im Februar 1972 einen offenen Brief in der Zeitung »Die Welt« an den Bundeskanzler, um ihn auf die Gefahren linksradikaler Strömungen aufmerksam zu machen und ihn zu einer entschiedenen Politik dagegen aufzufordern.[84] Weil ihm die Antworten Brandts zu beschwichtigend waren, wandte sich Steinbuch von der SPD ab. Nicht nur hätte sie es versäumt, sich von kommunistischer Agitation zu distanzieren, sondern sie trete im Wahlkampf 1972 selbst ideologisiert auf. Sie entwickelte sich »zu dem Übel«, dessen »Beseitigung« sich Steinbuch erhofft hatte.[85] Umgehend stellte er seine Popularität in den Dienst der CDU, die unter seinem Namen ein Flugblatt mit dem Titel »Deshalb habe ich kein Vertrauen mehr zur SPD«[86] veröffentlichte.

Beinahe noch schneller als Steinbuch politisch die Seiten wechselte, brach das Pressecho[87] und der Zorn der Linken, allen voran der linken

81 Vgl. Bundesminister für Bildung und Wissenschaft an K. Steinbuch, 2.2.1970, UA Karlsruhe 27048/1.

82 Das wird zumindest behauptet in den einleitenden Worten zum Artikel »›… nichts als intellektuelle Traumtänzereien‹. Kritische Auseinandersetzung mit einem Beitrag in der ZEIT« [vom 6.8.1971], von K. Steinbuch, in: Die Welt, 11.8.1971.

83 K. Steinbuch an SPD, Abt. Öffentlichkeitsarbeit, 13.10.1970, UA Karlsruhe 39,05/162.

84 K. Steinbuch an Willy Brandt, gedruckt in: Die Welt, 21.2.1972. Ein zweiter offener Brief ist Steinbuch, Karl: Wenn überhaupt, dann rasch korrigieren. Zweiter offener Brief von Professor K. Steinbuch an Bundeskanzler Willy Brandt, in: Rhein-Neckar-Zeitung, 27.5.1972. Nach Metzler: Konzeptionen, S. 284, ist die Abneigung Steinbuchs gegen die Studentenbewegung auch in einen allgemeinen Generationenkonflikt zwischen den »68ern« und den »45ern« einzuordnen.

85 »Prof. Steinbuch: ›Abschied von der SPD‹. Bestseller-Autor engagiert sich nicht mehr für Bundeskanzler Brandt«, in: Badische Neueste Nachrichten, 4.11.1972.

86 Flugblatt für den Bundestags-Wahlkampf 1972, siehe UA Karlsruhe, 39,05/21.

87 Z.B. »Abschied von der SPD«, in: Badische Neueste Nachrichten, 4.11.1972; »Prof. Steinbuch bricht mit der SPD«, in: Schwäbische Zeitung, 4.11.1972; »Prof. Steinbuch bricht mit der SPD«, in: Der Tagesspiegel, 5.11.1972; »Prof. Steinbuch

Studenten, über ihn herein. Seine Vorlesungen und Veranstaltungen wurden gestört,[88] er wurde öffentlich diffamiert und als korrumpiert bezeichnet.[89] Er musste Tiraden über sich ergehen lassen, die gleichermaßen sein wissenschaftliches, politisches und privates Tun verunglimpften, seien es seine Familienverhältnisse, seine Aufforderungen zu rationalistischem Denken oder seine Vergangenheit als Soldat im Zweiten Weltkrieg. Ein anonymer Autor beleidigte ihn in einem Brief als »Drecksack«, der »mit Springer und den Banditen der Opposition« liiert sei. Er schloss mit der Drohung: »Alsdann mit dir Schwein aus der Technischen [Hochschule] raus – *sonst werden wir dir Beine machen.* [...] In früheren Zeiten hätte man dir mit der Nilpferdpeitsche über die Schnauze gehauen.«[90]

Steinbuch ließ sich von solchen Anfeindungen nicht beeindrucken, sondern setzte sich im Folgenden für die Belange der CDU/CSU ein, wie er vordem für die SPD tätig gewesen war. 1975 hielt er auf dem Parteitag der CSU ein Grundsatzreferat zum Thema »Von der Ideologie zur Wirklichkeit«.[91] Er war Mitglied des »Kontaktkreises Politik-Wissenschaft-Kultur«[92] der bayerischen Staatsregierung, korrespondierte regelmäßig mit Norbert Blüm und war ab 1981 Mitglied im wissenschaftlichen Beratergremium des baden-württembergischen Ministerpräsidenten Lothar Späth.

Steinbuch versuchte, kybernetisches Denken in die Politik einfließen zu lassen, unabhängig davon, mit welcher Partei er kooperierte. Zuerst unter der Flagge der SPD, verbunden mit der Hoffnung auf Brandt als den Reformer einer anachronistischen, vormodernen, von der rheinischen CDU zwanghaft aufrechterhaltenen Gesellschaftsordnung. Weil seine Vision einer rationalistisch, systemorientierten sozialdemokratischen Politik enttäuscht wurde, näherte er sich einer neuen Generation

will die SPD nicht mehr unterstützen«, in: Die Welt, 4.11.1972; »SPD-Verlust. Warum Steinbuch sich trennt«, in: Bayernkurier, 11.11.1972; »Rücktritt wegen Rückschritt«, in: Süddeutsche Zeitung, 17.11.1972.

88 Z.B. wurde nach »Aktion gegen Steinbuch«, in: Badische Neueste Nachrichten, 16.5.1972, die Feier zur Verleihung des Sachbuchpreis des Deutschen Büchereiverbandes an K. Steinbuch »erheblich gestört«.

89 So geäußert in einem Flugblatt in der Fakultät für E-Technik, Karlsruhe: »Reaktion auf den Bruch K. Steinbuchs mit der SPD seit Frühjahr 1972«, siehe UA Karlsruhe, 39,05/21. Eine spätere, inhaltlich ähnliche Diffamierung ist »Randbemerkungen anlässlich der Verleihung der Konrad-Adenauer-Preise«, in: Ventil. Karlsruher Studentenzeitung, Nr. 23, Juni 1975, siehe UA Karlsruhe, 39,05/21.

90 Anonymer Brief, o.D. [1972] UA Karlsruhe, 39,05/21. Hervorhebung im Original.

91 Vgl. Gerold Tandler an K. Steinbuch, 7.10.1975, UA Karlsruhe 39,05/158.

92 Laut Einladung F.J. Strauß an K. Steinbuch, Juni 1978, UA Karlsruhe 39,05/162.

von CDU- und CSU-Politikern an. Durch diese wechselnden Bündnisse wurde seine Person seit den 1960er Jahren beschleunigt politisiert und zum Objekt öffentlicher Debatten. Weil ihn verschiedene gesellschaftliche Strömungen vereinnahmten, verlor er den abgehobenen Status eines Wissenschaftlers. Er wandelte sich vom allgemein anerkannten Experten auf den begrenzten Gebieten »Bildungsnotstand« und »Technologische Lücke« zum Experten für alle denkbaren Themen der Modernisierungs- und Zukunftsdebatten, den aber nur bestimmte Gruppen hörten. Er wurde nicht mehr als unabhängiger, sakrosankter Wissenschaftler, sondern als streitbarerer Intellektueller wahrgenommen.

### *Der Abstieg Steinbuchs*

Steinbuchs Politisierung machte ihn wissenschaftlich untragbar. Schon 1972 musste er sich wegen seiner Kritik an der Bildungspolitik und den Hochschulreformen vor seiner Fakultät und dem Senat der Universität Karlsruhe gegen den Vorwurf rechtfertigen, er verhalte sich für einen Beamten unziemlich.[93] 1975 repräsentierten die Worte des Soziologen M. Rainer Lepsius die verbreitete Meinung der Wissenschaft: In seinen Büchern betreibe Steinbuch »vordergründige, begrifflich undifferenzierte Rechtsagitation«,[94] so dass er nichts mehr mit Wissenschaft zu tun habe.

Mit dem Abschied aus dem wissenschaftlichen Milieu begann auch Steinbuchs Abstieg in der Öffentlichkeit. Inhaltlich wurden ihm auch dort die Redundanz in seinen Auftritten, die ständige Wiederholung seiner Positionen und das Ausbleiben neuer Aspekte, zum Verhängnis. Schon 1969 sah er sich mit dem Vorwurf konfrontiert, seine Äußerungen seien nur noch »eine Sammlung von ausgewählten Steinbuch-Zitaten aus bereits publizierten Schriften«.[95] Daneben litt seine Reputation in der Öffentlichkeit unter den Grabenkämpfen mit Studenten, aber auch mit ehemaligen Weggefährten wie dem Publizisten Robert Jungk, einem Mitbegründer der Gesellschaft für Zukunftsfragen.[96] Steinbuch verspielte seinen Ruf Stück für Stück. Immer seltener fragten renommierte Zeitungen und Gruppierungen nach seiner Einschätzung zu Stand und Zukunft der Gesellschaft. Und im Laufe der 1980er Jahre driftete er

93 So Gerhard Grau/Dekan der Fakultät E-Technik an K. Steinbuch, 25.7.1972, UA Karlsruhe, 39,05/21.

94 M.R. Lepsius an Seewald-Verlag, 14.1.1975, UA Karlsruhe 39,05/160.

95 »Systems 69. Falsch programmiert«, in: Der Spiegel Nr. 47/1969, S. 125.

96 Zu dieser Auseinandersetzung siehe u.a. »Futurologie. Geschäfte gestört«, in: Der Spiegel Nr. 13/1970, S. 195.

politisch immer stärker nach rechts außen ab. Viele Stimmen drängten ihn dorthin, etwa indem sie ihn als die letzte Instanz darstellten, die Linke »Geistesverwirrer«, vermeintliche Unterstützer des Terrorismus und Jugendverführer wie Heinrich Böll, demaskieren könne.[97] Aber auch er selbst wandte sich zunehmend zweifelhaften Themen zu. Er schrieb einen Beitrag für den rechtsradikalen »Schutzbund für das Deutsche Volk«, der sich bis heute zur Aufgabe gemacht hat, »die Auflösung des deutschen Volkes und seine Ablösung durch fremde Zuwanderer und ihrem [sic!] Nachwuchs«[98] zu verhindern. Steinbuch verfasste einen zu diesem Thema passenden Text mit dem Titel »Die gefährdete Existenz unseres Volkes«, der »Geburtenschwund und Überfremdung« anprangerte.[99] Auch in militaristischen Zirkeln verkehrte er, indem er Kontakt zum »Verein zur Aufarbeitung der jüngeren Geschichte« pflegte. Diese Gruppe ehemaliger und aktiver Soldaten brachte das Buch »Die Soldaten der Wehrmacht« heraus, eine Apologie militärischen Verhaltens im Zweiten Weltkrieg. Demnach hätten Soldaten grundsätzlich »ehrenhaftes Handeln«[100] an den Tag gelegt, d.h. nur ihren Befehlen gehorcht und sich im Rahmen militärischer Codizes bewegt. Moralische Verfehlungen, Menschenrechts- und Kriegsverbrechen seien lediglich Ausnahmen gewesen. Ja sogar ein »Widerstand« wurde im Ostfeldzug gesehen, weil dieser einem geplanten Angriff Stalins zuvorgekommen sei. Dadurch sei »die Sowjetisierung großer Teile Europas abgewendet worden«.[101]

Steinbuchs Denken scheint mit dem des Vereins kongruiert zu haben. Denn auch er hatte, besonders zu den Zeiten der Studentenunruhen um das Jahr 1968, die Erfahrung gemacht, als Weltkriegsteilnehmer wiederholt angegriffen und diffamiert zu werden. Ob sein Verteidigungskampf gegen die Neue Linke in einem psychischen Zusammenhang mit seinem Einsatz für die Wehrmacht im Zweiten Weltkrieg stand, kann nur gemutmaßt werden. Nicht nachzuvollziehen ist jedenfalls, wie sich daraus

97 So »Geistesverwirrer«, Leserbrief von E. Hügel, in: Die Welt, 22.3.1985.

98 Nach seiner Homepage http://www.schutzbund.de/aufgabe.htm (Stand 27.12. 2008).

99 Der Text wurde als Informationsblatt Nr. 20 des »Schutzbundes für das Deutsche Volk« veröffentlicht.

100 Hammel, Klaus: Kompetenzen und Verhalten der Truppe im rückwärtigen Heeresgebiet, in: Die Soldaten der Wehrmacht, hg. v. Hans Poeppel (u.a.) im Verein zur Aufarbeitung der jüngeren Geschichte e.V., München 1998, S. 221.

101 Beides Schwerin, Joachim von: Bewährung, Bedrängnis und Verhalten der Fronttruppe. Ein Bericht aus eigenem Erleben am Beispiel des Ostfeldzugs, a.a.O., S. 177.

eine Fraternisierung mit fremdenfeindlichen und militaristischen Kreisen ableitete.

Steinbuchs Weg von der Position eines führenden Meinungsbildners der Bundesrepublik in eine äußerst dubiose politische Ecke demonstrierte einen neuen Typus des Wissenschaftspopularisierers. Er trat nicht im klassischen Sinne auf, wie ihn das 19. Jahrhundert kannte: als Popularisierer mit großer Autorität und hoher Deutungsmacht, der eine elitäre, gebildete Öffentlichkeit adressierte.[102] Auch das Bild des Wissenschaftlers in der Nachkriegsöffentlichkeit, demzufolge die beiden Funktionssysteme der Wissenschaft und der Öffentlichkeit auseinanderdrifteten, Wissenschaftler »öffentlich kaum in Erscheinung« traten und deshalb in einer wissenschaftsgläubigen Politik eine »Rolle als einflussreiche aber politisch nicht legitimierte Berater«[103] übernahmen, trifft auf Steinbuch nicht zu. Er war vielmehr ein demokratisch-kommunikativer Popularisierer. Er befand sich stets in regem Austausch mit einer aufgeklärten Massenöffentlichkeit, die über Vorwissen verfügte und konkrete Erwartungen, Visionen, Hoffnungen und Ängste rund um Kybernetik, Computer, Bildung und Technisierung der Gesellschaft an ihn herantrug. Er musste sich der öffentlichen Kritik stellen und war damit ein Teil des Diskurses. Die Öffentlichkeit drängte ihm regelrecht ihre Themen auf und politisierte somit das wissenschaftlich-technische Wissen, aber auch seine Person. Steinbuchs eigentliche Intention, seine Forschungsthemen über den Umweg der Öffentlichkeit in der Wissenschaft zu manifestieren, ging nicht auf. Stattdessen wurde er zum Spielball der öffentlichen Wahrnehmung und des Diskurses. Sein Denken veränderte sich in diesem Prozess stärker, als er das kollektive Denken zu beeinflussen imstande war.

Dennoch prägte er zwischen Anfang der 1960er und Mitte der 1970er Jahre wie kein zweiter das öffentliche Bild der Kybernetik und die Vorstellungen vom Einsatz kybernetischer Theorien und Methoden in der gesellschaftlichen Praxis. Durch seine kybernetische Anthropologie brachte er ein mechanistisches Menschenbild in den Diskurs ein[104] und

102 Dieses Bild zeichnet Daum: Wissenschaftspopularisierung.

103 Weingart, Peter: Die Wissenschaft der Öffentlichkeit und die Öffentlichkeit der Wissenschaft, in: Ders. (Hg.): Die Wissenschaft der Öffentlichkeit. Essays zum Verhältnis von Wissenschaft, Medien und Öffentlichkeit, Weilerswist 2005, S. 19.

104 Diese Anthropologie wurde nicht nur in »Automat und Mensch« vorgestellt, sondern bildete auch die Grundlage seiner weiteren Bücher und wurde von Dritten öffentlich diskutiert, z. B. bei »Vater fehlt«, in: Der Spiegel Nr. 15/1973, S. 164-165.

zeigte auf, wie mittels der Kybernetik eine Gesellschaft zu analysieren, zu organisieren und zu planen sei.[105] Durch Steinbuch wurde die Kybernetik zu einem Dachbegriff für alle Fragen der Rationalisierung und Technisierung von Politik, Wirtschaft, Militär und Mentalität, insbesondere im Bereich der rapid wachsenden Informationstechnik und deren Produkt, der Informationsflut.

Steinbuch war weder von einer Gemeinschaft der Kybernetiker als ihr Vertreter anerkannt noch repräsentierte er die Kybernetik im Ganzen. Er vertrat in erster Linie sein Verständnis und seine Art, kybernetisch zu arbeiten. Neben ihm schrieben weitere Wissenschaftler Bücher, die sich an Laien wandten,[106] veröffentlichten in Zeitungen und Nachrichtenmagazinen,[107] gehörten gesellschaftspolitischen Gremien an oder hielten öffentliche Vorträge. Ein prominentes Beispiel dafür war die Vortragsfolge »Grundlagen der Kybernetik« der »RIAS-Funkuniversität«, bei der u.a. Hermann Schmidt sprach und seine These zur »Objektivation« und »Kreisrelation« als Endpunkte einer entelechistischen Technisierung des Lebens darlegte.[108] Auch diese Popularisierungsbemühungen hatten sich mit einem bereits bestehenden Bild von Kybernetik in der Öffentlichkeit auseinanderzusetzen, weil im außerwissenschaftlichen Bereich schon eine Debatte um Kybernetik geführt und somit Wissen produziert worden war, bevor die Kybernetiker an die Öffentlichkeit traten. Der Popularisierungsprozess hatte deshalb stets kommunikativen Charakter im nachrichtentechnischen Sinn: Der Informationsfluss verlief nicht nur in eine, sondern in gleichem Umfang und gleichberechtigt in mehrere Richtungen und wurde stets von vielen Teilnehmern getragen. Dieser Prozess wirkte zurück auf seinen diskursiven Gegenstand, die Kybernetik im wissenschaftlichen wie im außerwissenschaftlichen Bereich.

105 Dieser Aspekt wurde öffentlich rezipiert z.B. durch Häußermann, Hartmut: Ein Priester der Technik, in: Der Spiegel Nr. 13/1970, S. 196.

106 Die bereits mehrmals angesprochenen Überblicks- und Einführungswerke Anschütz: Kybernetik; Cube: Kybernetik; Flechtner: Grundbegriffe adressieren auch Laien ebenso wie Frank: Kybernetik. Brücke zwischen den Wissenschaften.

107 Z.B. Weizsäcker, Carl Friedrich von: Möglichkeiten und Grenzen des kybernetischen Denkens beim Lebendigen, in: Frankfurter Allgemeine Zeitung, 31.1.1968.

108 Der Vortrag liegt gedruckt vor als Schmidt, Hermann: Beginn und Aufstieg der Kybernetik, in: VDI-Z 104 (1962), S. 749-753. Die gesamte Vortragsreihe ist gedruckt als Grundfragen der Kybernetik (= Forschung und Information 1. Schriftenreihe der RIAS-Funkuniversität), hg. v. Pierre Bertaux, Berlin 1967.

Wenn Wissenschaftler ihre einzelnen, stark voneinander abweichenden Konzepte und Verständnisse nach außen trugen, war ihre einzige Gemeinsamkeit, dass alle die Leistungsfähigkeit des eigenen kybernetischen Ansatzes betonten und die Seriosität der jeweiligen anderen Ansätze anzweifelten. Ansonsten prasselten gleichzeitig technikphilosophische Deutungen der Kybernetik wie die Schmidts, Steinbuchs Ausführungen, Artikel von Journalisten über Denkmaschinen o. ä. und Berichte über die Forschungspraxis oder Tagungen streng analysierender Kybernetiker auf Laien ein. Diese Heterogenität musste deren Perzeptionsfähigkeit überfordern. Keinem Wissenschaftler gelang es, der Öffentlichkeit sein Verständnis der Kybernetik überzeugend zu vermitteln und damit eine überragende Autorität über die Deutung des Verständnisses und der Leistungsfähigkeit der Kybernetik zu erringen. Weil aufgrund der Pluralität des Angebots von kybernetischen Erscheinungsformen Leitbilder für die Rezeption fehlten, herrschten unter Laien Unsicherheit, aber auch uneingeschränkte Wahlmöglichkeiten im Verständnis und in der Anwendung der Kybernetik. Die Erscheinung der Kybernetik in der Öffentlichkeit glich der im wissenschaftlichen Bereich. Jeder konnte sein Verständnis aus einem grenzenlosen Angebot zusammenbasteln[109] und nach eigenem Gutdünken mit der Kybernetik umgehen.

## 9.3 Hans Sauers »Kybernetische Kreativität«

Als die Kybernetik Mitte der 1970er Jahre aus dem Fokus der Öffentlichkeit verschwand, lebte sie auch im außerwissenschaftlichen Bereich in verschiedenen Formen weiter, wenn auch weniger beachtet und oft in gesellschaftlichen Nischen. Eine dieser Spätformen war ein Konzept des Ingenieurs Hans Sauer, das den Erfindungs- und Innovationsprozess in der Technik formalisieren sollte und »kybernetische Kreativität« getauft wurde.

Hans Sauer (1923-1996) entwickelte in den frühen 1950er Jahren bei Siemens und bei mehreren Firmen in den USA elektromechanische Schaltungen, konnte aber weder seine Arbeitgeber noch sonst eine große Firma

109 Der Begriff des Bastelns ist übernommen von Gross, P.: Bastelmentalität. Ein »postmoderner« Schwebezustand, in: Thomas Schmid (Hg.): Das pfeifende Schwein. Über weitergehende Interessen der Linken, Berlin 1985, S. 63-84. Zur Erosion tradierter gesellschaftlicher Leitideen und dadurch Individualisierung u. a. Beck, Ulrich: Risikogesellschaft. Auf dem Weg in eine andere Moderne, Frankfurt a. M. 1986; Beck, Ulrich u. Wolfgang Bonß (Hg.): Die Modernisierung der Moderne, Frankfurt a. M. 2001.

für seine Ideen begeistern und industrielle Kooperationspartner zur massenhaften Herstellung innovativer Relais gewinnen.[110] Deshalb gründete er 1962 die »Sicher-Durch-System-Elektro GmbH« (SDS), mit der er seine unzähligen Patente in marktfähige Konstruktionen verwandeln konnte. Damit gelang es ihm, Sicherheit, Leistung und Effizienz der Relais um viele Größenordnungen zu steigern.[111] Ab 1963 fand Sauer in dem japanischen Großkonzern Matsushita Electric Works, Ltd. einen Lizenznehmer, mit dessen Hilfe ihm die massenhafte Herstellung und der weltweite Vertrieb der Relais gelangen. Sauer verhalf einer »längst zum Tode«[112] geweihten Technologie, die bereits von elektronischen Schaltungen vollständig verdrängt schien, zu einer Renaissance und seinem Unternehmen zu einem beachtlichen Aufstieg. 1982 zählte seine Firmengruppe 262 Angestellte, stellte 35 Millionen Relais her und erwirtschaftete einen Umsatz von ca. 100 Millionen DM.[113] Hans Sauers Leistungen wurden im Nachhinein auch von akademischer Seite anerkannt, indem ihn die ETH Zürich 1988 zum »Ständigen Ehrengast« und die TU Dresden 1993 zum Ehrendoktor ernannte.[114] 1989 verkaufte er sein Unternehmen an den Matsushita-Konzern und gründete die »Hans-Sauer-Stiftung für Evolutionsorientiertes Erkennen und Handeln« in Deisenhofen bei München.

Mit der Stiftung war Sauers Verständnis der Kybernetik erstmals manifestiert. Intensiv mit ihr beschäftigt hatte er sich aber schon, seit er 1982 die »Deutsche Aktionsgemeinschaft Bildung – Erfindung – Innovation« (DABEI) gegründet hatte, und die Wurzeln seiner Kybernetik reichen weit zurück in seine praktische Arbeit als Ingenieur und Unternehmer. Seit er Kontakte zu Japanern pflegte, vermutete er diese »in der Realisierung von Ideen«[115] weltweit an der Spitze. In Europa bremsten in seinen Augen eine überbordende Bürokratie und eine unzureichende Förderung

110 Zur Lebensgeschichte Sauers siehe Stichwort Sauer, Hans, v. Ulrike Sauer, in: Neue Deutsche Biographie, Bd. 22, Berlin 2005, S. 454f.

111 Dazu z. B. »SDS-Elektro. Wider alle Bürokraten«, in: Industriemagazin, September 1982, S. 70f.

112 Steinbichler, W.: Relais im Aufwind, in: Markt & Technik (1978), S. 66.

113 Die Zahlen sind entnommen aus H. Sauer: Pressemitteilung zur Verleihung der Diesel-Medaille in Gold an Dipl.-Ing. (FH) Hans Sauer, 3.12.1982, Privatarchiv der Sauerstiftung, Deisenhofen.

114 Vgl. Eidgenössische Technische Hochschule Zürich: Pressemitteilung, 1988, Privatarchiv der Sauerstiftung, Deisenhofen; Reden zur Verleihung des Ehrendoktorats an Hans Sauer durch die TU Dresden am 8.7.1993, in: Wissenschaftliche Zeitschrift der TU Dresden 43 (1993), S. 1-8.

115 Hans Sauer: Vortrag im Bayer. Wirtschaftsministerium am 8. Oktober 1981 über die Kooperation mit Japanern, Privatarchiv der Sauerstiftung, Deisenhofen.

kreativen Denkens den epistemischen Prozess von der Erkenntnis eines technischen Problems über das Finden geeigneter Verfahren und Konstruktionen zu dessen Lösung bis zur Marktfähigkeit der Entwicklungen. Er sah einen Widerspruch zwischen der naturgegebenen Kreativität und einer Zahl von etwa drei Prozent der Menschen,[116] die diese Gabe tatsächlich nutzten. Die Menschen würden von Regierungen, Kirchen, Bildungsinstitutionen und Werbeindustrie unmündig gehalten und müssten selbst aus dieser Unfreiheit und Unwahrheit herausfinden. Auf der Suche nach einem Ausweg gereichte Sauer besonders sein Kooperationspartner Matsushita zum Vorbild. Das Unternehmen erzeuge »durch eine Art geistige Bereicherung innere Zufriedenheit«[117] unter seinen Angestellten, die dadurch kreativer und produktiver würden sowie die gesamte Firma »spiralenhaft zu einem sich selbst regulierenden System«[118] umgestalteten. Der Schlüssel für eine sich selbst tragende Innovationsdynamik eines Unternehmens, aber auch einer Volkswirtschaft, lag demnach in der Zufriedenheit des Einzelnen. Im Rückblick erkannte Sauer, dass dieses Rezept von Zufriedenheit über Kreativität zur technischen und wirtschaftlichen Innovation »auf simplen kybernetischen Denkmethoden« beruhe.[119]

Den Begriff adaptierte Sauer Mitte der 1980er Jahre von dem Molekularbiologen Frederic Vester, der ihn synonym für »Vernetztes Denken« gebrauchte. Vester wollte der Öffentlichkeit vorausschauendes, nachhaltiges Handeln durch Berücksichtigung kreiskausaler Interdependenzen vermitteln. Obwohl er system- und biowissenschaftlich geprägt war, entwickelte er dieses Konzept nicht innerhalb einer wissenschaftlichen Community, indem er etwa in wissenschaftlichen Organen darüber veröffentlicht und sich dem Urteil von Fachkollegen gestellt hätte, sondern im Rahmen der privatwirtschaftlichen »Studiengruppe für Biologie und Umwelt Frederic Vester GmbH« in München. Diese Firma hatte sich der

116 Diese Zahl nennt er bei Sauer, Hans: The Capital Handicap Against the Creative Human Spirit, in: PHP. A Forum for a Better World [Gegr. u. hg. v. Konosuke Matsushita in Tokio] No. 22 (1972), S. 56.

117 Hans Sauer: Wie die MS-Relais GmbH entstand. Vortrag, 21.6.1974, Privatarchiv der Sauerstiftung, Deisenhofen.

118 Hans Sauer: Rede anläßlich der MSR-Fabrikeröffnung am 28.10.1986, Privatarchiv der Sauerstiftung, Deisenhofen. Auch in der Darstellung seines Erfolgs durch Dritte wird immer die Kreativität als Schlüssel seines Erfolgs bezeichnet, z. B. bei Benien, Theo: Relais im Kopf. Erfinderporträt Hans Sauer, in: Aktions-Report 9/1984, S. 32-33.

119 Hans Sauer: Rede bei der Podiumsdiskussion »Raumfahrt. Neue Impulse für unsere Unternehmen?«, 29.4.1987, Privatarchiv der Sauerstiftung, Deisenhofen.

Analyse, Beratung und Planung von Unternehmen verschrieben, arbeitete also im weitesten Sinne organisationskybernetisch.[120] Das zentrale Hilfsmittel dabei war das »Sensitivitätsmodell Prof. Vester«, ein Verfahren, das vernetztes Denken in die planerische Praxis umsetzte. Dieser Idee nach war Problemen der Stadt-, Regional- und Verkehrsentwicklung, der Risikoabschätzung und der Entwicklung von Zukunftsstrategien in Unternehmen oder der Energie- und Umweltpolitik nicht mehr mit klassischen Planungsansätzen beizukommen. Lösungsstrategien durften Komplexität nicht meiden, sondern mussten sie nutzen, weil sie andernfalls an »den immer komplexeren Wirkungen und Rückwirkungen, die damit nicht erfasst werden, scheiterten.« Kurz, das Sensitivitätsmodell wollte in der planerischen Praxis ein Schritt »hin zu einer biokybernetischen Interpretation und Bewertung des Systemverhaltens«[121] vollziehen. Im systemtheoretischen Zugang erkannte Hans Sauer »die Denkverwandtschaft«[122] zwischen sich und Vester, obwohl ihre disziplinären Ausbildungen und Zielrichtungen die beiden trennten. Vesters Konzept der Analyse und Planung von Systemen mit interdependenten Elementen war unabhängig von der realen Erscheinung des Systems gültig und traf damit auch auf die Formalisierung von Innovation zu. Sauer hoffte, seine Bemühungen mit Hilfe von Vesters Gedanken verallgemeinern und theoretisch fundieren zu können. In seinen Augen wurde Vester zum »Nestor« der Kybernetik und zum »Papst der Biokybernetik [...] (selbstverständlich nur im Hinblick auf die positiven Eigenschaften des Papsttums).«[123]

Auch Karl Steinbuch übte einen gewissen Einfluss auf Hans Sauer aus. Die Forderungen Sauers nach selbständigem, rein rationalem Denken und damit verbunden die Kritik an den Kirchen kongruierten mit Steinbuchs Begriff der »Hinterwelt«. Ebenso waren Sauers Ausführungen in der Verbindung von Kreativität und Technik mit den populärwissen-

120 Vgl. http://www.frederic-vester.de/deu/frederic-vester-gmbh/frederic-vester (Stand 27.12.2008).

121 Beides Vester, Frederic: Die Kunst, vernetzt zu denken. Ideen und Werkzeuge für einen neuen Umgang mit Komplexität, Stuttgart 2000, Vorwort. Zum Modell selbst siehe auch http://www.frederic-vester.de/deu/sensitivitaetsmodell/publikationen-projekte (Stand 27.12.2008).

122 H. Sauer an Herausgeberrat des DABEI-Handbuchs, 25.6.1985, Privatarchiv der Sauerstiftung, Deisenhofen.

123 H. Sauer an Albrecht Kunkel/Chefredakteur »Spektrum der Wissenschaft«, 11.2.1988, Privatarchiv der Sauerstiftung, Deisenhofen; bzw. H. Sauer an F. Vester, 28.4.1986, Privatarchiv der Sauerstiftung, Deisenhofen.

schaftlichen Schriften Steinbuchs verwandt.[124] Beide wollten mit kreativem, zukunftsorientiertem Denken gesellschaftliche Probleme lösen. Sie korrespondierten auch über diese Themen, bis sie sich 1992 über Fragen zu Wissenschaftlichkeit und Ideologie überwarfen. Sauer sah Steinbuch als »Kompetenz in Sachen Indoktrination von Unwahrheiten und deren verheerenden Folgen«[125] – Gefahren, die nach Sauer v.a. durch allgegenwärtige Werbung und durch die christlichen Kirchen gegeben waren. Steinbuch pflichtete ihm darin bei, dass sich das kollektive Verhalten »viel zu wenig an den Bedingungen der Realität« orientiere. Er gab aber zu bedenken, dass auch »die Hoffnung auf fernöstliche Weisheit«[126] trüge, weil sie ebenso ideologisch verbrämt sei. Außerdem waren nach Steinbuchs Maßstäben die theoretischen und terminologischen Grundlagen der Gruppe um Sauer unscharf und missverständlich, so dass diese Gefahr laufe, sich zu »verirren«.[127]

Ein eigenes kybernetisches Konzept arbeiteten Sauer und einige Mitstreiter ab 1982 im Rahmen der DABEI aus, bei der Sauer initiierende und treibende Kraft war. Der grundlegende Gedanke des Projekts war, dass kybernetisches Denken, parallel zur Erfolgsgeschichte von Hans Sauers Unternehmen, die Wirtschaft generell und im Besonderen jeden Erfinder positiv beeinflussen könne.[128] Die DABEI wollte ein Handbuch für Erfinder und Unternehmer herausgeben, das »die Zusammenhänge von Ausbildung und Kreativität mit den vielen Arten des Denkens, der Ethik und den vielseitigen Rahmenbedingungen fiskalischer, bürokratischer, sozialer, gewerkschaftlicher, betriebs- und patentrechtlicher Natur etc. einigermaßen transparent«[129] machte. Es sollte den Erfindungsprozess mit all seinen vernetzten, interdependenten Elementen und

124 Vgl. Steinbuch: Programm 2000, S. 182-185. Steinbuch trug auch auf der DABEI-Gründungstagung, Dezember 1982 in München, über »Kreativität in unserer Zeit« vor. Siehe das Manuskript K. Steinbuch: Kreativität in unserer Zeit. Vortrag auf der DABEI-Gründungstagung, 2.12.1982 in München, Privatarchiv der Sauerstiftung, Deisenhofen.

125 H. Sauer an K. Steinbuch, 9.11.1992, Privatarchiv der Sauerstiftung, Deisenhofen.

126 K. Steinbuch an H. Sauer, 18.11.1992, Privatarchiv der Sauerstiftung, Deisenhofen.

127 K. Steinbuch an H. Sauer, 8.12.1992, Privatarchiv der Sauerstiftung, Deisenhofen.

128 So formuliert bei Hans Sauer: Rede bei der Podiumsdiskussion »Raumfahrt. Neue Impulse für unsere Unternehmen?«, 29.4.1987, Privatarchiv der Sauerstiftung, Deisenhofen.

129 H. Sauer an F. Vester, 18.2.1985, Privatarchiv der Sauerstiftung, Deisenhofen.

seinen gesellschaftlichen Faktoren von der Erkenntnis der Erfinderpersönlichkeit selbst und des zu erfindenden Objekts bis hin zu dessen Marktreife formalisieren. Kreativität, Erfinden und Innovation sollten optimiert werden und wären dann idealerweise beliebig nachzuahmen.[130] Die Kybernetik bildete in dieser Konzeption das heuristische Hilfsmittel, das den Erfindungsprozess als »Regelkreis der Innovation«[131] zu begreifen und dadurch als dynamisches System zu beschreiben half.

Im Rahmen der DABEI und für Sauer persönlich war Frederic Vester die intellektuelle Triebkraft auf dem Gebiet der Kybernetik. Er übernahm eine Beraterrolle der Herausgeber und hätte mit dem Kapitel über »Kybernetik und Bionik« einen einführenden Text verfassen sollen, der die Kybernetik im Ganzen vorstellte. Vesters Aufgabe war es weniger, seinen biokybernetischen Stil darzulegen, als vielmehr auf die Problematik des Erfindens in der Technik hinzuführen. Nach der Lektüre des Manuskripts teilte ihm Sauer mit, er sei mit dem Text »nicht zufrieden«[132] und glaube, dass Vester als Biologen der Transfer der Kybernetik in den technischen Kontext des Erfindens überfordert habe. Vester fühlte sich unverstanden und respektlos behandelt und wehrte sich gegen diese Vorwürfe. Die Herausgeber seien das Buchprojekt »von Anfang an chaotisch angegangen«,[133] und ihnen sei selbst nie klar gewesen, was von Vester verlangt werde. Deshalb zog er seine Beiträge und seine beratende Mitarbeit zurück. Weil Sauer damit seine zentrale intellektuelle Kapazität verloren hatte, berief er sich nur noch mehr auf seine eigene Vita. Seine Erfolge als Erfinder und Unternehmer dienten ihm fortan als maßgebliche Referenz, weil sie die Richtigkeit seiner kybernetischen Theorie und seiner Methode zur Formalisierung der Kreativität und Innovation

130 Tabelle 0.1, in: DABEI-Handbuch für Erfinder und Unternehmer. Von der Idee zum Produkt und zur Vollbeschäftigung, hg. v. d. Deutschen Aktionsgemeinschaft Bildung – Erfindung – Innovation e.V., Düsseldorf 1987, S. 3, schematisiert diesen Prozess und stellt ihn auf einen Blick dar, womit sie zur zentralen Grundlage des DABEI-Handbuchs wurde. Als solche vorgestellt bei H. Sauer an Albrecht Kunkel/Chefredakteur »Spektrum der Wissenschaft«, 11.2.1988, Privatarchiv der Sauerstiftung, Deisenhofen.

131 H. Sauer an Erich Staudt, 8.8.1985, Privatarchiv der Sauerstiftung, Deisenhofen.

132 H. Sauer an F. Vester, 28.4.1986, Privatarchiv der Sauerstiftung, Deisenhofen. Seinen Unmut äußerte Sauer auch gegenüber Dritten, vgl. H. Sauer an Reinhold Ficht, 21.3.1986, Privatarchiv der Sauerstiftung, Deisenhofen; H. Sauer an Albrecht Kunkel, 11.2.1988, Privatarchiv der Sauerstiftung, Deisenhofen.

133 F. Vester an H. Sauer, 2.5.1986, Privatarchiv der Sauerstiftung, Deisenhofen.

bewiesen hätten. Schließlich war ihm mit diesen Hilfsmitteln gelungen, »ohne viel Wissen und mit wenig Aufwand einen bereits totgesagten Industriezweig wieder zeitgerecht zu machen und so volkswirtschaftliche Werte in Milliardenhöhe zu schaffen«.[134] Diese Argumentation stand – wie bei den Versuchen, kybernetische Theorien zu verifizieren, so oft der Fall – auf wackligen Beinen. Sauer hatte nicht von vornherein systematisch mit Hilfe der Kybernetik gearbeitet, sondern stülpte erst im Nachhinein ein passendes Gedankengebäude über seine Tätigkeiten. Diese Theorie stimmte nun selbstverständlich mit der Praxis überein und konnte diese demnach beschreiben. Den Umkehrschluss zu ziehen und mit der Praxis die Theorie zu belegen, war logisch aber nicht haltbar. Die Kybernetik war eine hinreichende Erklärung für Sauers Erfolg, aber keine notwendige Grundlage.

Konzeptionell legte Sauer seine Form der Kybernetik im Rahmen eines Projekts zur »Kybernetischen Kreativität« fest, das die DABEI trug. Die Initialzündung dafür und gleichzeitig für die Hans-Sauer-Stiftung war eine SDS-Firmenveranstaltung im Juni 1988 in München, auf der »die kybernetische Kreativität und deren volkswirtschaftliche Brisanz« diskutiert wurden. Die Ziele der Zusammenkunft waren, Lösungen zum Abbau von Verwaltungsstrukturen zu suchen, um den Erfindungsprozess zu erleichtern und die einem Kind angeborene Kreativität »nicht länger einer Schulbürokratie« opfern zu müssen, sowie »ein bildungs- und erfinderfreundliches Klima« zu schaffen.[135] Die Gäste der Veranstaltung sollten als Vorbereitung einen Aufsatz Sauers über kybernetische Kreativität lesen, daraufhin in München Vorträge zu diesem Thema hören und schließlich dazu Stellung nehmen. Dadurch sollte »mit der dann offenkundig gewordenen, schwergewichtigen Kompetenz auch der Durchbruch dieser längst überfälligen und zeitgerechten Denkart«[136] gelingen. Parallel zum Erfinderhandbuch war geplant, die Stellungnahmen der Experten niederzuschreiben und in einem Sammelband zu veröffent-

134 Hans Sauer an Wolfram Huncke/Chefredakteur »Bild der Wissenschaft«, 15.3.1988, Privatarchiv der Sauerstiftung, Deisenhofen.

135 Jeweils Hans Sauer: Presseinformation zur Gründung der Hans-Sauer-Stiftung, 30.6.1989, Privatarchiv der Sauerstiftung, Deisenhofen. Dass die DABEI Trägerin des Projekts war, erwähnt H. Sauer an Bayerischen Rundfunk, 21.12.1988, Privatarchiv der Sauerstiftung, Deisenhofen.

136 H. Sauer an Hans von Gunten/Präsident der ETH, 3.6.1988, Privatarchiv der Sauerstiftung, Deisenhofen. Über die Veranstaltung berichtet auch »Die Lust an der technischen Kreativität«, in: Frankfurter Allgemeine Zeitung, 4.7.1988.

lichen. Realisieren konnte Sauer dieses Vorhaben jedoch, über einige Exposés, Manuskripte und Inhaltsverzeichnisse hinaus, nicht.[137]

Während er sich mit der Herausgabe des Bandes beschäftigte, beschrieb er erstmals explizit, was Kybernetik für ihn bedeutete, nämlich »Erkennen, Steuern und selbständiges Regeln ineinandergreifender, vernetzter Abläufe mit minimalster [sic!] Energie, also nichts anderes als die von [sic!] uns vorgegebene Strategie der Evolution.«[138] Sie erfordere »ein leicht erkennbares, fachüberschreitendes kombinatorisches Denken in Systemen.«[139] Die Kybernetik war für Sauer die Grundlage, mit der Kreativität formalisierbar und nachahmbar wurde. Kreativität wiederum war »die Fähigkeit, schöpferisch, originell sowie folgerichtig zu denken und das als sinnvoll erkannte zu konkretisieren.«[140] Sauers Ziel war, eine Methode zu entwickeln, die Erfindungen und Innovationsprozesse optimierte. Dass die Theorie, die seinen Bemühungen zugrunde lag, auf einem logischen Fehler aufbaute, war ihm gleichgültig. Sein Maßstab war der betriebs- und volkswirtschaftliche Erfolg der Methode.

In seinen letzten Lebensjahren, Anfang der 1990er Jahre, ließ Sauer seine Kybernetik in ein größeres intellektuelles Konzept aufgehen, das er unter den Titel »Kooperation mit der Evolution«[141] fasste. Ethische Aspekte rückten dabei in den Vordergrund: Die natürliche Evolution verbessere das Leben ganzheitlich und nachhaltig, wogegen menschgemachte Entwicklungen die Erde und die Existenz des Einzelnen in immer tiefere Krisen gestürzt hätten. Nur indem der Mensch mit den Gesetzen der Natur kooperiere, d. h. wahrhaftig und ganzheitlich denke und sein Handeln nach diesen Prinzipien ausrichte, könne er Erfolge für sich selbst und für Gemeinschaften erzielen. Kooperation mit der Natur und Kybernetik, die Sauer nun synonym zur Ganzheitlichkeit verstand,

137 Der letzte datierbare Beitrag zum Projekt ist H. Sauer: Kybernetische Kreativität und deren volkswirtschaftliche Brisanz, Manuskript 27.4.1990, Privatarchiv der Sauerstiftung, Deisenhofen.

138 Sauer, Hans: Kybernetische Kreativität, in: und-oder-nor Steuerungstechnik Nr. 7-8 (1988), S. 8. Wortgleich bei Sauer, Hans: Erfolgreiches Erfinden ist leicht erlernbar – in Deutschland anders als in Japan, in: Deutsches Institut für Erfindungswesen. Wissenschaftliche Vorträge 1988-1989, S. 34.

139 Sauer, Hans: Bringt uns kybernetisches Denken wieder an die Spitze?, in: Elektronik Informationen Nr. 1 (1987), Editorial.

140 Sauer: Kreativität, in: und-oder-nor, S. 8.

141 Nach dem Titel des einschlägigen Werks zu dieser Phase Sauerschen Denkens, das erst postum veröffentlicht wurde als Sauer-Sachtleben, Monika (Hg.): Kooperation mit der Evolution. Das kreative Zusammenspiel von Mensch und Kosmos, München 1999.

waren die zentralen Begriffe dieses Konzepts. Sauer fasste seine Gedanken in einem Satz zusammen: »Das entscheidende Kriterium des Denkens ist die Wahrhaftigkeit: Die Ethik, die einem Gedanken im Augenblick seines Entstehens zugrunde liegt, prägt die Qualität und Wirkung des Erdachten.«[142]

Nicht nur inhaltlich erweiterte Sauer sein Denkgebäude durch die »Kooperation mit der Evolution«, sondern auch in seiner Anwendbarkeit. Denn wenn die »Kybernetische Kreativität«, wie sie etwa im DABEI-Handbuch aufgeschienen war, auf die Optimierung von Erfindungs- und Innovationsprozessen abgezielt hatte und damit noch ganz im technisch-wirtschaftlichen Bereich verhaftet gewesen war, so sollte das neue Konzept umfassend gültig sein.[143] Das Individuum konnte der Idee nach daraus Maximen seines Denkens ableiten, wie jedwedes Kollektiv natürlich-evolutionistisch handeln und sich weiterentwickeln sollte. Sauers Konzept war in doppelter Hinsicht holistisch und damit – nach seinem Verständnis – kybernetisch angelegt.

Als der Begriff Kybernetik bereits anachronistisch schien, entwickelte Hans Sauer in den 1980er Jahren ein eigenständiges Verständnis und eine originäre Form, kybernetisch zu denken und zu arbeiten. Formal erlebte diese Sauersche Kybernetik eine Karriere, die denen wissenschaftlicher Netzwerke glich. Sauer adaptierte den Begriff, übernahm aber nur einige inhaltliche Vorgaben und ergänzte diese mit eigenem Vorwissen, Vorarbeiten und außerkybernetischen Konzepten Dritter. Damit transformierte er die Kybernetik und verlieh dem Begriff neuen Inhalt. Gerade die Verknüpfung mit der Kreativität wies auf fernöstliche Einflüsse hin. Auf diese Weise fügte Sauer dem ursprünglich rein rational-mechanistischen Konzept der Kybernetik paradoxerweise eine spiritualistische Komponente hinzu. Schließlich nutzte sich der Begriff Kybernetik auch bei Sauer ab, so dass er ihn und seine Inhalte neuerlich transformierte und in einem nachfolgenden Konzept nur noch rudimentär weiterführte.

Auch inhaltlich glich Sauers Erkenntnisweg teilweise denjenigen der gängigen kybernetischen Formen. Er verstand das zu untersuchende Phänomen, in seinem Fall v.a. die Innovation, als dynamisches System und versuchte es zu formalisieren. Andere wesentliche Elemente der Kyber-

142 Sauer, Hans: Kooperation mit der Evolution, a.a.O., S. 18. Dieser Aufsatz war programmatisch für das gesamte neue Konzept. Den Satz selbst verwendete er auch bei diversen anderen Gelegenheiten, siehe z.B. Reden zur Verleihung des Ehrendoktorats an Hans Sauer, S. 4.

143 Diese Erweiterung wird explizit erwähnt ebd., S. 21f.

netik wie die Informationstheorie, die Mathematik, der Computer oder ein dezidiert kybernetisches Menschenbild fehlten bei Sauer dagegen gänzlich. Insbesondere ermangelte das Konzept jeden Anschlusses an wissenschaftliches Wissen – und Sauer suchte ihn wohl auch nicht. Er zitierte weder die Ur-Kybernetiker um Norbert Wiener noch die deutschen irgendwo. Nicht einmal Steinbuchs »Automat und Mensch« – immerhin das populärwissenschaftliche Hauptwerk einer seiner zentralen intellektuellen Quellen – hatte er gelesen.[144] Ganz zu schweigen davon, dass er die Vorreiter der Biokybernetik, z. B. Hans Marko, Horst Mittelstaedt oder Gert Hauske, einmal erwähnt hätte, obwohl er immer wieder das Wort Biokybernetik gebrauchte. Die Münchener Kybernetiker hatten zwar inhaltlich kaum Kompatibles mit der Kybernetischen Kreativität hervorgebracht, saßen aber in unmittelbarer Nachbarschaft, so dass persönliche Kontakte und ein Gedankenaustausch ohne weiteres möglich gewesen wären. Sauer hätte sich etwa über wissenschaftliche Begrifflichkeiten, Fragen, Methoden und Theorien rund um die Biokybernetik informieren können. Dies lag aber offensichtlich nicht in seinem Interesse.

Die »Kybernetische Kreativität« wurde unabhängig von wissenschaftlichen Entwicklungen und Verständnissen in einem selbständigen Netzwerk ausgearbeitet und rangierte damit in sozialer Hinsicht auf einer Ebene mit den Prozessen kybernetischer Konzeptionierung im wissenschaftlichen Bereich. Die Fragen, Theorien und Methoden waren jedoch nur innerhalb der Gruppe um Hans Sauer gültig, zu der neben ihm selbst noch weitere Industrielle wie Ludwig Bölkow und Artur Fischer, aber auch Wissenschaftler wie der Physiker Hans-Peter Dürr[145] zählten. Allgemeine Anerkennung sollte diese spezifische Form der Kybernetik durch Buchveröffentlichungen erreichen. Allein, dieser Schritt der Ausweitung des Netzwerks gelang nur begrenzt. Das Konzept wurde kaum öffentlich rezipiert und in wissenschaftlicher oder gesellschaftlicher Praxis angewandt. Es blieb deshalb in seinen engen Grenzen. Allerdings wird es bis heute durch die Hans-Sauer-Stiftung weiter getragen und wirkt somit in wissenschaftliche und technische Projekte hinein, die die Stiftung fördert.

144 Erst 1992 schickte ihm Steinbuch das Buch zu und legte ihm die Lektüre ans Herz. Siehe K. Steinbuch an H. Sauer, 8.12.1992, Privatarchiv der Sauerstiftung, Deisenhofen.

145 Alle drei waren auch als Autoren beteiligt am Band »Kooperation mit der Evolution«: Bölkow, Ludwig: Die Absicht, es besser zu machen, in: Sauer-Sachtleben (Hg.): Kooperation, S. 68-76; Fischer, Artur: Kreativität ist Beziehung, a.a.O., S. 77-88; Dürr, Hans-Peter: Mensch, Technik und Natur, a.a.O., S. 256-265; Ders.: Quantenwirklichkeit und Alltagswelt, a.a.O., S. 396-408.

# 10. Die gegenseitige Bedingtheit wissenschaftlicher und gesellschaftlicher Entwicklungen

Wissenschaftler reagierten auf die Konfrontation mit außerwissenschaftlicher Kybernetik immer gleich, indem sie sich von ihr distanzierten und sie als vorschnell analogisierend, sensationsfixiert und dadurch unseriös darstellten. Sie fühlten sich gestört von der Thematisierung der Kybernetik in der Öffentlichkeit, weil diese nur falsche Erwartungen in ihre Arbeit hineintrage. So lautstark sie aber betonten, nichts mit den öffentlichen Bildern der Kybernetik zu tun zu haben, so sehr profitierten sie auch von den Erwartungen, Hoffnungen und Ängsten, die der Begriff Kybernetik in der Öffentlichkeit auslöste. Zum einen bedeutete öffentliche Aufmerksamkeit in einer massenmedial verfassten Gesellschaft grundsätzlich Rückenwind für alle Bestrebungen, ob für Politik, Unterhaltung oder intellektuelle Konzepte. Zum Zweiten kongruierte keine Wissenschaft in solch starkem Maß mit der kollektiven Mentalität der »langen 1960er Jahre« wie die Kybernetik. Schließlich schienen wichtige zeitgenössische gesellschaftliche Probleme nur mit ihren Theorien und Methoden lösbar. Wie die Kybernetik von diesen Faktoren profitierte und wie sie umgekehrt mit diesem öffentlichen Rückenwind politisch und wirtschaftlich wirksam wurde, ist Gegenstand dieses Kapitels. Wissenschaftliche Konzepte nahmen über Popularisierungsbemühungen auf das gesellschaftliche Denken und Handeln genauso Einfluss, wie das Denken und Handeln die Wissenschaft prägte. Denn Wissenschaftler waren ebenso wie andere Personen- und Berufsgruppen Teile der Gesellschaft. Auch diese Wechselwirkung wird im Folgenden berücksichtigt. Wer dabei früher Einfluss auf wen ausübte, gleicht der berühmten Frage nach Ei oder Henne und ist hier nicht zu beantworten.

## 10.1 Der gesellschaftliche Einfluss auf die Kybernetik

### 10.1.1 Ein Bild der Gesellschaft und ihrer Mentalität in den »langen 1960er Jahren«

Die Mentalität der »langen 1960er Jahre« lässt sich anhand der öffentlichen Debatten, wenn auch etwas geglättet und ohne gebührende Berücksichtigung der Brüche und Ungleichzeitigkeiten einer pluralistischen

Gesellschaft, mit einigen signifikanten Begriffen beschreiben. Deren zentraler ist die Modernisierung, »ein Prozess der strukturellen und funktionellen Differenzierung, der Rationalisierung, der Individualisierung und der Domestizierung der physischen und psychischen Natur, was die Technisierung der sozialen Umwelt mit einschließt.«[1] Die 1960er Jahre werden gemeinhin als eine Zeit beschleunigten Wandels beschrieben, während dessen Wirtschaft und Politik sowie soziale und kulturelle Normen, gleichermaßen auf individueller wie auf kollektiver Ebene, grundlegend reformiert wurden.[2] Der Begriff der Modernisierung wird dieser Zeit dabei nicht nur im Rückblick als Etikett verliehen, sondern entsprach genauso der zeitgenössischen Wahrnehmung der Gesellschaft, die in eigener Einschätzung »einem nahezu unbegrenzten Fortschrittsglauben«[3] huldigte.

Kulturelle Modernisierung, gleichbedeutend mit Liberalisierung des öffentlichen und privaten Lebens, war eine wesentliche Entwicklung der 1960er Jahre. Antidemokratisches, nationalistisches und autoritäres Denken war gesellschaftlich rückläufig und das politische System der Bundesrepublik am Ende des Jahrzehnts weithin akzeptiert. Obwohl Kontinuitäten in die NS-Zeit bestanden, ja der NS-Staat und seine Gesellschaft personell vollständig in die BRD aufgingen, war eine Generation später eine »Veränderung von politischen Einstellungen, Mentalitäten, Lebensweisen und kulturellen Normen und Traditionsbezügen« erfolgt.[4] Die Gesellschaft war grundlegend demokratisiert, diskursiv strukturiert und hatte das entsprechende Denken und Handeln aktiv erlernt. Weil dieser Prozess gesellschaftlicher Veränderungen in den 1950er bis 1970er Jahren nicht national spezifisch war, näherte sich die Bundesrepublik kulturell anderen Staaten des Westens an und integrierte sich politisch in die west-

1 Metzler, Gabriele: Konzeptionen politischen Handelns von Adenauer bis Brandt. Politische Planung in der pluralistischen Gesellschaft, Paderborn/München 2005, S. 23.

2 Z. B. bei Frese, Matthias u. Julia Paulus: Geschwindigkeit und Faktoren des Wandels – die 1960er Jahre in der Bundesrepublik Deutschland, in: Dies. (u. a.) (Hg.): Demokratisierung und gesellschaftlicher Aufbruch. Die sechziger Jahre als Wendezeit der Bundesrepublik, Paderborn 2003, S. 1-23.

3 »Automation. Einzug der Roboter« , in: Der Spiegel Nr. 14/1964, S. 33.

4 Herbert, Ulrich: Liberalisierung als Lernprozess. Die Bundesrepublik Deutschland in der deutschen Geschichte – eine Skizze, in: Ders. (Hg.): Wandlungsprozesse in Westdeutschland. Belastung, Integration, Liberalisierung 1945-1980, Göttingen 2002, S. 8. Herberts Bild der Liberalisierung ist für diese Ausführungen maßgeblich. Auch Metzler: Konzeptionen schreibt wiederholt, z. B. S. 203, von der Entstehung einer Diskursdemokratie als wesentlicher Entwicklung der 1960er Jahre.

liche Welt. Ihre Gesellschaft öffnete sich auch immer weiter gegenüber westlich modernen Lebensweisen. Als intellektueller Vorreiter der Liberalisierung tat sich u. a. Ralf Dahrendorf hervor.[5] Dieser Prozess verlief jedoch nicht ohne Reibungen, sondern in Konkurrenz zum Phänomen eines verbreiteten Antimodernismus. Einige prominente Intellektuelle wie Hans Freyer, Arnold Gehlen und Helmut Schelsky gaben sich lautstark modernisierungsfeindlich, etwa indem sie eine Rückorientierung auf traditionelle bürgerliche Normen forderten, und verschafften diesen Positionen öffentliches Gehör.[6] Der Nationalsozialismus sei nach dieser Theorie die logische, wenn auch entgrenzte Konsequenz einer unreflektierten Modernisierung und Technisierung gewesen, die keinen Fortschritt gebracht hätten, sondern lediglich zum Verlust von Geist und Moral führten. Angesichts dieses andauernden Konflikts zwischen traditionalistischen und liberalistischen Stimmen erscheinen die 1960er Jahre als Zeit »des Kampfes um kulturelle und politische Hegemonie«.[7]

Verwissenschaftlichung und Technisierung, ebenfalls als Teilgebiete der Modernisierung zu betrachten, wurden in diesem Konflikt immer seltener negativ beurteilt. Während in den 1950er Jahren wirtschaftlicher Aufschwung, »das Wirtschaftswunder«, noch auf traditionellen technischen Verfahren und Konstruktionen beruhte, machte spätestens der »Sputnikschock« 1957 die Notwendigkeit technischer Innovationen für den weiteren ökonomischen Fortschritt deutlich.[8] Wissenschaft und

5 Vgl. Dahrendorf, Ralf: Gesellschaft und Demokratie in Deutschland, München 1965. Zur Westintegration siehe v. a. Doering-Manteuffel, Anselm: Dimensionen von Amerikanisierung in der deutschen Gesellschaft, in: AfS 35 (1995), S. 1-34; Ders.: Wie westlich sind die Deutschen? Amerikanisierung und Westernisierung im 20. Jahrhundert, Göttingen 1999.

6 Wichtige Schriften auf diesem Gebiet sind Freyer, Hans: Theorie des gegenwärtigen Zeitalters, Stuttgart 1955; Ders.: Über das Dominantwerden der technischen Kategorien in der Lebenswelt der industriellen Gesellschaft, Wiesbaden 1960; Gehlen, Arnold: Die Seele im technischen Zeitalter. Sozialpsychologische Probleme in der industriellen Gesellschaft, Hamburg 1957; Schelsky, Helmut: Die sozialen Folgen der Automatisierung, Düsseldorf/Köln 1957; Ders.: Der Mensch in der wissenschaftlichen Zivilisation (= Arbeitsgemeinschaft für Forschung des Landes Nordrhein-Westfalen, Geisteswissenschaften 96), Köln 1961.

7 Herbert: Liberalisierung, S. 31.

8 Vgl. Ambrosius, Gerald: Wirtschaftlicher Strukturwandel und Technikentwicklung, in: Axel Schildt u. Arnold Sywottek (Hg.): Modernisierung im Wiederaufbau. Die westdeutsche Gesellschaft der 50er Jahre, Bonn 1998, S. 107-128; Radkau, Joachim: »Wirtschaftswunder« ohne technologische Innovation? Technische Modernität in den 50er Jahren, a.a.O., S. 129-154. Den Wandel des Technikbildes Ende der 1950er Jahre beschreibt auch Metzler: Konzeptionen, S. 69f.

Technik wurden daraufhin nicht nur in der wirtschaftlichen Realität immer bedeutender, sondern auch im öffentlichen Diskurs als wesentlicher Wirtschaftsfaktor akzeptiert. Wissenschaft und Technik erzeugten Wohlstand, so der allgemeine Tenor der 1960er Jahre. Durch die alltägliche Erfahrung der Erhöhung des Lebensstandards dank technischer Innovationen wandelte sich das Bild der Technik von dem eines notwendigen Übels, das die Seele des Menschen gefährde, zum Inbegriff der Modernität. Die selbst attestierte wissenschaftlich-technische Rückständigkeit der bundesrepublikanischen Gesellschaft, die ihren Ausdruck im Begriff »Technologische Lücke« fand, erhöhte die Erwartungen in Wissenschaft und Technik und machte die Öffentlichkeit aufgeschlossen für die Probleme und Erfolge von Forschung und Entwicklung. Die Vorstellung eines linearkausalen Einflusses von Wissenschaft über Technik hin zu Wirtschaft und Politik ließen gesellschaftlichen Fortschritt und den Anschluss an das wirtschaftliche und politische Niveau der Weltmächte nur durch eine Aufwertung von Wissenschaft und Technik möglich erscheinen. Politik, Wirtschaft und Medien waren bestrebt, den Rückstand aufzuholen, und wähnten deshalb die Bundesrepublik in wissenschaftlich-technischer »Konkurrenz mit anderen großen Industrienationen«[9]. Sie nahmen einen Wettlauf um Innovationen nicht nur, symbolisiert durch Sputnik, zwischen Ost und West an, sondern zwischen allen Nationen, auch und besonders zwischen der Bundesrepublik und den USA. Dieses Gefühl verdeutlichte der synonyme Gebrauch der Begriffe »Technologische Lücke« und »Amerikanische Herausforderung«.[10]

Eine Schlüsselposition im Bemühen um den wissenschaftlich-technischen und dadurch wirtschaftlichen Anschluss an die führenden Industrienationen hatte die Anpassung der Bildung an die sich ändernden gesellschaftlichen Gegebenheiten inne. Die Kausalität, »daß die Steigerung des Sozialprodukts, die den Wohlstand eines Volkes sicherstellt, zu 80 bis 90 Prozent auf den technischen Fortschritt zurückzuführen ist, der wiederum entscheidend durch das jeweils erreichte Wissensniveau be-

9 Edwards, Ralf: Was hält der Steuerzahler von der Wissenschaft? Bemerkenswert positives Ergebnis einer Meinungsumfrage, in: Mitteilungsblatt der FhG 7 (1969), Nr. 3/4, S. 6. Der Aufsatz vermittelt auf knappem Raum ein Bild von der Sicht der Zeitgenossen auf Wissenschaft und Technik.

10 Der Begriff stammt aus dem Bestseller Servan-Schreiber, Jean-Jacques: Die amerikanische Herausforderung, Hamburg 1968 (orig.: Le défi americain, Paris 1967). Aus historiographischer Sicht v. a. Ritter, Gerhard A. (u. a.) (Hg.): Antworten auf die amerikanische Herausforderung. Forschung in der Bundesrepublik und der DDR in den »langen« siebziger Jahren, Frankfurt a. M./New York 1999.

stimmt wird«, wurde nicht angezweifelt.[11] Deshalb könne nur eine verbesserte Ausbildung die personellen Ressourcen für Wissenschaft, Technik und Wirtschaft schaffen. Weil die Bildungsreformen nach öffentlicher Meinung nicht schnell genug voranschritten, sah man sich in den 1960er Jahren im Angesicht einer »pädagogischen Notlage«.[12] Der Bundesrepublik stehe eine »Bildungskatastrophe«[13] bevor, die von frühkindlicher Erziehung bis in die Universitäten reiche. Die Debatte, ob die Bildungsrealität noch zeitgemäß sei, weitete sich auch auf die Forschung aus, der Mitte der 1960er Jahre »verblaßter Glanz« und »Notstand« bescheinigt wurden.[14] Die Misere der Hochschulen war gleichzeitig Ausdruck und Ursache für das Gefühl rückständiger Ausbildung in der Bundesrepublik.

Die Felder, an denen sich die Debatte um die technisch-wirtschaftliche Leistungs- und Zukunftsfähigkeit seit den späten 1950er Jahren aufhängte, waren besonders die Atomtechnik, Weltraumtechnik und Automatisierung. Gerade die Kernkraft provozierte Vorstellungen unbegrenzter Verfügbarkeit über Energie und damit unbegrenzter Machbarkeit. Dieser Optimismus begründete »die ambitionierten politischen Entwürfe der sechziger Jahre«[15] und rechtfertigte den Führungsanspruch des technischen Denkens, der zu dieser Zeit seinen Kulminationspunkt erreichte. Die Technikeuphorie bildete ein zentrales Element der Verwestlichung und Modernisierung der bundesdeutschen Gesellschaft.[16] Sie wurde jedoch von der Diskussion über eine demokratische Legitimation des technischen Führungsanspruchs, einer Technokratiedebatte,[17]

11 »Notstand. Verblasster Glanz«, in: Der Spiegel Nr. 9/1966, S. 37.

12 Hochheimer, Wolfgang: Erziehung durch Maschinen? in: Der Spiegel Nr. 30/1963, S. 69.

13 Nach Picht, Georg: Die deutsche Bildungskatastrophe, Stuttgart 1964. Die Missstände an Hochschulen prangert die Spiegel-Serie »Mit dem Latein am Ende« an, beginnend mit: Der Spiegel Nr. 26/1969, S. 55.

14 »Notstand. Verblasster Glanz«, in: Der Spiegel Nr. 9/1966, S. 28. Ebenso in der Titelgeschichte »Die Forschungslücke. Bleibt Deutschland konkurrenzfähig?«, in: Der Spiegel Nr. 9/1969.

15 Metzler: Konzeptionen, S. 16. Ähnlich auch Dies.: Am Ende aller Krisen? Politisches Denken und Handeln in der Bundesrepublik der sechziger Jahre, in: HZ 275 (2002), S. 70.

16 So Abele, Johannes: Innovationen, Fortschritt und Geschichte. Zur Einführung, in: Ders. (u. a.) (Hg.): Innovationskulturen und Fortschrittserwartungen im geteilten Deutschland, Köln (u. a.) 2001, S. 9.

17 Über den Führungsanspruch und die Debatte darüber berichtet Laak, Dirk van: Das technokratische Momentum in der deutschen Nachkriegsgeschichte, in: Abele (u. a.) (Hg.): Innovationskulturen, S. 89-104.

umgehend relativiert. Wissenschaft und Technik dürften demzufolge keine Entscheidungskraft entfalten, sondern müssten Hilfsmittel bleiben für rationales Denken, Handeln und Entscheiden. Schließlich waren Verwissenschaftlichung und Technisierung einerseits und Demokratisierung andererseits keine widerstreitenden Phänomene, sondern komplementäre Teile des kollektiven Denkens und der gesellschaftlichen Strukturen.

Eine negative Konnotation erfuhr die Technik außerdem dadurch, dass sie im gleichen Maße, wie sie gesellschaftliche Probleme löste, auch neue schuf. Schlagwörter wie Massenarbeitslosigkeit durch Automatisierung, Informationsflut und Umweltzerstörung wandelten die Technikkritik von einer anthropologischen zu einer an den Folgen der Technisierung orientierten. Kritik an den politischen, sozialen und ökologischen Konsequenzen bedeutete in den 1960er Jahren keine grundsätzliche Ablehnung von Innovationen mehr. Mittlerweile herrschte die Meinung vor, dass die Probleme, die die Technik verursacht hatte, auch einzig mit wissenschaftlich-technischen Mitteln zu lösen seien.[18] Wenn die gesellschaftlichen Probleme und Defizite rational analysiert würden, könnten technische Verfahren und Konstruktionen entwickelt werden, die die Gesellschaft in die gewünschte Richtung steuerten. Die öffentliche Meinung zeigte sich durch und durch technikgläubig.

Rationalität galt auch auf dem Gebiet politischer Modernisierung als Ideal. Ihren Ausgangspunkt nahm sie in der Forderung nach »Ideologiefreiheit« des politischen Denkens und Handelns. Dieser Begriff wurde zu einer der wichtigsten und am meisten gebrauchten Vokabeln im Diskurs der 1960er Jahre, fast schon zur Floskel. In Politik übersetzt, bedeutete diese Forderung, sich nicht von traditionellen, vorgeprägten Bildern leiten zu lassen, sondern die Gesellschaft »mit Hilfe einer Verwissenschaftlichung der Politik, mit der wissenschaftlichen Beratung von Politik und mit der durch umfassende Planung und den Einsatz moderner technischer Hilfsmittel, wie der EDV, gewonnenen Rationalität«[19] zu managen. Der Staat hatte in diesem Denken keine sittliche Bedeutung mehr, sondern er stellte lediglich ein regelbares und zu regulierendes System dar. Politik war demnach die Regulierungsinstanz des Staats und hatte die Aufgabe, »die Bedürfnisse einer pluralistischen Gesellschaft zu koordinieren«.[20] Rationale, d.h. verwissenschaftlichte und technisierte

18 Eine prominente und repräsentative Stimme diesbezüglich ist die Karl Steinbuchs.

19 Frese u. Paulus: Geschwindigkeit, S. 17.

20 Metzler: Konzeptionen, S. 302.

Politik hatte sich konsequent an der Zukunft zu orientieren, bereits zeitgenössisch die kommenden gesellschaftlichen Bedürfnisse in den Blick zu nehmen und die aktuellen Bedürfnisse nachhaltig zu steuern. Eine solche rationale Politik wurde zunehmend mit der Praxis politischer Planung gleichgesetzt. Diese hatte nicht mehr, wie noch in den 1950er Jahren, den Hautgout nationalsozialistischer und kommunistischer Planwirtschaft, sondern erschien mit den Demokratisierungsbestrebungen versöhnt und »als Kennzeichen für moderne Politik und vorausschauende, verantwortliche Handlungen«.[21] In der Planung auf Basis wissenschaftlichen Wissens und mit technischen Hilfsmitteln sah die Öffentlichkeit den einzigen Weg, den immer komplexer werdenden gesellschaftlichen Problemen noch Herr zu werden. »Prosperität«, »Planung« und »Partizipation« wurden in diesem politischen Denken zu Leitbegriffen der »langen 1960er Jahre«.[22] Gerade als gegen Ende dieses Zeitraums Probleme wie Bevölkerungs-, Städte- und Verkehrswachstum und damit verbunden Umweltverschmutzung ins Blickfeld der Öffentlichkeit rückten, wurde die Analyse und Vorausberechnung gesellschaftlicher Entwicklungen zur einzigen Lösung erklärt. Es galt, »die heillose Verflechtung der wuchernden Technik und Forschung zu entwirren« und »die wildgewordene Bestie wenigstens zu lenken«.[23] Die entfesselte Technik, die nach dem Prinzip des Zauberlehrlings die Gesellschaft entlasten sollte, nun aber nicht mehr aufzuhalten war, musste wieder eingehegt werden – ironischerweise mit den Mitteln von Wissenschaft und Technik.

Neben der Planung fand die Modernisierung ihren zweiten gesellschaftlichen Ausdruck in der Automatisierung. Sie bedeutete Rationalisierung, Verwissenschaftlichung und Technisierung insbesondere wirtschaftlicher, aber auch politischer und militärischer Abläufe. Eine Debatte um die Vorteile und Gefahren der Automatisierung entspann sich schon zu Beginn der 1950er Jahre. Die automatische Verarbeitung von Information in der neuen Technik des Computers begriffen viele als etwas fundamental Neues. Durch den Einsatz von Computern in Industrie und Militär verstand man sich Ende der 1950er Jahre in der »automatischen Ära«, oder zumindest am Beginn davon. »Radargeräte

21 Frese u. Paulus: Geschwindigkeit, S. 17. Auch Metzler: Konzeptionen thematisiert das Verständnis von Rationalität und Planung immer wieder.

22 So Ruck, Michael: Ein kurzer Sommer der konkreten Utopie. Zur westdeutschen Planungsgeschichte der langen 60er Jahre, in: Axel Schildt (u.a.) (Hg.): Dynamische Zeiten. Die 60er Jahre in den beiden deutschen Gesellschaften, Hamburg 2000, S. 362.

23 »Zukunftsplanung. Ritt auf dem Tiger«, in: Der Spiegel Nr. 1 u. 2/1970, S. 35 bzw. 36.

und Elektronengehirne«, so meldeten die Massenmedien, entschieden »künftig über Rettung oder Vernichtung der Erde«.[24] Auch bereits realisierte Automatisierungsverfahren, etwa das Informatik-System-Quelle, zeigten, »wieweit mit dem gegenwärtigen Entwicklungsstand der Elektronentechnik große Verwaltungsapparate durch Automaten ersetzbar«[25] seien.

Der Ersatz des Menschen durch Maschinen konnte einen schalen Beigeschmack nicht loswerden, egal wie technik- und fortschrittsgläubig die Zeit sich gab. Auch in den 1960er Jahren war »der jobmordende Nebeneffekt des technischen Fortschritts«[26] immer präsent. Daneben wurde bemängelt, dass eine automatisierte Industrie nicht mehr nach dem Takt des Menschen, sondern nach dem der Maschinen arbeite. Unter den Arbeitern halte dadurch die Langeweile Einzug. Technisierung und Automatisierung verliehen den Kontrollorganen in den Firmenspitzen »eine übermächtige Position«[27] und unterjochten die Arbeiter. Die Gegenargumente aus politischer und volkswirtschaftlicher Sicht klangen dagegen kleinlaut. Nicht ob Wirtschaft, Verwaltung und Militär automatisiert werden sollten, sondern nur wie sich dieser Prozess vollzog, stellte danach eine relevante Frage dar. Nur das Schritthalten mit dem weltweiten technischen Fortschritt garantiere weiterhin Wohlstand. Schließlich galt die Automatisierung als Repräsentantin eines gesamtgesellschaftlichen Modernisierungs-Phänomens, der »Zweiten Industriellen Revolution«. Zu ihr gehörten auch neue Verkehrs- und Kommunikationsmittel, die »die Welt zusammenschrumpfen« ließen, die Verbesserung der Hygiene, die die Menschheit älter werden ließe, und die Atomenergie, durch die die Energieversorgung kein Problem mehr darstelle.[28] Automation war für die Vertreter der These von der »Zweiten Industriellen Revolution« die Veränderung der Industriegesellschaft schlechthin. Um deren Anforderungen gerecht zu werden, mussten sich Denken und Verhalten auf kollektiver wie auf individueller Ebene ändern, vom einzelnen Arbeiter bis zur politischen und wirtschaftlichen Elite. Wissenschaft und Technik waren gezielt zu fördern, Wirtschaft und Politik vorausschauend zu steuern. Denn »wehe [...] der Nation unter den bisher führenden, die jetzt den technischen Anschluss verpaßt!«[29] Unter dem Eindruck einer zwei-

24 »Abwehrraketen. Die automatische Ära«, in: Der Spiegel Nr. 8/1958, S. 37.
25 »Büro-Automation. Das Hirn«, in: Der Spiegel Nr. 10/1958, S. 54.
26 »Automation. Einzug der Roboter« , in: Der Spiegel Nr. 14/1964, S. 33.
27 Ebd., S. 44.
28 So Brandt, Leo: Die Zweite Industrielle Revolution, Bonn 1956, S. 4-7.
29 Ebd., S. 9.

ten industriellen Revolution und aus Furcht vor technischer und damit bald wirtschaftlicher Rückständigkeit gingen Technisierung und Rationalisierung, Automatisierung und Planung Hand in Hand. Alles wurde dem Ziel untergeordnet, dem säkularen Trend der Modernisierung der Gesellschaft zu folgen und im Wettstreit der Industrienationen voranzuschreiten.

Diese kollektive Mentalität fand erst nach und nach eine politische Entsprechung. Parallel zu den öffentlichen Debatten diskutierten auch Kreise der politischen Elite seit Bestehen der Bundesrepublik, wie sie den komplexer werdenden gesellschaftlichen Strukturen zu begegnen hätten. Es bedurfte einer zweiten Generation von Nachkriegspolitikern, die demokratisch-diskursiv geprägt und deren Galionsfigur Willy Brandt war, um die kulturelle und strukturelle Modernisierung der Bundesrepublik und ihrer Bürger auch in politisches Handeln zu übersetzen. Mit der Großen Koalition ab 1966, verstärkt aber mit der sozialliberalen Koalition ab 1969 wurde »modernes Regieren« quasi zum Programm.[30] Damit drückte die Politik aus, fortan auf rationaler Basis, d. h. mit Hilfe wissenschaftlich-technischer Erkenntnisse, Methoden und Verfahren, und daher frei von ideologischen Einflüssen agieren zu wollen. Auf gesellschaftliche Herausforderungen wollte sie nicht mehr nur reagieren, sondern die Zukunft aktiv gestalten.

Wissenschaft und Technik waren die wichtigsten Grundlagen einer solchen rationalen Politik. In diesem Bewusstsein mischte sich die Politik in den 1960er Jahren zunehmend in die Belange von Forschung und Entwicklung ein, indem sie gezielt besonders zukunftsträchtige und gesellschaftsrelevante wissenschaftlich-technische Gebiete förderte.[31] Diese Praxis bezweckte nicht nur, den wirtschaftlichen Aufschwung anzukurbeln, sondern auch, personelle, materielle und ideelle Ressourcen für sich selbst zu schaffen.[32] Die für wirtschaftlich und politisch besonders wichtig erachteten und deshalb besonders geförderten Felder, besonders solche »Schlüsseltechnologien«, die für die Belange der Kernenergie, Raumfahrt und Automatisierung arbeiteten, standen im Fokus der Öffentlichkeit und unter enormem Erfolgsdruck, weil sie den gesellschaft-

30 So Metzler: Konzeptionen, S. 11. »Wir schaffen das moderne Deutschland« war ein Slogan der SPD im Bundestagswahlkampf 1969.

31 Zu dieser Förderungspolitik Abele: Innovationen, S. 14f.; Trischler, Helmuth: Das bundesdeutsche Innovationssystem in den »langen 70er Jahren«: Antworten auf die »amerikanische Herausforderung«, in: Abele (u. a.) (Hg.): Innovationskulturen, S. 47-70; Metzler: Konzeptionen, S. 73.

32 Diese Intention nennt Metzler: Konzeptionen, S. 151.

lichen Erwartungen gerecht werden mussten. Aber auch alle anderen wissenschaftlich-technischen Konzepte vergesellschaftete die gezielte politische Förderung. Sie mussten von nun an Politik, Wirtschaft und Öffentlichkeit auf sich aufmerksam machen und von ihrer Bedeutung überzeugen, um im Kampf um die Verteilung der Fördermittel eine vordere Position einzunehmen.

Umgekehrt wurde die Gesellschaft im gleichen Maße verwissenschaftlicht. In der Politik zeigte sich dieser Prozess zum einen darin, dass wissenschaftliches Wissen zunehmend zur Ressource wurde und wissenschaftliche Politikberater immer mehr an Einfluss gewannen. Besonders Sozial- und Rechtswissenschaftler erhielten Raum für die Analyse und Prognose der Politik und damit Deutungsmacht.[33] In den 1960er Jahren bestimmten sie in fundamentaler Weise die Konzeptionen politischen Handelns. Zum anderen zeigte sich die Verwissenschaftlichung der Politik in der Verwendung wissenschaftlich-technischer Praktiken, besonders zum Zweck politischer Planung. Immer öfter ergriff die Bundesregierung Maßnahmen, die nicht mehr nur auf die Lösung gegenwärtiger Probleme zielten, sondern auch den zukünftigen Weg der Gesellschaft steuern sollten. Rationale Analyse gesellschaftlicher Systeme und eine genaue Vorausberechnung ihrer Entwicklungen machten die Politik zu einem Anwendungsfeld von Wissenschaften wie Operations Research, System- oder Spieltheorie. Diese mathematischen Konzepte stellten theoretische Grundlagen für die Politik-, Sozial-, Wirtschafts- und Rechtswissenschaften dar, die über Analysen, Expertisen und Prognosen direkten Einfluss auf die politischen Entscheidungsfindungen nahmen. Ab Mitte der 1960er Jahre erhielt dieses politisch-wissenschaftliche Kooperationsverhältnis enormen Auftrieb, als Arbeitslosigkeit und Stagnation des Wirtschaftswachstums das Ende des Wirtschaftswunders ankündigten. Angesichts dieser Probleme bestand der gesamtgesellschaftliche Konsens, dass die strukturelle Modernisierung der Bildungs-, Forschungs-, Wirtschafts- und Sozialpolitik notwendig und nur über prognostische, wissenschaftlich-technische Methoden möglich sei.[34] Verwissenschaftlichung und Planung der Politik erreichten im Diskurs genauso wie in der Praxis um 1970 ihren Kulminationspunkt. Weil aber sichtbare Erfolge ausblieben, ebbte die Planungseuphorie schon bald wieder ab.

33 Vgl. ebd., S. 16.

34 Zur Planungsdebatte und geplanten Politik siehe neben Metzler: Konzeptionen v.a. Ruck: Sommer, S. 362-401. Ein zeitgenössisches Bild der Debatte vermittelt Schneider, Erich (Hg.): Planung und Entscheidung (= Forschung und Information 5. Schriftenreihe der RIAS-Funkuniversität), Berlin 1970.

Ernüchterung trat ein, denn auch diese rationalen Methoden brachten nicht die erhoffte Lösung der Probleme. Neue Krisen wie der Ölpreis-Schock, neue Rezessionen und die Erfahrungen von Überbevölkerung, Verkehrs- und Umweltbelastungen schienen auch eine verwissenschaftlichte Politik zu überfordern.

### 10.1.2 Kongruenzen von Kybernetik sowie gesellschaftlichem Denken und Handeln

In den 1960er und 1970er Jahren waren Automatisierung in Wirtschaft, Verwaltung und Militär, Planung politischer und wirtschaftlicher Prozesse sowie Bildung nicht nur Gegenstand öffentlicher Debatten, sondern wurden auch in den Massenmedien verstärkt unter den Gesichtspunkten des Systems und der selbständigen Regelung beschrieben. Selbst Gesellschaft und Staat in ihrer Gesamtheit wurden als einheitliche und computersimulierbare Systeme verstanden.[35] Computer, Regelungs- und Systemtheorie schienen einerseits die theoretischen und methodischen Grundlagen einer Entpersonalisierung und Automatisierung der Politik zu sein und dadurch dem technokratischen Staat den Weg zu ebnen, in dem nur noch der Automat herrsche. Auf der anderen Seite wurde der Regelkreis im Bereich der Planung sogar zum Symbol der Versöhnung zwischen wissenschaftlich-technischem Regieren und Demokratie, weil die Bürger durch Feedback auf bestehende Pläne an diesem Prozess aktiv mitwirken, ihn kontrollieren und abändern könnten.[36] In jedem Fall kongruierten gesellschaftliches Denken und Handeln mit kybernetischen Begriffen, Fragen und Methoden. Ob Gegner oder Befürworter des wissenschaftlich-technischen Regierens, politische Akteure und Kommentatoren der Politik, alle wähnten sich »im Zeitalter kybernetischer Planung«.[37]

Auch jenseits der Planung stellten die Massenmedien, v. a. im Gefolge der Schriften Karl Steinbuchs, die Kybernetik als modernes Gedankengebäude dar, das die Ursache der gesellschaftlichen Malaisen, das überkommene »hinterweltliche« Denken, überwinde.[38] Diese vormoderne

35 Explizit vorgeschlagen z. B. bei Pestel, Eduard/Wissenschaftsminister Niedersachsen, Mitglied des Exekutivkomitees des Club of Rome: Prognose und Systemforschung, in: DFG-Mitteilungen 1/1977, S. 3-5 u. 21.

36 So Metzler: Am Ende, S. 96.

37 »Bildungsnotstand. Begrenzt haltbar«, in: Der Spiegel Nr. 17/1968, S. 177.

38 Als Gesellschaftskritiker auf kybernetischer Basis wird Steinbuch bspw. dargestellt bei »Mit dem Latein am Ende«, 12. Fortsetzung, in: Der Spiegel Nr. 38/1969, S. 82.

und innovationshemmende Ideologie sollten nun Rationalität und Zukunftsorientierung ablösen. Denn die kulturelle, wirtschaftliche, politische und militärische Position der Bundesrepublik schien – und da gab es kaum Widerspruch – von der wissenschaftlichen und technischen Leistungsfähigkeit abzuhängen. Die Bundesrepublik im Ganzen war in dieser Vorstellung nur dann an die Spitze des Wettstreits zwischen den Nationen zu katapultieren, wenn sich wissenschaftlich-technisch-zukunftsorientiertes, eben kybernetisches Denken in Politik und Wirtschaft durchsetzte und wenn Wissenschaft und Technik strukturell verändert würden. Forschung und Entwicklung müssten in der Praxis jederzeit auf ihre Gesellschaftsrelevanz zielen. Dies sei nur zu erreichen, wenn Planung und Förderung von Wissenschaft und Technik auf gesellschaftsrelevanten und zukunftsweisenden Gebieten gezielt gesteuert würden. Die wissenschaftlich-technische Praxis sollte wesentlich anwendungs- und problemorientierter werden sowie stärker in Teamstrukturen und interdisziplinär organisiert sein.[39] Auch für diese neue und scheinbar einzig zukunftsweisende Organisationsform von Wissenschaft und Technik schien die Kybernetik prädestiniert. Sie wurde als zukunftsweisende Methodik und in gleichem Maße als neue ideologische Grundlage enorm politisiert und zu einem intellektuellen Konzept stilisiert, das umfassendes, rationales Denken und technikbasiertes Handeln in alle Wissenschaften und über diese in die Gesellschaft einführen könne.[40] Sie erschien als Paradewissenschaft, um Zukunft zu schaffen.

Explizit zur Grundlage der Steuerung, Regelung und Planung wissenschaftlicher wie gesellschaftlicher Systeme erklärte sie einmal mehr v. a. Karl Steinbuch. Wegen der ungleich höheren Anstrengungen des Ostblocks auf dem Gebiet der Kybernetik fürchtete er noch 1962, dass »auf

39 Dies ist die Quintessenz aus der Einschätzung der wissenschaftlichen Situation laut Deutsche Forschungsgemeinschaft (Hg.): Stand und Rückstand der Forschung in Deutschland in den Naturwissenschaften und den Ingenieurwissenschaften. Aufgrund einer Umfrage verfaßt von Richard Clausen, Wiesbaden 1964. Dass die Kybernetik davon profitierte, dass sie dem Ideal des interdisziplinär, anwendungs- und problemorientierten »M.I.T.-Stils« entsprach, betont auch Bluma: Wiener, S. 85.

40 Dies wird auch als Hauptgrund für ihren Erfolg dargestellt bei Hagner, Michael: Vom Aufstieg und Fall der Kybernetik als Universalwissenschaft, in: Michael Hagner u. Erich Hörl (Hg.): Die Transformation des Humanen. Beiträge zur Kulturgeschichte der Kybernetik, Frankfurt a. M. 2008, S. 46-59. Hagners zweite These, der Kybernetik sei eine »Entlastungsoption« (ebd., S. 59) immanent, weil sie in den Nachkriegsjahren eine neue, dem nationalsozialistischen Denken diametral entgegenstehende Ideologie in die Bundesrepublik eingeführt habe, lässt sich jedoch durch historische Belege keineswegs stützen.

die gegenwärtige Raketen-Lücke des Westens bald eine Kybernetik-Lücke«[41] folge. Diese drücke sich darin aus, dass die sozialistischen Gesellschaften besser organisiert und gesteuert, dadurch funktionsfähiger und dem Westen überlegen würden. Für die rationale und technische Organisation und Planung der Gesellschaft seien Kybernetiker als »Mittler zwischen Spezialisten« unumgänglich. Nur sie könnten den praktischen Lenkern der Gesellschaft, also Politikern und Wirtschaftsführern und deren wissenschaftlichen Beratern, theoretische und methodische Hilfsmittel aus anderen Wissenschaften an die Hand geben. Schließlich funktioniere »der soziologische Organismus« in einem wesentlichen Punkt genauso wie ein biologischer: Er beruhe »auf einer geordneten, geregelten Zusammenarbeit hochspezialisierter Zellen.«[42]

Mit seinen Schriften und öffentlichen Auftritten konnte er diesen Problemen die in seinen Augen gebührende öffentliche Aufmerksamkeit verschaffen und die Kybernetik zu der Modewissenschaft machen, die die scheinbar drängendsten zeitgenössischen Probleme zu lösen versprach. Ab Mitte der 1960er Jahre herrschte weitgehend Konsens, dass gesellschaftlichen Problemen aufgrund ihrer Komplexität nur noch wissenschaftlich-technische Theorien und Methoden gerecht würden. Der Königsweg für die Analyse, Organisation und Steuerung der Gesellschaft schien das Modellieren aller möglichen kulturellen, wirtschaftlichen, politischen und militärischen Phänomene und deren Simulation auf dem Computer.[43] Die Öffentlichkeit kochte die mit kybernetischen Methoden verbundenen Hoffnungen so weit hoch, dass sie die tatsächliche Leistungsfähigkeit und Forschungspraxis der Kybernetik völlig überschätzte, ja kaum mehr wahrnahm. Weil der Titel Kybernetik desto mehr Aufmerksamkeit erzeugte, je visionärer die Versprechungen waren, befürchteten ihre Vertreter selbst, dass »eine Lawine philosophischer (und vor allem populärphilosophischer) Schriften und Feuilletons die wenigen mathematischen und empirischen Forschungsberichte der konkret arbeitenden Kybernetiker«[44] verschütten könnten. Und ihre Gegner meinten gar, dass die gesamte wissenschaftliche Kybernetik »als bizarres geistiges Gebilde unverkennbar aus den Sturmfluten der machbarkeits- und wis-

41 K. Steinbuch an S. Moser, 13.2.1962, UA Karlsruhe, 21001/765.

42 K. Steinbuch an H. Leussink u.a., 5.7.1962, UA Karlsruhe 21001/765.

43 Diese Praxis wurde gefordert z.B. bei Gölles/Geschäftsführer des Deutschen Clubs an K. Schiller/Bundeswirtschaftsminister, Berlin 8.4.1970, UA Karlsruhe 27048/2.

44 Frank, Helmar: Über das Verhältnis von kybernetischen und philosophisch-geisteswissenschaftlichen Disziplinen, in: GrKG 6 (1965), S. 45.

senschaftsgläubigen pluralistischen Gesellschaft«[45] emporrage. Die Kybernetik war in den Augen ihrer Kritiker nichts weiter als ein Produkt des Zeitgeists.

Die überzogenen Erwartungen der Öffentlichkeit belasteten die Kybernetik als Wissenschaft, sie beschleunigten ihre Entwicklung aber in mindestens gleichem Maß. Denn staatlich gefördert wurde, was gesellschaftlichen Nutzen versprach. Außerdem entsprach die Kybernetik »dem dringenden Bedürfnis der Zeit [...], vom technischen Objekt zum Menschen zurückzufragen«.[46] Sie beschäftigte sich mit den öffentlich hitzig diskutierten wirtschaftlichen, politischen, militärischen und philosophischen Fragen, die ihre Entwicklungen aufgeworfen hatten. Politik, Wirtschaft und Öffentlichkeit beauftragten sie implizit, Theorien, Methoden und Modelle zur Lösung ihrer Probleme zu liefern und Personal auszubilden, das das wissenschaftlich produzierte Wissen und die Entwicklungen nutzbar machen konnte. Den Auftrag erhielt die Wissenschaft in erster Linie dadurch, dass Forschungsprogramme und -gruppen sowie Studiengänge eingerichtet wurden. Den Höhepunkt ihrer Konjunktur erreichte die Kybernetik in den Jahren 1968/69, als sie mit der Gründung des MPI für biologische Kybernetik, des SFB 50, der DGK, der Veranstaltung der teilnehmerstärksten DGK- und GPI-Tagungen sowie der Initialisierung des Studiengangs für Technische Kybernetik an der TH Stuttgart ihre größten fassbaren Erfolge vorweisen konnte. Dass auch in der Wissenschaft die Kybernetik zum Teil nur ein modischer Titel war, beweist gerade der Stuttgarter Studiengang, auf den der Begriff kaum zutraf. Er diente in erster Linie dazu, Entscheidungsträgern und Studienbewerbern modernes und zukunftsorientiertes Denken zu demonstrieren. In diesem Sinn wurde überall dort mit den öffentlichen Erwartungen gespielt, wo die Kybernetik nach außen trat. Auch die Biokybernetiker präsentierten überzogene Visionen, um auf sich aufmerksam zu machen und die prinzipielle Leistungsfähigkeit ihres Konzepts zu verdeutlichen. Ansprüche wie der, mit der Forschung über das visuelle System »die Blinden sehend machen«[47] zu können, und Spekulationen über die Stellung eines zukünftig umfassend informationstheoretisch verstandenen und technisch nachgebildeten Menschen warfen etwa auch

45 Nicklis, Werner: Didaktik als Informationsumsatz (Zu H. Frank: Kybernetische Grundlagen der Pädagogik, 2. Aufl.), in: Zeitschrift für Pädagogik 16 (1970), S. 537. Was hier nur auf ein bestimmtes Buch bezogen ist, repräsentiert durchaus eine fundamentale Kritik an der Kybernetik als Ganzer.

46 J. Ritter an DFG, 8.8.1960, BA Koblenz, B227/138623.

47 Das betont Gert Hauske im Interview, 20.10.2005.

die Teilnehmer der sonst so nüchternen DGK-Kongresse auf. Damit verbreiteten sie solche Visionen via Presse auch in die Öffentlichkeit.

Noch stimulierender wirkten sich die öffentlichen Erwartungen rund um Automatisierung, Planung und Bildung auf die kybernetische Technik aus. Von ihr erwartete man sich nicht nur die Bereitstellung basalen Wissens und grundlegender Methoden, sondern versprach sich konkrete Entwicklungen von Verfahren und Konstruktionen zur Lösung der gesellschaftlichen Probleme. Die Vorstellung eines linearen Verhältnisses zwischen Wissensproduktion, dessen technischer Verwertung und Wirtschaftswachstum machte eine angemessene Förderung der analytischen Kybernetik indirekt und die der synthetischen Kybernetik direkt gesellschaftsrelevant[48] sowie die Träger des kybernetischen Wissens zu potentiellen Experten in öffentlichen Debatten und gesellschaftlichen Prozessen. Gerade die Bionik und Lehrmaschinenentwicklung wurden explizit zu Zukunftstechnologien erklärt, die den Wohlstand sichern sollten.[49] Auf forschungs- und entwicklungspraktischer Ebene erfüllte die Kybernetik ihren gesellschaftlichen Auftrag mehr oder minder, indem sie Wissen, Verfahren und Konstruktionen produzierte. Weil sie sich aber trotz ihrer Erfolge nicht in manifesten Formen etablieren und ihre Heterogenität nie abbauen konnte, existierten neben tatsächlich wissenschaftlich und gesellschaftlich zweckmäßigen Formen auch diverse unseriöse Ansätze. Daneben nutzten viele die neuartige Terminologie lediglich, um sich modern zu geben, produzierten aber kein neues Wissen und brachten keinerlei Nutzen. Im Resultat herrschte Unsicherheit über den Charakter der Kybernetik, und der Ruch des Unseriösen schwang in diesem Begriff immer mit. Deshalb konnte die Kybernetik die ihr entgegengebrachte öffentliche Aufmerksamkeit nicht in entsprechendem Maß in fassbaren Erfolg umwandeln, etwa in Form dauerhafter Etablierung kybernetischer Studiengänge oder der staatlichen Förderung als Schlüsseltechnologie. Sie trat immer auf einer diskursiven Ebene stärker in Erscheinung als auf einer forschungs- und entwicklungspraktischen Ebene, auf der sie sich nicht manifestieren konnte. Weil sie daneben die hochgesteckten Erwartungen und die ideologischen Ansprüche der Vereinheitlichung und Rationalisierung aller Formen des Denkens nicht einlösen

48 Ausgedrückt wird diese Hoffnung z. B. in »Biotechnik. Bienen und Raketen«, in: Der Spiegel Nr. 21/1961, S. 88-89; »Tierpsychologie. Hunger auf Befehl«, in: Der Spiegel Nr. 6/1963, S. 74-78.

49 Vgl. »Notstand. Verblaßter Glanz«, in: Der Spiegel Nr. 9/1966, S. 37; »Lern-Maschinen. Treffer und Nieten«, in: Der Spiegel Nr. 27/1963, S. 67-68; Hochheimer, Wolfgang: Erziehung durch Maschinen? in: Der Spiegel Nr. 30/1963, S. 69.

konnte, wurden diese nun zu Ungunsten der Kybernetik in ihrer Gesamtheit ausgelegt. Die Hoffnungen schlugen in Enttäuschung um, weil auch die Kybernetik nicht die Lösung aller Probleme bringen konnte. Besonders deutlich machte dies die Bildungsdebatte, in der Lehrmaschinen als das Heilmittel des Notstands schlechthin erschienen. Weil deren Entwickler ihren Vertrauensvorschuss aber nie einlösen konnten, sahen sie sich immer mehr als Scharlatane diffamiert. Entsprechend wurden die Förderungen für kybernetische Projekte allmählich zurückgefahren, und die Kybernetik verschwand aus dem öffentlichen Fokus.

Kybernetik war nicht das einzige und nicht einmal das erste wissenschaftliche Konzept, das in den öffentlichen Debatten um Technologische Lücke, Automatisierung, Planung und Bildung rezipiert wurde und von diesen profitierte. Beispielsweise förderte die DFG die Regelungstechnik, die Unternehmensforschung und die Ökonometrie schon seit 1961, 1962 bzw. 1964 schwerpunktmäßig, weil sie sich von diesen anwendungs- und problemorientierten, interdisziplinären und rationalisierenden Ansätzen gesellschaftliche Innovation versprach. Eine der Kybernetik vergleichbare Karriere in der Öffentlichkeit machte die Zukunftsforschung. In ihr spiegelte sich der Zeitgeist der 1960er Jahre wie in kaum einer anderen Wissenschaft.[50] Ihr gelang es allerdings noch weitaus weniger, sich in der bundesdeutschen Wissenschaftslandschaft zu etablieren. Eine seltene Institutionalisierung erfuhr sie im »MPI zur Erforschung der Lebensbedingungen der wissenschaftlich-technischen Welt«, das sich mit Problemen des Weltfriedens, der Industriegesellschaft und der Entwicklungsländer beschäftigte. Besondere Aufmerksamkeit widmeten die Institutsmitarbeiter dabei der Planung von Umwelt- und Innovationspolitik auf Basis interdisziplinärer, systemtheoretischer Analysen und Modellen.[51] Carl Friedrich von Weizsäcker gründete das Institut 1968 und leitete es, ab 1971 gemeinsam mit Jürgen Habermas. Inhaltlich überschnitt es sich stark mit der Kybernetik, besonders durch den Anspruch, die Erde und die Weltgesellschaft als Systeme verstehen, ihr Verhalten mathematisch, modellmäßig vollständig erfassen und dadurch vorausberechnen zu können. Vergleichbar mit der Kybernetik war die Zukunftsforschung in die-

50 So Metzler: Konzeptionen, S. 144.

51 Zum Arbeitsprogramm siehe z. B. MPI zur Erforschung der Lebensbedingungen der wissenschaftlich-technischen Welt, in: MPG-Jahrbuch 1970, S. 206. Ausführlicher vorgestellt wird das Institut in Max-Planck-Institut zur Erforschung der Lebensbedingungen der wissenschaftlich-technischen Welt, in: Mitteilungen aus der MPG 1970, S. 121-125.

sem MPI auch dadurch, dass sie einen Meta-Ansatz darstellte, der den Einfluss von Wissenschaft und Technik auf die Welt mit wissenschaftlich-technischen Mitteln erforschte. Die Akteure orientierten sich aber stärker an ausländischen Bestrebungen wie der Systemdynamik und dem Weltmodell Jay W. Forresters oder der Arbeit des Club of Rome. Entsprechend stand das Institut eher unter dem Einfluss der »Grenzen des Wachstums«[52] und von Debatten um Technikfolgen und Umweltschäden, als dies der Kybernetik eingeschrieben war. Deshalb tauchte der Begriff Kybernetik an diesem MPI nicht auf.

## 10.2 Der Einfluss der Kybernetik auf die Gesellschaft

Die Kybernetik war eines der öffentlich am stärksten wahrgenommenen und meistdiskutierten wissenschaftlich-technischen Konzepte der »langen 1960er Jahre«. Dass ihre Theorien allgegenwärtig waren, blieb nicht ohne Einfluss auf das kollektive Denken. Die Verwendung von Begriffen wie System, Regelung, Information, Komplexität, Automation, Interdisziplinarität, Rationalisierung, Formalisierung, Ideologiefreiheit und Prognose in massenmedialen Debatten und damit im alltäglichen Sprachgebrauch verdeutlichten den »Einzug der Kybernetik in den Alltag seit den ausgehenden 1950er Jahren«.[53] Die Kybernetik schuf ein Bewusstsein für die zunehmende Komplexität von Wirtschaft und Politik und versprach zugleich die Lösung dieser Probleme.[54] Dadurch rezipierte eine breite

52 Die einschlägigen Studien auf diesem Gebiet sind Meadows, Dennis L. (u. a.) (Hg.): The Limits to Growth, New York 1972 (dt. »Die Grenzen des Wachstums. Berichte des Club of Rome zur Lage der Menschheit«, München 1972); Forrester, Jay W.: World Dynamics, Cambridge, Mass. 1971 (dt. »Der teuflische Regelkreis. Das Globalmodell der Menschheitskrise«, Stuttgart 1972).

53 Laak: Momentum, S. 97. Metzler: Ende, S. 81, macht »Unübersichtlichkeit, Kompliziertheit, Komplexität, Notwendigkeit von Rationalität« als Leitmotive der 1960er Jahre aus. Am Beispiel der Sowjetunion zeigt Gerovitch, Slava: From Newspeak to Cyberspeak. A History of Soviet Cybernetics, Cambridge/Mass. 2002, wie Diskurse und der Gebrauch bestimmter Begrifflichkeiten Realitäten schuf.

54 So Tanner, Jakob: Komplexität, Kybernetik und Kalter Krieg. »Information« im Systemantagonismus von Markt und Plan, in: Hagner u. Hörl: (Hg.): Transformation, S. 379. Im Neoliberalismus nach Friedrich August von Hayek und Ludwig von Mises und damit in der sozialen Marktwirtschaft sieht Tanner eine Strömung, die der Kybernetik nahe stand. Darin liege der größte Einfluss der Kybernetik auf die Gesellschaft der Bundesrepublik. Tanner geht sogar so weit zu behaupten, die Neoliberalen seien »Parakybernetiker« bzw. Kybernetiker »avant la lettre« (S. 399).

Öffentlichkeit kybernetische Themen. Mit der Gewöhnung an die Computertechnik und im Zuge der Umdeutung der Kybernetik ins Positive wandelte sich die bundesdeutsche Gesellschaft zu einer wissenschafts- und technikfreundlichen, einer zukunfts- und machbarkeitsgläubigen. Ihrem Gefühl nach lebten viele Zeitgenossen in einer kybernetisierten Welt. Die Kybernetik begann in dieser Wahrnehmung, die »wissenschaftlich-technisch-industrielle Welt in all ihren Horizonten zu revolutionieren.« Denkende Maschinen, menschenleere Fabriken und technisch gesteuerte Politik waren in diesem Gefühl nicht allein Visionen, sondern die Realität, die eine neue Phase »im Prozeß der ›Denaturierung der natürlichen Welt‹«[55] mit revolutionären Folgen für den Menschen und sein Selbstbild einläuteten.

Über die Öffentlichkeit fanden die kybernetischen Themen schließlich Eingang in den Alltag von Politik und Wirtschaft. Allerdings erzeugte die Ideologisierung der Kybernetik auch eine Gegen-Ideologisierung,[56] so dass die Stimmen der Kybernetik-Kritiker ebenfalls zahlreich und oft noch lauter waren als die der Befürworter. Deshalb wurde weitaus mehr kybernetisch und über die Kybernetik geredet, als in Politik und Wirtschaft nach ihren Vorgaben gehandelt. Auch zeitgenössisch war längst nicht klar, ob die Kybernetik nun eine »soziale Tatsache«,[57] also tatsächlich im Alltag wirkmächtig, oder doch eher nur eine diskursive Tatsache sei. Anhänger der Kybernetik schätzten ihre gesellschaftliche Bedeutung enorm weitreichend ein. Felix von Cube etwa behauptete, die Kybernetik sei gesellschaftlich und kulturell revolutionär. Die von ihr entwickelten Maschinen bedingten die »Automation und deren soziale Folgen, bis hin zur Manipulation der Massen«. Die kybernetischen Methoden fänden Anwendung »in den Human- und Sozialwissenschaften bis hin zur Entideologisierung der Gesellschaft«. Die kybernetische Denkweise schließlich übertrage technische Verfahren auf menschliche und soziale Bereiche und führe dadurch »zu einem Bewußtsein der Machbarkeit schlechthin.«[58] Sicherlich überschätzte von Cube hier die

55 Jeweils Heller, Ewald: Die Perspektive der Kybernetik. Ein Beitrag zur pädagogischen Diskussion, in: Zeitschrift für Pädagogik 11 (1965), S. 1.

56 Dies betont etwa Kuno Kirschfeld im Interview, 20.6.2005.

57 Das ist die These bei Haseloff, Otto Walter: Referat, in: Kybernetik als soziale Tatsache. Anwendungsbereiche, Leistungsformen und Folgen für die industrielle Gesellschaft (= Bergedorfer Protokolle 3), Hamburg/Berlin 1963, S. 9-38. Die Gegenposition dazu bezieht v. a. Braitenberg, Valentin: Diskussionsbeitrag, S. 52.

58 Jeweils Cube, Felix von: Was ist Kybernetik? Grundbegriffe, Methoden, Anwendungen, München ³1975, S. 65.

Kausalzusammenhänge zwischen wissenschaftlich-kybernetischem Wissen und gesellschaftlichen Prozessen und stellte sie zu linear dar. Der Tenor seiner Aussage jedoch, der direkte Einfluss der Kybernetik auf die Gesellschaft, traf gerade in Bezug auf Bildung, Wirtschaft und Politik durchaus zu.

Im Rahmen der Debatte um einen Bildungsnotstand sahen Politiker, Schulpraktiker und die Massenmedien den Computerunterstützten Unterricht vielfach als Ausweg aus dem Lehrermangel und Möglichkeit zur Steigerung der Wissensvermittlung. Mit dieser Hoffnung setzten ihn Schulen auch tatsächlich ein.[59] Daneben waren kybernetische Methoden und Entwicklungen nicht nur Hilfsmittel der Lehre, sondern auch die Kybernetik selbst war Lernstoff. V.a. Bernhard Hassensteins Buch »Biologische Kybernetik«[60] war Lektüre im Biologieunterricht. Somit fanden Regelkreise und Informationsverarbeitung in organischen Systemen dauerhaften Eingang in Schulen. Auf diese Weise wurde die Unterrichtspraxis ein Stück weit kybernetisiert und die Kybernetik zum Thema im Schulalltag. Ob sie die Krise des Bildungssystems in den 1960er und 1970er Jahren zu mildern half, ist nicht zu beurteilen. Sicherlich aber fanden junge Menschen durch die Kybernetik im Unterricht einen Zugang zum mathematisch-technischen Verständnis des Menschen und zur Objektivierung geistiger Leistungen durch Maschinen. Kybernetisches Denken und Wissen wurden alltägliches Bildungsgut.

Stärkeren gesellschaftlichen Niederschlag erfuhr die Kybernetik in der Politik und der Wirtschaft, dabei zuerst in Form der Automatisierung von Verwaltung und Produktion insbesondere industrieller Abläufe. Schon seit den frühen 1950er Jahren sah die Öffentlichkeit im Computer die Technik und in der Kybernetik die Wissenschaft, die nach der körperlichen nun auch die geistige Arbeit des Menschen an Maschinen übertrage. Automatische Regler, zunehmend Computer, die als Prozesssteuerungs-Einrichtungen verwendet wurden, sollten nun Organisations-,

59 Die bisher erwähnten technischen Konstruktionen sind nicht die einzigen im Unterricht eingesetzten. Z.B. berichtet DFG-Mitteilungen 3/1971, S. 47f., dass am Gymnasium bei St. Anna, Augsburg, Schüler selbst ein Sprachlehrprogramm für den Computerdialog zum Bestimmen und Übersetzen lateinischer Verbformen entwickelt hätten.

60 Vgl. Hassenstein, Bernhard: Biologische Kybernetik. Eine elementare Einführung, Heidelberg 1965. Den Erfolg des Buchs bescheinigen schon die 5 Auflagen 1965, 1967, 1970, 1973, 1977 mit insgesamt etwa 25.000 Exemplaren. Dass damit in der Schule intensiv gearbeitet wurde, bestätigt Bernhard Hassenstein im Interview, 11.7.2005. Ihm übermittelten Lehrer immer wieder Verbesserungsvorschläge.

Überwachungs- und Steuerungstätigkeiten in Büros und Fertigungshallen billiger, schneller, zuverlässiger und damit betriebs- und volkswirtschaftlich effizienter erledigen.[61] Für diese Bestrebung formulierte die Kybernetik die grundlegenden Fragen durch ihren Anspruch, jegliche geistigen Prozesse zu modellieren.[62] Sie unterfütterte die Automatisierung philosophisch-metatechnisch durch anthropologische Überlegungen und solchen zu den sozialen Konsequenzen. Sie lieferte auch die bio- und ingenieurwissenschaftliche Theorie, indem sie die technischen Entwicklungsarbeiten mit physiologischem Wissen versorgte und auf ein regelungs-, system- und informationstheoretisches Niveau hob.[63] Direkten Einfluss auf den Innovationsprozess und die Rationalisierung und Technisierung der Wirtschaft, samt deren Konsequenzen wie Produktionssteigerung und Arbeitszeitverkürzung, hatte sie aber kaum.

Weil die Mathematisierung vorher nicht mathematisch geprägter Objekte ein Hauptanliegen der Kybernetik war, zählte nach ihrem Maximalverständnis auch die wissenschaftlich-technisch exakte Behandlung von Phänomenen der Politik zu ihrem Kanon. Das Verhalten politischer Systeme informations-, regelungs- und systemtheoretisch zu analysieren und vorauszuberechnen, wurde genauso auch von außen als Auftrag an sie herangetragen und schien ihr bedeutendstes gesellschaftliches Anwendungsgebiet zu sein. Wie kein anderes gesellschaftliches Phänomen wurde die politische Planung deshalb kybernetisiert. Die Kybernetik brachte sich ab dem Ende der 1960er Jahre darin ein, indem sie mit der Systemtheorie die wissenschaftliche Basis eines neuen Politikverständnisses[64] und ihre spezifische Methode zur Analyse und Synthese von Systemen lieferte. Dass die kaum mehr zu überblickende moderne Welt nur noch durch Prognosen zukünftiger gesellschaftlicher Entwicklungen und da-

61 Zum technischen Aspekt, dem der praktischen Anwendung und dem der sozialen Konsequenzen z. B. Dolezalek, C. M.: Automatisierung – Automation. Ein Beitrag zur Klärung der Begriffe, in: VDI-Z 98 (1956), S. 563-564; Kuhlenkamp, Alfred: Automatisierung – Ein Zeichen unserer Zeit?, in: Physikalische Blätter 13 (1957), S. 404-412; Heilingbrunner, O.: Technik der Automatisierung, München 1958; Lauber, Rudolf: Einsatz von Digitalrechnern in Regelungssystemen, in: ETZ 88 (1967), S. 159-164.

62 So Lutz, Theo: Kybernetik. Portrait einer Wissenschaft, in: VDI-Z 112 (1970), S. 1014.

63 Vgl. Rohmert, Walter: Kybernetische Aspekte der Arbeitswissenschaft bei zunehmender Automatisierung, in: VDI-Z 109 (1967), S. 1283-1290.

64 Metzler: Konzeptionen, S. 18, macht mit dem Einzug der Systemtheorie in die Politik den Höhepunkt der Planungseuphorie aus und datiert diesen auf 1969.

rauf abgestimmte Planungen der Politik zu steuern sei, bedeutete, in die Sprache der Kybernetik übersetzt, eine Komplexitätsreduktion mittels Modellierung. Ein Musterbeispiel dieser neuartigen wissenschaftlich-technisch basierten Politik war die »Konzertierte Aktion«,[65] eine zwischen 1967 und 1977 bestehende Gesprächsrunde, in der Politiker, Wissenschaftler sowie Vertreter der Arbeitgeber und Gewerkschaften die Wirtschafts-, Finanz- und Sozialpolitik konzeptionalisieren und konsensualisieren wollten. Mit diesem Gremium und einem »Gesetz zur Förderung von Stabilität und des Wachstums der Wirtschaft« von 1967 erhielt die Bundesregierung der Idee nach das Instrumentarium, um die volkswirtschaftliche Konjunktur umfassend zu steuern. Damit sollte sie die vier Eckpfeiler der Volkswirtschaft, angemessenes Wirtschaftswachstum, Preisstabilität, Vollbeschäftigung und außenwirtschaftliches Gleichgewicht, in einem einheitlichen Ansatz sichern.

Explizit in Verbindung brachte politische Planung und Kybernetik erstmals der »Bergedorfer Gesprächskreis«. Unter diesem Titel erörterten einschlägige Experten aus Wissenschaft, Publizistik, Politik und Wirtschaft unter Leitung des Maschinenbau-Industriellen Kurt A. Körber jeweils ein bestimmtes Thema. Als 1963 die Kybernetik auf der Tagesordnung stand, waren für den Kreis der Anwesenden deren soziale Wirkkraft, die Möglichkeit, mit ihrer Hilfe die Gesellschaft zur reformieren, und die Frage nach der Vermittlung dieser Leistungsfähigkeit in die Öffentlichkeit von zentraler Bedeutung. Eine allgemeinverbindliche Definition und ein einheitliches Verständnis der Kybernetik bestanden unter den Teilnehmern des Gesprächskreises zwar nicht. Konsens herrschte aber über ihre Bedeutung: Kybernetisches Denken und die daraus resultierenden Maschinen hätten zuvorderst die Automatisierung von Wirtschaft und Verwaltung auf den Weg gebracht und strebten nun in gleichem Maß an, die daraus resultierenden Organisationsprobleme zu lösen. Die Informationsprozesse zu automatisierender Systeme, insbesondere die horizontalen, rückgekoppelten, müssten analysiert und organisiert, d.h. geplant werden. Dazu bedürfe es »einer kybernetischen Theorie von Herrschaft, Verwaltung und Planung«, deren Aufgabe primär sei, »eine große Anzahl von Daten zu kennen, in geordneter und organisierter Weise zu speichern und nach alternativen Programmen zu

65 So van Laak: Momentum, S. 97. Einen konzisen Einblick in die »Konzertierte Aktion« und die »Globalsteuerung« liefert z. B. Görtemaker, Manfred: Geschichte der Bundesrepublik Deutschland. Von der Gründung bis zur Gegenwart, Frankfurt a. M. 2004, S. 450-453.

kombinieren«.[66] Die Kybernetik hatte diesem Verständnis zufolge zunächst der Verwissenschaftlichung der Politik Vorschub zu leisten, dann aber auch das gedankliche und technische Material für einen Einzug der Prognostik in die Politik bereitzustellen. Indem sich die Akteure des Gesprächskreises auf die Relevanz der Kybernetik für die Planung einigten, legten sie das wissenschaftlich-technische Instrumentarium fest, mit dem der folgende Bergedorfer Gesprächskreis[67] 1964 eine theoretische Grundlage der politischen Planung erarbeiten konnte.

Die kybernetische Planungstheorie erlebte schließlich ihre Hochphase Ende der 1960er Jahre. Eine Vielzahl politik- und sozialwissenschaftlicher Veröffentlichungen bediente sich kybernetischer Begriffe, Fragen, Theorien und Methoden, deren Nutzwert für die Gesellschaftsanalyse stark unterschiedlich war. Teilweise bedienten sich diese Veröffentlichungen des Begriffs nur, um modisch zu klingen. Sie schufen damit aber eine gesellschaftliche Nachfrage nach kybernetischer Planung.[68] Am bedeutendsten für die politische Praxis wurde das Handbuch »Kybernetische Regierungstechnik in der Demokratie«. Es beschrieb die Kybernetik dezidiert nicht als Ersatz, sondern als Hilfsmittel demokratischer Aushandlungen und Entscheidungsfindungen. Der zentrale Begriff dieses Handbuchs war die »Erfolgskontrolle«, die explizit als »kybernetisches Element staatlichen Planens«[69] bezeichnet wurde. Sie war nichts anderes als das geläufigere Rückkopplungsprinzip und wies auf den Abgleich eines vorgegebenen Planziels mit den realen politischen Entwicklungen. Sollten diese divergieren, müssten Erfolg oder Misserfolg des geplanten Vorgehens überprüft und gegebenenfalls der Plan verändert werden. Das Handbuch beschrieb dieses Zusammenwirken von Planen, Ausführen und Kontrollieren als Regelsystem, in dem das Ziel einen Sollwert, die reale Situation einen Istwert und der Plan den Regler darstellten. Als Bei-

66 Haseloff: Referat, S. 23f.

67 Die Vorträge und Diskussionen sind gedruckt als Salin, Edgar (Hg.): Planung in der Freien Marktwirtschaft (= Bergedorfer Protokolle 7), Hamburg (u.a.) 1964.

68 Positive Beispiel sind Deutsch, Karl W.: Politische Kybernetik. Modelle und Perspektiven, Freiburg i.Br. 1969 (engl. The Nerves of Government, New York 1966); Lang, Eberhard: Staat und Kybernetik, Salzburg/München 1966; Naschold, Frieder: Systemsteuerung (= Einführung in die moderne politische Theorie 2), Stuttgart ²1971; Senghaas, Dieter: Kybernetik und Politikwissenschaft, in: Politische Vierteljahresschrift (1966), S. 252-276; Vente, Rolf E.: Planung wozu?, Baden-Baden 1969; Waterkamp, Rainer: Futurologie und Zukunftsplanung, Stuttgart 1970.

69 Aderhold, Dieter: Kybernetische Regierungstechnik in der Demokratie (= Deutsches Handbuch der Politik 7), München/Wien 1973, S. 9.

spiel für die Existenz von politischen Regelkreisen diente »eine die Wirtschaftskonjunktur stabilisierende Hauhaltspolitik«, die »durch Beachtung der kybernetischen Erkenntnisse über das ›Zeitverhalten‹ von Systemen erheblich effektvoller gestaltet werden« könne.[70] Wie in diesem Beispiel sah das Handbuch generell die entscheidende Leistung eines kybernetischen Planungsverständnisses in der Berücksichtigung der Dynamik.[71] Wenn das System Planung nicht statisch, sondern als Prozess verstanden wurde, dann war die Erfolgskontrolle auch nicht nur ein korrigierendes, also rückwärtsgewandtes Instrument. Sie wurde zu einem gestaltenden Element in einer zukunftsorientierten Steuerung der Politik. Dennoch lag bis hierhin in der Kybernetik noch kein Hilfsmittel zur Extrapolation des Systemverhaltens in die Zukunft vor. Sie half lediglich, Pläne an die Realität rückzubinden, also die Planung zu entvisionieren, und war somit eine theoretische Grundlage für eine kontinuierlich in die Zukunft schreitende und an den Bedürfnissen der Zukunft orientierte Politik.

Im nächsten Schritt aber setzte das Handbuch die kybernetische Regierungstechnik mit der Modellierung des Verhaltens politischer Systeme gleich. Diese Methode bot die Chance, hoch komplexe gesellschaftliche Systeme rational zu steuern. Allerdings dürften dazu kybernetische Theoreme nicht untransformiert in die Politik- und Sozialwissenschaften übernommen, sondern müssten an deren spezifische Bedingungen angepasst und differenziert werden. Besonders müsse berücksichtigt werden, dass soziale Systeme stets vermascht und »auf komplizierteste Weise interdependent« seien, wodurch Modelle »zwar von außerordentlichem heuristischen Wert, aber kaum noch mathematisierbar« seien.[72] Damit zog das Handbuch unwillentlich den Nutzen der Kybernetik für die Politik fundamental in Zweifel. Denn es propagierte eine Kybernetik ohne Mathematik, mit der außer modernen, aber bedeutungsleeren Begrifflichkeiten nichts zu gewinnen war. Und nicht einmal bei diesem Einwand gegen die Kybernetik beließ es das Handbuch. Es wies des Weiteren auf die Gefahr hin, dass Analogieschlüsse in Form von Modellen oft vorschnell getroffen würden und dadurch die Realität verzerrten, dass sie darüber hinaus nur einen Teil der gesellschaftlichen Prozesse repräsentieren könnten, nämlich den, der auf Informationsprozessen beruhte. »Politische Phänomene wie Interesse, Bewusstsein, Herrschaft, Wille, Autonomie«[73] zu erklären, seien sie aber nicht imstande. Wenn diese Tat-

70 Ebd., S. 73.
71 Vgl. ebd., S. 82-84.
72 Ebd., S. 80.
73 Ebd., S. 91.

sache übersehen werde, sei die Gefahr einer Entpolitisierung groß. Dieser Hinweis berührte das Grundproblem der Kybernetik, dass sie nur den syntaktischen, formalen Aspekt der Information berücksichtigte, nicht aber deren Inhalte, Bedeutungen und unterschiedliche Verständnismöglichkeiten. Wurde diese Einschränkung übersehen, war der Technokratie Tür und Tor geöffnet. »Politische Verantwortung« werde dann abgelöst »durch ›Sachlichkeit‹ aus dem Computer.«[74] Systemanalyse und die Prognose des Systemverhaltens mit Hilfe von Modellen und Computersimulationen, so der Tenor des Handbuchs, leisteten einen wichtigen Beitrag zur aktiven Gestaltung der Politik, dürften aber nie unreflektiert und ohne werthafte Entscheidungen auf liberaler, demokratischer Basis eingesetzt werden. Trotz all dieser Einwände sprach aus dem Handbuch die feste Überzeugung, dass »der Wert der kybernetischen Erkenntnisse und Verfahrensweisen für den Prozeß der Erfolgskontrolle [...] nicht hoch genug eingeschätzt werden«[75] könne.

Gehör in der Politik fand die Kybernetik in dieser Form seit der Mitte der 1960er und verstärkt seit Beginn der 1970er Jahre. Zunächst wurde, typisch für eine Modeerscheinung, der modern klingende Jargon übernommen. Die Debatten in politischen Kreisen verfielen aber nicht, wie so oft im kybernetischen Diskurs, dem Utopischen und Spekulativen, sondern verblieben stets auf einer pragmatischen Ebene.[76] Nach und nach erfasste die Kybernetik auch die politische Praxis. Wissenschaftlich-technisches Wissen fundierte zunehmend Verwaltung und Politik und wurde zur autoritativen Ressource des Regierens. Die kybernetische Planungstheorie lieferte an den Realitäten orientierte Grundlagen und Methoden. Insbesondere die Spieltheorie, die ökonomische Ungewissheitstheorie, Input-Output-Analysen, die Erfolgskontrolle, die Kosten-Nutzen-Analyse und ressortübergreifendes, problemorientiertes Handeln[77] stammten aus dem Umfeld kybernetischen Denkens. Politik und Verwaltung führten den Computer als ihr wichtigstes technisches Hilfsmittel ein. Simulationen bewältigten immer weiter steigende Informationsmengen und machten zukünftige Entwicklungen abschätzbar.[78] Computer und Kybernetik waren die Grundlagen, die in den 1960er und 1970er Jahren modernes Regieren ermöglichten.

74 Ebd., S. 93.
75 Ebd., S. 80.
76 So Metzler: Konzeptionen, S. 296f.
77 Diese Einflüsse werden genannt ebd., S. 213, 295 bzw. 297.
78 Vgl. ebd., S. 109, 376.

Allerdings beeinflusste die Kybernetik die Politik nie nach dem klassischen Schema eines linearen Wissenstransfers von der Wissenschaft in die Gesellschaft, sondern die tatsächliche Kausalität stand diesem diametral entgegen: Die politische Praxis bediente sich kybernetischer Theorien, um ihren Bedarf nach wissenschaftlicher Fundierung zu befriedigen. Im Fall der politischen Planung machten praktische Planer und Politologen eine mangelnde theoretische Fundierung ihres Objekts aus und erkannten in ihm ein System, in dem Informationsflüsse kreiskausal wirkten. Weil in der politischen Meinungsbildung, der Entscheidungsfindung und deren Konsequenzen, also dem gesamten Prozess des Politisierens, der Output einzelner Teile und des Gesamtsystems auf deren Eingänge wirkten, lagen Regelungs- und Systemtheorie als wissenschaftliche Grundlagen nahe.[79] Die politischen Praktiker und ihre Berater aus Politologie und Soziologie eigneten sich – in äußerst eklektischer Weise – die regelungs- und systemtheoretischen Aspekte der Kybernetik an und benutzten den Begriff auch synonym zu dem der Systemtheorie. Dass überhaupt von Kybernetik gesprochen wurde, war ihrer spezifischen Stellung in der bundesrepublikanischen Gesellschaft geschuldet. Denn Planer und Politologen rezipierten kaum explizit kybernetische Theorien, sondern in erster Linie amerikanische Theorien, die selbst nicht mit dem Begriff Kybernetik arbeiteten.[80] Den Begriff stülpten die deutschen Akteure den Theorien quasi über, weil Kybernetik einen interdisziplinär vereinheitlichenden Ansatz repräsentierte, wie er in diesem Fall durch das Anwenden einer ursprünglich mathematischen Theorie in gleicher Weise auf Probleme der Sozial-, Politik- und Wirtschaftswissenschaften vorlag. Insbesondere gebrauchten sie ihn aber, weil Kybernetik in der Bundesrepublik der 1960er und 1970er Jahre ein Modebegriff für die Rationalisierung des Denkens und Handelns in jeglicher Form war.

Mit dieser Praxis entsprachen die Politologen durchaus der üblichen Art, kybernetische Theorien zu adaptieren und zu transformieren, wie sie auch in anderen Disziplinen gepflegt worden war. Überall wurden nach eigenem Vorwissen und im Dienst eigener Intentionen kybernetische Theoreme und Methoden beliebig herausgepickt und mit weiteren vorkybernetischen Theoremen und Methoden zu einer neuartigen, selb-

79 Das betont auch Aderhold: Regierungstechnik, S. 73f.

80 Vgl. ebd., S. 10 u. 73. Repräsentativ für die Praxis der Adaption amerikanischer Theorien und der nachträglichen Betitelung mit Kybernetik ist das Buch Deutsch, Karl W.: The Nerves of Government, New York 1966, das immer wieder als Hauptwerk der Soziokybernetik zitiert wird. Dabei taucht der Begriff Kybernetik erst in der deutschen Übersetzung auf: »Politische Kybernetik. Modelle und Perspektiven«, Freiburg i. Br. 1969.

ständigen Form der Kybernetik zusammengesetzt. Hier aber lag der besondere Fall einer öffentlichen Debatte über eine nicht existierende Wissenschaft vor. Von Polit-, Wirtschafts- oder Sozialkybernetik wurde gesprochen, und ihre Theorien und Methoden wurden angewandt, ohne dass es irgendwo entsprechende Forschungsprogramme, Lehrstühle, Studiengänge oder überhaupt nur einen Kanon von Begriffen, Fragen und Methoden gegeben hätte. Mit dieser Form der Kybernetik hatten gesellschaftliche Bedürfnisse eine Wissenschaft konstruiert. Dadurch hatte die Kybernetik, wie sie in der wirtschaftlichen und politischen Praxis verstanden wurde, mit den Formen der Kybernetik, die sich in der bundesdeutschen Wissenschaftslandschaft manifestierten, nicht viel mehr als den Namen gemeinsam.

In der Mitte der 1970er Jahre erwies sich auch die wissenschaftlich-technisch basierte Politik unfähig, die Konjunktur zu stabilisieren. »Der kurze Traum immerwährender Prosperität«[81] platzte, und statt des Anspruchs auf eine vollständige Analysier- und Steuerbarkeit gesellschaftlicher Systeme dominierte nun der Terminus »Unregierbarkeit«.[82] Nicht nur dass die Kybernetik nicht mehr mit der kollektiven Mentalität kongruierte, sondern die in sie gesetzten Hoffnungen wurden fundamental enttäuscht. Mit der Erkenntnis des Scheiterns der Planungskonzepte ging ein Vertrauensverlust der Bevölkerung in Wirtschaft, Politik und Wissenschaft einher, die suggeriert hatten, das Wachstum planen und wirtschaftliche Krisen beherrschen zu können.[83] Weil sich eine Polit-, Wirtschafts- oder Sozialkybernetik bis dahin an keiner Stelle manifestiert hatte, wurde die Kybernetik vollständig ausgelöscht, als ihre Begriffe, Fragen, Methoden und Theorien nicht mehr gesellschaftlich nachgefragt und aus dem öffentlichen Diskurs verschwunden waren.

Einfluss auf die Gesellschaft übte die Kybernetik nie direkt aus,[84] sondern dadurch, dass Politik-, Wirtschafts- und Sozialwissenschaftler kybernetische Fragen, Methoden und Theorien adaptierten und auf Wirt-

81 Dieses mittlerweile geflügelte Wort geht zurück auf Lutz, Burkart: Der kurze Traum immerwährender Prosperität. Eine Neuinterpretation der industriell-kapitalistischen Entwicklung im Europa des 20. Jahrhunderts, Frankfurt a. M. u. a. 1984.

82 Nach Metzler: Konzeptionen, S. 404.

83 Vgl. ebd., S. 413.

84 Wie dies etwa in Chile geschah, wo unter Salvador Allende die gesamte Politik und Wirtschaft durch ein kybernetisches System und unter Zuhilfenahme von Rechenzentren gesteuert werden sollten. Vgl. Medina, Eden: Designing Freedom, Regulating a Nation: Socialist Cybernetics in Allende's Chile, in: Journal of Latin American Studies 38 (2006), S. 571-606.

schaft und Politik anzuwenden versuchten. Kybernetik rationalisierte und technisierte andere Wissenschaften und diese im Anschluss das politische, wirtschaftliche und öffentliche Denken und Handeln.[85] Wenn diese Bemühungen in der politischen Praxis auch weitgehend scheiterten, erfuhren doch die vormals nicht mathematisch fundierten Wissenschaften und die kollektive Mentalität eine naturwissenschaftlich-technische Prägung. Dies verdeutlichten besonders die Verwendung der Begriffe des Systems und des Modells sowie deren Anwendung als erkenntnistheoretische und methodische Grundlagen in den Wirtschafts-, Sozial- und Geisteswissenschaften sowie im öffentlichen Diskurs. Aus diesen Bereichen sind sie bis heute nicht mehr verschwunden.

Wo immer die Kybernetik die Gesellschaft beeinflusste, ob sie die Bildung technisierte, die Wirtschaft automatisierte oder die Politik verwissenschaftlichte, überall klafften die diskursiv angenommene und die reale Bedeutung kybernetischer Theorien und Methoden auseinander. Der Skandal des Ersatzes urmenschlicher geistiger Aufgaben durch Maschinen oder formalisierte Verfahren war stets attraktiver als die tatsächliche Leistungsfähigkeit der Kybernetik. Die Revolution des Menschenbildes sowie des individuellen und gesellschaftlichen Verhaltens, wie sie oft postuliert wurde, ließ auf sich warten. In der gesellschaftlichen Praxis vollzogen sich die Vermenschlichung der Technik und die Technisierung des Menschen wesentlich langsamer als erhofft oder befürchtet, oft unabhängig von der sozialen und diskursiven Realität der Kybernetik und meist subtiler als es der Diskurs vermeinte.

85 Diesen Transfer zeigt Metzler: Konzeptionen, S. 57, am Beispiel der Wirtschaftswissenschaften auf.

# V. ZUSAMMENFASSUNG

## 11. Wissenschaft und ihre Öffentlichkeiten

Kybernetik war in der idealtypischen Annahme ihrer Ganzheit genauso wie in ihren historischen Manifestationen in der Wissenschaft und in der Öffentlichkeit zunächst eine Form des Denkens – und zwar des mathematisierenden Denkens und des Denkens in Systemen. Zum einen galten innerhalb von Systemen die Kausalitäten als nicht linear, sondern in Kreisbahnen und interkausal wirkend. Zum anderen herrschte die Überzeugung, dass jedes betrachtete System bei genügend genauer Analyse vollständig verstehbar und dadurch vorausberechenbar und in seinem Verhalten planbar sei. Eine konkrete Erscheinung dieses Denkens war jeweils auszuhandeln. Kybernetik stellte insofern einen recht leeren Bedeutungsraum dar, der allgemeinverbindlich nur nach der Wienerschen Definition als eine nachrichten- und regelungstechnische Betrachtungsweise im Grenzgebiet von organischen und technischen Systemen galt. Ansonsten mussten ihn die kybernetisch Denkenden und Arbeitenden jeweils neu füllen.

Diese Bedeutungsräume sind als Netzwerke beschrieben worden, die sich nach innen formierten und ihre Inhalte nach außen präsentierten. Das darin vorherrschende Verständnis der Kybernetik prägte eine jeweils spezifische Form des Denkens und Handelns, einen eigenständigen kybernetischen Stil. In diesem Sinne waren die beschriebenen Netzwerke Träger spezifischer wissenschaftlicher Kulturen.

Um sich von anderen Stilen abzugrenzen und sich zu vergrößern, mussten die kybernetischen Netzwerke mit Öffentlichkeiten umgehen, gleich ob sie wissenschaftliche oder außerwissenschaftliche Netzwerke waren und gleich ob die Öffentlichkeit eine wissenschaftliche oder eine außerwissenschaftliche war. Weil sich alle Netzwerke öffneten, kämpften sie gegeneinander um Aufmerksamkeit mit dem Ziel, Deutungshoheit über den Begriff Kybernetik zu erhalten. Wer nämlich die Autorität besaß, Außenstehenden für sein Verständnis des Begriffs zu gewinnen, hatte damit die Reichweite seines kybernetischen Stils erweitert und sein Netzwerk vergrößert. Eine überragende Autorität bildete sich aber nie heraus. Kybernetik blieb immer auf bestimmte Kontexte beschränkt, wurde darin jeweils unterschiedlich ausgestaltet und besaß nur in diesen Kontexten ihre Gültigkeit. Die wissenschaftlichen Konzeptionen waren meist innerhalb einzelner Disziplinen anerkannt bzw. am Rande einzelner Disziplinen oder an den Schnittstellen zweier Disziplinen wie der Biologie und der Nachrichtentechnik. Deshalb variierte die Bedeutung des Begriffs auch innerhalb der Wissenschaft stark, und es war unmöglich, dass diese als ganzes oder ein wissenschaftliches Netzwerk die führende Deutungsmacht über Inhalt und Charakter der Kybernetik erlangen konnte. Weil Journalisten, Publizisten und Vertreter privater laienkybernetischer Zirkel in gleicher Weise ihr Verständnis der Kybernetik herausarbeiten und nach außen kommunizieren konnten, standen wissenschaftliche und außerwissenschaftliche Kybernetikkonzepte gleichberechtigt nebeneinander. Wenn Wissenschaftler kybernetisches Wissen in Form von Theorien und Methoden zur Analyse und Synthese von informationsverarbeitenden Systemen produzierten, wurde ihre Autorität akzeptiert. Aber in der Frage, was Kybernetik sei, waren sie nur eine Instanz unter vielen. In semantischer Hinsicht, d.h. wenn der Begriff mit Bedeutung gefüllt wurde, hatten sie keinen gesellschaftlichen Prioritätsanspruch.

In zweierlei Hinsicht genossen öffentliche Bilder der Kybernetik sogar höhere Autorität als wissenschaftliche: Zum einen funktionierte das Heischen um Aufmerksamkeit nach den Regeln der Massenmedien und war der Wissenschaft wesensfremd. Öffentliche Debatten orientierten sich nicht primär an wissenschaftlichem Wissen, sondern wurden von Journalisten getragen und waren geprägt von den massenmedialen Produkten Neuigkeit und Sensation. Mehr als die reale Erscheinung der Kybernetik und ihre Leistungsfähigkeit interessierten in diesen Debatten Utopien, die größtmögliche Leistungsfähigkeit der Kybernetik, ihre für das Individuum und das Kollektiv am weitest reichenden Einflüsse. Weil diese Produktion von Neuigkeiten schneller vonstatten ging als die Produktion von Wissen, der die Wissenschaft verschrieben war, hatten die öffentlichen Bilder auch chronologisch den Vorrang. Deshalb genossen sie – ihr zweiter Vorsprung gegenüber der Wissenschaft – die höhere Autorität des Älteren, Vertrauteren. Die Öffentlichkeit erfuhr von der Existenz solch unerhörter Dinge wie »Denkmaschinen« oder »Elektronengehirne«, die den Menschen seiner ureigenen Domäne des Geistes beraubten, und wandte sich an journalistische oder publizistische Quellen, um umgehend informiert zu werden. Sie legte mehr Wert auf Schnelligkeit als auf Fundiertheit, die ihr die Wissenschaft hätte bieten können. Als diese konkrete Fragen, Methoden und Theorien aus der kybernetischen Ur-These heraus entwickelt hatte und um 1960 mit Forschungskonzepten hervortrat, stand ein öffentliches Bild von der Kybernetik bereits fest.

Kybernetik wurde im Rahmen eines breit geführten Technikdiskurses zum Begriff für die wissenschaftliche Grundlage des Computers und für das Nachdenken über die Computerisierung der Gesellschaft. Sobald klar geworden war, dass mit der Entwicklung elektronischer Rechenmaschinen Denkvorgänge technisch nachzubilden waren und von nun an Intelligenzleistungen technisch schneller vollzogen werden konnten als menschlich, sobald also die schieren Zahlen der Computerleistungen verstanden waren, richtete sich der Blick auf die Auswirkungen dieser Entwicklung. Damit befand sich das öffentliche Bild der Kybernetik im Vergleich mit wissenschaftlichen Verständnissen am nächsten an Max Benses Konzept der »Meta-Technik«. Am häufigsten oder zumindest am lautesten wurde öffentlich die Meinung vertreten, dass der Mensch im Laufe der Technisierung der Welt und durch die Industrialisierung kontinuierlich Einfluss auf seine Umwelt und auf sich selbst an Maschinen abtrete, dass er dadurch die Kontrolle verliere und marginalisiert werde. Nun, mit der Erfindung des Computers und in der »Zweiten Industriellen Revolution«, seien als Kulmination dieser Entwicklung Mensch und Maschine gleichgesetzt. Nichtwissenschaftliche Schriften sahen diese Analogie nicht mehr nur im Sinne Wieners und der gesamten wissenschaftlichen Kybernetik auf funktionaler Ebene, sondern auch auf struktureller und materieller Ebene.[1]

Computer wurden zur Konkurrenz des menschlichen Geistes in zweierlei Hinsicht stilisiert: Einmal wurde befürchtet, sie könnten dem Menschen die Kontrolle über das Leben entziehen, und zum anderen, sie machten ihn in der Arbeitswelt überflüssig, weil sie nicht nur seine körperlichen, sondern nun auch seine geistigen Leistungen substituierten und sogar übertrafen. Als sich die Furcht vor einem Stellungsverlust des Menschen in einer technisierten Welt als übertrieben herausgestellt hatte und stattdessen ein Wachstum des Wohlstands auf Wissenschaft und Technik zurückzuführen war, sahen sich Computer und Kybernetik ins Positive umgedeutet. Mit der Gewöhnung an die neue Technik und Wissenschaft hielt sie die Öffentlichkeit immer mehr für unverzichtbare Hilfsmittel der Modernisierung der Gesellschaft. Die machbarkeits- und technikgläubige Mentalität der 1960er Jahre war gleichermaßen Produkt der neuen Technologie und Metatechnik, wie sie deren Aufstieg beförderte.

Weil nichtwissenschaftliche Akteure ebenfalls eigene Formen der Kybernetik ausgebildet hatten und selbständig kybernetisches Wissen pro-

1 Das ist der Grundtenor von Strehl, Rolf: Die Roboter sind unter uns, Oldenburg 1952. Nachzulesen in kurzer Form im Vorwort, zieht sich diese Position durch das gesamte Buch. Ganz ähnlich argumentiert Wasmuth, Ewald: Der Mensch und die Denkmaschine, Köln/Olten 1955.

duzierten, ließ sich die Öffentlichkeit nicht das Verständnis und den Inhalt der Kybernetik vorschreiben. Die Popularisierung der wissenschaftlichen Kybernetik war nie ein linearer Transfer, der das Wissen auf dem Weg zum Volk lediglich banalisiert hätte. Dieser Prozess transformierte das Wissen vielmehr grundlegend. Indem es zur Beantwortung gesellschaftlicher Fragen, Hoffnungen, Utopien und Ängste herangezogen wurde, gab die Öffentlichkeit der Wissenschaft zum einen die relevanten Fragen vor und rezipierte zum anderen nur diejenigen Antworten, die auch gesellschaftlich interessant erschienen. Damit beeinflusste die Gesellschaft die Wissenschaft, erzielte gleichsam eine Rückkopplung des Wissenstransfers zwischen Wissenschaft und Gesellschaft.

Die Kybernetik beeinflussten und kontrollierten zunächst formale Instanzen, etwa politische und ökonomische Steuerungsmaßnahmen wie die Genehmigung von Forschungsprogrammen sowie Mittel- und Stellenzuweisungen. Daneben erwuchs in der massenmedial geprägten Öffentlichkeit ein zweiter gesellschaftlicher Machtfaktor, indem die Medien mit dem Pfund der Aufmerksamkeit wucherten. Die Öffentlichkeit stellte einen Gegenpart zur Kybernetik als Wissenschaft dar, den es zu überzeugen galt, sei es um einen Förderer zu adressieren, oder schlicht um als wissenschaftliches Konzept bemerkt und für wichtig erachtet zu werden. In der Öffentlichkeit konnte die Kybernetik die Anerkennung erlangen, die ihr in der Wissenschaft wegen ihres neuartigen Charakters vielfach versagt blieb. Für die Kybernetik, die sich über den Umweg der öffentlichen Aufmerksamkeit ihre wissenschaftliche Positionierung erarbeiten musste, stellte die Öffentlichkeit eine wichtige Ressource dar.[2] Genauso wurde sie durch die Anteilnahme der Öffentlichkeit und deren indirekten Einfluss auf die Wissensproduktion demokratisiert.[3]

Das Spiel mit den Utopien und Visionen wirkte sich zweischneidig auf die Kybernetik aus. Zum einen profitierte sie davon, dass sie im Fokus der Öffentlichkeit stand, weil sie gesellschaftliche Bedürfnisse befriedigen

2 Darauf verweisen Schirrmacher, Arne u. Sybilla Nikolow (Hg.): Wissenschaft und Öffentlichkeit als Ressourcen füreinander. Studien zur Wissenschaftsgeschichte im 20. Jahrhundert, Frankfurt a. M./New York 2007.

3 Dieser Befund gilt nur für die diskursive Ebene, weil die Forschungspraxis von der Öffentlichkeit unverstanden und deshalb getrennt ablief. Peter Weingarts These der grundsätzlichen Trennung der Bereiche von Wissenschaft und – in diesem Fall – Öffentlichkeit bei enger werdenden Kopplungen trifft also auf die Kybernetik zu. Dazu z. B. Weingart, Peter: Die Wissenschaft der Öffentlichkeit und die Öffentlichkeit der Wissenschaft, in: Ders. (Hg.): Die Wissenschaft der Öffentlichkeit. Essays zum Verhältnis von Wissenschaft, Medien und Öffentlichkeit, Weilerswist 2005, S. 11f.

sollte oder tatsächlich befriedigte. Dadurch wurde sie zu einer Modewissenschaft der »langen 1960er Jahre«. Andererseits entwickelten die massenmedial transportierten Bilder eine Dynamik, die im öffentlichen Raum angesiedelt war und von der Wissenschaft nicht mehr gesteuert werden konnte. Sie führte zu noch größeren Visionen, zu überzogenen Hoffnungen und Horrorvorstellungen. Von den Utopien und Visionen rund um die Kybernetik unterschied sich deren tatsächliche Entwicklung dadurch, dass sie langsamer und anschlussfähig an disziplinäre Traditionen verlief.[4] Weil die Wissenschaft aber vom medialen Prozess abgekoppelt war, konnte sie nicht mehr dazu Stellung nehmen. Stattdessen legte die Öffentlichkeit ihre positiven und negativen Visionen als Messlatte an. Weil die wissenschaftliche Kybernetik diesen Visionen notwendigerweise nicht gerecht werden konnte, erlebte sie einen Glaubwürdigkeits- und Vertrauensverlust und somit den Verlust der Öffentlichkeit als ihre Ressource.

Nicht nur die Politisierung und Medialisierung der Kybernetik beeinflusste ihre Entwicklung und Etablierung als Wissenschaft und öffentliches Phänomen, sondern auch die Tatsache, dass immer verschiedenartige Erscheinungsformen gleichberechtigt nebeneinander existierten und sich präsentierten. Im Resultat erschien Kybernetik in der wissenschaftlichen wie in der außerwissenschaftlichen Rezeption nie als einheitliches wissenschaftliches Konzept und wurde gleichermaßen mit Moderne und Zukunft wie mit Scharlatanerie und Ideologie konnotiert. Über ihren Charakter bestand Unsicherheit, und das Verständnis und die Adaption ihrer Inhalte waren von Individualität sowie dem Fehlen von Leitbildern geprägt. Jeder Rezipient konnte aus einem reichen Angebot herauspicken, was ihm gerade gefiel, das so gewonnene Wissen nach Gutdünken mit vorkybernetischen und außerwissenschaftlichen Fragen, Methoden und Theorien verknüpfen und sich somit seine eigene Kybernetik zusammenbasteln. Daraus entstanden wiederum neue, noch heterogenere Formen des Verständnisses und Konzeptionen von Kybernetik. Eine besonders leuchtende, weil besonders weit von wissenschaftlichen Vorstellungen entfernte Form der Kybernetik im außerwissenschaftlichen Bereich war die »Kybernetische Kreativität« Hans Sauers. Paradoxerweise handhabte die Öffentlichkeit das Konzept der Kybernetik

4 Damit entspricht das Verhältnis exakt der wissenschaftssoziologischen Theorie. Siehe Weingart, Peter: Die Zügellosigkeit der Erkenntnisproduktion und die Demokratisierung der Gesellschaft. Zur Rolle ethischer und politischer Kontrollen der Wissenschaft in Humangenetik und Reproduktionsbiologie, in: Ders. (Hg.): Die Wissenschaft der Öffentlichkeit. Essays zum Verhältnis von Wissenschaft, Medien und Öffentlichkeit, Weilerswist 2005, S. 43.

eher nach zweitmodernen Modi, obwohl die perzipierten Inhalte, das Denken in Kategorien von Einheitlichkeit und Totalität, noch ganz in der klassischen Moderne verhaftet waren.

Weil Karl Steinbuch in vielerlei Hinsicht beispielhaft für den Umgang des Kybernetikers mit seiner Wissenschaft, mit Kollegen und mit Laien war, ist er zum wichtigsten Akteur dieser Studie geworden. Er verwendete den Begriff Kybernetik – typisch für Konstrukteure – in der forschungs- und entwicklungspraktischen Arbeit zwar nicht. Dennoch entwickelte er mit den Mitarbeitern seines Instituts einen spezifischen kybernetischen Stil, den er wie alle anderen Kybernetiker – und jetzt unter Verwendung des Begriffs – in der Wissenschaftslandschaft zu etablieren versuchte. Weil ihm dies trotz mehrmaliger Anläufe nicht gelang, wählte er den Umweg über die Öffentlichkeit, um diese von der Bedeutung seiner Konzepte zu überzeugen. Öffentlichkeit könnte dann, so die Hoffnung Steinbuchs, direkt die Belange der Kybernetik befördern, weil auch wirtschaftliche oder politische Entscheidungsträger zur Öffentlichkeit zählten und, vom Popularisierer beeinflusst, ihre gesellschaftliche Macht in den Dienst der Wissenschaft stellen könnten. Indirekt sollte die öffentliche Meinung die Kybernetik fördern, wenn sie ihre demokratische Macht nutzte, die politischen Eliten auf ihre Bedürfnisse aufmerksam zu machen. Seine Ziele erreichte Steinbuch insofern, als die Kybernetik wie kaum eine andere Wissenschaft in den 1960er Jahren Gegenstand öffentlicher Debatten war. Sie genoss also die gewünschte Aufmerksamkeit. Insbesondere machten die Debatten um Kybernetik die Gesellschaft gegenüber Wissenschaft und Technik immer aufgeschlossener. Eine dementsprechende Förderung fiel aber auf die Kybernetik nicht zurück. Steinbuch konnte seine Anliegen weder als Popularisierer, noch als Forscher oder wissenschaftspolitischer Akteur in gewünschtem Maße durchsetzen und die dauerhafte Etablierung seines Stils erreichen. Aber er kontaktierte die Öffentlichkeit in einer neuartigen Form, der einer demokratisch-kommunikativen Popularisierung.[5] Er vermittelte Wissen an

5 Diese von Steinbuch repräsentierte demokratisch-kommunikative Popularisierung stellt eine dritte Phase der Adressierung von Öffentlichkeit dar nach der klassischen Wissenschaftspopularisierung des 19. Jahrhunderts und der Wissenschaftsvermittlung der ersten Hälfte des 20. Jahrhunderts. Zu den ersten beiden Daum, Andreas: Wissenschaftspopularisierung im 19. Jahrhundert. Bürgerliche Kultur, naturwissenschaftliche Bildung und die deutsche Öffentlichkeit 1848-1914, München [2]2002; Schirrmacher, Arne: Nach der Popularisierung. Zur Relation von Wissenschaft und Öffentlichkeit im 20. Jahrhundert, in: Geschichte und Gesellschaft 34 (2008), S. S. 73-95. Für diese dritte Phase treffen auch die wissen-

eine aufgeklärte, heterogene Massenöffentlichkeit, die über Vorwissen verfügte und sich deshalb nicht von oben herab bedienen ließ, sondern selbst ihre Vorstellungen an die Wissenschaft herantrug, Hoffnungen äußerte und Ansprüche erhob. Der Popularisierer Steinbuch befand sich nie in der Position eines überhöhten, sakrosankten Wissenschaftlers, sondern wurde zu einem streitbaren Intellektuellen, der sein Denken und Handeln noch stärker veränderte, als die adressierte Öffentlichkeit ihres änderte. Steinbuch war Teil eines massenmedial getragenen Diskurses, in dem die gesellschaftliche Macht und der demokratische Anspruch der Öffentlichkeit deutlich wurden.

Die Medialisierung der Kybernetik, die am Beispiel Steinbuchs dargestellt worden ist, verdeutlicht auch die Verwissenschaftlichung der Öffentlichkeit[6] durch die Kybernetik. Nicht nur Politik und Wirtschaft, sondern auch die kollektive Mentalität orientierte sich zunehmend an wissenschaftlich-technischem Wissen. In diesem Fall waren dies das Verständnis und die Darstellung gesellschaftlicher Phänomene als informationsverarbeitende, kreiskausal wirkende Systeme, die zu mathematisieren und dadurch vollständig zu analysieren, modellieren und planen seien. Diese Kybernetisierung des Denkens bedeutete im Umkehrschluss auch, dass die Öffentlichkeit an der Wissenschaft partizipieren mochte. Nicht nur Politik und Wirtschaft erteilten der Wissenschaft Aufträge, sondern auch eine demokratisierte Massenöffentlichkeit wollte sich als Interaktionspartnerin der Wissenschaft ernstgenommen wissen und verlangte von dieser Informationen und Lösungsvorschläge für die Probleme der modernen Welt. Vergesellschaftung der Wissenschaft und Verwissenschaftlichung der Gesellschaft, zu der auch die Öffentlichkeit und ihr Repräsentant, die Massenmedien, zu zählen sind, waren im Fall der Kybernetik nicht zu trennen und bedingten sich gegenseitig.

Die Kybernetik wurde massenmedial so stark rezipiert, weil sie der zeitgenössischen Erfahrung von Technisierung und zunehmender Komplexität der Welt entsprach. Wissenschaft und Technik lösten in dieser

schaftssoziologischen Befunde von einer engen Kopplung von Wissenschaft und Öffentlichkeit sowie von der Dominanz der massenmedialen Operationslogik zu. Siehe v. a. Weingart: Öffentlichkeit.

6 Dieser Befund ist einzureihen in den Komplex der Verwissenschaftlichung der Gesellschaft, der aktuell unter dem Schlagwort der Wissensgesellschaft besonders öffentlichkeitswirksam ist und auch aus historiographischer Sicht ausführlich und kontrovers diskutiert wird. Dazu v. a. Szöllösi-Janze, Margit: Wissensgesellschaft in Deutschland. Überlegungen zur Neubestimmung der deutschen Zeitgeschichte über Verwissenschaftlichungsprozesse, in: Geschichte und Gesellschaft 30 (2004), S. 277-313.

Sichtweise nicht nur alte gesellschaftliche Probleme, sondern schufen auch neue, die oft noch weniger überschaubar waren. Beispiele waren der öffentliche Umgang mit der Automatisierung oder das verbreitete Gefühl, in einer Informationsflut unterzugehen. Den Ausweg aus dieser Spirale sollte nicht die Verlangsamung des Prozesses weisen, sondern, positivistisch und von der Ideologie des »Laplaceschen Dämons« geprägt, eine nochmals beschleunigte Technisierung. Als besonders geeignete wissenschaftlich-technische Methode zur Komplexitätsreduktion galt die Kybernetik. Wenn sich die Massenmedien auf diese Weise mit der Kybernetik beschäftigten, war ihnen aber weder an deren Manifestierung noch an der Produktion dauerhaften Wissens gelegen. Sie wollten in erster Linie Neuigkeiten, Sensationen und Unterhaltung liefern. An diesem Punkt wird die grundsätzliche Trennung einer diskursiven und einer praktischen Ebene, zwischen Anspruch und Wirklichkeit, zwischen Hoffnung und Ängsten und realer Leistungsfähigkeit deutlich: Sobald die Kybernetik ihren Neuigkeitswert verloren hatte, nichts Ungewohntes oder Sensationelles mehr war, wurde sie auf der massenmedialen Ebene generell wertlos. Dagegen blieben die ihr zugeschriebenen Probleme und das von ihr produzierte Wissen prinzipiell bestehen. In diesem Sinne ist Kybernetik, v. a. als Methodik, heute immer noch lebendig – wenn auch oft nicht mehr unter ihrem Titel. Die Möglichkeit, Systeme ihrer Funktion nach als nachrichten- und regelungstechnische zu erkennen, was sie mathematisch analysierbar und modellierbar macht, ist heute in der Biologie, in den Gesellschaftswissenschaften, in vielen anderen wissenschaftlichen Bereichen und auch in der wirtschaftlichen und politischen Praxis verbreitet. Beispielsweise werden im Management und in der Unternehmensberatung solche Strategien verwendet. Damit die Kybernetik als Instrumentarium gewinnbringend eingesetzt werden kann, muss aber immer die Frage gestellt werden, was mit ihrer Hilfe ganz konkret erkannt und was ganz konkret gelöst werden kann, das ohne sie nicht erkannt oder gelöst werden könnte. In der Hochphase der Kybernetik, als sie noch Neuigkeitswert besaß, regierte dagegen oft die Frage, wie sich bekannte Systeme kybernetisch beschreiben ließen. Ein System zu einem kybernetischen zu erklären, ohne dabei neue Analyse- oder Synthesemöglichkeiten hervorzubringen, sondern das System lediglich mit einer neuen Terminologie zu beschreiben oder in technischer Form, etwa einem Schaltbild, darzustellen, ist nicht mehr als Dreschen leeren Strohs. Um im Bild zu bleiben, wurde nach dem Ende der Kybernetik als öffentlichem Phänomen diese Spreu entsorgt, und der Weizen ist erhalten geblieben.

# ANHANG

## Abkürzungen

| | |
|---|---|
| AfS | Archiv für Sozialgeschichte |
| AIC | Association Internationale de Cybernétique |
| BA | Bundesarchiv |
| BMBF | Bundesministerium für Bildung und Forschung |
| BMVg | Bundesministerium für Verteidigung |
| BMwF | Bundesministerium für wissenschaftliche Forschung |
| Caltech | California Institute of Technology |
| DABEI | Deutsche Aktionsgemeinschaft Bildung – Erfindung – Innovation |
| DAGK | Deutsche Arbeitsgemeinschaft Kybernetik |
| DAGM | Deutsche Arbeitsgemeinschaft Mustererkennung |
| DFG | Deutsche Forschungsgemeinschaft |
| DGK | Deutsche Gesellschaft für Kybernetik |
| ETZ | Elektrotechnische Zeitschrift |
| FEoLL | Forschungs- und Entwicklungszentrums für objektivierte Lehr- und Lernverfahren |
| FhG | Fraunhofer-Gesellschaft |
| FhI | Fraunhofer-Institut |
| GAMM | Gesellschaft für Angewandte Mathematik und Mechanik |
| GfS | Gesellschaft für Schwingungsforschung |
| GPI | Gesellschaft für Programmierte Instruktion |
| GrKG | Grundlagenstudien aus Kybernetik und Geisteswissenschaft |
| HZ | Historische Zeitschrift |
| IfZ | Institut für Zeitgeschichte |
| IITB | Fraunhofer-Institut für Informationsverarbeitung in Technik und Biologie |
| ISf | Institut für Schwingungsforschung |
| KI | Künstliche Intelligenz |
| MPG | Max-Planck-Gesellschaft |
| MPI | Max-Planck-Institut |
| NTG | Nachrichtentechnische Gesellschaft im Verein Deutscher Elektrotechniker |
| NTZ | Nachrichtentechnische Zeitschrift |
| SDS | Sicher-Durch-System-Elektro GmbH |
| SEL | Standard Elektrik Lorenz |
| SFB | Sonderforschungsbereich |
| SPP | Schwerpunktprogramm |
| UA | Universitätsarchiv |
| VDE | Verein Deutscher Elektrotechniker |
| VDI | Verein Deutscher Ingenieure |
| VDI-Z | VDI-Zeitschrift |
| ZNS | Zentrales Nervensystem |

# Quellen

## Archivmaterial

Archiv der Max-Planck-Gesellschaft
Institutsberichte Biologie (II. Abt., Rep. 1A, IB Biologie), Institutsberichte biologische Kybernetik (II. Abt., Rep. 1A, IB biologische Kybernetik), Akten zum Institut für biologische Kybernetik (II. Abt., Rep. 48); Institutsberichte Verhaltensphysiologie (II. Abt., Rep. 1A, IB Verhaltensphysiologie); Korrespondenz K.F. Bonhoeffer (III. Abt., Rep. 23), Korrespondenz E. v. Holst (III. Abt., Rep. 29)

Archiv der Technischen Universität München
Akten des Instituts für Informatik (Nr. 3047, 3048), Nachlass Robert Sauer (NL 13)

Archiv des Instituts für Zeitgeschichte, München
Akten Fhg – BMVg (ED 721/104), zu Einzelforschern (ED 721/407), des IITB (ED 721/592-601)

Bundesarchiv Koblenz
Akten zum SPP Kybernetik (B 227/138623-138624), zum SFB 50 (B 227/010633, 010698, 010774, 010884, 011006, 011209, 011425, 011638, 011639, 011870, 107176, 114815, 122269)

Privatarchiv der Hans-Sauer-Stiftung, Deisenhofen
Nachlass Hans Sauer, ohne Signatur

Universitätsarchiv Karlsruhe
Akten des Instituts für Biokybernetische Forschung (Nr. 21001/359), des Instituts für Nachrichtenverarbeitung und Nachrichtenübertragung (Nr. 21001/369), zum Ausbau der TH zu einer Volluniversität (Nr. 21001/1047-1048, Acc. 58/05); Nachlass Simon Moser (Nr. 27014), Nachlass Karl Steinbuch (Nr. 27048, 28002/463, Acc 39,05)

Universitätsarchiv Stuttgart
Druckschriften der Institute (Nr. 34); Akten der Fakultät 4, Elektrotechnik und Informationstechnik (Nr. 82), der Studienkommission Maschinenwesen (Nr. 83), der Fakultät 6, Konstruktions- und Fertigungstechnik (Nr. 86), der Abteilung für Maschinenbau (Nr. 94), der Fakultät für Energietechnik (Nr. Z 408); Personalakte Max Bense (Nr. 57/21); Nachlass Richard Feldtkeller (z.T. ohne Signatur, z.T. Nr. SN8)

## Interviews

Prof. Dr. Friedrich L. Bauer, Kottgeisering, 15.2.2006
Prof. Dr. Ernst Dieter Gilles, Stuttgart, 26.4.2005
Prof. Dr. Bernhard Hassenstein, Merzhausen, 11.7.2005
Prof. Dr. Gert Hauske, München, 13.10.2005 u. 20.10.2005
Prof. Dr. Kuno Kirschfeld, Tübingen, 20.6.2005
Prof. Dr. Uwe Lehnert, Berlin, 13.11.2006

Prof. Dr. Hans Marko, München, 27.10.2005
Prof. Dr. Horst Mittelstaedt, Seewiesen bei Starnberg, 15.6.2005
Dr. Alfred Schief, München, 18.05.2006

## Veröffentlichungen von wissenschaftlichen Organisationen

DFG-Mitteilungen 1962-1981
DFG-Tätigkeitsbericht 1965-1984
Mitteilungen aus dem ISf 1968-1978
Mitteilungsblatt der FhG 1963-1976
MPG-Jahrbuch 1952-1974
Mitteilungen aus der MPG 1952-1974
MPG. Berichte und Mitteilungen 1975-1983
MPG-Spiegel 1975
TU München: Vorlesungsverzeichnis WS 1969/70-SS 1972
TU München: Studienpläne für Studierende der Fachrichtung Elektrotechnik und Informationstechnik 1987/88, 1991/92
TU München: Studienführer für Studierende der Fachrichtung Elektrotechnik und Informationstechnik 1992/93, 1999/2000, 2000/01
Universität Karlsruhe (TH): Jahresbericht 1970 über Forschung und Lehre am Institut für Nachrichtenverarbeitung und Nachrichtenübertragung
Universität Stuttgart: Studienplan des Diplomstudiengangs Technische Kybernetik, Stand Februar 2000

## Wissenschaftliche Zeitschriften

Grundlagenstudien aus Kybernetik und Geisteswissenschaften, 1960-1982
Kybernetik. Zeitschrift für Nachrichtenübertragung, Nachrichtenverarbeitung, Steuerung und Regelung in Organismen und in Automaten (seit 1975 unter dem Titel »Biological Cybernetics«), 1961-1976

Zeitschrift für Biologie, 1950-1971
Elektronische Rechenanlagen, 1959-1975
Elektrotechnische Zeitschrift, 1948-1978
Forschungen und Fortschritte, 1948-1967
Nachrichtentechnische Zeitschrift, 1948-1978
Die Naturwissenschaften, 1947-1975
Naturwissenschaftliche Rundschau, 1950-1975
Zeitschrift für Pädagogik, 1964-1980
Physikalische Blätter, 1946-1975
Praxis der Mathematik, 1961
Regelungstechnik, 1954, 1956, 1961-1962
Studium Generale, 1951, 1968
Die Umschau, 1961
VDI-Zeitschrift, 1941-1975

## Außerwissenschaftliche Zeitungen und Zeitschriften

*Systematisch*
Der Spiegel, 1947-1975

*Einzelne Ausgaben*
Badische Neueste Nachrichten
Bayernkurier
Christ und Welt
Der Tagesspiegel
Die Welt
Die Weltwoche
Die Zeit
Frankfurter Allgemeine Zeitung
Neue Zürcher Zeitung
Rheinischer Merkur
Rhein-Neckar-Zeitung
Schwäbisches Tagblatt
Schwarzwälder Bote
Stuttgarter Nachrichten
Stuttgarter Zeitung
Süddeutsche Zeitung
Südwest-Umschau

# Literatur

## Quellenliteratur

»Ab morgen Philosophie« – Begegnungen in Jena. Interview mit Elisabeth Walther am 28. November 2003 in Stuttgart, Teil 1, in: Ästhetik als Programm. Max Bense/ Daten und Streuungen, hg. v. Barbara Büscher (u. a.) (= Kaleidoskopien 5), Berlin 2004, S. 10-17.

Aderhold, Dieter: Kybernetische Regierungstechnik in der Demokratie (= Deutsches Handbuch der Politik 7), München/Wien 1973.

»Akustische Mustererkennung«. Aus dem Institut für Informationsverarbeitung in Technik und Biologie, in: Mitteilungsblatt der FhG 14 (1976), Nr. 3, S. 4.

Allgemeiner Bericht der 101. Versammlung der Gesellschaft Deutscher Naturforscher und Ärzte, in: Mitteilungen der Gesellschaft deutscher Naturforscher und Ärzte (= Anhang zu: Die Naturwissenschaften 48, 1961), S. 1-11.

Andrejew, N.D.: Statistisch-kombinatorische Methoden in der theoretischen und angewandten Sprachwissenschaft, Leningrad 1967.

Anschütz, Herbert: Kybernetik. Kurz und bündig, Würzburg 1967.

Ashby, W. Ross: Design for a Brain, London 1952.

–: Homeostasis, in: Transactions of the Ninth Macy Conference, hg. v. Heinz v. Foerster, New York 1953, S. 73-108 (ND in: Cybernetics. The Macy-Conferences 1946-1953. Bd. 1 Protokolle, hg. v. Claus Pias, Zürich/Berlin 2003, S. 593-619).

–: Design for an intelligence amplifier, in: C.E. Shannon u. J. Mc Carthy (Hg.): Automata Studies, Princeton 1956, S. 215-234 (dt.: Studien zur Theorie der Automaten, München 1974).

–: System Theory, in: Regelungsvorgänge in lebenden Wesen. Nachrichtenverarbeitung, Steuerung und Regelung in Organismen, Vorträge der Tagung Essen 6.-7. 11.1958, hg. v. Horst Mittelstaedt (= Beihefte zu Regelungstechnik 8), München 1961, S. 51-62.

–: Einführung in die Kybernetik, Frankfurt a. M./New York 1974.

Baltzer, Thomas (u. a.): Operations Research als Wissenschaft – Reflexionen zu Geschichte, Standort und Methodologie der Disziplin, Berlin 1975.

Bauer, Friedrich L.: Kybernetik als Utopie und als Realität, in: Kybernetik, Medizin, Verhaltensforschung (= Tutzinger Texte 5), München 1969, S. 9-30.

– u. Gerhard Goos: Informatik. Eine einführende Übersicht, Berlin (u. a.) 1970.

Beer, Stafford: Cybernetics and Management, London/New York 1959 (dt.: Kybernetik und Management, Frankfurt a. M. 1970).

–: Brain of the Firm. A Development in Management Cybernetics, London/New York 1972.

Benien, Theo: Relais im Kopf. Erfinderporträt Hans Sauer, in: Aktions-Report 9/1984, S. 32-33.

Benn, Gottfried: Der Radardenker (1949), in: Ders.: Sämtliche Werke, Bd. 5: Prosa 3, Stuttgart 1991, S. 65-79.

Bense, Max: Raum und Ich. Eine Philosophie über den Raum, Berlin 1934.
–: Kybernetik oder die Metatechnik einer Maschine, in: Ästhetik als Programm. Max Bense/Daten und Streuungen, hg. v. Barbara Büscher (u.a.) (= Kaleidoskopien 5), Berlin 2004, S. 50-61 (Original in: Merkur, März 1951; auch in: Bense, Max: Ausgewählte Schriften, Bd. 2, hg. v. Elisabeth Walther, Stuttgart 1998, S. 429-446).
–: Textästhetik, in: GrKG 1 (1960), S. 2-10.
–: Der Mensch im technischen Zeitalter (Theorie der Meta-Technik), Bad Homburg (u.a.) 1961.
Bertalanffy, Ludwig von: General System Theory, New York 1968.
Bionik. Studie über ein Förderungsprogramm, ausgearbeitet im Auftrage des Bundesministeriums für Bildung und Wissenschaft von Alfred Schief (u.a.) (= Schriftenreihe Technologien 1), Bonn 1970.
Blom, Axel Viggo: Evolution der Kybernetik, in: Naturwissenschaftliche Rundschau 15 (1962), S. 185-190.
Böhm, Herbert: Vom lebendigen Rhythmus, in: Studium Generale 4 (1951), S. 28-41.
Bölkow, Ludwig: Die Absicht, es besser zu machen, in: Monika Sauer-Sachtleben (Hg.): Kooperation mit der Evolution. Das kreative Zusammenspiel von Mensch und Kosmos, München 1999, S. 68-76.
Bonhoeffer, Karl Friedrich: Über alte und neue Probleme der Elektrochemie, in: MPG-Jahrbuch 1952, S. 21-50.
Brand, Stewart: For God's Sake, Margaret. Conversation with Gregory Bateson and Margaret Mead, in: Claus Pias (Hg.): Kybernetik. The Macy-Conferences 1946-1953, Bd. 2: Essays und Dokumente, Zürich/Berlin 2004, S. 301-312.
Brandt, Leo: Die Zweite Industrielle Revolution, Bonn 1956.
Bulling, G.: Programmierte Unterweisung über die Datenverarbeitung, in: Elektronische Rechenanlagen 8 (1966), S. 73-80.
»Computer hören und sehen. Kolloquium Mustererkennung über erprobte Verfahren und Geräte«, in: Mitteilungsblatt der FhG 11 (1973), Nr. 1, S. 1.
Couffignal, Louis: Denkmaschinen, Stuttgart 1955.
Creutzfeldt, Otto Detlev: Physiologie der Hirnrinde, in: MPG-Jahrbuch 1968, S. 61-89.
Cube, Felix von: Kybernetik als Technik des Lebendigen, in: GrKG 9 (1968), S. 89-91.
–: Technik des Lebendigen. Sinn und Zukunft der Kybernetik, Reinbek ³1973.
–: Was ist Kybernetik? Grundbegriffe, Methoden, Anwendungen, München ³1975.
Cybernetics, Circular Causal and Feedback Mechanisms in Biological and Social Systems. Transactions of the 6. Macy Conference, 1949, hg. v. Heinz von Foerster, New York 1950.
Cybernetics. The Macy-Conferences 1946-1953. Bd. 1: Protokolle, hg. v. Claus Pias, Zürich/Berlin 2003.
DABEI-Handbuch für Erfinder und Unternehmer. Von der Idee zum Produkt und zur Vollbeschäftigung, hg. v. d. Deutschen Aktionsgemeinschaft Bildung – Erfindung – Innovation e.V., Düsseldorf 1987.
Dahrendorf, Ralf: Gesellschaft und Demokratie in Deutschland, München 1965.

Der Entwicklungsstand der Unternehmensforschung mit besonderer Berücksichtigung der Bundesrepublik Deutschland, im Auftrage der Deutschen Forschungsgemeinschaft verfaßt von Helmut Brusberg, Wiesbaden 1965.

Deutsch, Karl W.: The Nerves of Government, New York 1966 (dt.: Politische Kybernetik. Modelle und Perspektiven, Freiburg i. Br. 1969).

Deutsche Forschungsgemeinschaft (Hg.): Stand und Rückstand der Forschung in Deutschland in den Naturwissenschaften und den Ingenieurwissenschaften. Aufgrund einer Umfrage verfaßt von Richard Clausen, Wiesbaden 1964.

Die Soldaten der Wehrmacht, hg. v. Hans Poeppel (u. a.) im Verein zur Aufarbeitung der jüngeren Geschichte e.V., München 1998.

Dolch, Josef: Kybernetik und Informationstheorie im pädagogischen Bereich, in: Zeitschrift für Pädagogik 10 (1964), S. 254-270.

Dolezalek, K. M.: Automatisierung in der feinmechanischen Mengenfertigung als Regelungs- und Steuerungsaufgabe, in: VDI-Z 85 (1941), S. 100-104.

–: Automatisierung – Automation. Ein Beitrag zur Klärung der Begriffe, in: VDI-Z 98 (1956), S. 563-564.

Drischel, Hans: Über die Beeinflußbarkeit der Parameter biologischer Regelsysteme des Organismus, in: Neuere Ergebnisse der Kybernetik. Bericht über die Tagung Karlsruhe 1963 der DAGK, hg. v. K. Steinbuch u. S.W. Wagner, München/Wien 1964, S. 150-166.

–: Kybernetik und biologisch-medizinische Forschung, in: Forschungen und Fortschritte 41 (1967), S. 65-72.

–: Informationsspeicherung und Wiederauffindung im Nervensystem von Organismen. Fakten und Hypothesen, in: Kybernetik und Bionik. Berichtswerk über den 5. Kongreß der DGK in Nürnberg, 28.-30.3.1973, hg. v. Wolf D. Keidel (u. a.), München 1974, S. 80-102.

– u. Norbert Tiedt (Hg.): Biokybernetik. Materialien des 1. Internationalen Symposiums »Biokybernetik« in Leipzig, 19.-22.9.1967, 2 Bde., Jena 1968.

Dürr, Hans-Peter: Mensch, Technik und Natur, in: Monika Sauer-Sachtleben (Hg.): Kooperation mit der Evolution. Das kreative Zusammenspiel von Mensch und Kosmos, München 1999, S. 256-265.

–: Quantenwirklichkeit und Alltagswelt, in: Monika Sauer-Sachtleben (Hg.): Kooperation mit der Evolution. Das kreative Zusammenspiel von Mensch und Kosmos, München 1999, S. 396-408.

Eckmiller, Rolf (u. a.) (Hg.): Parallel Processing in Neural Systems and Computers, Amsterdam 1990.

Edwards, Ralf: Was hält der Steuerzahler von der Wissenschaft? Bemerkenswert positives Ergebnis einer Meinungsumfrage, in: Mitteilungsblatt der FhG 7 (1969), Nr. 3/4, S. 6.

Eichhorn, Gerhard: Rezension zu Mittelstaedt, H. (Hg.): Regelungsvorgänge im lebenden Wesen, München 1961, in: Naturwissenschaftliche Rundschau 15 (1962), S. 205.

Einsiedel, Hildebrand von: Erhebung über die Verbreitung der Programmierten Instruktion in den westdeutschen Allgemeinbildenden Schulen, in: GrKG 10 (1969), S. 57-66.

Eppler, Richard: Analogie dynamischer Vorgänge in Technik und Wirtschaft, in: Kybernetik und Bionik. Berichtswerk über den 5. Kongreß der DGK in Nürnberg, 28.-30.3.1973, hg. v. Wolf D. Keidel (u. a.) München 1974, S. 130-143.

Feldtkeller, Richard: Wechselbeziehungen zwischen Physiologie, Psychologie und Nachrichtentechnik. Kybernetik. Brücke zwischen den Wissenschaften, Teil 2, in: Die Umschau 61 (1961), S. 461-462.

–: Wechselbeziehungen zwischen Physiologie, Psychologie und Nachrichtentechnik, in: Aufnahme und Verarbeitung von Nachrichten durch Organismen. Vorträge auf dem Gebiet der Kybernetik, gehalten auf der NTG-Fachtagung in Karlruhe, 11.-12.4.1961, hg. v. NTG-Fachausschuß »Informations- und Systemtheorie« Stuttgart 1961, S. 9-16.

– u. Eberhard Zwicker: Das Ohr als Nachrichtenempfänger (= Monographien der Elektrischen Nachrichtentechnik 19), Stuttgart 1956.

Fischer, Artur: Kreativität ist Beziehung, in: Monika Sauer-Sachtleben (Hg.): Kooperation mit der Evolution. Das kreative Zusammenspiel von Mensch und Kosmos, München 1999, S. 77-88.

Flechtner, Hans-Joachim: Grundbegriffe der Kybernetik. Eine Einführung, Stuttgart 1966 ([3]1968).

Flik, T.: Ein hybrides Verfahren zur automatischen Erkennung von Mustern in biomedizinischen Signalen, in: Elektronische Rechenanlagen 14 (1972), S. 123-127.

Foerster, Heinz von: Cybernetics of Cybernetics, in: Klaus Krippendorff (Hg.): Communication and Control in Society, New York 1979, S. 5-8.

–: On Cybernetics of Cybernetics and Social Theory, in: G. Roth und H. Schwegler (Hg.): Self-Organizing Systems, Frankfurt a. M. 1981, S. 102-105.

–: Sicht und Einsicht. Versuche zu einer operativen Erkenntnistheorie, Braunschweig 1985.

–: Entdecken oder Erfinden: Wie läßt sich Verstehen verstehen?, in: Heinz Gumin u. Armin Mohler (Hg.): Einführung in den Konstruktivismus, München 1985, S. 27-68.

– (Hg.): KybernEthik, Berlin 1993.

– u. Stephen A. Carlton (Hg.): Cybernetics of Cybernetics, Minneapolis 1995.

Forrester, Jay: World Dynamics, Cambridge/Mass. 1971 (dt.: Der teuflische Regelkreis. Das Globalmodell der Menschheitskrise, Stuttgart 1972).

Frank, Helmar: Über grundlegende Sätze der Informationspsychologie, in: GrKG 1 (1960), S. 25-32.

–: Über das Intelligenzproblem in der Informationspsychologie, in: GrKG 1 (1960), S. 85-96.

–: Zum Problem des vorbewußten Gedächtnisses, in: GrKG 2 (1961), S. 17-24.

–: Über einen abstrakten Perzeptionsbegriff, in: GrKG 2 (1961), S. 86-96.

–: Die Lernmatrix als Modell für Informationspsychologie und Semantik, in: Lernende Automaten. Bericht über die Fachtagung der NTG in Karlsruhe, 13.-14. 4.1961, hg. v. Heinz Billing (= Elektronische Rechenanlagen, Beiheft 3), München 1961, S. 101-108.

–: Was ist Kybernetik? Kybernetik. Brücke zwischen den Wissenschaften, Teil 1, in: Die Umschau 61 (1961), S. 417-420.

–: Pawlows Bedingte Reflexe und Steinbuchs Lernmatrizen. Kybernetik: Brücke zwischen den Wissenschaften, Teil 3, in: Die Umschau 61 (1961), S. 533-537.
–: Informationspsychologie und Nachrichtentechnik. Kybernetik. Brücke zwischen den Wissenschaften, Teil 4, in: Die Umschau 61 (1961), S. 600-603 u. 634-636.
– (Hg.): Kybernetik. Brücke zwischen den Wissenschaften, Frankfurt a.M. 1962 (²1962, ³1964, ⁴1964, ⁵1965, ⁶1966, ⁷1970).
–: Kybernetische Grundlagen der Pädagogik. Eine Einführung in die Informationspsychologie und ihre philosophischen, mathematischen und physiologischen Grundlagen, Baden-Baden/Paris 1962 (²1969, Taschenbuchausgabe 1971).
–: Das 1. Nürtinger Symposium über Lehrmaschinen, in: Lehrmaschinen in kybernetischer und pädagogischer Sicht 1, hg. v. Helmar Frank, Stuttgart/München 1963, S. 5-11.
–: Kybernetik und Lehrmaschinen, in: Lehrmaschinen in kybernetischer und pädagogischer Sicht 1, hg. v. Helmar Frank, Stuttgart/München 1963, S. 13-26.
–: Das 2. Nürtinger Symposium über Lehrmaschinen, in: Lehrmaschinen in kybernetischer und pädagogischer Sicht 2, hg. v. Helmar Frank, Stuttgart/München 1964, S. 9-10.
–: Anregungen zur Terminologie auf dem Gebiet der Lehrobjektivierung, in: Lehrmaschinen in kybernetischer und pädagogischer Sicht 2, hg. v. Helmar Frank, Stuttgart/München 1964, S. 143-151.
–: Das 3. Nürtinger Symposium über Lehrmaschinen, in: Lehrmaschinen in kybernetischer und pädagogischer Sicht 3, hg. v. Helmar Frank, Stuttgart/München 1965, S. 11-13.
–: Über das Verhältnis von kybernetischen und philosophisch-geisteswissenschaftlichen Disziplinen, in: GrKG 6 (1965), S. 45-56.
–: Das 4. Symposium über Lehrmaschinen, in: Lehrmaschinen in kybernetischer und pädagogischer Sicht 4, hg. v. Helmar Frank, Stuttgart/München 1966, S. 12-16.
–: Programmatische Notiz zur Organisationskybernetik; in: GrKG 7 (1966), S. 79-90.
–: Lehralgorithmen und Lernautomaten, in: Fortschritte der Kybernetik. Bericht über die Tagung Kiel 1965 der DAGK, hg. v. Werner Kroebel, München/Wien 1967, S. 323-342.
–: Informationsästhetik. Grundlagenprobleme und erste Anwendung auf die mime pure, Quickborn ²1968.
–: Bildungstechnologie und Lehrplanung, in: GrKG 14 (1973), S. 73-84.
–: Derzeitige Bemühungen um Erweiterung des informationspsychologischen Modells, in: GrKG 18 (1977), S. 61-72.
–: Bildungskybernetik. Eine Kurzeinführung in die kybernetisch-pädagogischen Modellgrundlagen der Bildungstechnologie, München/Bratislava 1996.
–: Meine Mini-Memoiren (Unveröffentlichter Privatdruck), Paderborn 1998.
– u. Brigitte S. Meder: Einführung in die kybernetische Pädagogik, München 1971.
Franke, Herbert W.: Ein kybernetisches Modell der Kreativität, in: GrKG 9 (1968), S. 85-88.
Freyer, Hans: Theorie des gegenwärtigen Zeitalters, Stuttgart 1955.
–: Über das Dominantwerden der technischen Kategorien in der Lebenswelt der industriellen Gesellschaft, Wiesbaden 1960.

Gehlen, Arnold: Die Seele im technischen Zeitalter. Sozialpsychologische Probleme in der industriellen Gesellschaft, Hamburg 1957.

Gehrmacher, Ernst: Programmierter Unterricht. Theorie und Praxis, in: Forschungen und Fortschritte 38 (1964), S. 149-151.

Genser, R.: Die Aufbereitung der Information bei lernfähigen Automaten, in: Elektronische Rechenanlagen 11 (1969), S. 330-335.

Gerischer, Heinz: Karl Friedrich Bonhoeffer (13.1.1899-15.5.1957), in: Mitteilungen aus der MPG 1957, S. 114-122.

Gerwin, Robert: Internationaler Kongress für Informationsverarbeitung, München 27. August bis 1. September 1962, in: Naturwissenschaftliche Rundschau 16 (1963), S. 72-74.

Giloi, Wolfgang: Was ist Informatik?, Berlin 1969.

Gleichzeitige Informationsverarbeitung in zwei Sinneskanälen des Menschen. Aus dem Institut für Informationsverarbeitung in Technik und Biologie, in: Mitteilungsblatt der FhG 10 (1972), Nr. 3, S. 4.

Götz, Karl Georg: Hirnforschung am Navigationssystem der Fliegen, in: Die Naturwissenschaften 62 (1975), S. 468-475.

–: Nachruf auf Werner Reichardt (1924-1992), in: Jahrbuch 1992 der Akademie der Wissenschaften und der Literatur Mainz, S. 110-114.

Graf, Klaus-Dieter: Formale Didaktik und Formaldidaktiken – Ein Überblick über Entwicklung und Ansätze bis 1971, in: GrKG 14 (1973), S. 109-120.

Group Processing. Transactions of the 5th Macy Conference, October 1958, hg. v. Bertrand Schaffner, New York 1960.

Grüsser, Otto-Joachim: Strategien zur Lösung des Problems der Zeichenerkennung, in: Zeichenerkennung durch biologische und technische Systeme. Tagungsbericht des 4. Kongresses der DGK, Berlin, 6.-9.4.1970, hg. v. Otto-Joachim Grüsser u. Rainer Klinke, Berlin (u. a.) 1971, S. 15-19.

Günther, Gotthard: Das Bewußtsein der Maschinen. Eine Metaphysik der Kybernetik, Krefeld/Baden-Baden 1957.

Gundlach, Friedrich Wilhelm u. Hans-Heinrich Meinke (Hg.): Taschenbuch der Hochfrequenztechnik, Berlin (u. a.) 1956.

Halbach, Udo: Modelle in der Biologie, in: Naturwissenschaftliche Rundschau 27 (1974), S. 293-305.

Händler, Wolfgang: Man-Machine-Dialog, in: Kybernetik und Bionik. Berichtswerk über den 5. Kongreß der DGK in Nürnberg, 28.-30.3.1973, hg. v. Wolf Dieter Keidel (u. a.), München 1974, S. 179-189.

Hans Marko, Electrical Engineer, an oral history conducted in 1993 by William Aspray, IEEE History Center, Rutgers University, New Brunswick, NJ, USA. Veröffentlicht auf http://www.ieee.org/portal/cms_docs_iportals/iportals/aboutus/history_center/oral_history/pdfs/Marko168.pdf.

Hassenstein, Bernhard: Untheoretische Wissenschaft. Zur heutigen Situation in der Zoologie, in: Deutsche Universitätszeitung 19 (1952), o.S.

–: Über die Wahrnehmung der Bewegung von Figuren und unregelmäßigen Helligkeitsmustern. Nach verhaltens- u. elektrophysiologischen Untersuchungen an Insekten, in: Zeitschrift für vergleichende Physiologie 40 (1958), S. 557-592 (zugl. Habil. Uni Tübingen, 1957).

–: Die bisherige Rolle der Kybernetik in der biologischen Forschung III. Die geschichtliche Entwicklung der biologischen Kybernetik bis 1948, in: Naturwissenschaftliche Rundschau 13 (1960), S. 349-355, 373-382, 419-424.
–: Wie sehen Insekten Bewegung?, in: Die Naturwissenschaften 48 (1961), S. 207-214.
–: Kybernetik und biologische Forschung, in: Handbuch der Biologie, Teil I, hg. v. Fritz Gessner, Frankfurt a. M. 1965, S. 629-719.
–: Biologische Kybernetik. Eine elementare Einführung, Heidelberg [2]1967.
–: Modellrechnung zur Datenverarbeitung beim Farbensehen des Menschen, in: Kybernetik 4 (1967/1968), S. 209-223.
–: Verhaltensbiologie des Kindes, München/Zürich 1973 (Heidelberg [5]2001).
–: Biologische Kybernetik. Eine elementare Einführung, Heidelberg 1973 ([5]1977).
–: Bernhard Hassenstein. Der Biologe, in: Freiburger Universitätsblätter, Heft 114 (1991), S. 85-112.
–: Der Weg zur Tübinger Biokybernetik. Wissenschaftliche Zusammenarbeit mit Werner Reichardt von 1943 bis 1960, in: Acta Historica Leopoldina 48 (2007), S. 297-322.
– u. Werner Reichardt: Systemtheoretische Analyse der Zeit-, Reihenfolgen- und Vorzeichenauswertung bei der Bewegungsperzeption des Rüsselkäfers Chlorophanus viridis, in: Zeitschrift für Naturforschung 11b (1956), S. 513-524.
Hauske, Gert: Stochastische und rhythmische Eigenschaften spontan auftretender Verhaltensweisen von Fischen, in: Kybernetik 4 (1967/1968), S. 26-36.
–: Ein statistisches Modell für verkoppelte Verhaltensweisen, in: Kybernetik 1968. Berichtswerk über den Kongreß der Deutschen Gesellschaft für Kybernetik in München 23.-26.4.1968, hg. v. Hans Marko u. Georg Färber, München/Wien 1968, S. 119-131.
–: Bericht über den Kybernetikkongreß München 1968, in: NTZ 21 (1968), S. 363-365.
–: Wachstum und Konjunkturschwankungen im kybernetischen Funktionsmodell, in: Kybernetik und Bionik. Berichtswerk über den 5. Kongreß der DGK in Nürnberg, 28.-30.3.1973, hg. v. Wolf D. Keidel (u. a.), München 1974, S. 144-151.
Heilingbrunner, O.: Technik der Automatisierung, München 1958.
Heinz Zemanek im Interview, in: Dirk Siefkes (u. a.) (Hg.): Pioniere der Informatik. Ihre Lebensgeschichte im Interview, Berlin (u. a.) 1999, S. 1-27.
Heller, Ewald: Die Perspektive der Kybernetik. Ein Beitrag zur pädagogischen Diskussion, in: Zeitschrift für Pädagogik 11 (1965), S. 1-24.
Henn, V.: The History of Cybernetics in the 19th Century, in: Zeichenerkennung durch biologische und technische Systeme. Tagungsbericht des 4. Kongresses der DGK, Berlin, 6.-9.4.1970, hg. v. Otto-Joachim Grüsser u. Rainer Klinke, Berlin (u. a.) 1971, S. 1-7.
Henning, Klaus u. Benjamin Kuchen: Einfluß unterschiedlicher Störsignale auf Mensch-Maschine-Regelkreise, in: Biological Cybernetics 20 (1975), S. 187-196.
Holst, Erich von: Physiologie des Verhaltens. Zur Gründung des Max-Planck-Instituts für Verhaltensphysiologie, in: Mitteilungen aus der MPG 1954, S. 270-275.
–: Zur Einführung, in: Regelungsvorgänge in der Biologie. Vorträge der Tagung

»Biologische Regelung« 2.-3.4.1954 in Darmstadt, hg. v. Horst Mittelstaedt (= Beihefte zur Regelungstechnik 2), München 1956, S. 7-8.

–: Biologische Regelung. Eine kritische Betrachtung, in: Regelungsvorgänge in lebenden Wesen. Nachrichtenverarbeitung, Steuerung und Regelung in Organismen. Vorträge der Tagung Essen 6.-7.11.1958, hg. v. Horst Mittelstaedt (= Beihefte zur Regelungstechnik 8), München 1961, S. 21-31.

– u. Horst Mittelstaedt: Das Reafferenzprinzip. Wechselwirkungen zwischen Zentralnervensystem und Peripherie, in: Die Naturwissenschaften 37 (1950), S. 464-476.

Institut für Informationsverarbeitung in Technik und Biologie. Kognitive Systeme für die Fertigungs- und Prüftechnik, in: Mitteilungsblatt der FhG 12 (1974), Nr. 4, S. 6.

Itelson, Lew: Mathematische und kybernetische Methoden der Pädagogik, Berlin, 1967.

Kazmierczak, Helmut: Informationsreduktion und Invarianzleistung bei der Bildverarbeitung mit einem Computer, in: Zeichenerkennung durch biologische und technische Systeme. Tagungsbericht des 4. Kongresses der DGK, Berlin, 6.-9.4.1970, hg. v. Otto-Joachim Grüsser u. Rainer Klinke, Berlin (u. a.) 1971, S. 228-240.

– u. F. Holdermann: Methoden der automatischen Zeichenerkennung, in: Fortschritte der Kybernetik. Bericht über die Tagung Kiel 1965 der DAGK, hg. v. Werner Kroebel, München/Wien 1967, S. 209-224.

Keidel, Wolf Dieter: Begrüßung und Eröffnung, in: Neuere Ergebnisse der Kybernetik. Bericht über die Tagung Karlsruhe 1963 der DAGK, hg. v. K. Steinbuch u. S.W. Wagner, München/Wien 1964, S. 7-9.

–: Kybernetische Leistungen des menschlichen Organismus, in: ETZ 85 (1964), S. 769-777.

–: Der Mensch, ein kybernetisches Wesen, in: Naturwissenschaftliche Rundschau 23 (1970), S. 401-409.

Klaus, Georg: Zu einigen Problemen der Kybernetik, in: Einheit 13 (1958).

–: Kybernetik in philosophischer Sicht, Berlin 1961.

–: Elektronengehirn contra Menschengehirn? Über die philosophischen und gesellschaftlichen Probleme der Kybernetik, in: Georg Klaus. Beiträge zu philosophischen Problemen der Einzelwissenschaften, hg. v. Heinz Liebscher, Berlin 1978, S. 62-80.

Kraemer, O.: Die Wandlung des Menschen durch die Technik (Vortragsauszüge und Diskussionsbeiträge von der VDI-Sondertagung Tübingen), in: VDI-Z 95 (1953), S. 1077-1092.

Kramer, Kurt: Regelung des Blutkreislaufs, in: VDI-Z 85 (1941), S. 97-99.

Krelle, Wilhelm: Operations Research. Rückblick und einige Gedanken zur Weiterentwicklung, in: A. Swiridow u. Roland Vollmar (Hg.): Computer und Kybernetik. Anmerkungen zu ihrer Geschichte und zu Perspektiven in der Zeit von 1940 bis 1965 (3. Russisch-deutsches Symposium, Heidelberg 20.-21.11.1997), Bonn 1998, S. 87-100.

Kroebel, Werner: Einführung, in: Fortschritte der Kybernetik. Bericht über die Tagung Kiel 1965 der DAGK, hg. v. Werner Kroebel, München/Wien 1967, S. 7f.

Küpfmüller, Karl: Einführung in die theoretische Elektrotechnik, Berlin 1932 ($^{16}$2004).
–: Die Systemtheorie der elektrischen Nachrichtenübertragung, Stuttgart 1949.
–: Die Entropie der deutschen Sprache, in: Fernmeldetechnische Zeitschrift 7 (1954), S. 265-272.
–: Informationsverarbeitung durch den Menschen, in: NTZ 12 (1959), S. 68-74.
–: Die nachrichtenverarbeitenden Funktionen der Nervenzelle (= Kybernetik. Brücke zwischen den Wissenschaften, Teil 2), in: Die Umschau 61 (1961), S. 463.
–: Die nachrichtenverarbeitenden Funktionen der Nervenzellen, in: Aufnahme und Verarbeitung von Nachrichten durch Organismen. Vorträge auf dem Gebiet der Kybernetik, gehalten auf der NTG-Fachtagung in Karlruhe, 11.-12.4.1961, hg. v. NTG-Fachausschuß »Informations- und Systemtheorie«, Stuttgart 1961, S. 17-27.
–: Nachrichtenübertragung und Nachrichtenverarbeitung (Neue gedankliche Werkzeuge), in: Die Naturwissenschaften 48 (1961), S. 177-184.
– u. Hermann Druckrey: Dosis und Wirkung. Beiträge zur theoretischen Pharmakologie, Berlin 1949.
– u. F. Jenik: Über Nachrichtenverarbeitung in der Nervenzelle, in: Kybernetik 1 (1961/1963), S. 1-6.
Kuhlenkamp, Alfred: Automatisierung – Ein Zeichen unserer Zeit?, in: Physikalische Blätter 13 (1957), S. 404-412.
Kybernetik als soziale Tatsache. Anwendungsbereiche, Leistungsformen und Folgen für die industrielle Gesellschaft (= Bergedorfer Protokolle 3), Hamburg/Berlin 1963.
Lang, Eberhard: Staat und Kybernetik, Salzburg/München 1966.
–: Zur Geschichte des Wortes Kybernetik (= Beiheft zu GrKG 9), Quickborn 1968.
Lansky, Milos: Über wechselseitige Einflüsse bei der Entwicklung der Kybernetischen Pädagogik in West- und Osteuropa, in: GrKG 13 (1972), H. 1, S. 3-13.
Lauber, Rudolf: Einsatz von Digitalrechnern in Regelungssystemen, in: ETZ 88 (1967), S. 159-164.
Lehnert, Uwe: Pädagogik auf dem Weg zu einer exakten Wissenschaft? Wissenschaftsgeschichtliche und wissenschaftstheoretische Reflexionen anläßlich des Erscheinens von Helmar Franks »Bildungskybernetik«, in: Unterrichtswissenschaft 26 (1998), S. 366-368.
Lenk, H.: Philosophie im technologischen Zeitalter, Stuttgart 1971.
Leonhard, Adolf: Regelungstechnik, in: ETZ 79 (1958), S. 726-727.
Lexikon der Kybernetik, hg. v. A. Müller, mit einem Vorwort von K. Küpfmüller, Quickborn 1964.
Lexikon der Kybernetischen Pädagogik und der Programmierten Instruktion, hg. v. L. Englert (u. a.), Quickborn 1966.
Licklider, Joseph C.R.: Man-Computer Symbiosis, in: IRE Transactions on Human Factors in Electronics HFE-1 (1969), S. 4-11.
Living Prototypes. The Key to New Technology. Bericht des Bionics Symposium, 13.-15.9.1960, hg. v. Joan C. Robinette, Dayton/Ohio 1960.
Lohberg, Rolf u. Theo Lutz: Keiner weiß, was Kybernetik ist, Stuttgart 1968.
Lutz, Theo: Kybernetik. Portrait einer Wissenschaft, in: VDI-Z 112 (1970), S. 413-417, 1009-1014, 1341-1346, 1613-1618; VDI-Z 113 (1971), S. 337-343; VDI-Z 114 (1972), S. 16-21, 554-558.

Marienfeld, Horst: Die Methode der Simulation, in: ETZ 91 (1970), S. 599-604.
Marko, Hans: Begrüßungsrede des Fachausschußleiters, in: Aufnahme und Verarbeitung von Nachrichten durch Organismen. Vorträge auf dem Gebiet der Kybernetik, gehalten auf der NTG-Fachtagung in Karlruhe, 11.-12.4.1961, hg. v. NTG-Fachausschuß »Informations- und Systemtheorie«, Stuttgart 1961, S. 6-8.
–: Die Theorie der bidirektionalen Kommunikation und ihre Anwendung auf die Nachrichtenübermittlung zwischen Menschen (Subjektive Information), in: Kybernetik 3 (1966/1967), S. 128-136.
–: Informationstheorie und Kybernetik, in: Fortschritte der Kybernetik. Bericht über die Tagung Kiel 1965 der DAGK, hg. v. Werner Kroebel, München/Wien 1967, S. 9-28.
–: Die Systemtheorie der homogenen Schichten. I. Mathematische Grundlagen, in: Kybernetik 5 (1967/1968), S. 221-240.
–: Die Anwendung nachrichtentheoretischer Methoden in der Biologie, in: Kybernetik 1968. Berichtswerk über den Kongreß der DGK in München vom 23.-26. 4.1968, hg. v. Hans Marko u. Georg Färber, München/Wien 1968, S. 21-44.
–: Bionik oder die Nutzung biologischer Kenntnisse für den technischen Fortschritt, in: ETZ 93 (1972), S. 697-702.
–: Einleitung und Einleitungsvortrag des Präsidenten der DGK. Methodenlehre der Kybernetik, in: Kybernetik und Bionik. Berichtswerk über den 5. Kongreß der DGK in Nürnberg, 28.-30.3.1973, hg. v. Wolf Dieter Keidel (u. a.), München 1974, S. 15-26.
– (Hg.): Processing Structures for Perception and Action. Final Report of the Sonderforschungsbereich »Kybernetik« 1969-1983, Weinheim 1988.
–: Die DAGM. Bemerkungen zu ihrer Geschichte, in: Siegfried Fuchs (Hg.): Mustererkennung 1992. 14. DAGM-Symposium, 14.-16.9.1992 in Dresden, Berlin 1992, S. 1-9.
– u. Georg Färber: Vorwort, in: Kybernetik 1968. Berichtswerk über den Kongreß der DGK in München vom 23.-26.4.1968, hg. v. Hans Marko u. Georg Färber, München/Wien 1968, S. 9-13.
Matt, G: Einsatz elektronischer Datenverarbeitung für den Unterricht, in: Fortschritte der Kybernetik. Bericht über die Tagung Kiel 1965 der DAGK, hg. v. Werner Kroebel, München/Wien 1967, S. 343-374.
Max-Planck-Institut zur Erforschung der Lebensbedingungen der wissenschaftlich-technischen Welt, in: Mitteilungen aus der MPG 1970, S. 121-125.
Mayer, Walter: Gruppenverhalten von Totenkopfaffen unter besonderer Berücksichtigung der Kommunikationstheorie, in: Kybernetik 8 (1971), S. 59-68.
Mayntz, Renate: Anwendungen der Kybernetik in der Soziologie, in: Helmar Frank (Hg.): Kybernetische Maschinen. Prinzip und Anwendung der automatischen Nachrichtenverarbeitung, Frankfurt a. M. 1964, S. 379-385.
Mc Culloch, Warren u. Walter Pitts: Logical Calculus Immanent in the Ideas of Nervous Activity, in: Bulletin of Mathematical Biophysics 5 (1943), S. 115-133 (ND in: Claus Pias (Hg.): Kybernetik. The Macy-Conferences, Bd. 2: Essays und Dokumente, Zürich/Berlin 2004, S. 313-325).
Meadows, Dennis L. (u. a.) (Hg.): The Limits to Growth, New York 1972 (dt. Die

Grenzen des Wachstums. Berichte des Club of Rome zur Lage der Menschheit, München 1972).

Melchers, Georg: Nachruf auf Wolfhard Weidel (31.12.1916-27.7.1964), in: Mitteilungen aus der MPG 1964, S. 226-233.

Meyer-Eppler, Werner: Die Nachrichtentheorie von C.E. Shannon, in: Fernmeldetechnische Zeitschrift 3 (1950), S. 161-164.

–: Grundlagen und Anwendungen der Informationstheorie (= Kommunikation und Kybernetik in Einzeldarstellungen 1), Berlin (u. a.) $^{2}$1969.

Mittelstaedt, Horst: Physiologie des Gleichgewichtssinnes bei fliegenden Libellen, in: Zeitschrift für vergleichende Physiologie 32 (1950), S. 422-463.

–: Regelung in der Biologie, in: Regelungstechnik 2 (1954), S. 177-181.

–: Regelung in der Biologie, in: Regelungsvorgänge in der Biologie. Vorträge der Tagung »Biologische Regelung« 2.-3.4.1954 in Darmstadt, hg. v. Horst Mittelstaedt (= Beihefte zur Regelungstechnik 2), München 1956, S. 16-25.

–: Vorwort, in: Regelungsvorgänge in lebenden Wesen. Nachrichtenverarbeitung, Steuerung und Regelung in Organismen, Vorträge der Tagung Essen 6.-7.11.1958, hg. v. Horst Mittelstaedt (= Beihefte zu Regelungstechnik 8), München 1961, S. 7.

–: Regelungstheorie als methodisches Hilfsmittel der Verhaltensanalyse, in: Die Naturwissenschaften 48 (1961), S. 216-254.

–: Abteilung Mittelstaedt. Max-Planck-Institut für Verhaltensphysiologie in Seewiesen und Erling-Andechs/Oberbayern, in: MPG-Jahrbuch 1961, S. 762-788.

–: Probleme der Kursregelung bei frei beweglichen Tieren, in: Aufnahme und Verarbeitung von Nachrichten durch Organismen. Vorträge auf dem Gebiet der Kybernetik, gehalten auf der NTG-Fachtagung in Karlruhe, 11.-12.4.1961, hg. v. NTG-Fachausschuß »Informations- und Systemtheorie« Stuttgart 1961, S. 138-148.

–: Grundprobleme der Analyse von Orientierungsleistungen, in MPG-Jahrbuch 1966, S. 120-151.

–: Strategien und Methoden der analytischen Kybernetik, in: Kybernetik 1968. Berichtswerk über den Kongreß der DGK in München vom 23.-26.4.1968, hg. v. Hans Marko u. Georg Färber, München/Wien 1968, S. 57-59.

–: Sinn und Wert einer Kybernetik des Zeichenerkennens. Eröffnungsansprache des Präsidenten der DGK, in: Zeichenerkennung durch biologische und technische Systeme. Tagungsbericht des 4. Kongresses der DGK, Berlin, 6.-9.4.1970, hg. v. Otto-Joachim Grüsser u. Rainer Klinke, Berlin u. a. 1971, S. 8-14.

–: Reafferenzprinzip. Apologie und Kritik, in: Wolf Dieter Keidel u. K. H. Plattig (Hg.): Vorträge der Erlanger Physiologentagung 1970, Berlin (u. a.) 1971, S. 161-171.

–: Einführung in die Kybernetik des Verhaltens am Beispiel der Orientierung im Raum, in: W. Hoppe (u. a.) (Hg.): Biophysik, Berlin/Heidelberg $^{2}$1982 (erstm. 1977), S. 822-830.

–: The Information Processing Structure of the Subjective Vertical. A Cybernetic Bridge Between its Psychophysics and its Neurobiology (= Research Group on Perception and Action at the Center for Interdisciplinary Research (ZiF) University of Bielefeld, Report 60), Bielefeld 1985.

–: The Information Processing Structure of the Subjective Vertical. A Cybernetic Bridge Between its Psychophysics and its Neurobiology, in: Hans Marko (Hg.):

Processing Structures for Perception and Action. Final Report of the Sonderforschungsbereich »Kybernetik« 1969-1983, Weinheim 1988, S. 217-261.

»Mit wenigen Methoden viele Aufgaben erfüllen. Die theoretischen und experimentellen Forschungsarbeiten im Institut für Informationsverarbeitung in Technik und Biologie«, in: Mitteilungsblatt der FhG 9 (1971), Nr. 2, S. 3.

Moser, Simon u. Karl Steinbuch (Hg.): Philosophie und Kybernetik, München 1970.

Murr, K.: Kybernetik im Vermessungswesen. Bericht über den 52. Deutsche Geodätentag, Wiesbaden, 6.-9.9.1967, in: Naturwissenschaftliche Rundschau 21 (1968), S. 27.

Naschold, Frieder: Systemsteuerung (= Einführung in die moderne politische Theorie 2), Stuttgart ²1971.

Neumann, John von: The Computer and the Brain, New Haven 1958.

– u. Oskar Morgenstern: Theory of Games and Economic Behavior, Princeton 1944.

Nicklis, Werner: Didaktik als Informationsumsatz (Zu H. Frank: Kybernetische Grundlagen der Pädagogik, 2. Aufl.), in: Zeitschrift für Pädagogik 16 (1970), S. 537-549.

–: Buchrezension zu Helmar Frank u. G. Hollenbach (Hg.): Begriffswörterbuch der kybernetischen Pädagogik, Hannover/Paderborn 1973, in: Zeitschrift für Pädagogik 21 (1975), S. 473.

Niedereichholz, J.: Zur Operationalität wirtschaftskybernetischer Modelle, in: GrKG 11 (1970), S. 33-44.

Niemann, Heinrich: Zur Extrapolation von Ziffern durch den Menschen, in: Kybernetik 12 (1973), S. 154-159.

– u. Hans-Joachim Reinig: Experimente zur binären Klassifikation von Mustern durch den Menschen, in: Kybernetik 11 (1972), S. 50-60.

Nöth, Winfried: Kybernetische Regelkreise in Linguistik und Textwissenschaft, in: GrKG 15 (1974), S. 75-86.

Oetker, R.: Regelungstechnik, in: ETZ 75 (1954), S. 621-622.

Oppelt, Winfried: Grundgesetze der Regelung, Wolfenbüttel/Hannover 1947.

–: Kleines Handbuch technischer Regelvorgänge, Weinheim 1954.

–: Regelungstechnik, in: ETZ 75 (1954), S. 651-653.

–: Tagungsbericht »Biologische Regelung«, in: Physikalische Blätter 10 (1954), S. 274.

–: Regelung in der Technik, in: Regelungsvorgänge in der Biologie. Vorträge der Tagung »Biologische Regelung« 2.-3.4.1954 in Darmstadt, hg. v. Horst Mittelstaedt (= Beihefte zur Regelungstechnik 2), München 1956, S. 9-15.

»Organisationskybernetik«, von Herbert Stachowiak, in: Handwörterbuch der Organisation, hg. v. Erwin Grochla, Stuttgart 1969, Sp. 1145-1150.

Pestel, Eduard: Prognose und Systemforschung, in: DFG-Mitteilungen 1/1977, S. 3-5 u. 21.

Picht, Georg: Die deutsche Bildungskatastrophe, Stuttgart 1964.

Ploog, Detlev: Die Bedeutung der experimentellen Verhaltensforschung als Grundlagenwissenschaft für die klinische Psychiatrie, in: MPG-Jahrbuch 1963, S. 129-148.

Poggio, Tomaso u. Werner Reichardt: A Theory of the Pattern Induced Flight Orientation of the Fly Musca Domestica, in: Kybernetik 12 (1973), S. 185-203.

–: A Theory of the Pattern Induced Flight Orientation of the Fly Musca Domestica II, in: Biological Cybernetics 18 (1975), S. 69-80.

Pohley, H.J. (u. a.): Der Problemlöser Robbimat, in: Biological Cybernetics 17 (1975), S. 145-156.

Rechenberg, Ingo: Bionik, Evolution und Optimierung, in: Naturwissenschaftliche Rundschau 26 (1973), S. 465-472.

Reden zur Verleihung des Ehrendoktorats an Hans Sauer durch die TU Dresden am 8.7.1993, in: Wissenschaftliche Zeitschrift der TU Dresden 43 (1993), S. 1-8.

Reichardt, Werner: Autokorrelations-Auswertung als Funktionsprinzip des Zentralnervensystems (bei der optischen Bewegungswahrnehmung eines Insekts), in: Zeitschrift für Naturforschung 12b (1957), S. 448-457.

–: Systemanalyse der Lichtreaktionen eines einzelligen Pilzes, in: Die Naturwissenschaften 48 (1961), S. 192-207.

–: Die Verarbeitung optischer Nachrichten im Zentralnervensystem von Insekten, in: Aufnahme und Verarbeitung von Nachrichten durch Organismen. Vorträge auf dem Gebiet der Kybernetik, gehalten auf der NTG-Fachtagung in Karlsruhe, 11.-12.4.1961, hg. v. NTG-Fachausschuß »Informations- und Systemtheorie« Stuttgart 1961, S. 109-125.

–: Rede zur Einweihung des Neubaus der Abteilung Reichardt des MPI für Biologie am 14. Juni 1965 in Tübingen, in: Mitteilungen aus der MPG 1965, S. 333-345.

– u. Gordon Mac Ginitie: Zur Theorie der lateralen Inhibition, in: Kybernetik 1 (1961/1963), S. 155-165.

Richard Feldtkeller zum 75. Geburtstag. Geburtstagsadresse seiner Schüler, in: Archiv der Elektronischen Übertragung 30 (1976), S. 48.

Ritter, Helge (u. a.): Neuronale Netze. Eine Einführung in die Neuroinformatik selbstorganisierender Netze, Bonn (u. a.) 1990.

Rohmert, Walter: Kybernetische Aspekte der Arbeitswissenschaft bei zunehmender Automatisierung, in: VDI-Z 109 (1967), S. 1283-1290.

Rohracher, Hubert: Sogenannte kybernetische Prozesse im psychischen Geschehen (»Psychische Regelkreise«), in: Studium Generale 21 (1968), S. 1144-1152.

Rosenblatt, Frank: The Perceptron. A Probabilistic Model for Information Storage and Organization in the Brain, in: Psychological Review 65 (1958), S. 386-408.

–: Perceptrons and Cognitive Systems, in: Lernende Automaten. Bericht über die Fachtagung der NTG in Karlsruhe, 13.-14.4.1961, hg. v. Heinz Billing (= Elektronische Rechenanlagen, Beiheft 3), München 1961, S. 225-239.

Rosenblith, Walter A.: Norbert Wiener in memoriam, in: Kybernetik 2 (1963/1965), S. 195-196.

Rosenblueth, Arturo, Norbert Wiener & Julian Bigelow: Behavior, Purpose and Teleology, in: Philosophy of Science 10 (1943), S. 18-24.

Rothschuh, Karl: Entwicklungstendenzen und Fortschritte der neueren Physiologie, in: Naturwissenschaftliche Rundschau 8 (1955), S. 465-471.

Sachsse, Hans: Die kybernetische Methode in der Technik, in der Biologie und in den Geisteswissenschaften, in: VDI-Z 115 (1973), S. 613-620.

Salin, Edgar (Hg.): Planung in der Freien Marktwirtschaft (= Bergedorfer Protokolle 7), Hamburg (u. a.) 1964.

Samuel, Arthur L.: Artificial Intelligence – A Frontier of Automation, in: Elektronische Rechenanlagen 4 (1962), S. 173-177.

Sauer, Hans: The Capital Handicap Against the Creative Human Spirit, in: PHP. A Forum for a Better World, No. 22 (1972), S. 56-58.

–: Bringt uns kybernetisches Denken wieder an die Spitze?, in: Elektronik Informationen Nr. 1 (1987), Editorial.

–: Kybernetische Kreativität, in: und-oder-nor Steuerungstechnik Nr. 7-8 (1988), S. 8.

–: Erfolgreiches Erfinden ist leicht erlernbar – in Deutschland anders als in Japan, in: Deutsches Institut für Erfindungswesen. Wissenschaftliche Vorträge 1988-1989, S. 34-35.

–: Kooperation mit der Evolution, in: Monika Sauer-Sachtleben (Hg.): Kooperation mit der Evolution. Das kreative Zusammenspiel von Mensch und Kosmos, München 1999, S. 15-37.

Schaefer, H.: Die Stellung der Regelungstheorie im System der Wissenschaft, in: Regelungsvorgänge in der Biologie. Vorträge der Tagung »Biologische Regelung« 2.-3.4.1954 in Darmstadt, hg. v. Horst Mittelstaedt (= Beihefte zur Regelungstechnik 2), München 1956, S. 26-47.

–: Biologische und technische Regelvorgänge, in: GrKG 6 (1965), S. 57-63.

Schelsky, Helmut: Die sozialen Folgen der Automatisierung, Düsseldorf/Köln 1957.

–: Der Mensch in der wissenschaftlichen Zivilisation (= Arbeitsgemeinschaft für Forschung des Landes Nordrhein-Westfalen, Geisteswissenschaften 96), Köln 1961.

Schief, Alfred: Möglichkeiten und Grenzen der Übernahme menschlicher Sinnesfunktionen durch technische Sensoren. Fachvortrag auf der Jahrestagung der FhG, 25.-26.6.1975, in: Mitteilungsblatt der FhG 13 (1975), Nr. 4, S. 3.

Schmid, D. u. G. Schulze: Zeitvergleiche zwischen Lernmatrixschaltungen und funktionell gleichwertigen Simulationsprogrammen, in: Elektronische Rechenanlagen 8 (1966), S. 232-237.

Schmid, Wolfgang: Zum Stellenwert der Kybernetik in der Lehrerausbildung, in: GrKG 15 (1974), S. 97-102.

Schmidt, Hermann: Regelungstechnik. Die technische Aufgabe und ihre wirtschaftliche, sozialpolitische und kulturpolitische Auswirkung, in: VDI-Z 85 (1941), S. 81-88.

–: Denkschrift zur Gründung eines Instituts für Regelungstechnik (1941), ND: Beiheft zu GrKG 2 (1961).

–: Die Bemühungen des Vereins Deutscher Ingenieure um die Allgemeine Regelungslehre seit 1939 in Deutschland, in: GrKG 3 (1962), S. 13-16.

–: Beginn und Aufstieg der Kybernetik, in: VDI-Z 106 (1964), S. 749-753.

Schmitt, A.: Über Teilnehmer-Rechensysteme für programmierten Unterricht, in: Elektronische Rechenanlagen 11 (1969), S. 143-145.

Schmitt, E.: Kybernetik, in: Mitteilungsblatt der FhG 4 (1966), Nr. 1, S. 1-2.

Schneider, Erich (Hg.): Planung und Entscheidung (= Forschung und Information 5. Schriftenreihe der RIAS-Funkuniversität), Berlin 1970.

Schnelle, H.: Geistesgeschichtliche Grundlagen der Kybernetik, in: Humanismus und Technik 14, Nr. 3 (1971), S. 29-37.

»SDS-Elektro. Wider alle Bürokraten«, in: Industriemagazin, September 1982, S. 70-71.

Seelen, Werner von: Biologie und Technik, in: Mitteilungen aus dem ISf 1968, S. 29-32.
–: Methoden zum Vergleich des Leistungsvermögens biologischer und technischer Systeme, in: Mitteilungen aus dem ISf 1969, S. 30-38.
–: Zur Informationsverarbeitung im visuellen System der Wirbeltiere, in: Kybernetik 7 (1970), S. 43-60 u. 89-106.
–: Die Anwendung von Inhibitionsfeldern bei der Mustererkennung im visuellen System der Wirbeltiere, in: Zeichenerkennung durch biologische und technische Systeme. Tagungsbericht des 4. Kongresses der DGK, Berlin, 6.-9.4.1970, hg. v. Otto-Joachim Grüsser u. Rainer Klinke, Berlin (u. a.) 1971, S. 152-161.
– u. H.J. Reinig: Methoden zum Vergleich des Leistungsvermögens biologischer und technischer Systeme, in: Kybernetik 10 (1972), S. 1-16.
– u. Alfred Schief: Nachrichtenverarbeitung in biologischen Systemen, in: Mitteilungsblatt der FhG 6 (1968), Nr. 1, S. 1-2.
Senghaas, Dieter: Kybernetik und Politikwissenschaft, in: Politische Vierteljahresschrift (1966), S. 252-276.
Servan-Schreiber, Jean-Jacques: Die amerikanische Herausforderung, Hamburg 1968 (orig.: Le défi americain, Paris 1967).
Shannon, Claude: A Mathematical Theory of Communications, in: Bell Systems Technical Journal 27 (1948), S. 379-423.
–: Presentation of a Maze Solving Machine, in: Transactions of the Eighth Cybernetics Conference 1951, New York 1952, S. 173-180.
Skinner Burrhus F.: The Behavior of Organisms. An Experimental Analysis, New York 1938.
–: About Behaviorism, New York 1974.
Steinbichler, W.: Relais im Aufwind, in: Markt & Technik (1978), S. 66.
Steinbuch, Karl: Informatik. Automatische Informationsverarbeitung, in: SEG-Nachrichten 5 (1957), S. 171-176.
–: Automatische Zeichenerkennung, in: NTZ 11 (1958), S. 210-219 u. 237-244.
–: Automatische Spracherkennung, in: NTZ 11 (1958), S. 446-454.
–: Lernende Automaten, in: Elektronische Rechenanlagen 1 (1959), S. 112-118 u. 172-175.
–: Lernende Automaten, in: Physikalische Blätter 16 (1960), S. 4-11.
–: Vorwort, in: Lernende Automaten. Bericht über die Fachtagung der NTG in Karlsruhe, 13.-14.4.1961, hg. v. Heinz Billing (= Elektronische Rechenanlagen, Beiheft 3), München 1961, S. 6-8.
–: Schaltungen mit der Lernmatrix, in: Lernende Automaten. Bericht über die Fachtagung der NTG in Karlsruhe, 13.-14.4.1961, hg. v. Heinz Billing (= Elektronische Rechenanlagen, Beiheft 3), München 1961, S. 63-68.
–: Die Lernmatrix, in: Kybernetik 1 (1961/1963), S. 36-45.
–: Bewußtsein und Kybernetik, in: GrKG 3 (1962), S. 1-12.
–: Kybernetik. Weg zu einer neuen Einheit der Wissenschaften, in: VDI-Z 104 (1962), S. 1307-1314.
– (Hg.): Taschenbuch der Nachrichtenverarbeitung, Berlin (u. a.) 1962 (3. Aufl. u. d. T. Taschenbuch der Informatik, 3 Bde., Berlin (u. a.) 1974).

–: Menschen oder Automaten im Weltraum?, in: Naturwissenschaftliche Rundschau 16 (1963), S. 341-349.

–: Über Kybernetik, in: Veröffentlichungen der Arbeitsgemeinschaft für Forschung des Landes Nordrhein-Westfalen, Heft 118, Köln 1963, S. 7-30.

–: Adaptive Networks Using Learning Matrices, in: Kybernetik 2 (1963/1965), S. 148-152.

–: Einführung, in: Neuere Ergebnisse der Kybernetik. Bericht über die Tagung Karlsruhe 1963 der DAGK, hg. v. K. Steinbuch u. S.W. Wagner, München/Wien 1964, S. 10-13.

–: Die informierte Gesellschaft. Geschichte und Zukunft der Nachrichtentechnik, Stuttgart 1966.

–: Falsch programmiert. Über das Versagen unserer Gesellschaft in der Gegenwart und vor der Zukunft und was eigentlich geschehen müßte, Stuttgart 1968.

–: Bemerkungen zum Erkennen und Problemlösen, in: Kybernetik 1968. Berichtswerk über den Kongreß der DGK in München vom 23.-26.4.1968, hg. v. Hans Marko u. Georg Färber, München/Wien 1968, S. 397-408.

–: Programm 2000, Stuttgart 1970.

–: Maschinelle Intelligenz und Zeichenerkennung, in: Die Naturwissenschaften 58 (1971), S. 210-217.

–: Automat und Mensch. Auf dem Weg zu einer kybernetischen Anthropologie, Berlin (u. a.) $^{4}$1971.

–: Information und Gesellschaft, in: VDI-Z 114 (1972), S. 1013-1021.

– u. Helmar Frank: Nichtdigitale Lernmatrizen als Perzeptoren, in: Kybernetik 1 (1961/1963), S. 117-124.

– u. Hans Martin Lipp: Der autonome Lernmatrix-Dipol, in: Lehrmaschinen in kybernetischer und pädagogischer Sicht 3, hg. v. Helmar Frank, Stuttgart/München 1965, S. 58-62.

Strehl, Rolf: Die Roboter sind unter uns, Oldenburg 1952.

Taube, Mortimer: Der Mythos der Denkmaschine. Kritische Betrachtungen zur Kybernetik, Reinbek 1966 (engl. 1961).

Tischner, Horst u. Werner von Seelen: Strukturen von Inhibitionsfeldern, in: Kybernetik 1968. Berichtswerk über den Kongreß der DGK in München vom 23.-26. 4.1968, hg. v. Hans Marko u. Georg Färber, München/Wien 1968, S. 309-328.

Trendelenburg, W.: Die Regelung von Bewegungsvorgängen durch das Vestibularorgan des Innenohres, in: VDI-Z 85 (1941), S. 93-96.

Varjú, Dezsö: Nervöse Wechselwirkung in der pupillo-motorischen Bahn des Menschen, Berlin (u. a.) 1967 (zugl. Habil. Uni. Tübingen 1967).

Veenker, G.: Ein Programm zur Lösung von Schachaufgaben, in: Elektronische Rechenanlagen 7 (1965), S. 25-29.

Vente, Rolf E.: Planung wozu?, Baden-Baden 1969.

Vester, Frederic: Die Kunst, vernetzt zu denken. Ideen und Werkzeuge für einen neuen Umgang mit Komplexität, Stuttgart 2000.

Vossius, Gerhard: Die Wirkungsweise humanphysiologischer Regelungen, in: Naturwissenschaftliche Rundschau 13 (1960), S. 465-469.

Wagner, Carl: Max-Planck-Institut für physikalische Chemie in Göttingen, in: MPG-Jahrbuch 1961, S. 225-229.

Wagner, Richard: Die Regulierung des Blutdruckes als Beispiel einer Regler-Einrichtung im Organismus, in: Die Naturwissenschaften 37 (1950), S. 128-136.

–: Biologische Reglermechanismen, in: VDI-Z 96 (1954), S. 123-130.

–: Biologische Regelung und Gewebsbildung, in: Die Naturwissenschaften 44 (1957), S. 97-107.

–: Über die Geschlossenheit eines biologischen Regelkreises mit hormonaler Signalgebung, in: Zeitschrift für Biologie 109 (1957), S. 367-380.

–: Rückkoppelung und Regelung: ein Urprinzip des Lebenden, in: Die Naturwissenschaften 48 (1961), S. 235-246.

Walter, William G.: The Living Brain, London 1953.

Wasmuth, Ewald: Der Mensch und die Denkmaschine, Köln/Olten 1955.

Waterkamp, Rainer: Futurologie und Zukunftsplanung, Stuttgart 1970.

Watson, John B.: Psychology as the Behaviorist Views It, in: Psychological Review 20 (1913), S. 158-177.

Wehnert, Klaus: Die Entwicklung der kybernetischen Pädagogik zwischen 1960 und 1972 (= Paderborner Arbeitspapier 43), Paderborn 1978.

Weidel, Wolfhard: Kybernetik und psycho-physisches Grundproblem, in: Kybernetik 1 (1961), S. 165-170.

Weltner, Klaus: Informationspsychologie und programmierte Instruktion, in: Kybernetik 1968. Berichtswerk über den Kongreß der DGK in München vom 23.-26. 4.1968, hg. v. Hans Marko u. Georg Färber, München/Wien 1968, S. 175-198.

–: Informationstheorie und Erziehungswissenschaft, Quickborn 1970.

Wendt, S.: Adaptive Zuordner für Steuerung und Regelung, in: Kybernetik 6 (1969/ 1970), S. 1-6.

Werner, J. u. G. Vossius: Die Informationsverarbeitung der höheren Zentren des Systems der Augenfolgebewegung. Eine Simulation auf dem Digitalrechner, in: Kybernetik 10 (1972), S. 44-48.

Wiener, Norbert: Cybernetics or Control and Communication in the Animal and the Machine, Cambridge/Mass. 1948 (dt. Kybernetik, Düsseldorf 1963).

–: Kybernetik, in: Physikalische Blätter 5 (1949), S. 355-362.

–: The Human Use of Human Beings. Cybernetics and Society, New York 1950 (dt. Mensch und Menschmaschine, Frankfurt a. M. 1952).

–: Über Informationstheorie, in: Die Naturwissenschaften 48 (1961), S. 174-176.

–: Mathematik – mein Leben, Frankfurt a. M. 1965.

Willwacher, Gerd: Fähigkeiten eines assoziativen Speichersystems im Vergleich zu Gehirnfunktionen, in: Biological Cybernetics 24 (1976), S. 181-198.

Wünsch, G.: Kurssteuerung von Flugzeugen, in: VDI-Z 85 (1941), S. 89-92.

Zemanek, Heinz: Technische und kybernetische Modelle, in: Regelungsvorgänge in lebenden Wesen. Nachrichtenverarbeitung, Steuerung und Regelung in Organismen, Vorträge der Tagung Essen 6.-7.11.1958, hg. v. Horst Mittelstaedt (= Beihefte zu Regelungstechnik 8), München 1961, S. 32-50.

–: Logische Beschreibung von Lernvorgängen, in: Lernende Automaten. Bericht über die Fachtagung der NTG in Karlsruhe, 13.-14.4.1961, hg. v. Heinz Billing (= Elektronische Rechenanlagen, Beiheft 3), München 1961, S. 9-25.

–: Kybernetik, in: Elektronische Rechenanlagen 6 (1964), S. 169-177.

–: Was ist Informatik?, in: Elektronische Rechenanlagen 13 (1971), S. 157-161.
–: Professor Steinbuch, in: Elektronische Rechenanlagen 19 (1977), S. 165-166.
Zimpel, André Frank: Kybernetik der Aufmerksamkeit, in: Zeitschrift für Heilpädagogik 58 (2001), S. 456-463.
–: Ein dynamischer Zugang zum Aufmerksamkeitsdefizitsyndrom: Die Aufmerksamkeitskybernetik, in: Zimpel, André Frank (u. a.) (Hg.): Aufmerksamkeitsdefizit Hyperaktivität Teilleistungsstörungen, Hamburg 2004, S. 49-73.
–: Wie viel Naturwissenschaft verträgt die Sonderpädagogik? Eine Reflexion der mathematisch-naturwissenschaftlichen Grundlagen sonderpädagogischer Forschung, in: Sonderpädagogik 36 (2006), S. 165-173.

## Forschungsliteratur

Abele, Johannes: Innovationen, Fortschritt und Geschichte. Zur Einführung, in: Ders. (u. a.) (Hg.): Innovationskulturen und Fortschrittserwartungen im geteilten Deutschland, Köln (u. a.) 2001, S. 9-19.
Ahrweiler, Petra: Künstliche Intelligenz-Forschung in Deutschland. Die Etablierung eines Hochtechnologiefachs, Münster 1995.
Allgöwer, Frank: Begrüßung, in: 30jähriges Jubiläum des Studiengangs Technische Kybernetik. Reden zum Festakt am 23.6.2001, hg. v. Ottmar Pertschi (= Universität Stuttgart. Reden und Aufsätze 56), Stuttgart 2004, S. 11-13.
Ambrosius, Gerald: Wirtschaftlicher Strukturwandel und Technikentwicklung, in: Axel Schildt u. Arnold Sywottek (Hg.): Modernisierung im Wiederaufbau. Die westdeutsche Gesellschaft der 50er Jahre, Bonn 1998, S. 107-128.
Ash, Mitchell: Räume des Wissens – was und wo sind sie? Einleitung in das Thema, in: Berichte zur Wissenschaftsgeschichte 23 (2000), S. 235-242.
–: Wissenschaften und Politik als Ressourcen füreinander, in: Rüdiger vom Bruch u. Brigitte Kaderas (Hg.): Wissenschaften und Wissenschaftspolitik. Stuttgart 2002, S. 32-51.
–: Wissens- und Wissenschaftstransfer – Einführende Bemerkungen, in: Berichte zur Wissenschaftsgeschichte 29 (2006), S. 181-189.
–: Von Vielschichtigkeiten und Verschränkungen. Kulturen der Wissenschaft – Wissenschaften in der Kultur, in: Berichte zur Wissenschaftsgeschichte 30 (2007), S. 91-105.
Aumann, Philipp: Kybernetik als technisch bedingte Wissenschaft und als wissensbasierte Technologie. Karl Steinbuch und die Lernmatrix, in: Technikgeschichte 74 (2007), S. 311-334.
Bäcker, Dirk: Rechnen lernen: Soziologie und Kybernetik, in: Claus Pias (Hg.): Kybernetik. The Macy-Conferences, Bd. 2: Essays und Dokumente, Zürich/Berlin 2004, S. 277-300.
Balles, Ulrike: Die kulturelle Erfindung des Computers – eine Analyse des Nachrichtenmagazins »Der Spiegel« (= Forschungsberichte des Fachbereichs Informatik der TU Berlin 99-7), Berlin 1999.
Bammé, Arno: Gesellschaft (re-)interpretieren. Zur Relevanz von Akteur-Netzwerk-

Theorie, »Mode 2 Knowledge Production« und selbstgesteuertem Lernen, München 2004.
Bartz, Olaf: Der Wissenschaftsrat. Entwicklungslinien der Wissenschaftspolitik in der Bundesrepublik Deutschland 1957-2007, Stuttgart 2007.
Beck, Ulrich: Risikogesellschaft. Auf dem Weg in eine andere Moderne, Frankfurt a.M. 1986.
– u. Wolfgang Bonß (Hg.): Die Modernisierung der Moderne, Frankfurt a.M. 2001.
Bissell, C.: Karl Küpfmüller. A German Contributor to the Early Development of Linear Systems Theory, in: International Journal of Control 44, Nr. 4 (1986), S. 977-989.
Bluma, Lars: Norbert Wiener und die Entstehung der Kybernetik im Zweiten Weltkrieg (= Kritische Informatik 2), Münster 2005 (zugl. Diss. Uni. Bochum 2004).
Bowker, Geof: How to Be Universal. Some Cybernetic Strategies, 1943-1970, in: Social Studies of Science 23 (1993), S. 107-127.
Buchhaupt, Siegfried: Die Bedeutung der Nachrichtentechnik für die Herausbildung eines Informationskonzeptes der Technik im 20. Jahrhundert, in: Technikgeschichte 70 (2003), S. 277-298.
Bülow, Ralf: Der Traum vom Computer. Literatur zwischen Kybernetik und konkreter Poesie, in: Universitas (1990), Nr. 5, S. 473-483.
Burke, Peter: Die europäische Renaissance. Zentren und Peripherien, München 1998.
–: Was ist Kulturgeschichte?, Bonn 2005.
Callon, Michel u. Bruno Latour: Don't Throw the Baby out With the Bath School! A Reply to Collins and Yearley, in: Andrew Pickering (Hg.): Science as Practice and Culture, Chicago 1992, S. 343-368.
Campbell-Kelly, Martin: From Airline Resevations to Sonic the Hedgehog. A History of the Software Industry, Cambridge/Mass. 2003.
Ceruzzi, Paul: A History of Modern Computing, Cambridge/Mass. 1998.
Chandler, Alfred D. u. James W. Cortada (Hg.): A Nation Transformed by Information. How Information Has Shaped the United States from Colonial Times to the Present, Oxford 2000.
Coy, Wolfgang: Was ist Informatik? Zur Entstehung des Faches an deutschen Universitäten, in: Jörg Desel (Hg.): Das ist Informatik, Berlin (u.a.) 2001, S. 1-22.
–: Zum Streit der Fakultäten: Kybernetik und Informatik als wissenschaftliche Disziplinen, in: Claus Pias (Hg.): Kybernetik. The Macy-Conferences, Bd. 2: Essays und Dokumente, Zürich/Berlin 2004, S. 253-262.
Daum, Andreas: Wissenschaftspopularisierung im 19. Jahrhundert. Bürgerliche Kultur, naturwissenschaftliche Bildung und die deutsche Öffentlichkeit 1848-1914, München [2]2002.
Dittmann, Frank: Aspects of the Early History of Cybernetics in Germany, in: Transactions. Newcomen Society for the Study of the History of Engineering and Technology 71 (1999-2000), S. 143-154.
–: Kybernetik in der DDR – eine Einstimmung, in: Ders. u. Rudolf Seising (Hg.): Kybernetik steckt den Osten an. Aufstieg und Schwierigkeiten einer interdisziplinären Wissenschaft in der DDR, Berlin 2007, S. 13-42.
– u. Jérôme Ségal: Hermann Schmidt (1894-1968) et la théorie générale de la régula-

tion. Une cybernétique allemande en 1940?, in: Annals of science 54 (1997), S. 547-565.

Doering-Manteuffel, Anselm: Dimensionen von Amerikanisierung in der deutschen Gesellschaft, in: AfS 35 (1995), S. 1-34.

–: Wie westlich sind die Deutschen? Amerikanisierung und Westernisierung im 20. Jahrhundert, Göttingen 1999.

–: Westernisierung. Politisch-ideeller und gesellschaftlicher Wandel in der Bundesrepublik bis zum Ende der 60er Jahre, in: Axel Schildt (u. a.) (Hg.): Dynamische Zeiten: Die 60er Jahre in den beiden deutschen Gesellschaften, Hamburg 2000, S. 311-341.

Dotzler, Bernhard J.: Frühneuzeit der Kybernetik: Urgeschichte oder Archäologie?, in: Helmar Schramm (u. a.) (Hg.): Spuren der Avantgarde. Theatrum machinarum, Berlin 2007, S. 10-27.

Eckardt, Michael: Philosophie und Philosophen in Jena. Max Bense und Georg Klaus, in: M. Weißbecker (Hg.): Gewalten, Gestalten, Erinnerungen. Beiträge zur Geschichte der FSU Jena in den ersten Jahren nach 1945, Jena 2002, S. 51-69

–: »... sich in die wissenschaftliche Welt allerbestens einführen können.« Max Bense, Walter Wolf und Georg Klaus zwischen Kooperation und Konflikt an der Universität Jena in den Jahren 1945-1949, in: Uwe Hoßfeld (u. a.) (Hg.): Hochschule im Sozialismus. Studien zur Friedrich-Schiller-Universität Jena (1945-1990), Bd. 2, Köln (u. a.) 2007, S. 1929-1970.

Eder, Franz X. (Hg.): Historische Diskursanalysen. Genealogie, Theorie, Anwendungen, Wiesbaden 2006.

Eichin, Klaus: 100 Jahre Nachrichtentechnik an der TU München. 100 Jahre Lehrstuhlgeschichte, in: TU München. 100 Jahre Lehrstuhl für Nachrichtentechnik, München 2000, S. 3-28.

Ehmke, Udo (u. a.): Institut für Kybernetik Berlin/Paderborn 1964-1984. Eine Dokumentation über zwei Jahrzehnte kybernetisch-pädagogischer Forschungs-, Entwicklungs- und Aufklärungsarbeit, Paderborn 1984.

Foucault, Michel: Archäologie des Wissens, ND Frankfurt a. M. 2005 (dt. erstm. 1973, franz. 1969).

–: Die Ordnung des Diskurses, Frankfurt a. M. $^{6}$2001.

Frese, Matthias u. Julia Paulus: Geschwindigkeit und Faktoren des Wandels – die 1960er Jahre in der Bundesrepublik Deutschland, in: Dies. (u. a.) (Hg.): Demokratisierung und gesellschaftlicher Aufbruch. Die sechziger Jahre als Wendezeit der Bundesrepublik, Paderborn 2003, S. 1-23.

Friedewald, Michael: Konzepte der Mensch-Computer-Kommunikation in den 1960er Jahren. J.C.R. Licklider, Douglas Engelbart und der Computer als Intelligenzverstärker, in: Technikgeschichte 67 (2000), S. 1-24.

Fritsch, Dieter: Grußwort, in: 30jähriges Jubiläum des Studiengangs Technische Kybernetik. Reden zum Festakt am 23.6.2001, hg. v. Ottmar Pertschi (= Universität Stuttgart. Reden und Aufsätze 56), Stuttgart 2004, S. 15-17.

Fuchs-Kittowski, Klaus u. Siegfried Piotrowski (Hg.): Kybernetik und Interdisziplinarität. Georg Klaus zum 90. Geburtstag, Berlin 2004.

Galison, Peter: Image and Logic. A Material Culture of Microphysics, Chicago 1997.

–: Die Ontologie des Feindes. Norbert Wiener und die Vision der Kybernetik, in:

Hans-Jörg Rheinberger (u. a.) (Hg.): Räume des Wissens. Repräsentation, Codierung, Spur, Berlin 1997, S. 281-324.

Gerovitch, Slava: From Newspeak to Cyberspeak. A History of Soviet Cybernetics, Cambridge/Mass. 2002.

–: Roman Jakobson und die Kybernetisierung der Linguistik in der Sowjetunion, in: Michael Hagner u. Erich Hörl (Hg.): Die Transformation des Humanen. Beiträge zur Kulturgeschichte der Kybernetik, Frankfurt a. M. 2008, S.229-274.

Gieryn, Thomas F.: Boundary-Work and the Demarcation of Science from Non-Science. Strains and Interests in Professional Ideologies of Scientists, in: American Sociological Review 48 (1983), S. 781-795.

–: Cultural Boundaries of Science. Credibility on the Line, Chicago 1999.

Gilles, Ernst Dieter: Abriss der Geschichte des Studiengangs, in: 30jähriges Jubiläum des Studiengangs Technische Kybernetik. Reden zum Festakt am 23.6.2001, hg. v. Ottmar Pertschi (= Universität Stuttgart. Reden und Aufsätze 56), Stuttgart 2004, S. 23-27.

Görtemaker, Manfred: Geschichte der Bundesrepublik Deutschland. Von der Gründung bis zur Gegenwart, Frankfurt a. M. 2004.

Gross, P.: Bastelmentalität. Ein »postmoderner« Schwebezustand, in: Thomas Schmid (Hg.): Das pfeifende Schwein. Über weitergehende Interessen der Linken, Berlin 1985, S. 63-84.

Habermas, Jürgen: Strukturwandel der Öffentlichkeit. Untersuchungen zu einer Kategorie der bürgerlichen Gesellschaft, Neuwied 1962.

–: Der philosophische Diskurs der Moderne, Frankfurt a. M. 1988.

Hänseroth, Thomas und Klaus Mauersberger: Technikwissenschaften zwischen theoretischer Erkenntnis und Ingenieurtätigkeit, in: NTM 6 (1998), S. 217-237.

Hagner, Michael: Bilder der Kybernetik. Diagramm und Anthropologie, Schaltung und Nervensystem, in: Martina Heßler (Hg.): Konstruierte Sichtbarkeiten. Wissenschafts- und Technikbilder seit der Frühen Neuzeit, München 2006, S. 383-404.

–: Vom Aufstieg und Fall der Kybernetik als Universalwissenschaft, in: Michael Hagner u. Erich Hörl (Hg.): Die Transformation des Humanen. Beiträge zur Kulturgeschichte der Kybernetik, Frankfurt a. M. 2008, S. 38-71.

Hard, Michael u. Andrew Jamison: Hubris and Hybrids. A Cultural History of Science and Technology, New York/London 2005.

Hassenstein, Bernhard: Jakob von Uexküll (1864-1944), in: Ilse Jahns u. Michael Schmitt (Hg.): Darwin und Co. Eine Geschichte der Biologie in Portraits II, München 2001, S. 344-364.

Heims, Steve: The Cybernetics Group, Cambridge/Mass. 1991.

Hellige, Hans Dieter (Hg.): Geschichten der Informatik. Visionen, Paradigmen, Leitmotive, Berlin (u. a.) 2004.

Herbert, Ulrich: Liberalisierung als Lernprozess. Die Bundesrepublik Deutschland in der deutschen Geschichte – eine Skizze, in: Ders. (Hg.): Wandlungsprozesse in Westdeutschland. Belastung, Integration, Liberalisierung 1945-1980, Göttingen 2002, S. 7-49.

Herrmann, Hans-Christian von: Metatechnik, in: Ästhetik als Programm. Max Bense / Daten und Streuungen, hg. v. Barbara Büscher (u. a.) (= Kaleidoskopien 5), Berlin 2004, S. 44-49.

– u. Christoph Hoffmann: »Der geistige Mensch und die Technik« – Max Bense im Labor für Hochfrequenztechnik, in: Ästhetik als Programm. Max Bense/Daten und Streuungen, hg. v. Barbara Büscher (u. a.) (= Kaleidoskopien 5), Berlin 2004, S. 18-31.

Heßler, Martina: Vernetzte Wissensräume. Zur Bedeutung von Orten in einer vernetzten Welt, in: Technikgeschichte 70 (2003), S. 235-253.

Heymann, Matthias: »Kunst« und Wissenschaft in der Technik des 20. Jahrhunderts. Zur Geschichte der Konstruktionswissenschaft, Zürich 2005.

Hilberg, Wolfgang: Karl Steinbuch. Ein zu unrecht vergessener Pionier der künstlichen neuronalen Systeme, in: Frequenz 49 (1995), S. 28-36.

Hörl, Erich u. Michael Hagner: Überlegungen zur kybernetischen Transformation des Humanen, in: Michael Hagner u. Erich Hörl (Hg.): Die Transformation des Humanen. Beiträge zur Kulturgeschichte der Kybernetik, Frankfurt a. M. 2008, S. 7-37.

Holl, Ute: »It's (Not) an Intervention!« Kybernetik und Anthropologie, in: Claus Pias (Hg.): Kybernetik. The Macy-Conferences, Bd. 2: Essays und Dokumente, Zürich/Berlin 2004, S. 97-114.

Jansen, Dorothea: Einführung in die Netzwerkanalyse. Grundlagen, Methoden, Forschungsbeispiele, Opladen ²2003.

Johst, Volker: Verhaltensbiologe, Biokybernetiker, Anwalt des Kindes. Bernhard Hassenstein zum 80. Geburtstag, in: Naturwissenschaftliche Rundschau 55 (2002), S. 245-255.

Kaelble, Hartmut (Hg.): Der Boom 1948-1973. Gesellschaftliche und wirtschaftliche Folgen in der Bundesrepublik und in Europa, Opladen 1992.

Kamke, Romy: Institut für Kybernetik Berlin/Paderborn 1964-1984. Eine ergänzende Dokumentation zusammengestellt zur vierzigsten Jahrestag der Institutsgründung, Paderborn 2004.

Karl, Klaus u. Heinz Lohse: Brücken zwischen Inseln. Beziehungen zwischen Schwerpunkten bildungskybernetischer Forschung im Westen und Osten Deutschlands vor 1990 (Teil 2), in: grkg/Humankybernetik 41 (2000), S. 117-132.

Kaufmann, Doris: Wissenschaft im Nationalsozialismus, in: Max-Planck-Gesellschaft (Hg.): Ethos der Forschung. Ringberg Symposium, München 2000, S. 11-23.

Kline, Ronald R.: Cybernetics, Management Science, and Technology Policy. The Emergency of »Information Technology« as a Keyword, 1948-1985, in: Technology and Culture 47 (2006), S. 513-535.

Köhle, Klaus: Bildungsrestauration, »Bildungskatastrophe«, Bildungsexplosion. Die Entwicklung des Bildungssystems in der Bundesrepublik von 1945 bis heute, in: Robert Hettlage (Hg.): Die Bundesrepublik. Eine historische Bilanz, München 1990, S. 234-254.

Laak, Dirk van: Das technokratische Momentum in der deutschen Nachkriegsgeschichte, in: Johannes Abele (u. a.) (Hg.): Innovationskulturen und Fortschrittserwartungen im geteilten Deutschland. Forschung und Entwicklung in der Bundesrepublik und der DDR, Köln (u. a.) 2001, S. 89-104.

Lässig, Peter, H.: Hans Drischel – ein Biokybernetiker in der DDR, in: Frank Dittmann u. Rudolf Seising (Hg.): Kybernetik steckt den Osten an. Aufstieg und

Schwierigkeiten einer interdisziplinären Wissenschaft in der DDR, Berlin 2007, S. 191-230.

Latour, Bruno: Science in Action. How to Follow Scientists and Engineers through Society, Milton Keynes 1987.

–: The Pasteurization of France, Cambridge/Mass. 1988.

–: Wir sind nie modern gewesen. Versuch einer symmetrischen Anthropologie, Berlin 1995.

–: On Actor-network Theory. A few Clarifications, in: Soziale Welt 47 (1996), S. 369-382.

Law, John u. John Hassard (Hg.): Actor Network Theory and After, Oxford 1999.

Lutz, Burkart: Der kurze Traum immerwährender Prosperität. Eine Neuinterpretation der industriell-kapitalistischen Entwicklung im Europa des 20. Jahrhunderts, Frankfurt a. M. (u. a.) 1984.

Mahoney, Michael: Computer Science. The Search for a Mathematical Theory, in: John Krige u. Dominique Pestre: Science in the 20th Century, Amsterdam 1997, S. 617-634.

–: Software as Science – Science as Software, in: Ulf Hashagen (u. a.) (Hg.): History of Computing: Software Issues, Berlin (u. a.) 2002, S. 25-48.

Mainzer, Klaus: Entwicklungsfaktoren der Informatik in der Bundesrepublik Deutschland, in: Wolfgang von den Daele (u. a.) (Hg.): Geplante Forschung. Vergleichende Studien über den Einfluß politischer Programme auf die Wissenschaftsentwicklung, Frankfurt a. M. 1979, S. 117-180.

Masani, Pesi R.: Norbert Wiener (1894-1964), Basel (u. a.) 1990.

Medina, Eden: Designing Freedom, Regulating a Nation. Socialist Cybernetics in Allende's Chile, in: Journal of Latin American Studies 38 (2006), S. 571-606.

Mehrtens, Herbert: Symbolische Imperative. Zum Natur- und Beherrschungsprogramm der wissenschaftlichen Moderne, in: Wolfgang Zapf (Hg.): Die Modernisierung moderner Gesellschaften (Verhandlungen des 25. Deutschen Soziologentages in Frankfurt a. M. 1990), Frankfurt a. M. 1991, S. 604-616.

Metzler, Gabriele: Am Ende aller Krisen? Politisches Denken und Handeln in der Bundesrepublik der sechziger Jahre, in: HZ 275 (2002), S. 57-103.

–: Konzeptionen politischen Handelns von Adenauer bis Brandt. Politische Planung in der pluralistischen Gesellschaft, Paderborn/München 2005.

Mindell, David: Between Human and Machine. Feedback, Control and Computing Before Cybernetics, Baltimore 2002.

–, Jérôme Segal, Slava Gerovitch: From Communications Engineering to Communications Science. Cybernetics and Information Theory in the United States, France, and the Soviet Union, in: Mark Walker (Hg.): Science and Ideology. A Comparative History, London/New York 2003, S. 66-96.

Naumann, Friedrich: Vom Abakus zum Internet: Die Geschichte der Informatik. Darmstadt, 2001.

Nordmann, Alfred: Kitsch. Zur Kritik technowissenschaftlicher Weltgestaltung, in: Thomas Köbner (Hg.): Ästhetische Existenz – Ethische Existenz. Ein zeitgenössisches Entweder – Oder?, Stuttgart 2008, S. 72-83.

–: Philosophy of Nanotechnoscience, in: G. Schmid (u. a.) (Hg.): Nanotechnology, Bd. 1, Weinheim 2008, S. 217-244.

–: Trennungsarbeit. Die Geistes- und Technowissenschaften im Zeitalter der Begleitforschung, in: NTM 16 (2008), S. 127-132.

Oelkers, Jürgen: Kybernetische Pädagogik. Eine Episode oder ein Versuch zur falschen Zeit, in: Michael Hagner u. Erich Hörl (Hg.): Die Transformation des Humanen. Beiträge zur Kulturgeschichte der Kybernetik, Frankfurt a. M. 2008, S. 196-228.

Petzold, Hartmut: Moderne Rechenkünstler. Die Industrialisierung der Rechnertechnik in Deutschland, München 1992.

Pias, Claus: Zeit der Kybernetik. Zur Einführung, in: Claus Pias, Joseph Vogl (u. a.) (Hg.): Kursbuch Medienkultur. Die maßgeblichen Theorien von Brecht bis Baudrillard, Stuttgart ²2000, S. 427-431.

–: Zeit der Kybernetik. Eine Einstimmung, in: Ders. (Hg.): Kybernetik. The Macy-Conferences, Bd. 2: Essays und Dokumente, Zürich/Berlin 2004, S. 9-42.

–: »Hollerith ›gefiederter‹ Kristalle.« Kunst, Wissenschaft und Computer in Zeiten der Kybernetik, in: Michael Hagner u. Erich Hörl (Hg.): Die Transformation des Humanen. Beiträge zur Kulturgeschichte der Kybernetik, Frankfurt a. M. 2008, S. 72-106.

Pickering, Andrew: Cybernetics and the Mangle, in: Social Studies of Science 32 (2002), S. 413-437.

Piotrowski Siegfried: Institut für Kybernetik Berlin e.V. / Gesellschaft für Kommunikationskybernetik, in: Kybernetiknet. Das virtuelle Kybernetik-Magazin 1 (2000) = http://www.kybernetiknet.de.

Pircher, Wolfgang: Markt oder Plan? Zum Verhältnis von Kybernetik und Ökonomie, in: Claus Pias (Hg.): Kybernetik. The Macy-Conferences, Bd. 2: Essays und Dokumente, Zürich/Berlin 2004, S. 81-96.

–: Im Schatten der Kybernetik. Rückkopplung im operativen Einsatz: ›operational research‹, in: Michael Hagner u. Erich Hörl (Hg.): Die Transformation des Humanen. Beiträge zur Kulturgeschichte der Kybernetik, Frankfurt a. M. 2008, S. 348-376.

Radkau, Joachim: »Wirtschaftswunder« ohne technologische Innovation? Technische Modernität in den 50er Jahren, in: Axel Schildt u. Arnold Sywottek (Hg.): Modernisierung im Wiederaufbau. Die westdeutsche Gesellschaft der 50er Jahre, Bonn 1998, S. 129-154.

Reinhardt, Carsten: Wissenstransfer durch Zentrenbildung. Physikalische Methoden in der Chemie und den Biowissenschaften, in: Berichte zur Wissenschaftsgeschichte 29 (2006), S. 224-242.

Rheinberger, Hans-Jörg: Experimentalsysteme. Differenz, Graphematizität, Konjunktur, in: Ders. (Hg.): Experiment – Differenz – Schrift. Zur Geschichte epistemischer Dinge, Marburg/Lahn 1992, S. 21-46.

–: Experimentalsysteme und epistemische Dinge. Eine Geschichte der Proteinsynthese im Reagenzglas, ND Frankfurt a. M. 2006 (original Göttingen 2001).

Ritter, Gerhard A. (u. a.) (Hg.): Antworten auf die amerikanische Herausforderung. Forschung in der Bundesrepublik und der DDR in den »langen« siebziger Jahren, Frankfurt a. M./New York 1999.

Rittmannsberger, Norbert: Theoretische Grundlagen der Nachrichtentechnik – Richard Feldtkeller, in: Norbert Becker u. Franz Quarthal (Hg.): Die Universität

Stuttgart nach 1945. Geschichte – Entwicklungen – Persönlichkeiten, Stuttgart 2004, S. 221-223.

Ruck, Michael: Ein kurzer Sommer der konkreten Utopie. Zur westdeutschen Planungsgeschichte der langen 60er Jahre, in: Axel Schildt (u. a.) (Hg.): Dynamische Zeiten. Die 60er Jahre in den beiden deutschen Gesellschaften, Hamburg 2000, S. 362-401.

Sarasin, Philipp: Geschichtswissenschaft und Diskursanalyse, in: Ders.: Geschichtswissenschaft und Diskursanalyse, Frankfurt a. M. 2003, S. 10-60.

–: Das obszöne Genießen der Wissenschaft. Über Populärwissenschaft und »mad scientists«, in: Ders.: Geschichtswissenschaft und Diskursanalyse, Frankfurt a. M. 2003, S. 231-257.

»Sauer, Hans«, von Ulrike Sauer, in: Neue Deutsche Biographie, Bd. 22, Berlin 2005, Sp. 454-455.

Schildt, Axel: Moderne Zeiten. Freizeit, Massenmedien und »Zeitgeist« in der Bundesrepublik der 50er Jahre, Hamburg 1995.

–: Zwischen Abendland und Amerika. Studien zur westdeutschen Ideenlandschaft der 50er Jahre, München 1999.

– u. Arnold Sywottek (Hg.): Modernisierung im Wiederaufbau. Die westdeutsche Gesellschaft der 50er Jahre, Bonn 1998.

– (u. a.) (Hg.): Dynamische Zeiten. Die 60er Jahre in den beiden deutschen Gesellschaften. Hamburg 2000.

Schirrmacher, Arne: Nach der Popularisierung. Zur Relation von Wissenschaft und Öffentlichkeit im 20. Jahrhundert, in: Geschichte und Gesellschaft 34 (2008), S. 73-95.

– u. Sybilla Nikolow (Hg.): Wissenschaft und Öffentlichkeit als Ressourcen füreinander. Studien zur Wissenschaftsgeschichte im 20. Jahrhundert, Frankfurt a. M./New York 2007.

Segal, Jérôme: The Pigeon and the Predictor. Miscarriage of a Cyborg, in: Guliana Gemelli (Hg.): American Foundations and Large Scale Research. Construction and Transfer of Knowledge, Bologna 2001, S. 131-157.

–: Kybernetik in der DDR. Begegnung mit der marxistischen Ideologie, in: Dresdener Beiträge zur Geschichte der Technikwissenschaften 27 (2001), S. 47-75.

–: Kybernetik in der DDR. Dialektische Beziehungen, in: Claus Pias (Hg.): Kybernetik. The Macy-Conferences, Bd. 2: Essays und Dokumente, Zürich/Berlin 2004, S. 227-251.

Seppänen, Jouko: Systems Ideology in Human and Social Sciences. History and Philosophy of Systems and Model Thinking, Information Theory and Cybernetics, in: Gabriel Altmann u. Walter A. Koch (Hg.): Systems. New Paradigms for the Human Sciences, Berlin/New York 1998, S. 180-302.

Siefkes, Dirk (u. a.) (Hg.): Sozialgeschichte der Informatik. Kulturelle Praktiken und Orientierungen, Wiesbaden 1998.

Szöllösi-Janze, Margit: Wissensgesellschaft in Deutschland. Überlegungen zur Neubestimmung der deutschen Zeitgeschichte über Verwissenschaftlichungsprozesse, in: Geschichte und Gesellschaft 30 (2004), S. 277-313.

Tanner, Jakob: Komplexität, Kybernetik und Kalter Krieg. »Information« im Systemantagonismus von Markt und Plan, in: Michael Hagner u. Erich Hörl (Hg.):

Die Transformation des Humanen. Beiträge zur Kulturgeschichte der Kybernetik, Frankfurt a. M. 2008, S. 377-413.

Trischler, Helmuth: Das bundesdeutsche Innovationssystem in den »langen 70er Jahren«. Antworten auf die »amerikanische Herausforderung«, in: Johannes Abele (u. a.) (Hg.): Innovationskulturen und Fortschrittserwartungen im geteilten Deutschland. Forschung und Entwicklung in der Bundesrepublik und der DDR, Köln 2001, 47-70.

– u. Rüdiger vom Bruch: Forschung für den Markt. Geschichte der Fraunhofer-Gesellschaft, München 1999.

Walther, Elisabeth: Max Bense und die Kybernetik, in: Computer Art Faszination 10 (1999), S. 360.

Wehler, Hans-Ulrich: Modernisierungstheorie und Geschichte, Göttingen 1975.

Weingart, Peter: Die Stunde der Wahrheit? Zum Verhältnis der Wissenschaft zu Politik, Wirtschaft und Medien in der Wissensgesellschaft, Weilerswist 2001.

–: Die Wissenschaft der Öffentlichkeit und die Öffentlichkeit der Wissenschaft, in: Ders. (Hg.): Die Wissenschaft der Öffentlichkeit. Essays zum Verhältnis von Wissenschaft, Medien und Öffentlichkeit, Weilerswist 2005, S. 9-33.

–: Die Zügellosigkeit der Erkenntnisproduktion und die Demokratisierung der Gesellschaft. Zur Rolle ethischer und politischer Kontrollen der Wissenschaft in Humangenetik und Reproduktionsbiologie, in: Ders. (Hg.): Die Wissenschaft der Öffentlichkeit. Essays zum Verhältnis von Wissenschaft, Medien und Öffentlichkeit, Weilerswist 2005, S. 34-48.

Weyer, Johannes: Weder Ordnung noch Chaos. Die Theorie sozialer Netzwerke zwischen Institutionalismus und Selbstorganisationstheorie, in: Ders. (u. a.) (Hg.): Technik, die Gesellschaft schafft. Soziale Netzwerke als Orte der Technikgenese, Berlin 1997, S. 53-99.

–: Soziale Netzwerke. Konzepte und Methoden der sozialwissenschaftlichen Netzwerkforschung, München ²2008.

Wiegand, Josef: Informatik und Großforschung. Geschichte der Gesellschaft für Mathematik und Datenverarbeitung, Frankfurt a. M./New York 1994.

Withers, Charles: The Geography of Scientific Knowledge, in: Nicolaas Rupke (Hg.): Göttingen and the Development of the National Sciences, Göttingen 2002, S. 9-18.

Wolfschmidt, Gudrun (u. a.): Methoden der Popularisierung, in: Dies. (Hg.): Popularisierung der Naturwissenschaften, Berlin 2002, S. 21-37.

Wunsch, Gerhard: Karl Küpfmüller. Wegbereiter der modernen Systemtheorie, in: Frequenz 51 (1997), S. 218-220.

Zemanek, Heinz: Das internationale Erscheinungsbild der russischen Geschichte des Computers und der Kybernetik, in: A. Swiridow u. Roland Vollmar (Hg.): Computer und Kybernetik. Anmerkungen zu ihrer Geschichte und zu Perspektiven in der Zeit von 1940 bis 1965 (3. Russisch-deutsches Symposium, Heidelberg 20.-21.11.1997), Bonn 1998, S. 197-204.

# Register

Evelyn Zegenhagen
»Schneidige deutsche Mädel«
Fliegerinnen zwischen 1918 und 1945
Deutsches Museum. Abhandlungen und Berichte – Neue Folge, Bd. 22
505 S., 58 Abb., geb., Schutzumschlag
ISBN 978-3-8353-0179-5

Frauen als Fliegerinnen – die weibliche Eroberung des Luftraums von der Pionierzeit bis in den Zweiten Weltkrieg.

»Evelyn Zegenhagen fasst in ihrem reich bebilderten Buch jahrelange Forschungen zusammen. Ihre Kenntnis der Materie ist stupend, die Stofffülle verblüffend (...). Dieses Buch füllt Wissenslücken, ist in der Darstellung vollständig und in der Argumentation überaus klug und ausgewogen – es wird für lange Zeit ein Standardwerk zu diesem Thema bleiben.«

Edgar Bracht, Lesart

»Die umfangreichen Recherchen der Verfasserin (...) und die dadurch möglichen neuen Perspektiven zeichnen dieses Buch aus. Die einfühlsamen Biographien und ihre Einbettung in die Kultur und Politik der 1920er und 30er Jahre, die Aufdeckung von ökonomischen Hintergründen und militärischen Entwicklungen und nicht zuletzt die Berücksichtigung der Zusammenhänge zwischen diesen Bereichen machen die Stärken des Buches aus.«

Gertrud Pfister, Querelles-Net

»Diese kritische Würdigung der herausragenden technisch-fliegerisch versierten Pilotinnen überrascht durch die vielen neu hinzugewonnen Details und zeigt auch einmal mehr, daß vermeintliche »Männerdomänen« einen rein wirtschaftlichen Hintergrund haben, und wie allzu eng gesteckte Grenzen zustande kommen.«

Museum Aktuell

# Konstruieren, kommunizieren, präsentieren

## Bilder von Wissenschaft und Technik

Hg. von Alexander Gall

Deutsches Museum. Abhandlungen und Berichte – Neue Folge, Bd. 23
476 S., 141, z.T. farb., Abb., geb., Schutzumschlag
ISBN 978-3-8353-0180-1

Wie lernen wir Wissenschaft und Technik »sehen«? Die Beiträge begleiten die Dauerausstellung »Foto und Film« des Deutschen Museums in München.

Naturwissenschaftler und Ingenieure produzieren zahllose Bilder. Doch das Bild, das sich die Öffentlichkeit von Wissenschaft, Technik und ihren Protagonisten macht, hängt entscheidend von den Voraussetzungen ab, unter denen diese Visualisierungen zirkulieren. Wie werden wissenschaftliche und technische Bilder konstruiert? Welche Bedingungen beeinflussen die »Veröffentlichung« dieser Bilder? Die Autoren beleuchten diese Fragen aus der Perspektive der Wissenschafts-, Technik-, Kunst- und Kulturgeschichte.

»Der Sammelband im Ganzen löst die doppelte Aufgabe, diesen Gewinn einerseits historisch aufzuarbeiten und andererseits die hierbei sichtbar werdenden Möglichkeiten eines »practical turns« für die heutige Zeit auszusprechen.«

Steffen Siegel, Neue Politische Literatur

Wallstein
e-mail: info@wallstein-verlag.de · www.wallstein-verlag.de